CONCOURS 2025 2026
Cat. B et C

J'INTÈG
LA FONCTIO
PUBLIQUE

3 500 QCM D'ACTUALITÉ ET DE CULTURE GÉNÉRALE

ENTRAÎNEMENT ET RÉVISIONS

Malika Abdoun
Gérante et directrice du centre Itera Formation, préparation aux concours des secteurs paramédical, social et fonction publique. Formatrice en culture générale et actualité, méthodologie de la dissertation, du résumé, du commentaire. Préparation aux entretiens de motivation.

DUNOD

Maquette intérieure : Caroline Joubert © Atelier du Livre
Mise en page : Belle Page
Photo de couverture : Shutterstock © Ground Picture

NOUS NOUS ENGAGEONS EN FAVEUR DE L'ENVIRONNEMENT :

PAPIER CERTIFIÉ

Nos livres sont imprimés sur des papiers certifiés pour réduire notre impact sur l'environnement.

Le format de nos ouvrages est pensé afin d'optimiser l'utilisation du papier.

Depuis plus de 30 ans, nous imprimons 70 % de nos livres en France et 25 % en Europe et nous mettons tout en œuvre pour augmenter cet engagement auprès des imprimeurs français.

Nous limitons l'utilisation du plastique sur nos ouvrages (film sur les couvertures et les livres).

11 rue Paul Bert, 92240 Malakoff
www.dunod.com
ISBN : 978-2-10-086903-9

Sommaire

Sous-partie 3
5 sujets d'annales corrigés

Partie 2
Fiches de cours

Comment préparer un QCM d'actualité et culture générale

1 En quoi consiste l'épreuve ?

Vous passez un concours catégorie C ou B de la fonction publique d'État territoriale dans lequel vous avez une épreuve de pré admissibilité ou d'admissibilité comportant un ou deux QCM (questionnaires à choix multiple) portant sur des questions sur les fondamentaux scolaires, la culture générale et l'actualité. La durée totale de l'épreuve incluant les 2 questionnaires est de 1 h 30, coefficient 1.

2 Qu'est-ce qu'un QCM ?

Les QCM peuvent prendre des formes différentes pour tester votre vigilance et votre capacité de gestion du temps. On peut vous demander de retrouver :

- la ou les réponses exactes ou justes ;
- la ou les réponses inexactes ou fausses ;
- si la proposition est vraie ou fausse ;
- si la proposition est fausse ou vraie ;
- l'intrus ;
- de cocher : les affirmations exactes ou les propositions erronées

Les épreuves de QCM des concours administratifs tendent à évaluer le niveau de connaissances du candidat dans ces domaines. Ils ne laissent aucune place à l'improvisation. **Une préparation soutenue et efficace est nécessaire.** Outre le niveau fondamental de connaissances requis, il convient surtout d'être très rapide, méthodique et rigoureux.

3 500 QCM et corrigés ainsi que des fiches synthétiques vous permettront de préparer ces épreuves dans les meilleures conditions.

Plus vous vous entraînerez, plus vous serez performants !

3 Comment préparer un QCM et le réussir ?

Commencez par tester vos connaissances

Il vous est proposé des QCM thématiques. Après chaque corrigé, vous êtes invité à vous évaluer. Si le nombre de bonnes réponses est trop faible, il vous est conseillé de lire les fiches correspondantes au thème.

La méthode la plus efficace pour réussir est bien sûr d'étudier avec méthode, de s'organiser et planifier ses révisions, de s'entraîner régulièrement pour se familiariser à cette épreuve, exercer sa mémoire, développer sa concentration, gérer le temps imparti et acquérir une bonne stratégie.

4 Comment répondre au QCM ?

Bien lire la question et toutes les propositions. Parfois il y en a 3, parfois 4. **Une seule réponse** par question est admise. Votre réponse doit apparaître clairement dans la case en regard de la lettre choisie. Vous devez graphiter correctement soit « A », soit « B », soit « C », soit « D ». Mais pour certains concours on trouve les lettres A (aucune réponse) et T (toutes les réponses).

En cas d'erreur ou de changement de réponse, vous ne devez pas raturer et vous devez utiliser la deuxième ligne (R) et cocher uniquement une seule réponse soit « A », soit « B », soit « C », soit « D »

Dans ce cas, seule cette deuxième ligne de réponse est prise en compte.

Si vous cochez plusieurs réponses pour la même question dans la zone de réponse ou de correction, vous obtiendrez la note de zéro à la question.

Vous devez obligatoirement et uniquement utiliser **un stylo à bille à encre bleue ou noire non effaçable** et conserver la même couleur durant toute l'épreuve.

Il est strictement interdit d'utiliser :

- un liquide et autre moyen de correction ;
- un stylo à encre ou à bille de couleur bleue ou noire effaçable (y compris à friction) ;
- un stylo d'une autre couleur que bleue ou noire ;
- un crayon de papier ;
- une calculatrice.

5 Les QCM de connaissances de base en français

Il est impératif de maîtriser parfaitement les règles essentielles de l'orthographe lexicale et grammaticale, de la conjugaison, de la grammaire, et du vocabulaire (définitions, proverbes, synonymes, antonymes, homonymes, paronymes) et logique verbale.

La connaissance de la langue française s'acquiert et se perfectionne. Une bonne maîtrise de celle-ci vous permettra d'être à l'aise le jour du concours et également dans votre future vie professionnelle.

Il est donc indispensable pour tous de revoir les notions de base du français pour réussir les QCM

Conseils pour vous préparer à cette épreuve

Évaluez-vous. Repérez vos points forts et vos lacunes.

N'hésitez pas à consulter les fiches, les dictionnaires si vous hésitez sur l'orthographe d'un mot, réviser les règles de grammaire et la conjugaison.

Pour aller plus loin

N'hésitez pas à approfondir en ayant recours à diverses ressources : *Bescherelle*, le *Bled*, les dictionnaires de la langue française, les logiciels et sites internet. Vous pouvez prendre du plaisir à étudier en faisant des mots croisés, des mots fléchés, jouer au scrabble…

6 Les QCM de connaissances sur l'actualité

Il est vivement recommandé de se tenir informé sur l'actualitésanitaire, sociale, environnementale, législative, politique, internationale…

Conseils pour vous préparer à cette épreuve

Évaluez-vous. Repérez vos points forts et vos lacunes.

Lisez les fiches synthétiques avant de faire les QCM d'entrainement et les annales.

Soyez actifs et prenez des notes lorsque vous écoutez l'actualité.

Nul n'est censé ignorer la loi !

Faites-vous un petit tableau dans lequel vous noterez les divers thèmes d'actualité, les dates, les grands événements, les chiffres, les lois, les ministres…

Actualité 2022	Nationale	Internationale	Sportive	Culturelle
Janvier				
Février				
Mars				
Avril				
Mai				
Juin				
Juillet				
Août				
Septembre				
Octobre				
Novembre				
Décembre				

Pour aller plus loin

Lire la presse *Le Monde*, *Courrier international*, *Alternatives économiques*…, regarder les documentaires, les reportages. *Cash investigation*… Soyez curieux !

N'allez que sur des sites officiels : sites des ministères ou www.vie-publique.fr par exemple pour les lois.

7 Les QCM de connaissances générales dans différents domaines

Les institutions, histoire, géographie, géopolitique, économie, l'environnement et l'écologie, les arts, les inventions, les sports, l'Europe, l'international, les réseaux sociaux et internet…

Conseils pour vous préparer à cette épreuve

Il est impossible de deviner toutes les réponses d'un QCM et surtout lorsque l'on n'a aucune connaissance sur le ou les sujet(s) traités.

Évaluez-vous. Repérez vos points forts et vos lacunes.

Lisez les fiches synthétiques avant de faire les QCM d'entrainement et les annales.

Pour aller plus loin

Il est important d'acquérir une **bonne culture générale**. N'hésitez pas à approfondir en ayant recours à diverses ressources.

Pour cela, documentez-vous, établissez une bibliographie correspondant au programme du concours, lisez et réalisez des fiches d'ouvrages et des fiches thématiques. Consultez des périodiques spécialisés.

8 Conseils pour le jour J...

En premier lieu, prenez bien en compte le système de notation. Selon les cas, soit vous répondez juste, vous obtenez un point et si vous répondez faux, vous perdez un point. L'absence de réponse à une question vaut 0 point. Soit il n'y a pas de point de pénalité si vous répondez faux. Il est donc essentiel de garder cette information à l'esprit le jour des épreuves.

Prenez le temps de bien lire les consignes et les énoncés. Lire la question avec attention sans omettre le moindre mot pour **éviter les pièges possibles** et les propositions de réponses avant de sélectionner la réponse.

Répondre rapidement aux questions qui semblent faciles : si une question vous paraît compliquée, passez à la suivante.

Commencer par celles qui paraissent les plus abordables. Ne pas vous bloquer sur une question. Vous les reprendrez par la suite. Essayez par déduction ou par tâtonnements d'arriver à la réponse probable.

Il faut faire preuve de **bon sens** et procéder par **élimination.**

Relisez l'ensemble de vos réponses.

Ne corrigez pas hâtivement et ne raturez pas.

Respectez les formes qu'impose le règlement du concours.

Partie 1

3 500 QCM d'entraînement

- QCM thématiques
- Français, culture générale et actualités 2023-2024 - Concours blancs
- 5 sujets d'annales corrigés 2023 et 2022

SOUS-PARTIE 1

QCM thématiques

- Actualité 2023-2024
- Orthographe, grammaire, conjugaison et vocabulaire
- Histoire, géographie, géopolitique
- Institutions et politique
- Société
- Arts et lettres
- Sciences, technologie et inventions

1 Actualité janvier 2023-juin 2024

1. Quel pays prend la présidence du Conseil de l'Union européenne en janvier 2023 ?
   - ☐ **A.** La France.
   - ☐ **B.** La Suède.
   - ☐ **C.** La Croatie.
   - ☐ **D.** La Norvège.

2. En Grèce, sur quelle île y a-t-il eu environ 30 000 personnes évacuées à cause d'un incendie ?
   - ☐ **A.** Île de Samos.
   - ☐ **B.** Île de Rhodes.
   - ☐ **C.** Île de Myconos.
   - ☐ **D.** Île de Paros.

3. Par qui la France a-t-elle été condamnée pour son refus de rapatrier des familles de Syrie sur son territoire, en janvier 2023 ?
   - ☐ **A.** Le Haut-Commissariat des Nations unies pour les réfugiés.
   - ☐ **B.** Le comité contre la torture de l'ONU.
   - ☐ **C.** Cour internationale des droits de l'homme.
   - ☐ **D.** La Cour internationale de Justice.

4. À qui a été attribué le prix Femina 2023 ?
   - ☐ **A.** *Les Insolents* par Ann Scott (Calman-Levy).
   - ☐ **B.** *Que notre joie demeure* de Kevin Lambert (Le Nouvel Attila).
   - ☐ **C.** *Veiller sur elle* de Jean-Baptiste Andrea (L'Iconoclaste).
   - ☐ **D.** *Triste Tigre* de Neige Sinno (P.O.L).

5. Qu'a interdit le nouveau ministre de l'Éducation Gabriel Attal à la rentrée scolaire 2023 ?
   - ☐ **A.** Le port du foulard à l'école.
   - ☐ **B.** Le port des shorts à l'école.
   - ☐ **C.** Le port de l'abaya et du qamis à l'école.
   - ☐ **D.** Le port des tongs à l'école.

6. En 2028, quelle ville française deviendra la capitale européenne de la culture ?
   - ☐ **A.** Lyon.
   - ☐ **B.** Bourges.
   - ☐ **C.** Marseille.
   - ☐ **D.** Montpellier.

7. Élections sénatoriales en France : qui a été réélu président du Sénat ?
   - ☐ **A.** François de Rugy.
   - ☐ **B.** Christian Poncelet.
   - ☐ **C.** Richard Ferrand.
   - ☐ **D.** Gerard Larcher.

8. À qui a été décerné le prix Médicis 2023 ?
   - ☐ **A.** *Que notre joie demeure* de Kevin Lambert (Le Nouvel Attila).
   - ☐ **B.** *Les Insolents* par Ann Scott (Calman-Levy).
   - ☐ **C.** *Triste Tigre* de Neige Sinno (P.O.L).
   - ☐ **D.** *Veiller sur elle* de Jean-Baptiste Andrea (L'Iconoclaste).

9. Quelle somme le gouvernement va débloquer pour aider les Restos du Cœur à sortir de l'impasse financière ?

- ☐ **A.** 5 millions d'euros.
- ☐ **B.** 10 millions d'euros.
- ☐ **C.** 15 millions d'euros.
- ☐ **D.** 20 millions d'euros.

10. En France, la tempête Ciaran a déferlé sur :

- ☐ **A.** Le quart nord-ouest.
- ☐ **B.** Le quart nord-est.
- ☐ **C.** Le quart sud-ouest.
- ☐ **D.** Le quart sud-est.

11. À Londres, une loi permet de déporter des demandeurs d'asile arrivés sur son territoire. Dans quel pays ?

- ☐ **A.** Tanzanie.
- ☐ **B.** Rwanda.
- ☐ **C.** Burundi.
- ☐ **D.** Ouganda.

12. Les salariés qui utilisent leur CPF devront désormais en 2024, s'acquitter d'un « reste à charge », fixé à :

- ☐ **A.** 50 €.
- ☐ **B.** 100 €.
- ☐ **C.** 150 €.
- ☐ **D.** 200 €.

13. Quelle entreprise du CAC 40 a affiché le plus gros bénéfice pour l'année 2023 ?

- ☐ **A.** Bouygues.
- ☐ **B.** L'Oréal.
- ☐ **C.** BNP.
- ☐ **D.** TotalEnergies.

14. Quelle ville des Bouches-du-Rhône est désignée « ville relais de la flamme olympique » pour les Jeux olympiques et paralympiques de Paris 2024.

- ☐ **A.** Aix-en-Provence.
- ☐ **B.** Miramas.
- ☐ **C.** La Ciotat.
- ☐ **D.** Aubagne.

15. Combien de disciplines composent le programme olympique des Jeux d'été 2024 ?

- ☐ **A.** 37.
- ☐ **B.** 39.
- ☐ **C.** 41.
- ☐ **D.** 43.

16. Dans quel pays, deux barrages se sont effondrés, emportant la terre sous des villes entières faisant plus de 2 000 morts et 10 000 personnes disparues ?

- ☐ **A.** Turquie.
- ☐ **B.** Libye.
- ☐ **C.** Syrie.
- ☐ **D.** Tunisie.

17. En quelle année le Mucem a-t-il été inauguré ?

- ☐ **A.** En juin 2011.
- ☐ **B.** En juin 2012.
- ☐ **C.** En juin 2013.
- ☐ **D.** En juin 2014.

18. Qui a racheté les droits de diffusion des Coupes du monde de football 2026 et 2030 ?

- ☐ **A.** TF1.
- ☐ **B.** M6.
- ☐ **C.** Canal+.
- ☐ **D.** France TV.

19. C'est la 13e fois qu'Élisabeth Borne emploie l'article de la Constitution. Pour quel projet ?

- ☐ **A.** La réforme sur l'euthanasie.
- ☐ **B.** Le projet de loi de finances 2024.
- ☐ **C.** L'inscription d'un article dans la constitution.
- ☐ **D.** La réforme de l'Éducation nationale.

20. Parmi les objectifs annoncés du projet de planification écologique 2024, lequel n'est pas vrai ?

- ☐ **A.** Passer de 60 % d'énergies fossiles à 40 %.
- ☐ **B.** Sortir du charbon d'ici à 2027 ou encore.
- ☐ **C.** Produire un million de voitures électriques.
- ☐ **D.** Construire une centaine d'usines pour les batteries électriques.

21. Quels sports ont été confirmés par le CIO et figureront donc au programme des Jeux de Paris 2024 ?

- ☐ **A.** Le breaking, l'escalade, le skateboard et le surf.
- ☐ **B.** Le breaking, l'escalade, le skateboard et la pelote basque.
- ☐ **C.** Le breaking, l'escalade, le skateboard et le polo.
- ☐ **D.** Le breaking, l'escalade, le skateboard et la pétanque.

22. Qui vient d'être élu en 2024 président de la République du Sénégal ?

- ☐ **A.** Abdoulaye Wade.
- ☐ **B.** Bassirou Diomaye Faye.
- ☐ **C.** Macky Sall.
- ☐ **D.** Abdou Diouf.

23. Quand auront lieu les élections européennes 2024 ?

- ☐ **A.** Le 12 mai.
- ☐ **B.** Le 19 mai.
- ☐ **C.** Le 2 juin.
- ☐ **D.** Le 9 juin.

24. Qui a été le président du jury du Festival de Cannes 2024 ?

- ☐ **A.** Lubna Azabal.
- ☐ **B.** Ruben Östlund.
- ☐ **C.** Xavier Dolan.
- ☐ **D.** Spike Lee.

25. Les porte-drapeaux français pour les Jeux olympiques et paralympiques de Paris 2024 sont :

- ☐ **A.** Nantenin Keita, Mélina Robert-Michon, Alexis Hanquinquant et Florent Manaudou.
- ☐ **B.** Benjamin Daviet, Léon Marchand, Alexis Hanquinquant et Florent Manaudou.
- ☐ **C.** David Douillet, Benjamin Daviet, Nantenin Keita et Florent Manaudou.
- ☐ **D.** Nantenin Keita, Mélina Robert-Michon, Alexis Hanquinquant et Léon Marchand.

26. Le César du meilleur acteur 2024 pour son rôle dans *Le procès Goldman* a été décerné à :

- ☐ **A.** Benoît Magimel.
- ☐ **B.** Arieh Worthalter.
- ☐ **C.** Romain Duris.
- ☐ **D.** Benjamin Lavernhe.

27. Le « Belem » qui transporte la flamme olympique est :

- ☐ **A.** Une vedette.
- ☐ **B.** Un trois-mâts.
- ☐ **C.** Un cargo.
- ☐ **D.** Un yacht.

28. En France, combien de jours fériés avons-nous ?

- ☐ **A.** 7.
- ☐ **B.** 11.
- ☐ **C.** 13.
- ☐ D. 17.

29. Paul Auster nous a quittés en avril 2024. Il était romancier, scénariste et réalisateur :

- ☐ **A.** Français.
- ☐ **B.** Suisse.
- ☐ **C.** Anglais.
- ☐ **D.** Américain.

30. Sur quel réseau social les candidats aux élections européennes vont-ils ?

- ☐ **A.** TikTok.
- ☐ **B.** X.
- ☐ **C.** Linkedin.
- ☐ **D.** Instagram.

31. La 35e Nuit des Molières 2024, qui récompense le monde du théâtre, était présentée par :

- ☐ **A.** Sophia Aram.
- ☐ **B.** Cristiana Reali.
- ☐ **C.** Caroline Vigneau.
- ☐ **D.** Vanessa Cailhol.

32. Un Molière d'honneur a été remis à :

- ☐ **A.** Micha Lescot.
- ☐ **B.** Francis Huster.
- ☐ **C.** Luce.
- ☐ **D.** Vincent Dedienne.

33. Quel est le nom du hacker le plus recherché au monde ?

- ☐ **A.** Le Français Sébastien Raoult.
- ☐ **B.** Le Russe Mikhail Pavlovich Matveev.
- ☐ **C.** L'Australien Julian Assange.
- ☐ **D.** L'Américain Kevin Poulsen.

34. Qui a remporté en 2024 le marathon de Paris ?

- ☐ **A.** Le Kényan Denis Kimetto.
- ☐ **B.** L'Éthiopien Abeje Ayana.
- ☐ **C.** L'Australien Robert de Castella.
- ☐ **D.** L'Éthiopien Mulugeta Uma.

35. Dans quelle ville a lieu la 27e édition du Festival international des sports extrêmes (FISE) ?

- ☐ **A.** Montpellier.
- ☐ **B.** Nice.
- ☐ **C.** Marseille.
- ☐ **D.** Miramas.

36. Elle est devenue l'une des figures de la lutte contre les violences sexuelles dans le cinéma français et présentera au festival de Cannes un court métrage sur celles-ci. De qui s'agit-il ?

- ☐ **A.** Mélanie Laurent.
- ☐ **B.** Isabelle Adjani.
- ☐ **C.** Léa Seydoux.
- ☐ **D.** Judith Godrèche.

37. Quel est le vainqueur de Wimbledon 2023 ?

- ☐ **A.** Casper Ruud.
- ☐ **B.** Stéfanos Tsitsipás.
- ☐ **C.** Carlos Alcaraz.
- ☐ **D.** Novak Djokovic.

38. La mort d'un adolescent lors d'un contrôle routier provoque des émeutes. Il s'agit de :

- ☐ **A.** Nahel Merzouk.
- ☐ **B.** Malik Oussekine.
- ☐ **C.** Tamir Rice.
- ☐ **D.** Adam Toledo.

39. Jane Birkin nous a quittés le 16 juillet 2023. Elle était :

- ☐ **A.** Actrice, chanteuse, danseuse et musicienne.
- ☐ **B.** Chanteuse, guitariste, danseuse et actrice.
- ☐ **C.** Actrice, chanteuse, scénariste et réalisatrice.
- ☐ **D.** Chanteuse, violoniste, pianiste et danseuse.

40. Deuxième édition du Tour de France Femmes 2023. La vainqueur est :

☐ **A.** Demi Vollering.
☐ **B.** Marianne Vos.
☐ **C.** Nina Berton.
☐ **D.** Juliette Labous.

41. Geneviève de Fontenay, nous a quittés. Elle était présidente :

☐ **A.** Du Comité France Alzheimer.
☐ **B.** Du Comité international olympique.
☐ **C.** Du Comité Miss France.
☐ **D.** Le Comité français pour la solidarité internationale.

42. La tempête Daniel a fait au moins 11 000 morts et 6 000 disparus. Quel pays a été le plus touché ?

☐ **A.** La Libye.
☐ **B.** La Turquie.
☐ **C.** La Bulgarie.
☐ **D.** L'Égypte.

43. Où s'est déroulé le 18e sommet du G20 ?

☐ **A.** Bali en Indonésie.
☐ **B.** New-Delhi en Inde.
☐ **C.** Rio de Janeiro au Brésil.
☐ **D.** Rome en Italie.

44. Trois ans après Samuel Paty, un professeur a été assassiné en octobre 2023. Il s'agit de :

☐ **A.** Michel Antoine.
☐ **B.** Vicente Andres.
☐ **C.** Dominique Bernard.
☐ **D.** Pierre Pauwels.

45. La guerre Israël-Hamas commence avec l'attaque du Hamas contre Israël, et se poursuit avec des bombardements aériens de la bande de Gaza entrepris par Israël, puis avec l'invasion de ce territoire palestinien. Quand a-t-elle commencé ?

☐ **A.** Le 7 septembre2023.
☐ **B.** Le 7 octobre 2023.
☐ **C.** Le 7 novembre 2023.
☐ **D.** Le 7 décembre 2023.

46. Qui a décerné le prix Andrei Sakharov à la jeune Mahsa Amini tuée par la police iranienne des mœurs pour avoir mal ajusté son voile ?

☐ **A.** L'Union européenne.
☐ **B.** L'ONU.
☐ **C.** La Suède.
☐ **D.** Le Parlement norvégien.

47. Le prix Nobel de littérature est décerné :

☐ **A.** À l'Américaine Louise Glück.
☐ **B.** À la Française Annie Ernaux.
☐ **C.** Au Norvégien Jon Foss.
☐ **D.** Au Tanzanien Abdulrazak Gurnah.

48. Où s'est déroulé le sommet du G7 ?

☐ **A.** Krün en Bavière.
☐ **B.** Hiroshima au Japon.
☐ **C.** Biarritz en France.
☐ **D.** Carbis Bay en Cornouailles.

49. Qui a remporté le huitième Ballon d'Or de sa carrière.

☐ **A.** Cristiano Ronaldo.
☐ **B.** Michel Platini.
☐ **C.** Kylian Mbappe.
☐ **D.** Lionel Messi.

50. La Commission européenne annonce que l'autorisation d'utilisation du glyphosate est renouvelée pour :

- ☐ **A.** 2 ans.
- ☐ **B.** 5 ans.
- ☐ **C.** 7 ans.
- ☐ **D.** 10 ans.

51. Le prix Goncourt 2023 est attribué à :

- ☐ **A.** Ann Scott pour *Les Insolents.*
- ☐ **B.** Simon Liberati pour *Performance* (Grasset).
- ☐ **C.** Brigitte Giraud pour *Vivre vite* (Flammarion).
- ☐ **D.** Jean-Baptiste Andrea pour *Veiller sur elle* (L'Iconoclaste).

52. Le prix Renaudot 2023 est attribué à :

- ☐ **A.** Jean-Baptiste Andrea pour *Veiller sur elle* (L'Iconoclaste).
- ☐ **B.** Ann Scott pour *Les Insolents.*
- ☐ **C.** Simon Liberati pour *Performance* (Grasset).
- ☐ **D.** Brigitte Giraud pour *Vivre vite* (Flammarion).

53. Mardi 19 décembre 2023, le Sénat a définitivement adopté le projet de loi pour :

- ☐ **A.** Contrôler l'immigration, améliorer l'intégration.
- ☐ **B.** Lutter contre les violences conjugales.
- ☐ **C.** Lutter contre la cybercriminalité.
- ☐ **D.** Contrôler les frontières.

54. Les États-Unis vont élire leur prochain président le 5 novembre prochain. Joe Biden s'est retiré. Qui est la personne pressentie pour le remplacer ?

- ☐ **A.** Donald Trump.
- ☐ **B.** Nikki Haley.
- ☐ **C.** Joe Biden.
- ☐ **D.** Kamala Harris.

55. 53 ans après la séparation d'un certain groupe, sortie d'une chanson inachevée *Now and Then.* Lequel ?

- ☐ **A.** Les Rolling stones.
- ☐ **B.** The Who.
- ☐ **C.** Les Beatles.
- ☐ **D.** Les Pink Floyd.

56. Comment se nomme à présent l'agence pour l'emploi ?

- ☐ **A.** France Travail.
- ☐ **B.** Pôle emploi.
- ☐ **C.** Agence nationale pour l'emploi.
- ☐ **D.** France Emploi.

57. Combien de pays sont officiellement candidats pour intégrer l'Union européenne ?

- ☐ **A.** Six.
- ☐ **B.** Sept.
- ☐ **C.** Huit.
- ☐ **D.** Neuf.

58. Parmi ces pays, lequel n'est pas candidat ?

- ☐ **A.** La Moldavie.
- ☐ **B.** La Turquie.
- ☐ **C.** L'Islande.
- ☐ **D.** La Géorgie.

59. Jacques Delors nous a quittés. Il était économiste, homme politique français et :

☐ **A.** Ancien président de la Commission européenne.

☐ **B.** Ancien Premier ministre.

☐ **C.** Ancien président du Conseil constitutionnel.

☐ **D.** Ancien président de l'Assemblée nationale.

60. Victoire de l'équipe de France féminine de handball en championnats du monde 2023 pour la :

☐ **A.** Première fois.

☐ **B.** Seconde fois.

☐ **C.** Troisième fois.

☐ **D.** Quatrième fois.

61. Quel pays a récemment légalisé le mariage pour tous ?

☐ **A.** L'Albanie.

☐ **B.** La Grèce.

☐ **C.** Le Brésil.

☐ **D.** La Lituanie.

62. Guy Marchand vient de nous quitter. Il était :

☐ **A.** Acteur, chanteur, musicien, auteur et chorégraphe français.

☐ **B.** Acteur, chanteur, musicien, auteur et peintre français.

☐ **C.** Acteur, chanteur, musicien, auteur et humoriste français.

☐ **D.** Acteur, chanteur, musicien, auteur et écrivain français.

63. Champions du monde de judo : quel est le nom du vainqueur pour la 11e fois ?

☐ **A.** David Douillet.

☐ **B.** Teddy Riner.

☐ **C.** Djamel Bouras.

☐ **D.** Marc Alexandre.

64. Quel pays prend la présidence du Conseil de l'Union européenne en juillet 2023 ?

☐ **A.** L'Allemagne.

☐ **B.** L'Espagne.

☐ **C.** La Croatie.

☐ **D.** La Suède.

65. Quel est le nom de la récompense remise lors du Festival de la BD d'Angoulême ?

☐ **A.** Les Césars.

☐ **B.** Les Molières.

☐ **C.** Le Fauve d'or.

☐ **D.** L'Ours d'or.

66. Quel pays africain a été victime d'un coup d'État constitutionnel ?

☐ **A.** Le Maroc.

☐ **B.** Le Sénégal.

☐ **C.** L'Algérie.

☐ **D.** Le Soudan.

67. Quelle figure du rap US a été recrutée en tant que consultant pour les JO de Paris 2024 ?

☐ **A.** Nekfeu.

☐ **B.** Niska.

☐ **C.** Kery James.

☐ **D.** Snoop Dogg.

68. Robert Badinter nous a quittés. Il n'a pas été :

☐ **A.** Avocat et garde des Sceaux.

☐ **B.** Président du Conseil constitutionnel.

☐ **C.** Professeur et sénateur.

☐ **D.** Député et président de l'Assemblée nationale.

69. Bernard Pivot nous a quittés le 6 mai 2024. Il était journaliste, écrivain, critique littéraire, animateur et producteur d'émissions culturelles télévisées. Quelle émission il n'a pas animée ?

- ☐ A. Bouillon de culture.
- ☐ B. Apostrophes.
- ☐ C. Double je.
- ☐ D. De l'autre côté du miroir.

70. Panthéonisation de Missak Manouchian militant communiste, résistant, ouvrier, et poète immigré en France et sa femme Mélinée. De quel pays était-il originaire ?

- ☐ A. Arménie.
- ☐ B. Biélorussie.
- ☐ C. Turquie.
- ☐ D. Moldavie.

71. Quelle est la particularité des médailles des Jeux olympiques de Paris 2024 ?

- ☐ A. Elles sont serties d'un morceau de l'Arc de Triomphe.
- ☐ B. Elles sont serties d'un morceau de la cathédrale de Notre-Dame.
- ☐ C. Elles sont serties d'un morceau de la tour Eiffel.
- ☐ D. Elles sont serties d'un morceau du Panthéon.

72. Frédéric Mitterrand, nous a quittés. Il était écrivain, réalisateur, animateur de télévision. Il a aussi été :

- ☐ A. Ministre de l'Éducation.
- ☐ B. Ministre de la Culture.
- ☐ C. Ministre des Sports.
- ☐ D. Ministre de l'Écologie.

73. Quel événement s'est déroulé le 1er mars 2024 à Moscou malgré les avertissements du Kremlin ?

- ☐ A. Une grève anti-Poutine.
- ☐ B. Un rassemblement en hommage à Alexeï Navalny.
- ☐ C. Un attentat terroriste.
- ☐ D. Le décès de Alexeï Navalny.

74. Quel est le nom du long-métrage qui a obtenu le plus de nominations aux César 2024 ?

- ☐ A. *Anatomie d'une chute.*
- ☐ B. *Le règne animal.*
- ☐ C. *Les jeunes amants.*
- ☐ D. *En Corps.*

75. En mars 2024, un attentat terroriste fait 143 morts près de Moscou en Russie. Dans quel bâtiment les quatre assaillants se sont introduits ?

- ☐ A. La cathédrale du Christ-Sauveur.
- ☐ B. Le Kremlin.
- ☐ C. Le Bolchoï.
- ☐ D. Le Crocus City Hall.

76. Qui a été réélu dimanche 17 mars 2024 à la tête de la Russie ?

- ☐ A. Vladimir Kara-Mourza.
- ☐ B. Léonid Sloutski.
- ☐ C. Vladimir Poutine.
- ☐ D. Ilia Lachine.

77. Quelle est la capitale d'Haïti, où d'importants affrontements entre police et gangs ont lieu ?

- ☐ A. Delmas.
- ☐ B. Port-au-Prince.
- ☐ C. Cap Haïtien.
- ☐ D. Carrefour.

78. Quel est le nom du film réalisé par Christine Angot qui aborde la thématique de l'inceste ?

- ☐ A. *Une fratrie.*
- ☐ B. *Triste tigre.*
- ☐ C. *Sombre histoire de famille.*
- ☐ D. *Une famille.*

79. Dans quel pays la température ressentie le 17 mars est montée jusqu'à 62,3 °C.

- ☐ **A.** Inde.
- ☐ **B.** Brésil.
- ☐ **C.** Chine.
- ☐ **D.** Espagne.

80. Qui est à la tête de la liste de la majorité présidentielle pour les élections européennes ?

- ☐ **A.** Martine Aubry.
- ☐ **B.** Valérie Hayer.
- ☐ **C.** Manon Aubry.
- ☐ **D.** Marie Toussaint.

81. Qui est à la tête de la liste Rassemblement national pour les élections européennes ?

- ☐ **A.** Jordan Bardella.
- ☐ **B.** Marine Le Pen.
- ☐ **C.** Sébastien Chenu.
- ☐ **D.** Philippe Ballard.

82. Comment s'appelle le plan de lutte contre les narcotrafics lancé à Marseille en mars 2024 ?

- ☐ **A.** Plan Stup'.
- ☐ **B.** Plan Narco.
- ☐ **C.** Place nette XXL.
- ☐ **D.** Place Net.

83. Festival de la BD d'Angoulême : le Fauve d'or 2024 a été remis à :

- ☐ **A.** Sophie Darcq pour *Hanbok T.1*.
- ☐ **B.** Daniel Clowes pour Monica.
- ☐ **C.** Thierry Smolderen pour *Cauchemars ex machina*.
- ☐ **D.** Mieke Versyp pour *Peau*.

84. Quel pays prendra la présidence du Conseil de l'Union européenne en juillet 2024 ?

- ☐ **A.** L'Espagne.
- ☐ **B.** La Suède.
- ☐ **C.** La Croatie.
- ☐ **D.** La Hongrie.

85. Depuis janvier, série de manifestations et de blocages routiers organisés principalement par les syndicats agricoles. Lequel n'en fait pas partie ?

- ☐ **A.** Jeunes agriculteurs.
- ☐ **B.** Modem.
- ☐ **C.** Modef.
- ☐ **D.** Coordination rurale.

86. Que transportait le cargo Rubymar lors de son naufrage en mer rouge ?

- ☐ **A.** Des munitions.
- ☐ **B.** 376 000 tonnes de pétrole.
- ☐ **C.** 22 000 tonnes d'engrais chimiques.
- ☐ **D.** 1,8 tonne de cocaïne.

87. À quelle date a été promulguée la Constitution de la Ve République ?

- ☐ **A.** 1936.
- ☐ **B.** 1958.
- ☐ **C.** 1945.
- ☐ **D.** 1972.

88. De 1985 à 2005, quel journaliste et écrivain a présenté les « Dicos d'Or », un championnat de dictée, diffusé à la télévision et suivi par des millions de Français.

- ☐ **A.** Philippe Lafon.
- ☐ **B.** Daniel Bilalian.
- ☐ **C.** Bruno Masure.
- ☐ **D.** Bernard Pivot.

89. Quelle chanson en 1962, a lancé la carrière de Françoise Hardy alors qu'elle n'avait que 17 ans ?

- ☐ **A.** *Le temps de l'amour*.
- ☐ **B.** *Tous les garçons et les filles*.
- ☐ **C.** *Mon amie la rose*.
- ☐ **D.** *Comment te dire adieu*.

90. L'Allemagne vient de légaliser :

- ☐ **A.** L'IVG.
- ☐ **B.** La cocaïne.
- ☐ **C.** Le cannabis récréatif.
- ☐ **D.** L'euthanasie.

91. Quand aura lieu la cérémonie d'ouverture des JO 2024 à Paris ?

- ☐ **A.** Le jeudi 25 juillet.
- ☐ **B.** Le vendredi 26 juillet.
- ☐ **C.** Le samedi 27 juillet.
- ☐ **D.** Le dimanche 28 juillet.

92. La Palme d'or 2024 revient à :

- ☐ **A.** *L'Été dernier* de Catherine Breillat.
- ☐ **B.** *Perfect Days* de Wim Wenders.
- ☐ **C.** *Anora* de Sean Baker.
- ☐ **D.** *Anatomie d'une chute* de Justine Triet.

93. Quel est le vainqueur féminin du tournoi de Roland-Garros 2024 ?

- ☐ **A.** Casper Ruud.
- ☐ **B.** Carlos Alcaraz.
- ☐ **C.** Alexander Zverev.
- ☐ **D.** Jannik Sinner.

94. Quel est le vainqueur féminin du tournoi de Roland-Garros 2024 ?

- ☐ **A.** Coco Gauff.
- ☐ **B.** Iga Świątek.
- ☐ **C.** Caroline Garcia.
- ☐ **D.** Jasmine Paolini.

95. Dans quel DOM, les indépendantistes se révoltent contre la volonté du gouvernement d'élargir le corps électoral des Français ?

- ☐ **A.** Mayotte.
- ☐ **B.** Martinique.
- ☐ **C.** Nouvelle-Calédonie.
- ☐ **D.** Guadeloupe.

96. Avec l'effondrement de l'Union soviétique, l'Ukraine redevient officiellement indépendante. En quelle année ?

- ☐ **A.** 1989.
- ☐ **B.** 1991.
- ☐ **C.** 1995.
- ☐ **D.** 1997.

97. Quelle est la deuxième plus grande ville d'Ukraine qui fait l'objet d'une offensive russe ?

- ☐ **A.** Kherson.
- ☐ **B.** Kiev.
- ☐ **C.** Marioupol.
- ☐ **D.** Kharkiv.

98. Quel parti en France a eu le score le plus élevé aux élections européennes ?

- ☐ **A.** Renaissance.
- ☐ **B.** Rassemblement national.
- ☐ **C.** Parti socialiste-Place publique.
- ☐ **D.** La France insoumise.

99. Dissolution de l'Assemblée nationale annoncée par Emmanuel Macron. En quelle année a eu lieu la dernière dissolution ?

- ☐ **A.** 1981.
- ☐ **B.** 1988.
- ☐ **C.** 1997.
- ☐ **D.** 2002.

100. Quand le débarquement de Normandie a-t-il eu lieu ?

- ☐ **A.** Dans la nuit du 5 au 6 juin 1914.
- ☐ **B.** Dans la nuit du 5 au 6 juin 1918.
- ☐ **C.** Dans la nuit du 5 au 6 juin 1944.
- ☐ **D.** Dans la nuit du 5 au 6 juin 1945.

Corrigé

1. **B.** La Suède.
2. **B.** Îles de Rhodes.
3. **B.** Le comité contre la torture de l'ONU.
4. **D.** *Triste Tigre* de Neige Sinno (P.O.L).
5. **C.** Le port de l'abaya et du qamis à l'école.
6. **B.** Bourges.
7. **D.** Gérard Larcher.
8. **A.** *Que notre joie demeure* de Kevin Lambert (Le Nouvel Attila).
9. **C.** 15 millions d'euros.
10. **A.** Le quart nord-ouest.
11. **B.** Rwanda.
12. **B.** 100 €.
13. **D.** TotalEnergies.
14. **B.** Miramas.
15. **D.** 43.
16. B. Libye.
17. **C.** En juin 2013
18. **B.** M6.
19. **B.** Le projet de loi de finances 2024.
20. **D.** Construire une centaine d'usines pour les batteries électriques.
21. **A.** Le breaking, l'escalade, le skateboard et le surf.
22. Bassirou Diomaye Faye.
23. **D.** Le 9 juin.
24. **A.** Lubna Azabal.
25. **A.** Nantenin Keita, Mélina Robert-Michon, Alexis Hanquinquant et Florent Manaudou.
26. **B.** Arieh Worthalter.
27. **B.** Un Trois-Mâts.
28. **B.** 11.
29. **D.** Américain.
30. **A.** TikTok.
31. **C.** Caroline Vigneau.
32. **B.** Francis Huster.
33. **B.** Le Russe Mikhail Pavlovich Matveev.
34. **D.** L'Éthiopien Mulugeta Uma.
35. **A.** Montpellier.
36. **D.** Judith Godrèche.
37. **D.** Novak Djokovic.
38. **A.** Nahel Merzouk.
39. **C.** Actrice, chanteuse, scénariste et réalisatrice.
40. **A.** Demi Vollering.
41. **C.** Du Comité Miss France.
42. **A.** La Libye.
43. **B.** New-Delhi en Inde.
44. **C.** Dominique Bernard.
45. **B.** Le 7 octobre 2023.
46. **A.** L'Union européenne.
47. **C.** Au Norvégien Jon Foss.
48. **B.** Hiroshima au Japon.
49. **D.** Lionel Messi.
50. **D.** 10 ans.
51. **D.** Jean-Baptiste Andrea pour *Veiller sur elle* (L'Iconoclaste).
52. **B.** Ann Scott pour *Les Insolents*.
53. **A.** Contrôler l'immigration, améliorer l'intégration.
54. **D.** Kamala Harris.
55. **C.** Les Beatles.
56. **A.** France Travail.
57. **D.** Neuf.
58. **C.** L'Islande.
59. **A.** Ancien président de la Commission européenne.
60. **C.** Troisième fois.

61. B. La Grèce.

62. D. Acteur, chanteur, musicien, auteur et écrivain français.

63. B. Teddy Riner.

64. B. L'Espagne.

65. C. Le Fauve d'or.

66. B. Le Sénégal.

67. D. Snoop Dogg.

68. D. Député et président de l'Assemblée nationale.

69. D. De l'autre côté du miroir.

70. A. Arménie.

71. C. Elles sont serties d'un morceau de la tour Eiffel.

72. B. Ministre de la Culture.

73. B. Un rassemblement en hommage à Alexeï Navalny.

74. B. Le règne animal.

75. D. Dans le Crocus City Hall.

76. C. Vladimir Poutine.

77. B. Port au prince.

78. D. Une famille.

79. B. Brésil.

80. B. Valérie Hayer.

81. A. Jordan Bardella.

82. C. Place nette XXL.

83. B. Daniel Clowes pour « Monica ».

84. D. La Hongrie.

85. B. Modem.

86. C. 22 000 tonnes d'engrais chimiques.

87. B. 1958.

88. D. Bernard Pivot.

89. B. Tous les garçons et les filles.

90. C. Le cannabis récréatif.

91. B. Le vendredi 26 juillet.

92. C. *Anora* de Sean Baker.

93. B. Carlos Alcaraz.

94. B. Iga Świątek.

95. C. Nouvelle-Calédonie.

96. B. 1991.

97. D. Kharkiv.

98. B. Rassemblement national.

99. C. 1997

100. C. Dans la nuit du 5 au 6 juin 1944.

2 Orthographe, grammaire, conjugaison et vocabulaire

1. Quelle est la phrase où un verbe devrait être à l'infinitif ?
   - ☐ **A.** Cet oiseau coloré est joli.
   - ☐ **B.** Elle va acheter le pain.
   - ☐ **C.** L'employé énervé fait claqué la porte.
   - ☐ **D.** Je suis coincé dans les embouteillages.
2. Dans quelle phrase « tout » est mal accordé ?
   - ☐ **A.** Toute la classe est calme.
   - ☐ **B.** Ce garçon a des souliers tous neufs.
   - ☐ **C.** Tout est redevenu comme avant.
   - ☐ **D.** Tous ces enfants sont adorables.
3. « Même » est mal accordé dans quelle phrase ?
   - ☐ **A.** Elles choisissent elles-mêmes.
   - ☐ **B.** Ils portent les mêmes vêtements.
   - ☐ **C.** Même un enfant pourrait répondre à cette question.
   - ☐ **D.** Ces dvd sont intéressants, achetez-vous les même.
4. Dans quelle phrase « nul » est mal accordé ?
   - ☐ **A.** Il a envie d'aller nulle part.
   - ☐ **B.** C'est nul !
   - ☐ **C.** Nulle ne viendra ce soir.
   - ☐ **D.** Toutes les copies sont nulles.
5. Où l'adjectif « maint » est mal accordé ?
   - ☐ **A.** Cela fait mainte fois que je te le dis.
   - ☐ **B.** Cela fait maintes fois que je te le dis.
   - ☐ **C.** J'ai trouvé maints trésors dans le grenier.
   - ☐ **D.** Après maintes hésitations, il a accepté.
6. Quel est le mot mal orthographié ?
   - ☐ **A.** Quelque part.
   - ☐ **B.** Quelque fois.
   - ☐ **C.** Quelque chose.
   - ☐ **D.** Quelque temps.
7. Quelle est la phrase mal orthographiée ?
   - ☐ **A.** Il a laissé les choses telles quelles.
   - ☐ **B.** Tel que je vous l'ai promis, je vous ai apporté des fleurs.
   - ☐ **C.** En tant que telle, votre attitude est déplorable.
   - ☐ **D.** Il a conservé cette horloge tel quel.

8. Quelle phrase est incorrecte ?

- ☐ A. Quand viendras-tu me voir ?
- ☐ B. Quant à moi, je ne suis pas d'accord.
- ☐ C. Il partait quant je suis arrivé.
- ☐ D. J'ai envie d'aller au cinéma. Qu'en dis-tu ?

9. Quelle est la phrase bien orthographiée ?

- ☐ A. Là, la grêle a ravagé la récolte. Elle l'a détruite.
- ☐ B. Je vais à la campagne, la où tu ne pourras pas l'a rejoindre.
- ☐ C. La chance n'est pas toujours là, il faut l'a saisir lorsqu'elle apparaît.
- ☐ D. Elle l'a attendu la au moment où la foule arrivait.

10. Quelle est la bonne orthographe de 2 369 ?

- ☐ A. Deux milles trois cent soixante-neuf.
- ☐ B. Deux mille trois cent soixante-neuf.
- ☐ C. Deux milles trois cents soixante-neuf.
- ☐ D. Deux mille trois cents soixante-neuf.

11. Elles se sont […] :

- ☐ A. Lavé.
- ☐ B. Lavés.
- ☐ C. laver.
- ☐ D. Lavées.

12. On écrit : un […] de commerce de :

- ☐ A. Fond.
- ☐ B. Font.
- ☐ C. Fonds.
- ☐ D. Fonts.

13. Parmi les mots suivants quel est celui qui n'est pas du genre féminin ?

- ☐ A. Viscère.
- ☐ B. Interview.
- ☐ C. Oasis.
- ☐ D. Patère.

14. Quelle est la phrase mal orthographiée ?

- ☐ A. Ils sont partis plus tôt en vacances.
- ☐ B. Elle est plus tôt sympathique.
- ☐ C. Il est rentré plus tôt ce soir.
- ☐ D. Il est plutôt agréable.

15. Quelle est la phrase bien orthographiée ?

- ☐ A. Il sait que c'est lui qui s'est dénoncé.
- ☐ B. S'est-il sa leçon ?
- ☐ C. Il a mis ces chaussettes à l'envers.
- ☐ D. Il s'est qu'il n'aura pas ces cadeaux.

16. Quelle phrase est incorrecte ?

- ☐ A. Il est près du gouffre.
- ☐ B. Il est prê à partir.
- ☐ C. Il est tout près de la ligne d'arrivée.
- ☐ D. Je suis prêt à parier.

17. Parmi ces noms composés lequel est invariable ?

- ☐ A. Des pique-niques.
- ☐ B. Des pèse-bébés.
- ☐ C. Des chiens-loups.
- ☐ D. Des casses-têtes.

18. Quel est le participe passé bien accordé ?

- ☐ A. Elle a appris sa leçon.
- ☐ B. Elle est venue de très loin.
- ☐ C. Il a fallut que tu viennes.
- ☐ D. Ils ont choisi ce film.

19. Un seul de ces mots n'est pas un adverbe. Lequel ?

☐ **A.** Rapidement. ☐ **B.** Très. ☐ **C.** Trop. ☐ **D.** Pour.

20. Quelle est la finale incorrecte des participes passés suivants ?

☐ **A.** Confus. ☐ **B.** Appris. ☐ **C.** Finit. ☐ **D.** Pris.

21. Dans la phrase suivante, combien y a-t-il de fautes ?

Il a dépensé trois milles euros sans se soucié du lendemain.

☐ **A.** 0. ☐ **B.** 1. ☐ **C.** 2. ☐ **D.** 3.

22. Quel mot correctement orthographié se termine par « tion » ?

☐ **A.** Dispertion.
☐ **B.** Révultion.
☐ **C.** Expultion.
☐ **D.** Conversation.

23. Quel mot n'a pas de préfixe « co » ?

☐ **A.** Voiturage. ☐ **B.** Location. ☐ **C.** Équipier. ☐ **D.** Système.

24. Quel est le suffixe qui exprime la douleur ?

☐ **A.** Grade. ☐ **B.** Algie. ☐ **C.** Phage. ☐ **D.** Phobie.

25. Quel est l'homonyme dont la signification est « cachet » ?

☐ **A.** Seau. ☐ **B.** Saut. ☐ **C.** Sceau. ☐ **D.** Sot.

26. Parmi les propositions suivantes, laquelle est une locution prépositive ?

☐ **A.** Celle-ci.
☐ **B.** Plusieurs.
☐ **C.** À travers.
☐ **D.** La sienne.

27. « La soirée commençait et les invités arrivaient » sont des propositions :

☐ **A.** Coordonnées.
☐ **B.** Juxtaposées.
☐ **C.** Indépendantes.
☐ **D.** Subordonnées.

28. Un seul de ces pronoms n'est pas relatif. Lequel ?

☐ **A.** Que. ☐ **B.** Donc. ☐ **C.** Dont. ☐ **D.** Qui.

29. « Le film que j'ai vu est super » est une proposition :

☐ **A.** Relative.
☐ **B.** Indépendante.
☐ **C.** Principale.
☐ **D.** Circonstancielle.

30. Quelle est la nature de « Cet » dans la phrase : « Cet enfant est bien portant » ?

☐ **A.** Un adjectif indéfini.
☐ **B.** Un adjectif démonstratif.
☐ **C.** Un adjectif possessif.
☐ **D.** Un pronom possessif.

31. Quelle est la fonction de « à la bibliothèque » dans la phrase : « Les élèves étudient à la bibliothèque » ?

☐ **A.** COD.
☐ **B.** COS.
☐ **C.** COI.
☐ **D.** CC de lieu.

32. Dans quelle phrase, y a-t-il un attribut du sujet ?

- ☐ **A.** Hier, j'ai repeint les murs de ma chambre.
- ☐ **B.** Ils ont marché pendant des heures entières.
- ☐ **C.** Ce soir, ils paraissent heureux.
- ☐ **D.** Mes chaussures rouges me vont à merveille.

33. Quelle est la nature de « a neigé » dans la phrase « Cette nuit, il a neigé abondamment » ?

- ☐ **A.** Sujet.
- ☐ **B.** Verbe.
- ☐ **C.** Complément.
- ☐ **D.** Participe passé.

34. Quelle est la nature de « leur » dans la phrase : « Je leur ai donné ce qu'ils voulaient » ?

- ☐ **A.** Adjectif possessif.
- ☐ **B.** COD.
- ☐ **C.** Pronom possessif.
- ☐ **D.** COI.

35. Quelle est la nature de « toujours » dans la phrase « Les fraudes ont toujours existé » ?

- ☐ **A.** COD.
- ☐ **B.** Pronom.
- ☐ **C.** Adjectif.
- ☐ **D.** Adverbe.

36. Dans quelle phrase y a-t-il un adjectif épithète ?

- ☐ **A.** Ces enfants sont adorables.
- ☐ **B.** Dans mon jardin, il y a des violettes mauves.
- ☐ **C.** La vie n'est pas toujours simple.
- ☐ **D.** Les concours sont de plus en plus durs.

37. Dans quelle phrase y a-t-il un complément de nom ?

- ☐ **A.** J'ai bien révisé mon concours.
- ☐ **B.** J'espère le réussir.
- ☐ **C.** Hier, j'ai acheté un moule à gâteaux.
- ☐ **D.** J'aime les fleurs blanches.

38. Cherchez l'intrus.

- ☐ **A.** Sans.
- ☐ **B.** Jamais.
- ☐ **C.** Ou.
- ☐ **D.** Pour.

39. « Laissez-moi partir. » est une phrase :

- ☐ **A.** Déclarative.
- ☐ **B.** Impérative.
- ☐ **C.** Interrogative.
- ☐ **D.** Exclamative.

40. Dans cette phrase, le complément « Le pâtissier a préparé avec soin sa vitrine » exprime :

- ☐ **A.** Le lieu.
- ☐ **B.** Le temps.
- ☐ **C.** La manière.
- ☐ **D.** La cause.

41. Dans quelle phrase il n'y a pas d'adjectif attribut ?

- ☐ **A.** Cette journée est très ensoleillée.
- ☐ **B.** Face à cette scène, il demeure pétrifié.
- ☐ **C.** Mon ami semble content.
- ☐ **D.** J'ai de nouveaux projets.

42. Quelle est la fonction de « les » dans la phrase : « Je les ai dégustés » ?

- ☐ **A.** Sujet.
- ☐ **B.** COD.
- ☐ **C.** Pronom sujet.
- ☐ **D.** Pronom complément.

43. « Je pense que ma mère viendra demain » est une proposition :

- ☐ **A.** Complétive.
- ☐ **B.** Relative.
- ☐ **C.** Principale.
- ☐ **D.** Circonstancielle.

44. Cherchez l'intrus.

- ☐ **A.** Lorsque.
- ☐ **B.** Puisque.
- ☐ **C.** Comme.
- ☐ **D.** Or.

45. Quelle est la nature de « dans » dans la phrase « Vous trouverez la réponse dans le cours » ?

- ☐ **A.** Préposition.
- ☐ **B.** Adverbe.
- ☐ **C.** Conjonction.
- ☐ **D.** Déterminant.

46. Cherchez l'intrus.

- ☐ **A.** Partout.
- ☐ **B.** Probablement.
- ☐ **C.** Autrefois.
- ☐ **D.** Depuis que.

47. Dans cette phrase, le complément « Cette femme se maquille pour masquer ses rides » exprime :

- ☐ **A.** Le lieu.
- ☐ **B.** Le temps.
- ☐ **C.** Le but.
- ☐ **D.** La cause.

48. Quelle est la phrase qui comporte un complément d'agent ?

- ☐ **A.** L'employé a été licencié hier.
- ☐ **B.** L'employé a été remercié gentiment.
- ☐ **C.** L'employé a été licencié par le directeur.
- ☐ **D.** L'employé n'a finalement pas été licencié.

49. Quel est l'adverbe mal orthographié ?

- ☐ **A.** Savamment.
- ☐ **B.** Assidument.
- ☐ **C.** Consciemment.
- ☐ **D.** Intelligemment.

50. « Celle-ci » est :

- ☐ **A.** Un adjectif démonstratif.
- ☐ **B.** Un adjectif indéfini.
- ☐ **C.** Un pronom démonstratif.
- ☐ **D.** Une préposition.

51. Quelle est la phrase qui comporte une erreur ?

- ☐ **A.** Si j'étais riche, je voyagerais.
- ☐ **B.** Ils apparaitront.
- ☐ **C.** Le jour point à l'horizon.
- ☐ **D.** Il clôt la discussion.

52. Quel est le verbe bien conjugué ?

- ☐ **A.** Nous fesons.
- ☐ **B.** J'attend que tu viennes.
- ☐ **C.** Ils résoudront.
- ☐ **D.** Je cous.

53. Comment écrit-on le verbe « acquérir » au présent de l'indicatif ?

- ☐ **A.** J'acquière.
- ☐ **B.** J'acquières.
- ☐ **C.** J'acquiers.
- ☐ **D.** J'acquiert.

54. Quelle est la bonne terminaison du verbe « feindre » à l'imparfait ?

- ☐ **A.** Je feignis.
- ☐ **B.** Je feins.
- ☐ **C.** Je feignai.
- ☐ **D.** Je feignais.

55. Parmi ces verbes, lequel est mal orthographié ?

- ☐ **A.** J'espère.
- ☐ **B.** Nous espèreons.
- ☐ **C.** J'achète.
- ☐ **D.** Il précède.

56. Quel verbe n'est pas essentiellement pronominal ?

- ☐ **A.** Se soucier.
- ☐ **B.** S'accouder.
- ☐ **C.** Se promener.
- ☐ **D.** s'écrier.

57. Les verbes impersonnels sont des verbes qui n'existent qu'à la :

- ☐ **A.** 1re personne du singulier.
- ☐ **B.** 2e personne du singulier.
- ☐ **C.** 3e personne du singulier.
- ☐ **D.** 1re personne du pluriel.

58. Quel est le verbe qui n'appartient pas au 3e groupe ?

- ☐ **A.** Partir.
- ☐ **B.** Venir.
- ☐ **C.** Choisir.
- ☐ **D.** Courir.

59. Quelle phrase est interro-négative ?

- ☐ **A.** N'est-il pas souhaitable de partir maintenant ?
- ☐ **B.** A-t-il pris ses affaires ?
- ☐ **C.** Il n'est pas content.
- ☐ **D.** Demain, serait-ce possible de rentrer plus tôt ?

60. Le verbe « gésir » se conjugue :

- ☐ **A.** Au futur et à l'imparfait.
- ☐ **B.** Au présent et au passé composé.
- ☐ **C.** Au futur et au présent.
- ☐ **D.** Au présent et à l'imparfait.

61. Quel est le verbe en « eter » qui ne double pas le « t » ?

- ☐ **A.** Jeter.
- ☐ **B.** Projeter.
- ☐ **C.** Crocheter.
- ☐ **D.** Surjeter.

62. Lire au subjonctif imparfait s'écrit :

- ☐ **A.** Que je lise.
- ☐ **B.** Que je lises.
- ☐ **C.** Que je lus.
- ☐ **D.** Que je lusse.

63. Bouillir au futur s'écrit :

- ☐ **A.** Je bouirai.
- ☐ **B.** Je bouirais.
- ☐ **C.** Je bouillirai
- ☐ **D.** Je bouillirais.

64. Surseoir au passé composé s'orthographie :

- ☐ **A.** J'ai sursois.
- ☐ **B.** J'ai sursis.
- ☐ **C.** J'ai sursi.
- ☐ **D.** J'ai surseois.

65. Mouvoir au subjonctif présent s'écrit :

- ☐ **A.** Que je meus.
- ☐ **B.** Que je mouve.
- ☐ **C.** Que je meuve.
- ☐ **D.** Que je mous.

66. Quel est le participe passé bien accordé à la voix pronominale ?

- ☐ **A.** Elle s'est lavé.
- ☐ **B.** Elle s'est lavé les cheveux.
- ☐ **C.** Elle s'est promené.
- ☐ **D.** Elle s'est félicité.

67. Comment écrit-on le verbe payer à l'imparfait ?

- ☐ **A.** Nous payons.
- ☐ **B.** Nous payions.
- ☐ **C.** Vous payez.
- ☐ **D.** Nous payâmes.

68. Quel est le participe passé mal accordé à la voix pronominale ?

- ☐ **A.** Elle s'est absentée.
- ☐ **B.** Elles se sont parlées.
- ☐ **C.** Ils se sont embrassés.
- ☐ **D.** Elle s'est levée.

69. Quelle phrase est à la voix passive ?

- ☐ **A.** La leçon est dictée par le professeur.
- ☐ **B.** Le professeur lit la dictée.
- ☐ **C.** Le professeur se lit la dictée.
- ☐ **D.** Le professeur ne lit pas la dictée.

70. Quel verbe n'est pas un verbe impersonnel ?

- ☐ **A.** Pleuvoir.
- ☐ **B.** Neiger.
- ☐ **C.** Grêler.
- ☐ **D.** Chanter.

71. À quelle personne « résoudre » au subjonctif présent est mal orthographié ?

- ☐ **A.** Que je résoud.
- ☐ **B.** Que nous résolvions.
- ☐ **C.** Que vous résolviez.
- ☐ **D.** Qu'ils résolvent.

72. Dans quelle phrase y a-t-il un verbe transitif direct ?

- ☐ **A.** Les arbres fruitiers fleurissent.
- ☐ **B.** Je connais cette personne.
- ☐ **C.** Le présumé coupable assiste à la perquisition.
- ☐ **D.** Les arbres bourgeonnent.

73. À quelle personne, « déchoir » au passé simple est mal orthographié ?

- ☐ **A.** Je déchus.
- ☐ **B.** Nous déchûmes.
- ☐ **C.** Vous déchûtes.
- ☐ **D.** Ils déchûrent.

74. Dans quelle phrase y a-t-il un verbe transitif indirect ?

- ☐ **A.** Son acné s'aggrave.
- ☐ **B.** Son mari a assisté à assisté à l'accouchement.
- ☐ **C.** Il déguste son sirop.
- ☐ **D.** Il paraît sympa.

75. Quel est le verbe mal conjugué au conditionnel ?

- ☐ **A.** Ils seront.
- ☐ **B.** Nous souhaiterons.
- ☐ **C.** J'attendrai.
- ☐ **D.** Vous auriez.

76. Lequel de ces animaux n'est pas un équidé ?

- ☐ **A.** Un cheval.
- ☐ **B.** Un âne.
- ☐ **C.** Un zèbre.
- ☐ **D.** Une poule.

77. Laquelle de ces anagrammes ne désigne pas un animal ?

- ☐ **A.** ART.
- ☐ **B.** ROUSSI.
- ☐ **C.** PRIVEE.
- ☐ **D.** RAPE.

78. Laquelle de ces anagrammes ne désigne pas une couleur ?

- ☐ **A.** OSER.
- ☐ **B.** RONGEA.
- ☐ **C.** TANGER.
- ☐ **D.** CARE.

79. Parmi ces mots, lequel est un palindrome ?

- ☐ **A.** Couler.
- ☐ **B.** Ressasser.
- ☐ **C.** Rêvasser.
- ☐ **D.** Retaper.

80. Le préfixe « aéro » signifie :

- ☐ **A.** Air.
- ☐ **B.** Eau.
- ☐ **C.** Gaz.
- ☐ **D.** Feu.

81. Quel est le synonyme de « Faconde » ?

- ☐ **A.** Concision.
- ☐ **B.** Brièveté.
- ☐ **C.** Éloquence.
- ☐ **D.** Mutisme.

82. Quel est l'intrus ?

- ☐ **A.** Girolle.
- ☐ **B.** Morille.
- ☐ **C.** Bolet.
- ☐ **D.** Arôme.

83. Chassez l'intrus.

- ☐ **A.** SAS.
- ☐ **B.** ICI.
- ☐ **C.** RAVI.
- ☐ **D.** KAYAK.

84. Quelle phrase est une comparaison ?

- ☐ **A.** Il est blanc comme un cachet d'aspirine.
- ☐ **B.** Cette vieille dame est une tortue.
- ☐ **C.** Ces cheveux couleur de blé.
- ☐ **D.** Il a changé son fusil d'épaule.

85. Quelle phrase est une métaphore ?

- ☐ **A.** Il est droit comme un piquet.
- ☐ **B.** La vieillesse est le soir de la vie.
- ☐ **C.** Il est maigre comme un clou.
- ☐ **D.** Il est muet comme une carpe.

86. Complétez la phrase avec la bonne proposition : […] est à dormir ce que restaurant est à […].

- ☐ **A.** Sommeil/Déjeuner.
- ☐ **B.** Nuit/Jour.
- ☐ **C.** Repos/Repas.
- ☐ **D.** Hôtel /Manger.

87. Enfance est à […] ce que […] est à soir.

- ☐ **A.** Aube/Vieillesse.
- ☐ **B.** Jeunesse/Déclin.
- ☐ **C.** Début/ Crépuscule.
- ☐ **D.** Aurore/Fin.

88. Quelle phrase est une métaphore ?

- ☐ **A.** Je le vis bondir tel un lion.
- ☐ **B.** Ce garçon est un véritable ouragan.
- ☐ **C.** Cet homme est rusé comme un renard.
- ☐ **D.** les mots sortent de sa bouche comme un torrent.

89. Quel est l'antonyme d'« ascète » ?

- ☐ **A.** Épicurien.
- ☐ **B.** Austère.
- ☐ **C.** Intraverti.
- ☐ **D.** Discret.

90. Quel est le synonyme de « Létal » ?

- ☐ **A.** Viable.
- ☐ **B.** Mortel.
- ☐ **C.** Concevable.
- ☐ **D.** Malade.

91. Quel est l'antonyme de « abscons » ?

- ☐ **A.** Savant.
- ☐ **B.** Incompréhensible.
- ☐ **C.** Ésotérique.
- ☐ **D.** Limpide.

92. Quel est le paronyme indiquant la « croyance » ?

- ☐ **A.** Fois.
- ☐ **B.** Foi.
- ☐ **C.** Foie.
- ☐ **D.** Foix.

93. Quelle est l'explication de la locution « Entrer en lice » ?

- ☐ **A.** Faire du prosélytisme.
- ☐ **B.** Entrer comme dans un moulin.
- ☐ **C.** S'engager dans une lutte.
- ☐ **D.** Se prendre au jeu.

94. La logorrhée signifie :

- ☐ **A.** Un discours soutenu.
- ☐ **B.** Un besoin irrésistible de parler.
- ☐ **C.** Un remède.
- ☐ **D.** Une maladie du larynx.

95. Chassez l'intrus.

- ☐ **A.** Anémone.
- ☐ **B.** Marguerite.
- ☐ **C.** Rose.
- ☐ **D.** Pensée.

96. « Œil » est à « Voir » comme « Oreille » est à :

- ☐ **A.** Ouïe.
- ☐ **B.** Vue.
- ☐ **C.** Entendre.
- ☐ **D.** Écoute.

97. Quelle est la signification de l'expression suivante : « Il ne faut pas vendre la peau de l'ours avant de l'avoir tué » ?

- ☐ **A.** Il ne faut pas dépecer l'animal avant de le vendre.
- ☐ **B.** Il ne faut pas disposer d'un bien avant d'être sûr de l'avoir.
- ☐ **C.** Il ne faut pas vendre l'animal avant de l'avoir gavé.
- ☐ **D.** Il ne faut pas vendre un animal avant de l'avoir dompté.

98. Couler des jours prospères signifie :

- ☐ **A.** Vivre des jours heureux.
- ☐ **B.** Être très riche.
- ☐ **C.** Cultiver son jardin.
- ☐ **D.** Être insouciant.

99. Que signifie rire jaune ?

- ☐ **A.** Rire de bon cœur.
- ☐ **B.** Ironiser.
- ☐ **C.** Masquer sa colère tout en riant.
- ☐ **D.** Rire pour rien.

100. Chassez l'intrus.

- ☐ **A.** Irrespirable.
- ☐ **B.** Illogique.
- ☐ **C.** Créatif.
- ☐ **D.** Intolérant.

Corrigé

1. **C.** L'employé énervé fait claqué la porte → claquer.
2. **B.** Ce garçon a des souliers tous neufs → tout.
3. Ces dvd sont intéressants, achetez-vous les même → mêmes.
4. **C.** Nulle ne viendra ce soir → nul.
5. **A.** Cela fait mainte fois que je te le dis → maintes.
6. **B.** Quelque fois → Quelquefois.
7. **D.** Il a conservé cette horloge tel quel → telle quelle.
8. **C.** Il partait quant je suis arrivé → quand.
9. **A.** Là, la grêle a ravagé la récolte. Elle l'a détruite.
10. **B.** Deux mille trois cent soixante-neuf.
11. **D.** Lavées.
12. **C.** Fonds.
13. **A.** Viscère.
14. **B.** Elle est plus tôt sympathique → plutôt.
15. **A.** Il sait que c'est lui qui s'est dénoncé.
16. **B.** Il est prê à partir → prêt.
17. **D.** Des casses-têtes → casse-tête.
18. **C.** Il a fallut que tu viennes → fallu.
19. **D.** Pour, c'est une une préposition.
20. **C.** Finit.
21. **C.** 2 → Il a dépensé trois **mille** euros sans se **soucier** du lendemain.
22. **D.** Conversation.
23. **D.** Système.
24. **B.** Algie.
25. **C.** Sceau.
26. **C.** À travers.
27. **A.** Coordonnées.
28. **B.** Donc.
29. **A.** Relative.
30. **B.** Un adjectif démonstratif.
31. **D.** CC de lieu.
32. **C.** Ce soir, ils paraissent heureux.
33. **B.** Verbe.
34. **B.** Pronom personnel.
35. **D.** Adverbe.
36. **B.** Dans mon jardin, il y a des violettes mauves.
37. **C.** Hier, j'ai acheté un moule à gâteaux.
38. **C.** Ou est une conjonction.
39. **B.** Impérative.
40. **C.** La manière.
41. **D.** J'ai de nouveaux projets.
42. **B.** COD.
43. **A.** Complétive.
44. **D.** Or est une conjonction.
45. **A.** Préposition. Les autres sont des adverbes.
46. **D.** Depuis que est une préposition.
47. **C.** Le but.
48. **C.** L'employé a été licencié par le directeur.
49. **B.** Assidument → assidûment.
50. **C.** Un pronom démonstratif.
51. **B.** Ils apparaitront.
52. **C.** Ils résoudront.
53. **C.** J'acquiers.
54. **D.** Je feignais.
55. **B.** Nous espèreons.
56. **C.** Se promener.

57. **C.** 3e personne du singulier.

58. **C.** Choisir.

59. **A.** N'est-il pas souhaitable de partir maintenant ?

60. **D.** Au présent et à l'imparfait.

61. **C.** Crocheter.

62. **D.** Que je lusse.

63. **C.** Je bouillirai.

64. **B.** J'ai sursis.

65. **C.** Que je meuve.

66. **B.** Elle s'est lavé les cheveux.

67. **B.** Nous payions.

68. **B.** Elles se sont parlées.

69. **A.** La leçon est dictée par le professeur.

70. **D.** Chanter.

71. **A.** Que je résoud.

72. **B.** Je connais cette personne.

73. **D.** Ils déchûrent.

74. **B.** Son mari a assisté à assisté à l'accouchement.

75. **C.** J'attendrai.

76. **D.** Une poule.

77. **D.** RAPE.

78. **D.** CARE.

79. **B.** Ressasser.

80. **A.** Air.

81. **C.** Éloquence.

82. **D.** Arôme.

83. **C.** RAVI.

84. **A.** Il est blanc comme un cachet d'aspirine.

85. **B.** La vieillesse est le soir de la vie.

86. **D.** Hôtel /Manger.

87. **A.** Aube/Vieillesse.

88. **B.** Ce garçon est un véritable ouragan.

89. **A.** Épicurien.

90. **B.** Mortel.

91. **D.** Limpide.

92. **B.** Foi.

93. **C.** S'engager dans une lutte.

94. **B.** Un besoin irrésistible de parler.

95. **D.** Pensée.

96. **C.** Entendre.

97. **B.** Il ne faut pas disposer d'un bien avant d'être sûr de l'avoir.

98. **A.** Vivre des jours heureux.

99. **C.** Masquer sa colère tout en riant.

100. **C.** Créatif.

3 Histoire, géographie, géopolitique

1 Préhistoire, Antiquité, Moyen Âge et Ancien Régime

1. En 2021 des archéologues ont annoncé avoir découvert une nouvelle espèce d'homme préhistorique de type Homo. Dans quel pays cette découverte a a-t-elle été faite ?

☐ **A.** Ouganda. ☐ **B.** Mongolie. ☐ **C.** Israël. ☐ **D.** Tunisie

2. Quelle est la période la plus longue de la préhistoire ?

☐ **A.** L'âge de pierre. ☐ **C.** L'âge de fer.
☐ **B.** L'âge de bronze. ☐ **D.** L'âge de glace.

3. Parmi les quatre périodes proposées laquelle n'existe pas dans la préhistoire ?

☐ **A.** Néolithique. ☐ **C.** Théolitique.
☐ **B.** Mésolithique. ☐ **D.** Paléolithique.

4. Dans quel pays a été découvert le premier squelette de l'homme de Néandertal ?

☐ **A.** Italie. ☐ **B.** Allemagne. ☐ **C.** Maroc. ☐ **D.** Espagne.

5. Quel prénom a été donné à la première femme australopithèque découverte en 1974 ?

☐ **A.** Amy. ☐ **B.** Jessy. ☐ **C.** Lucy. ☐ **D.** Nancy.

6. Quelle est la grande invention du Néolithique ?

☐ **A.** La roue. ☐ **C.** L'arc.
☐ **B.** Le feu. ☐ **D.** L'agriculture.

7. Comment appelle-t-on les premiers hommes de l'histoire de l'humanité ?

☐ **A.** Homo Habilis. ☐ **C.** Australopithèque.
☐ **B.** Homo Sapiens. ☐ **D.** Homo Erectus.

8. Quel continent est considéré comme le berceau de l'humanité ?

☐ **A.** Australie. ☐ **B.** Afrique. ☐ **C.** Europe. ☐ **D.** Asie.

9. Quelle découverte signe la fin de la préhistoire ?

☐ **A.** L'écriture. ☐ **C.** La sculpture.
☐ **B.** La peinture. ☐ **D.** La couture.

10. Pendant la période paléolithique les hommes étaient :

☐ **A.** Sédentaires. ☐ **B.** Nomades. ☐ **C.** Locataires. ☐ **D.** Ermites.

11. À quelle date a été découverte la grotte de Lascaux ?

☐ A. Le 12 septembre 1940. ☐ **C.** Le 24 novembre 1957.
☐ **B.** Le 9 juin 1919. ☐ **D.** Le 12 décembre 1983.

12. Quel homme préhistorique Néandertal a-t-il rencontré ?

- ☐ **A.** Homo Habilis.
- ☐ **B.** Homo Rhodesiensis.
- ☐ **C.** Homo Ergarster.
- ☐ **D.** Homo Sapiens.

13. Où a été trouvé le crâne de l'homme de Tautavel ?

- ☐ **A.** Grotte de Lascaux.
- ☐ **B.** Grotte de l'Arago.
- ☐ **C.** Grotte de Niaux.
- ☐ **D.** Gouffre de Padirac.

14. Quel animal n'est pas contemporain de l'homme préhistorique ?

- ☐ **A.** Le renne.
- ☐ **B.** Le cheval.
- ☐ **C.** Le diplodocus.
- ☐ **D.** L'ours brun.

15. Avec quels matériaux fabrique-t-on du feu ?

- ☐ **A.** Silex et marcassite.
- ☐ **B.** Marcassite et calcaire.
- ☐ **C.** Silex et granite.
- ☐ **D.** Deux silex.

16. L'homme de Néandertal mangeait essentiellement :

- ☐ **A.** Des graines et des racines.
- ☐ **B.** Des fruits.
- ☐ **C.** De la viande.
- ☐ **D.** Du pain.

17. L'homme de Néandertal est le premier homme préhistorique à :

- ☐ **A.** Enterrer ses défunts.
- ☐ **B.** Écrire.
- ☐ **C.** Construire des habitations.
- ☐ **D.** Construire des systèmes d'irrigation.

18. Avec quelle arme chassait l'homme de Néandertal ?

- ☐ **A.** Un propulseur.
- ☐ **B.** Une lance.
- ☐ **C.** Une arbalète.
- ☐ **D.** Une hache polie.

19. D'où est originaire l'homme de Néandertal ?

- ☐ **A.** Afrique.
- ☐ **B.** Amériques.
- ☐ **C.** Europe.
- ☐ **D.** Océanie.

20. Quel nom donne-t-on à la grande place publique présente dans chaque cité grecque ?

- ☐ **A.** L'agora.
- ☐ **B.** L'acropole.
- ☐ **C.** Le temenos.
- ☐ **D.** La pnyx.

21. Contre quels ennemis combattirent les Grecs lors des guerres médiques ?

- ☐ **A.** Les Romains.
- ☐ **B.** Les Gaulois.
- ☐ **C.** Les Phéniciens.
- ☐ **D.** Les Perses.

22. Quel nom donne-t-on aux esclaves de la cité de Sparte ?

- ☐ **A.** Les métèques.
- ☐ **B.** Les hilotes.
- ☐ **C.** Les périèques.
- ☐ **D.** Les xenos.

23. Parmi ces accusations laquelle ne fut pas portée à l'encontre de Socrate lors de son procès ?

- ☐ **A.** Corrompre la jeunesse.
- ☐ **B.** Ne pas reconnaître les dieux de la cité.
- ☐ **C.** Trahir sa patrie.
- ☐ **D.** Importer de nouveaux dieux.

24. Quel grand philosophe Grec fut le précepteur d'Alexandre le Grand ?

- ☐ **A.** Aristote.
- ☐ **B.** Euclide.
- ☐ **C.** Platon.
- ☐ **D.** Épicure.

25. Combien de guerriers Spartiates sont morts lors de la bataille des Thermopyles contre les Perses ?

- ☐ **A.** 300.
- ☐ **B.** 30.
- ☐ **C.** 3.
- ☐ **D.** 3 000.

26. Quel système politique régissait la cité d'Athènes ?

- ☐ **A.** Oligarchique.
- ☐ **B.** Impérial.
- ☐ **C.** Tyrannique.
- ☐ **D.** Démocratique.

27. À quelle date fut assassiné Jules César ?

- ☐ **A.** Le 15 mars 32 av. J.-C.
- ☐ **B.** Le 15 mars 44 av. J.-C.
- ☐ **C.** Le 15 mars 54 av. J.-C.
- ☐ **D.** Le 15 mars 40 av. J.-C.

28. Lors de la création des Jeux olympiques antiques une seule épreuve était disputée. Laquelle ?

- ☐ **A.** Le pentathlon.
- ☐ **B.** La course.
- ☐ **C.** La lutte.
- ☐ **D.** Le javelot.

29. Dans quelle ville les pèlerins malades du monde grec antique se rendaient-ils pour être guéris ?

- ☐ **A.** Épidaure.
- ☐ **B.** Corinthe.
- ☐ **C.** Héraklion.
- ☐ **D.** Delphes.

30. Dans la Grèce antique qu'était l'Ecclésia ?

- ☐ **A.** L'Assemblée politique.
- ☐ **B.** L'Assemblée du peuple.
- ☐ **C.** L'Assemblée des esclaves.
- ☐ **D.** L'Assemblée des prêtresses.

31. Quel poison causa la mort de Socrate ?

- ☐ **A.** Le cyanure.
- ☐ **B.** La ciguë.
- ☐ **C.** L'arsenic.
- ☐ **D.** La belladone.

32. Quel égyptologue a découvert le tombeau de Toutankhamon ?

- ☐ **A.** Indiana Jones.
- ☐ **B.** Prosper Mérimée.
- ☐ **C.** Howard Carter.
- ☐ **D.** Agatha Christie.

33. Qu'est-ce qu'un pharaon ?

- ☐ **A.** Un dieu.
- ☐ **B.** Un prince.
- ☐ **C.** Un roi.
- ☐ **D.** Un prêtre.

34. Qui est l'architecte qui a conçu les plans de la première pyramide à degré du monde ?

☐ **A.** Numerobis. ☐ **B.** Imhotep. ☐ **C.** Kanofer. ☐ **D.** Keops.

35. Qui a déchiffré la pierre de Rosette ?

☐ **A.** Champollion. ☐ **C.** Voltaire.

☐ **B.** Napoléon. ☐ **D.** Galilée.

36. Lors du rituel de momification des morts quel organe n'était pas prélevé pour être conservé dans un vase ?

☐ **A.** Le pancréas. ☐ **B.** Le cœur. ☐ **C.** Les reins. ☐ **D.** Le foie.

37. Comment appelle-t-on le symbole qui contient le nom d'un pharaon ?

☐ **A.** Un cartouche. ☐ **C.** Une ouchebti.

☐ **B.** Une amulette. ☐ **D.** Un hiéroglyphe.

38. Avec lequel de ces hommes illustres Cléopâtre a-t-elle vécu une relation amoureuse ?

☐ **A.** Atilla. ☐ **C.** Marc-Antoine.

☐ **B.** Achille. ☐ **D.** Napoléon.

39. À quoi servaient les pyramides ?

☐ **A.** D'habitations. ☐ **C.** De tours de guet.

☐ **B.** De greniers à blé. ☐ **D.** De tombeaux royaux.

40. Qui était le mari de Néfertiti ?

☐ **A.** Ramses II. ☐ **C.** Akhenaton.

☐ **B.** Toutankhamon. ☐ **D.** Keops.

41. D'où vient l'obélisque qui trône sur la place de la concorde à Paris ?

☐ **A.** Gizeh. ☐ **B.** Alexandrie. ☐ **C.** Thèbes. ☐ **D.** Louxor.

42. Comment était organisé le calendrier de l'Égypte antique ?

☐ **A.** Sur les fluctuations du Nil. ☐ **C.** Sur les fêtes des dieux.

☐ **B.** Sur les naissances des pharaons. ☐ **D.** Sur les éclipses solaires.

43. À quel âge est mort le pharaon Toutankhamon ?

☐ **A.** Environ 19 ans. ☐ **C.** Environ 30 ans

☐ **B.** Environ 6 ans ☐ **D.** Environ 70 ans.

44. Sur quelle période s'est étendue l'Égypte antique ?

☐ **A.** 6150 av. J.-C.-30 av. J.-C. ☐ **C.** 2250 av. J.-C.-30 av. J.-C.

☐ **B.** 3150 av. J.-C.-30 av. J.-C. ☐ **D.** 1250 av. J.-C.-30 av. J.-C.

45. Parmi ces femmes laquelle n'a jamais été reine d'Égypte ?

☐ **A.** Hatchepsout. ☐ **C.** Cléopâtre.

☐ **B.** Nefertiti. ☐ **D.** Amaounet.

46. Qui n'était pas une divinité ?

☐ **A.** Isis. ☐ **B.** Osiris. ☐ **C.** Keops. ☐ **D.** Douat.

47. En quelle année les troupes de César incendièrent la grande bibliothèque d'Alexandrie ?

☐ **A.** En 35 av. J.-C.
☐ **B.** En 47 av J.-C.
☐ **C.** En 55 av J.-C.
☐ **D.** En 62 av J.-C.

48. Où a été trouvé le tombeau de Toutankhamon ?

☐ **A.** Dans la vallée des rois.
☐ **B.** Dans la pyramide de Gizet.
☐ **C.** Dans la pyramide de Keops.
☐ **D.** Dans la pyramide de Kephren.

49. Qui a été la dernière reine d'Égypte ?

☐ **A.** Cléopâtre VII.
☐ **B.** Cléopâtre IV.
☐ **C.** Cléopâtre I.
☐ **D.** Cléopâtre X.

50. Quel est le rôle du scribe ?

☐ **A.** Diriger des travaux.
☐ **B.** Diriger des soldats.
☐ **C.** Rédiger des textes à la main.
☐ **D.** Préparer les repas royaux.

51. À partir de l'an 1000 les villes s'enrichissent grâce :

☐ **A.** Au tourisme.
☐ **B.** Au commerce de draps et de laines.
☐ **C.** Au commerce de bois.
☐ **D.** Au commerce agricole.

52. Quel instrument de musique n'existait pas au Moyen Âge ?

☐ **A.** La guitare.
☐ **B.** La harpe.
☐ **C.** La guiterne.
☐ **D.** Le tambourin.

53. Entre quelles périodes se situe le Moyen Âge ?

☐ **A.** Révolution et Second Empire.
☐ **B.** Époque moderne et Révolution française
☐ **C.** Préhistoire et Antiquité.
☐ **D.** Antiquité et époque moderne.

54. Comment appelait-on le four collectif dans lequel les habitants d'une seigneurie étaient obligés d'aller cuire leur pain ?

☐ **A.** Le four bancal.
☐ **B.** Le four banal.
☐ **C.** Le four communal.
☐ **D.** Le four seigneurial.

55. Environ combien d'années a duré le Moyen Âge ?

☐ **A.** 1 000 ans. ☐ **B.** 1 500 ans. ☐ **C.** 500 ans. ☐ **D.** 800 ans.

56. Quelle plante servant à fabriquer du tissu n'est pas cultivée au Moyen Âge ?

☐ **A.** Le coton.
☐ **B.** Le lin.
☐ **C.** Le chanvre.
☐ **D.** La soie.

57. En quelle année Charlemagne a-t-il été sacré empereur ?

- ☐ **A.** En l'an 1000.
- ☐ **B.** En l'an 800.
- ☐ **C.** En l'an 600.
- ☐ **D.** En l'an 700.

58. À quelle dynastie appartient le roi Clovis ?

- ☐ **A.** Carolingienne.
- ☐ **B.** Capétienne.
- ☐ **C.** Valencienne.
- ☐ **D.** Mérovingienne.

59. Qu'est-ce qu'un astrolabe ?

- ☐ **A.** Un instrument qui mesure la hauteur des astres.
- ☐ **B.** Un laboratoire d'astronomie.
- ☐ **C.** L'ancêtre du planétarium.
- ☐ **D.** Une arme de guerre.

60. En combien de période se divise le Moyen Âge ?

- ☐ **A.** 1.
- ☐ **B.** 2.
- ☐ **C.** 3.
- ☐ **D.** 4.

61. Quelles sont les deux dynasties qui ont gouverné la France pendant le haut Moyen Âge ?

- ☐ **A.** Capétien et Valois.
- ☐ **B.** York et Tudor.
- ☐ **C.** Mérovingien et Carolingien.
- ☐ **D.** Plantagenêt et Capétien.

62. En combien de classes la société médiévale était-elle divisée ?

- ☐ **A.** 2.
- ☐ **B.** 3.
- ☐ **C.** 5.
- ☐ **D.** 7.

63. Qui était la mère de Saint Louis ?

- ☐ **A.** Marguerite de Provence.
- ☐ **B.** Blanche de Castille.
- ☐ **C.** Marguerite de Valois.
- ☐ **D.** Jeanne la Folle.

64. Combien d'années a duré la guerre de Cent Ans ?

- ☐ **A.** 96 ans.
- ☐ **B.** 100 ans.
- ☐ **C.** 105 ans.
- ☐ **D.** 116 ans.

65. Quel roi était surnommé Saint Louis ?

- ☐ **A.** Louis IX.
- ☐ **B.** Louis XI.
- ☐ **C.** Louis III.
- ☐ **D.** Louis XV.

66. Qu'est-ce que la loi salique ?

- ☐ **A.** La généralisation de l'impôt prélevé sur le sel.
- ☐ **B.** La loi organisant les rites religieux.
- ☐ **C.** La loi interdisant les femmes de prétendre au trône.
- ☐ **D.** La loi organisant la salubrité des voies publiques.

67. Qui est la mère de Richard Cœur de Lion ?

- ☐ **A.** Aliénor d'Aquitaine.
- ☐ **B.** Berthe aux grands pieds.
- ☐ **C.** Anne de Bretagne.
- ☐ **D.** Isabeau de Barrière.

68. Quel est le nom du grand maître des templiers morts sur le bûcher sous le règne de Philippe le Bel ?

- ▢ **A.** Jaques de Molay.
- ▢ **B.** Hugues de Payns.
- ▢ **C.** Bertrand de Blanquefort.
- ▢ **D.** Bernard de Tramelay.

69. Comment les Cathares se nommaient-ils eux-mêmes ?

- ▢ **A.** Les Bons croyants.
- ▢ **B.** Les Nouveaux chrétiens.
- ▢ **C.** Les Albigeois.
- ▢ **D.** Les Vertueux.

70. En quelle année a été créée l'Inquisition française ?

- ▢ **A.** 950.
- ▢ **B.** 1200.
- ▢ **C.** 993.
- ▢ **D.** 1233.

71. À quel âge Jeanne d'Arc prit-elle le commandement de l'armée du roi de France en 1429 ?

- ▢ **A.** 14 ans.
- ▢ **B.** 21 ans.
- ▢ **C.** 12 ans.
- ▢ **D.** 17 ans.

72. Quelle maladie frappe les populations de toute l'Europe de 1347 à 1351 ?

- ▢ **A.** La variole.
- ▢ **B.** La peste bubonique.
- ▢ **C.** La lèpre.
- ▢ **D.** Le choléra.

73. En quelle année Christophe Colomb découvre-t-il l'Amérique ?

- ▢ **A.** 1482.
- ▢ **B.** 1512.
- ▢ **C.** 1332.
- ▢ **D.** 1492.

74. Quel roi Anglais est connu pour avoir eu six épouses et en avoir fait exécuter deux d'entre elles ?

- ▢ **A.** Henry VIII.
- ▢ **B.** Guillaume le Conquérant.
- ▢ **C.** Richard Cœur de Lion.
- ▢ **D.** Jean sans Terre.

75. Quelle femme issue de la noblesse est devenue une pirate célèbre par vengeance au XIVe siècle ?

- ▢ **A.** Jeanne de Belleville.
- ▢ **B.** Jeanne du Perche-Montfort.
- ▢ **C.** Christine de Pisan.
- ▢ **D.** Marie de France.

76. Quel événement marque la fin du Moyen Âge ?

- ▢ **A.** La mort de Jeanne d'Arc.
- ▢ **B.** La prise de Constantinople par les Ottomans.
- ▢ **C.** La dissolution de l'ordre des Templiers.
- ▢ **D.** La mort d'Isabelle la Catholique.

77. Qu'appelle-t-on l'Ancien Régime ?

- ▢ **A.** La France contemporaine.
- ▢ **B.** La France d'avant la Révolution.
- ▢ **C.** La France médiévale.
- ▢ **D.** La Première République.

78. Quel était le régime politique le plus répandu en Europe au XVIIIe siècle ?

- ▢ **A.** La république.
- ▢ **B.** La dictature.
- ▢ **C.** La monarchie.
- ▢ **D.** L'anarchie.

79. Comment appelle-t-on un roi qui a tous les pouvoirs ?

☐ **A.** Un monarque absolu.
☐ **B.** Un empereur.
☐ **C.** Un dictateur.
☐ **D.** Un tyran.

80. Quel était le surnom de Louis XIV ?

☐ **A.** Le Roi-Éclairé.
☐ **B.** Le Roi-Divin.
☐ **C.** Le Roi-Danseur.
☐ **D.** Le Roi-Soleil.

81. Sous l'Ancien Régime la société française était divisée en trois ordres. Lesquels ?

☐ **A.** Les serfs/ les seigneurs/ les rois.
☐ **B.** Le clergé/ la noblesse/ le tiers état.
☐ **C.** Le prolétariat/ la bourgeoisie/ l'aristocratie.
☐ **D.** Les esclaves/ les artisans/ Les seigneurs.

82. De quel roi le cardinal de Richelieu était-il le principal ministre ?

☐ **A.** Louis-Philippe.
☐ **B.** Louis XV.
☐ **C.** Louis XIV.
☐ **D.** Louis XIII.

83. Qui est Louis XVI par rapport à Louis XV ?

☐ **A.** Son petit-fils.
☐ **B.** Son cousin.
☐ **C.** Son arrière-petit-fils.
☐ **D.** Son oncle.

84. Qui est la mère de Louis XIII ?

☐ **A.** Marie de Médicis.
☐ **B.** Marie Leczinska.
☐ **C.** Jeanne d'Autriche.
☐ **D.** La reine Claude.

85. Comment est mort Henry IV ?

☐ **A.** De vieillesse.
☐ **B.** Assassiné par un fanatique.
☐ **C.** De la peste bubonique.
☐ **D.** D'une chute de cheval.

86. Quel roi a créé la compagnie des mousquetaires en 1622 ?

☐ **A.** François Ier
☐ **B.** Louis XIII.
☐ **C.** Louis XIV.
☐ **D.** Louis XII.

87. Quel est l'objectif de l'édit de Nantes promulgué en 1598 par Henry IV ?

☐ **A.** Instituer de nouveaux droits sur les terres aux paysans.
☐ **B.** Instituer la paix entre la France et l'Espagne.
☐ **C.** Instituer la coexistence religieuse entre catholiques et protestants.
☐ **D.** Instituer une nouvelle organisation cléricale.

88. Au XVIIIe siècle quel pays ne possède pas de colonie en Amérique ou en Afrique ?

☐ **A.** L'Allemagne.
☐ **B.** L'Angleterre.
☐ **C.** Le Portugal.
☐ **D.** la France.

89. Avec qui Anne d'Autriche assura-t-elle la régence après le décès de Louis XIII ?

- ☐ **A.** Colbert.
- ☐ **C.** Fouquet.
- ☐ **B.** Richelieu.
- ☐ **D.** Mazarin.

90. Sous l'Ancien Régime l'impôt sur les récoltes prélevé par l'Église s'appelle :

- ☐ **A.** La redevance.
- ☐ **C.** La coupe.
- ☐ **B.** La dîme.
- ☐ **D.** La taille.

91. À quelle date a été proclamée l'indépendance Américaine ?

- ☐ **A.** Le 24 juillet 1750.
- ☐ **C.** Le 4 juillet 1876.
- ☐ **B.** Le 14 juillet 1789.
- ☐ **D.** Le 4 juillet 1776.

92. Avec quelle favorite s'est marié Louis XIV à la fin de son règne ?

- ☐ **A.** Mme de Montespan.
- ☐ **C.** La princesse Palatine.
- ☐ **B.** Mme de La Vallière.
- ☐ **D.** Mme de Maintenon.

93. Quel scandale secoue le royaume de France entre 1679 et 1682 ?

- ☐ **A.** L'affaire des poisons.
- ☐ **C.** L'affaire Callas.
- ☐ **B.** L'affaire des colliers de la reine.
- ☐ **D.** L'exécution de Damiens.

94. Quel est le premier titre de Louis XV ?

- ☐ **A.** Duc de Berry.
- ☐ **C.** Duc de Bourgogne.
- ☐ **B.** Duc de Chartres.
- ☐ **D.** Comte de Provence.

95. Pourquoi Louis XVI se marie-t-il avec Marie-Antoinette en 1770 ?

- ☐ **A.** Pour récupérer la succession du Saint-Empire romain germanique.
- ☐ **B.** Pour obtenir une dot qui relèverait les finances du royaume.
- ☐ **C.** Pour sceller une alliance avec l'Autriche.
- ☐ **D.** Par amour.

96. Comment appelait-on Philippe d'Orléans le frère de Louis XIV ?

- ☐ **A.** Monsieur.
- ☐ **C.** Mademoiselle.
- ☐ **B.** Le galant.
- ☐ **D.** Le second.

97. À son accession au trône qui devient le principal ministre d'État de Louis XVI ?

- ☐ **A.** Colbert.
- ☐ **C.** Maurepas.
- ☐ **B.** Necker.
- ☐ **D.** Vergennes.

98. Qu'institue l'édit de Versailles signé le 29 janvier 1788 ?

- ☐ **A.** L'affranchissement des esclaves.
- ☐ **B.** L'abolition de la torture.
- ☐ **C.** La création de corps de pompier dans tout le royaume.
- ☐ **D.** La permission aux non catholiques de bénéficier de l'état civil.

99. Qui a été nommé par Louis XVI pour mener une expédition autour du monde en 1785 ?

- ☐ **A.** Lapérouse.
- ☐ **B.** Bougainville.
- ☐ **C.** Marco polo.
- ☐ **D.** Lafayette.

100. Charles Gravier de Vergennes est l'un des ministres les plus célèbre de Louis XVI. Quel était son domaine de compétence ?

- ☐ **A.** Les Affaires intérieures.
- ☐ **B.** Les Affaires étrangères.
- ☐ **C.** Les Affaires militaires.
- ☐ **D.** Les Affaires sociales.

Corrigé

1. **C.** Israël.
2. **A.** L'âge de pierre.
3. **C.** Théolitique.
4. **B.** Allemagne.
5. **C.** Lucy.
6. **D.** L'agriculture.
7. **A.** Homo Habilis.
8. **B.** Afrique.
9. **A.** L'écriture.
10. **B.** Nomades.
11. **D.** Le 12 septembre 1940.
12. **D.** Homo Sapiens.
13. **B.** Grotte de l'Arago.
14. **C.** Le diplodocus.
15. **A.** Silex et marcassite.
16. **C.** De la viande.
17. **A.** Enterrer ses défunts.
18. **B.** Une lance.
19. **C.** Europe.
20. **A.** L'agora.
21. **D.** Les Perses.
22. **B.** Les hilotes.
23. **C.** Trahir sa patrie.
24. **A.** Aristote.
25. **A.** 300.
26. **D.** Démocratique.
27. **B.** Le 15 mars 44 av. J.-C.
28. **B.** La course.
29. **A.** Épidaure.
30. **B.** L'Assemblée du peuple.
31. **B.** La ciguë.
32. **C.** Howard Carter.
33. **C.** Un roi.
34. **B.** Imhotep.
35. **A.** Champollion.
36. **B.** Le cœur.
37. **C.** Une ouchebti.
38. 3C. Marc-Antoine.
39. **D.** De tombeaux royaux.
40. **C.** Akhenaton.
41. **D.** Louxor.
42. **A.** Sur les fluctuations du Nil.
43. **A.** Environ 19 ans.
44. **B.** 3150 av. J.-C.-30 av. J.-C.

45. **D.** Amaounet.

46. **C.** Keops.

47. **B.** En 47 av. J.-C.

48. **A.** Dans la vallée des rois.

49. **A.** Cléopâtre VII.

50. **C.** Rédiger des textes à la main.

51. **B.** Au commerce de draps et de laines.

52. **A.** La guitare.

53. **D.** Antiquité et époque moderne.

54. **B.** Le four banal.

55. **A.** 1 000 ans.

56. **A.** Le coton.

57. **B.** En l'an 800.

58. **D.** Mérovingienne.

59. **A.** Un instrument qui mesure la hauteur des astres.

60. **C.** 3.

61. **C.** Mérovingien et Carolingien.

62. **B.** 3.

63. **B.** Blanche de Castille.

64. **D.** 116 ans.

65. **A.** Louis IX.

66. **C.** La loi interdisant les femmes de prétendre au trône.

67. **A.** Alienor d'Aquitaine.

68. **A.** Jacques de Molay.

69. **C.** Les Albigeois.

70. **D.** 1233.

71. **D.** 17 ans.

72. **B.** La peste bubonique.

73. **D.** 1492.

74. **A.** Henry VIII.

75. **A.** Jeanne de Belleville.

76. **B.** La prise de Constantinople par les Ottomans.

77. **B.** La France d'avant la Révolution.

78. **C.** La monarchie.

79. **A.** Un monarque absolu.

80. **D.** Le Roi-Soleil.

81. **B.** Le clergé / la noblesse / le tiers état.

82. **D.** Louis XIII.

83. **A.** Son petit-fils.

84. **A.** Marie de Médicis.

85. **B.** Assassiné par un fanatique.

86. **B.** Louis XIII.

87. **C.** Instituer la coexistence religieuse entre catholiques et protestants.

88. **A.** L'Allemagne.

89. **D.** Mazarin.

90. **B.** La dîme.

91. **D.** Le 4 juillet 1776.

92. **D.** Mme de Maintenon.

93. **A.** L'affaire des poisons.

94. **A.** Duc de Berry.

95. **C.** Pour sceller une alliance avec l'Autriche.

96. **A.** Monsieur.

97. **C.** Maurepas.

98. **D.** La permission aux non catholiques de bénéficier de l'état civil.

99. **A.** Lapérouse.

100. **B.** Les Affaires étrangères.

2 Révolution, Empire, XXe siècle

1. En 1789 les difficultés de la monarchie française sont surtout d'ordre :

- ☐ **A.** Religieux.
- ☐ **B.** Économique.
- ☐ **C.** Financier.
- ☐ **D.** Militaire.

2. Quel événement apparaît comme l'élément déclencheur de la Révolution française :

- ☐ **A.** La mort du roi.
- ☐ **B.** L'élection d'un nouveau pape.
- ☐ **C.** La suppression des parlements.
- ☐ **D.** La réunion des états généraux.

3. La prise de la Bastille a eu lieu le :

- ☐ **A.** 8 juin 1789.
- ☐ **B.** 4 juillet 1789.
- ☐ **C.** 14 juillet 1789.
- ☐ **D.** 9 juillet 1789.

4. Comment appelle-t-on la période la plus sanglante de la Révolution française ?

- ☐ **A.** L'enfer.
- ☐ **B.** La terreur.
- ☐ **C.** L'horreur.
- ☐ **D.** L'effroi.

5. Louis XVI a été guillotiné le :

- ☐ **A.** 21 janvier 1793.
- ☐ **B.** 21 décembre 1793.
- ☐ **C.** 21 février 1793.
- ☐ **D.** 21 mars 1792.

6. Lors du serment du jeu de paume qui a dit : « Nous sommes ici par la volonté du peuple, nous n'en sortirons que par la force des baïonnettes » ?

- ☐ **A.** Danton.
- ☐ **B.** Robespierre.
- ☐ **C.** Desmoulins.
- ☐ **D.** Mirabeau.

7. Qu'est-ce que la Bastille en 1789 ?

- ☐ **A.** Un monastère.
- ☐ **B.** Une prison royale.
- ☐ **C.** Un hôpital militaire.
- ☐ **D.** La résidence de la favorite du roi.

8. Quel était le surnom de Robespierre ?

- ☐ **A.** L'Incorruptible.
- ☐ **B.** Le Tyran.
- ☐ **C.** L'Infaillible.
- ☐ **D.** Le Bourreau.

9. Comment appelait-on les partisans de la Révolution française ?

- ☐ **A.** Les Muscadins.
- ☐ **B.** Les Téméraires.
- ☐ **C.** Les Sans-culottes.
- ☐ **D.** Les Héroïques.

10. Quel était le métier de Danton ?

- ☐ **A.** Médecin.
- ☐ **B.** Militaire.
- ☐ **C.** Journaliste.
- ☐ **D.** Avocat.

11. Où fut assassiné J.-P. Marat par Charlotte Corday en 1793 ?

- ☐ **A.** En pleine rue.
- ☐ **B.** Dans son bain.
- ☐ **C.** Au Parlement.
- ☐ **D.** Dans une auberge.

12. Quelle femme a rédigé la déclaration des droits des femmes et de la citoyenne en 1791 ?

☐ **A.** Marie-Antoinette.
☐ **B.** Pauline Léon.
☐ **C.** Rosalie Jullien.
☐ **D.** Olympe de Gouges.

13. Parmi ces personnages lequel n'a pas été guillotiné ?

☐ **A.** Lafayette.
☐ **B.** Philippe de Noailles.
☐ **C.** Saint Just.
☐ **D.** Danton.

14. Quel était l'objectif principal des États généraux convoqués par le roi le 5 mai 1789 ?

☐ **A.** Voter la déclaration de guerre à l'Espagne.
☐ **B.** Voter de nouveaux impôts.
☐ **C.** Voter l'abolition des privilèges féodaux.
☐ **D.** Voter l'abolition de la peine de mort.

15. Que se passe-t-il la nuit du 4 août 1789 ?

☐ **A.** L'abdication du roi Louis XVI.
☐ **B.** Le couronnement du roi Louis XVII.
☐ **C.** Le vote de l'abolition de l'esclavage.
☐ **D.** Le vote de la Déclaration des droits de l'homme et du citoyen.

16. À quel âge décède Louis XVII, fils de Louis XVI et Marie-Antoinette ?

☐ **A.** 10 Ans.
☐ **B.** 5 Ans.
☐ **C.** 15 Ans.
☐ **D.** 20 Ans.

17. Comment sont qualifiés les religieux hostiles à la constitution civile du clergé ?

☐ **A.** Les réfractaires.
☐ **B.** Les rebelles.
☐ **C.** Les insoumis
☐ **D.** Les hérétiques.

18. Dans quelle commune furent arrêtés le roi Louis XVI et sa famille lors de leur fuite en 1791 ?

☐ **A.** Vichy.
☐ **B.** Nanterre.
☐ **C.** Bagnolet.
☐ **D.** Varennes.

19. Que symbolisent les couleurs bleue et rouge sur le drapeau Français ?

☐ **A.** Le roi et le peuple.
☐ **B.** Les couleurs de Paris.
☐ **C.** Liberté et égalité.
☐ **D.** Le ciel et le sang.

20. Qui a présidé la France du 31 août 1871 au 24 mai 1873 ?

☐ **A.** Adolphe Thiers.
☐ **B.** Jules Grévy.
☐ **C.** Léon Gambetta.
☐ **D.** Gaston Doumergue.

21. Où ont été emprisonnés Louis XVI et sa famille en 1792 ?

☐ **A.** À la Bastille.
☐ **B.** À la conciergerie
☐ **C.** À Saint Lazare.
☐ **D.** À la prison du Temple.

22. Quels sont les députés qui soutiennent le régime de la Terreur ?

☐ **A.** Les montagnards.
☐ **B.** Les girondins.
☐ **C.** Les nobles.
☐ **D.** Les huguenots.

23. En quelle année commence la campagne des guerres d'Italie ?

☐ **A.** 24 mars 1796.
☐ **B.** 7 avril 1797.
☐ **C.** 28 mai 1795.
☐ **D.** 16 mars 1796.

24. Sous quelle forme de gouvernement s'achève la Révolution française ?

☐ **A.** Le Directoire.
☐ **B.** Le régime parlementaire.
☐ **C.** Le Consulat.
☐ **D.** Une monarchie constitutionnelle.

25. Quelle phrase aurait dite Marie-Antoinette à son bourreau en montant sur l'échafaud ?

☐ **A.** « Vous faites un bien triste métier ».
☐ **B.** « Monsieur je vous demande pardon, je ne l'ai pas fait exprès » (elle lui avait marché sur le pied).
☐ **C.** « Une fois votre besogne terminée buvez un verre à ma santé ».
☐ **D.** « C'est une bien belle journée pour mourir ».

26. Dans quelle ville est né Napoléon ?

☐ **A.** Ajaccio.
☐ **B.** Marseille.
☐ **C.** Bastia.
☐ **D.** Pézenas.

27. Quelle bataille remportée par Napoléon est surnommée « la bataille des trois empereurs » ?

☐ **A.** La bataille des pyramides.
☐ **B.** La bataille de Trafalgar.
☐ **C.** La bataille d'Eylau.
☐ **D.** La bataille d'Austerlitz.

28. Quel beau-frère de Napoléon se distinguait par ses talents de cavalier et ses tenues extravagantes ?

☐ **A.** Camillo Borgèse.
☐ **B.** Joachim Murat.
☐ **C.** Charles Victoire Leclerc.
☐ **D.** Pascal Felix Bacciocchi.

29. Dans quel corps d'armée Napoléon a-t-il commencé sa carrière ?

☐ **A.** L'artillerie
☐ **B.** La cavalerie.
☐ **C.** La marine.
☐ **D.** L'infanterie.

30. Quel maréchal de Napoléon est devenu roi de Norvège et de Suède en 1810 ?

☐ **A.** Pierre Augereau.
☐ **B.** Louis Nicolas Davout.
☐ **C.** Jean-Baptiste Bernadotte.
☐ **D.** Jean-Baptiste Jourdan.

31. Sur quelle île Napoléon a-t-il été envoyé en exil en 1814 ?

☐ **A.** L'île d'Elbe.
☐ **B.** Saint-Hélène.
☐ **C.** Saint-Pierre-et-Miquelon.
☐ **D.** La Martinique.

32. Quel peintre a réalisé le célèbre tableau *Le Sacre de Napoléon* représentant une des cérémonies du couronnement ?

☐ **A.** David. ☐ **B.** Gericault. ☐ **C.** Monet. ☐ **D.** Manet.

33. Quel événement marque la fin du directoire et de la Révolution française ?

☐ **A.** La mort de Louis XVII.

☐ **B.** La construction de l'unité Italienne.

☐ **C.** Le coup d'État du 18 brumaire.

☐ **D.** La formation de l'Empire colonial français.

34. Laquelle de ces institutions n'a pas été créée par Napoléon ?

☐ **A.** Les départements. ☐ **C.** Le concordat.

☐ **B.** Le code civil. ☐ **D.** La Légion d'honneur.

35. En quelle année Napoléon a-t-il été sacré empereur des Français ?

☐ **A.** 1805. ☐ **B.** 1804. ☐ **C.** 1801. ☐ **D.** 1802.

36. Quelle est la particularité du sacre de Napoléon ?

☐ **A.** Napoléon s'est couronné lui-même.

☐ **B.** Napoléon est arrivé avec deux heures de retard.

☐ **C.** Le pape a fait un malaise pendant la cérémonie.

☐ **D.** Une altercation a éclaté entre deux maréchaux de Napoléon.

37. De quelle partie de son armée Napoléon était-il très proche ?

☐ **A.** Les généraux. ☐ **C.** Les intendants.

☐ **B.** Les soldats. ☐ **D.** Les services de santé.

38. Quel terme employait Napoléon pour parler de Charlemagne ?

☐ **A.** Le roi des rois. ☐ **C.** L'illustre prédécesseur.

☐ **B.** Le père des empires. ☐ **D.** Le grand.

39. Dans les armoiries de Napoléon quel élément fait référence à la Rome impériale ?

☐ **A.** L'aigle. ☐ **C.** Les abeilles.

☐ **B.** La couleur bleue. ☐ **D.** La main de justice.

40. Quelle était la mission principale de la presse sous le Premier Empire ?

☐ **A.** Être un organe de propagande d'État.

☐ **B.** Divertir le peuple.

☐ **C.** Informer le peuple des avancées militaires de l'empereur.

☐ **D.** Instruire le peuple par la publication d'articles scientifiques et littéraires.

41. Qui était la première épouse de Napoléon ?

☐ **A.** Marie Walewska. ☐ **C.** Marie-Louise d'Autriche.

☐ **B.** Joséphine de Beauharnais. ☐ **D.** Hortense de Beauharnais.

42. Pourquoi Napoléon divorce-t-il de sa première femme ?

☐ **A.** Elle a été infidèle.

☐ **B.** Elle a comploté contre son mari.

☐ **C.** Elle ne pouvait pas avoir d'enfant.

☐ **D.** Elle a volé de l'argent dans les caisses de l'État.

43. Laquelle de ces femmes fut fiancée puis délaissée par Napoléon pour devenir reine de Suède et de Norvège en 1810 ?

☐ **A.** Éléonor Denuelle de La Plaigne.

☐ **B.** Joséphine de Beauharnais.

☐ **C.** Caroline du Colombier.

☐ **D.** Désirée Clary.

44. Quel est le premier succès militaire de Napoléon en 1793 ?

☐ **A.** Une bataille remportée à Alexandrie.

☐ **B.** Un plan de bataille victorieux à Toulon.

☐ **C.** Un commandement ingénieux de bataillon à Calvi.

☐ **D.** Une bataille remportée à Marseille.

45. Dans quel pays d'Europe Napoléon n'a-t-il pas combattu ?

☐ **A.** La Pologne.

☐ **B.** La Russie.

☐ **C.** L'Italie.

☐ **D.** La Finlande.

46. Où se situe l'île d'Elbe, première terre d'asile de Napoléon ?

☐ **A.** Dans l'océan Atlantique près de Madère.

☐ **B.** Dans la mer Méditerranée près de la Corse.

☐ **C.** Dans la Manche près de Guernesey.

☐ **D.** Dans l'océan Atlantique près des Açores.

47. Qu'appelle-t-on « les cent jours » ?

☐ **A.** La reconquête de la France par Napoléon après son exil.

☐ **B.** La campagne militaire de Russie.

☐ **C.** Les guerres de coalitions.

☐ **D.** La durée du premier mariage de Napoléon.

48. Quel est le surnom du fils de Napoléon ?

☐ **A.** L'Aiglon.

☐ **B.** Le Dauphin.

☐ **C.** Le Petit empereur.

☐ **D.** L'Héritier.

49. Où a été élevé le fils de Napoléon après sa mort ?

☐ **A.** À Paris.

☐ **B.** À Vienne.

☐ **C.** À Rome.

☐ **D.** À Calvi.

50. En quelle année a eu lieu la célèbre défaite de Waterloo ?

☐ **A.** 1815. ☐ **B.** 1812. ☐ **C.** 1816. ☐ **D.** 1814.

51. Qui succède à Napoléon au pouvoir en France le 6 avril 1814 ?

☐ **A.** Napoléon II.

☐ **B.** Louis Philippe.

☐ **C.** Louis XVIII.

☐ **D.** Napoléon III.

52. Quel évènement déclenche la révolution de Juillet 1830 ?

- ☐ **A.** Le roi voulait supprimer le droit de presse décidé pendant la Révolution.
- ☐ **B.** Le roi voulait organiser des festivités très onéreuses pour son anniversaire.
- ☐ **C.** Le roi voulait imposer de nouvelles taxes aux paysans.
- ☐ **D.** Le roi voulait révoquer la Déclaration des droits de l'homme et du citoyen.

53. Quelle dynastie arrive sur le trône en 1830 ?

- ☐ **A.** Les Bourbons.
- ☐ **B.** Les Orléans.
- ☐ **C.** Les Valois.
- ☐ **D.** Les Capétiens.

54. En quelle année a eu lieu la révolution qui a abouti à l'abdication de Charles X ?

- ☐ **A.** 1830.
- ☐ **B.** 1820.
- ☐ **C.** 1814.
- ☐ **D.** 1816.

55. Comment appelle-t-on le règne de Louis Philippe ?

- ☐ **A.** La monarchie constitutionnelle.
- ☐ **B.** La monarchie républicaine.
- ☐ **C.** La restauration royale.
- ☐ **D.** La monarchie de Juillet.

56. Quel est l'objectif de la Sainte-Alliance mise en place en 1815 ?

- ☐ **A.** Établir des régimes républicains en Europe.
- ☐ **B.** Rétablir la dynastie des Bourbons au pouvoir.
- ☐ **C.** Restaurer et maintenir une Europe monarchique et chrétienne
- ☐ **D.** Établir le suffrage universel dans toute l'Europe.

57. Qui prend le pouvoir après l'abdication de Charles X ?

- ☐ **A.** Louis Philippe.
- ☐ **B.** Charles XI.
- ☐ **C.** Napoléon III.
- ☐ **D.** Louis XVIII.

58. Quel changement majeur s'inscrit dans la charte de 1830 ?

- ☐ **A.** L'abolition de la torture.
- ☐ **B.** L'abolition de la peine de mort.
- ☐ **C.** La séparation des pouvoirs exécutifs et législatifs.
- ☐ **D.** L'instauration de la censure de presse.

59. Qui était le ministre des Affaires extérieures sous le règne de Napoléon Ier ?

- ☐ **A.** Fouché.
- ☐ **B.** Le comte de Champigny.
- ☐ **C.** Le comte d'Artois.
- ☐ **D.** Talleyrand.

60. Où ont été inhumées les cendres de Napoléon Ier en 1840 ?

- ☐ **A.** Au Louvre.
- ☐ **B.** Aux Invalides.
- ☐ **C.** Au Panthéon.
- ☐ **D.** Sous l'Arc de triomphe.

61. Comment s'appelle la galerie qui a été installée par Louis Philippe lors de la restauration du château de Versailles ?

- ☐ **A.** La galerie des Glaces.
- ☐ **B.** La galerie des Sculptures.
- ☐ **C.** La galerie des Batailles.
- ☐ **D.** La galerie des Mystères.

62. Quelle est la particularité du roi Louis-Philippe ?

- ☐ **A.** Il est le dernier roi à avoir régné en France.
- ☐ **B.** Il ne s'est jamais marié.
- ☐ **C.** Il était végétarien.
- ☐ **D.** Il parlait dix langues couramment.

63. Quelle était la particularité physique de Talleyrand ?

- ☐ **A.** Il était bossu.
- ☐ **B.** Il avait un pied bot.
- ☐ **C.** Il lui manquait un pouce.
- ☐ **D.** Il était borgne.

64. Comment appelle-t-on la révolution des 27, 28 et 29 juillet 1830 ?

- ☐ **A.** Les Trois Glorieuses.
- ☐ **B.** Les Trente Glorieuses.
- ☐ **C.** La Révolution d'été.
- ☐ **D.** La Révolution du soleil.

65. Comment appelle-t-on le régime politique institué entre la révolution de 1848 et le coup d'État de Louis Napoléon Bonaparte en 1852 ?

- ☐ **A.** La Première République.
- ☐ **B.** La République éclair.
- ☐ **C.** La République éclairée.
- ☐ **D.** La Seconde République.

66. La Seconde République a duré :

- ☐ **A.** 1 an.
- ☐ **B.** 12 ans.
- ☐ **C.** 4 ans.
- ☐ **D.** 22 ans.

67. Louis Napoléon Bonaparte est :

- ☐ **A.** Le cousin issu de germain de Napoléon Ier.
- ☐ **B.** Le neveu de Napoléon Ier.
- ☐ **C.** Le cousin de Napoléon Ier.
- ☐ **D.** Le petit-fils de Napoléon Ier.

68. Pourquoi le parti de l'ordre a soutenu l'élection de Louis Napoléon Bonaparte comme président ?

- ☐ **A.** Car il voulait aider les classes les plus pauvres de la société.
- ☐ **B.** Car c'était un homme politique brillant.
- ☐ **C.** Car il avait soudoyé le parti de l'ordre avec des pots-de-vin.
- ☐ **D.** Car il était considéré comme facile à manipuler.

69. Que se passe-t-il le 4 septembre 1870 ?

- ☐ **A.** La défaite de Sedan.
- ☐ **B.** L'entrée des Prussiens dans Paris.
- ☐ **C.** La proclamation de la République.
- ☐ **D.** La Commune de Paris.

70. Le diplomate et entrepreneur Français Ferdinand de Lesseps est connu pour :

- ☐ **A.** S'être occupé du percement du canal de Suez.
- ☐ **B.** Avoir fait de multiples expéditions au Moyen-Orient.
- ☐ **C.** Être le premier gouverneur de l'Indochine.
- ☐ **D.** Avoir négocié la paix avec les Prussiens.

71. Quel événement a déclenché la Commune de Paris ?

- ☐ **A.** Le renforcement des militaires de la Garde nationale dans Paris.
- ☐ **B.** La suppression de la liberté syndicale.
- ☐ **C.** La famine due au siège de paris par les Allemands.
- ☐ **D.** La décision du gouvernement d'Adolphe Thiers de retirer leurs armes et canons aux révolutionnaires parisiens.

72. Quelle fonction politique a rempli Napoléon III avant de devenir empereur ?

- ☐ **A.** Président de la République.
- ☐ **B.** Député.
- ☐ **C.** Maire.
- ☐ **D.** Juge.

73. Qui dirige la répression de la commune ?

- ☐ **A.** Mac Mahon.
- ☐ **B.** Gambetta.
- ☐ **C.** Adolphe Thiers.
- ☐ **D.** Jules ferry.

74. Les bases de la IIIe République ont été fixées par :

- ☐ **A.** Un traité de paix signé avec l'Allemagne.
- ☐ **B.** L'Assemblée constituante.
- ☐ **C.** Des lois constitutionnelles votées en 1875.
- ☐ **D.** Par différents décrets établis par le président.

75. Qui est la mère de Napoléon III ?

- ☐ **A.** Hortense de Beauharnais.
- ☐ **B.** Joséphine de Beauharnais.
- ☐ **C.** Marie-Louise d'Autriche.
- ☐ **D.** Désirée Clary.

76. Quel était le métier de Louise Michel figure emblématique de la Commune ?

- ☐ **A.** Lingère.
- ☐ **B.** Enseignante.
- ☐ **C.** Députée.
- ☐ **D.** Cuisinière.

77. À quelle date a eu lieu la défaite de Sedan ?

- ☐ **A.** Le 8 septembre 1870.
- ☐ **B.** Le 2 septembre 1870.
- ☐ **C.** Le 1er septembre 1870.
- ☐ **D.** Le 30 août 1870.

78. Dans quel pays Napoléon III est-il parti en exil après la proclamation de la IIIe République ?

- ☐ **A.** Italie.
- ☐ **B.** Espagne.
- ☐ **C.** Angleterre.
- ☐ **D.** Portugal.

79. Comment Victor Hugo appelait-il Napoléon III ?

- ☐ **A.** Le bêta.
- ☐ **B.** Le nabot.
- ☐ **C.** Le grincheux.
- ☐ **D.** Le petit.

80. De quel pays est originaire Eugénie de Montijo, la femme de Napoléon III ?

- ☐ **A.** Espagne.
- ☐ **B.** Italie.
- ☐ **C.** Argentine.
- ☐ **D.** Mexique.

81. Combien d'enfants ont eu Napoléon III et sa femme ?

☐ **A.** 1. ☐ **B.** 3. ☐ **C.** 6. ☐ **D.** 10.

82. Quelle commune française a connu un véritable essor sous l'influence de l'impératrice Eugénie ?

☐ **A.** Bayonne. ☐ **B.** Dax. ☐ **C.** Biarritz. ☐ **D.** Pau.

83. Qui est à l'origine de la réorganisation urbaine de Paris durant le Second Empire ?

☐ **A.** Gustave Eiffel.
☐ **B.** Le baron Haussmann.
☐ **C.** Le duc de Morny.
☐ **D.** Adolphe Thiers.

84. La politique menée lors du Second Empire, est connue pour :

☐ **A.** De grandes avancées sociales.
☐ **B.** De grandes victoires militaires.
☐ **C.** La modernisation de Paris et des communes voisines.
☐ **D.** Avoir voulu rétablir les privilèges monarchiques.

85. Quelles sont les dates du Second Empire ?

☐ **A.** 1852-1870. ☐ **B.** 1850-1870. ☐ **C.** 1845-1870. ☐ **D.** 1842-1870.

86. Pour Napoléon III, l'Empire c'est :

☐ **A.** La beauté.
☐ **B.** La paix.
☐ **C.** La guerre.
☐ **D.** La richesse.

87. Plusieurs banques ont vu le jour sous le Second Empire. Laquelle n'a pas été créée à cette époque ?

☐ **A.** La Société générale.
☐ **B.** La Banque populaire.
☐ **C.** Le Crédit industriel et commercial.
☐ **D.** Le Crédit lyonnais.

88. Comment s'appelle la première guerre du Second Empire qui vit les Français et les Anglais combattre contre les Russes ?

☐ **A.** La guerre du Bosphore.
☐ **B.** La guerre de Crimée.
☐ **C.** La guerre de Sibérie.
☐ **D.** La Guerre de la mer Noire.

89. Quel est le pays que Napoléon III aida à s'unifier en mettant son armée à disposition ?

☐ **A.** L'Espagne.
☐ **B.** L'Italie.
☐ **C.** La Grèce.
☐ **D.** L'Algérie.

90. Quelle région française se couvrit d'une immense forêt sous Napoléon III ?

☐ **A.** Le Languedoc.
☐ **B.** La Bourgogne.
☐ **C.** Le Lot.
☐ **D.** Les Landes.

91. Quel musicien français du Second Empire incarne l'insouciance de cette époque ?

☐ **A.** Claude Debussy.
☐ **B.** Jacques Offenbach.
☐ **C.** Hector Berlioz.
☐ **D.** Erik Satie.

92. En quelle année fut organisée la première exposition universelle à Paris ?

- ☐ **A.** 1840.
- ☐ **B.** 1855.
- ☐ **C.** 1845.
- ☐ **D.** 1850.

93. Quel est le chancelier prussien à l'origine de la chute du Second Empire par la guerre de 1870 ?

- ☐ **A.** Bismarck.
- ☐ **B.** Chlodwig.
- ☐ **C.** Leo Von Caprivi.
- ☐ **D.** Von Bülow.

94. En quelle année décède l'impératrice Eugénie ?

- ☐ **A.** 1873.
- ☐ **B.** 1920.
- ☐ **C.** 1810.
- ☐ **D.** 1899.

95. Laquelle de ces guerres n'a pas eu lieu sous le Second Empire ?

- ☐ **A.** La conquête de l'Indochine.
- ☐ **B.** La conquête du Mexique.
- ☐ **C.** La conquête du Sénégal.
- ☐ **D.** La conquête de l'Algérie.

96. Quelle est la date de l'abolition de l'esclavage ?

- ☐ **A.** 27 avril 1789.
- ☐ **B.** 27 avril 1808
- ☐ **C.** 27 avril 1818.
- ☐ **D.** 27 avril 1848.

97. À quel âge décède le prince impérial fils de Napoléon III ?

- ☐ **A.** 18 ans.
- ☐ **B.** 32 ans.
- ☐ **C.** 23 ans.
- ☐ **D.** 27 ans.

98. Lequel de ces écrivains n'est pas du XIXe siècle ?

- ☐ **A.** Émile Zola.
- ☐ **B.** Diderot.
- ☐ **C.** Victor Hugo.
- ☐ **D.** Honoré de Balzac.

99. Qui a aboli l'esclavage ?

- ☐ **A.** Raymond Poincaré.
- ☐ **B.** Georges Clemenceau.
- ☐ **C.** Victor Schœlcher.
- ☐ **D.** Léon Gambetta.

100. Qui proclame la IIIe République en 1870 ?

- ☐ **A.** Raymond Poincaré.
- ☐ **B.** Georges Clemenceau.
- ☐ **C.** Paul Deschanel.
- ☐ **D.** Léon Gambetta.

Corrigé

1. C. Financier.

2. D. La réunion des états généraux.

3. C. 14 juillet 1789.

4. **B.** La Terreur.

5. **A.** 21 janvier 1793.

6. **D.** Mirabeau.

7. **B.** Une prison royale.

8. **A.** L'incorruptible.

9. **C.** Les Sans-culottes.

10. **D.** Avocat.

11. **B.** Dans son bain.

12. Olympe de Gouges.

13. **A.** Lafayette.

14. **B.** Voter de nouveaux impôts.

15. **D.** Le vote de la déclaration des droits de l'homme et du citoyen.

16. **A.** 10 Ans.

17. **A.** Les réfractaires.

18. **D.** Varennes.

19. **B.** Les couleurs de Paris.

20. **A.** Adolphe Thiers.

21. **D.** À la prison du temple.

22. **A.** Les montagnards.

23. **A.** 24 mars 1796.

24. **C.** Le Consulat.

25. **B.** « Monsieur je vous demande pardon, je ne l'ai pas fait exprès » (elle lui avait marché sur le pied).

26. **A.** Ajaccio.

27. **D.** La bataille d'Austerlitz.

28. **B.** Joachim Murat.

29. **A.** L'artillerie.

30. **C.** Jean-Baptiste Bernadotte.

31. **B.** Saint-Hélène.

32. **A.** David.

33. **C.** Le coup d'État du 18 brumaire.

34. **A.** Les départements.

35. **B.** 1804.

36. **A.** Napoléon s'est couronné lui-même.

37. **B.** Les soldats.

38. **C.** L'illustre prédécesseur.

39. **A.** L'aigle.

40. **A.** Être un organe de propagande d'État.

41. **B.** Joséphine de Beauharnais.

42. **C.** Elle ne pouvait pas avoir d'enfant.

43. **D.** Désirée Clary.

44. **B.** Un plan de bataille victorieux à Toulon.

45. **D.** La Finlande.

46. **B.** Dans la mer Méditerranée près de la Corse.

47. **A.** La reconquête de la France par Napoléon après son exil.

48. **A.** L'Aiglon.

49. **B.** À Vienne.

50. **D.** 1814.

51. **C.** Louis XVIII.

52. **A.** Le roi voulait supprimer le droit de presse décidé pendant la Révolution.

53. **B.** Les Orléans.

54. **A.** 1830.

55. **D.** La monarchie de Juillet.

56. **C.** Restaurer et maintenir une Europe monarchique et chrétienne.

57. **A.** Louis Philippe.

58. **C.** La séparation des pouvoirs exécutifs et législatifs.

59. **D.** Talleyrand.

60. **B.** Aux Invalides.

61. **C.** La galerie des Batailles.

62. **A.** Il est le dernier roi à avoir régné en France.

63. **A.** Il était bossu.

64. **A.** Les Trois Glorieuses.

65. **D.** La Seconde République.

66. **C.** 4 ans.

67. **B.** Le neveu de Napoléon Ier.

68. **D.** Car il était considéré comme facile à manipuler.

69. **C.** La proclamation de la république.

70. **A.** S'être occupé du percement du canal de Suez.

71. **D.** La décision du gouvernement d'Adolphe Thiers de retirer leurs armes et canons aux révolutionnaires parisiens.

72. **A.** Président de la République.

73. **C.** Adolphe Thiers.

74. **C.** Des lois constitutionnelles votées en 1875.

75. **A.** Hortense de Beauharnais.

76. **B.** Enseignante.

77. **B.** Le 2 septembre 1870.

78. **C.** Angleterre.

79. **D.** Le petit.

80. **A.** Espagne.

81. **A.** 1.

82. **C.** Biarritz.

83. **B.** Le baron Haussmann.

84. **C.** La modernisation de Paris et des communes voisines.

85. **A.** 1852-1870.

86. **B.** La paix.

87. **B.** La Banque populaire.

88. **B.** La guerre de Crimée.

89. **B.** L'Italie.

90. **D.** Les Landes.

91. **B.** Jacques Offenbach.

92. **B.** 1855.

93. **A.** Bismarck.

94. **B.** 1920.

95. **B.** La conquête du Mexique.

96. **D.** 20 avril 1848.

97. **C.** 23 ans.

98. **B.** Diderot.

99. **C.** Victor Schœlcher.

100. **D.** Gambetta.

3 XXe et XXIe siècles

1. En quelle année a éclaté l'affaire Dreyfus ?

☐ **A.** 1894. ☐ **B.** 1892. ☐ **C.** 1900. ☐ **D.** 1905.

2. En quelle année le capitaine Dreyfus a-t-il été gracié ?

☐ **A.** 1906. ☐ **B.** 1910. ☐ **C.** 1908. ☐ **D.** 1920.

3. Quand ont eu lieu les Trente Glorieuses ?

☐ **A.** Au début du XXe siècle.

☐ **B.** Dans les trois décennies après la Première Guerre mondiale.

☐ **C.** Dans les trois décennies après la Seconde Guerre mondiale.

☐ **D.** Dans les trois décennies avant l'an 2000.

4. Lequel de ces hommes a été pendu par son peuple après avoir été fusillé ?

☐ **A.** Tito. ☐ **C.** Staline.

☐ **B.** Mussolini. ☐ **D.** Robespierre.

5. Au début du XXe siècle comment nomme-t-on l'alliance entre la France et le Royaume-Uni ?

☐ **A.** La Sainte-Alliance. ☐ **C.** La Grande alliance.

☐ **B.** L'Alliance de paix. ☐ **D.** L'Entente cordiale.

6. Quel pays a vaincu la Russie en 1905 ?

☐ **A.** L'Allemagne. ☐ **C.** Le Japon.

☐ **B.** L'Espagne. ☐ **D.** Le Royaume-Uni.

7. Quelle période appelle-t-on « la belle époque » ?

☐ **A.** 1890-1914. ☐ **C.** 1930-1939.

☐ **B.** 1914-1918. ☐ **D.** 1920-1930.

8. Comment appelait-on les maîtresses de luxe des hommes puissants au début du XXe siècle ?

☐ **A.** Les grandes verticales. ☐ **C.** Les grandes horizontales.

☐ **B.** Les filles légères. ☐ **D.** les croqueuses de diamants.

9. Quels sont les deux plus grands empires coloniaux en 1914 ?

☐ **A.** La France et la Belgique. ☐ **C.** L'Espagne et le Portugal.

☐ **B.** La France et le Royaume-Uni. ☐ **D.** L'Espagne et l'Italie.

10. Quel président de la République française est devenu fou au cours de son mandat ?

☐ **A.** Félix Faure. ☐ **C.** Alexandre Millerand.

☐ **B.** Raymond Poincaré. ☐ **D.** Paul Deschanel.

11. Qui a été assassiné à Sarajevo le 28 juin 1914 ?

- ☐ **A.** L'archiduc François-Ferdinand.
- ☐ **B.** Le chancelier Allemand.
- ☐ **C.** Jean Jaurès.
- ☐ **D.** L'ambassadeur d'Italie.

12. En 1914 la majorité des Français pensait que la guerre allait durer :

- ☐ **A.** 2 semaines.
- ☐ **B.** 2 ans.
- ☐ **C.** 2 jours.
- ☐ **D.** 2 mois.

13. À quelle date l'Allemagne a déclaré la guerre à la France en 1914 ?

- ☐ **A.** Le 3 août 1914.
- ☐ **B.** Le 3 juillet 1914.
- ☐ **C.** Le 3 septembre 1914.
- ☐ **D.** Le 3 juin 1914.

14. Qui commandait les soldats Français lors de la bataille de Verdun ?

- ☐ **A.** Pétain.
- ☐ **B.** Joffre.
- ☐ **C.** Clemenceau.
- ☐ **D.** Nivelle.

15. En 1918 qui est le commandant unique des forces alliées ?

- ☐ **A.** Poincaré.
- ☐ **B.** Wilson.
- ☐ **C.** Foch.
- ☐ **D.** Clemenceau.

16. Combien y a-t-il eu de morts en Europe pendant la Première Guerre mondiale ?

- ☐ **A.** 2 millions.
- ☐ **B.** 9 millions.
- ☐ **C.** 5 millions.
- ☐ **D.** 17 millions.

17. Où et quand l'armistice a-t-il été signé ?

- ☐ **A.** À Paris le 28 juin 1918.
- ☐ **B.** À Rethondes le 31 octobre 1918.
- ☐ **C.** À Versailles le 11 novembre 1918.
- ☐ **D.** À Versailles le 28 juin 1919.

18. Suite à la signature de l'armistice quels territoires redeviennent Français ?

- ☐ **A.** Le Var et Les Bouches-du-Rhône.
- ☐ **B.** La Savoie et le comté de Nice.
- ☐ **C.** L'Alsace et la Lorraine.
- ☐ **D.** Le Nord et le Pas-de-Calais.

19. Lors de la conférence de la paix le conseil des quatre réunit quels pays ?

- ☐ **A.** La Russie, les États-Unis, le Royaume-Uni, la France.
- ☐ **B.** Le Royaume-Uni, la France, l'Italie, les États-Unis.
- ☐ **C.** Le Royaume-Uni, la France, la Russie, l'Allemagne.
- ☐ **D.** La France, la Belgique, la Russie, le Royaume-Uni.

20. En Allemagne dans quelle ville est proclamée la République en novembre 1918 ?

- ☐ **A.** Weimar.
- ☐ **B.** Berlin.
- ☐ **C.** Munich.
- ☐ **D.** Versailles.

21. De quels pays la Triple-Alliance est-elle composée en 1914 ?

- ☐ **A.** L'Allemagne, l'Autriche-Hongrie et l'Italie.
- ☐ **B.** L'Allemagne, la Russie et l'Italie.
- ☐ **C.** La Russie, l'Autriche-Hongrie et l'Italie.
- ☐ **D.** L'Allemagne, L'Autriche-Hongrie et la Roumanie.

22. Combien d'Arméniens ont été exterminés en 1915 ?

- ☐ **A.** Environ 800 000.
- ☐ **B.** Environ 1,3 million.
- ☐ **C.** Environ 500 000
- ☐ **D.** Environ 2 millions.

23. Quel homme politique dirige le parti bolchévique en Russie ?

- ☐ **A.** Staline.
- ☐ **B.** Le tsar Nicolas Ier.
- ☐ **C.** Lénine.
- ☐ **D.** Karl Marx.

24. En quelle année les États-Unis sont entrés en guerre lors de la Première Guerre mondiale ?

- ☐ **A.** 1914.
- ☐ **B.** 1916.
- ☐ **C.** 1915.
- ☐ **D.** 1917.

25. Quel tsar a été assassiné avec sa famille lors de la révolution Russe en 1918 ?

- ☐ **A.** Nicolas II.
- ☐ **B.** Alexandre III.
- ☐ **C.** Alexeï Ier.
- ☐ **D.** Nicolas Ier.

26. Qui était Raspoutine ?

- ☐ **A.** Un général de l'armée du tsar.
- ☐ **B.** Un conseiller du tsar intriguant et mystique.
- ☐ **C.** Un militant bolchevique.
- ☐ **D.** Un écrivain russe.

27. Qu'appelle-t-on les armées blanches ?

- ☐ **A.** Les armées sibériennes blanches comme la neige.
- ☐ **B.** Les armées occidentales alliées des armées tsaristes.
- ☐ **C.** Les armées de suède et de Norvège.
- ☐ **D.** les armées tsaristes qui s'opposent à l'armée rouge bolchevique.

28. Combien de morts liés à la guerre et à la famine compte-t-on à la fin de la guerre civile en Russie en 1920 ?

- ☐ **A.** 8 millions.
- ☐ **B.** 800 000 mille.
- ☐ **C.** 4 millions.
- ☐ **D.** 2 millions.

29. Qu'est-ce que la Tcheka ?

- ☐ **A.** La police politique ancêtre du KGB.
- ☐ **B.** Un fleuve sibérien.
- ☐ **C.** Une région de l'ouest de la Russie.
- ☐ **D.** Une danse traditionnelle Russe.

30. Où et quand a eu lieu l'armistice entre la Russie et l'Allemagne ?

- ☐ **A.** Le 3 septembre 1917 à Moscou.
- ☐ **B.** Le 3 mars 1918 à Pétrograd.
- ☐ **C.** Le 3 mars 1917 à Berlin.
- ☐ **D.** Le 3 mars 1918 à Brest-Litovsk.

31. Qu'est-ce qu'un soviet ?

- ☐ **A.** Une unité administrative.
- ☐ **B.** Un soldat russe.
- ☐ **C.** Un conseil de citoyen.
- ☐ **D.** Un anarchiste Russe.

32. Qui gouverne la Russie après février 1917 ?

- ☐ **A.** Un gouvernement provisoire libéral.
- ☐ **B.** Le tsar.
- ☐ **C.** Les bolcheviks.
- ☐ **D.** Les mencheviks.

33. Comment appelle-t-on la journée par laquelle a commencé le krach boursier de 1929 ?

- ☐ **A.** Le jeudi noir.
- ☐ **B.** le samedi noir.
- ☐ **C.** Le lundi noir.
- ☐ **D.** Le mardi noir.

34. Quelle période appelle-t-on les Années folles ?

- ☐ **A.** 1929-1939.
- ☐ **B.** 1919-1929.
- ☐ **C.** 1909-1919.
- ☐ **D.** 1939-1949.

35. À partir de 1920 comment appelle-t-on les nouvelles méthodes de productions industrielles inspirées du fordisme ?

- ☐ **A.** Le machinisme.
- ☐ **B.** La numérisation.
- ☐ **C.** Le protectionnisme.
- ☐ **D.** La standardisation.

36. En quelle année est créée l'URSS ?

- ☐ **A.** 1924.
- ☐ **B.** 1922.
- ☐ **C.** 1919
- ☐ **D.** 1920.

37. Quel est le nom de la République allemande à partir de 1918 ?

- ☐ **A.** La République de Munich.
- ☐ **B.** La République de Francfort.
- ☐ **C.** La République de Berlin.
- ☐ **D.** La République de Weimar.

38. Comment s'appelle l'alliance politique nouée entre les partis de gauche en 1936 en France ?

- ☐ **A.** Le Front populaire.
- ☐ **B.** L'Union de gauche.
- ☐ **C.** Le Front de la nation.
- ☐ **D.** Le Front social.

39. Le 6 février 1934 vers quel bâtiment se dirige la marche des ligues d'extrême droite française ?

- ☐ **A.** Le palais Bourbon.
- ☐ **B.** Le palais du Luxembourg.
- ☐ **C.** Le Louvre.
- ☐ **D.** Le palais de l'Élysée.

40. Comment se nomment les accords signés entre les syndicats ouvriers, l'État et le patronat le 7 juin 1936 ?

- ☐ **A.** Les accords d'Évian.
- ☐ **B.** Les accords de l'Hôtel de Ville.
- ☐ **C.** Les accords de Matignon.
- ☐ **D.** Les accords de Nanterre.

41. En quelle année Hitler a été nommé Chancelier ?

- ☐ **A.** 1933.
- ☐ **B.** 1935.
- ☐ **C.** 1936.
- ☐ **D.** 1930.

42. Comment est mort Jean Jaurès ?

- ☐ **A.** Dans le naufrage d'un bateau.
- ☐ **B.** Lors de l'incendie de son appartement.
- ☐ **C.** Assassiné par un nationaliste.
- ☐ **D.** De vieillesse.

43. Qui était le Premier ministre Anglais présent lors de la signature des accords de Munich en 1938 ?

☐ **A.** Winston Churchill.
☐ **B.** Neville Chamberlain.
☐ **C.** James Stanhope.
☐ **D.** John Anderson.

44. Qui appelait-on « le Duce » ?

☐ **A.** Benito Mussolini.
☐ **B.** Victor-Emmanuel III.
☐ **C.** Luigi Facta.
☐ **D.** Adolph Hitler.

45. Quel est le sigle du parti nazi ?

☐ **A.** NDPSA.
☐ **B.** NSDAP.
☐ **C.** DP.
☐ **D.** CDU/PSU.

46. Que sont les lois de Nuremberg votées en 1935 en Allemagne ?

☐ **A.** Des lois pour lutter contre le chômage.
☐ **B.** Des lois sur le développement industriel.
☐ **C.** Des lois antisémites.
☐ **D.** Des lois de santé publique.

47. Quel est le premier pays annexé par l'Allemagne en 1938 ?

☐ **A.** La Bohême-Moravie.
☐ **B.** La Roumanie.
☐ **C.** La Pologne.
☐ **D.** L'Autriche-Hongrie.

48. Qui a conçu et était aux commandes de la Waffen-SS ?

☐ **A.** Goering.
☐ **B.** Gobbles.
☐ **C.** Himmler.
☐ **D.** Karl Hanke.

49. Lequel de ces hommes a mené un régime dictatorial ?

☐ **A.** Léon Gambetta.
☐ **B.** Franklin Roosevelt.
☐ **C.** Raymond Poincaré.
☐ **D.** Francisco Franco.

50. En quelle année fut votée la loi qui encadre le fonctionnement de toutes les associations ayant leur siège en France ?

☐ **A.** 1900. ☐ **B.** 1905. ☐ **C.** 1918. ☐ **D.** 1901.

51. Pendant la Seconde Guerre mondiale en quelle année l'Allemagne a-t-elle envahi la Russie ?

☐ **A.** 1942. ☐ **B.** 1939. ☐ **C.** 1940. ☐ **D.** 1941.

52. Dans quelle ville se déroula le procès des chefs nazis en 1945-1946 ?

☐ **A.** Nuremberg. ☐ **B.** Genève. ☐ **C.** Paris. ☐ **D.** Berlin.

53. En 1940 dans quelle ville s'installe le gouvernement français ?

☐ **A.** Lyon.
☐ **B.** Vichy.
☐ **C.** Bordeaux.
☐ **D.** Marseille.

54. Comment s'appelait la politique d'extermination des juifs mise en place par Hitler ?

- ☐ **A.** Le grand nettoyage.
- ☐ **B.** La solution finale.
- ☐ **C.** la purge.
- ☐ **D.** La rafle.

55. Quel est le plus grand complexe concentrationnaire du IIIe Reich ?

- ☐ **A.** Auschwitz-Birkenau.
- ☐ **B.** Dachau.
- ☐ **C.** Buchenwald.
- ☐ **D.** Bergen-Belsen.

56. À quelle date le général de Gaulle a-t-il prononcé le discours appelant à la résistance française contre l'envahisseur Allemand ?

- ☐ **A.** Le 18 juin 1939.
- ☐ **B.** Le 18 juin 1941.
- ☐ **C.** Le 18 juin 1940.
- ☐ **D.** Le 18 juin 1942.

57. À quelle date a eu lieu le débarquement de Normandie ?

- ☐ **A.** Le 6 juin 1945
- ☐ **B.** Le 18 juin 1945.
- ☐ **C.** Le 6 juin 1944.
- ☐ **D.** Le 1er juin 1944.

58. Qui crée et dirige le Conseil national de la Résistance en 1940 ?

- ☐ **A.** Henri Fresnay.
- ☐ **B.** Jean Moulin.
- ☐ **C.** Danielle Casanova.
- ☐ **D.** Roger Carcassonne.

59. Qui était le chef du gouvernement collaborationniste du maréchal Pétain ?

- ☐ **A.** François Darlan.
- ☐ **B.** Pierre Laval.
- ☐ **C.** Paul Reynaud.
- ☐ **D.** Albert Lebrun.

60. Quel pays a subi le plus de pertes humaines pendant la seconde guerre mondiale ?

- ☐ **A.** L'Italie.
- ☐ **B.** L'Allemagne.
- ☐ **C.** La France.
- ☐ **D.** L'URSS.

61. En quelle année les femmes ont-elles obtenu le droit de vote ?

- ☐ **A.** 1946.
- ☐ **B.** 1944.
- ☐ **C.** 1948.
- ☐ **D.** 1945.

62. À quelle date la ville de Paris fut-elle libérée ?

- ☐ **A.** Le 25 août 1944.
- ☐ **B.** Le 11 novembre 1944.
- ☐ **C.** Le 14 juillet 1945.
- ☐ **D.** Le 9 août 1944.

63. Quel président américain a effectué quatre mandats d'affilée ?

- ☐ **A.** George Washington.
- ☐ **B.** Ronald Reagan.
- ☐ **C.** Franklin Roosevelt.
- ☐ **D.** Richard Nixon.

64. Quelles personnalités ont participé à la conférence de Yalta ?

- ☐ **A.** Truman, De Gaulle, Staline.
- ☐ **B.** Roosevelt, Churchill, Staline.
- ☐ **C.** De Gaulle, Churchill, Staline.
- ☐ **D.** De Gaulle, Roosevelt, Churchill.

65. Quel homme d'État égyptien nationalisa le canal de Suez en 1956 ?

- ☐ **A.** Gamal Abdel Nasser.
- ☐ **B.** Anouar el Sadat.
- ☐ **C.** Le roi Farouk.
- ☐ **D.** Le général Naguib.

66. Qu'appelle-t-on la guerre froide ?

- ☐ **A.** Une guerre impliquant le Danemark et la Lituanie.
- ☐ **B.** La période de fortes tensions et de menaces de conflits entre les États-Unis et l'Union soviétique durant la seconde moitié du XXe siècle.
- ☐ **C.** La guerre du Vietnam.
- ☐ **D.** La guerre de Corée.

67. À qui Ronald Reagan succéda-t-il ?

- ☐ **A.** Jimmy Carter.
- ☐ **B.** Bill Clinton.
- ☐ **C.** Harry S. Truman.
- ☐ **D.** Richard Nixon.

68. Qui était à la tête du FBI aux États-Unis de 1935 à 1972 ?

- ☐ **A.** Robert Kennedy.
- ☐ **B.** Clyde Tolson.
- ☐ **C.** Patrick Gray.
- ☐ **D.** Edgar Hoover.

69. En quelle année fut construit le mur de Berlin ?

- ☐ **A.** 1953.
- ☐ **B.** 1961.
- ☐ **C.** 1958.
- ☐ **D.** 1965.

70. Qu'est-ce que le franquisme ?

- ☐ **A.** Un régime politique dictatorial en Espagne de 1939 à 1975.
- ☐ **B.** Le courant de pensée des francs-maçons.
- ☐ **C.** La théorie qui appelle au retour des Francs au pouvoir.
- ☐ **D.** La révolution Cubaine.

71. En quelle année Martin Luther King prononça-t-il son discours intitulé « *I have a dream* » ?

- ☐ **A.** 1963.
- ☐ **B.** 1960.
- ☐ **C.** 1968.
- ☐ **D.** 1970.

72. Quelle défaite française entraîne la fin de la guerre d'Indochine en 1954 ?

- ☐ **A.** La bataille de Hanoï.
- ☐ **B.** La bataille de Mao Kê.
- ☐ **C.** La bataille de Diên Biên Phu.
- ☐ **D.** L'opération Castor.

73. En Chine quand ont eu lieu l'abdication du dernier empereur et l'instauration d'une république ?

- ☐ **A.** 1912.
- ☐ **B.** 1945.
- ☐ **C.** 1967.
- ☐ **D.** 1922.

74. Quel président américain a été assassiné à Dallas le 22 novembre 1963 ?

- ☐ **A.** Robert Kennedy.
- ☐ **B.** John F. Kennedy.
- ☐ **C.** George W. Bush.
- ☐ **D.** Abraham Lincon.

75. Dans quel pays Augusto Pinochet a-t-il pris le pouvoir en 1973 ?

- ☐ **A.** Le Mexique.
- ☐ **B.** Le Costa-Rica.
- ☐ **C.** Le Chili.
- ☐ **D.** La Bolivie.

76. En quelle année Elizabeth II est-elle devenue reine d'Angleterre ?

- ☐ **A.** 1932.
- ☐ **B.** 1922.
- ☐ **C.** 1942.
- ☐ **D.** 1952.

77. Qui est le premier président de la Ve République ?

- ☐ **A.** De Gaulle.
- ☐ **B.** Pompidou.
- ☐ **C.** Chaban-Delmas.
- ☐ **D.** Auriol.

78. Pour quel texte fondateur les Français ont-ils voté massivement lors du référendum du 28 septembre 1958 ?

- ☐ **A.** La déclaration de Bayeux.
- ☐ **B.** La chartre républicaine.
- ☐ **C.** la loi Simone Veil sur le droit à l'avortement.
- ☐ **D.** La constitution de la Ve République.

79. Laquelle de ces institutions fut une création de la Ve République ?

- ☐ **A.** Le Sénat.
- ☐ **B.** Le Conseil constitutionnel.
- ☐ **C.** L'Académie française.
- ☐ **D.** L'opéra Garnier.

80. Combien de temps a duré la guerre d'Algérie ?

- ☐ **A.** 2 ans.
- ☐ **B.** 4 ans.
- ☐ **C.** 10 ans.
- ☐ **D.** 7 ans.

81. Quel était le nom des combattants musulmans luttant auprès de l'armée française pendant la guerre d'Algérie ?

- ☐ **A.** Les talibans.
- ☐ **B.** Les chiites.
- ☐ **C.** Les fellagas.
- ☐ **D.** Les harkis.

82. Quelle phrase célèbre a prononcé le général de Gaulle depuis le balcon du gouvernement général d'Alger ?

- ☐ **A.** « Je vous ai compris ».
- ☐ **B.** « Vive l'Algérie Française ».
- ☐ **C.** « Je vous aime ».
- ☐ **D.** « Vive la France unie ».

83. Ils ont été signés en 1985 et 1990. Ce sont :

- ☐ **A.** Les accords d'Alger.
- ☐ **B.** Les accords de Yalta.
- ☐ **C.** Les accords de l'Atlas.
- ☐ **D.** Les accords de Schengen.

84. Comment appelle-t-on les Français rapatriés d'Algérie ?

- ☐ **A.** Les pieds noirs.
- ☐ **B.** Les gueules noirs.
- ☐ **C.** Les sabots noirs.
- ☐ **D.** Les yeux noirs.

85. Les adhérents à la milice du régime fasciste de Benito Mussolini sont appelés :

- ☐ **A.** Les chemises noires.
- ☐ **B.** Les chemisiers noirs.
- ☐ **C.** Les gilets noirs.
- ☐ **D.** Les chaussettes noires.

86. En 1936 le temps de travail a été :

- ☐ **A.** Réduit à 35 heures.
- ☐ **B.** Réduit à 40 heures.
- ☐ **C.** Réduit à 45 heures.
- ☐ **D.** Allongé à 45 heures.

87. En quelle année l'éclatement de l'URSS a-t-il eu lieu ?

- ☐ **A.** 1989.
- ☐ **B.** 1990.
- ☐ **C.** 1991.
- ☐ **D.** 1995.

88. Quelle est la date de la mort de Nelson Mandela ?

- ☐ **A.** Le 10 avril 2014.
- ☐ **B.** Le 5 mai 2013.
- ☐ **C.** Le 5 décembre 2013.
- ☐ **D.** Le 10 juin 2010.

89. En quelle année Barak Obama a-t-il reçu le prix Nobel de la paix ?

- ☐ **A.** 2009.
- ☐ **B.** 2012.
- ☐ **C.** 2008.
- ☐ **D.** 2015.

90. Que craignait-on pour la nuit du passage à l'an 2000 ?

- ☐ **A.** Une panne d'électricité générale.
- ☐ **B.** Un bug informatique.
- ☐ **C.** l'impact d'un astéroïde sur terre.
- ☐ **D.** Le déluge.

91. Qui est le président du Venezuela en 2017 ?

- ☐ **A.** Nicolas Maduro.
- ☐ **B.** Juan Manuel Santos.
- ☐ **C.** Hugo Chavez.
- ☐ **D.** Juan Carlos Madura.

92. À quelle date Donald Trump a été élu président des États-Unis ?

- ☐ **A.** Le 15 décembre 2008.
- ☐ **B.** Le 5 janvier 2021.
- ☐ **C.** Le 20 janvier 2017.
- ☐ **D.** Le 20 janvier 2012.

93. En quelle année l'apartheid en Afrique du Sud a-t-il pris fin ?

- ☐ **A.** 1992.
- ☐ **B.** 1994.
- ☐ **C.** 1995.
- ☐ **D.** 1996.

94. En quelle année la monnaie euro est-elle arrivée dans douze pays européens ?

- ☐ **A.** 2000.
- ☐ **B.** 2005.
- ☐ **C.** 2002.
- ☐ **D.** 2010.

95. Qui était le Premier ministre Anglais en l'an 2000 ?

- ☐ **A.** Gordon Ramsay.
- ☐ **B.** Tony Blair.
- ☐ **C.** Margareth Tatcher.
- ☐ **D.** Boris Johnson.

96. À quelle date se sont mariés le prince William d'Angleterre et Kate Middleton ?

- ☐ **A.** 29 avril 2005.
- ☐ **B.** 29 avril 2009.
- ☐ **C.** 29 avril 2020.
- ☐ **D.** 29 avril 2011.

97. Avant d'être président du Sénégal et académicien, il a siégé au Parlement français. C'est :

- ☐ **A.** Omar Bongo.
- ☐ **B.** Mobutu Sese Seko.
- ☐ **C.** Félix Houphouët-Boigny.
- ☐ **D.** Léopold Sédar Senghor.

98. Que s'est-il passé à Paris le 15 avril 2019 ?

- ☐ **A.** L'incendie du Louvres.
- ☐ **B.** La finale de la Coupe d'Europe de Rugby.
- ☐ **C.** Une crue de la Seine.
- ☐ **D.** L'incendie de la cathédrale de Notre-Dame de Paris.

99. À quelle date a eu lieu le séisme à l'origine de la catastrophe de Fukushima au japon ?

- ☐ **A.** Le 11 mars 2011.
- ☐ **B.** Le 12 janvier 2010.
- ☐ **C.** Le 15 avril 2008.
- ☐ **D.** Le 11 mai 2011.

100. La grippe espagnole est la première pandémie grippale du XXe siècle. Elle a touché le monde de :

- ☐ **A.** 1917 à 1918.
- ☐ **B.** 1918 à 1919.
- ☐ **C.** 1919 à 1920.
- ☐ **D.** 1920 à 1921.

Corrigé

1. **A.** 1894
2. **A.** 1906.
3. **C.** Dans les trois décennies après la Seconde Guerre mondiale.
4. **B.** Mussolini.
5. **D.** L'Entente cordiale.
6. **C.** Le Japon.
7. **A.** 1890-1914.
8. **C.** Les grandes horizontales.
9. **B.** La France et le Royaume-Uni.
10. **D.** Paul Deschanel.
11. **A.** L'archiduc François-Ferdinand.
12. **D.** 2 mois.
13. **A.** Le 3 août 1914.
14. **B.** Joffre.
15. **C.** Foch.
16. **B.** 9 millions.
17. **C.** À Versailles le 11 novembre 1918.
18. **C.** L'Alsace et la Lorraine.
19. **B.** Le Royaume-Uni, la France, l'Italie, les États-Unis.
20. **A.** Weimar.
21. **A.** L'Allemagne, l'Autriche-Hongrie et l'Italie.
22. **B.** Environ 1.3 millions.
23. **C.** Lénine.
24. **D.** 1917.
25. **A.** Nicolas II.
26. **B.** Un conseiller du tsar intriguant et mystique.
27. **D.** les armées tsaristes qui s'opposent à l'armée rouge bolchevique.
28. **A.** 8 millions.
29. **A.** La police politique ancêtre du KGB.
30. **D.** Le 3 mars 1918 à Brest-Litovsk.
31. **C.** Un conseil de citoyen.
32. **A.** Un gouvernement provisoire libéral.
33. **A.** Le jeudi noir.
34. **B.** 1919-1929.

35. **D.** La standardisation.
36. **B.** 1922.
37. **D.** La République de Weimar.
38. **A.** Le Front populaire.
39. **A.** Le palais Bourbon.
40. 40. **C.** Les accords de Matignon.
41. **A.** 1933.
42. **C.** Assassiné par un nationaliste.
43. **B.** Neville Chamberlain.
44. **A.** Benito Mussolini.
45. **B.** NSDAP.
46. **C.** Des lois antisémites.
47. **D.** L'Autriche-Hongrie.
48. **C.** Himmler.
49. **D.** Francisco Franco.
50. **D.** 1901.
51. **D.** 1941.
52. **A.** Nuremberg.
53. **B.** Vichy.
54. **B.** La solution finale.
55. **A.** Auschwitz-Birkenau.
56. **C.** Le 18 juin 1940.
57. **C.** Le 6 juin 1944.
58. **B.** Jean Moulin.
59. **B.** Pierre Laval.
60. **D.** L'URSS.
61. **B.** 1944.
62. **A.** Le 25 août 1944.
63. **C.** Franklin Roosevelt.
64. **B.** Roosevelt, Churchill, Staline.
65. **A.** Gamal Abdel Nasser.
66. **B.** La période de fortes tensions et de menaces de conflits entre les États-Unis et l'Union soviétique durant la seconde moitié du XXe siècle.
67. **A.** Jimmy Carter.
68. **D.** Edgar Hoover.
69. **B.** 1961.
70. **A.** Un régime politique dictatorial en Espagne de 1939 à 1975.
71. **A.** 1963.
72. **C.** La bataille de Diên Biên Phu.
73. **A.** 1912.
74. **B.** John F. Kennedy.
75. **C.** Le Chili.
76. **D.** 1952.
77. **A.** De Gaulle.
78. **D.** La constitution de la Ve république.
79. **B.** Le Conseil constitutionnel.
80. **D.** 7 ans.
81. **D.** Les harkis.
82. « Je vous ai compris ».
83. **D.** Les accords de Schengen.
84. **A.** Les pieds noirs.
85. **A.** Les chemises noires.
86. **B.** Réduit à 40 heures.
87. **C.** 1991.
88. **C.** Le 5 décembre 2013.
89. **A.** 2009.
90. **B.** Un bug informatique.
91. **A.** Nicolas Maduro.
92. **C.** Le 20 janvier 2017.
93. **A.** 1992.
94. **C.** 2002.
95. **B.** Tony Blair.
96. **D.** 29 avril 2011.
97. **D.** Léopold Sédar Senghor.
98. **D.** L'incendie de la cathédrale de Notre-Dame de Paris.
99. **A.** Le 11 mars 2011.
100. **B.** 1918 à 1919.

4 Géographie française et européenne

1. Quelle est la superficie de la France ?

☐ **A.** 541 695 km^2. ☐ **C.** 561 695 km^2.

☐ **B.** 551 695 km^2. ☐ **D.** 561 695 km^2.

2. Combien la France possède de façades maritimes ?

☐ **A.** 2. ☐ **B.** 3. ☐ **C.** 4. ☐ **D.** 5.

3. Au 1er janvier 2022, la population française est de :

☐ **A.** 64,8 millions d'habitants. ☐ **C.** 66,8 millions d'habitants.

☐ **B.** 65,8 millions d'habitants. ☐ **D.** 67,8 millions d'habitants.

4. En France, combien y a-t-il de départements métropolitains et d'outre-mer ?

☐ **A.** 94 et 5. ☐ **B.** 95 et 5. ☐ **C.** 96 et 5. ☐ **D.** 97 et 4.

5. Où la Garonne prend sa source ?

☐ **A.** En Espagne. ☐ **C.** En Suisse.

☐ **B.** En Italie. ☐ **D.** En France.

6. Quelle est la deuxième ville la plus peuplée après Paris ?

☐ **A.** Marseille. ☐ **C.** Toulouse.

☐ **B.** Lyon. ☐ **D.** Montpellier.

7. Parmi ces 4 fleuves de France, lequel est le plus long ?

☐ **A.** Le Rhône. ☐ **C.** La Loire.

☐ **B.** La Seine. ☐ **D.** La Garonne.

8. Combien ce fleuve mesure-t-il ?

☐ **A.** 789 km. ☐ **B.** 875 km. ☐ **C.** 978 km. ☐ **D.** 1 013 km.

9. Où la Loire prend-elle sa source ?

☐ **A.** Au mont Gerbier-de-Jonc. ☐ **C.** Dans le glacier du Rhône.

☐ **B.** À Source-Seine. ☐ **D.** Au glacier de la Maladeta.

10. À En quelle année nous sommes passés de 22 à 13 régions ?

☐ **A.** 1er janvier 2015. ☐ **C.** 1er janvier 2017.

☐ **B.** 1er janvier 2016. ☐ **D.** 1er janvier 2017.

11. Combien de pays le Rhin traverse-t-il ?

☐ **A.** 3. ☐ **B.** 4. ☐ **C.** 5. ☐ **D.** 6.

12. Quel volcan actif est situé sur l'île de la réunion ?

☐ **A.** La Soufrière. ☐ **C.** La Montagne Pelée.

☐ **B.** Le Piton de la Fournaise. ☐ **D.** L'Etna.

13. Quel est le plus haut sommet de France ?

- ☐ **A.** La barre des Écrins.
- ☐ **B.** Le mont Blanc.
- ☐ **C.** Les Grandes Jorasses.
- ☐ **D.** L'aiguille Verte.

14. Combien la France compte-t-elle de communes ?

- ☐ **A.** 32 562 communes.
- ☐ **B.** 33 423 communes.
- ☐ **C.** 34 965 communes.
- ☐ **D.** 35 689 communes.

15. En 2023, l'espérance de vie à la naissance, est de :

- ☐ **A.** 85,3 ans pour les femmes et 79,2 ans pour les hommes.
- ☐ **B.** 85,4 ans pour les femmes et 79,1 ans pour les hommes.
- ☐ **C.** 85,4 ans pour les femmes et 79,3 ans pour les hommes.
- ☐ **D.** 85,7 ans pour les femmes et 80 ans pour les hommes

16. Combien la France comporte-t-elle de régions métropolitaines et d'outre-mer ?

- ☐ **A.** 15.
- ☐ **B.** 16.
- ☐ **C.** 17.
- ☐ **D.** 18.

17. Avec combien de pays la France métropolitaine a-t-elle une frontière terrestre ?

- ☐ **A.** 4.
- ☐ **B.** 6.
- ☐ **C.** 8.
- ☐ **D.** 10.

18. En 2023, combien y a-t-il eu de naissances en France ?

- ☐ **A.** 678 000.
- ☐ **B.** 738 000.
- ☐ **C.** 739 000.
- ☐ **D.** 739 500.

19. Parmi ces climats, lequel n'est pas un climat français ?

- ☐ **A.** Méditerranéen.
- ☐ **B.** Océanique.
- ☐ **C.** Septentrional.
- ☐ **D.** Montagnard.

20. Combien la région Occitanie compte-t-elle de départements ?

- ☐ **A.** 10.
- ☐ **B.** 11.
- ☐ **C.** 12.
- ☐ **D.** 13.

21. Quelles sont les principales chaînes de montagnes ?

- ☐ **A.** Les Vosges, le Jura, les Alpes, le Massif central et les Pyrénées.
- ☐ **B.** Les Vosges, les Cévennes, les Alpes, le Massif central et les Pyrénées.
- ☐ **C.** Les Vosges, le Jura, les Alpes, les Cévennes et le Massif central.
- ☐ **D.** Les Vosges, le Jura, les Alpes, les Cévennes et les Pyrénées.

22. La France est un pays de :

- ☐ **A.** L'Europe du Sud.
- ☐ **B.** L'Europe occidentale.
- ☐ **C.** L'Europe centrale.
- ☐ **D.** L'Europe de l'Est.

23. Le continent européen est délimité à l'est par :

- ☐ **A.** L'océan Atlantique.
- ☐ **B.** L'océan Arctique.
- ☐ **C.** La mer de Norvège.
- ☐ **D.** L'Asie.

24. En 2021, la population des 27 pays de l'Union européenne, est estimée à :

- ☐ **A.** 426 millions d'habitants.
- ☐ **B.** 432 millions d'habitants.
- ☐ **C.** 448,4 millions d'habitants.
- ☐ **D.** 477 millions d'habitants.

25. Quelle est la superficie totale des 27 pays de l'Union européenne ?

- ☐ **A.** 3 794 213 km^2.
- ☐ **B.** 3 895 732 km^2.
- ☐ **C.** 3 975 965 km^2.
- ☐ **D.** 4 194 431 km^2.

26. Quel est le pays de l'UE le plus peuplé ?

- ☐ **A.** L'Allemagne.
- ☐ **B.** Malte.
- ☐ **C.** L'Espagne.
- ☐ **D.** La France.

27. Quel est le pays de l'UE le moins peuplé ?

- ☐ **A.** L'Allemagne
- ☐ **B.** Malte.
- ☐ **C.** L'Espagne.
- ☐ **D.** La France.

28. Combien de langues officielles compte l'Union européenne ?

- ☐ **A.** 14.
- ☐ **B.** 18.
- ☐ **C.** 22
- ☐ **D.** 24.

29. Oslo est la capitale de :

- ☐ **A.** La Norvège.
- ☐ **B.** La Suède.
- ☐ **C.** La Moldavie.
- ☐ **D.** La Bulgarie.

30. Quelle est la capitale de l'Autriche ?

- ☐ **A.** Minsk.
- ☐ **B.** Zagreb.
- ☐ **C.** Vienne.
- ☐ **D.** Sarajevo.

31. Parmi ces pays, lequel ne fait pas partie de la zone euro ?

- ☐ **A.** Danemark.
- ☐ **B.** Chypre.
- ☐ **C.** Estonie.
- ☐ **D.** Lettonie.

32. Le Mont-Saint-Michel est situé en :

- ☐ **A.** Bretagne.
- ☐ **B.** Normandie.
- ☐ **C.** Alsace.
- ☐ **D.** Lorraine.

33. La Côte d'Azur se situe au :

- ☐ **A.** Sud-Ouest.
- ☐ **B.** Nord-Est.
- ☐ **C.** Nord-Ouest.
- ☐ **D.** Sud-Est.

34. Depuis quelle ville française, le tunnel sous la Manche relie-t-il la France et l'Angleterre ?

- ☐ **A.** Dunkerque.
- ☐ **B.** Le Havre.
- ☐ **C.** Calais.
- ☐ **D.** Dieppe.

35. Laquelle de ces îles est française ?

- ☐ **A.** La Martinique.
- ☐ **B.** Sainte Lucie.
- ☐ **C.** La Sardaigne.
- ☐ **D.** Majorque.

36. Quel est le pourcentage de français qui habitent les villes

- ☐ A. 59,8 %
- ☐ B. 65,84 %.
- ☐ C. 72,89 %.
- ☐ D. 80,71 %.

37. Quel département ne porte pas le nom d'un cours d'eau ?

- ☐ A. L'Aude.
- ☐ B. La Drôme.
- ☐ C. Le Cantal.
- ☐ D. Le Lot.

38. Quel est le sommet le plus haut du Massif central ?

- ☐ A. Le Puy de Sancy.
- ☐ B. Le Mont Doré.
- ☐ C. Le Puy de Dôme.
- ☐ D. Le mont Lozère.

39. Où se trouve la grotte de Lascaux ?

- ☐ A. En Haute-Garonne.
- ☐ B. En Dordogne.
- ☐ C. Dans le Lot.
- ☐ D. Dans le Lot-et-Garonne.

40. Quel est le plus grand département ?

- ☐ A. La Gironde.
- ☐ B. La Réunion.
- ☐ C. La Guyane.
- ☐ D. Le Limousin.

41. Lequel de ces départements n'a pas un nom de montagne ?

- ☐ A. Le Jura.
- ☐ B. Les Vosges.
- ☐ C. La Lozère.
- ☐ D. Le Lot.

42. La France est aussi appelée :

- ☐ A. Hexagone.
- ☐ B. Pentagone.
- ☐ C. Octogone.
- ☐ D. Palimdrome.

43. Dans quel département se trouve Évian ?

- ☐ A. En Isère.
- ☐ B. En Savoie.
- ☐ C. Dans les Hautes-Alpes.
- ☐ D. En Haute-Savoie.

44. L'île de Ré est située dans :

- ☐ A. Le golfe d'Ajaccio.
- ☐ B. Le golfe du Lion.
- ☐ C. Le golfe de Gascogne.
- ☐ D. Le golfe du Morbihan.

45. Quel est le plus grand lac de France ?

- ☐ A. Le lac d'Annecy.
- ☐ B. Le lac Léman.
- ☐ C. Le lac du Bourget.
- ☐ D. Le lac de Serre-Ponçon.

46. Dans quelle région se trouvent les vignes du « Mouton-Rothschild » ?

- ☐ A. La Gironde.
- ☐ B. La Drôme.
- ☐ C. Le Vaucluse.
- ☐ D. Le Rhône.

47. Quel est le nom de la capitale du parfum ?

- ☐ A. Cambrai.
- ☐ B. Grasse.
- ☐ C. Limoges.
- ☐ D. Montélimar.

48. Le Médoc est une région naturelle française située en :

- ☐ **A.** Occitanie.
- ☐ **B.** Corse.
- ☐ **C.** Rhône-Alpes.
- ☐ **D.** Nouvelle-Aquitaine.

49. Les Antilles françaises comprennent :

- ☐ **A.** La Guadeloupe, la Martinique, Saint-Barthélemy et Saint-Martin.
- ☐ **B.** La Guadeloupe, la Martinique, Saint-Barthélemy et Tahiti.
- ☐ **C.** Wallis, Futuna, Saint-Barthélemy et Saint-Martin.
- ☐ **D.** La Guyane, Wallis, Futuna et Saint-Martin.

50. Quelle est la capitale de la Lituanie ?

- ☐ **A.** Riga.
- ☐ **B.** Tallinn.
- ☐ **C.** Vilnius.
- ☐ **D.** Vaduz.

51. Lequel de ces pays n'est pas limitrophe de la France

- ☐ **A.** La Suisse.
- ☐ **B.** L'Autriche.
- ☐ **C.** L'Allemagne.
- ☐ **D.** L'Italie.

52. L'île de la Réunion, département d'outre-mer français, est située dans l'océan :

- ☐ **A.** Indien.
- ☐ **B.** Atlantique.
- ☐ **C.** Austral.
- ☐ **D.** Antarctique.

53. Quelle région française est située à l'extrémité ouest du territoire français ?

- ☐ **A.** La Savoie.
- ☐ **B.** La Gironde.
- ☐ **C.** La Bretagne.
- ☐ **D.** Le Finistère.

54. Quelle région est également une île proche de la métropole ?

- ☐ **A.** Île de Ré.
- ☐ **B.** Île d'Yeu.
- ☐ **C.** Île d'Oléron.
- ☐ **D.** Corse.

55. Quelle est la capitale des Pays-Bas ?

- ☐ **A.** Bruxelles.
- ☐ **B.** Amsterdam.
- ☐ **C.** Dublin.
- ☐ **D.** Sofia.

56. Quel est le plus grand pays de l'Union européenne ?

- ☐ **A.** L'Allemagne.
- ☐ **B.** La Belgique.
- ☐ **C.** La Pologne.
- ☐ **D.** La France.

57. Le Portugal est un pays :

- ☐ **A.** Du Sud de l'Europe.
- ☐ **B.** De l'Est de l'Europe.
- ☐ **C.** Du Nord de l'Europe.
- ☐ **D.** De l'Ouest de l'Europe.

58. Quelle est la plus grande forêt de France ?

- ☐ **A.** La forêt des Landes.
- ☐ **B.** La forêt d'Orléans.
- ☐ **C.** La forêt de Tronçais.
- ☐ **D.** La forêt de Paimpon.

59. Quelle est la région la plus boisée de France ?

- ☐ **A.** Auvergne-Rhône-Alpes.
- ☐ **B.** Nouvelle-Aquitaine.
- ☐ **C.** Grand Est.
- ☐ **D.** Occitanie.

60. Quel massif montagneux est situé entre la France, la Belgique et le Luxembourg ?

- ☐ **A.** Le Jura.
- ☐ **B.** Les Vosges.
- ☐ **C.** Les Alpes.
- ☐ **D.** Les Ardennes.

61. Combien de pays sont riverains avec la Suisse ?

- ☐ **A.** 3.
- ☐ **B.** 4.
- ☐ **C.** 5.
- ☐ **D.** 6.

62. Sur quelle île se trouve la montagne Pelée ?

- ☐ **A.** Mayotte.
- ☐ **B.** La Martinique.
- ☐ **C.** La Guadeloupe.
- ☐ **D.** La Réunion.

63. Quel pays est appelé le « Plat pays » ?

- ☐ **A.** Belgique.
- ☐ **B.** Pays-Bas.
- ☐ **C.** Luxembourg.
- ☐ **D.** Suède.

64. Quel pays n'a pas de frontières avec la Pologne ?

- ☐ **A.** Ukraine.
- ☐ **B.** Roumanie.
- ☐ **C.** Slovaquie.
- ☐ **D.** Lituanie

65. Lequel de ces pays n'est pas baigné par la mer Méditerranée ?

- ☐ **A.** Chypre.
- ☐ **B.** La Bulgarie.
- ☐ **C.** La Grèce.
- ☐ **D.** L'Espagne.

66. Parmi ces fleuves, lequel prend sa source en Allemagne ?

- ☐ **A.** Le Rhin.
- ☐ **B.** Le Rhône.
- ☐ **C.** L'Elbe.
- ☐ **D.** Le Danube.

67. Quelle est la superficie de la Corse ?

- ☐ **A.** 7 521 km^2.
- ☐ **B.** 7 956 km^2.
- ☐ **C.** 8 722 km^2.
- ☐ **D.** 8 954 km^2.

68. Parmi ces villes, laquelle n'est pas située en Corse ?

- ☐ **A.** Vasto.
- ☐ **B.** Bonifacio.
- ☐ **C.** Porto-Vecchio.
- ☐ **D.** Ajaccio.

69. Quelle est la capitale de la communauté autonome espagnole de Catalogne ?

- ☐ **A.** Madrid.
- ☐ **B.** Barcelone.
- ☐ **C.** Bilbao.
- ☐ **D.** Saragosse.

70. Quel pays a été réunifié en 1990 ?

- ☐ **A.** Les Pays-Bas.
- ☐ **B.** L'Irlande.
- ☐ **C.** L'Autriche.
- ☐ **D.** L'Allemagne.

71. Quelle est la capitale du Portugal ?

- ☐ **A.** Porto.
- ☐ **B.** Faro.
- ☐ **C.** Evora.
- ☐ **D.** Lisbonne.

72. Dans quelle capitale peut-on visiter l'Acropole ?

☐ **A.** Athènes. ☐ **B.** Rome. ☐ **C.** Vienne. ☐ **D.** Madrid.

73. Quelle est la capitale de Malte ?

☐ **A.** Zagreb. ☐ **B.** Helsinki. ☐ **C.** Ljubljana. ☐ **D.** La Valette.

74. Dans quelle mer se trouve l'île de Malte ?

☐ **A.** Mer Baltique. ☐ **C.** Mer Adriatique.

☐ **B.** Mer Méditerranée. ☐ **D.** Mer Rouge.

75. Parmi ces pays, lequel a la plus grande superficie ?

☐ **A.** L'Italie. ☐ **B.** La Finlande. ☐ **C.** La Suède. ☐ **D.** la Pologne.

76. Dans quelle capitale peut-on visiter le Colisée ?

☐ **A.** Rome. ☐ **B.** Athènes. ☐ **C.** Lisbonne. ☐ **D.** Varsovie.

77. Quel pays n'est pas issu de l'ex-Yougoslavie ?

☐ **A.** La Serbie. ☐ **C.** La Croatie.

☐ **B.** La Bosnie. ☐ **D.** La Slovaquie.

78. Quel est le nom du département 24 ?

☐ **A.** Le Gard. ☐ **C.** L'Hérault.

☐ **B.** La Dordogne. ☐ **D.** La Gironde.

79. Comment appelle-t-on parfois l'Europe ?

☐ **A.** L'Ancien Continent. ☐ **C.** Le Vieux Continent.

☐ **B.** Le Vaste Continent. ☐ **D.** Le Puissant Continent.

80. De combien d'étoiles est composé le drapeau de l'Union européenne ?

☐ **A.** 10. ☐ **B.** 12. ☐ **C.** 15. ☐ **D.** 27.

81. Brastilava est la capitale de la :

☐ **A.** Slovaquie. ☐ **C.** Slovénie.

☐ **B.** Croatie. ☐ **D.** Moldavie.

82. Quel est le plus haut sommet de la Corse ?

☐ **A.** La Punta Minuta. ☐ **C.** Le Monte Cinto.

☐ **B.** La Capu Biancu. ☐ **D.** Le Capu a u Verdatu.

83. Combien l'Ukraine a-t-elle de frontières avec les pays de l'Union européenne ?

☐ **A.** 4. ☐ **B.** 5. ☐ **C.** 6. ☐ **D.** 7.

84. Quel est le 1er pays producteur de céréales de l'Union européenne.

☐ **A.** L'Allemagne. ☐ **C.** Le Portugal.

☐ **B.** La France. ☐ **D.** L'Espagne.

85. Les îles Kerguelen appartiennent à :

- ☐ **A.** L'Irlande.
- ☐ **B.** L'Angleterre.
- ☐ **C.** L'Espagne.
- ☐ **D.** La France.

86. Lequel de ces fleuves se jette dans la Méditerranée ?

- ☐ **A.** L'Aude.
- ☐ **B.** L'Aube.
- ☐ **C.** L'Ariège.
- ☐ **D.** La Saône.

87. Quelle est la capitale de la région Occitanie ?

- ☐ **A.** Montpellier.
- ☐ **B.** Toulouse.
- ☐ **C.** Montauban.
- ☐ **D.** Perpignan.

88. Quel pays a la particularité d'avoir un drapeau carré ?

- ☐ **A.** La Lettonie.
- ☐ **B.** Malte.
- ☐ **C.** L'Estonie.
- ☐ **D.** La Suisse.

89. Quel est le nom du territoire français appartenant à la péninsule Ibérique ?

- ☐ **A.** Le Mont Perdu.
- ☐ **B.** L'Ariège.
- ☐ **C.** La Haute-Cerdagne.
- ☐ **D.** La montagne Noire.

90. Quelle ville de Belgique est appelée « La Venise du Nord » ?

- ☐ **A.** Bruges.
- ☐ **B.** Bruxelles.
- ☐ **C.** Namur.
- ☐ **D.** Oslende.

91. Dans quelle ville française trouve-t-on la Promenade des Anglais ?

- ☐ **A.** Nice.
- ☐ **B.** Sète.
- ☐ **C.** Marselle.
- ☐ **D.** Cannes.

92. Quel est le nom de la capitale espagnole ?

- ☐ **A.** Barcelone.
- ☐ **B.** Saragosse.
- ☐ **C.** Madrid.
- ☐ **D.** Séville.

93. En quelle année la Corse est-elle devenue une possession française ?

- ☐ **A.** 1768.
- ☐ **B.** 1775.
- ☐ **C.** 1789.
- ☐ **D.** 1790.

94. Quel est le volcan le plus haut d'Europe ?

- ☐ **A.** Le Stromboli.
- ☐ **B.** Le Vésuve.
- ☐ **C.** Montagne Pelée.
- ☐ **D.** L'Etna.

95. Quel est le Chef-lieu du département de l'Hérault ?

- ☐ **A.** Nîmes.
- ☐ **B.** Montpellier.
- ☐ **C.** Sète.
- ☐ **D.** Béziers.

96. Quelle région d'Italie constitue « Le talon de la botte » ?

- ☐ **A.** La Calabre.
- ☐ **B.** Les Pouilles.
- ☐ **C.** La Toscane.
- ☐ **D.** La Lombardie.

97. Quelle est la capitale de la Finlande ?

- ☐ **A.** Copenhague.
- ☐ **B.** Stockholm.
- ☐ **C.** Zagreb.
- ☐ **D.** Helsinki.

98. Sur quel archipel, l'île espagnole d'Ibiza est-elle située ?

☐ **A.** Les Baléares.
☐ **B.** Les Canaries.
☐ **C.** Les îles Éoliennes.
☐ **D.** Les Açores.

99. Quel est le chef-lieu de la région Auvergne-Rhône-Alpes ?

☐ **A.** Vienne.
☐ **B.** Chambéry.
☐ **C.** Lyon.
☐ **D.** Grenoble.

100. Quelle île grecque de la mer Égée est la plus grande île du Dodécanèse ?

☐ **A.** Crète. ☐ **B.** Rhodes. ☐ **C.** Paros. ☐ **D.** Myconos.

Corrigé

1. **B.** 551 695 km^2.
2. **C.** 4.
3. **D.** 67,8 millions d'habitants.
4. **C.** 96 et 5.
5. **A.** En Espagne.
6. **A.** Marseille.
7. **C.** La Loire.
8. **D.** 1 013 km.
9. **A.** Au mont Gerbier-de-Jonc.
10. **B.** 1er janvier 2016.
11. **D.** 6.
12. **B.** Le Piton de la Fournaise.
13. **B.** Le mont Blanc.
14. **C.** 34 965 communes.
15. **C.** 85,7 ans pour les femmes et 80 ans pour les hommes.
16. **D.** 18.
17. **B.** 6.
18. **A.** 678 000.
19. **C.** Septentrional.
20. **D.** 13.
21. **A.** Les Vosges, le Jura, les Alpes, le Massif central et les Pyrénées.
22. **B.** L'Europe occidentale.
23. **D.** L'Asie.
24. **C.** 448,4 millions d'habitants.
25. **D.** 4 194 431 km^2.
26. **A.** L'Allemagne.
27. **B.** Malte.
28. **D.** 24.
29. **B.** La Suède.
30. **C.** Vienne.
31. **A.** Danemark.
32. **B.** Normandie.
33. **D.** Sud-Est.
34. **C.** Calais.
35. **A.** La Martinique.
36. **D.** 80,71.
37. **C.** Le Cantal.
38. **A.** Le Puy de Sancy.
39. **B.** En Dordogne.
40. **C.** La Guyane.

41. **D.** Le Lot.
42. **A.** Hexagone.
43. **D.** En Haute-Savoie.
44. **C.** Le golfe de Gascogne.
45. **B.** Le lac Léman.
46. **A.** La Gironde.
47. **B.** Grasse.
48. **D.** En région Nouvelle-Aquitaine.
49. **A.** La Guadeloupe, la Martinique, Saint-Barthélemy et Saint-Martin.
50. **C.** Vilnius.
51. **B.** Autriche.
52. **A.** Indien.
53. **C.** La Bretagne.
54. **D.** Corse.
55. **B.** Amsterdam.
56. **D.** France.
57. **A.** Du Sud de l'Europe.
58. **B.** La forêt d'Orléans.
59. **B.** Nouvelle-Aquitaine.
60. **D.** Les Ardennes.
61. **C.** 5.
62. **B.** La Martinique.
63. **A.** Belgique.
64. **B.** Roumanie.
65. **B.** Bulgarie.
66. **D.** Le Danube.
67. **C.** 8 722 km^2.
68. **A.** Vasto.
69. **B.** Barcelone.
70. **D.** Allemagne.
71. **D.** Lisbonne.
72. **A.** Athènes.
73. **D.** La Valette.
74. **B.** Mer Méditerranée.
75. **C.** Suède.
76. **A.** Rome.
77. **D.** Slovaquie.
78. **B.** La Dordogne.
79. **C.** Le Vieux Continent.
80. **B.** 12.
81. **A.** Slovaquie.
82. **C.** Le Monte Cinto.
83. **A.** 4.
84. **B.** La France.
85. **D.** La France.
86. **A.** L'Aude.
87. **B.** Toulouse.
88. **D.** Suisse.
89. **C.** La Haute-Cerdagne.
90. **A.** Bruges.
91. **A.** Nice.
92. **C.** Madrid.
93. **A.** 1768.
94. **D.** L'Etna.
95. **B.** Montpellier.
96. **B.** Les Pouilles.
97. **D.** Helsinki.
98. **A.** Les Baléares.
99. **C.** Lyon.
100. **B.** Rhodes.

5 Géographie mondiale

1. Quel est le continent le plus peuplé ?

☐ **A.** L'Europe. ☐ **B.** L'Amérique. ☐ **C.** L'Asie. ☐ **D.** L'Océanie.

2. Quel est le plus vaste pays du monde ?

☐ **A.** La Russie. ☐ **B.** La Chine. ☐ **C.** Le Brésil. ☐ **D.** L'Australie.

3. En 2022, combien y a-t-il d'êtres humains sur Terre ?

☐ **A.** 6,8 milliards. ☐ **C.** 7,4 milliards.
☐ **B.** 7,2 milliards. ☐ **D.** 8 milliards.

4. Quelle est la plus grande ville peuplée du monde ?

☐ **A.** Séoul. ☐ **B.** Tokyo. ☐ **C.** Mexico. ☐ **D.** Delhi.

5. Quel est le plus long fleuve du monde ?

☐ **A.** Le Nil. ☐ **C.** Le Mississippi.
☐ **B.** L'Amazone. ☐ **D.** Le Yangzi Jiang.

6. Quel est le plus haut sommet du monde ?

☐ **A.** Le mont Blanc. ☐ **C.** L'Everest.
☐ **B.** Le Makalu. ☐ **D.** L'Annapurna.

7. Quelle est la capitale de l'Australie ?

☐ **A.** Sydney. ☐ **B.** Canberra. ☐ **C.** Melbourne. ☐ **D.** Tamworth.

8. Quel est le plus grand pays d'Amérique en superficie ?

☐ **A.** Le Brésil. ☐ **C.** Les États-Unis.
☐ **B.** Le Canada. ☐ **D.** La Colombie.

9. Dans quel pays le Kilimandjaro, plus haut sommet du continent africain (5 895 mètres) est-il situé ?

☐ **A.** En Tanzanie. ☐ **C.** Au Rwanda.
☐ **B.** Au Kenya. ☐ **D.** Au Burundi.

10. Quelle est la capitale de la Corée du Nord ?

☐ **A.** Taipei. ☐ **B.** Pyongyang. ☐ **C.** Séoul. ☐ **D.** Hanoï.

11. Dans quel pays se trouve le delta du Mékong ?

☐ **A.** La Chine. ☐ **C.** La Corée.
☐ **B.** La Thaïlande. ☐ **D.** Le Vietnam.

12. Quelle est la capitale du Brésil ?

☐ **A.** Brasilia. ☐ **B.** Sao Paulo. ☐ **C.** Rio. ☐ **D.** Salvador.

13. Combien y a-t-il d'océans sur notre planète ?

☐ **A.** 4. ☐ **B.** 5. ☐ **C.** 6. ☐ **D.** 7.

14. Lequel a la plus grande surface ?

- ☐ **A.** L'océan Pacifique.
- ☐ **B.** L'océan Indien.
- ☐ **C.** L'océan Arctique.
- ☐ **D.** L'océan Atlantique.

15. Combien la Russie a-t-elle de pays frontaliers ?

- ☐ **A.** 8.
- ☐ **B.** 10.
- ☐ **C.** 12.
- ☐ **D.** 14.

16. Quelle est la capitale de l'Ukraine ?

- ☐ **A.** Odessa.
- ☐ **B.** Kiev.
- ☐ **C.** Marioupol.
- ☐ **D.** Lviv.

17. Quel détroit sépare le continent nord-américain et le continent asiatique ?

- ☐ **A.** Le détroit de Kertch.
- ☐ **B.** Le détroit du Bosphore.
- ☐ **C.** Le détroit de Béring.
- ☐ **D.** Le détroit de Gibraltar.

18. Après le Nigéria, quel est le deuxième pays d'Afrique noire le plus peuplé ?

- ☐ **A.** L'Égypte.
- ☐ **B.** L'Afrique du Sud.
- ☐ **C.** L'Éthiopie.
- ☐ **D.** La République démocratique du Congo.

19. Le désert de Gobi est une vaste région qui empiète sur plusieurs pays d'Asie. Lequel n'en fait pas partie ?

- ☐ **A.** La Chine.
- ☐ **B.** La Mongolie.
- ☐ **C.** L'Indonésie.
- ☐ **D.** Le Népal.

20. Quel détroit relie la mer Égée à la mer de Marmara ?

- ☐ **A.** Le détroit des Dardanelles.
- ☐ **B.** Le détroit de Kertch.
- ☐ **C.** Le détroit de Béring.
- ☐ **D.** Le détroit du Bosphore.

21. Sur le territoire de quel pays se trouve la base militaire américaine très connue de Guantanamo ?

- ☐ **A.** Haïti.
- ☐ **B.** Cuba.
- ☐ **C.** Porto Rico.
- ☐ **D.** République dominicaine.

22. Où est située la mer Rouge ?

- ☐ **A.** Entre l'Afrique et la péninsule de Samana.
- ☐ **B.** Entre l'Afrique et la péninsule Ibérique.
- ☐ **C.** Entre l'Afrique et la péninsule du Yucatan.
- ☐ **D.** Entre l'Afrique et la péninsule Arabique.

23. Quelle est la plus grande île du monde ?

- ☐ **A.** L'Australie.
- ☐ **B.** Bornéo.
- ☐ **C.** Le Gröenland.
- ☐ **D.** La Nouvelle-Guinée.

24. Combien y a-t-il de pays et territoires (incluant le Kurdistan) en Asie ?

- ☐ **A.** 42.
- ☐ **B.** 46.
- ☐ **C.** 50.
- ☐ **D.** 54.

25. Où le Danube prend sa source ?

- ☐ **A.** En Autriche.
- ☐ **B.** En Slovaquie.
- ☐ **C.** En Allemagne.
- ☐ **D.** En Roumanie.

26. Quel est le plus grand port du monde ?

- ☐ **A.** Le port de Shanghai.
- ☐ **B.** Le port de Rotterdam.
- ☐ **C.** Le port de Jebel Ali.
- ☐ **D.** Le port de Singapour.

27. Quel massif montagneux sépare l'Europe et l'Asie ?

- ☐ **A.** Les Carpates.
- ☐ **B.** L'Oural.
- ☐ **C.** L'Atlas.
- ☐ **D.** Les Rocheuses.

28. Quelle est la capitale de l'Afghanistan ?

- ☐ **A.** Khoulm.
- ☐ **B.** Hérat.
- ☐ **C.** Aybak.
- ☐ **D.** Kaboul.

29. Où se situe le camp de concentration de Mauthausen ?

- ☐ **A.** En Pologne.
- ☐ **B.** En Allemagne.
- ☐ **C.** En Autriche.
- ☐ **D.** En Hongrie.

30. Quel est le plus grand pays d'Amérique du Sud ?

- ☐ **A.** Le Brésil.
- ☐ **B.** L'Argentine.
- ☐ **C.** La Colombie.
- ☐ **D.** Le Pérou.

31. Laquelle de ces mers ne borde pas la Grèce ?

- ☐ **A.** La mer de Crète.
- ☐ **B.** La mer Libyenne.
- ☐ **C.** La mer Ionienne.
- ☐ **D.** La mer de Marmara.

32. Quelle est la capitale de la Syrie ?

- ☐ **A.** Alep.
- ☐ **B.** Damas.
- ☐ **C.** Homs.
- ☐ **D.** Racca.

33. Lequel de ces pays n'a pas de frontière avec la Syrie ?

- ☐ **A.** La Croatie.
- ☐ **B.** Le Monténégro.
- ☐ **C.** La Moldavie.
- ☐ **D.** La Bulgarie.

34. Comment se nomme la place située au centre de Moscou ?

- ☐ **A.** La place Rouge.
- ☐ **B.** La place Saint-Marc.
- ☐ **C.** La place Mayor.
- ☐ **D.** La place Tahrir.

35. La Khazneh est l'un des monuments les plus connus de la cité antique de Pétra en :

- ☐ **A.** Grèce.
- ☐ **B.** Jordanie.
- ☐ **C.** Tunisie.
- ☐ **D.** Italie.

36. Quelle est la capitale du Mali ?

- ☐ **A.** Gao.
- ☐ **B.** Sikasso.
- ☐ **C.** Bamako.
- ☐ **D.** Tombouctou.

37. Quelle est la population des USA en 2023 ?

- ☐ **A.** 329,8 millions d'habitants.
- ☐ **B.** 330,5 millions d'habitants.
- ☐ **C.** 331,9 millions d'habitants.
- ☐ **D.** 335 millions d'habitants.

38. De quel pays, la ville de Tripoli est-elle la capitale ?

☐ **A.** Libye. ☐ **B.** Tunisie. ☐ **C.** Égypte. ☐ **D.** Italie.

39. Quelle est la capitale de la Turquie ?

☐ **A.** Istambul. ☐ **B.** Ankara. ☐ **C.** Bursa. ☐ **D.** Izmir.

40. Le fleuve Nil traverse combien de pays africains ?

☐ **A.** 4. ☐ **B.** 5. ☐ **C.** 6. ☐ **D.** 7.

41. Quelle langue parle-t-on au Venezuela ?

☐ **A.** Portugais. ☐ **B.** Espagnol. ☐ **C.** Bolivien. ☐ **D.** Anglais.

42. Quelle est la mer la plus salée du monde ?

☐ **A.** La mer Morte.
☐ **B.** La mer Égée.
☐ **C.** La mer Rouge.
☐ **D.** La mer Adriatique.

43. Dans quelle île se situe le volcan Merapi ?

☐ **A.** île de Bornéo.
☐ **B.** île de Sumatra.
☐ **C.** île de Java.
☐ **D.** île de Komodo.

44. C'est le seul passage maritime entre l'océan Atlantique et la mer Méditerranée. Il s'agit :

☐ **A.** Du détroit de Magellan.
☐ **B.** Du détroit de Gibraltar.
☐ **C.** Du détroit de Malacca.
☐ **D.** Du détroit de Béring.

45. Quel est le plus haut deuxième sommet du monde ?

☐ **A.** L'Everest.
☐ **B.** L'Annapurna.
☐ **C.** Le Makalu.
☐ **D.** Le K2.

46. Quelle est la capitale de l'Inde ?

☐ **A.** Bombey.
☐ **B.** New-Delhi.
☐ **C.** Calcutta.
☐ **D.** Kolkata.

47. Où se trouve le triangle des Bermudes ?

☐ **A.** Dans l'océan Atlantique.
☐ **B.** Dans l'océan Pacifique.
☐ **C.** Dans l'océan Arctique.
☐ **D.** Dans l'océan Indien.

48. Quel est le pays appelé le pays du soleil levant ?

☐ **A.** la Corée du Nord.
☐ **B.** La Corée du Sud.
☐ **C.** Le Japon.
☐ **D.** La Chine.

49. Quelle est la capitale du Japon ?

☐ **A.** Osaka. ☐ **B.** Tokyo. ☐ **C.** Hiroshima. ☐ **D.** Kyoto.

50. Combien l'Inde compte d'habitants ?

☐ **A.** 1 180 004 385 habitants.
☐ **B.** 1 250 004 385 habitants.
☐ **C.** 1 350 004 385 habitants.
☐ **D.** 1 428 600 000 habitants.

51. Quelle est la capitale des Émirats arabes unis ?

☐ **A.** Dubaï. ☐ **B.** Abou Dabi. ☐ **C.** Hatta. ☐ **D.** Ajman.

52. Quelle est la ville suisse qui compte le plus d'habitants ?

☐ **A.** Genève. ☐ **B.** Berne. ☐ **C.** Bâle. ☐ **D.** Zurich.

53. Quel fleuve le pont Vasco de Gama franchit-il ?

☐ **A.** Le Guadiana.
☐ **B.** Le Minho.
☐ **C.** Le Tage.
☐ **D.** Le Douro.

54. Sur quel continent se situe le Turkménistan ?

☐ **A.** En Asie.
☐ **B.** En Afrique.
☐ **C.** En Europe.
☐ **D.** En Amérique.

55. La Bolivie est un pays d' :

☐ **A.** Amérique du Nord.
☐ **B.** Amérique du Sud.
☐ **C.** Amérique centrale.
☐ **D.** Amérique australe.

56. Quelle est la capitale des Philippines ?

☐ **A.** Davao. ☐ **B.** Cebu. ☐ **C.** Manille. ☐ **D.** Naga.

57. Quel est le pays d'Afrique ayant la plus grande superficie ?

☐ **A.** L'Algérie.
☐ **B.** La République démocratique du Congo.
☐ **C.** Le Soudan.
☐ **D.** Libye.

58. Le plus long fleuve de Chine est :

☐ **A.** Le Mékong.
☐ **B.** Le Huang He.
☐ **C.** Le Yangzi Jiang.
☐ **D.** Le Xiang.

59. Le Japon est un pays insulaire situé dans :

☐ **A.** L'océan Indien.
☐ **B.** L'océan Pacifique.
☐ **C.** L'océan Atlantique.
☐ **D.** L'océan Arctique.

60. Lequel de ces pays a la plus grande superficie ?

☐ **A.** Le Brésil.
☐ **B.** L'Australie.
☐ **C.** La Colombie.
☐ **D.** Le Canada.

61. Où se trouve la région des Grands Lacs ?

☐ **A.** En Amérique du Nord.
☐ **B.** En Russie.
☐ **C.** En Amérique du Sud.
☐ **D.** En Chine.

62. 62 Chisinau est la capitale :

☐ **A.** Du Monténégro.
☐ **B.** De la Moldavie.
☐ **C.** De la Lettonie.
☐ **D.** De la Géorgie.

63. Quel est le plus grand État en superficie des USA ?

- ☐ **A.** Le Montana.
- ☐ **B.** Le Texas.
- ☐ **C.** L'Alaska.
- ☐ **D.** La Californie.

64. Il chevauche la frontière entre le Pérou et la Bolivie, dans la Cordillère des Andes. Il s'agit :

- ☐ **A.** Du lac Titicaca.
- ☐ **B.** Du lac Majeur.
- ☐ **C.** Du lac de Côme.
- ☐ **D.** Du lac Supérieur.

65. 5e langue mondiale par le nombre de ses locuteurs, la langue française est la seule à être présente sur les 5 continents, avec :

- ☐ **A.** L'espagnol.
- ☐ **B.** L'anglais.
- ☐ **C.** Le mandarin.
- ☐ **D.** L'hindi.

66. Quelle est la capitale du Canada ?

- ☐ **A.** Montréal.
- ☐ **B.** Toronto.
- ☐ **C.** Vancouver.
- ☐ **D.** Ottawa.

67. Quel est le plus petit pays du monde ?

- ☐ **A.** Monaco.
- ☐ **B.** Saint-Marin.
- ☐ **C.** Le Vatican.
- ☐ **D.** Le Liechtensten.

68. En 2023, quel est le nombre d'habitants en Chine ?

- ☐ **A.** 1,1126 milliard.
- ☐ **B.** 1,2126 milliard.
- ☐ **C.** 1,3126 milliard.
- ☐ **D.** 1,0967 milliard.

69. Quelle est la plus longue chaîne de montagnes continentale du monde ?

- ☐ **A.** Les Montagnes Rocheuses.
- ☐ **B.** La Cordillère des Andes.
- ☐ **C.** La Cordillère australienne.
- ☐ **D.** L'Himalaya.

70. Quelle est la capitale de la Colombie ?

- ☐ **A.** Bogota.
- ☐ **B.** Buenos Aires.
- ☐ **C.** Santiago.
- ☐ **D.** Lima.

71. Quelle est la superficie des États-Unis ?

- ☐ **A.** 8,654 millions km^2.
- ☐ **B.** 8,954 millions km^2.
- ☐ **C.** 9,834 millions km^2.
- ☐ **D.** 9,954 millions km^2.

72. Dans quel océan se trouve l'archipel des Marquises ?

- ☐ **A.** L'océan Atlantique.
- ☐ **B.** L'océan Pacifique.
- ☐ **C.** L'océan Indien.
- ☐ **D.** L'océan Arctique.

73. Quelle est la capitale de la Géorgie ?

- ☐ **A.** Chisinau
- ☐ **B.** Podgorica.
- ☐ **C.** Ankara.
- ☐ **D.** Tbilissi.

74. Quel est le plus grand lac du monde ?

- ☐ **A.** Le lac Victoria.
- ☐ **B.** Le lac Supérieur.
- ☐ **C.** Le lac Huron.
- ☐ **D.** Le lac Michigan.

75. Quel détroit se situe entre la Patagonie chilienne et la Grande Île de la Terre de Feu ?

- ▢ **A.** Le détroit de Magellan.
- ▢ **B.** Le détroit de La Pérouse.
- ▢ **C.** Le détroit de Gibraltar.
- ▢ **D.** Le détroit de Jacques-Cartier.

76. Quel océan borde la Guadeloupe ?

- ▢ **A.** Océan Pacifique.
- ▢ **B.** Océan Atlantique.
- ▢ **C.** Océan Arctique.
- ▢ **D.** Océan Indien.

77. Quel est l'océan le plus petit ?

- ▢ **A.** Océan Pacifique.
- ▢ **B.** Océan Atlantique.
- ▢ **C.** Océan Arctique.
- ▢ **D.** Océan Indien.

78. Où se situe le volcan le Stromboli ?

- ▢ **A.** Au nord de la Sicile.
- ▢ **B.** Au nord de la Corse.
- ▢ **C.** Au nord de la Sardaigne.
- ▢ **D.** Au nord de Bali.

79. Quel pays change de capitale pour des raisons climatiques ?

- ▢ **A.** Le Venezuela.
- ▢ **B.** L'Indonésie.
- ▢ **C.** La Bolivie.
- ▢ **D.** La Chine.

80. Quelle est la capitale des États-Unis ?

- ▢ **A.** Los Angeles.
- ▢ **B.** Washington.
- ▢ **C.** New York.
- ▢ **D.** Philadelphie.

81. Le volcan Vésuve est situé :

- ▢ **A.** En Italie.
- ▢ **B.** Au Portugal.
- ▢ **C.** En Espagne.
- ▢ **D.** En Bolivie.

82. Le pont du Golden Gate est un pont suspendu américain situé dans l'État de :

- ▢ **A.** L'Alaska.
- ▢ **B.** La Caroline.
- ▢ **C.** Le Michigan.
- ▢ **D.** La Californie.

83. Dans laquelle de ces villes italiennes se situe le pont des Soupirs ?

- ▢ **A.** Rome.
- ▢ **B.** Venise.
- ▢ **C.** Florence.
- ▢ **D.** Milan.

84. Quelle est la capitale constitutionnelle de la Bolivie ?

- ▢ **A.** Potosi.
- ▢ **B.** La Paz.
- ▢ **C.** Santa Cruz de la Sierra.
- ▢ **D.** Sucre.

85. Combien y a-t-il d'étoiles sur le drapeau américain ?

- ▢ **A.** 48.
- ▢ **B.** 50.
- ▢ **C.** 54.
- ▢ **D.** 56.

86. Dans quel pays trouve-t-on la cité historique de Petra ?

- ▢ **A.** En Jordanie.
- ▢ **B.** En Grèce.
- ▢ **C.** Au Portugal.
- ▢ **D.** En Italie.

87. Quel est le nom du fleuve situé au nord-est de l'Amérique du Nord reliant les Grands Lacs à l'océan Atlantique ?

- ☐ **A.** Le Mississippi.
- ☐ **B.** Le Missouri.
- ☐ **C.** Le Rio Grande.
- ☐ **D.** Le Saint-Laurent.

88. À quel pays est rattachée l'île de Pâques ?

- ☐ **A.** Aux États-Unis.
- ☐ **B.** Au Mexique.
- ☐ **C.** Au Chili.
- ☐ **D.** À la Colombie.

89. Le canal de Suez est situé :

- ☐ **A.** En Israël.
- ☐ **B.** En Égypte.
- ☐ **C.** Au Liban.
- ☐ **D.** Au Soudan.

90. Quelle est la capitale du Pérou ?

- ☐ **A.** Puno.
- ☐ **B.** Lima.
- ☐ **C.** Ica.
- ☐ **D.** Tacna.

91. Sur quel continent se trouve le Koweït ?

- ☐ **A.** L'Amérique.
- ☐ **B.** L'Afrique.
- ☐ **C.** L'Océanie.
- ☐ **D.** L'Asie.

92. Dans quel pays d'Asie du Sud-Est se situent les temples d'Angkor ?

- ☐ **A.** Au Vietnam.
- ☐ **B.** En Thaïlande.
- ☐ **C.** Au Cambodge.
- ☐ **D.** Au Laos.

93. Quels sont les différents pays de l'Afrique du Nord ?

- ☐ **A.** Tunisie, Libye, Maroc, Égypte, Algérie.
- ☐ **B.** Tunisie, Liban, Maroc, Égypte, Algérie.
- ☐ **C.** Liban, Libye, Maroc, Égypte, Algérie.
- ☐ **D.** Tunisie, Syrie, Maroc, Égypte, Algérie.

94. Le Costa Rica est un pays :

- ☐ **A.** D'Amérique du Sud.
- ☐ **B.** D'Amérique centrale.
- ☐ **C.** D'Amérique du Nord.
- ☐ **D.** D'Amérique latine.

95. Laquelle de ces îles, n'est pas une île grecque ?

- ☐ **A.** Corfou.
- ☐ **B.** Paros.
- ☐ **C.** Cabrera.
- ☐ **D.** Milos.

96. Quelle est la plus grande île de la mer Méditerranée ?

- ☐ **A.** La Sicile.
- ☐ **B.** Chypre.
- ☐ **C.** Capri.
- ☐ **D.** La Sardaigne.

97. Si vous visitez le Taj Mahal, vous êtes :

- ☐ **A.** Au Pakistan.
- ☐ **B.** En Inde.
- ☐ **C.** Au Kurdistan.
- ☐ **D.** Au Paraguay.

98. Quelle est la capitale de l'Égypte ?

- ☐ **A.** Alexandrie
- ☐ **B.** Gizeh.
- ☐ **C.** Louxor.
- ☐ **D.** Le Caire.

99. La Patagonie se situe à l'extrême sud :

- ☐ **A.** De la Colombie.
- ☐ **B.** De la Bolivie.
- ☐ **C.** Du Chili.
- ☐ **D.** De l'Argentine.

100. Quel est le plus grand fleuve d'Amérique du Nord ?

- ☐ **A.** Le Mississippi.
- ☐ **B.** Le Rio Grande.
- ☐ **C.** Le Saint-Laurent.
- ☐ **D.** Le Missouri.

Corrigé

1. **C.** L'Asie.
2. **A.** La Russie.
3. **D.** 8 milliards.
4. **B.** Tokyo.
5. **A.** Le Nil.
6. **C.** L'Everest.
7. **B.** Canberra.
8. **B.** Le Canada.
9. **A.** En Tanzanie.
10. **B.** Pyongyang.
11. **D.** Le Vietnam.
12. **C.** Rio.
13. **B.** 5.
14. **A.** L'océan Pacifique.
15. **D.** 14 frontières terrestres.
16. **B.** Kiev.
17. **C.** Le détroit de Béring.
18. **C.** L'Éthiopie.
19. **D.** Le Népal.
20. **A.** Le détroit des Dardanelles.
21. **B.** Cuba.
22. **D.** Entre l'Afrique et la péninsule Arabique.
23. **A.** L'Australie.
24. **D.** 54.
25. **C.** En Allemagne.
26. **A.** Le port de Shanghai.
27. **B.** L'Oural.
28. **D.** Kaboul.
29. **C.** En Autriche.
30. **A.** Le Brésil.
31. **D.** La mer de Marmara.
32. **B.** Damas.
33. **C.** La Moldavie.
34. **A.** La place Rouge.
35. **B.** Jordanie.
36. **C.** Bamako.
37. **C.** 335 millions d'habitants.
38. **A.** Libye.
39. **B.** Ankara.
40. **C.** 6.
41. **B.** Espagnol.

42. A. La mer Morte.
43. C. Île de Java.
44. B. Du détroit de Gibraltar.
45. D. Le K2.
46. B. New-Delhi.
47. A. Dans l'océan Atlantique.
48. C. Le Japon.
49. B. Tokyo.
50. D. 1 428 600 000 habitants.
51. B. Abou Dabi.
52. D. Zurich.
53. C. Le Tage.
54. A. En Asie.
55. B. Amérique du Sud.
56. C. Manille.
57. A. L'Algérie.
58. C. Le Yangzi Jiang.
59. B. L'océan Pacifique.
60. D. Le Canada.
61. A. En Amérique du Nord.
62. B. De la Moldavie.
63. C. L'Alaska.
64. A. Du lac Titicaca.
65. B. L'anglais.
66. D. Ottawa.
67. C. Le Vatican.
68. D. 1,0967 milliard.
69. B. La Cordillère des Andes.
70. A. Bogota.
71. C. 9,834 millions km².
72. B. L'océan Pacifique.
73. D. Tbilissi.
74. B. Le lac Supérieur.
75. A. Le détroit de Magellan.
76. B. Océan Atlantique.
77. C. Océan Arctique.
78. A. Au nord de la Sicile.
79. B. L'Indonésie.
80. B. Washington.
81. A. Italie.
82. D. La Californie.
83. B. Venise.
84. D. Sucre.
85. B. 50.
86. A. En Jordanie.
87. D. Le Saint-Laurent.
88. C. Au Chili.
89. B. En Égypte.
90. B. Lima.
91. D. L'Asie.
92. C. Au Cambodge.
93. A. Tunisie, Libye, Maroc, Égypte, Algérie.
94. B. D'Amérique centrale.
95. C. Cabrera.
96. A. La Sicile.
97. B. En Inde.
98. D. Le Caire.
99. D. De l'Argentine.
100. A. Le Mississippi.

6 Géopolitique

1. Quel jour, la Russie a commencé à envahir l'Ukraine ?

- ☐ **A.** 24 janvier 2022.
- ☐ **B.** 31 janvier 2022.
- ☐ **C.** 14 février 2022.
- ☐ **D.** 24 février 2022.

2. Vladimir Poutine souhaite une :

- ☐ **A.** Intervention brève en Ukraine.
- ☐ **B.** « Démilitarisation » et une « dénazification » de l'Ukraine.
- ☐ **C.** Alliance économique avec l'Ukraine.
- ☐ **D.** Entente politique avec l'Ukraine.

3. Depuis quelle année Vladimir Poutine est-il président ?

- ☐ **A.** 2000.
- ☐ **B.** 2004.
- ☐ **C.** 2008.
- ☐ **D.** 2012.

4. Combien d'Ukrainiens ont fui leur pays en raison de la guerre ?

- ☐ **A.** Plus de 3 millions.
- ☐ **B.** Plus de 6,6 millions.
- ☐ **C.** Plus de 8,9 millions.
- ☐ **D.** Plus de 10 millions.

5. Quel pays a été envahi et annexé par la Russie en 2014 ?

- ☐ **A.** Le Turkménistan.
- ☐ **B.** L'Ouzbékistan.
- ☐ **C.** La Biélorussie.
- ☐ **D.** La Crimée.

6. La Russie est le premier exportateur de :

- ☐ **A.** Maïs.
- ☐ **B.** Orge.
- ☐ **C.** Blé.
- ☐ **D.** Seigle.

7. Quel pays de l'union européenne est très dépendant du gaz de Russie ?

- ☐ **A.** L'Allemagne.
- ☐ **B.** La France.
- ☐ **C.** L'Espagne.
- ☐ **D.** L'Italie.

8. Quel est le nom du président ukrainien ?

- ☐ **A.** Petro Porochenko.
- ☐ **B.** Volodymyr Zelensky.
- ☐ **C.** Viktor Ianoukovytch.
- ☐ **D.** Leonid Koutchma.

9. Dans quel pays, la politique de contrôle de la population, utilise le « crédit social à point » ?

- ☐ **A.** La Russie.
- ☐ **B.** Le Japon.
- ☐ **C.** La Corée du Nord.
- ☐ **D.** La Chine.

10. Ursula von der Leyen, au terme de sa visite à Kiev, a remis au président ukrainien, un questionnaire qui servira de point de départ à :

- ☐ **A.** Une décision sur les crimes de guerre en Ukraine.
- ☐ **B.** Une décision sur l'adhésion à l'OTAN.
- ☐ **C.** Une décision sur l'adhésion de l'Ukraine à l'Union européenne.
- ☐ **D.** Une décision sur la destitution de Vladimir Poutine.

11. Soixante ans après, la signature de quels accords ont mis fin à la guerre d'Algérie ?

☐ **A.** Les accords d'Abraham.

☐ **B.** Les accords d'Oslo.

☐ **C.** Les accords d'Évian.

☐ **D.** Les accords d'Helsinki.

12. Quand les talibans sont-ils entrés dans Kaboul et repris le pouvoir en Afghanistan ?

☐ **A.** Le 15 janvier 2021.

☐ **B.** Le 15 août 2021.

☐ **C.** Le 15 septembre 2021.

☐ **D.** Le 15 décembre 2021.

13. Qui était le précédent président de 2014 à 2021 en Afghanistan ?

☐ **A.** Hamid Karzai.

☐ **B.** Mohammad Omar.

☐ **C.** Ashraf Ghani.

☐ **D.** Haibatullah Akhundzada.

14. À quelle date l'OTAN (Organisation du traité de l'Atlantique Nord) a-t-elle été créée ?

☐ **A.** 1945. ☐ **B.** 1947. ☐ **C.** 1949. ☐ **D.** 1951.

15. L'OTAN est composée à ce jour de :

☐ **A.** 15 États membres.

☐ **B.** 20 États membres.

☐ **C.** 25 États membres.

☐ **D.** 31 États membres.

16. Quel pays n'est pas un membre fondateur ?

☐ **A.** Espagne. ☐ **B.** États-Unis. ☐ **C.** France. ☐ **D.** Belgique.

17. Dans quel pays s'est illustré Nelson Mandela ?

☐ **A.** Indonésie.

☐ **B.** Amérique du Nord.

☐ **C.** Inde.

☐ **D.** Afrique du Sud.

18. Quel est le nom du président de la Chine ?

☐ **A.** Fumio Kishida.

☐ **B.** Kim Jong-un.

☐ **C.** Xi Jinping.

☐ **D.** Yoon Seok-youl.

19. Le 16 mars 2022, quel pays a cessé d'être un membre du Conseil de l'Europe ?

☐ **A.** La Moldavie.

☐ **B.** La Russie.

☐ **C.** La Tchéquie.

☐ **D.** Le Monténégro.

20. Qui est le secrétaire général de l'OTAN ?

☐ **A.** Jens Stoltenber.

☐ **B.** Georges Robertson.

☐ **C.** Sergio Balanzino.

☐ **D.** Willy Claes.

21. Quelle est la nationalité de Leopold Sedar Senghor ?

☐ **A.** Martiniquaise.

☐ **B.** Haïtienne.

☐ **C.** Sénégalaise.

☐ **D.** Tahitienne.

22. À quel sujet y a-t-il des tensions entre les États-Unis et la Chine ?

☐ **A.** Les exportations.

☐ **B.** Taïwan.

☐ **C.** Le pétrole.

☐ **D.** La guerre en Ukraine.

23. Des émeutes ont éclaté à Almaty. Dans quel pays se trouve cette ville ?

☐ **A.** En Afghanistan.
☐ **B.** Au Turkistan.
☐ **C.** En Iran.
☐ **D.** Au Kazakhstan.

24. En 2022, au Cap, quel bâtiment construit à partir de 1884, a été ravagé par les flammes ?

☐ **A.** Le phare de Dona Maria Pia.
☐ **B.** Nazarene Church.
☐ **C.** Le bâtiment du Parlement d'Afrique du Sud.
☐ **D.** Le bâtiment de Diono Gomes.

25. Les chefs d'État et de gouvernement de la CEDEAO et de l'UEMOA ont décidé, au Ghana, de mettre quel pays sous embargo ?

☐ **A.** Le Liban. ☐ **B.** La Tunisie. ☐ **C.** Le Mali. ☐ **D.** La Syrie.

26. Quel est le dernier pays à avoir envoyé un homme dans l'espace pour la première fois ?

☐ **A.** Le Japon.
☐ **B.** Les Émirats arabes unis.
☐ **C.** Le Canada.
☐ **D.** L'Inde.

27. Qui construit actuellement une station spatiale orbitale ?

☐ **A.** Les États-Unis.
☐ **B.** La Russie.
☐ **C.** L'Australie.
☐ **D.** La Chine.

28. Quelle part des émissions mondiales de CO_2 les États-Unis représentent-ils ?

☐ **A.** 7 %. ☐ **B.** 11 %. ☐ **C.** 14 %. ☐ **D.** 17 %.

29. Qu'est-ce que la NSA aux États-Unis ?

☐ **A.** Le Nouveau système américain.
☐ **B.** L'Agence nationale de surveillance américaine.
☐ **C.** Le Nouveau statut des Amériques.
☐ **D.** Le Nouveau système de santé américain.

30. Quel est l'âge de départ à la retraite en Italie ?

☐ **A.** 62 ans. ☐ **B.** 64 ans. ☐ **C.** 65 ans. ☐ **D.** 67 ans.

31. En 2022, quel est le pays avec la plus grande puissance militaire ?

☐ **A.** Les États-Unis.
☐ **B.** La Russie.
☐ **C.** L'Inde.
☐ **D.** La Chine.

32. Sur quel pays a régné Ceausescu ?

☐ **A.** Bulgarie. ☐ **B.** Serbie. ☐ **C.** Hongrie. ☐ **D.** Roumanie.

33. Depuis le 17 juillet 2000, qui est le président de la République arabe syrienne ?

☐ **A.** Abdel Halim Khaddam.
☐ **B.** Bachar el-Assad.
☐ **C.** Noureddine al-Atassi.
☐ **D.** Hafez el-Assad.

34. Qui est l'actuel roi du Maroc ?

☐ **A.** Mohammed VI.
☐ **B.** Mohammed V.
☐ **C.** Hassan II.
☐ **D.** Mohammed IV.

35. En quelle année l'Inde, jusque-là sous contrôle britannique, a-t-elle obtenu son indépendance ?

☐ **A.** 1940. ☐ **B.** 1945. ☐ **C.** 1947. ☐ **D.** 1949.

36. En quelle année les indépendances du Maroc et de la Tunisie ont-elles été proclamées ?

☐ **A.** 1948. ☐ **B.** 1956. ☐ **C.** 1962. ☐ **D.** 1964.

37. Qui est le roi actuel des Belges ?

☐ **A.** Albert II.

☐ **B.** Laurent de Belgique.

☐ **C.** Gabriel de Belgique.

☐ **D.** Philippe de Belgique.

38. Quels sont les facteurs qui accélèrent le recul de la mondialisation amorcé en 2008 ?

☐ **A.** Le pouvoir d'achat et l'inflation.

☐ **B.** La pandémie et l'inflation.

☐ **C.** La pandémie et la guerre en Ukraine.

☐ **D.** L'inflation et la guerre en Ukraine.

39. Quel est le plus grand port d'Ukraine ?

☐ **A.** Le port de Kiliya.

☐ **B.** Le port d'Odessa.

☐ **C.** Le port de Poltava.

☐ **D.** Le port de Yalta.

40. Dans quel pays actuel se trouve la ville de Tchernobyl ?

☐ **A.** Ukraine. ☐ **B.** Serbie. ☐ **C.** Roumanie. ☐ **D.** Hongrie.

41. Quel est le parti politique de Bachar el Assad ?

☐ **A.** Parti arabe socialiste.

☐ **B.** Le Baas.

☐ **C.** Parti communiste syrien.

☐ **D.** La Fédération révolutionnaire arménienne.

42. En quelle année a débuté la construction du mur de Berlin ?

☐ **A.** En 1945. ☐ **B.** En 1957. ☐ **C.** En 1959. ☐ **D.** En 1961.

43. À combien s'élève l'American Rescue Plan dont l'objectif est de compenser les pertes de pouvoir d'achat subies par les ménages et les entreprises pendant la pandémie ?

☐ **A.** 500 milliards d'euros

☐ **B.** 700 milliards d'euros

☐ **C.** 1 000 milliards d'euros.

☐ **D.** 1 600 milliards d'euros.

44. Combien d'années a duré l'ère Angela Merkel ?

☐ **A.** 12 ans. ☐ **B.** 14 ans. ☐ **C.** 16 ans. ☐ **D.** 18 ans.

45. Quand l'accord de Vienne sur le nucléaire iranien a-t-il été signé ?

☐ **A.** Le 14 juillet 2005.

☐ **B.** Le 15 août 2010.

☐ **C.** Le 14 juillet 2015.

☐ **D.** Le 15 décembre 2020.

46. Quand a été signé l'accord de commerce et de coopération entre l'UE et le Royaume-Uni ?

☐ **A.** Le 1er janvier 2020.

☐ **B.** Le 30 décembre 2020.

☐ **C.** Le 1er janvier 2021.

☐ **D.** Le 31 janvier 2021.

47. En Afghanistan, quel est le groupe ethnique le plus nombreux ?

- ☐ **A.** Les Pachtounes.
- ☐ **B.** Les Tadjiks.
- ☐ **C.** Les Ouzbeks.
- ☐ **D.** Les Hazaras.

48. En Allemagne, quel est le parti de Olaf Scholz ?

- ☐ **A.** L'Union chrétienne-démocrate.
- ☐ **B.** Parti libéral démocrate.
- ☐ **C.** Parti social-démocrate.
- ☐ **D.** Verts.

49. Le traité sur la non-prolifération des armes nucléaires (TNP), signé le 1er juillet 1968, repose sur trois piliers. Lesquels ?

- ☐ **A.** La non-prolifération, le désarmement et les utilisations pacifiques de l'énergie nucléaire.
- ☐ **B.** La non-prolifération, le désarmement partiel et les utilisations pacifiques de l'énergie nucléaire.
- ☐ **C.** La non-prolifération, le désarmement et les utilisations raisonnables de l'énergie nucléaire.
- ☐ **D.** La non-prolifération, le désarmement et les utilisations modérées de l'énergie nucléaire.

50. Quel pays est la première puissance nucléaire mondiale ?

- ☐ **A.** Les États-Unis.
- ☐ **B.** La France.
- ☐ **C.** Le Royaume-Uni.
- ☐ **D.** La Russie.

51. Comment est surnommé Xi Jinping ?

- ☐ **A.** Le dauphin.
- ☐ **B.** Le nouveau timonier.
- ☐ **C.** Le pilote.
- ☐ **D.** L'empereur.

52. Opération Barkhane : la France a annoncé le retrait complet de ses troupes en février 2022. Dans quel pays ?

- ☐ **A.** La Côte d'Ivoire.
- ☐ **B.** Le Mali.
- ☐ **C.** Le Tchad.
- ☐ **D.** La Syrie.

53. Quand ont eu lieu les dernières élections présidentielles et législatives au Brésil ?

- ☐ **A.** Janvier 2023.
- ☐ **B.** Mai 2023.
- ☐ **C.** Juin 2023.
- ☐ **D.** Juillet 2023.

54. L'opération décidée par le gouvernement afin de lutter contre l'immigration clandestine à Mayotte se nomme :

- ☐ **A.** Chammal.
- ☐ **B.** Barkhane.
- ☐ **C.** Daman.
- ☐ **D.** Wuambushu.

55. Le 7 juillet 2021, le président Haïtien est assassiné. Quel est son nom ?

- ☐ **A.** Ariel Henry.
- ☐ **B.** Jovenel Moïse.
- ☐ **C.** Jimmy Chérizier.
- ☐ **D.** Martial Célestin.

56. Qu'est-ce qui a principalement motivé le choix de Barack Obama comme prix Nobel de la paix ?

☐ **A.** Ses prises de position en faveur d'un désengagement tant militaire que nucléaire.

☐ **B.** Son charisme.

☐ **C.** Son programme social.

☐ **D.** Son programme écologique.

57. La Lituanie, l'Estonie et la Lettonie sont les premiers à proclamer leur souveraineté en leur indépendance à la fin des années 1980. On appelle ces États :

☐ **A.** Nordiques.

☐ **B.** Slaves.

☐ **C.** Baltes.

☐ **D.** Balkaniques.

58. Quelles fonctions occupe au Royaume-Uni le chancelier de l'Échiquier ?

☐ **A.** Ministre de l'Intérieur.

☐ **B.** Ministre de l'Écologie.

☐ **C.** Ministre des Affaires étrangères.

☐ **D.** Ministre des Finances et du Trésor.

59. Qu'est-ce que le Fatah ?

☐ **A.** La « guerre des pierres ».

☐ **B.** Le carême des musulmans.

☐ **C.** L'organisation de résistance palestinienne.

☐ **D.** Le jour de jeûne absolu pour les Juifs.

60. Dans quel domaine les États-Unis sont-ils particulièrement puissants grâce à leur technologie ?

☐ **A.** Le domaine médical.

☐ **B.** Le domaine industriel.

☐ **C.** Le domaine informatique.

☐ **D.** Le domaine militaire.

61. À quelle communauté religieuse appartient Bachar el Assad ?

☐ **A.** Les alaouites.

☐ **B.** Les sunites.

☐ **C.** Les chiites.

☐ **D.** Les chrétiens orthodoxes.

62. Quels pays forment l'ALENA ?

☐ **A.** Les États-Unis, le Canada et le Brésil

☐ **B.** Les États-Unis, le Canada et le Mexique.

☐ **C.** Les États-Unis, le Brésil et le Mexique

☐ **D.** Les États-Unis, le Canada et la Colombie.

63. Comment se nomme le Parti national marocain ?

☐ **A.** L'Istiqlal.

☐ **B.** Mouvement populaire.

☐ **C.** Union constitutionnelle.

☐ **D.** Parti du progrès et du socialisme.

64. Quel est le premier pays, en janvier 2023, à envoyer 14 chars Challenger-2 aux Ukrainiens ?

☐ **A.** La France.

☐ **B.** Le Royaume-Uni.

☐ **C.** L'Allemagne.

☐ **D.** Les États-Unis.

65. Qui a atteint l'Éverest des grandes fortunes, solidement installé au premier rang mondial ?

- ☐ A. Elon Musk.
- ☐ **C.** Larry Ellison.
- ☐ B. Bernard Arnault.
- ☐ **D.** Jeff Bezos.

66. Quel est le nom du documentaire réalisé par le journaliste français Loup Bureau sur la plongée dans la vie quotidienne des soldats sur le front du Donbass en 2020, en Ukraine.

- ☐ **A.** *Profondeurs.*
- ☐ **C.** *Méandres.*
- ☐ **B.** *Abysses.*
- ☐ **D.** Tranchées.

67. Entre janvier et mars 2023, combien de personnes ont perdu la vie dans les eaux de la Méditerranée selon l'Organisation internationale pour les migrations ?

- ☐ **A.** 112.
- ☐ **B.** 254.
- ☐ **C.** 327.
- ☐ **D.** 441.

68. Parmi ces pays RFA, RDA, Pologne, Hongrie, Autriche, combien étaient situés à l'Est du « Rideau de fer » ?

- ☐ **A.** 2.
- ☐ **B.** 3.
- ☐ **C.** 4.
- ☐ **D.** 5.

69. Qui est le président de la République de Turquie en 2023 ?

- ☐ **A.** Ferhat Abbas
- ☐ **C.** Recep Tayyip Erdoğan.
- ☐ **B.** Viktor Orban
- ☐ **D.** Bachar el Assad

70. Quel pays n'est pas une ancienne colonie française ?

- ☐ **A.** Ghana.
- ☐ **B.** Niger.
- ☐ **C.** Sénégal.
- ☐ **D.** Soudan.

71. Quelle est la capitale économique du Sri Lanka ?

- ☐ **A.** Jaffina.
- ☐ **B.** Galle.
- ☐ **C.** Colombo.
- ☐ **D.** Kandy.

72. La Russie souhaite éviter que l'Ukraine ne se rapproche davantage de l'UE et surtout :

- ☐ **A.** De l'OMC.
- ☐ **C.** Des États Unis.
- ☐ **B.** De l'OTAN.
- ☐ **D.** De l'ONU.

73. Qui fut le premier président de l'Algérie indépendante ?

- ☐ **A.** Ahmed Ben Bella.
- ☐ **C.** Abdelmadjid Tebboune.
- ☐ **B.** Ferhat Abbas.
- ☐ **D.** Houari Boumédiène.

74. Quel est le déficit du commerce extérieur de la France en 2023 ?

- ☐ **A.** 30 milliards.
- ☐ **C.** 70 milliards.
- ☐ **B.** 50 milliards.
- ☐ **D.** 54 milliards.

75. Vladimir Poutine a annoncé le retrait temporaire de la Russie de :

- ☐ **A.** L'accord New Start.
- ☐ **C.** L'accord de Munich.
- ☐ **B.** L'accord de Minsk.
- ☐ **D.** L'accord de Schengen.

76. En quelle année a eu lieu le génocide des Tutsi au Rwanda ?

- ☐ **A.** 1981.
- ☐ **C.** 1994.
- ☐ **B.** 1989.
- ☐ **D.** 1998.

77. Où a été signé le dernier grand accord mondial sur le climat dans le cadre de la COP21 de l'ONU ?

- ☐ **A.** À Glasgow.
- ☐ **B.** À Katowice.
- ☐ **C.** À Paris.
- ☐ **D.** À Bonn.

78. Plus de 100 000 personnes russophones vivent :

- ☐ **A.** En Allemagne.
- ☐ **B.** En Finlande.
- ☐ **C.** En Angleterre.
- ☐ **D.** En Suède.

79. L'Organisation des Nations unies (ONU) compte actuellement combien d'États membres ?

- ☐ **A.** 154.
- ☐ **B.** 175.
- ☐ **C.** 189.
- ☐ **D.** 193.

80. Quel est le dernier État à avoir adhéré à l'Organisation (en 2006).

- ☐ **A.** L'Algérie.
- ☐ **B.** Le Monténégro.
- ☐ **C.** L'Angola.
- ☐ **D.** L'Albanie.

81. Quand les États-Unis ont-ils envahi l'Irak ?

- ☐ **A.** En 2001.
- ☐ **B.** En 2003.
- ☐ **C.** En 2005.
- ☐ **D.** En 2007.

82. Quels sont les pays du BRICS ?

- ☐ **A.** Brésil, Russie, Inde, Chine, Afrique du Sud.
- ☐ **B.** Bolivie, Russie, Indonésie, Chine, Afrique du Sud.
- ☐ **C.** Bolivie, Russie, Inde, Chine, Afrique du Sud.
- ☐ **D.** Brésil, Russie, Indonésie, Chine, Afrique du Sud.

83. Qui a créé la cour pénale internationale ?

- ☐ **A.** L'OTAN.
- ☐ **B.** L'UE.
- ☐ **C.** Le FMI.
- ☐ **D.** L'ONU.

84. En quelle année s'est déroulé le premier conflit israélo-arabe ?

- ☐ **A.** 1948.
- ☐ **B.** 1957.
- ☐ **C.** 1961.
- ☐ **D.** 1964.

85. Quel est le surnom des conservateurs britanniques ?

- ☐ **A.** Les Tories.
- ☐ **B.** Les Scories.
- ☐ **C.** Les Stories.
- ☐ **D.** Les Caries.

86. L'accord de libre-échange nord-américain (ALENA), est entré en vigueur :

- ☐ **A.** Le 1er janvier 1992.
- ☐ **B.** Le 1er janvier 1993.
- ☐ **C.** Le 1er janvier 1994.
- ☐ **D.** Le 1er janvier 1995.

87. Qui a remporté l'élection présidentielle en 2023 au Paraguay ?

- ☐ **A.** Efrain Alegre.
- ☐ **B.** Alfredo Stroessner.
- ☐ **C.** Horacio Cartes.
- ☐ **D.** Santiago Peña.

88. Quand Khadafi a-t-il été destitué ?

- ☐ **A.** En 2005.
- ☐ **B.** En 2007.
- ☐ **C.** En 2009.
- ☐ **D.** En 2011.

89. Quand les États-Unis ont-ils envahi l'Afghanistan ?

- ☐ **A.** En 1999.
- ☐ **B.** En 2001.
- ☐ **C.** En 2005.
- ☐ **D.** En 2007.

90. Qui est le roi d'Espagne ?

- ☐ **A.** Felipe VI.
- ☐ **B.** Juan Carlos Ier.
- ☐ **C.** Amédée Ier.
- ☐ **D.** Alphonse XIII.

91. Qui est le président du conseil des ministres en Italie ?

- ☐ **A.** Silvio Berlusconi.
- ☐ **B.** Giorgia Meloni.
- ☐ **C.** Mattéo Renzi.
- ☐ **D.** Romano Prodi.

92. En quelle année Fidel Castro est-il arrivé au pouvoir à Cuba ?

- ☐ **A.** 1959.
- ☐ **B.** 1961.
- ☐ **C.** 1963.
- ☐ **D.** 1965.

93. Quand a eu lieu la première intifada, qui désigne la période de conflit entre les Palestiniens des territoires occupés et Israël ?

- ☐ **A.** Décembre 1985.
- ☐ **B.** Décembre 1987.
- ☐ **C.** Décembre 1989.
- ☐ **D.** Décembre 1991.

94. Depuis le début de la guerre d'agression menée par la Russie, l'UE et ses États membres ont mis à disposition de l'Ukraine et de sa population une aide d'environ :

- ☐ **A.** 500 millions d'euros au total.
- ☐ **B.** 15 milliards d'euros au total.
- ☐ **C.** 37 milliards d'euros au total.
- ☐ **D.** 67 milliards d'euros au total.

95. L'Australie est :

- ☐ **A.** Une République avec un président élu par la Chambre des représentants.
- ☐ **B.** Une monarchie constitutionnelle.
- ☐ **C.** Une République avec un Premier ministre élu par le Parlement (la Chambre des représentants et Sénat).
- ☐ **D.** Un État fédéral dont les gouverneurs élisent le Premier ministre.

96. Qu'est-ce que l'OTASE ?

- ☐ **A.** Une Organisation du transport aérien au sud de l'Équateur.
- ☐ **B.** Une ONG spécialisée dans la protection des populations d'otaries.
- ☐ **C.** Une Organisation du traité de l'Asie du Sud-Est.
- ☐ **D.** Une association française spécialisée dans la prise en charge des travailleurs africains sans emploi.

97. Le Myanmar est :

- ☐ **A.** Le nouveau nom des îles Moluques.
- ☐ **B.** Le nouveau nom de la Birmanie.
- ☐ **C.** Un gang de Colombie trafiquant de drogue.
- ☐ **D.** La plage la plus célèbre de Rio de Janeiro.

98. Quand a eu lieu la guerre du Golfe ?

- ☐ **A.** 1981.
- ☐ **B.** 1991.
- ☐ **C.** 1999.
- ☐ **D.** 2001.

99. Qu'est-ce que le Hamas ?

- ☐ **A.** C'est un mouvement islamiste et nationaliste palestinien.
- ☐ **B.** C'est un mouvement islamiste et nationaliste israélien.
- ☐ **C.** C'est un parti politique et un groupe paramilitaire islamiste chiite.
- ☐ **D.** C'est une organisation terroriste islamiste.

100. Qui est le président de la Biélorussie ?

- ☐ **A.** Viatcheslav Kouznetsov.
- ☐ **B.** Stanislaw Chouchkievitch.
- ☐ **C.** Metchislav Grib.
- ☐ **D.** Alexandre Loukachenko.

Corrigé

1. **D.** 24 février 2022.
2. **B.** « Démilitarisation » et une « dénazification » de l'Ukraine.
3. **A.** 2000.
4. **B.** Plus de 6,6 millions.
5. **D.** La Crimée.
6. **C.** Blé.
7. **A.** L'Allemagne.
8. **B.** Volodymyr Zelensky.
9. **D.** La Chine.
10. **C.** Une décision sur l'adhésion de l'Ukraine à l'Union européenne.
11. **C.** Les accords d'Évian.
12. **B.** Le 15 août 2021.
13. **C.** Ashraf Ghani.
14. **C.** 1949.
15. **D.** 31 États membres.
16. **A.** Espagne.
17. **D.** Afrique du Sud.
18. **C.** Xi Jinping.
19. **B.** La Russie.
20. **A.** Jens Stoltenber.
21. **C.** Sénégalaise.
22. **B.** Taïwan.
23. **D.** Au Kazakhstan.
24. **C.** Le bâtiment du Parlement d'Afrique du Sud.
25. **C.** Le Mali.
26. **B.** Les Émirats arabes unis.
27. **D.** La Chine.
28. **C.** 14 %.
29. **B.** L'agence nationale de surveillance américaine.
30. **D.** 67 ans.
31. **A.** Les États-Unis.
32. **D.** Roumanie.
33. **B.** Bachar el-Assad.
34. **A.** Mohammed VI.

35. **C.** 1947.

36. **B.** 1956.

37. **D.** Philippe de Belgique.

38. La pandémie et la guerre en Ukraine.

39. Le port d'Odessa.

40. **A.** Ukraine.

41. **B.** Le Baas.

42. **D.** En 1961.

43. **D.** 1 600 milliards d'euros.

44. **C.** 16 ans.

45. **C.** Le 14 juillet 2015.

46. **B.** Le 30 décembre 2020.

47. **A.** Les Pachtounes.

48. **C.** Parti social-démocrate.

49. **A.** La non-prolifération, le désarmement et les utilisations pacifiques de l'énergie nucléaire.

50. **D.** La Russie.

51. **B.** Le nouveau timonier.

52. **B.** Le Mali.

53. **B.** Mai 2023.

54. **D.** Wuambushu.

55. **B.** Jovenel Moïse.

56. **A.** Ses prises de position en faveur d'un désengagement tant militaire que nucléaire.

57. **C.** Baltes.

58. **D.** Ministre des Finances et du Trésor.

59. **C.** L'organisation de résistance palestinienne.

60. **D.** Le domaine militaire.

61. **A.** Les alaouites.

62. **B.** Les États-Unis, le Canada et le Mexique.

63. **A.** L'Istiqlal.

64. **B.** Le Royaume-Uni.

65. **B.** Bernard Arnault.

66. **D.** Tranchées.

67. **D.** 441.

68. **B.** 3.

69. **C.** Recep Tayyip Erdoğan.

70. **A.** Ghana.

71. **C.** Colombo.

72. **B.** De l'OTAN.

73. **B.** Ferhat Abbas.

74. **D.** 54 milliards.

75. **A.** L'accord New Start.

76. C.1994.

77. **C.** À Paris.

78. **B.** En Finlande.

79. **D.** 193.

80. **B.** Le Monténégro.

81. **B.** En 2003.

82. **A.** Brésil, Russie, Inde, Chine, Afrique du Sud.

83. **D.** L'ONU.

84. **A.** 1948.

85. **A.** Les Tories.

86. **C.** Le 1er janvier 1994.

87. **D.** Santiago Peña.

88. **D.** En 2011.

89. **B.** En 2001.

90. **A.** Felipe VI.

91. **B.** Giorgia Meloni.

92. **A.** 1959.

93. **B.** Décembre 1987.

94. **D.** 67 milliards d'euros au total.

95. **B.** Une monarchie constitutionnelle.

96. C Une Organisation du traité de l'Asie du Sud Est.

97. **B.** Le nouveau nom de la Birmanie.

98. **B.** 1991.

99. **A.** C'est un mouvement islamiste et nationaliste palestinien. Notons que cette définition ne fait pas consensus au sein de l'ONU. De nombreux pays occidentaux et l'Union européenne le qualifie de groupe terroriste.

100. **D.** Alexandre Loukachenko.

4 Institutions et politique

1 Organisation politique et administrative française

1. Le président de la République dispose de tous ces pouvoirs sauf un :
   - ☐ **A.** Chef des armées.
   - ☐ **B.** Pouvoir de dissolution de l'Assemblée nationale.
   - ☐ **C.** Nommer les présidents des conseils régionaux.
   - ☐ **D.** Droit de grâce.
2. On définit la cohabitation par :
   - ☐ **A.** La coexistence d'un président de la République et d'un gouvernement appartenant à des courants politiques opposés.
   - ☐ **B.** Le partage des signatures des décrets.
   - ☐ **C.** Le fait que deux majorités politiques différentes existent au sein de l'Assemblée nationale et du Sénat.
   - ☐ **D.** Le besoin d'une signature conjointe entre le Premier ministre et le président de la République pour certains textes de lois.
3. Qui assure l'intérim en cas de vacance de la présidence de la République ?
   - ☐ **A.** Le Premier ministre.
   - ☐ **B.** Le président de l'Assemblée nationale.
   - ☐ **C.** Le président du Sénat.
   - ☐ **D.** Le président du Conseil constitutionnel.
4. Quelle est la résidence habituelle du président de la République ?
   - ☐ **A.** Le Quai d'Orsay.
   - ☐ **B.** Le Palais Bourbon.
   - ☐ **C.** L'hôtel Matignon.
   - ☐ **D.** Le palais de l'Élysée.
5. Qui a été le premier président de la Ve République ?
   - ☐ **A.** Guy Mollet.
   - ☐ **B.** René Coty.
   - ☐ **C.** Charles de Gaulle.
   - ☐ **D.** Vincent Auriol.
6. Qui était le ou la ministre de Éducation nationale avant la dissolution de l'Assemblée nationale ?
   - ☐ **A.** Gérard Collomb.
   - ☐ **B.** François Bayrou.
   - ☐ **C.** Nicole Belloubet.
   - ☐ **D.** Jean-Michel Blanquer.
7. Comment est nommé le Premier ministre ?
   - ☐ **A.** Par un vote de l'Assemblée nationale.
   - ☐ **B.** Par le gouvernement.
   - ☐ **C.** Par le président de la République.
   - ☐ **D.** Par un vote.

8. Comment sont nommés les ministres composant le gouvernement ?

☐ **A.** Par le Premier ministre.

☐ **B.** Par le président de la République, sur proposition du Premier ministre.

☐ **C.** Par l'Assemblée nationale.

☐ **D.** Par le Parlement.

9. Depuis quand date la Constitution ?

☐ **A.** 1948. ☐ **B.** 1957. ☐ **C.** 1958. ☐ **D.** 1959.

10. L'initiative de la révision de la constitution revient soit :

☐ **A.** Au président de la République sur proposition du Premier ministre.

☐ **B.** Au Premier ministre.

☐ **C.** Au ministre de l'Intérieur.

☐ **D.** Aux membres du Parlement.

11. Le système parlementaire français est qualifié de :

☐ **A.** Dualiste. ☐ **B.** Bicaméral. ☐ **C.** Holiste. ☐ **D.** Bilatéral.

12. Le préfet est :

☐ **A.** Élu.

☐ **B.** Officier de police judiciaire.

☐ **C.** Nommé par le président de la République.

☐ **D.** Nommé par le Premier ministre.

13. Combien y a-t-il de sénateurs ?

☐ **A.** 311. ☐ **B.** 321. ☐ **C.** 331. ☐ **D.** 348.

14. Combien y a-t-il de députés ?

☐ **A.** 557. ☐ **B.** 567. ☐ **C.** 577. ☐ **D.** 587.

15. Qui était le ministre de l'Europe et des Affaires étrangères avant la dissolution de l'Assemblée nationale ?

☐ **A.** Stéphane Séjourné

☐ **B.** Bernard Cazeneuve.

☐ **C.** Claude Guéant.

☐ **D.** Gérard Collomb.

16. Quel est le nom du Président du Sénat ?

☐ **A.** François de Rugy.

☐ **B.** Claude Bartelone.

☐ **C.** Bernard Accoyer.

☐ **D.** Gérard Larcher.

17. Quel est le nom de la présidente ou du président de l'Assemblée nationale ?

☐ **A.** Yaël Braun-Pivet.

☐ **B.** Claude Bartelone.

☐ **C.** Bernard Accoyer.

☐ **D.** Gérard Larcher.

18. La loi sur la séparation des Églises et de l'État date de :

☐ **A.** 1905. ☐ **B.** 1936. ☐ **C.** 1945. ☐ **D.** 1958.

19. La révision constitutionnelle de juillet 2008 (loi constitutionnelle) vise à :

- ☐ **A.** Renforcer le rôle du Parlement.
- ☐ **B.** Rénover le mode d'exercice du pouvoir exécutif.
- ☐ **C.** Garantir aux citoyens des droits nouveaux.
- ☐ **D.** Rénover le mode d'exercice du pouvoir judiciaire.

20. Pour être candidat à l'élection présidentielle, il faut :

- ☐ **A.** Avoir 18 ans révolus.
- ☐ **B.** Avoir la nationalité française.
- ☐ **C.** Être inscrit sur les listes électorales.
- ☐ **D.** Réunir au moins 500 parrainages d'élus avant la fin de la période de réception.

21. Qui était la ministre du Travail, de la Santé et des Solidarités avant la dissolution de l'Assemblée nationale ?

- ☐ **A.** Florence Parly.
- ☐ B. Fadila Khattabi.
- ☐ **C.** Nathalie Loiseau.
- ☐ **D.** Catherine Vautrin.

22. Quelles sont les valeurs de la République :

- ☐ **A.** Liberté.
- ☐ **B.** Égalité.
- ☐ **C.** Fraternité.
- ☐ **D.** Laïcité.

23. Comment le mouvement « En marche » a-t-il été rebaptisé ? :

- ☐ **A.** La France en marche.
- ☐ **B.** La République en marche.
- ☐ **C.** La nation en marche.
- ☐ **D.** L'État en marche.

24. Les élections européennes de 2024 en France se tiennent le 9 juin 2024 afin d'élire combien d'eurodéputés ?

- ☐ **A.** 57.
- ☐ **B.** 64.
- ☐ **C.** 72.
- ☐ **D.** 81.

25. Lors des élections législatives, nous votons pour :

- ☐ **A.** Les députés.
- ☐ **B.** Les sénateurs.
- ☐ **C.** Les préfets de région.
- ☐ **D.** Les maires.

26. Selon une étude que vient de publier le ministère du Travail, le taux global de syndicalisation, public et privé confondus, est passé de 11 % à :

- ☐ **A.** 8 % entre 2013 et 2019.
- ☐ **B.** 9 % entre 2013 et 2019.
- ☐ **C.** 10,3 % entre 2013 et 2019.
- ☐ **D.** 15 % entre 2013 et 2019.

27. Emmanuel Macron a été réélu en 2022 avec :

- ☐ **A.** 41,46 % des suffrages.
- ☐ **B.** 51,89 % des suffrages.
- ☐ **C.** 58,54 % des suffrages.
- ☐ **D.** 66,10 % des suffrages.

28. Quel a été le taux d'abstention au deuxième tour des élections présidentielles 2022 ?

- ☐ **A.** 20,9 %.
- ☐ **B.** 24 %.
- ☐ **C.** 28,01 %.
- ☐ **D.** 31 %.

29. La loi organique et la loi ordinaire constituent la première étape de la réforme pour la moralisation de la vie publique. Quel point n'a pas été retenu ?

- ▢ **A.** Réserve parlementaire supprimée.
- ▢ **B.** Interdiction des emplois familiaux.
- ▢ **C.** Le Premier ministre fixe par décret les frais de réception et de représentation des membres du gouvernement.
- ▢ **D.** Les parlementaires devront justifier dès le début de leur mandat avoir respecté leurs obligations fiscales.

30. Où siège le président de l'Assemblée nationale ?

- ▢ **A.** Au centre de l'hémicycle.
- ▢ **B.** À la tribune.
- ▢ **C.** Sur le perchoir.
- ▢ **D.** Dans la partie de l'hémicycle avec son parti.

31. Le ministre de l'Intérieur a annoncé le retour de la police de proximité. Qui était-il avant la dissolution de l'Assemblée nationale ?

- ▢ **A.** Jean-Yves Le Drian.
- ▢ **B.** Gérald Darmanin.
- ▢ **C.** Bruno Le Maire.
- ▢ **D.** Bernard Cazeneuve.

32. Que signifie le sigle HATVP ?

- ▢ **A.** Haute Administration pour la transparence de la vie publique.
- ▢ **B.** Haute Autorité pour la transparence de la vie publique.
- ▢ **C.** Haute Administration pour la transparence de la veille publique.
- ▢ **D.** Haute Autorité pour la transparence de la veille publique.

33. Qu'appelle-t-on navette parlementaire ?

- ▢ **A.** Le texte de loi suit un mouvement de va-et-vient entre les syndicats et le gouvernement, où seuls demeurent en discussion les articles qui n'ont pas été adoptés dans les mêmes termes par les 2.
- ▢ **B.** Le texte de loi suit un mouvement de va-et-vient entre le président et l'Assemblée nationale où seuls demeurent en discussion les articles qui n'ont pas été adoptés dans les mêmes termes par les 2.
- ▢ **C.** Le texte suit un mouvement de va-et-vient entre l'Assemblée nationale et le Sénat, où seuls demeurent en discussion les articles qui n'ont pas été adoptés dans les mêmes termes par les 2.
- ▢ **D.** Le texte suit un mouvement de va-et-vient entre le gouvernement et le Sénat, où seuls demeurent en discussion les articles qui n'ont pas été adoptés dans les mêmes termes par les 2.

34. Qu'est-ce qu'un amendement ?

- ▢ **A.** Une modification proposée à un texte législatif discuté par le Parlement.
- ▢ **B.** Une annulation proposée au Parlement pour un texte législatif.
- ▢ **C.** Un report proposé pour un texte législatif.
- ▢ **D.** Une abrogation d'un texte législatif.

35. Où est situé le siège de l'Assemblée nationale ?

☐ **A.** Au palais du Luxembourg.
☐ **B.** Au palais Bourbon.
☐ **C.** À l'hôtel Matignon.
☐ **D.** Au palais de l'Élysée.

36. Un décret est un acte réglementaire ou individuel pris par :

☐ **A.** Le président de la République.
☐ **B.** Le Premier ministre.
☐ **C.** Le président de la République ou le Premier ministre.
☐ **D.** Le président de la République et le Premier ministre.

37. Depuis quand date le premier quinquennat ?

☐ **A.** 1995. ☐ **B.** 2002. ☐ **C.** 2007. ☐ **D.** 2012.

38. Quelle est la plus haute juridiction de l'ordre judiciaire ?

☐ **A.** La Cour d'assises.
☐ **B.** La Cour d'appel.
☐ **C.** La Cour de cassation.
☐ **D.** La Cour administrative.

39. La Motion de censure est le :

☐ **A.** Le moyen principal du contrôle exercé sur le gouvernement par le Sénat.
☐ **B.** Le moyen principal du contrôle exercé sur le gouvernement par le Parlement.
☐ **C.** Le moyen principal du contrôle exercé sur le gouvernement par l'Assemblée nationale.
☐ **D.** Le moyen principal du contrôle exercé sur le gouvernement par le Conseil constitutionnel.

40. Quelle est la durée d'un mandat de député ?

☐ **A.** 3 ans. ☐ **B.** 5 ans. ☐ **C.** 6 ans. ☐ **D.** 7 ans.

41. Le recours à l'article 49 alinéa 3 de la Constitution peut permettre :

☐ **A.** La promulgation sans vote d'une proposition ou d'un projet de loi.
☐ **B.** La promulgation sans vote d'un projet de loi.
☐ **C.** L'adoption sans vote d'une proposition ou d'un projet de loi.
☐ **D.** L'adoption sans vote d'une proposition de loi.

42. Les ordonnances sont prises par :

☐ **A.** Le gouvernement.
☐ **B.** Le Premier ministre.
☐ **C.** Le Sénat.
☐ **D.** Le Parlement.

43. Un sénateur est élu pour :

☐ **A.** 2 ans. ☐ **B.** 3 ans. ☐ **C.** 6 ans. ☐ **D.** 7 ans.

44. Quel est l'âge minimum pour être élu sénateur ?

☐ **A.** 18 ans. ☐ **B.** 21 ans. ☐ **C.** 23 ans. ☐ **D.** 25 ans.

45. Comment se nomme la Défenseure des droits ?

- ☐ **A.** Marie Derain.
- ☐ **B.** Claire Hédon.
- ☐ **C.** Geneviève Avenard.
- ☐ **D.** Dominique Versini.

46. À quelle occasion, le Congrès du Parlement se réunit-il ?

- ☐ **A.** Pour examiner un texte de loi.
- ☐ **B.** Pour voter un texte de loi.
- ☐ **C.** Pour abroger un texte de loi.
- ☐ **D.** Pour modifier la constitution.

47. Qu'est-ce qu'un référendum ?

- ☐ **A.** Un référendum est une procédure de vote permettant de consulter directement les électeurs sur une question ou un texte.
- ☐ **B.** Un référendum est une procédure de vote permettant de consulter directement les parlementaires sur une question ou un texte.
- ☐ **C.** Un référendum est une procédure de vote permettant de consulter indirectement les électeurs sur une question ou un texte.
- ☐ **D.** Un référendum est une procédure de vote permettant de consulter directement les députés sur une question ou un texte.

48. Sur quel sujet portait le dernier référendum en France en mai 2005 ?

- ☐ **A.** Sur le traité établissant une constitution pour l'Europe.
- ☐ **B.** Sur les lois de bioéthique.
- ☐ **C.** Sur le rétablissement de la peine de mort.
- ☐ **D.** Sur la loi travail.

49. Quelle est la différence entre un projet de loi et une proposition de loi ?

- ☐ **A.** Le premier est proposé par les parlementaires et la seconde par le Premier ministre.
- ☐ **B.** Le premier est proposé par le Premier ministre et la seconde par les parlementaires.
- ☐ **C.** Le premier est proposé par les députés et la seconde par le Premier ministre.
- ☐ **D.** Le premier est proposé par le Premier ministre et la seconde par les sénateurs.

50. Quel est le mode de scrutin le plus courant en France ?

- ☐ **A.** Le scrutin majoritaire à 1 tour.
- ☐ **B.** Le scrutin majoritaire à 2 tours.
- ☐ **C.** le scrutin proportionnel à 1 tour.
- ☐ **D.** Le scrutin majoritaire alternatif.

51. Qu'est-ce que la démocratie ?

- ☐ **A.** Régime politique dans lequel le chef de l'État est un monarque.
- ☐ **B.** Régime politique dans lequel la souveraineté appartient à une classe privilégiée.
- ☐ **C.** Forme de gouvernement dans laquelle la souveraineté appartient au peuple.
- ☐ **D.** Système politique dans lequel existe un parti unique.

52. Quel est le nom du président de l'Association des maires de France (AMF) ?

- ☐ **A.** Éric Ciotti.
- ☐ **B.** David Lisnard.
- ☐ **C.** François Deluga.
- ☐ **D.** André Laignel.

53. Parmi ces institutions, laquelle est une collectivité territoriale ?

- ☐ **A.** Préfecture.
- ☐ **B.** Commune.
- ☐ **C.** CPAM.
- ☐ **D.** Caisse d'allocations familiales.

54. La loi de décentralisation remonte au début des années :

- ☐ **A.** 1960.
- ☐ **B.** 1970.
- ☐ **C.** 1980.
- ☐ **D.** 1990.

55. Quelle est la durée du mandat d'un maire ?

- ☐ **A.** 3 ans.
- ☐ **B.** 4 ans.
- ☐ **C.** 5 ans.
- ☐ **D.** 6 ans.

56. L'immunité parlementaire assure aux parlementaires une protection contre :

- ☐ **A.** Les affaires financières
- ☐ **B.** Les affaires judiciaires.
- ☐ **C.** Les obligations sanitaires.
- ☐ **D.** Les actions judiciaires.

57. En application des lois de décentralisation, la commune est chargée de la construction et l'entretien des :

- ☐ **A.** Écoles maternelles et primaires.
- ☐ **B.** Lycées
- ☐ **C.** Collèges.
- ☐ **D.** Universités.

58. Combien y a-t-il de métropoles en France ?

- ☐ **A.** 19.
- ☐ **B.** 21.
- ☐ **C.** 20.
- ☐ **D.** 22.

59. Que signifie le sigle EPCI ?

- ☐ **A.** Établissement public de coopération interurbaine.
- ☐ **B.** Établissement public de concertation interurbaine.
- ☐ **C.** Établissement public de coopération intercommunale.
- ☐ **D.** Établissement public de concertation intercommunale.

60. En quelle année auront lieu les prochaines élections municipales ?

- ☐ **A.** 2023.
- ☐ **B.** 2025.
- ☐ **C.** 2024.
- ☐ **D.** 2026.

61. Depuis la loi du 16 janvier 2015, combien y a-t-il de régions ?

- ☐ **A.** 13.
- ☐ **B.** 15.
- ☐ **C.** 17.
- ☐ **D.** 22.

62. Parmi ces départements d'outre-mer, lequel est un intrus ?

- ☐ **A.** Mayotte.
- ☐ **B.** La Guyane et la Martinique.
- ☐ **C.** La République dominicaine.
- ☐ **D.** La Réunion et la Guadeloupe.

63. Comment est élu le maire ?

- ☐ **A.** Il est élu par le conseil municipal parmi ses membres.
- ☐ **B.** Il est élu par le président du conseil départemental.
- ☐ **C.** Il est élu par le président du conseil régional.
- ☐ **D.** Il est élu au suffrage universel par les électeurs.

64. Le préfet est rattaché :

- ☐ **A.** Au gouvernement.
- ☐ **B.** Au ministère de l'Intérieur.
- ☐ **C.** Au ministère des Armées
- ☐ **D.** Au ministère de la Défense.

65. Juridiquement, les décisions du maire sont des :

- ☐ **A.** Directives.
- ☐ **B.** Lois.
- ☐ **C.** Arrêtés.
- ☐ **D.** Ordonnances.

66. La loi du 7 août 2015 dite NOTRe porte sur :

- ☐ **A.** Un nouvel organe territorial de la République.
- ☐ **B.** Une nouvelle opération territoriale de la République.
- ☐ **C.** Une nouvelle organisation territoriale de la République.
- ☐ **D.** Un nouvel ordonnancement territorial de la République.

67. Le maire est chargé des actes de naissance, de mariage, de décès. Il est :

- ☐ **A.** Responsable de l'état civil.
- ☐ **B.** Officier d'état civil.
- ☐ **C.** Agent de l'état civil.
- ☐ **D.** Adjoint d'état civil

68. Quelle est la durée d'un mandat d'un conseiller général ?

- ☐ **A.** 3 ans.
- ☐ **B.** 5 ans.
- ☐ **C.** 4 ans.
- ☐ **D.** 6 ans.

69. Qui est le représentant de l'État en région ?

- ☐ **A.** Le préfet de région.
- ☐ **B.** Le président de région.
- ☐ **C.** Le président du département.
- ☐ **D.** Le secrétaire d'État délégué aux collectivités territoriales.

70. Le deuxième acte de la décentralisation a eu lieu en mars :

- ☐ **A.** 2001.
- ☐ **B.** 2002.
- ☐ **C.** 2003.
- ☐ **D.** 2004.

71. Quand auront lieu les prochaines élections départementales et régionales ?

- ☐ **A.** 2024.
- ☐ **B.** 2025.
- ☐ **C.** 2026.
- ☐ **D.** 2028.

72. En mai 2022, combien de personnes étaient inscrites sur les listes électorales françaises ?

- ☐ **A.** 45,4 millions.
- ☐ **B.** 46,2 millions.
- ☐ **C.** 47,9 millions.
- ☐ **D.** 48,1 millions.

73. Loi du 21 mars 2022 vise à améliorer la protection :

- ☐ **A.** Des femmes.
- ☐ **B.** Des lanceurs d'alerte.
- ☐ **C.** Des personnes âgées.
- ☐ **D.** Des mineurs.

74. En application des lois de décentralisation, le département est chargé de la construction et l'entretien des :

- ☐ **A.** Crèches.
- ☐ **B.** Écoles primaires.
- ☐ **C.** Lycées.
- ☐ **D.** Collèges.

75. Que signifie le sigle AAI ?

- ☐ **A.** Agence administrative indépendante.
- ☐ **B.** Agence de l'autorité indépendante.
- ☐ **C.** Agglomération administrative indépendante.
- ☐ **D.** Autorité administrative indépendante.

76. L'article 1er de la Déclaration des droits de l'homme et du citoyen proclame que les hommes sont égaux :

- ☐ **A.** En dignité.
- ☐ **B.** En droits.
- ☐ **C.** En liberté.
- ☐ **D.** En tout.

77. En France, la majorité civile est fixée à 18 ans depuis :

- ☐ **A.** Le 5 juillet 1936.
- ☐ **B.** Le 5 juillet 1958.
- ☐ **C.** Le 5 juillet 1974.
- ☐ **D.** Le 5 juillet 1981.

78. Le droit de vote pour les hommes existe depuis :

- ☐ **A.** 1789.
- ☐ **B.** 1848.
- ☐ **C.** 1905.
- ☐ **D.** 1936.

79. La Convention internationale des droits de l'enfant (CIDE) a été adoptée le :

- ☐ **A.** 20 novembre 1959.
- ☐ **B.** 20 novembre 1969.
- ☐ **C.** 20 novembre 1979.
- ☐ **D.** 20 novembre 1989.

80. Qui est le président du Conseil constitutionnel depuis 2016 ?

- ☐ **A.** Laurent Fabius.
- ☐ **B.** Michel Pinault.
- ☐ **C.** Jacques Mézard.
- ☐ **D.** Alain Juppé.

81. La loi 1901 fonde le droit :

- ☐ **A.** D'association.
- ☐ **B.** De grève.
- ☐ **C.** D'expression.
- ☐ **D.** De retrait.

82. Le voile intégral est interdit des lieux publics en France depuis la loi :

- ☐ **A.** De mars 2004.
- ☐ **B.** De mars 2005.
- ☐ **C.** D'octobre 2010.
- ☐ **D.** D'octobre 2012.

83. Le 10 mai commémore l'adoption de la loi de 2001 tendant à la reconnaissance de la traite, de l'esclavage et de leur abolition aussi appelée :

- ☐ **A.** Loi Kouchner.
- ☐ **B.** Loi Taubira.
- ☐ **C.** Loi Léonetti.
- ☐ **D.** Loi Veil.

84. Qui préside le Conseil des ministres ?

- ☐ **A.** Le président de la République.
- ☐ **B.** Le porte-parole.
- ☐ **C.** Le Premier ministre.
- ☐ **D.** Le conseiller du Président.

85. Qui a été la première femme Premier ministre en France ?

- ☐ **A.** Simone Veil.
- ☐ **B.** Georgina Dufoix.
- ☐ **C.** Édith Cresson.
- ☐ **D.** Ségolène Royal.

86. Le droit de vote a été accordé aux femmes le :

- ☐ **A.** 21 avril 1940.
- ☐ **B.** 21 avril 1942.
- ☐ **C.** 21 avril 1944.
- ☐ **D.** 21 avril 1945.

87. Quel président a aboli la peine de mort en France ?

- ☐ **A.** René Coty.
- ☐ **B.** Valéry Giscard d'Estaing.
- ☐ **C.** François Mitterrand.
- ☐ **D.** Jacques Chirac.

88. Qui est le vice-président du Conseil d'État ?

- ☐ **A.** Marc Barbet.
- ☐ **B.** Didier-Roland Tabuteau.
- ☐ **C.** Marceau Long.
- ☐ **D.** Jean-Marc Sauvé.

89. Que signifie le sigle CSM ?

- ☐ **A.** Conseil supérieur des magistrats.
- ☐ **B.** Conseil supérieur de la magistrature.
- ☐ **C.** Commission supérieure des magistrats.
- ☐ **D.** Commission supérieure de la magistrature.

90. Parmi ces femmes, laquelle n'a jamais été ministre de la Santé ?

- ☐ **A.** Marisole Touraine.
- ☐ **B.** Simone Veil.
- ☐ **C.** Roselyne Bachelot.
- ☐ **D.** Ségolène Royal.

91. Fin 2023, combien compte-t-on de fonctionnaires parmi les agents de la FPT ?

- ☐ **A.** 1,12 million.
- ☐ **B.** 1,25 million.
- ☐ **C.** 1,37 million.
- ☐ **D.** 1,94 million.

92. Combien de candidats ont concouru lors de l'élection présidentielle 2022 ?

- ☐ **A.** 8.
- ☐ **B.** 10.
- ☐ **C.** 12.
- ☐ **D.** 14.

93. La loi le 20 juin 1936 prescrit un minimum de congés par an pour tous les salariés français qui est de :

- ☐ **A.** 2semaines.
- ☐ **B.** 3semaines.
- ☐ **C.** 4semaines.
- ☐ **D.** 5semaines.

94. En quelle année a été créé le conseil constitutionnel ?

- ☐ **A.** 1936.
- ☐ **B.** 1945.
- ☐ **C.** 1958.
- ☐ **D.** 1962.

95. Sous la Ve République qui a été le plus jeune président ?

- ☐ **A.** Valéry Giscard d'Estaing.
- ☐ **B.** Emmanuel Macron.
- ☐ **C.** Jaques Chirac.
- ☐ **D.** Nicolas Sarkosy.

96. Qui a composé *La Marseillaise* ?

- ☐ **A.** François Couperin.
- ☐ **B.** Maurice Ravel
- ☐ **C.** François Giroust.
- ☐ **D.** Rouget de Lisle.

97. Parmi ces actrices, laquelle a été un modèle de Marianne ?

- ☐ **A.** Romy Schneider.
- ☐ **B.** Jeanne Moreau.
- ☐ **C.** Michèle Morgan.
- ☐ **D.** Simone Signoret.

98. Sur quel sujet portait le référendum de 2021 ?

- ☐ **A.** Les lois de bioéthique.
- ☐ **B.** L'autonomie de la Corse.
- ☐ **C.** Sur le rétablissement de la peine de mort.
- ☐ **D.** L'indépendance de la Nouvelle-Calédonie.

99. L'état d'urgence sanitaire est une mesure exceptionnelle pouvant être décidée en cas de catastrophe sanitaire :

- ☐ **A.** Au Sénat.
- ☐ **B.** À l'Assemblée nationale.
- ☐ **C.** En Conseil des ministres.
- ☐ **D.** En Conseil d'État.

100. La loi inscrit dans la Constitution de 1958 :

- ☐ **A.** L'usage de la vidéoprotection intelligente et scanners corporels.
- ☐ **B.** La transition énergétique.
- ☐ **C.** L'IVG.
- ☐ **D.** Le développement durable.

Corrigé

1. **C.** Nommer les présidents des conseils régionaux.
2. **A.** La coexistence d'un président de la République et d'un gouvernement appartenant à des courants politiques opposés.
3. **C.** Le président du Sénat.
4. **D.** Le palais de l'Élysée.
5. **C.** Charles de Gaulle : De 1958 à 1969 (2 mandats). Guy Mollet a été président du Conseil des ministres sous la IVe République. René Coty a été président de la IVe de 1947 à 1954. Vincent Auriol a été président de la IVe de 1954 à 1959.
6. **C.** Nicole Belloubet.
7. **C.** Par le président de la République.
8. **B.** Par le président de la République, sur proposition du Premier ministre.
9. **C.** 1958.
10. **A.** Soit Au président de la République sur proposition du Premier ministre, on parle alors de projet de révision, **D.** Soit aux membres du Parlement, il s'agit dans ce cas d'une proposition de révision.
11. **B.** Bicaméral (2 chambres : l'Assemblée nationale et le Sénat).
12. **C.** Nommé par le président de la République.
13. **D.** 348.
14. **C.** 577.
15. **A.** Stépgane Séjourné.
16. **D.** Gérard Larcher.
17. **A.** Yaël Braun-Pivet.
18. **A.** 1905.

19. **A., B., C.**

20. **A., B., C., D.**

21. **D.** Catherine Vautrin.

22. **A.** Liberté, **B.** Égalité, **C.** Fraternité, **D.** Laïcité.

23. **B.** La République en marche.

24. **D.** 81.

25. **A.** Les députés

26. **C.** 10,3 % entre 2013 et 2019.

27. **C.** 58,54 % des suffrages.

28. **C.** 28,01 %.

29. **C.** Le Premier ministre fixe par décret les frais de réception et de représentation des membres du gouvernement.

30. **C.** Sur le perchoir.

31. **B.** Gérald Darmanin.

32. **B.** Haute Autorité pour la transparence de la vie publique.

33. **C.** Le texte suit un mouvement de va-et-vient entre l'Assemblée nationale et le Sénat, où seuls demeurent en discussion les articles qui n'ont pas été adoptés dans les mêmes termes par les deux assemblées.

34. **A.** Une modification proposée à un texte législatif discuté par le Parlement.

35. **B.** Au palais Bourbon.

36. **C.** Le président de la République ou le Premier ministre.

37. **B.** 2002.

38. **C.** La Cour de cassation.

39. **B.** Le moyen principal du contrôle exercé sur le gouvernement par le Parlement.

40. **B.** 5 ans.

41. **C.** L'adoption sans vote d'une proposition ou d'un projet de loi.

42. **A.** Le gouvernement.

43. **C.** 6 ans.

44. **C.** 23 ans.

45. **B.** Claire Hédon.

46. **D.** Pour modifier la constitution.

47. **A.** Un référendum est une procédure de vote permettant de consulter directement les électeurs sur une question ou un texte.

48. **A.** Sur le traité établissant une constitution pour l'Europe.

49. **B.** Le premier est proposé par le Premier ministre et la seconde par les parlementaires.

50. **B.** Le scrutin majoritaire à 2 tours.

51. **C.** Forme de gouvernement dans laquelle la souveraineté appartient au peuple.

52. **B.** David Lisnard.

53. **B.** Commune.

54. **C.** 1980. (1982).

55. **D.** 6 ans.

56. **D.** Les actions judiciaires.

57. **A.** Écoles maternelles et primaires.

58. **D.** 22.

59. **C.** Établissement public de coopération intercommunale.

60. **D.** 2026.

61. **A.** 13.

62. **C.** La République dominicaine.

63. **A.** Il est élu par le conseil municipal parmi ses membres.

64. **B.** Au ministère de l'Intérieur.

65. **C.** Arrêtés.

66. **C.** Une nouvelle organisation territoriale de la République.

67. **B.** Officier d'état civil.

68. **D.** 6 ans.

69. **A.** Le préfet de région.

70. **C.** 2003.

71. **D.** 2028.

72. **C.** 47,9 millions.

73. **B.** Des lanceurs d'alerte.

74. **D.** Collèges.

75. **D.** Autorité administrative indépendante.

76. **B.** En droits.

77. **C.** Le 5 juillet 1974.

78. **B.** 1848.

79. **D.** 20 novembre 1989.

80. **A.** Laurent Fabius.

81. **A.** D'association.

82. **C.** D'Octobre 2010.

83. **B.** Loi Taubira.

84. **A.** Le président de la République.

85. **C.** Édith Cresson.

86. **C.** 21 avril 1944.

87. **C.** François Mitterand.

88. **B.** Didier-Roland Tabuteau.

89. **B.** Conseil supérieur de la magistrature.

90. **D.** Ségolène Royal.

91. **D.** 1,94 million.

92. **C.** 12.

93. **A.** 2 semaines.

94. **C.** 1958.

95. **B.** Emmanuel Macron.

96. **D.** Rouget de Lisle.

97. **C.** Michèle Morgan.

98. **D.** L'indépendance de la Nouvelle-Calédonie.

99. **C.** En Conseil des ministres.

100. **C.** L'IVG.

2 Institutions européennes et internationales

1. Le 18 avril 1951 est créée la CECA. Que signifie ce sigle ?

- ☐ **A.** Communauté européenne du charbon et de l'acier.
- ☐ **B.** Collectif européen du charbon et de l'acier.
- ☐ **C.** Collectif économique du charbon et de l'acier.
- ☐ **D.** Communauté économique du charbon et de l'acier.

2. Combien de pays ont signé le traité de Paris pour la création de la CECA ?

- ☐ **A.** 4 pays.
- ☐ **B.** 6 pays.
- ☐ **C.** 10 pays.
- ☐ **D.** 12 pays.

3. Le 25 mars 1957, deux traités sont signés afin de créer la CEE et Euratom. Dans quelle ville ?

- ☐ **A.** Londres.
- ☐ **B.** Rome.
- ☐ **C.** Paris.
- ☐ **D.** Berlin.

4. Quand a eu lieu le premier élargissement de la CEE avec l'adhésion du Danemark, de l'Irlande et du Royaume-Uni ?

- ☐ **A.** 1er janvier 1972.
- ☐ **B.** 1er janvier 1973.
- ☐ **C.** 1er janvier 1975.
- ☐ **D.** 1er janvier 1978.

5. Quel pays est entré dans la CEE en 1981 ?

- ☐ **A.** La Croatie.
- ☐ **B.** La Grèce.
- ☐ **C.** La Slovaquie.
- ☐ **D.** La Bulgarie.

6. Les accords de Schengen entrés en vigueur le 26 mars 1995 prévoient :

- ☐ **A.** La suppression progressive des frontières entre les États signataires et la libre circulation des personnes.
- ☐ **B.** La suppression progressive des frontières entre les États signataires et la libre circulation des travailleurs.
- ☐ **C.** La suppression progressive des frontières entre les États signataires et la libre circulation des étudiants.
- ☐ **D.** La suppression progressive des frontières entre les États signataires et la libre circulation des familles.

7. Le 1er janvier 1986 : l'Europe des 12. Quels sont les deux nouveaux pays ?

- ☐ **A.** Le Portugal et l'Italie.
- ☐ **B.** L'Italie et l'Espagne.
- ☐ **C.** L'Espagne et le Portugal.
- ☐ **D.** L'Espagne et l'Italie.

8. Quel est le nom du traité signé le 7 février 1992 qui crée l'Union européenne ?

- ☐ **A.** Traité de Nice.
- ☐ **B.** Traité de Maastricht.
- ☐ **C.** Traité de Lisbonne.
- ☐ **D.** Traité de Rome.

9. Le 1er janvier 1995 : l'Europe des 15. Parmi les propositions, quel pays n'en fait pas partie ?

- ☐ **A.** L'Autriche.
- ☐ **B.** La Finlande.
- ☐ **C.** La Suède.
- ☐ **D.** La Norvège.

10. L'Europe des 28 a eu lieu le :

- ☐ **A.** 1er juillet 2012.
- ☐ **B.** 1er juillet 2013.
- ☐ **C.** 1er juillet 2014.
- ☐ **D.** 1er juillet 2015.

11. Quel est le dernier pays entré dans l'UE ?

- ☐ **A.** La Croatie.
- ☐ **B.** La Lituanie.
- ☐ **C.** La Slovénie.
- ☐ **D.** La Slovaquie.

12. Parmi ces pays, lequel ne fait pas partie de la zone euro ?

- ☐ **A.** La Grèce.
- ☐ **B.** Le Royaume-Uni.
- ☐ **C.** La Hongrie.
- ☐ **D.** Le Luxembourg.

13. Au 1er janvier 2023, combien y a-t-il d'habitants dans l'Europe des 27 ?

- ☐ **A.** 395 millions.
- ☐ **B.** 439 millions.
- ☐ **C.** 420,5 millions.
- ☐ **D.** 451,4 millions.

14. Le 29 mai et 1er juin 2005 : quel est le pays qui a dit « non » par référendum au projet de Constitution européenne ?

- ☐ **A.** La France.
- ☐ **B.** Le Royaume-Uni.
- ☐ **C.** L'Allemagne.
- ☐ **D.** L'Espagne.

15. Les pièces et les billets de l'Union européenne ont été mis en circulation :

- ☐ **A.** Le 1er janvier 1999.
- ☐ **B.** Le 1er janvier 2000.
- ☐ **C.** Le 1er janvier 2001.
- ☐ **D.** Le 1er janvier 2002.

16. Quel est le nom de la ou du président de la Commission européenne ?

- ☐ **A.** Romano Prodi.
- ☐ **B.** Ursula von der Leyen.
- ☐ **C.** Mario Draghi.
- ☐ **D.** Daniel Cohn-Bendit.

17. Quel est le rôle du Conseil européen ?

- ☐ **A.** Fixe les orientations des politiques de l'Union européenne.
- ☐ **B.** Propose des textes de lois et des projets d'actes communautaires.
- ☐ **C.** Examine la légalité et la régularité des recettes de l'Union européenne.
- ☐ **D.** Distribue des subventions.

18. Combien y a-t-il d'eurodéputés ?

- ☐ **A.** 577.
- ☐ **B.** 705.
- ☐ **C.** 771.
- ☐ **D.** 791.

19. La présidence du Conseil a été assurée en janvier-juin 2023 par :

- ☐ **A.** Le Luxembourg.
- ☐ **B.** La Suède.
- ☐ **C.** Les Pays-Bas.
- ☐ **D.** La France.

20. La présidence du Conseil a été assurée en juillet-décembre 2023 par :

- ☐ **A.** Le Luxembourg.
- ☐ **B.** L'Espagne.
- ☐ **C.** Les Pays-Bas.
- ☐ **D.** La Slovaquie.

21. Quand auront lieu les prochaines élections européennes ?

- ☐ **A.** 2026.
- ☐ **B.** 2027.
- ☐ **C.** 2028.
- ☐ **D.** 2029.

22. Parmi ces pays, lequel ne fait pas partie de la zone euro. C'est le cas :

- ☐ **A.** De la Suède.
- ☐ **B.** Du Portugal.
- ☐ **C.** De la Slovaquie.
- ☐ **D.** De la République tchèque.

23. Quels sont les pouvoirs du conseil de l'Union européenne ou Conseil des ministres ?

- ☐ **A.** Des pouvoirs exécutifs avec le Parlement européen.
- ☐ **B.** Des pouvoirs législatifs avec le Parlement européen et vote le budget.
- ☐ **C.** Des pouvoirs judiciaires avec le Parlement européen.
- ☐ **D.** Des pouvoirs budgétaires avec le Parlement européen.

24. Lequel de ces pays n'est pas dans l'Union européenne ?

- ☐ **A.** Chypre.
- ☐ **B.** La Norvège.
- ☐ **C.** L'Estonie.
- ☐ **D.** La Finlande.

25. Quel est le ou la présidente de la Banque centrale européenne (BCE) ?

- ☐ **A.** Romano Prodi.
- ☐ **B.** Daniel Cohn-Bendit.
- ☐ **C.** Christine Lagarde.
- ☐ **D.** Jean Claude Juncker.

26. La Cour de justice de l'Union européenne (CJUE) est composée de 27 juges et 11 avocats. Elle assure :

- ☐ **A.** La gestion des litiges.
- ☐ **B.** Le respect du droit de l'UE.
- ☐ **C.** La justice des Européens.
- ☐ **D.** La demande de visa des Européens.

27. La Cour des comptes européenne est composée de :

- ☐ **A.** 15 membres.
- ☐ **B.** 20 membres.
- ☐ **C.** 27 membres.
- ☐ **D.** 28 membres.

28. La Cour des comptes européenne examine :

- ☐ **A.** La distribution des subventions.
- ☐ **B.** L'équité des subventions attribuées aux États membres.
- ☐ **C.** La légalité et la régularité des recettes de l'UE.
- ☐ **D.** Les PIB de chaque État membre.

29. Le Conseil de l'Union européenne ou Conseil des ministres est constitué de :

- ☐ **A.** 15.
- ☐ **B.** 20.
- ☐ **C.** 27.
- ☐ **D.** 28.

30. Parmi ces pays, lequel n'est pas candidat à l'adhésion à l'Union européenne ?

- ☐ **A.** L'Albanie.
- ☐ **B.** La Norvège.
- ☐ **C.** La Turquie.
- ☐ **D.** Le Monténégro.

31. Combien la France a-t-elle de sièges au Parlement européen ?

- ☐ **A.** 53.
- ☐ **B.** 62.
- ☐ **C.** 79.
- ☐ **D.** 81.

32. Combien y a-t-il de groupes politiques au Parlement européen ?

☐ **A.** 6. ☐ **B.** 7. ☐ **C.** 8. ☐ **D.** 10.

33. Quel est le nom de la ou du président du Parlement européen ?

☐ **A.** Martin Schukz.
☐ B. Antonio Tajani.
☐ **C.** Paolo Gentiloni.
☐ **D.** Roberta Metsola.

34. Les eurodéputés sont élus :

☐ **A.** Au suffrage censitaire.
☐ **B.** Au suffrage universel.
☐ **C.** Au suffrage universel direct.
☐ **D.** Au suffrage universel indirect.

35. Quel est l'âge minimum en France pour être candidat aux élections européennes ?

☐ **A.** 18 ans. ☐ **B.** 20 ans. ☐ **C.** 21 ans. ☐ **D.** 23 ans.

36. En quelle année la Chartre des droits fondamentaux de l'UE a-t-elle été adoptée ?

☐ **A.** 2000. ☐ **B.** 2002. ☐ **C.** 2005. ☐ **D.** 2009.

37. Quel pays ne fait pas partie des pays fondateurs de l'Europe ?

☐ **A.** Luxembourg.
☐ **B.** Italie.
☐ **C.** Belgique.
☐ **D.** Royaume-Uni.

38. Quelle a été la première femme française présidente du Parlement européen en 1979 ?

☐ **A.** Édith Cresson.
☐ **B.** Simone Veil.
☐ **C.** Nicole Fontaine.
☐ **D.** Roselyne Bachelot.

39. Quelle image voit-on sur tous les versos des billets d'euro ?

☐ **A.** Un pont.
☐ **B.** Une couronne.
☐ **C.** Une étoile.
☐ **D.** Le drapeau européen.

40. Quel est le pays européen détenant le plus bas taux de chômage ?

☐ **A.** Le Portugal.
☐ **B.** La République tchèque.
☐ **C.** L'Espagne.
☐ **D.** L'Italie.

41. Combien y a-t-il d'étoiles sur le drapeau européen ?

☐ **A.** 10. ☐ **B.** 12. ☐ **C.** 15. ☐ **D.** 28.

42. Quelle est la devise de l'Union ?

☐ **A.** Liberté, égalité, fraternité.
☐ **B.** Rassemblée dans la diversité.
☐ **C.** Unie dans la diversité.
☐ **D.** Réunie dans la diversité.

43. Où siège le Parlement européen ?

☐ **A.** Bruxelles.
☐ **B.** Amsterdam.
☐ **C.** Berlin.
☐ **D.** Strasbourg.

44. De qui est l'hymne de l'Union ?

☐ **A.** Bach. ☐ **B.** Offenbach. ☐ **C.** Beethoven. ☐ **D.** Mozart.

45. À quelle date est fixée la journée de l'Europe ?

☐ **A.** Le 8 mai. ☐ **B.** Le 9 mai. ☐ **C.** Le 10 mai. ☐ **D.** Le 11 mai.

46. Les élections européennes ont lieu tous les :

☐ **A.** 3 ans. ☐ **B.** 4 ans. ☐ **C.** 5 ans. ☐ **D.** 6 ans.

47. Combien de langues officielles compte l'UE ?

☐ **A.** 15. ☐ **B.** 24. ☐ **C.** 27. ☐ **D.** 28.

48. Qu'est-ce que le « Brexit » ?

☐ **A.** La sortie du Royaume-Uni de l'Union européenne.

☐ **B.** Une nouvelle discipline sportive.

☐ **C.** Le démantèlement du camp de réfugiés de Calais.

☐ **D.** Une pâtisserie.

49. Quel est le pays européen détenant le plus haut taux de chômage ?

☐ **A.** Le Portugal.

☐ **B.** La République tchèque.

☐ **C.** L'Espagne.

☐ **D.** L'Italie.

50. Quel est le nom du chancelier allemand ?

☐ **A.** Margaret Thatcher.

☐ **B.** Olaf Scholz.

☐ **C.** Angela Merkel.

☐ **D.** Ericka Bareights.

51. Quel pays a déposé le 28 février 2022 une demande d'adhésion à l'Union européenne ?

☐ **A.** La Turquie.

☐ **B.** L'Albanie.

☐ **C.** L'Ukraine.

☐ **D.** Le Monténégro.

52. Ce pays a été suivi le 3 mars par :

☐ **A.** La Moldavie et la Géorgie.

☐ **B.** La Turquie et l'Albanie.

☐ **C.** La Serbie et le Monténégro.

☐ **D.** La Bosnie-Herzégovine.

53. L'une des missions centrales de l'ONU est :

☐ **A.** Les orientations des politiques des États membres.

☐ **B.** L'examen de la légalité et la régularité des recettes des États membres.

☐ **C.** L'examen des PIB de chaque État membre.

☐ **D.** Le maintien de la paix et de la sécurité internationales.

54. Où se trouve le siège des Nations unies ?

☐ **A.** À Genève.

☐ **B.** À New York.

☐ **C.** À Washington.

☐ **D.** À Bruxelles.

55. Quel est le nom du secrétaire général des Nations unies ?

☐ **A.** Kofi Annan.

☐ **B.** Mario Draghi.

☐ **C.** Antonio Guterres.

☐ **D.** Pierre-Olivier Gourinchas.

56. Quand l'ONU a-t-elle été fondée ?

☐ **A.** 1930. ☐ **B.** 1945. ☐ **C.** 1957. ☐ **D.** 1958.

57. Quel est l'organe judiciaire principal des Nations unies ?

☐ **A.** La Cour suprême de justice.
☐ **B.** La Cour européenne de justice.
☐ **C.** La Cour internationale de justice.
☐ **D.** La Cour de cassation.

58. Parmi les institutions spécialisées de l'ONU, laquelle est chargée de la santé ?

☐ **A.** La FAO.
☐ **B.** Le FMI.
☐ **C.** L'OMS.
☐ **D.** l'UNESCO.

59. Combien l'Organisation des Nations unies (ONU) compte-t-elle d'États membres ?

☐ **A.** 145. ☐ **B.** 175. ☐ **C.** 182. ☐ **D.** 193.

60. La Convention sur l'interdiction des armes chimiques (CIAC) a été signée à Paris en :

☐ **A.** Janvier 1993.
☐ **B.** Mars 1994.
☐ **C.** Mai 1995.
☐ **D.** Mai 1996.

61. La CIAC est entrée en vigueur en :

☐ **A.** Avril 1995 ☐ **B.** Mai 1996. ☐ **C.** Mars 1997. ☐ **D.** Mai 1998.

62. Quel est le nom de la directrice générale du Fonds monétaire international (FMI) ?

☐ **A.** Ericka Bareights.
☐ **B.** Kristalina Georgieva.
☐ **C.** Ursula Von der leyen.
☐ **D.** Christine Lagarde.

63. Quel Pacte a été adopté par le Parlement européen le 10 avril 2024 ?

☐ **A.** Pacte sur la migration et l'asile.
☐ **B.** Pacte sur le réchauffement climatique.
☐ **C.** Pacte sur la protection des frontières.
☐ **D.** Pacte sur l'élargissement de l'Europe.

64. C'était une organisation internationale introduite par le traité de Versailles en 1919. Il s'agit de :

☐ **A.** L'Agence spatiale européenne.
☐ **B.** L'Organisation internationale du travail.
☐ **C.** L'Organisation internationale de la francophonie.
☐ **D.** La Société des Nations.

65. Quelle est la puissance équipée du plus grand nombre d'armes nucléaires ?

☐ **A.** La Chine.
☐ **B.** La Russie.
☐ **C.** Le Canada.
☐ **D.** Les États-Unis.

66. Le traité de l'Atlantique Nord, qui crée l'Organisation du traité de l'Atlantique Nord, a été signé à Washington le :

☐ **A.** 4 avril 1949.
☐ **B.** 5 mars 1957.
☐ **C.** 7 mai 1969.
☐ **D.** 4 juin 1970.

67. Combien de pays l'ont signé ?

☐ **A.** 8. ☐ **B.** 10. ☐ **C.** 12. ☐ **D.** 14.

68. Quel est l'objectif de l'OTAN ?

☐ **A.** Garantir la paix de ses membres.

☐ **B.** Garantir la liberté et la sécurité de ses membres par des moyens politiques et militaires.

☐ **C.** Faire front en cas de guerre.

☐ **D.** Garantir la transparence des différents traités.

69. Lequel de ces pays n'est pas un membre fondateur de l'OTAN ?

☐ **A.** La Belgique.

☐ **B.** Le Danemark.

☐ **C.** L'Allemagne.

☐ **D.** Les Pays-Bas.

70. C'est une organisation internationale d'études économiques. Il s'agit de :

☐ **A.** L'INSEE. ☐ **B.** Eurostat. ☐ **C.** La SOFRES. ☐ **D.** L'OCDE.

71. Combien de membres compte le Conseil de sécurité de l'ONU ?

☐ **A.** 10 dont 5 permanents.

☐ **B.** 12 dont 5 permanents.

☐ **C.** 14 dont 5 permanents.

☐ **D.** 15 dont 5 permanents.

72. Où se trouve la Cour internationale de Justice ?

☐ **A.** À La Haye.

☐ **B.** À Washington.

☐ **C.** À Genève.

☐ **D.** À Bruxelles.

73. 5 pays ont été élus, pour servir en tant que prochains membres non permanents du Conseil de sécurité de l'ONU à partir :

☐ **A.** Du 1er janvier 2022 pour une durée de deux ans.

☐ **B.** Du 1er juin 2022.

☐ **C.** Du 1er janvier 2023.

☐ **D.** Du 1er juin 2023.

74. Quel est le nom de l'Organisation internationale chargée de lutter contre la criminalité ?

☐ **A.** Europol. ☐ **B.** Frontex. ☐ **C.** Eurocorps. ☐ **D.** Interpol.

75. Le FMI a été créé en :

☐ **A.** 1939. ☐ **B.** 1940. ☐ **C.** 1944. ☐ **D.** 1945.

76. Où siège la Commission européenne ?

☐ **A.** Strasbourg. ☐ **B.** Bruxelles. ☐ **C.** Genève. ☐ **D.** Francfort.

77. Quel est le pays le plus riche d'Europe en 2023 ?

☐ **A.** L'Allemagne.

☐ **B.** La France.

☐ **C.** Le Luxembourg.

☐ **D.** La Lituanie.

78. Quels ont été les premiers pays à soutenir l'Ukraine ?

☐ **A.** Les États-Unis et l'Union européenne.

☐ **B.** Les États-Unis et la Chine.

☐ **C.** L'Union européenne et le Brésil.

☐ **D.** Les États-Unis et l'Inde.

79. Quand l'Ukraine est-elle devenue indépendante ?

- ☐ A. Le 18 juillet 1990.
- ☐ B. Le 24 août 1991.
- ☐ C. Le 3 juin 1992.
- ☐ D. le 17 avril 1993.

80. Où est située la Banque centrale européenne ?

- ☐ A. Francfort.
- ☐ B. Genève.
- ☐ C. Strasbourg.
- ☐ D. Bruxelles.

81. L'UNESCO est l'Organisation des Nations unies pour :

- ☐ A. L'environnement.
- ☐ B. Le désarmement général.
- ☐ C. L'alimentation et l'agriculture.
- ☐ D. L'éducation, la science et la culture.

82. Le sigle OMC signifie :

- ☐ A. L'Organisation mondiale de la concurrence.
- ☐ B. L'Organisation mondiale du commerce.
- ☐ C. L'Organisation mondiale de la croissance.
- ☐ D. L'Organisation mondiale contre la corruption.

83. En quelle année y a-t-il eu la Déclaration des droits de l'homme et du citoyen ?

- ☐ A. 1786.
- ☐ B. 1789.
- ☐ C. 1848.
- ☐ D. 1854.

84. La Déclaration universelle des droits de l'homme date du :

- ☐ A. 26 août 1789.
- ☐ B. 15 septembre 1790.
- ☐ C. 10 novembre 1845.
- ☐ D. 10 décembre 1848.

85. Les droits de l'enfant ont été reconnus le 20 novembre 1989 par :

- ☐ A. La Convention européenne des droits de l'enfant.
- ☐ B. La Convention internationale des droits de l'enfant.
- ☐ C. L'Organisation internationale des droits de l'enfant.
- ☐ D. L'Organisation non gouvernementale des droits de l'enfant.

86. Comment se nomme le ou la président(e) de l'Inde ?

- ☐ A. Arif Alvi.
- ☐ B. Droupadi Murmu.
- ☐ C. Moon Jae-in.
- ☐ D. Kim Jong-un.

87. La liberté de circulation et de séjour des personnes dans l'Union a été instaurée par :

- ☐ A. Le traité de Rome.
- ☐ B. Le traité de Maastricht.
- ☐ C. Le traité de Lisbonne.
- ☐ D. Le traité de Nice.

88. Quel est le nom de l'organisation non gouvernementale internationale qui promeut la défense des droits de l'homme ?

- ☐ A. APSOPAD International.
- ☐ B. Emmaüs International.
- ☐ C. Amnesty International.
- ☐ D. Green Cross International.

89. L'acronyme OPEP signifie :

☐ **A.** Organisation des pays pétroliers.

☐ **B.** Organisme des pays exportateurs de pétrole.

☐ **C.** Organisme des pays pétroliers.

☐ **D.** Organisation des pays exportateurs de pétrole.

90. Dans quel pays la présidente a fait l'objet d'une procédure de destitution le 9 décembre 2016 ?

☐ **A.** La Corée du Nord. ☐ **C.** Le Chili.

☐ **B.** La Corée du Sud. ☐ **D.** Le Brésil.

91. Parmi ces pays, lequel n'a pas été attaqué par la Russie ?

☐ **A.** La Tchétchénie. ☐ **C.** La Crimée.

☐ **B.** La Géorgie. ☐ **D.** La Roumanie.

92. Qui est l'empereur du Japon depuis 2019 ?

☐ **A.** Naruhito. ☐ **B.** Hisahito. ☐ **C.** Akihito. ☐ **D.** Akishino.

93. Quel est le nom du Premier ministre d'Israël ?

☐ **A.** Mansour Abbas. ☐ **C.** Naftali Bennett.

☐ **B.** Yaïr Lapid. ☐ **D.** Benjamin Netanyahu.

94. Le Mercosur est une communauté économique regroupant plusieurs pays de :

☐ **A.** L'Afrique du Sud. ☐ **C.** L'Afrique du Nord.

☐ **B.** L'Amérique du Sud. ☐ **D.** L'Amérique du Nord.

95. La Cour pénale internationale est compétente pour juger :

☐ **A.** Les clandestins. ☐ **C.** Les chefs d'État.

☐ **B.** Les crimes contre l'humanité. ☐ **D.** Les mariages arrangés.

96. Le Conseil des droits de l'homme est composé de :

☐ **A.** 47 États membres qui sont élus par l'Assemblée générale des Nations unies.

☐ **B.** 50 États membres qui sont élus par l'Assemblée générale des Nations unies.

☐ **C.** 57 États membres qui sont élus par l'Assemblée générale des Nations unies.

☐ **D.** 60 États membres qui sont élus par l'Assemblée générale des Nations unies.

97. Quelle Convention régit la situation des réfugiés ?

☐ **A.** Convention de Washington 1959. ☐ **C.** Convention de Genève 1951.

☐ **B.** Convention de Montego Bay 1982. ☐ **D.** Convention de Chicago 1944.

98. À quel président des États-Unis a-on décerné le prix Nobel de la Paix ?

☐ **A.** Donald Trump. ☐ **C.** Bill Clinton.

☐ **B.** Barack Obama. ☐ **D.** Joe Biden.

99. Quelle est l'institution internationale qui a reçu le prix Nobel de la paix en 1954 et en 1981 ?

☐ **A.** HCR. ☐ **B.** UNICEF. ☐ **C.** UNESCO. ☐ **D.** OMS.

100. Quelle est l'institution dont le but est de protéger l'enfant et d'aider les mères ?

☐ **A.** HCR. ☐ **B.** OMS. ☐ **C.** UNICEF. ☐ **D.** UNESCO.

Corrigé

1. **A.** Communauté européenne du charbon et de l'acier.
2. **B.** 6 pays.
3. **B.** Rome.
4. **B.** 1er janvier 1973.
5. **B.** La Grèce.
6. **A.** La suppression progressive des frontières entre les États signataires et la libre circulation des personnes.
7. **C.** L'Espagne et le Portugal.
8. **B.** Traité de Maastricht.
9. **D.** La Norvège.
10. **B.** 1er juillet 2013.
11. **A.** La Croatie.
12. **B.** Le Royaume-Uni.
13. **D.** 451,4 millions.
14. **A.** La France.
15. **D.** Le 1er janvier 2002.
16. **B.** Ursula von der Leyen.
17. **A.** Fixe les orientations des politiques de l'Union européenne.
18. **B.** 705.
19. **D.** Suède.
20. **B.** L'Espagne.
21. **D.** 2029.
22. **A.** De la Suède.
23. **B.** Des pouvoirs législatifs avec le Parlement européen et vote le budget.
24. **B.** La Norvège.
25. **C.** Christine Lagarde.
26. **B.** Le respect du droit de l'UE.
27. **C.** 27 membres.
28. **C.** La légalité et la régularité des recettes de l'UE.
29. **C.** 27.
30. **B.** La Norvège.
31. **D.** 81.
32. **B.** 7.
33. **D.** Roberta Metsola.
34. **C.** Au suffrage universel direct.
35. **A.** 18 ans.
36. **A.** 2000.
37. **D.** Royaume-Uni.
38. **B.** Simone Veil.
39. **A.** Un pont.
40. **B.** La République tchèque.
41. **B.** 12.
42. **C.** Unie dans la diversité.
43. **D.** Strasbourg.
44. **C.** Beethoven « **Ode à la joie** ».
45. **B.** Le 9 mai.

46. **C.** 5 ans.

47. **B.** 24.

48. **A.** La sortie du Royaume-Uni de l'union européenne.

49. **C.** L'Espagne.

50. **B.** Olaf Scholz.

51. **C.** L'Ukraine.

52. **A.** La Moldavie et la Géorgie.

53. **D.** Le maintien de la paix et de la sécurité internationales.

54. **B.** À New York.

55. **C.** Antonio Guterres.

56. **B.** 1945.

57. **C.** La cour internationale de justice.

58. **C.** L'OMS.

59. **D.** 193.

60. **A.** Janvier 1993.

61. **C.** Mars 1997.

62. **B.** Kristalina Georgieva.

63. **A.** Pacte sur la migration et l'asile.

64. **D.** La Société des Nations.

65. **B.** La Russie.

66. **A.** 4 avril 1949.

67. **C.** 12 pays.

68. **B.** Garantir la liberté et la sécurité de ses membres par des moyens politiques et militaires.

69. **C.** L'Allemagne.

70. **D.** L'OCDE.

71. **D.** 15 dont 5 permanents.

72. **A.** À La Haye.

73. **A.** Du 1er janvier 2022 pour une durée de deux ans.

74. **A.** Europol.

75. **C.** 1944.

76. **B.** Bruxelles.

77. **C.** Le Luxembourg.

78. **A.** Les États-Unis et l'Union européenne.

79. **B.** Le 24 août 1991.

80. **A.** Francfort.

81. **D.** L'éducation, la science et la culture.

82. **B.** L'organisation mondiale du commerce.

83. **B.** 1789.

84. **D.** 10 décembre 1848.

85. **B.** La Convention internationale des droits de l'enfant.

86. **B.** Ram Nath Kovind.

87. **B.** Le traité de Maastricht.

88. **C.** Amnesty International.

89. **D.** Organisation des pays exportateurs de pétrole.

90. **B.** La Corée du Sud, présidente Park Geun-Hye

91. **D.** La Roumanie.

92. **A.** Naruhito.

93. **D.** Benjamin Netanyahu.

94. **B.** L'Amérique du Sud.

95. **B.** Les crimes contre l'humanité.

96. **A.** 47 États Membres qui sont élus par l'Assemblée générale des Nations unies.

97. **C.** Convention de Genève 1951.

98. **B.** Barack Obama.

99. **A.** HCR.

100. **C.** UNICEF.

3 Économie et politiques économiques

1. Quelle étude porte sur les ressources d'une société, sa production, sa consommation et son transfert de richesse ?

- ☐ **A.** La sociologie.
- ☐ **B.** L'économie.
- ☐ **C.** La numismatique.
- ☐ **D.** Les statistiques.

2. Comment appelle-t-on les biens et services produits dans un pays, mais vendus dans un autre pays ?

- ☐ **A.** Les exportations.
- ☐ **B.** Les délocalisations.
- ☐ **C.** Les transportations.
- ☐ **D.** Les importations.

3. En France, à combien s'élève la dette publique brute en % du PIB fin 2023 ?

- ☐ **A.** 93,4 % du PIB.
- ☐ **B.** 99,5 % du PIB.
- ☐ **C.** 97,2 % du PIB.
- ☐ **D.** 110,6 % du PIB.

4. Quelle est la croissance économique enregistrée par la France en 2023 ?

- ☐ **A.** + 0,9.
- ☐ **B.** + 2,6.
- ☐ **C.** + 3,9.
- ☐ **D.** + 6,5 %.

5. Quels sont les principaux agents économiques ?

- ☐ **A.** Les ménages.
- ☐ **B.** Les sociétés non financières.
- ☐ **C.** Les bénévoles.
- ☐ **D.** Les prestations sociales.

6. Quelles sont les principales étapes du circuit économique ?

- ☐ **A.** Production.
- ☐ **B.** Prestation.
- ☐ **C.** Répartition.
- ☐ **D.** Dépense.

7. La vente de biens et services appartient à quel marché ?

- ☐ **A.** Marché des capitaux.
- ☐ **B.** Marché financier.
- ☐ **C.** Marché des biens et des services.
- ☐ **D.** Marché du travail.

8. Dans le classement des pays les plus puissants au monde réalisé par le Fonds monétaire international (FMI), en 2023, la Chine se situe :

- ☐ **A.** À la première place.
- ☐ **B.** À la deuxième place.
- ☐ **C.** À la troisième place.
- ☐ **D.** À la quatrième place.

9. Quelle est la mission principale de la Banque centrale européenne ?

- ☐ **A.** Soutenir la croissance dans la zone euro.
- ☐ **B.** Garantir la stabilité des prix.
- ☐ **C.** Venir en aide aux États en difficulté.
- ☐ **D.** Diriger l'Europe.

10. Le salaire minimum interprofessionnel de croissance (SMIC) pour l'année 2024 s'élève à :

- ☐ **A.** 1 368,70 net mensuel.
- ☐ **B.** 1 378, 70 net mensuel.
- ☐ **C.** 1 388,70 net mensuel.
- ☐ **D.** 1 398,70 € net mensuel

11. La finalité d'une entreprise est de :

- ☐ **A.** Être en bons termes avec ses employés.
- ☐ **B.** Distribuer des primes.
- ☐ **C.** Réaliser des bénéfices, des profits.
- ☐ **D.** Embaucher le plus de salariés.

12. Le PIB mesure :

- ☐ **A.** Toutes les activités (biens et services) produits sur un territoire.
- ☐ **B.** Le niveau de richesses d'un pays.
- ☐ **C.** Toutes les activités des banques.
- ☐ **D.** Le niveau de pouvoir d'achat des habitants d'un pays.

13. L'inflation est :

- ☐ **A.** Une augmentation générale de l'activité économique.
- ☐ **B.** Une augmentation générale des prix.
- ☐ **C.** Une baisse du niveau des prix.
- ☐ **D.** Une stagnation des prix.

14. Une récession est :

- ☐ **A.** Une période durant laquelle le produit agrégé diminue.
- ☐ **B.** Une période durant laquelle les prix baissent.
- ☐ **C.** Une période de plein-emploi.
- ☐ **D.** Une période durant laquelle le pouvoir d'achat stagne.

15. Les devises s'échangent :

- ☐ **A.** Sur le marché des biens et services.
- ☐ **B.** Sur le marché du travail.
- ☐ **C.** Sur le marché des banques.
- ☐ **D.** Le marché des changes.

16. Que signifie le sigle « INSEE » ?

- ☐ **A.** Institut numérique de la statistique et des études économiques.
- ☐ **B.** Intérêt national de la statistique et des études économiques.
- ☐ **C.** Institut national de la statistique et des études économiques.
- ☐ **D.** Institution nationale de la statistique et des études économiques.

17. La macroéconomie traite :

- ☐ **A.** Du nombre d'êtres humains.
- ☐ **B.** Des agrégats économiques.
- ☐ **C.** Des statistiques économiques.
- ☐ **D.** Des flux économiques.

18. En économie, le problème central est :

- ☐ **A.** La production.
- ☐ **B.** La monnaie.
- ☐ **C.** La rareté.
- ☐ **D.** Les allocations.

19. La microéconomie ne s'occupe pas du comportement :

- ☐ **A.** De la demande agrégée.
- ☐ **B.** Des acteurs économiques.
- ☐ **C.** Des entreprises.
- ☐ **D.** Des consommateurs.

20. Quel organisme est chargé de contrôler et de sanctionner les pratiques de concurrence déloyale et de protéger les consommateurs ?

☐ **A.** Le FISC.
☐ **B.** La DGCCRF.
☐ **C.** Le ministère de l'Économie.
☐ **D.** L'INSEE.

21. La déflation définit :

☐ **A.** La hausse du niveau général des prix.
☐ **B.** Une stagnation des prix.
☐ **C.** La baisse du niveau général des prix.
☐ **D.** Une baisse de l'activité.

22. Combien y a-t-il de ménages en France ?

☐ **A.** 26,7 millions.
☐ **B.** 28,4 millions.
☐ **C.** 27,8 millions.
☐ **D.** 29,2 millions.

23. Les prélèvements obligatoires regroupent :

☐ **A.** Les impôts et les taxes.
☐ **B.** Les impôts et les cotisations.
☐ **C.** Les impôts, les taxes et les cotisations.
☐ **D.** Les taxes et les cotisations.

24. À combien estime-t-on la dette publique en 2023 ?

☐ **A.** 2 647,5 milliards d'euros.
☐ **B.** 2 834,3 milliards d'euros.
☐ **C.** 2 754,6 milliards d'euros.
☐ **D.** 3 101,2 milliards d'euros.

25. Le PNB (produit national brut) comptabilise :

☐ **A.** Le niveau de richesses d'un pays.
☐ **B.** Toutes les activités des banques.
☐ **C.** Le niveau de pouvoir d'achat des habitants d'un pays.
☐ **D.** Toutes les activités (biens et services) produits sur un territoire.

26. Quel groupe a été créé à l'initiative de la France en 1975 pour faire face au premier choc pétrolier ?

☐ **A.** G7.
☐ **B.** G8.
☐ **C.** G15.
☐ **D.** G20

27. Parmi ces pays lesquels ne font pas partie du G8 ?

☐ **A.** La France, les États-Unis, le Royaume-Uni.
☐ **B.** L'Allemagne, le Japon.
☐ **C.** L'Italie, le Canada, la Russie.
☐ **D.** La Chine, l'Autriche.

28. La TVA est un impôt indirect qui est payé par :

☐ **A.** Les entreprises et collecté par l'État.
☐ **B.** Les consommateurs et collecté par l'État.
☐ **C.** Les libéraux et collecté par l'État.
☐ **D.** Les consommateurs et collecté par les entreprises.

29. Le taux de prélèvements obligatoires (TPO) représente en 2022 :

☐ **A.** 42,1 % du PIB.
☐ **B.** 43,5 % du PIB.
☐ **C.** 46,4 % du PIB.
☐ **D.** 48,6 % du PIB.

30. En juillet 2023, le taux d'inflation annuel de la zone euro est estimé à :

☐ **A.** 4,9 %. ☐ **B.** 5,1 %. ☐ **C.** 5,3 %. ☐ **D.** 7,9 %.

31. Quels sont les prix qui ont fortement augmenté ?

☐ **A.** Les prix de l'énergie.
☐ **B.** Les prix des transports.
☐ **C.** Les prix de l'énergie, des transports et des produits manufacturés.
☐ **D.** Les prix des produits manufacturés.

32. En 2023, le salaire médian net en France s'élevait à :

☐ **A.** 1 492 €. ☐ **B.** 1 548 €. ☐ **C.** 1 654 €. ☐ **D.** 1 850 €.

33. Le taux d'inflation en 2023 a été de :

☐ **A.** 2,5 % ☐ **B.** 3,9 %. ☐ **C.** 4,9 %. ☐ **D.** 6,1 %.

34. Le premier choc pétrolier a eu lieu en :

☐ **A.** 1971. ☐ **B.** 1972. ☐ **C.** 1973. ☐ **D.** 1974.

35. Selon l'Insee, au quatrième trimestre 2023, le taux de chômage au sens du BIT est de :

☐ **A.** 7,2 % de la population active.
☐ **B.** 7,5 % de la population active.
☐ **C.** 8,1 % de la population active.
☐ **D.** 8,3 % de la population active.

36. Au quatrième trimestre 2022, combien y a-t-il de personnes au chômage ?

☐ **A.** 1,9 million de personnes.
☐ **B.** 2,3 millions de personnes.
☐ **C.** 2,8 millions de personnes.
☐ **D.** 3,2 millions de personnes.

37. Le chômage frictionnel est lié :

☐ **A.** Au ralentissement temporaire de l'activité économique.
☐ **B.** À des mutations des structures de l'économie.
☐ **C.** Aux périodes d'inactivité entre 2 emplois.
☐ **D.** Aux nouvelles techniques.

38. Le seuil de pauvreté est fixé par convention à 60 % du niveau de vie médian de la population. En 2022, il correspondait à un revenu disponible de :

☐ **A.** 954 euros par mois.
☐ **B.** 977 euros par mois.
☐ **C.** 998 euros par mois.
☐ **D.** 1 128 euros par mois.

39. Les théories développées par John Maynard Keynes (1883-1946) justifient :

☐ **A.** L'intervention de l'État dans l'économie.
☐ **B.** L'intervention de l'État dans les finances.
☐ **C.** L'intervention de l'État dans l'agriculture.
☐ **D.** L'intervention de l'État dans l'industrie.

40. La notion de croissance économique c'est :

- ☐ **A.** La stagnation du PIB.
- ☐ **B.** L'augmentation du PIB.
- ☐ **C.** La diminution du PIB.
- ☐ **D.** La baisse sensible du PIB.

41. L'impôt sur la fortune immobilière (IFI) a remplacé l'ISF l'impôt sur la fortune :

- ☐ **A.** En 2018.
- ☐ **B.** En 2019.
- ☐ **C.** En 2020.
- ☐ **D.** En 2021.

42. Qu'est-ce que la CSG ?

- ☐ **A.** Cotisation sociale généralisée.
- ☐ **B.** Contribution sociale généralisée.
- ☐ **C.** Contribution sociale générale.
- ☐ **D.** Cotisation sociale générale.

43. La troïka désigne les experts représentant :

- ☐ **A.** La Commission européenne, l'OMC, le FMI.
- ☐ **B.** La Commission européenne, la BCE, le FMI.
- ☐ **C.** La Commission européenne, la BCE, l'OMC.
- ☐ **D.** L'OMC, la BCE et le FMI.

44. Le commerce équitable :

- ☐ **A.** Garantit un juste prix au client.
- ☐ **B.** Garantit un juste prix au producteur.
- ☐ **C.** Garantit un juste prix aux intermédiaires.
- ☐ **D.** Garantit un juste prix aux détaillants.

45. Le déficit de la Sécurité sociale est évalué en 2023 à :

- ☐ **A.** 10,8 milliards d'euros.
- ☐ **B.** 31 milliards d'euros.
- ☐ **C.** 29,4 milliards d'euros.
- ☐ **D.** 33,5 milliards d'euros.

46. La politique budgétaire consiste à utiliser le budget de l'État pour agir :

- ☐ **A.** Sur le chômage.
- ☐ **B.** Sur la conjoncture.
- ☐ **C.** Sur les banques.
- ☐ **D.** Sur les bas revenus.

47. Pour limiter les effets socio-économiques du Covid-19, le 12 mars 2020, Emmanuel Macron lançait la stratégie :

- ☐ **A.** De relance.
- ☐ **B.** Du « quoi qu'il en coûte ».
- ☐ **C.** De croissance.
- ☐ **D.** D'austérité.

48. La crise du Covid a coûté entre :

- ☐ **A.** 110 et 130 milliards d'euros.
- ☐ **B.** 130 et 150 milliards d'euros.
- ☐ **C.** 150 et 170 milliards d'euros.
- ☐ **D.** 170 et 200 milliards d'euros.

49. Qui est la directrice générale de l'Organisation mondiale du commerce (OMC) ?

- ☐ **A.** Christine Lagarde.
- ☐ **B.** Kristalina Georgieva.
- ☐ **C.** Ngozi Okonjo-Iweala.
- ☐ **D.** Antoinette Sayeh.

50. Quel pays ne fait pas partie de la zone euro ?

- ☐ **A.** Suède.
- ☐ **B.** Allemagne.
- ☐ **C.** Autriche.
- ☐ **D.** Belgique.

51. Quel est le pays le plus gros exportateur de blé ?

- ☐ **A.** Les États-Unis.
- ☐ **B.** La Russie.
- ☐ **C.** Le Canada.
- ☐ **D.** L'Ukraine.

52. La TICPE a remplacé la TIPP. C'est une taxe sur :

- ☐ **A.** L'énergie.
- ☐ **B.** Le tabac.
- ☐ **C.** Les assurances.
- ☐ **D.** L'alcool.

53. CAC 40 signifie :

- ☐ **A.** Compagnies aériennes concurrentes.
- ☐ **B.** Compagniesagricolesconcurrentes.
- ☐ **C.** Cotation assistée en continu.
- ☐ **D.** Concurrence active en continu.

54. Le Krach du 24 octobre 1929 est une crise boursière qui s'est déroulée à la Bourse de :

- ☐ **A.** Londres.
- ☐ **B.** New York.
- ☐ **C.** Bruxelles.
- ☐ **D.** Paris.

55. Qui était le ministre de l'Économie, des Finances et de la Relance avant la dissolution de l'Assemblée nationale ?

- ☐ **A.** Bruno Le Maire.
- ☐ **B.** Pierre Moscovici.
- ☐ **C.** Michel Sapin.
- ☐ **D.** Gérald Darmanin.

56. Ce ministère est souvent connu sous le nom de :

- ☐ **A.** Télédoc.
- ☐ **B.** Bercy.
- ☐ **C.** 36 quai des orfèvres
- ☐ **D.** Sully.

57. Quel est le but du G20 ?

- ☐ **A.** Vérifier les budgets des 20 pays membres.
- ☐ **B.** Établir le lien entre tous les ministres de l'économie.
- ☐ **C.** Faciliter la concertation économique internationale.
- ☐ **D.** Faciliter l'organisation économique internationale.

58. Quel pays n'en fait pas partie ?

- ☐ **A.** Venezuela.
- ☐ **B.** Inde.
- ☐ **C.** Mexique.
- ☐ **D.** Japon.

59. Où s'est déroulé en 2023 le G20 ?

- ☐ **A.** Berlin.
- ☐ **B.** Paris.
- ☐ **C.** Bruxelles.
- ☐ **D.** New Delhi.

60. Le prélèvement à la source de l'impôt sur le revenu est entré en vigueur le :

- ☐ **A.** 1er janvier 2017.
- ☐ **B.** 1er janvier 2018.
- ☐ **C.** 1er janvier 2019.
- ☐ **D.** 1er janvier 2020.

61. En 2023, combien de pays font partie de la zone euro ?

☐ **A.** 17. ☐ **B.** 20. ☐ **C.** 21. ☐ **D.** 23.

62. Quand le SMIC (anciennement le SMIG) a-t-il été créé ?

☐ **A.** 1950. ☐ **B.** 1960. ☐ **C.** 1968. ☐ **D.** 1975.

63. Parmi ces économistes, lequel n'en est pas un ?

☐ **A.** Karl Marx.

☐ **B.** Jules Michelet.

☐ **C.** Thomas Robert Malthus.

☐ **D.** John Maynard Keynes.

64. Inauguré en mai 2019, il est l'un des rares musées entièrement consacrés à l'économie. Il s'agit de :

☐ **A.** Le musée de l'Économie.

☐ **B.** L'hôtel Gaillard.

☐ **C.** La Cité de l'Économie, ou Citéco.

☐ **D.** La cité de Paul Krugman.

65. La loi de nationalisation bancaire a placé sous tutelle de l'État les grandes banques de dépôts françaises depuis :

☐ **A.** 1945. ☐ **B.** 1950. ☐ **C.** 1960. ☐ **D.** 1973.

66. La Caisse des dépôts et consignations (CDC) est :

☐ **A.** Une institution financière publique qui gère les banques.

☐ **B.** Une institution financière publique qui gère les crédits.

☐ **C.** Une institution financière publique qui exerce des activités d'intérêt général.

☐ **D.** Une institution financière publique qui gère les établissements publics.

67. Renforcer l'efficacité des investissements et le potentiel de croissance de l'économie, tels sont les objectifs du :

☐ **A.** Plan national de relance et de résilience.

☐ **B.** Programme national de relance et de résilience.

☐ **C.** Prévisionnel national de relance et de résilience.

☐ **D.** Projet national de relance et de résilience.

68. En France, Solidaires Finances Publiques chiffre la fraude fiscale chaque année entre ;

☐ **A.** 20 et 40 milliards d'euros.

☐ **B.** 60 et 80 milliards d'euros.

☐ **C.** 40 et 60 milliards d'euros.

☐ **D.** 80 et 100 milliards d'euros.

69. Quelle est la première puissance économique mondiale ?

☐ **A.** La Chine.

☐ **B.** L'Inde.

☐ **C.** Les États-Unis.

☐ **D.** Le Brésil.

70. Quels pays se cachent sous l'acronyme BRICS ?

☐ **A.** Biélorussie – Roumanie – Inde – Chine – Sénégal.

☐ **B.** Birmanie – Rwanda – Inde – Chine – Somalie.

☐ **C.** Belgique – Royaume-Uni – Inde – Chine – Suède.

☐ **D.** Brésil – Russie – Inde – Chine – Afrique du sud.

71. Qu'est-ce que le Bitcoin ?

☐ **A.** Une monnaie locale.

☐ **B.** Une monnaie électronique qui s'échange librement sur Internet.

☐ **C.** Un porte-monnaie électronique.

☐ **D.** Un portefeuille électronique.

72. Dans une assemblée générale, le « *say on pay* » est un vote sur :

☐ **A.** La politique de rémunération des dirigeants.

☐ **B.** La politique de gestion de l'entreprise.

☐ **C.** La politique de rémunération des salariés.

☐ **D.** La politique de gestion des salariés.

73. Les revenus tirés de la détention des actions sont :

☐ **A.** Des plus-values.

☐ **B.** Des dividendes.

☐ **C.** Des intérêts.

☐ **D.** Des bénéfices.

74. En quelle année a eu lieu la faillite de Lehman Brothers ?

☐ **A.** 2006. ☐ **B.** 2007. ☐ **C.** 2008. ☐ **D.** 2009.

75. La numismatique a pour objet l'étude :

☐ **A.** Des billets.

☐ **B.** Des graphiques économiques.

☐ **C.** Des monnaies et médailles.

☐ **D.** Des courbes économiques.

76. Quel est l'objectif majeur des mercantilistes ?

☐ **A.** Accroître les excédents commerciaux.

☐ **B.** Promouvoir le commerce international.

☐ **C.** Réguler le commerce international.

☐ **D.** Répondre à la demande des consommateurs sur le marché.

77. Le malthusianisme est :

☐ **A.** Une doctrine préconisant la hausse de la natalité.

☐ **B.** Une doctrine préconisant la réduction du taux de natalité.

☐ **C.** Une doctrine préconisant le libre-échange.

☐ **D.** Une doctrine préconisant l'intervention de l'État dans l'économie.

78. Que signifie le sigle TVA ?

☐ **A.** La taxe sur la valeur annexe.

☐ **B.** La taxe sur la valeur additionnelle.

☐ **C.** La taxe sur la valeur adjointe.

☐ **D.** La taxe sur la valeur ajoutée.

79. Quel est le taux de TVA pour certaines catégories de biens comme les médicaments ?

☐ **A.** 2,1 %. ☐ **B.** 5 %. ☐ **C.** 10 %. ☐ **D.** 20 %.

80. Quel est l'indicateur qui regroupe les valeurs de la Bourse française ?

☐ **A.** CSI 300. ☐ **B.** CAC 40. ☐ **C.** Dow Jones. ☐ **D.** Dax.

81. Quelle est la doctrine qui veut que les états interviennent le moins possible dans l'économie ?

- ☐ **A.** Le socialisme.
- ☐ **B.** Le malthusianisme.
- ☐ **C.** Le libéralisme.
- ☐ **D.** Le communisme.

82. Qui est le chef de file du courant libéral ?

- ☐ **A.** Adam Smith.
- ☐ **B.** Marx.
- ☐ **C.** Ricardo.
- ☐ **D.** Colbert.

83. À quel président attribue-t-on la politique économique du New Deal ?

- ☐ **A.** Ronald Reagan.
- ☐ **B.** Geoges W. Bush.
- ☐ **C.** Bill Clinton.
- ☐ **D.** Franklin Delano Roosevelt.

84. Qui vote le projet de loi de finances ?

- ☐ **A.** La Cour des comptes.
- ☐ **B.** Le Parlement.
- ☐ **C.** Le Conseil d'État.
- ☐ **D.** Le Conseil constitutionnel.

85. Lequel de ces ministères n'est pas un grand gagnant du PLF 2022 ?

- ☐ **A.** Le ministère de l'Intérieur.
- ☐ **B.** Le ministère de la Justice.
- ☐ **C.** Le ministère des Sports.
- ☐ **D.** Le ministère de la Transition écologique.

86. La balance commerciale est le compte qui retrace la valeur des biens :

- ☐ **A.** Exportés et importés.
- ☐ **B.** Immobiliers et financiers.
- ☐ **C.** Bancaires.
- ☐ **D.** Marchands et non marchands.

87. Quel est l'impôt qui rapporte le plus à l'État ?

- ☐ **A.** L'impôt sur les sociétés.
- ☐ **B.** La TVA.
- ☐ **C.** La TICPE.
- ☐ **D.** L'impôt sur les revenus.

88. Qu'est-ce qu'une firme multinationale ?

- ☐ **A.** Une société implantée dans plusieurs États.
- ☐ **B.** Une société qui appartient à plusieurs pays.
- ☐ **C.** Une société dont les dirigeants sont de plusieurs nationalités.
- ☐ **D.** Une société de plus de 10 000 salariés.

89. Laquelle de ces politiques a le plus favorisé la mondialisation ?

- ☐ **A.** Le communisme.
- ☐ **B.** Le protectionnisme.
- ☐ **C.** Le libéralisme économique.
- ☐ **D.** Le socialisme.

90. Qu'est-ce que le taylorisme ?

- ☐ **A.** Une philosophie américaine.
- ☐ **B.** Une organisation scientifique du travail.
- ☐ **C.** Un courant musical du Moyen Âge.
- ☐ **D.** Un courant pictural du XVIIe siècle.

91. La « fracture numérique » est :

- ☐ **A.** La disparité d'accès à une connexion Internet selon les territoires.
- ☐ **B.** Le fossé entre les pays du Nord et les pays du Sud.
- ☐ **C.** La diversité d'accès à une connexion Internet selon les territoires.
- ☐ **D.** Les malaises entre les pays du Nord et les pays du Sud.

92. Le commerce mondial est dominé par :

- ☐ **A.** Le G 8.
- ☐ **B.** La Triade.
- ☐ **C.** Les pays émergents.
- ☐ **D.** Les États-Unis.

93. Les flux « invisibles » sont des flux :

- ☐ **A.** D'échanges de matières premières.
- ☐ **B.** De marchandises illégales.
- ☐ **C.** D'informations et de capitaux.
- ☐ **D.** De biens non soumis aux impôts.

94. Le GATT est :

- ☐ **A.** Un accord général sur les tarifs et le commerce.
- ☐ **B.** Un traité européen.
- ☐ **C.** Un groupement sur les tarifs et le commerce.
- ☐ **D.** Une convention européenne.

95. Le GATT a été mis en place en :

- ☐ **A.** 1945.
- ☐ **B.** 1947.
- ☐ **C.** 1957.
- ☐ **D.** 1961.

96. Comment se nomme l'accord commercial avec le Canada ?

- ☐ **A.** JEFTA.
- ☐ **B.** CETA.
- ☐ **C.** OMC
- ☐ **D.** GATT.

97. Que signifie FTN ?

- ☐ **A.** Firme transnationale.
- ☐ **B.** Flux transnational.
- ☐ **C.** Forum transnational.
- ☐ **D.** Force transnationale.

98. Qu'est-ce qu'un pays émergent ?

- ☐ **A.** Un pays développé.
- ☐ **B.** Un pays en voie de développement (PVD).
- ☐ **C.** Un PVD ayant une forte croissance économique.
- ☐ **D.** Un pays avec des richesses.

99. Le Mercosur, est une communauté économique qui regroupe plusieurs pays de :

- ☐ **A.** L'Amérique centrale.
- ☐ **B.** L'Amérique du Nord.
- ☐ **C.** L'Amérique de l'Est.
- ☐ **D.** L'Amérique du Sud.

100. Quel est le nom du bâtiment parisien qui abrite la Bourse ?

- ☐ **A.** Palais Brongniart.
- ☐ **B.** Palais Bourbon.
- ☐ **C.** Palais-Royal.
- ☐ **D.** Palais du Luxembourg.

Corrigé

1. **B.** L'économie.
2. **A.** Les exportations.
3. **D.** 110,6 % du PIB.
4. **A.** 0,9 %.
5. **A.** Les ménages et **B.** Les sociétés non financières.
6. **A.** Production, **C.** Répartition et **D.** Dépense.
7. **C.** Marché des biens et des services.
8. **B.** À la deuxième place.
9. **B.** Garantir la stabilité des prix.
10. **D.** 1 398,70 € net mensuel.
11. **C.** Réaliser des bénéfices, des profits.
12. **B.** Le niveau de richesses d'un pays.
13. **B.** Une augmentation générale des prix.
14. **A.** Une période durant laquelle le produit agrégé diminue.
15. **D.** Le marché des changes.
16. **C.** Institut national de la statistique et des études économiques.
17. **B.** Des agrégats économiques.
18. **C.** La rareté.
19. **A.** De la demande agrégée.
20. **B.** La DGCCRF.
21. **C.** La baisse du niveau général des prix.
22. **D.** 29,2 millions.
23. **C.** Les impôts, les taxes et les cotisations.
24. **D.** 3 101,2 milliards d'euros.
25. **A.** Le niveau de richesses d'un pays.
26. **B.** G8.
27. **D.** La Chine, l'Autriche.
28. **D.** Les consommateurs et collecté par les entreprises.
29. **B.** 43,5 % du PIB.
30. **C.** 5,3 %.
31. **C.** Les prix de l'énergie, des transports et des produits manufacturés.
32. **D.** 1 850 €.
33. **C.** 4,9 %.
34. **C.** 1973.
35. **B.** 7,5 % de la population active.
36. **B.** 2,3 millions de personnes.
37. **C.** Aux périodes d'inactivité entre 2 emplois.
38. **D.** 1 128 euros par mois.
39. **A.** L'intervention de l'État dans l'économie.
40. **B.** L'augmentation du PIB.
41. **A.** En 2018.
42. **B.** Contribution sociale généralisée.
43. **C.** La Commission européenne, La BCE, l'OMC.
44. **B.** Garantit un juste prix au producteur.
45. **A.** 10,8 milliards d'euros.
46. **B.** Sur la conjoncture.
47. **B.** Du « quoi qu'il en coûte ».
48. **D.** 170 et 200 milliards d'euros.
49. **C.** Ngozi Okonjo-Iweala.
50. **A.** Suède.
51. **B.** La Russie.
52. **A.** L'énergie.
53. **C.** Cotation Assistée en Continu.
54. **B.** New York.
55. **A.** Bruno Le Maire.
56. **B.** Bercy.

57. **C.** Faciliter la concertation économique internationale.

58. **A.** Venezuela.

59. **D.** New Delhi.

60. **C.** 1er janvier 2019.

61. **B.** 20.

62. **A.** 1950.

63. **B.** Jules Michelet.

64. **C.** La Cité de l'Économie, ou Citéco.

65. **A.** 1945.

66. **C.** Une institution financière publique qui exerce des activités d'intérêt général.

67. **A.** Plan national de relance et de résilience.

68. **D.** 80 et 100 milliards d'euros.

69. **C.** Les États-Unis.

70. **D.** Brésil – Russie – Inde – Chine – Afrique du Sud.

71. **B.** Une monnaie électronique qui s'échange librement sur Internet.

72. **A.** La politique de rémunération des dirigeants.

73. **B.** Des dividendes.

74. **C.** 2008.

75. **C.** Des monnaies et médailles.

76. **A.** Accroître les excédents commerciaux.

77. **B.** Une doctrine préconisant la réduction du taux de natalité.

78. **D.** La taxe sur la valeur ajoutée.

79. **A.** 2,1 %.

80. **B.** CAC 40.

81. **C.** Le libéralisme.

82. **A.** Adam Smith.

83. **D.** Franklin Delano Roosevelt.

84. **B.** Le Parlement.

85. **C.** Le ministère des Sports.

86. **A.** Exportés et importés.

87. **B.** La TVA.

88. **A.** Une société implantée dans plusieurs États.

89. **C.** Le libéralisme économique.

90. **B.** Une organisation scientifique du travail.

91. **A.** La disparité d'accès à une connexion Internet selon les territoires.

92. **B.** La Triade.

93. **C.** D'informations et de capitaux.

94. **A.** Un accord général sur les tarifs et le commerce.

95. **B.** 1947.

96. **B.** CETA.

97. **A.** Firme transnationale.

98. **C.** Un PVD ayant une forte croissance économique.

99. **D.** L'Amérique du Sud.

100. **A.** Palais Brongniart.

4 Politiques sociales

1. Trois grandes logiques fondent les politiques sociales. Lesquelles ?

- ☐ **A.** La coopération, la contribution et la solidarité.
- ☐ **B.** L'assistance, l'assurance et la contribution.
- ☐ **C.** La contribution, la solidarité et la redistribution.
- ☐ **D.** L'assurance, l'assistance et la solidarité.

2. La protection sociale distingue six catégories de prestations. Lesquelles ?

- ☐ **A.** Risques vieillesse-survie, santé, maternité-famille, emploi, logement, exclusion sociale.
- ☐ **B.** Risques vieillesse-survie, santé, maternité-famille, emploi, logement, conditions de vie.
- ☐ **C.** Risques vieillesse-survie, santé, maternité-famille, emploi, logement, discrimination.
- ☐ **D.** Risques vieillesse-survie, santé, maternité-famille, emploi, logement, surendettement.

3. Les droits fondamentaux sont inscrits dans la :

- ☐ A. Déclaration des droits de l'homme et du citoyen de 1789.
- ☐ **B.** Déclaration universelle des droits de l'homme de 1948.
- ☐ **C.** Constitution de 1958.
- ☐ **D.** Préambule de la Constitution de 1946.

4. La loi de référence dans les établissements du secteur sanitaire et social est :

- ☐ **A.** La loi du 29 juillet 1998 d'orientation et de lutte contre les exclusions.
- ☐ **B.** La loi de 2009 « Hôpital Patient Santé Territoire ».
- ☐ **C.** La loi constitutionnelle du 28 mars 2003 concernant la décentralisation.
- ☐ **D.** La loi du 2 janvier 2002 rénovant l'action sociale et médico-sociale.

5. L'État-providence, c'est l'intervention de l'État dans :

- ☐ **A.** Le domaine environnemental particulièrement à travers l'écologie.
- ☐ **B.** Le domaine économique à travers le système de capitalisation.
- ☐ **C.** Le domaine social, particulièrement à travers le système de protection sociale.
- ☐ **D.** Le domaine sanitaire à travers le système hospitalier.

6. Les « minima sociaux » sont des prestations sociales :

- ☐ **A.** Visant à subvenir aux besoins d'une personne en situation de précarité.
- ☐ **B.** Visant à maintenir un revenu minimal à une personne dans le besoin.
- ☐ **C.** Visant à garantir un revenu minimal à une personne en situation de précarité.
- ☐ **D.** Visant à sortir les gens dans le besoin.

7. Depuis la loi du 13 août 2004 « libertés et responsabilités locales », le département est :

- ☐ **A.** Chef-lieu de la protection sociale.
- ☐ **B.** Chef de file de l'action sociale.
- ☐ **C.** Chef des travailleurs sociaux.
- ☐ **D.** Chef-lieu de la protection sanitaire.

8. Les fondements des politiques sociales évoluent vers :

- ☐ **A.** Une contractualisation des dispositifs, l'usager acteur, les guichets uniques et l'accès aux droits.
- ☐ **B.** Un contrôle des fraudes, la réduction des prestations sociales, l'usager assisté.
- ☐ **C.** Une catégorisation des interventions, les prestations en libre-service.
- ☐ **D.** l'auto-instruction des dossiers de prestations

9. Depuis quand le Revenu de solidarité active a-t-il été généralisé ?

- ☐ **A.** 2007.
- ☐ **B.** 2008.
- ☐ **C.** 2009.
- ☐ **D.** 2010.

10. Qui a créé le RSA ?

- ☐ **A.** François Mitterrand.
- ☐ **B.** Martin Hirsch.
- ☐ **C.** Xavier Emmanuelli.
- ☐ **D.** François Hollande.

11. Vous pouvez demander le RSA si vous êtes âgé d'au moins :

- ☐ **A.** 20 ans et que vous résidez en France de manière stable et effective.
- ☐ **B.** 24 ans et que vous résidez en France de manière stable et effective.
- ☐ **C.** 25 ans et que vous résidez en France de manière stable et effective.
- ☐ **D.** 27 ans et que vous résidez en France de manière stable et effective.

12. Quel est le montant mensuel du RSA en 2023 pour une personne seule ?

- ☐ **A.** 486,89 euros.
- ☐ **B.** 575,52 euros.
- ☐ **C.** 607,75 euros.
- ☐ **D.** 681,65 euros.

13. En 2022, quel est le nombre d'allocataires du RSA ?

- ☐ **A.** 1,09 million.
- ☐ **B.** 1,89 million.
- ☐ **C.** 2,89 millions.
- ☐ **D.** 3,89 millions.

14. Le premier niveau de lutte contre la pauvreté et la précarité est :

- ☐ **A.** La solidarité familiale qui garantit un repas, un logement, et un peu d'argent.
- ☐ **B.** La politique de santé qui garantit des bilans de santé gratuits.
- ☐ **C.** La protection sociale qui garantit 13 minima sociaux.
- ☐ **D.** La politique du logement qui garantit un abri pour la nuit.

15. En France, on considère comme pauvres les personnes ayant des revenus inférieurs au seuil de pauvreté, c'est-à-dire :

- ☐ **A.** 50 % du revenu médian pour l'INSEE.
- ☐ **B.** 50 % du revenu médian pour Eurostat.
- ☐ **C.** 60 % du revenu médian pour Eurostat.
- ☐ **D.** 60 % du revenu médian pour l'INSEE.

16. La précarité est l'absence d'une ou plusieurs sécurités permettant :

☐ **A.** Aux personnes de vivre en toute sécurité.

☐ **B.** Aux personnes et familles d'assumer leurs responsabilités et de jouir de leurs droits fondamentaux.

☐ **C.** Aux personnes et familles de pouvoir se projeter.

☐ **D.** Aux personnes et familles de pouvoir partir en vacances.

17. Quel est le nombre de travailleurs pauvres (travailleurs vivant sous le seuil de pauvreté) ?

☐ **A.** 900 000 travailleurs pauvres.

☐ **B.** 1,3 million de travailleurs pauvres.

☐ **C.** 1,9 million de travailleurs pauvres.

☐ **D.** 2,1 millions de travailleurs pauvres.

18. Quel est l'antonyme du mot « pauvreté » ?

☐ **A.** Cupidité.

☐ **B.** Paupérisation.

☐ **C.** Opulence.

☐ **D.** Indigence.

19. Combien d'enfants sont concernés par la pauvreté en France ?

☐ **A.** 2 millions. ☐ **B.** 3 millions. ☐ **C.** 4 millions. ☐ **D.** 5 millions.

20. La fracture numérique concerne :

☐ **A.** 10 % de la population.

☐ **B.** 15 % de la population.

☐ **C.** 20 % de la population.

☐ **D.** 25 % de la population.

21. Quel est le synonyme du mot « pauvreté » ?

☐ **A.** Indigence. ☐ **B.** Opulence. ☐ **C.** Nanti. ☐ **D.** Cupidité.

22. En 2022 combien de Français vivent dans des « passoires thermiques » ou ne peuvent pas se chauffer comme ils le souhaitent ?

☐ **A.** Au moins 6 millions de Français.

☐ **B.** Au moins 8 millions de Français.

☐ **C.** Au moins 10 millions de Français.

☐ **D.** Au moins 12 millions de Français.

23. La loi pour l'égalité des droits et des chances, la participation à la citoyenneté des personnes handicapées date :

☐ **A.** Du 11 février 1975.

☐ **B.** Du 11 février 1985.

☐ **C.** Du 11 février 1995.

☐ **D.** Du 11 février 2005.

24. Que signifie le sigle AAH ?

☐ **A.** Aide adulte handicapé.

☐ **B.** Assistance adulte handicapé.

☐ **C.** Allocation adulte handicapé.

☐ **D.** Agence pour adulte handicapé.

25. Toute entreprise de 20 salariés est tenue d'employer :

☐ **A.** 4 % de travailleurs handicapés.

☐ **B.** 6 % de travailleurs handicapés.

☐ **C.** 8 % de travailleurs handicapés.

☐ **D.** 10 % de travailleurs handicapés.

26. Une Maison des personnes handicapées (MDPH) est mise en place dans :

☐ **A.** Chaque commune.

☐ **B.** Chaque métropole.

☐ **C.** Chaque département.

☐ **D.** Chaque région.

27. Depuis 2005 on parle d'école :

- ☐ A. Mixte.
- ☐ B. De l'intégration.
- ☐ C. Exclusive.
- ☐ D. Inclusive.

28. Que signifie le sigle RQTH ?

- ☐ A. Reconnaissance de la qualité de travailleur handicapé.
- ☐ B. Reconnu et qualifié de travailleur handicapé.
- ☐ C. Reconnaissance de la qualification de travailleur handicapé.
- ☐ D. Réservé qualification travailleur handicapé.

29. Quel est le quota de travailleurs en situation de handicap obligatoire pour les entreprises de plus de 20 salariés ?

- ☐ A. 2 %.
- ☐ B. 4 %.
- ☐ C. 6 %.
- ☐ D. 8 %.

30. Comment se nomment les Jeux olympiques pour les handicapés ?

- ☐ A. Handisports.
- ☐ B. Jeux paralympiques.
- ☐ C. Jeux para-olympiques.
- ☐ D. Jeux handisports olympiques.

31. Quel célèbre producteur de cinéma et de dessins animés était atteint d'un handicap invisible ?

- ☐ A. Luc Besson.
- ☐ B. Walt Disney.
- ☐ C. Tex Avery.
- ☐ D. Hayao Miyazaki.

32. Que signifie le sigle ESAT ?

- ☐ A. Entreprises et services d'aide par le travail.
- ☐ B. Établissements et services d'aide par le travail.
- ☐ C. Entreprises et services d'aide pour le travailleur.
- ☐ D. Établissements et services d'aide pour le travailleur.

33. La durée légale de travail par semaine est de :

- ☐ A. 32 h.
- ☐ B. 35 h.
- ☐ C. 37 h.
- ☐ D. 39 h.

34. Au 1er janvier 2024, Pôle emploi va devenir :

- ☐ A. Agence de l'emploi.
- ☐ B. Agence Travail.
- ☐ C. France Travail.
- ☐ D. France Emploi.

35. Le SMIC, c'est :

- ☐ A. Le salaire minimal interprofessionnel de croissance.
- ☐ B. Le salaire minimum interprofessionnel de croissance.
- ☐ C. Le salaire minimum interprofession de croissance.
- ☐ D. Le salaire maximal interprofessionnel de croissance.

36. Quand a-t-il été créé ?

- ☐ A. 1950.
- ☐ B. 1968.
- ☐ C. 1973.
- ☐ D. 1981.

37. Comment appelle-t-on les emplois qui ont pour objectif de lutter contre le chômage dans les quartiers prioritaires ?

☐ **A.** Les « emplois égalitaires ».
☐ **B.** Les « Emplois francs ».
☐ **C.** Les « Emplois prioritaires ».
☐ **D.** Les « Emplois aidés ».

38. Au travail que signifient les « RPS » ?

☐ **A.** Risques psychosociaux.
☐ **B.** Représentations psychosociales.
☐ **C.** Revenus du personnel salarié.
☐ **D.** Risques pour la sécurité.

39. Les contrats aidés sont :

☐ **A.** Un instrument de la politique de l'emploi en faveur des publics les plus éloignés du marché du travail.
☐ **B.** Un instrument de la politique économique pour aider les entreprises en faillite.
☐ **C.** Un instrument au service de la politique pour aider à la réélection des élus.
☐ **D.** Un instrument de la politique économique pour aider les entreprises endettées.

40. Depuis le 1er janvier 2018, les contrats aidés n'existent plus. Ces contrats sont transformés en

☐ **A.** Parcours emploi compétences.
☐ **B.** Emploi solidarité.
☐ **C.** Emploi consolidé.
☐ **D.** Contrat d'accompagnement à l'emploi.

41. France Travail, guichet unique de la politique de l'emploi, verse :

☐ **A.** Le Revenu de solidarité active, la Prime d'activité, et la Pension de réversion.
☐ **B.** L'Allocation de retour à l'emploi, l'Allocation de solidarité spécifique, l'Allocation temporaire d'attente.
☐ **C.** Les Indemnités journalières, la Pension d'invalidité.
☐ **D.** L'Aide sociale aux personnes âgées.

42. La prime d'activité remplace :

☐ **A.** Le RSA activité, bénéficie aux plus de 18 ans en activité professionnelle et est versé annuellement.
☐ **B.** Le RSA activité et la Prime pour l'emploi, bénéficient aux plus de 25 ans en activité touchant moins de 1 200 €, est versée de manière trimestrielle.
☐ **C.** Le RSA activité et la Prime pour l'emploi, bénéficient aux plus de 18 ans, en activité, qui touchent moins de 1 500 € par mois et est versée mensuellement.
☐ **D.** Le RSA activité, bénéficie aux plus de 20 ans en activité professionnelle et est versé annuellement.

43. La durée légale de travail hebdomadaire a été instaurée en 1998-2000 par :

☐ **A.** La loi Aubry.
☐ **B.** La loi Roudy.
☐ **C.** La loi July.
☐ **D.** La loi Ferry.

44. Il regroupe les lois relatives au droit du travail français en général. Il s'agit :

☐ **A.** Du Code civil.
☐ **B.** Du Code pénal.
☐ **C.** Du Code de la santé publique.
☐ **D.** Du Code du travail.

45. Que signifie le sigle BIT ?

☐ **A.** Brevet international du travail.
☐ **B.** Bureau international du travail.
☐ **C.** Box-office international du travail.
☐ **D.** Bureau intérimaire du travail.

46. La durée de travail du salarié à temps partiel est fixée à :

☐ **A.** 17 h 30 par semaine.
☐ **B.** 20 h par semaine.
☐ **C.** 24 heures par semaine.
☐ **D.** 25 h par semaine.

47. Que signifie le sigle « IRP » ?

☐ **A.** Institutions représentatives professionnelles.
☐ **B.** Institutions représentatives du personnel.
☐ **C.** Institutions représentatives des personnes.
☐ **D.** Institutions représentatives des professionnels.

48. La médecine du travail existe depuis :

☐ **A.** 1936 ☐ **B.** 1946. ☐ **C.** 1957. ☐ **D.** 1968.

49. Avant la dissolution de l'Assemblée nationale, qui était le ou la ministre du Travail, de la Santé et des Solidarités depuis le 11 janvier 2024 ?

☐ **A.** Agnès Buzyn.
☐ **B.** Catherine Vautrin.
☐ **C.** Nicole Belloubet.
☐ **D.** Florence Parly.

50. Le principe de l'égalité entre les femmes et les hommes dans tous les domaines est inscrit dans le préambule de la Constitution depuis :

☐ **A.** 1945. ☐ **B.** 1946. ☐ **C.** 1947. ☐ **D.** 1948.

51. En 1983, la loi Roudy porte sur :

☐ **A.** L'égalité professionnelle.
☐ **B.** L'égalité des genres.
☐ **C.** L'égalité scolaire.
☐ **D.** L'égalité sportive.

52. Quel est le principal syndicat d'employeurs français ?

☐ **A.** La CGT. ☐ **B.** Le MEDEF. ☐ **C.** La CFDT. ☐ **D.** La CFTC.

53. Le droit individuel à la formation (DIF) a été remplacé par :

☐ **A.** Une formation trimestrielle.
☐ **B.** Le dossier personnel de formation.
☐ **C.** Le compte personnel de formation.
☐ **D.** Une épargne personnelle de formation.

54. Il est chargé de régler les conflits individuels entre employeurs et salariés liés au contrat de travail de droit privé. C'est :

☐ **A.** Le tribunal administratif.
☐ **B.** L'inspecteur du travail.

☐ **C.** Le médecin conseil de la médecine du travail.

☐ **D.** Le conseil de prud'hommes (CPH).

55. Les syndicats sont autorisés depuis :

☐ **A.** 1801. ☐ **B.** 1884. ☐ **C.** 1901. ☐ **D.** 1936.

56. En France, quel est le taux de syndicalisation en 2022 dans le privé ?

☐ **A.** 7,8 % des salariés. ☐ **C.** 15 % des salariés.

☐ **B.** 10 % des salariés. ☐ **D.** 18 % des salariés.

57. Quels sont les leaders de la CGT et CFDT en juin 2023 ?

☐ **A.** François Hommeril et Philippe Louis.

☐ **B.** Sophie Binet et Laurent Berger.

☐ **C.** Yves Veyrier et Philippe Louis.

☐ **D.** Geoffroy Roux de Bézieux et Philippe Martinez.

58. Quel est le premier syndicat de salariés français depuis les dernières élections professionnelles ?

☐ **A.** La Confédération générale du travail (CGT).

☐ **B.** La Confédération française démocratique du travail (CFDT).

☐ **C.** Force ouvrière (FO).

☐ **D.** La Confédération française des travailleurs chrétiens (CFTC).

59. Quand a été créée la Confédération générale du travail ?

☐ **A.** 1895. ☐ **B.** 1905. ☐ **C.** 1918. ☐ **D.** 1936.

60. La fête du Travail, célébrée le 1er mai a été instituée :

☐ **A.** À partir du XVIIe siècle. ☐ **C.** À partir du XIXe siècle.

☐ **B.** À partir du XVIIIe siècle. ☐ **D.** À partir du XXe siècle.

61. Pour pouvoir ouvrir ou recharger des droits à l'assurance chômage, il faut désormais avoir travaillé :

☐ **A.** 110 jours ou 770 heures sur une période de 24 mois.

☐ **B.** 120 jours ou 840 heures sur une période de 24 mois.

☐ **C.** 130 jours ou 910 heures sur une période de 24 mois.

☐ **D.** 140 jours ou 980 heures sur une période de 24 mois.

62. Pour les moins de 53 ans, quelle est la durée maximale de perception des indemnités chômage ?

☐ **A.** 12 mois. ☐ **B.** 18 mois. ☐ **C.** 24 mois. ☐ **D.** 36 mois.

63. Parmi ces conditions pour prétendre à l'allocation de solidarité spécifique (ASS), laquelle est inexacte ?

☐ **A.** Être à la recherche effective d'un emploi.

☐ **B.** Justifier de 5 ans d'activité salariée dans les 10 ans précédant la fin du contrat de travail.

☐ **C.** Ne pas dépasser un plafond de ressources mensuelles.

☐ **D.** Avoir un diplôme inférieur au niveau 4.

64. Quel est le nom de la prestation sociale créée par la loi du 17 août 2015 relative au dialogue social et à l'emploi ?

☐ **A.** L'ASS. ☐ **C.** Le RSA.

☐ **B.** La prime d'activité. ☐ **D.** L'ASPA.

65. Selon le 28e rapport annuel de 2023 sur L'état du mal-logement de la Fondation Abbé Pierre, combien de personnes sont sans domicile ?

☐ **A.** 330 000. ☐ **C.** 120 000.

☐ **B.** 50 000. ☐ **D.** 200 000.

66. La Fondation Abbé Pierre a été créée en :

☐ **A.** 1977 et reconnue d'utilité publique le 11 février 1982.

☐ **B.** 1987 et reconnue d'utilité publique le 11 février 1992.

☐ **C.** 1990 et reconnue d'utilité publique le 11 février 1995.

☐ **D.** 1992 et reconnue d'utilité publique le 11 février 1997.

67. Quelle est la mission de cette fondation ?

☐ **A.** Permettre à toutes personnes défavorisées d'accéder à la nourriture et une vie digne.

☐ **B.** Permettre à toutes personnes défavorisées d'accéder aux loisirs et une vie digne.

☐ **C.** Permettre à toutes personnes défavorisées d'accéder aux soins et une vie digne.

☐ **D.** Permettre à toutes personnes défavorisées d'accéder à un logement décent et une vie digne.

68. La loi du 24 mars 2014 pour l'accès au logement et un urbanisme rénové (ALUR) prévoit une garantie. Laquelle ?

☐ **A.** Garantie assurée des loyers GAL. ☐ **C.** Garantie des risques locatifs GRL.

☐ **B.** Garantie universelle des loyers GUL. ☐ **D.** Garantie nationale des loyers GNL.

69. L'abbé Pierre, fondateur des Compagnons d'Emmaüs est mort :

☐ **A.** En 2005. ☐ **B.** En 2007. ☐ **C.** En 2015. ☐ **D.** En 2017.

70. Que signifie le sigle logement HLM ?

☐ **A.** Logement d'habitat à loyer modéré.

☐ **B.** Logement d'habitat à loyer modeste.

☐ **C.** Logement d'habitation à loyer modéré.

☐ **D.** Logement d'habitation à loyer minime.

71. La loi Duflot porte à :

☐ **A.** 20 % des logements sociaux. ☐ **C.** 30 % des logements sociaux.

☐ **B.** 25 % des logements sociaux. ☐ **D.** 35 % des logements sociaux.

72. À combien estime-t-on le nombre de logements vacants en France ?

- ☐ **A.** 1,7 million.
- ☐ **B.** 2,4 millions.
- ☐ **C.** 2,9 millions.
- ☐ **D.** 3,1 millions.

73. Des propriétaires sans scrupule louent des caves, des garages à prix d'or. On les appelle :

- ☐ **A.** Des escrocs.
- ☐ **B.** Des marchands de dortoirs.
- ☐ **C.** Des marchands de sommeil.
- ☐ **D.** Des marchands de logements insalubres.

74. Loi DALO de 2007 signifie :

- ☐ **A.** Droit Au logement opposable.
- ☐ **B.** Droit Au logement occupé.
- ☐ **C.** Droit Au logement obligatoire.
- ☐ **D.** Droit Au logement occasionnel.

75. La trêve hivernale a lieu du 15 octobre de chaque année :

- ☐ **A.** Au 1er mars.
- ☐ **B.** Au 15 mars.
- ☐ **C.** Au 31 mars.
- ☐ **D.** Au 1er avril.

76. Quelle loi porte à 25 % le nombre de logements sociaux dans une commune ?

- ☐ **A.** La loi Alur.
- ☐ **B.** La loi Besson.
- ☐ **C.** La loi DALO.
- ☐ **D.** La loi Duflot.

77. La loi ALUR prévoit un encadrement des loyers dans les zones dites :

- ☐ **A.** Tendues.
- ☐ **B.** Prioritaires.
- ☐ **C.** Sensibles.
- ☐ **D.** Difficiles.

78. Par quel organisme les APL sont-elles versées ?

- ☐ **A.** La MDPH.
- ☐ **B.** La CAF.
- ☐ **C.** Le département.
- ☐ **D.** La CPAM.

79. En 2021, le parc locatif social comptait environ :

- ☐ **A.** 2,9 millions d'appartements et de maisons individuelles.
- ☐ **B.** 3,6 millions d'appartements et de maisons individuelles.
- ☐ **C.** 4,8 millions d'appartements et de maisons individuelles.
- ☐ **D.** 5,2 millions d'appartements et de maisons individuelles.

80. Qu'est-ce que l'ASPA ?

- ☐ **A.** L'allocation de subsidiarité aux personnes âgées.
- ☐ **B.** L'allocation de suppléance aux personnes âgées.
- ☐ **C.** L'allocation de solidarité aux personnes âgées.
- ☐ **D.** L'allocation de soutien aux personnes âgées.

81. Quel est son montant ?

- ☐ **A.** 807,78 euros par mois.
- ☐ **B.** 895,78 euros par mois.
- ☐ **C.** 961,08 euros par mois.
- ☐ **D.** 1 012,02 euros par mois.

82. En quelle année la journée de solidarité dont le montant est reversé à la CNSA, a-t-elle été mise en place ?

☐ **A.** 2003. ☐ **B.** 2004. ☐ **C.** 2005. ☐ **D.** 2006.

83. Que signifie l'acronyme APA ?

☐ **A.** Aide personnalisée à l'autonomie.

☐ **B.** Aide personnelle à l'autonomie.

☐ **C.** Assistance personnalisée à l'autonomie.

☐ **D.** Assistance personnelle à l'autonomie.

84. L'APA est financée par :

☐ **A.** La Sécurité sociale et les mutuelles.

☐ **B.** Le département et la Caisse nationale de solidarité pour l'autonomie (CNSA).

☐ **C.** La commune et les Caisses des normes sociales pour l'autonomie (CNSA).

☐ **D.** La région et les Caisses des normes sociales pour l'autonomie (CNSA).

85. Actuellement, l'âge légal de départ à la retraite est fixé à :

☐ **A.** 60 ans. ☐ **B.** 62 ans. ☐ **C.** 64 ans. ☐ **D.** 65 ans.

86. Quel est le nom de l'impôt français créé en 1996 dans le but de résorber l'endettement de la Sécurité sociale ?

☐ **A.** La CSG. ☐ **B.** La CRDS. ☐ **C.** CSA. ☐ **D.** TVA.

87. Le congé paternité dure désormais :

☐ **A.** 12 jours, avec 4 jours obligatoires à prendre dès la naissance du bébé.

☐ **B.** 15 jours, avec 4 jours obligatoires à prendre dès la naissance du bébé.

☐ **C.** 25 jours, avec 4 jours obligatoires à prendre dès la naissance du bébé.

☐ **D.** 30 jours, avec 8 jours obligatoires à prendre dès la naissance du bébé.

88. Quelle est la durée du congé maternité pour un premier enfant ?

☐ **A.** 2 semaines avant et 20 semaines après la naissance.

☐ **B.** 4 semaines avant et 18 semaines après la naissance.

☐ **C.** 6 semaines avant et 16 semaines après la naissance.

☐ **D.** 8 semaines avant et 12 semaines après la naissance.

89. Les allocations familiales sont automatiquement attribuées :

☐ **A.** À partir du deuxième enfant et sans conditions de ressources.

☐ **B.** À partir du deuxième enfant et en fonction des revenus.

☐ **C.** À partir du premier enfant et sans conditions de ressources.

☐ **D.** À partir du premier enfant sous conditions de ressources.

90. Qu'est-ce que la modulation des allocations familiales ?

- ▢ **A.** Les allocations varient selon le nombre d'enfants.
- ▢ **B.** Les allocations varient selon le département de résidence.
- ▢ **C.** Les allocations varient selon le revenu des familles.
- ▢ **D.** Les allocations varient selon la ville de résidence.

91. La protection de l'enfance est mise en œuvre :

- ▢ **A.** Par l'État pour la protection administrative et les CCAS pour la protection juridique.
- ▢ **B.** Par les associations pour la protection administrative et l'Église pour la protection juridique.
- ▢ **C.** Par le conseil départemental pour la protection administrative et la justice pour la protection judiciaire.
- ▢ **D.** Par le département pour la protection administrative et les CCAS pour la protection juridique.

92. Quel est le montant net de la prime à la naissance ?

- ▢ **A.** 845,65 €.
- ▢ **B.** 895,96 €.
- ▢ **C.** 965,36 €.
- ▢ **D.** 1 019,43 €.

93. Parmi les mesures de la loi du 7 février 2022 relative à la protection des enfants, laquelle est inexacte ?

- ▢ **A.** Interdiction des placements à l'hôtel.
- ▢ **B.** Fin des sorties « sèche » à la majorité.
- ▢ **C.** Ouverture d'un livret épargne.
- ▢ **D.** Meilleure protection contre les violences.

94. *Aquarius* était le navire humanitaire de :

- ▢ **A.** Médecins du monde.
- ▢ **B.** SOS Méditerranée.
- ▢ **C.** Médecins sans frontière.
- ▢ **D.** Solidarité internationale.

95. Pour quelle raison, la plupart des migrants fuient-ils leur pays ?

- ▢ **A.** À cause de la guerre.
- ▢ **B.** En raison de la crise économique.
- ▢ **C.** En raison du réchauffement climatique.
- ▢ **D.** À cause des incendies.

96. Quelle phobie se développe face aux immigrés ?

- ▢ **A.** L'agoraphobie.
- ▢ **B.** La xénophobie.
- ▢ **C.** La claustrophobie.
- ▢ **D.** L'acrophobie.

97. Qu'est-ce que la Frontex ?

- ▢ **A.** C'est une association qui vient en aide aux migrants.
- ▢ **B.** C'est une association qui s'occupe d'orienter vers les CAO.
- ▢ **C.** C'est une agence européenne de garde-frontières et de garde-côtes.
- ▢ **D.** C'est une agence qui fait le premier tri au niveau des demandes.

98. Que signifie le sigle HCR ?

- ☐ **A.** Haut Conseil aux réfugiés.
- ☐ **B.** Haut Commissariat aux réfugiés.
- ☐ **C.** Haute Commission aux réfugiés.
- ☐ **D.** Haut Consulat aux réfugiés.

99. Qu'est-ce qu'une personne apatride ?

- ☐ **A.** C'est une personne sans patrie.
- ☐ **B.** C'est une personne qui a deux nationalités.
- ☐ **C.** C'est une personne qui a été régularisée.
- ☐ **D.** C'est une personne étrangère ayant la nationalité française.

100. Selon des données diffusées en avril 2022, la France a octroyé une allocation pour demandeurs d'asile à :

- ☐ **A.** Plus de 40 000 réfugiés ukrainiens.
- ☐ **B.** Plus de 50 000 réfugiés ukrainiens.
- ☐ **C.** Plus de 60 000 réfugiés ukrainiens.
- ☐ **D.** Plus de 70 000 réfugiés ukrainiens.

Corrigé

1. **D.** L'assurance, l'assistance et la solidarité.

2. **A.** Risques vieillesse-survie, santé, maternité-famille, emploi, logement, exclusion sociale.

3. **A.** Déclaration des droits de l'homme et du citoyen de 1789.

4. **D.** La loi du 2 janvier 2002 rénovant l'action sociale et médico-sociale.

5. **C.** Le domaine social, particulièrement à travers le système de protection sociale.

6. **C.** Visant à garantir un revenu minimal à une personne en situation de précarité.

7. **B.** Chef de file de l'action sociale.

8. **A.** Une contractualisation des dispositifs, l'usager acteur, les guichets uniques et l'accès aux droits.

9. **C.** 2009.

10. **B.** Martin Hirsch.

11. **C.** Vous êtes âgé d'au moins 25 ans et que vous résidez en France de manière stable et effective.

12. **B.** 607,75 euros.

13. **B.** 1,89 million.

14. **C.** La protection sociale qui garantit 13 minima sociaux.

15. **A.** 50 % du revenu médian pour l'INSEE.

16. **B.** Aux personnes et familles d'assumer leurs responsabilités et de jouir de leurs droits fondamentaux.

17. **D.** 2,1 millions de travailleurs pauvres.

18. **C.** Opulence.

19. **B.** 3 millions.

20. **B.** 15 % de la population.

21. **A.** Indigence.

22. **D.** Au moins 12 millions de Français.

23. **D.** Du 11 février 2005.

24. **C.** Allocation adulte handicapé.

25. **B.** 6 % de travailleurs handicapés.

26. **C.** Chaque département.

27. **D.** Inclusive.

28. **A.** Reconnaissance de la qualité de travailleur handicapé.

29. **C.** 6 %.

30. **B.** Jeux paralympiques.

31. **B.** Walt Disney.

32. **B.** Établissements et services d'aide par le travail.

33. **B.** 35 h.

34. **C.** France Travail.

35. **B.** Le salaire minimum interprofessionnel de croissance.

36. **A.** 1950.

37. **B.** Les « Emplois francs ».

38. **A.** Risques psychosociaux.

39. **A.** Un instrument de la politique de l'emploi en faveur des publics les plus éloignés du marché du travail.

40. **A.** Parcours emploi compétences.

41. **B.** L'Allocation de retour à l'emploi, l'Allocation de solidarité spécifique, l'Allocation temporaire d'attente.

42. **C.** Le RSA activité et la Prime pour l'emploi, bénéficient aux plus de 18 ans, en activité, qui touchent moins de 1 500 € par mois et est versée mensuellement.

43. **A.** La loi Aubry.

44. **D.** Du Code du travail.

45. **B.** Bureau international du travail.

46. **C.** 24 heures par semaine.

47. **B.** Institutions représentatives du personnel.

48. **B.** 1946.

49. **B.** Catherine Vautrin.

50. **B.** 1946.

51. **A.** L'égalité professionnelle.

52. **B.** Le MEDEF.

53. **C.** Le compte personnel de formation.

54. **D.** Le conseil de prud'hommes (CPH).

55. **B.** 1884.

56. **A.** 7,8 % des salariés.

57. **B.** Sophie Binet et Laurent Berger.

58. **B.** La Confédération française démocratique du travail (CFDT).

59. **A.** 1895.

60. **B.** À partir du XVIIIe siècle.

61. **C.** 130 jours ou 910 heures sur une période de 24 mois.

62. **C.** 24 mois.

63. **D.** Avoir un diplôme inférieur au niveau 4.

64. **B.** La prime d'activité.

65. **A.** 330 000 personnes.

66. **B.** 1987 et reconnue d'utilité publique le 11 février 1992.

67. **D.** Permettre à toutes personnes défavorisées d'accéder à un logement décent et une vie digne.

68. **B.** Garantie universelle des loyers GUL.

69. **B.** En 2007.

70. **C.** Logement d'habitation à loyer modéré.

71. **B.** 25 % des logements sociaux.

72. **B.** 2,4 millions.

73. **C.** Des marchands de sommeil.

74. **A.** Droit au logement opposable.

75. **C.** Au 31 mars.

76. **D.** La loi Duflot.

77. **A.** Tendues.

78. **B.** La CAF.

79. **C.** 4,8 millions d'appartements et de maisons individuelles.

80. **C.** L'Allocation de solidarité aux personnes âgées.

81. **D.** 1 012,02 euros par mois.

82. **B.** 2004.

83. **A.** Aide personnalisée à l'autonomie.

84. B. Le département et la Caisse nationale de solidarité pour l'autonomie (CNSA).

85. C. 64.

86. B. La CRDS.

87. C. 25 jours, avec 4 jours obligatoires à prendre dès la naissance du bébé.

88. C. 6 semaines avant et 16 semaines après la naissance.

89. B. À partir du deuxième enfant et en fonction des revenus.

90. C. Les allocations varient selon le revenu des familles.

91. C. Par le conseil départemental pour la protection administrative et la justice pour la protection judiciaire.

92. D. 1 019,43 €.

93. C. Ouverture d'un livret épargne.

94. B. SOS Méditerranée.

95. A. À cause de la guerre.

96. B. La xénophobie.

97. C. C'est une agence européenne de garde-frontières et de garde-côtes.

98. B. Haut Commissariat aux réfugiés.

99. A. C'est une personne sans patrie.

100. D. Plus de 70 000 réfugiés ukrainiens.

5 Droit et justice

1. Quelle est l'autre appellation de ministre de la Justice ?

- ☐ **A.** Garde des sauts.
- ☐ **B.** Garde des seaux.
- ☐ **C.** Garde des sceaux.
- ☐ **D.** Garde des sots.

2. Avant la dissolution de l'Assemblée nationale, qui était la ou le ministre de la Justice ?

- ☐ **A.** Éric Dupond Moretti.
- ☐ **B.** Christiane Tobira.
- ☐ **C.** Jacques Toubon.
- ☐ **D.** Nicole Belloubet.

3. Quel est le symbole de la justice le plus connu ?

- ☐ **A.** Le coq.
- ☐ **B.** La guillotine.
- ☐ **C.** Marianne.
- ☐ **D.** La balance.

4. Quels sont les centres pénitentiaires les plus surpeuplés ?

- ☐ **A.** Les centrales.
- ☐ **B.** Les établissements pour peines.
- ☐ **C.** Les centres de détention.
- ☐ **D.** Les maisons d'arrêt.

5. Quel est le terme général pour désigner les juges ?

- ☐ **A.** Les magistrats.
- ☐ **B.** La cour.
- ☐ **C.** Le tribunal.
- ☐ **D.** Les juges.

6. Que juge le tribunal civil ?

- ☐ **A.** Les affaires financières.
- ☐ **B.** Les litiges.
- ☐ **C.** Les bagarres.
- ☐ **D.** Les cambriolages.

7. En 2022, le parc pénitentiaire comptait un effectif théorique de 59 765 places. Dans la réalité, combien y a-t-il de détenus ?

- ☐ **A.** 67 320.
- ☐ **B.** 69 450.
- ☐ **C.** 70 367.
- ☐ **D.** 72 836.

8. Quel est le pourcentage de femmes incarcérées ?

- ☐ **A.** 2,7 %.
- ☐ **B.** 3,3 %.
- ☐ **C.** 4,1 %.
- ☐ **D.** 5,2 %.

9. Quelle est la juridiction compétente pour juger les délits ?

- ☐ **A.** Le Tribunal correctionnel.
- ☐ **B.** La Cour de cassation.
- ☐ **C.** La Cour d'appel.
- ☐ **D.** Le Tribunal de grande instance.

10. Quel est le rôle de l'avocat ?

- ☐ **A.** Écrouer son client.
- ☐ **B.** Plaider.
- ☐ **C.** Faire le récit des faits.
- ☐ **D.** Juger le client.

11. L'Observatoire international des prisons (OIP) milite pour :

- ☐ **A.** Le droit à la dignité des détenus.
- ☐ **B.** Le droit au travail pour tous les détenus.
- ☐ **C.** Le droit à la formation pour tous les détenus.
- ☐ **D.** Le droit de vote pour tous les détenus.

12. Que fait le juge d'instruction ?

- ☐ **A.** Il enquête sur l'affaire.
- ☐ **C.** Il plaide.
- ☐ **B.** Il juge avec d'autres juges.
- ☐ **D.** Il anime les débats.

13. Comment dit-on innocenter quelqu'un ?

- ☐ **A.** L'écrouer.
- ☐ **C.** L'incarcérer.
- ☐ **B.** L'acquitter.
- ☐ **D.** Le libérer.

14. Quelle est la juridiction compétente pour juger les viols ?

- ☐ **A.** Le Tribunal de police.
- ☐ **C.** La Cour d'assises.
- ☐ **B.** Le Tribunal correctionnel.
- ☐ **D.** Le Tribunal des litiges.

15. Une condamnation pécuniaire versée au Trésor public est :

- ☐ **A.** Des dommages et intérêts.
- ☐ **C.** Un PV.
- ☐ **B.** Des frais
- ☐ **D.** Une amende.

16. Comment appelle-t-on l'ensemble des avocats attachés à un tribunal de grande instance ?

- ☐ **A.** Le bâtonnier.
- ☐ **C.** Les jurés.
- ☐ **B.** Le barreau.
- ☐ **D.** L'ordre des avocats.

17. Alternatives à la prison : parmi ces propositions, laquelle est fausse ?

- ☐ **A.** Travail d'intérêt général.
- ☐ **C.** Le bracelet électronique.
- ☐ **B.** Suivi en milieu ouvert.
- ☐ **D.** S'acquitter de sa peine en payant.

18. Lequel de ces présidents n'a pas été embarrassé par une affaire ?

- ☐ **A.** Jacques Chirac.
- ☐ **C.** Valéry Giscard d'Estaing.
- ☐ **B.** Nicolas Sarkozy.
- ☐ **D.** François Hollande.

19. Qu'est-ce que la magistrature assise ?

- ☐ **A.** Le public.
- ☐ **B.** Les juges.
- ☐ **C.** Les jurés.
- ☐ **D.** Le greffe.

20. En quelle année la France a été condamnée par la CEDH pour traitements dégradants dans les prisons ?

- ☐ **A.** 2012.
- ☐ **B.** 2013.
- ☐ **C.** 2014.
- ☐ **D.** 2015.

21. Que signifie le sigle CEDH ?

- ☐ **A.** Cour de l'équité des droits de l'homme.
- ☐ **B.** Cour égalitaire des droits de l'homme.
- ☐ **C.** Cour économique des droits de l'homme.
- ☐ **D.** Cour européenne des droits de l'homme.

22. Parmi les mesures de la réforme pénitentiaire, laquelle est incorrecte ?

- ☐ **A.** Disparition du bracelet électronique et du Travail d'intérêt général.
- ☐ **B.** La création de 1 500 postes de CIP.

- ☐ **C.** Création de 7 000 places.
- ☐ **D.** Entre 1 et 6 mois, la peine s'exécutera sous bracelet électronique, dans un centre de semi-liberté ou en placement extérieur.

23. Un procès fermé au public est un :

- ☐ **A.** Non-lieu.
- ☐ **B.** Huis clos.
- ☐ **C.** Jugement.
- ☐ **D.** Délibéré.

24. Un témoignage devant un tribunal est :

- ☐ **A.** Une déposition.
- ☐ **B.** Une plaidoirie.
- ☐ **C.** Une plainte.
- ☐ **D.** Un réquisitoire.

25. Que signifie un verdict ?

- ☐ **A.** La libération de l'accusé.
- ☐ **B.** L'incarcération de l'accusé.
- ☐ **C.** Une décision prise par les jurés.
- ☐ **D.** Une décision prise par les juges à la Cour d'assises.

26. Blanchir l'intéressé de tout soupçon lorsque cette décision devient définitive, on parle d'un :

- ☐ **A.** Libéré.
- ☐ **B.** Condamné.
- ☐ **C.** Non-lieu.
- ☐ **D.** Blanchiment.

27. Le temps consacré par les juges à la rédaction de la décision est un :

- ☐ **A.** Pourvoi.
- ☐ **B.** Délibéré.
- ☐ **C.** Arrêt.
- ☐ **D.** Un temps de jugement.

28. Le glaive est un symbole :

- ☐ **A.** D'une justice équilibrée.
- ☐ **B.** D'une justice qui tranche.
- ☐ **C.** D'une justice forte.
- ☐ **D.** D'une justice impartiale.

29. Dans la mythologie grecque, qui est la déesse de la justice, de l'ordre et de la loi ?

- ☐ **A.** Athéna.
- ☐ **B.** Perséphone.
- ☐ **C.** Thémis.
- ☐ **D.** Héra.

30. La justice française est organisée en deux ordres. Lesquels ?

- ☐ **A.** La justice judiciaire et la justice administrative.
- ☐ **B.** La justice juridictionnelle et la justice administrative.
- ☐ **C.** La justice juridique et la justice administrative.
- ☐ **D.** La justice judiciaire et la justice.

31. En France, quelle est la plus haute autorité administrative ?

- ☐ **A.** Le Comité consultatif national d'éthique.
- ☐ **B.** Le Conseil d'État.
- ☐ **C.** La Cour suprême.
- ☐ **D.** Le Conseil constitutionnel.

32. Quelle est la plus haute autorité judiciaire ?

- ☐ **A.** La Cour d'assises.
- ☐ **B.** La Cour de cassation.
- ☐ **C.** La Cour suprême.
- ☐ **D.** La Cour d'appel.

33. Le ministère de la Justice est également appelé :

- ☐ **A.** Consulat.
- ☐ **B.** Cour de la magistrature.
- ☐ **C.** Chancellerie.
- ☐ **D.** Cour de justice.

34. Afin que les internautes puissent connaître la sécurisation de leurs données sur les sites et réseaux sociaux, la loi du 3 mars 2022 crée :

- ☐ **A.** Un code spécial.
- ☐ **B.** Un cyberscore.
- ☐ **C.** Un nutriscore.
- ☐ **D.** Une cyberpolice.

35. Qui est jugé par la Cour de justice de la République (CJR) ?

- ☐ **A.** Les membres du gouvernement.
- ☐ **B.** Le président du Sénat.
- ☐ **C.** Le Premier ministre.
- ☐ **D.** Le président de l'Assemblée nationale.

36. Quelle est l'unique juridiction pouvant juger le président de la République ?

- ☐ **A.** La Haute Cour.
- ☐ **B.** La Cour de cassation.
- ☐ **C.** La Cour d'appel.
- ☐ **D.** La Cour suprême.

37. Le Défenseur des droits est issu de la fusion :

- ☐ **A.** Du Défenseur des enfants.
- ☐ **B.** De la Halde.
- ☐ **C.** Du préfet.
- ☐ **D.** Du médiateur de la République.

38. L'aide juridictionnelle est :

- ☐ **A.** Une bourse spécifique.
- ☐ **B.** Une allocation pour les mineurs.
- ☐ **C.** Une subvention pour des collectifs d'avocats.
- ☐ **D.** Une prise en charge des frais de justice.

39. À qui est-elle accordée ?

- ☐ **A.** Aux avocats stagiaires.
- ☐ **B.** Aux jeunes majeurs de l'ASE.
- ☐ **C.** Aux personnes qui ont des revenus modestes.
- ☐ **D.** À des associations caritatives.

40. La grâce est un acte :

- ☐ **A.** Du gouvernement.
- ☐ **B.** Du président de la République.
- ☐ **C.** Du Conseil d'État.
- ☐ **D.** Du Parlement.

41. L'amnistie à la différence de la grâce relève de la compétence exclusive :

☐ **A.** Du Parlement.
☐ **B.** Du président de la République.
☐ **C.** Du Conseil d'État.
☐ **D.** Du gouvernement.

42. Un avocat commis d'office est un avocat désigné par :

☐ **A.** Le procureur.
☐ **B.** La police.
☐ **C.** Le bâtonnier.
☐ **D.** La gendarmerie.

43. Loi du 2 mars 2022 vise à renforcer le droit à l'avortement en autorisant l'allongement :

☐ **A.** de 10 à 12 semaines de grossesse du délai de recours à l'IVG.
☐ **B.** de 10 à 13 semaines de grossesse du délai de recours à l'IVG.
☐ **C.** de 10 à 14 semaines de grossesse du délai de recours à l'IVG.
☐ **D.** de 12 à 14 semaines de grossesse du délai de recours à l'IVG.

44. Que signifie l'acronyme SPIP ?

☐ **A.** Suivi pénal d'insertion et de probation.
☐ **B.** Service pénal d'insertion et de probation.
☐ **C.** Service pénitentiaire d'insertion et de probation.
☐ **D.** Suivi pénitentiaire d'insertion et de probation

45. Les juridictions de l'ordre judiciaire sont compétentes :

☐ **A.** Pour régler les litiges, opposant les personnes privées et pour sanctionner les auteurs d'infractions aux lois pénales.
☐ **B.** Pour régler les litiges, opposant les personnes privées à une personne publique.
☐ **C.** Pour régler les infractions opposant les personnes privées à une personne publique.
☐ **D.** Pour des litiges administratifs.

46. Les juridictions de l'ordre administratif sont compétentes dès :

☐ **A.** Qu'un médecin est en cause.
☐ **B.** Qu'une personne publique est en cause.
☐ **C.** Qu'un syndicat est en cause.
☐ **D.** Qu'une association est en cause.

47. Où siège la Cour européenne des droits de l'homme ?

☐ **A.** Strasbourg.
☐ **B.** La Haye.
☐ **C.** Bruxelles.
☐ **D.** Genève.

48. En justice, qu'est-ce que le parquet ?

☐ **A.** Le regroupement des avocats.
☐ **B.** L'organisation des magistrats du ministère public.
☐ **C.** L'organisation de l'ensemble des tribunaux des deux ordres juridictionnels.
☐ **D.** La défense.

49. Quels sont les grands principes de fonctionnement de la justice ?

- ☐ **A.** Égalité, neutralité, gratuité.
- ☐ **B.** Équité, gratuité, impartialité.
- ☐ **C.** Équité, neutralité, gratuité.
- ☐ **D.** Égalité, gratuité, neutralité.

50. En France, les règles communes qui s'imposent forment :

- ☐ **A.** La justice.
- ☐ **B.** Le tribunal.
- ☐ **C.** Le droit.
- ☐ **D.** La législation.

51. Quel texte juridique se situe au sommet de la pyramide et s'impose à toutes les autres règles ?

- ☐ **A.** Les lois.
- ☐ **B.** Les traités européens.
- ☐ **C.** Les traités internationaux.
- ☐ **D.** La constitution.

52. Pouvoir faire appel d'une décision de justice correspond :

- ☐ **A.** Au débat contradictoire.
- ☐ **B.** À l'existence de voies de recours.
- ☐ **C.** Aux droits de la défense.
- ☐ **D.** À la présomption d'innocence.

53. Quelle juridiction s'occupe des infractions les plus graves ?

- ☐ **A.** Le Conseil des prud'hommes.
- ☐ **B.** Le Tribunal pour enfants.
- ☐ **C.** La Cour d'assises.
- ☐ **D.** Le Tribunal correctionnel.

54. Le Code civil date du :

- ☐ **A.** 21 mars 1788.
- ☐ **B.** 21 mars 1804.
- ☐ **C.** 21 mars 1810.
- ☐ **D.** 21 mars 1848.

55. Le Code pénal est entré en vigueur le :

- ☐ **A.** 1er mars 1975 pour remplacer le Code pénal de 1810.
- ☐ **B.** 1er mars 1981 pour remplacer le Code pénal de 1810.
- ☐ **C.** 1er mars 1994 pour remplacer le Code pénal de 1810.
- ☐ **D.** 1er mars 1999 pour remplacer le Code pénal de 1810.

56. Qu'est-ce qu'un bâtonnier ?

- ☐ **A.** Un juge élu par ses confrères pour représenter l'Ordre.
- ☐ **B.** Un avocat élu par ses confrères pour représenter l'Ordre.
- ☐ **C.** Un greffier élu par ses confrères pour représenter l'Ordre.
- ☐ **D.** Un notaire élu par ses confrères pour représenter l'Ordre.

57. Qui a été la première femme avocat à plaider en France ?

- ☐ **A.** Jeanne Chauvin.
- ☐ **B.** Olga Petit.
- ☐ **C.** George Sand.
- ☐ **D.** Giselle Halimi.

58. Qui furent les avocats d'Alfred Dreyfus ?

- ☐ **A.** Christiane Giletti et Lef Forster.
- ☐ **B.** Edgar Demange et Fernand Labori.

☐ **C.** Adolphe Thiers et Louis Lepine.

☐ **D.** Éric Dupond Moretti et Giselle Halimi.

59. À quelle date la peine de mort a-t-elle été abolie ?

☐ **A.** 14 juillet 1789.
☐ **B.** 30 mai 1968.
☐ **C.** 18 septembre 1981.
☐ **D.** 20 août 1985.

60. Comment sont appelées les lois de l'Union européenne ?

☐ **A.** Les lois européennes.
☐ **B.** Les directives.
☐ **C.** Les actes juridiques.
☐ **D.** Les traités.

61. À quel principe de la justice correspond cette affirmation : « toute personne soupçonnée d'avoir commis une infraction est considérée comme innocente tant qu'elle n'a pas été reconnue coupable » ?

☐ **A.** Les droits de la défense.
☐ **B.** Les voies de recours.
☐ **C.** Le débat contradictoire.
☐ **D.** La présomption d'innocence.

62. À quel principe de la justice correspond cette affirmation : « chacun peut s'exprimer lors d'un procès et a le droit de connaître les arguments de son adversaire » ?

☐ **A.** Le débat contradictoire.
☐ **B.** Les voies de recours.
☐ **C.** La présomption d'innocence.
☐ **D.** Les droits de la défense.

63. Marthe Richard était la femme qui a donné son nom à :

☐ **A.** La loi sur le divorce pour consentement mutuel.

☐ **B.** La loi sur le divorce pour faute.

☐ **C.** La loi dépénalisant l'avortement.

☐ **D.** La femme qui a donné son nom à la loi sur la fermeture des maisons closes.

64. Le serment que prête l'avocat est : « je jure comme avocat d'exercer mes fonctions avec dignité, conscience, indépendance, probité et… » ?

☐ **A.** Humanité. ☐ **B.** Fraternité. ☐ **C.** Sororité. ☐ **D.** Égalité.

65. Quel président a gracié Jaqueline Sauvage ?

☐ **A.** François Hollande.
☐ **B.** Emmanuel macron.
☐ **C.** Jacques Chirac.
☐ **D.** Nicolas Sarkosy.

66. Quels sont les différents types d'infractions pénales ?

☐ **A.** Les contraventions.
☐ **B.** Les délits.
☐ **C.** Le vandalisme.
☐ **D.** Les crimes.

67. Lequel de ces ministres n'a jamais été garde des sceaux ?

☐ **A.** Michel Mercier.
☐ **B.** Jean-Jacques Urvoas.
☐ **C.** François Bayrou.
☐ **D.** Philippe Douste -Blazy.

68. La loi du 28 février 2023 crée une aide universelle d'urgence pour les victimes de :

☐ **A.** Racket.
☐ **B.** Violences conjugales.
☐ **C.** Harcèlement scolaire.
☐ **D.** Terrorisme.

69. Quelle branche du droit concerne le droit public ?

☐ **A.** Le droit administratif.
☐ **B.** Le droit civil.
☐ **C.** Le droit du travail.
☐ **D.** Le droit commercial.

70. De quels tribunaux relèvent les litiges entre salariés et employeurs ?

☐ **A.** Les tribunaux d'instance.
☐ **B.** Les prud'hommes.
☐ **C.** Les tribunaux de commerce.
☐ **D.** Les tribunaux de grande instance.

71. Aux côtés de l'ordre judiciaire et de l'ordre administratif, quel est le troisième ordre juridictionnel ?

☐ **A.** L'ordre social.
☐ **B.** L'ordre policier.
☐ **C.** L'ordre constitutionnel.
☐ **D.** L'ordre étatique.

72. Sous quelle tutelle travaillent les procureurs de la République ?

☐ **A.** Juges d'instruction.
☐ **B.** Procureur général.
☐ **C.** Le syndicat de la magistrature.
☐ **D.** Ministère de la Justice.

73. Quelle responsabilité est mise en œuvre lorsque quelqu'un provoque un accident ?

☐ **A.** La responsabilité civile.
☐ **B.** La responsabilité pénale.
☐ **C.** La responsabilité personnelle.
☐ **D.** La responsabilité professionnelle.

74. Qui tient les registres, prépare les dossiers, prend des notes lors des débats aux procès :

☐ **A.** Les juges.
☐ **B.** Les greffiers.
☐ **C.** Les assistants.
☐ **D.** Les avocats.

75. Ils sont les professionnels désignés par les magistrats et donnent des avis techniques. Ce sont des :

☐ **A.** Juges. ☐ **B.** Assistants. ☐ **C.** Experts. ☐ **D.** Avocats.

76. Avant 1789, la justice en France :

☐ **A.** Reposait sur l'égalité.
☐ **B.** Était basée sur un système inégalitaire.
☐ **C.** Était gratuite.
☐ **D.** Était juste et au service de tous.

77. Quels tribunaux dépendent de la justice pénale ?

☐ **A.** Tribunal de police.
☐ **B.** Tribunal d'instance.
☐ **C.** Tribunal administratif.
☐ **D.** Tribunal correctionnel.

78. Quel code met en place la justice en France ?

- ☐ **A.** Code de l'organisation de la justice.
- ☐ **B.** Code de l'organisation judiciaire.
- ☐ **C.** Code de l'organisation judiciaire française.
- ☐ **D.** Code de l'organisation de la justice française.

79. Cochez dans l'ordre et respectivement, la juridiction compétente pour les contraventions, les délits puis les crimes.

- ☐ **A.** Le Tribunal de police, le Tribunal de correction et la Cour d'assises.
- ☐ **B.** Le Tribunal de contravention, le Tribunal de correction et la Cour criminelle.
- ☐ **C.** Le Tribunal de police, le Tribunal correctionnel et la Cour d'assises.
- ☐ **D.** Le Tribunal de police, le Tribunal correctionnel et la Chambre criminelle.

80. Quels types de juridiction n'existent pas ?

- ☐ **A.** Les juridictions militaires.
- ☐ **B.** Les juridictions maritimes.
- ☐ **C.** Les juridictions des mineurs.
- ☐ **D.** Les juridictions parlementaires.

81. Selon l'article L111-3 du COJ, la justice doit être rendue :

- ☐ **A.** De manière publique.
- ☐ **B.** De la plus juste des manières.
- ☐ **C.** Selon un délai raisonnable.
- ☐ **D.** En se basant sur les principes constitutionnels.

82. Combien de chambres comporte la Cour de cassation ?

- ☐ **A.** 2.
- ☐ **B.** 4.
- ☐ **C.** 6.
- ☐ **D.** 8.

83. Qui compose la cour d'assises ?

- ☐ **A.** 2 juges (1 président et 1 assesseur) et 6 jurés.
- ☐ **B.** 2 juges (1 président et 1 assesseur) et 8 jurés.
- ☐ **C.** 3 juges (1 président et 2 assesseurs) et 6 jurés.
- ☐ **D.** 4 juges (1 président et 3 assesseurs) et 8 jurés.

84. Quelle voie de recours n'existe pas ?

- ☐ **A.** L'opposition.
- ☐ **B.** Le recours en révision.
- ☐ **C.** La tierce opposition.
- ☐ **D.** L'apposition.

85. Qui conduit les débats lors des procès, tranche les conflits et juge les personnes soupçonnées d'une infraction ?

- ☐ **A.** Les avocats.
- ☐ **B.** Les assistants.
- ☐ **C.** Les juges.
- ☐ **D.** Les greffiers.

86. Les jurés sont :

- ☐ **A.** De simples citoyens tirés au sort sur les listes électorales.
- ☐ **B.** De simples citoyens tirés au sort sur les listes prud'homales.
- ☐ **C.** Des auxiliaires de justice.
- ☐ **D.** Des avocats stagiaires.

87. Avec la nouvelle réforme de 2020, et la mise en place du Tribunal judiciaire (TGI + TI), l'appel sera désormais possible à partir de :

- ☐ **A.** 4 000 €.
- ☐ **B.** 5 000 €.
- ☐ **C.** 6 000 €.
- ☐ **D.** 10 000 €.

88. Quel code n'existe pas ?

- ☐ **A.** Code de procédure judiciaire.
- ☐ **B.** Code de l'organisation judiciaire.
- ☐ **C.** Code de procédure pénale.
- ☐ **D.** Code de procédure civile.

89. Quelle est la durée moyenne d'une affaire ?

- ☐ **A.** 3 mois.
- ☐ **B.** 6 mois.
- ☐ **C.** 8 mois.
- ☐ **D.** 13 mois.

90. En quelle année l'école nationale de la magistrature a été créée ?

- ☐ **A.** 1936.
- ☐ **B.** 1945.
- ☐ **C.** 1958.
- ☐ **D.** 1962.

91. Qui était garde des sceaux quand la loi sur le mariage pour tous a été votée ?

- ☐ **A.** François Bayrou.
- ☐ **B.** Jean-Jacques Urvoas.
- ☐ **C.** Michel Mercier.
- ☐ **D.** Christiane Taubira.

92. Le conseil des prud'hommes est chargé :

- ☐ **A.** Des conflits de la famille.
- ☐ **B.** Des conflits du travail.
- ☐ **C.** Des conflits administratifs.
- ☐ **D.** Des conflits commerciaux.

93. Que signifie le sigle JAF ?

- ☐ **A.** Juge aux affaires familiales.
- ☐ **B.** Juge aux affaires financières.
- ☐ **C.** Juge aux affaires fiduciaires.
- ☐ **D.** Juge aux affaires frontalières.

94. Le JAF est un magistrat qui n'est pas chargé de statuer sur :

- ☐ **A.** Le mariage.
- ☐ **B.** Le divorce.
- ☐ **C.** Les nuisances sonores.
- ☐ **D.** L'autorité parentale.

95. Robert Badinter porte le projet de loi sur l'abolition de la peine de mort à quel titre ?

- ☐ **A.** Il est Premier ministre.
- ☐ **B.** Il est ministre de la Justice.
- ☐ **C.** Il est avocat.
- ☐ **D.** Il est député.

96. Où est situé le palais de justice de Paris ?

- ☐ **A.** Dans le 1er arrondissement de la capitale.
- ☐ **B.** Dans le 7e arrondissement de la capitale.
- ☐ **C.** Dans le 14e arrondissement de la capitale.
- ☐ **D.** Dans le 16e arrondissement de la capitale.

97. Au 1er janvier 2020, combien la France comptait de centres de détention ?

- ☐ **A.** 158.
- ☐ **B.** 176.
- ☐ **C.** 187.
- ☐ **D.** 195.

98. Que signifie le sigle PJJ ?

- ☐ **A.** Police juridique de la jeunesse.
- ☐ **B.** Protection judiciaire de la jeunesse.
- ☐ **C.** Protection juridique de la jeunesse.
- ☐ **D.** Police judiciaire de la jeunesse.

99. Depuis quelle année, la grâce présidentielle est-elle individuelle ?

- ☐ **A.** 1995.
- ☐ **B.** 2002.
- ☐ **C.** 2008.
- ☐ **D.** 2010.

100. Parmi ces présidents, lequel a utilisé le moins la grâce présidentielle ?

- ☐ **A.** F. Hollande.
- ☐ **B.** N. Sarkosy.
- ☐ **C.** J. Chirac.
- ☐ **D.** F. Mitterrand.

Corrigé

1. **C.** Garde des sceaux.
2. **A.** Éric Dupond Moretti.
3. **D.** La balance et le glaive.
4. **D.** Les maisons d'arrêt.
5. **A.** Les magistrats.
6. **B.** Les litiges.
7. **D.** 72 836.
8. **B.** 3,3 %.
9. **A.** Le Tribunal correctionnel.
10. **B.** Plaider.
11. **A.** Le droit à la dignité des détenus.
12. **A.** Il enquête sur l'affaire.
13. **B.** L'acquitter.
14. **C.** La Cour d'assises.
15. **D.** Une amende.
16. **B.** Le barreau.
17. **D.** S'acquitter de sa peine en payant.
18. **D.** François Hollande.
19. **B.** Les juges.
20. **B.** 2013.
21. **D.** Cour européenne des droits de l'homme.
22. **A.** Disparition du bracelet électronique et du Travail d'intérêt général.
23. **B.** Huis clos.
24. **A.** Une déposition.
25. **D.** Une décision prise par les juges à la Cour d'assises.
26. **C.** Non-lieu.
27. **B.** Délibéré.
28. **B.** D'une justice qui tranche.
29. **C.** Thémis.
30. **A.** La justice judiciaire et la justice administrative.
31. **B.** Le conseil d'État.
32. **B.** La Cour de cassation.
33. **C.** Chancellerie.
34. **B.** Un cyberscore.
35. **A.** Les membres du gouvernement.
36. **A.** La Haute Cour.
37. **B.** De la Halde.

38. **D.** Une prise en charge des frais de justice.
39. **C.** Aux personnes qui ont des revenus modestes.
40. **B.** Du président de la République.
41. **A.** Du Parlement.
42. **C.** Le bâtonnier.
43. **D.** de 12 à 14 semaines de grossesse du délai de recours à l'IVG.
44. **C.** Service pénitentiaire d'insertion et de probation.
45. **A.** Pour régler les litiges, opposant les personnes privées et pour sanctionner les auteurs d'infractions aux lois pénales.
46. **B.** Qu'une personne publique est en cause.
47. **A.** Strasbourg.
48. **B.** L'organisation des magistrats du ministère public.
49. **D.** Égalité, gratuité, neutralité.
50. **C.** Le droit.
51. **D.** La constitution.
52. **B.** À l'existence de voies de recours.
53. **C.** La Cour d'assises.
54. **B.** 21 mars 1804.
55. **C.** 1er mars 1994 pour remplacer le Code pénal de 1810.
56. **B.** Un avocat élu par ses confrères pour représenter l'Ordre.
57. **A.** Jeanne Chauvin.
58. **B.** Edgar Demange et Fernand Labori.
59. **C.** 18 septembre 1981.
60. **B.** Les directives.
61. **D.** La présomption d'innocence.
62. **A.** Le débat contradictoire.
63. **D.** La femme qui a donné son nom à la loi sur la fermeture des maisons closes.
64. **A.** Humanité.
65. **A.** François Hollande.
66. Toutes sauf la C.
67. **D.** Philippe Douste-Blazy.
68. **B.** Violences conjugales.
69. **A.** Le droit administratif.
70. **B.** Les prud'hommes.
71. **C.** L'ordre constitutionnel.
72. **D.** Ministère de la Justice.
73. **A.** La responsabilité civile.
74. **B.** Les greffiers.
75. **C.** Experts.
76. **B.** Était basée sur un système inégalitaire.
77. **D.** Tribunal correctionnel.
78. **B.** Code de l'organisation judiciaire.
79. **C.** Le Tribunal de police, le Tribunal correctionnel et la Cour d'assises.
80. **D.** Les juridictions parlementaires.
81. **C.** Selon un délai raisonnable.
82. **C.** 6.
83. **C.** 3 juges (1 président et 2 assesseurs) et 6 jurés.
84. **D.** L'apposition.
85. **C.** Les juges.
86. **A.** De simples citoyens tirés au sort sur les listes électorales.
87. **B.** 5 000 €.
88. **A.** Code de procédure judiciaire.
89. **D.** 13 mois.
90. **C.** 1958.
91. **D.** Christiane Taubira.
92. **B.** Des conflits du travail.
93. **A.** Juge aux affaires familiales.
94. **C.** Les nuisances sonores.
95. **B.** Il est ministre de la Justice.
96. **A.** Dans le 1er arrondissement de la capitale.
97. **C.** 187.
98. **B.** Protection judiciaire de la jeunesse.
99. **C.** 2008.
100. **A.** F. Hollande.

5 Société

1 Sociologie et questions de société

1. La sociologie c'est :
- ☐ **A.** Le fait de rechercher son semblable dans le groupe social auquel on appartient.
- ☐ **B.** Une organisation de sociologues.
- ☐ **C.** Le fait d'appartenir à une communauté.
- ☐ **D.** L'étude des faits sociaux et des liens de causes à effets.

2. Lequel est précurseur de la sociologie ?
- ☐ **A.** Raymond Aron.
- ☐ **B.** Alexis de Tocqueville.
- ☐ **C.** Max Weber.
- ☐ **D.** Auguste comte.

3. Quel philosophe considère-t-on comme le premier à avoir entrepris une démarche se rapprochant de la sociologie ?
- ☐ **A.** Descartes.
- ☐ **B.** Jean-Jacques Rousseau.
- ☐ **C.** Montesquieu.
- ☐ **D.** Thomas Hobbes.

4. Qui est le père fondateur de la sociologie en tant que discipline scientifique ?
- ☐ **A.** Karl Marx.
- ☐ **B.** Émile Durkheim.
- ☐ **C.** Max Weber.
- ☐ **D.** Raymond Aron.

5. Quels points méthodologiques ce père fondateur préconise-t-il ?
- ☐ **A.** Observer, comprendre, analyser, synthétiser puis expliquer.
- ☐ **B.** Comprendre les interactions entre individus.
- ☐ **C.** Éviter un jugement normatif et comprendre les faits par des statistiques.
- ☐ **D.** Être neutre, définir l'objet de recherche, utiliser une méthode comparative et expliquer le social par le social.

6. Qu'est-ce que l'habitus ?
- ☐ **A.** Le fait de projeter constamment sur l'autre.
- ☐ **B.** Le fait de ressasser le passé.
- ☐ **C.** Le fait de ne pas être dans la répétition.
- ☐ **D.** Le conditionnement qui reproduit mécaniquement ce qu'on a appris, acquis.

7. L'ensemble des changements induits dans une culture par le contact avec une autre dans un rapport de domination, c'est :
- ☐ **A.** Une contre-culture.
- ☐ **B.** Une sous-culture.
- ☐ **C.** Une acculturation.
- ☐ **D.** Un syncrétisme.

8. Selon Marx, les deux valeurs centrales du capitalisme sont :

- ☐ **A.** La main d'œuvre peu coûteuse et la production.
- ☐ **B.** La concurrence et le profit.
- ☐ **C.** Le productivisme et stakhanovisme.
- ☐ **D.** La bourgeoisie et le prolétariat.

9. Quel est le capital le plus important aux yeux de Bourdieu ?

- ☐ **A.** Le capital culturel.
- ☐ **B.** Le capital social.
- ☐ **C.** Le capital économique.
- ☐ **D.** Le capital environnemental.

10. Qui sont les inspirateurs de Bourdieu ?

- ☐ **A.** Mendras et Tocqueville.
- ☐ **B.** Marx, Weber et Durkheim.
- ☐ **C.** Aron et Touraine.
- ☐ **D.** Smith, Keynes, Schumpeter.

11. Les œuvres de Bourdieu sont dominées par les concepts de :

- ☐ **A.** Domination et reproduction sociale.
- ☐ **B.** Justice sociale et travail.
- ☐ **C.** Égalité et justice.
- ☐ **D.** Inné et acquis.

12. Les théories de Bourdieu sont opposées à celles de :

- ☐ **A.** Émile Durkheim.
- ☐ **B.** Raymond Boudon.
- ☐ **C.** Alain Touraine.
- ☐ **D.** Max Weber.

13. Dans quel livre Pierre Bourdieu montre l'existence, dans la société, de sous-groupes différents face à la culture ?

- ☐ **A.** *La reproduction.*
- ☐ **B.** *Les héritiers.*
- ☐ **C.** *La misère du monde.*
- ☐ **D.** *Quand l'intelligence entrait enfin en politique !*

14. En quelle année est publié *La domination masculine* ?

- ☐ **A.** 1981.
- ☐ **B.** 1988.
- ☐ **C.** 1996.
- ☐ **D.** 1998.

15. Quel sociologue était le chef de file de l'individualisme méthodologique en France ?

- ☐ **A.** Alain Touraine.
- ☐ **B.** Max Weber.
- ☐ **C.** Émile Durkheim.
- ☐ **D.** Raymond Boudon.

16. Les théories sociologiques tentent d'expliquer les phénomènes et comportements sociaux. Parmi elles, deux points de vue sont souvent opposés, laquelle est définie par Émile Durkheim ?

- ☐ **A.** Le paradigme holistique ou structuraliste.
- ☐ **B.** Le paradigme de l'action individuelle.
- ☐ **C.** Le paradigme scientifique.
- ☐ **D.** Le paradigme linguistique.

17. Quel est le titre du livre écrit par Emile Durkheim en 1895 ?

- ▢ **A.** *La guerre civile en France.*
- ▢ **B.** *Règles de la méthode sociologique.*
- ▢ **C.** *La Méthode.*
- ▢ **D.** *7 savoirs nécessaires à l'éducation du futur.*

18. Quels sont, d'après Émile Durkheim, les quatre types de suicide ?

- ▢ **A.** Suicide fataliste, égoïste, altruiste et anomique.
- ▢ **B.** Suicide pathologique, égoïste, surmoïque et anomique
- ▢ **C.** Suicide préconscient, conscient, inconscient et pathologique.
- ▢ **D.** Suicide pathologique, fataliste, désespéré et anomique.

19. Quelle est la cause du suicide social ?

- ▢ **A.** L'état psychique des suicidés
- ▢ **B.** Une situation financière difficile.
- ▢ **C.** On ne peut pas connaître la cause du suicide car on ne peut pas savoir les intentions des individus.
- ▢ **D.** Un problème d'institution moral et donc d'encadrement et de régulation de la société.

20. En quoi consiste la sociologie « compréhensive » de Max Weber ?

- ▢ **A.** Compréhension des interactions entre individus.
- ▢ **B.** Explication du social par le social.
- ▢ **C.** Compréhension, interprétation et explication du fait social.
- ▢ **D.** Compréhension de la société à partir de son ensemble.

21. Qu'est-ce que l'action sociale selon Weber ?

- ▢ **A.** Une action en rapport avec la société.
- ▢ **B.** Une activité orientée d'un individu par rapport à autrui.
- ▢ **C.** Toute action résultant de la prise de décision collective des individus qui forment la société.
- ▢ **D.** L'ensemble des décisions individuelles.

22. Qu'est-ce qui oppose Weber et Durkheim au niveau méthodologique ?

- ▢ **A.** L'individualisme méthodologique, l'holisme.
- ▢ **B.** Weber a une approche ethno-méthodologique tandis que Durkheim propose une analyse structuraliste.
- ▢ **C.** Weber prône une méthode abstraite tandis que Durkheim propose une méthode plus concrète.
- ▢ **D.** Aucune des trois propositions.

23. Selon Karl Marx, par quoi est déterminée l'organisation sociale ?

- ☐ **A.** Par l'ensemble des individus qui la compose.
- ☐ **B.** Par l'organisation politique.
- ☐ **C.** Par le capitalisme.
- ☐ **D.** Par l'organisation économique.

24. Qui est l'auteur d'un ouvrage intitulé « Le conflit » paru en 1908 ?

- ☐ **A.** Gabriel Tarde.
- ☐ **B.** Frédéric Le Play.
- ☐ **C.** Georg Simmel.
- ☐ **D.** Gustave Le Bon.

25. Quelle est la dernière publication parue en mars 2022 du sociologue Edgar Morin ?

- ☐ **A.** La Méthode.
- ☐ **B.** 7 savoirs nécessaires à l'éducation du futur.
- ☐ **C.** Réveillons-nous !
- ☐ **D.** Leçons d'un siècle de vie.

26. Pour Claude Lévi-Strauss, quel phénomène fait passer de la nature à la culture ?

- ☐ **A.** L'instruction.
- ☐ **B.** Le langage.
- ☐ **C.** L'éducation.
- ☐ **D.** L'interdit de l'inceste.

27. Michel Crozier et Erhard Friedberg proposent une méthode empirique pour comprendre :

- ☐ **A.** Le fonctionnement des organisations.
- ☐ **B.** Le fonctionnement des individus.
- ☐ **C.** Le fonctionnement des sociétés matriarcales.
- ☐ **D.** Le fonctionnement des groupes.

28. Qui a écrit le livre *Sociologie de la communication et des médias*, paru en 2015 ?

- ☐ **A.** Éric Maigret.
- ☐ **B.** François de Singly.
- ☐ **C.** Max Weber.
- ☐ **D.** Edgar Morin.

29. Le terme de sociologie a été « inventé » en 1838 par :

- ☐ **A.** Montesquieu.
- ☐ **B.** Auguste Comte.
- ☐ **C.** Raymond Aron.
- ☐ **D.** Karl Marx.

30. Quel est le titre du livre écrit par Karl Marx en 1867 ?

- ☐ **A.** *Le Capital.*
- ☐ **B.** *Manifeste du parti communiste.*
- ☐ **C.** *Les Luttes de classes en France.*
- ☐ **D.** *La guerre civile en France.*

31. Quel est l'auteur de Sociologie de la famille contemporaine ?

- ☐ **A.** Emile Durkheim.
- ☐ **B.** Edgar Morin.
- ☐ **C.** Éric Maigret.
- ☐ **D.** François de Singly.

32. Quel est le coût de la dépendance en France ?

- ☐ **A.** 15 milliards d'euros par an.
- ☐ **B.** 20 milliards d'euros par an.
- ☐ **C.** 25 milliards d'euros par an.
- ☐ **D.** 30 milliards d'euros par an.

33. En 2030, lesquels seront plus nombreux que les moins de 20 ans ?

- ☐ **A.** Les plus de 55 ans.
- ☐ **B.** Les plus de 60 ans.
- ☐ **C.** Les plus de 65 ans.
- ☐ **D.** Les plus de 70 ans.

34. La prise en charge du grand âge et de son financement, représente :

☐ **A.** 60 % des dépenses de protection sociale.

☐ **B.** 65 % des dépenses de protection sociale.

☐ **C.** 70 % des dépenses de protection sociale.

☐ **D.** 75 % des dépenses de protection sociale.

35. 80 plaintes ont été déposées, pour maltraitances et négligences, contre quel groupe leader européen des maisons de retraite ?

☐ **A.** Korian. ☐ **B.** Orpea. ☐ **C.** Colisée. ☐ **D.** Medica.

36. Quel est l'auteur de l'essai *Les fossoyeurs* ?

☐ **A.** Jérôme Fourquet.

☐ **B.** Victor Castanet.

☐ **C.** Nicolas Baverez.

☐ **D.** Pierre Rosanvallon.

37. Le pacte civil de solidarité (Pacs), a été créé en :

☐ **A.** 1990. ☐ **B.** 1999. ☐ **C.** 2001. ☐ **D.** 2005.

38. Depuis quand date la loi ouvrant le mariage aux couples de personnes de même sexe ?

☐ **A.** Mai 2011. ☐ **B.** Mai 2012. ☐ **C.** Mai 2013. ☐ **D.** Mai 2014.

39. La loi du 2 août 2021 relative à la bioéthique (2 réponses) :

☐ **A.** Élargit la PMA à toutes les femmes.

☐ **B.** Donne de nouveaux droits pour les enfants nés d'une PMA.

☐ **C.** Autorise l'euthanasie sous certaines conditions.

☐ **D.** Autorise l'IVG jusqu'à 15 semaines.

40. Combien de femmes dans le monde sont agressées physiquement et/ou sexuellement au cours de leur vie ?

☐ **A.** 1/3. ☐ **B.** 1/7. ☐ **C.** 1/12. ☐ **D.** 1/15.

41. Combien y a-t-il eu de féminicides en France en 2023 ?

☐ **A.** 98. ☐ **B.** 103. ☐ **C.** 134. ☐ **D.** 147.

42. Quel est le mouvement social encourageant la prise de parole des femmes, afin de faire savoir que le viol et les agressions sexuelles sont plus courants que ce qui est souvent supposé ?

☐ **A.** Le mouvement #aimesanshaine.

☐ **B.** Le mouvement #Droit à la parole.

☐ **C.** Le mouvement #mavachou.

☐ **D.** Le mouvement #MeToo.

43. France 2 a diffusé le documentaire *PPDA : la chute d'un intouchable.* De quoi est-il accusé ?

☐ **A.** Inceste.

☐ **B.** Malversation financière.

☐ **C.** Maltraitance.

☐ **D.** Viol, agressions sexuelles et harcèlement sexuel.

44. En moyenne, le salaire des femmes en équivalent temps plein (EQTP) est inférieur à celui des hommes de :

- ☐ **A.** 9 %.
- ☐ **B.** 14 %.
- ☐ **C.** 16,5 %.
- ☐ **D.** 24,5 %.

45. Que signifie le sigle CSEP ?

- ☐ **A.** Comité supérieur de l'égalité professionnelle entre les femmes et les hommes.
- ☐ **B.** Conseil supérieur de l'égalité professionnelle entre les femmes et les hommes.
- ☐ **C.** Commission supérieure de l'égalité professionnelle entre les femmes et les hommes.
- ☐ **D.** Colloque supérieur de l'égalité professionnelle entre les femmes et les hommes.

46. Quel est le nom de cette femme, considérée comme l'une des pionnières du féminisme français, auteure notamment de la Déclaration des droits de la femme et de la citoyenne, et guillotinée en 1793 ?

- ☐ **A.** Marie-Antoinette.
- ☐ **B.** Georges Sand.
- ☐ **C.** Charlotte de Rutant.
- ☐ **D.** Olympe de Gouges.

47. Qui sont les Femen ?

- ☐ **A.** Un groupe djihadiste.
- ☐ **B.** Un groupe féministe.
- ☐ **C.** Un groupe d'extrême droite.
- ☐ **D.** Un groupe écologiste.

48. Loi instituant le divorce par consentement mutuel date de :

- ☐ **A.** 1968.
- ☐ **B.** 1970.
- ☐ **C.** 1975.
- ☐ **D.** 1977.

49. La femme peut exercer une activité professionnelle et ouvrir un compte en banque :

- ☐ **A.** Sans l'autorisation de son mari depuis 1947.
- ☐ **B.** Sans l'autorisation de son mari depuis 1958.
- ☐ **C.** Sans l'autorisation de son mari depuis 1962.
- ☐ **D.** Sans l'autorisation de son mari depuis 1965.

50. Le 24 juin 2022, la Cour Suprême des États-Unis a décidé de révoquer l'arrêt Roe vs Wade qui, depuis 1973, accordait le droit :

- ☐ **A.** Au mariage homosexuel.
- ☐ **B.** À l'avortement.
- ☐ **C.** De fumer du cannabis.
- ☐ **D.** À l'euthanasie.

51. Combien y a-t-il de personnes mal logées en France en 2023 ?

- ☐ **A.** 1,5 million.
- ☐ **B.** 2 millions.
- ☐ **C.** 3 millions.
- ☐ **D.** 4,1 millions.

52. En quelle année la première marche pour le climat a-t-elle eu lieu ?

- ☐ **A.** Le 21 mars 2012.
- ☐ **B.** Le 21 avril 2013.
- ☐ **C.** Le 21 septembre 2014.
- ☐ **D.** Le 21 mai 2015.

53. Quel est le nom de l'organisation altermondialiste créée en France en 1998 ?

- ☐ **A.** Attac.
- ☐ **B.** Greenpeace.
- ☐ **C.** SOS Racisme.
- ☐ **D.** Fondation Nicolas Hulot.

54. Quelle stratégie énergétique Emmanuel Macron entend mettre en œuvre pour atteindre la neutralité carbone ?

- ☐ **A.** Elle repose sur une relance massive du nucléaire en France.
- ☐ **B.** Elle repose sur un arrêt massif du nucléaire en France.
- ☐ **C.** Elle repose sur la réouverture de mines de charbon.
- ☐ **D.** Elle repose sur un consensus avec l'Europe.

55. Quel est le nom de l'association regroupant une école des droits de la nature et un laboratoire d'actions pour la protection de la planète ?

- ☐ **A.** Montagne d'or.
- ☐ **B.** Wild Legal.
- ☐ **C.** SOS Climat.
- ☐ **D.** Sauvons la planète.

56. Laurence Bertrand Dorléac, est auteure de :

- ☐ **A.** *Un ours dans la tête, Greta Thunberg.*
- ☐ **B.** *Une militante, Greta Thunberg.*
- ☐ **C.** *La planète en tête, Greta Thunberg.*
- ☐ **D.** *L'avenir en tête, Greta Thunberg.*

57. Qui a publié *Devenir gardiens de la nature. Pour la défense du vivant et des générations futures* ?

- ☐ **A.** Eva Joly.
- ☐ **B.** Yannick Jadot.
- ☐ **C.** Marine Calmet.
- ☐ **D.** Nicolat Hulot.

58. Combien de personnes sont menacées de devenir des réfugiés climatiques faute d'eau disponible ou d'une production agricole suffisante à l'horizon 2050, selon la Banque mondiale ?

- ☐ **A.** 75 millions.
- ☐ **B.** 98 millions.
- ☐ **C.** 156 millions.
- ☐ **D.** 216 millions.

59. Quel est le titre de l'essai de Stéphane Hessel publié en 2010 ?

- ☐ **A.** *Réveillons-nous !*
- ☐ **B.** *Indignez-vous !*
- ☐ **C.** *Soyez responsable !*
- ☐ **D.** *Secouez-vous !*

60. Qui a popularisé le concept de résilience ?

- ☐ **A.** Le psychiatre Ronald Laing.
- ☐ **B.** Le neuropsychiatre Boris Cyrulnik.
- ☐ **C.** Le psychiatre et psychanalyse Jacques Lacan
- ☐ **D.** Le pédopsychiatre Marcel Rufo.

61. Dans quel pays, les premières doses de vaccin à ARN messager contre le VIH ont été administrées sur des humains en janvier 2022 ?

- ☐ **A.** États-Unis.
- ☐ **B.** France.
- ☐ **C.** Royaume-Uni.
- ☐ **D.** Pays-Bas.

62. Chaque année, en France, environ combien de personnes découvrent leur séropositivité ?

- ☐ **A.** 2 000 personnes.
- ☐ **B.** 3 000 personnes.
- ☐ **C.** 4 000 personnes.
- ☐ **D.** 5 000 personnes.

63. La vaccination contre les infections liées aux papillomavirus humains (HPV) prévient :

- ☐ **A.** Le cancer du cerveau.
- ☐ **B.** Le cancer des poumons.
- ☐ **C.** Le cancer du col de l'utérus.
- ☐ **D.** Le cancer colorectal.

64. Le 25 janvier 2022, la loi d'interdiction des thérapies de conversion est définitivement adoptée, inscrivant dans le Code pénal un délit spécifique, passible de :

- ☐ **A.** 6 mois d'emprisonnement et de 30 000 € d'amende.
- ☐ **B.** 1 an d'emprisonnement et de 30 000 € d'amende.
- ☐ **C.** 2 ans d'emprisonnement et de 30 000 € d'amende.
- ☐ **D.** 3 ans d'emprisonnement et de 30 000 € d'amende.

65. La véritable crise de l'hôpital serait « structurelle » selon le médecin urgentiste Gérald Kierzek. Pour quelles raisons ?

- ☐ **A.** Agressions sexuelles.
- ☐ **B.** Perte d'attractivité, pénurie de médecins, absentéisme.
- ☐ **C.** Absentéisme pour harcèlement.
- ☐ **D.** Harcèlement moral et psychologique.

66. Quel est le motif des violences urbaines survenues du 27 juin au 5 juillet 2023 ?

- ☐ **A.** La mort de Nahel, 17 ans, tué par un policier à Nanterre lors d'un contrôle routier.
- ☐ **B.** La fin de la police de proximité.
- ☐ **C.** La haine de la police.
- ☐ **D.** La ghettoïsation.

67. Pour surveiller les manifestations du 1er mai, plusieurs préfets ont pris des arrêtés :

- ☐ **A.** Pour autoriser les flashball.
- ☐ **B.** Pour autoriser les bombes lacrymogènes.
- ☐ **C.** Pour interdire les grandes avenues.
- ☐ **D.** Pour déployer des drones policiers.

68. Selon l'institut Opinionway, durant la crise sanitaire, la moitié des salariés étaient en situation de détresse psychologique à cause du télétravail, Qui étaient les plus touchés ?

- ☐ **A.** Les proviseurs des lycées.
- ☐ **B.** Les professeurs des écoles.
- ☐ **C.** Les personnels de l'université.
- ☐ **D.** Les jeunes, les femmes et les managers.

69. Depuis quelle date, le droit de grève est pleinement reconnu par le préambule de la Constitution ?

- ☐ **A.** 7 octobre 1941.
- ☐ **B.** 27 octobre 1946.
- ☐ **C.** 27 octobre 1951.
- ☐ **D.** 4 octobre 1958.

70. Quel est le nom de la « nouvelle drogue des pauvres » ?

☐ **A.** Cocaïne.
☐ **B.** Prégabaline.
☐ **C.** Ecstasy.
☐ **D.** Cannabis.

71. Quel est le pays qui accueille le plus de réfugiés ukrainiens ?

☐ **A.** La Moldavie.
☐ **B.** La Pologne.
☐ **C.** La Roumanie.
☐ **D.** La Slovaquie.

72. Les lois créant l'école obligatoire, gratuite et laïque ont été rédigées par :

☐ **A.** Jules Ferry.
☐ **B.** Luc Ferry.
☐ **C.** Luc Grévy.
☐ **D.** Jules Grévy.

73. Les lois créant l'école obligatoire, gratuite et laïque existent depuis :

☐ **A.** 1881-1882. ☐ **B.** 1890-1891. ☐ **C.** 1901-1902. ☐ **D.** 1905-1906.

74. Depuis la rentrée 2019 l'école est obligatoire dès :

☐ **A.** 2 ans. ☐ **B.** 3 ans. ☐ **C.** 4 ans. ☐ **D.** 5 ans.

75. Quelle publication rend compte régulièrement de la situation du système éducatif français ?

☐ **A.** La Documentation française.
☐ **B.** L'état de l'école.
☐ **C.** Le BO.
☐ **D.** L'étude PIRLS.

76. Selon l'Insee l'inflation en France en avril 2024 atteint sur un an :

☐ **A.** 2,2 %. ☐ **B.** 3,9 %. ☐ **C.** 4,1 %. ☐ **D.** 4,8 %.

77. La rentrée scolaire 2023 est marquée en France par l'entrée en vigueur de l'interdiction de :

☐ **A.** La burqa dans les écoles.
☐ **B.** L'abaya dans les écoles.
☐ **C.** Les grandes croix chrétiennes.
☐ **D.** La kippa.

78. D'ici 2035, la moitié de l'humanité :

☐ **A.** Aura un cancer.
☐ **B.** Sera en surpoids ou obèse.
☐ **C.** Manquera d'eau.
☐ **D.** Mourra.

79. Jeudi 16 mars 2023, les voix des membres de quel parti auraient été déterminantes dans le vote de la motion de censure sans l'utilisation du 49.3 ?

☐ **A.** Le MoDem.
☐ **B.** Les Républicains.
☐ **C.** Le RN.
☐ **D.** La Nupes.

80. Quel parti a progressé le plus depuis les élections présidentielles de 2017 ?

☐ **A.** Les Républicains.
☐ **B.** Europe Écologie les Verts.
☐ **C.** Le Rassemblement national
☐ **D.** La France insoumise.

81. François Léotard, vient de nous quitter. Il était ancien ministre de :

☐ **A.** Des Sports et de la Jeunesse.
☐ **B.** De l'Éducation.
☐ **C.** De la Santé.
☐ **D.** De la Culture et de la Défense.

82. Montesquieu est un penseur des Lumières qui défend :

- ☐ **A.** La démocratie participative.
- ☐ **B.** La monarchie absolue.
- ☐ **C.** La séparation des pouvoirs.
- ☐ **D.** La démocratie directe.

83. La démocratie implique la pluralité politique. 2 mots sont directement liés à cette idée. Lesquels ?

- ☐ **A.** Constitution.
- ☐ **B.** Multipartisme.
- ☐ **C.** Alternance.
- ☐ **D.** Liberté de presse.

84. Un État de droit est un régime où :

- ☐ **A.** La puissance publique est soumise aux lois.
- ☐ **B.** Les dirigeants exercent une contrainte policière sur la société civile.
- ☐ **C.** La démocratie participative domine.
- ☐ **D.** L'anarchie raisonnable est tolérée.

85. Une dictature peut aussi être appelée « régime… » :

- ☐ **A.** Ploutocratique.
- ☐ **B.** Oligarchique.
- ☐ **C.** Monarchique.
- ☐ **D.** Autocratique.

86. Sous la Ve République (de 1958 à nos jours) combien y a-t-il eu de référendums nationaux en France ?

- ☐ **A.** 2.
- ☐ **B.** 9.
- ☐ **C.** 15.
- ☐ **D.** 27.

87. Une démocratie participative est un système politique :

- ☐ **A.** Qui améliore la démocratie représentative par une implication plus forte des citoyens.
- ☐ **B.** Qui est synonyme de démocratie directe.
- ☐ **C.** Qui est opposé à la démocratie représentative.
- ☐ **D.** Qui améliore la démocratie représentative par une implication plus forte des parlementaires.

88. Quelle pratique n'existe pas dans la dictature nord-coréenne ?

- ☐ **A.** Atteinte au droit de culte.
- ☐ **B.** Séparation des pouvoirs.
- ☐ **C.** Médias étrangers interdits.
- ☐ **D.** Interdiction de quitter le pays.

89. Selon l'institut IFOP, quel est le pourcentage de Français qui demandent à prendre une part plus importante dans le processus de prise de décision politique ?

- ☐ **A.** 55 %.
- ☐ **B.** 64 %.
- ☐ **C.** 75 %.
- ☐ **D.** 84 %.

90. Quel est le nom du mouvement de protestation qui est apparu en France en octobre 2018 ?

- ☐ **A.** Les Black Panther.
- ☐ **B.** Les Incorruptibles.
- ☐ **C.** Les Gilets jaunes.
- ☐ **D.** La France insoumise.

91. Parmi ces propositions laquelle ne montre pas un signe d'affaiblissement de la démocratie ?

- ☐ **A.** Chiffres record d'abstention.
- ☐ **B.** Multiplication des violences contre les élus.
- ☐ **C.** Niveau de défiance contre les institutions, les partis politiques et les médias.
- ☐ **D.** Militantisme et volontariat.

92. Quelles formes d'engagement démocratique se renouvellent, en particulier chez les jeunes ?

- ☐ **A.** Violences, vandalisme et nationalisme.
- ☐ **B.** Pétitions, manifestations, militantisme et volontariat.
- ☐ **C.** Adhésion au même parti politique que sa famille.
- ☐ **D.** Service militaire et syndicat.

93. Comment appelle-t-on le droit de faire effacer les informations nous concernant et diffusées sur Internet ?

- ☐ **A.** Le droit à la vie privée.
- ☐ **B.** Le droit à l'oubli.
- ☐ **C.** Le droit d'accès.
- ☐ **D.** Le droit de regard.

94. Quel est le rôle d'un *spyware* sur un ordinateur ?

- ☐ **A.** Voler les données personnelles.
- ☐ **B.** Naviguer en toute sécurité.
- ☐ **C.** Supprimer les données personnelles.
- ☐ **D.** Protéger les données personnelles.

95. Les images d'une caméra de surveillance installée par les autorités ont le droit d'être conservées au maximum :

- ☐ **A.** 24 heures.
- ☐ **B.** Un mois.
- ☐ **C.** Un an.
- ☐ **D.** À vie.

96. Qui peut lire nos publications sur notre mur Facebook ou nos stories sur Snapchat ou Instagram si on n'a pas pensé à paramétrer correctement notre profil ?

- ☐ **A.** Nos amis.
- ☐ **B.** Nos favoris.
- ☐ **C.** Nos employeurs.
- ☐ **D.** Tout le monde.

97. Qu'est-ce que le RGPD ?

- ☐ **A.** Un règlement de l'Union européenne qui vise à harmoniser la gouvernance des informations personnelles, notamment en termes de sécurisation et de protection des données personnelles.
- ☐ **B.** Une directive européenne sur le partage des données personnelles.
- ☐ **C.** Un règlement européen sur le partage des données au sein des entreprises.
- ☐ **D.** Une loi européenne contraignant les principaux navigateurs à se mettre en conformité sur l'utilisation des données personnelles.

98. Comment le RGPD définit-il les « données à caractère personnel » ?

- ☐ **A.** Il s'agit de vos coordonnées bancaires et/ou votre adresse postale.
- ☐ **B.** Il s'agit de vos adresses IP et de toutes vos informations en ligne personnelles.

- ☐ **C.** Il s'agit de toute information relative à une personne physique susceptible d'être identifiée ou identifiable.
- ☐ **D.** Il s'agit de tous nos identifiants.

99. Quelles sont les parties concernées au premier plan par le RGPD ?

- ☐ **A.** Les employés des entreprises.
- ☐ **B.** Les citoyens de l'UE et tous les organismes traitant leurs données.
- ☐ **C.** Les grandes entreprises technologiques.
- ☐ **D.** Les pays candidats à l'Union européenne.

100. Qu'est-ce que le RGPD considère comme un consentement licite ?

- ☐ **A.** Un acte positif clair par lequel la personne exprime librement, de manière spécifique et éclairée, son consentement au traitement des données.
- ☐ **B.** Le simple fait de télécharger un document sur un site ou une application mobile.
- ☐ **C.** Un acte par lequel la personne exprime son refus au traitement des données.
- ☐ **D.** Une poursuite de navigation sur un site ou une application mobile par un simple scroll.

Corrigé

1. **D.** L'étude des faits sociaux et des liens de causes à effets.
2. **B.** Alexis de Tocqueville.
3. **C.** Montesquieu.
4. **B.** Émile Durkheim.
5. **D.** Être neutre, définir l'objet de recherche, utiliser une méthode comparative et expliquer le social par le social.
6. **D.** Le conditionnement qui reproduit mécaniquement ce qu'on a appris, acquis.
7. **C.** Une acculturation.
8. **B.** La concurrence et le profit.
9. **A.** Le capital culturel.
10. **B.** Marx, Weber et Durkheim.
11. **A.** Domination et reproduction sociale.
12. **B.** Raymond Boudon.
13. **B.** *Les héritiers.*
14. **D.** 1998.
15. **D.** Raymond Boudon.
16. **A.** Le paradigme holistique ou structuraliste.
17. **B.** *Règles de la méthode sociologique.*
18. **A.** Suicide fataliste, égoïste, altruiste et anomique.
19. **D.** Un problème d'institution moral et donc d'encadrement et de régulation de la société.
20. **C.** Compréhension, interprétation et explication du fait social.
21. **B.** Une activité orientée d'un individu par rapport à autrui.

22. **A.** L'individualisme méthodologique, l'holisme (étude de la société par son ensemble)
23. **D.** Par l'organisation économique.
24. **C.** Georg Simmel.
25. **C.** Réveillons-nous !
26. **D.** L'interdit de l'inceste.
27. **A.** Le fonctionnement des organisations.
28. **A.** Éric Maigret.
29. **B.** Auguste Comte.
30. **A.** *Le Capital.*
31. **D.** François de Singly.
32. **D.** 30 milliards d'euros par an.
33. **B.** Les plus de 60 ans.
34. **D.** 75 % des dépenses de protection sociale.
35. **B.** Orpea.
36. **B.** Victor Castanet.
37. **B.** 1999.
38. **C.** Mai 2013.
39. **A.** Élargit la PMA à toutes les femmes et **B.** Donne de nouveaux droits pour les enfants nés d'une PMA.
40. **A.** 1/3.
41. **C.** 134.
42. **D.** Le mouvement #MeToo.
43. **D.** Viol, agressions sexuelles et harcèlement sexuel.
44. **C.** 16,5 %.
45. **B.** Conseil supérieur de l'égalité professionnelle entre les femmes et les hommes.
46. **D.** Olympe de Gouges.
47. **B.** Un groupe féministe.
48. **C.** 1975.
49. **C.** Sans l'autorisation de son mari depuis 1962.
50. **B.** À l'avortement.
51. **D.** 4,1 millions.
52. **C.** Le 21 septembre 2014.
53. **A.** Attac.
54. **A.** Elle repose sur une relance massive du nucléaire en France.
55. **B.** Wild Legal.
56. **A.** *Un ours dans la tête, Greta Thunberg.*
57. **C.** Marine Calmet.
58. **D.** 216 millions de personnes, faute d'eau disponible ou d'une production agricole suffisante.
59. **B.** *Indignez-vous !*
60. **B.** Le neuropsychiatre Boris Cyrulnik.
61. **A.** États-Unis.
62. **D.** 5 000 personnes.
63. **C.** Le cancer du col de l'utérus.
64. **C.** 2 ans d'emprisonnement et de 30 000 € d'amende.
65. **B.** Perte d'attractivité, pénurie de médecins, absentéisme.
66. **A.** La mort de Nahel, 17 ans, tué par un policier à Nanterre lors d'un contrôle routier.
67. **B.** Un lit sur cinq.
68. **D.** Les jeunes, les femmes et les managers.
69. **B.** 27 octobre 1946.
70. **B.** Prégabaline.
71. **B.** La Pologne.
72. **A.** Jules Ferry.
73. **A.** 1881-1882.
74. **B.** 3 ans.
75. **B.** L'état de l'école.
76. **A.** 2,2 %.
77. **B.** L'abaya dans les écoles.
78. **B.** En surpoids ou obèse.
79. **B.** Les Républicains.
80. **C.** Le Rassemblement national.
81. **D.** De la Culture et de la Défense.

82. C. La séparation des pouvoirs.

83. B. Multipartisme. **C.** Alternance.

84. A. La puissance publique est soumise aux lois.

85. D. Autocratique.

86. B. 9.

87. A. Qui améliore la démocratie représentative par une implication plus forte des citoyens.

88. B. Séparation des pouvoirs.

89. D. 84 %.

90. C. Les Gilets jaunes.

91. D. Militantisme et volontariat.

92. B. Pétitions, manifestations, militantisme et volontariat.

93. B. Le droit à l'oubli.

94. A. Voler les données personnelles.

95. B. Un mois.

96. D. Tout le monde.

97. A. Un règlement de l'Union européenne qui vise à harmoniser la gouvernance des informations personnelles, notamment en termes de sécurisation et de protection des données personnelles.

98. C. Il s'agit de toute information relative à une personne physique susceptible d'être identifiée ou identifiable.

99. B. Les citoyens de l'UE et tous les organismes traitant leurs données.

100. A. Un acte positif clair par lequel la personne exprime librement, de manière spécifique et éclairée, son consentement au traitement des données.

2 Médias et réseaux sociaux

1. Qui est le premier inventeur de l'ordinateur ?

- ☐ A. Roland Moreno.
- ☐ B. Charles Babbage.
- ☐ C. Isidor Isaac Rabi
- ☐ D. Percy Spencer.

2. 1989, Tim Berners-Lee met au point :

- ☐ A. Le disque compact ou CD.
- ☐ B. L'IRM.
- ☐ C. La carte à puce.
- ☐ D. Le World Wide Web.

3. Internet s'ouvre au grand public en :

- ☐ A. 1989.
- ☐ B. 1990.
- ☐ C. 1991.
- ☐ D. 1992.

4. Quel est le média utilisé comme principale source d'information en France, à l'heure actuelle ?

- ☐ A. La télévision.
- ☐ B. Internet.
- ☐ C. La radio.
- ☐ D. Les réseaux sociaux.

5. À quoi sert une agence de presse ?

- ☐ A. Classer les différentes sources d'information.
- ☐ B. Embaucher des journalistes
- ☐ C. Collecter des informations pour les transmettre aux journalistes.
- ☐ D. Censurer les journalistes.

6. Quel est le critère principal utilisé par les chaines TV pour déterminer la qualité d'un programme ?

- ☐ A. L'Audimat.
- ☐ B. Les enquêtes de la CNIL.
- ☐ C. Le nombre de critiques adressées au CSA.
- ☐ D. Le nombre de critiques dans la presse.

7. Qu'est-ce que l'identité numérique ?

- ☐ A. Le Passeport numérique du futur.
- ☐ B. L'ensemble des traces que nous laissons sur Internet et qui peuvent nous identifier.
- ☐ C. Une photo numérisée.
- ☐ D. Un CV numérisé.

8. Comment appelle-t-on la première page d'un journal ?

- ☐ A. La première page de couverture.
- ☐ B. La première.
- ☐ C. La Une.
- ☐ D. La préface.

9. Un journaliste qui part chercher l'information sur le terrain est :

- ☐ A. Un globe-trotter.
- ☐ B. Un pigiste.
- ☐ C. Un routard.
- ☐ D. Un reporter.

10. Qui a inventé le téléphone ?

- ☐ **A.** Thomas Edison.
- ☐ **B.** Graham Bell.
- ☐ **C.** Louis Braille.
- ☐ **D.** Samuel Morse.

11. Que signifie le sigle SMS ?

- ☐ **A.** Short Message System.
- ☐ **B.** Short Messaging Service.
- ☐ **C.** Short Messaging System.
- ☐ **D.** Short Messager System.

12. Comment appelle-t-on une information exclusive, obtenue avant tout le monde ?

- ☐ **A.** Un buzz.
- ☐ **B.** Une exclusivité.
- ☐ **C.** Un scoop.
- ☐ **D.** Une fake new.

13. Qu'est-ce que le détournement d'une image ?

- ☐ **A.** Voler une image.
- ☐ **B.** Transformer une image en musique.
- ☐ **C.** Scanner une image.
- ☐ **D.** Réutiliser une image en changeant sa signification d'origine.

14. Qu'est-ce que la presse « Pure Player » ?

- ☐ **A.** Une presse diffusée exclusivement sur Internet.
- ☐ **B.** Une presse contenant du contenu multimédia.
- ☐ **C.** Une presse ludique.
- ☐ **D.** Une presse diffusée par des jeunes.

15. Quel philosophe est à l'origine de la création du journal *Libération* ?

- ☐ **A.** Albert Camus.
- ☐ **B.** Jean Paul Sartre.
- ☐ **C.** Jean Jaurès.
- ☐ **D.** Maurice Merleau-Ponty.

16. Quel était le nom du premier hebdomadaire français, créé en 1631 ?

- ☐ **A.** *La Gazette.*
- ☐ **B.** *La Tribune.*
- ☐ **C.** *L'Humanité.*
- ☐ **D.** *L'Aurore.*

17. Quelles sont les 2 grandes caractéristiques d'une information ?

- ☐ **A.** Fiabilité et impartialité.
- ☐ **B.** Sensationnalisme et rapidité.
- ☐ **C.** Visibilité et exclusivité.
- ☐ **D.** Rapidité et exclusivité.

18. Qu'est-ce que la *Yellow Press* ?

- ☐ **A.** C'est la presse gratuite.
- ☐ **B.** C'est la presse à scandale.
- ☐ **C.** C'est la presse spécialisée dans le jardinage
- ☐ **D.** C'est la presse spécialisée dans les petites annonces.

19. Le GPS date de :

☐ **A.** 1972. ☐ **B.** 1974. ☐ **C.** 1976. ☐ **D.** 1978.

20. Quel journaliste, ancien directeur de la rédaction du *Monde* a fondé le site *Médiapart* ?

☐ **A.** Edwy Plenel.
☐ **B.** Gilles Van Kote.
☐ **C.** Luc Bronner.
☐ **D.** Jérôme Feneglio.

21. Selon l'ACPN, quel est le quotidien d'information le plus diffusé en France en 2021 ?

☐ **A.** *Les Échos.* ☐ **B.** *Le Figaro.* ☐ **C.** *L'Équipe.* ☐ **D.** *Le Monde.*

22. La loi française sur la liberté de la presse date du :

☐ **A.** La loi du 29 juin 1881.
☐ **B.** La loi du 29 juillet 1881.
☐ **C.** La loi du 29 août 1881.
☐ **D.** La loi du 29 septembre 1881.

23. Quel est le quotidien régional le plus diffusé en France en 2023 ?

☐ **A.** *Ouest France.*
☐ **B.** *Sud Ouest.*
☐ **C.** *La Voix Du Nord.*
☐ **D.** *Le Parisien.*

24. Quelle chaîne, en 2023 a la première place des audiences télé ?

☐ **A.** France 2. ☐ **B.** BFM-TV. ☐ **C.** TF1. ☐ **D.** CNews.

25. Que signifie l'acronyme CNIL ?

☐ **A.** Congrès national de l'informatique et des libertés.
☐ **B.** Conseil national de l'informatique et des libertés.
☐ **C.** Comité national de l'informatique et des libertés.
☐ **D.** Commission nationale de l'informatique et des libertés.

26. Comment se nomme le français, père du smiley ?

☐ **A.** Roch-Olivier Maistre.
☐ **B.** Mark Zuckerberg.
☐ **C.** Luc Bronner.
☐ **D.** Franklin Loufrani.

27. Le smiley fête en 2022 ses :

☐ **A.** 30 ans. ☐ **B.** 40 ans. ☐ **C.** 50 ans. ☐ **D.** 60 ans.

28. Combien de Français utilisent les réseaux sociaux et services de messagerie instantanée ?

☐ **A.** 37 millions.
☐ **B.** 49 millions.
☐ **C.** 55 millions.
☐ **D.** 59 millions.

29. Quels sont les réseaux sociaux les plus utilisés en France ?

☐ **A.** Facebook, Instagram, Messenger, WhatsApp, Snapchat.
☐ **B.** Instagram, Pinterest, Twitter, Linkedin, Snapchat.
☐ **C.** Pinterest, Twiter, TiK Tok, Discord, Twitch.
☐ **D.** Instagram, Twiter, TiK Tok, Discord, Twitch.

30. Lequel reste de loin le premier réseau social en France ?

- ☐ **A.** WhatsApp
- ☐ **B.** Instagram.
- ☐ **C.** Facebook.
- ☐ **D.** Messenger.

31. Quel est le numéro 1 des réseaux sociaux professionnels ?

- ☐ **A.** Pinterest.
- ☐ **B.** Linkedin.
- ☐ **C.** Twitter.
- ☐ **D.** Instagram.

32. Quelle est la date de création de You Tube ?

- ☐ **A.** 1er janvier 2000.
- ☐ **B.** 1er février 2002.
- ☐ **C.** 14 février 2005.
- ☐ **D.** 14 février 2010.

33. Qui a inventé la radio TSF ?

- ☐ **A.** Graham. Bell.
- ☐ **B.** Thomas. Edison.
- ☐ **C.** James Watt.
- ☐ **D.** Guglielmo Marconi.

34. Sur Facebook, on a longtemps parlé de fan, en référence aux fans d'une page. On parle de plus en plus souvent de :

- ☐ **A.** Followers.
- ☐ **B.** Abonnés.
- ☐ **C.** Suscribers.
- ☐ **D.** Férus.

35. Comment appelle-t-on le harcèlement via Internet ?

- ☐ **A.** Le harcèlement virtuel.
- ☐ **B.** Le cyberharcèlement.
- ☐ **C.** Le Web harcèlement.
- ☐ **D.** Le harcèlement Facebook.

36. Le harcèlement via internet peut s'effectuer par :

- ☐ **A.** Tweets.
- ☐ **B.** Usurpation d'identité sur Facebook.
- ☐ **C.** Diffusion de rumeurs mensongères.
- ☐ **D.** Piratage de compte.

37. La cyberattaque est :

- ☐ **A.** Diffusion de vidéos.
- ☐ **B.** Un assaut de Spams.
- ☐ **C.** Usurpation d'identité.
- ☐ **D.** Un acte de piratage informatique sur Internet.

38. Contre le harcèlement via internet, France Télévisions s'engage avec le mouvement :

- ☐ **A.** #metoo.
- ☐ **B.** #AimeSansHaine.
- ☐ **C.** #mavachou.
- ☐ **D.** #balancetonporc.

39. Ce mouvement a été lancé le :

- ☐ **A.** 17 janvier 2022
- ☐ **B.** 24 janvier 2022.
- ☐ **C.** 17 février 2022.
- ☐ **D.** 24 février 2022.

40. En cas du harcèlement via internet, il est important de contacter le N° net Écoute, géré par :

- ☐ **A.** L'association e-Enfance.
- ☐ **B.** L'association La bulle bleue.
- ☐ **C.** L'association e-Harcelement.
- ☐ **D.** L'association Stop harcèlement.

41. « Stop Fisha » est un collectif, né en mars 2020, pendant le confinement qui lutte :

- ☐ **A.** Contre la maltraitance.
- ☐ **B.** Contre les violences conjugales.
- ☐ **C.** Contre l'alcoolisme.
- ☐ **D.** Contre le cybersexisme.

42. Le revenge porn, c'est :

- ☐ **A.** Une lutte entre clans.
- ☐ **B.** Une vengeance pornographique.
- ☐ **C.** Un combat contre les délateurs.
- ☐ **D.** Une attaque bancaire.

43. Depuis quand le revenge porn est considéré comme un délit par le Code pénal ?

- ☐ **A.** 2016.
- ☐ **B.** 2018.
- ☐ **C.** 2020.
- ☐ **D.** 2021.

44. Un SPAM est :

- ☐ **A.** Un courrier administratif.
- ☐ **B.** Un courrier virtuel.
- ☐ **C.** Un courrier frauduleux.
- ☐ **D.** Un courrier indésirable.

45. Que signifie le sigle PAF ?

- ☐ **A.** Programme audiovisuel français.
- ☐ **B.** Pacte audiovisuel français.
- ☐ **C.** Paysage audiovisuel français.
- ☐ **D.** Plan audiovisuel français.

46. Combien Netflix a atteint d'abonnés dans le monde ?

- ☐ **A.** 145 millions.
- ☐ **B.** 181,8 millions.
- ☐ **C.** 230,75 millions.
- ☐ **D.** 252 millions.

47. Que signifie le signe CSA ?

- ☐ **A.** Conseil supérieur de l'audiovisuel.
- ☐ **B.** Comité supérieur de l'audiovisuel.
- ☐ **C.** Congrès supérieur de l'audiovisuel.
- ☐ **D.** Commission supérieure de l'audiovisuel.

48. Qui est le président de l'ARCOM ?

- ☐ **A.** Dominique Baudis.
- ☐ **B.** Roch-Olivier Maistre.
- ☐ **C.** Olivier Schrameck.
- ☐ **D.** Michel Boyon.

49. Quel opérateur de téléphonie mobile a été sanctionné pour plusieurs manquements au règlement général de protection des données personnelles (RGPD).

- ☐ **A.** Orange.
- ☐ **B.** Free.
- ☐ **C.** SFR.
- ☐ **D.** Bouygues Télécom.

50. Qui a fondé le réseau social Facebook en 2004 ?

- ☐ **A.** Julien Assange.
- ☐ **B.** Bill Gates.
- ☐ **C.** Jack Dorsey.
- ☐ **D.** Mark Zuckerberg.

51. Quel nom donne-t-on aux pirates informatiques ?

- ☐ **A.** Les crakings.
- ☐ **B.** Les hakers.
- ☐ **C.** Les pilleurs.
- ☐ **D.** Les corsaires.

52. Qui a mis au point la télévision ?

- ☐ **A.** John Baird.
- ☐ **B.** José Birdy.
- ☐ **C.** John Curry.
- ☐ **D.** Jeff Birdy.

53. La première émission radiophonique a eu lieu en :

- ☐ **A.** 1918.
- ☐ **B.** 1920.
- ☐ **C.** 1921.
- ☐ **D.** 1922.

54. En quelle année le CD Rome a-t-il été inventé ?

- ☐ **A.** 1975.
- ☐ **B.** 1980.
- ☐ **C.** 1985.
- ☐ **D.** 1990.

55. Qui est l'inventeur de l'imprimerie ?

- ☐ **A.** Graham Bell.
- ☐ **B.** Gutenberg.
- ☐ **C.** Lavoisier.
- ☐ **D.** Louis Braille.

56. Quelle personne ne fait pas partie des fondateurs d'Apple ?

- ☐ **A.** Steve Jobs.
- ☐ **B.** Steve Wozniak.
- ☐ **C.** Ronald Wayne.
- ☐ **D.** John Levis.

57. « Droit de réponse » était une émission de débat diffusée sur TF1 et présentée par :

- ☐ **A.** Jean Pierre Foucault.
- ☐ **B.** Bernard Pivot.
- ☐ **C.** Michel Polac.
- ☐ **D.** Armand Jammot.

58. Qui vérifie le temps de parole lors de la campagne présidentielle ?

- ☐ **A.** Le CSA.
- ☐ **B.** L'ARCOM.
- ☐ **C.** L'HADOPI.
- ☐ **D.** La CNIL.

59. L'ancien présentateur du journal de 13 heures de TF1 nous a quittés en 2023. C'est :

- ☐ **A.** Jean Pierre Pernaut.
- ☐ **B.** David Pujadas.
- ☐ **C.** Jean Pierre Foucault.
- ☐ **D.** Patrick Poivre d'Arvor.

60. L'émission Envoyé spécial est une émission diffusée sur France 2 et présentée par :

- ☐ **A.** Claire Chazal.
- ☐ **B.** Élise Lucet.
- ☐ **C.** Laure Adler.
- ☐ **D.** Carole Gaessler.

61. Comment se nomme la chaîne culturelle européenne ?

- ☐ **A.** M6.
- ☐ **B.** Ushuaïa TV.
- ☐ **C.** Arte.
- ☐ **D.** France info.

62. Quelle est la radio la plus écoutée de France ?

- ☐ **A.** France Inter.
- ☐ **B.** Europe 1.
- ☐ **C.** RTL.
- ☐ **D.** France info.

63. Le journal *Le Monde* a été fondé en 1944 par :

- ☐ **A.** J.-J Servan-Schreiber.
- ☐ **B.** Hubert Beuve-Méry.
- ☐ **C.** Claude Perdriel.
- ☐ **D.** Jacques Goddet.

64. « Rendez-vous en terre inconnue » est une émission diffusée sur France 2, et présentée :

- ☐ **A.** Par Nicolas Hulot.
- ☐ **B.** Par José Garcia.
- ☐ **C.** Par Raphaël de Casabianca.
- ☐ **D.** Par Frédéric Lopez.

65. Quelle émission le samedi soir était animée par Laurent Ruquier ?

- ☐ **A.** La grande soirée.
- ☐ **B.** On est en direct.
- ☐ **C.** Le maillon faible.
- ☐ **D.** On n'est pas couché.

66. Qui est la directrice de France Inter ?

- ☐ **A.** Adèle Van Reeth.
- ☐ **B.** Delphine Ernotte.
- ☐ **C.** Mileva Stupar.
- ☐ **D.** Sandrine Treiner.

67. *Charlie Hebdo* est un journal hebdomadaire satirique français qui a été fondé en :

- ☐ **A.** 1960.
- ☐ **B.** 1965.
- ☐ **C.** 1970.
- ☐ **D.** 1975.

68. Quels sont les fondateurs de *Charlie Hebdo* ?

- ☐ **A.** Reiser et Willem.
- ☐ **B.** Wolinski et Cabu.
- ☐ **C.** Reiser et Cavanna.
- ☐ **D.** François Cavanna et Georget Bernier.

69. Quel journal a précédé *Charlie Hebdo* ?

- ☐ **A.** Le magazine *Pilote*.
- ☐ **B.** Le magazine *Hara-Kiri*.
- ☐ **C.** Le magazine *Lui*.
- ☐ **D.** Le magazine *Life*.

70. Dans la presse, qu'est-ce qu'une manchette ?

- ☐ **A.** Titre d'article figurant en gros caractères dans la partie supérieure de la 1re page d'un journal.
- ☐ **B.** Titre d'article figurant en caractères gras dans la partie supérieure de la 1re page d'un journal.
- ☐ **C.** Titre d'article figurant en italique dans la partie supérieure de la 1re page d'un journal.
- ☐ **D.** Titre d'article figurant en gros caractères dans la partie inférieure de la 1re page d'un journal.

71. Quel était le poids du premier ordinateur ?

- ☐ **A.** 5 tonnes.
- ☐ **B.** 10 tonnes.
- ☐ **C.** 20 tonnes.
- ☐ **D.** 30 tonnes.

72. Que signifie le signe INA ?

- ☐ **A.** Institut national de l'armée.
- ☐ **B.** Intérêt national de l'audiovisuel.
- ☐ **C.** Institut national de l'art.
- ☐ **D.** Institut national de l'audiovisuel.

73. Parmi ces émissions, laquelle n'a pas été présentée par Bernard Pivot ?

- ☐ **A.** Bouillon de culture.
- ☐ **B.** Apostrophes.
- ☐ **C.** Droit de réponse.
- ☐ **D.** Ouvrez les Guillemets.

74. Qui présente le JT de 20 h sur France 2 ?

- ☐ **A.** Anne-Sophie Lapix.
- ☐ **B.** Carole Gaessler.
- ☐ **C.** Anne-Claire Coudray.
- ☐ **D.** Claire Chazal.

75. Il est un présentateur de télévision et de radio, journaliste et écrivain français. C'est :

- ☐ **A.** Jean Pierre Pernaut.
- ☐ **B.** David Pujadas.
- ☐ **C.** Jean Pierre Foucault.
- ☐ **D.** Patrick Poivre d'Arvor.

76. Que signifie le sigle ARCOM ?

- ☐ **A.** L'Arrêté de régulation de la communication audiovisuelle et numérique.
- ☐ **B.** L'Agence de régulation de la communication audiovisuelle et numérique.
- ☐ **C.** L'Autorité de régulation de la communication audiovisuelle et numérique.
- ☐ **D.** L'Arbitrage de régulation de la communication audiovisuelle et numérique.

77. Qui présente l'émission « Des racines et des ailes » sur France 3 ?

- ☐ **A.** Anne-Sophie Lapix.
- ☐ **B.** Carole Gaessler.
- ☐ **C.** Anne-Claire Coudray.
- ☐ **D.** Claire Chazal.

78. Quand a été créé l'INA ?

- ☐ **A.** 1er janvier 1970.
- ☐ **B.** 1er janvier 1972.
- ☐ **C.** 1er janvier 1973.
- ☐ **D.** 1er janvier 1975.

79. Les « Dossiers de l'écran » est une émission de télévision française créée en 1967 par :

- ☐ **A.** Armand Jammot.
- ☐ **B.** Patrick de Carolis.
- ☐ **C.** Frédéric Lopez.
- ☐ **D.** Bernard Pivot.

80. L'Office de radiodiffusion-télévision française (ORTF) a succédé à :

- ☐ **A.** La RDF.
- ☐ **B.** La BBC.
- ☐ **C.** La RSF.
- ☐ **D.** La RTF.

81. Quand les radios libres ont-elles été légalisées ?

- ☐ **A.** 1970.
- ☐ **B.** 1975.
- ☐ **C.** 1981.
- ☐ **D.** 1985.

82. Laquelle de ces entreprises n'a pas son siège dans la Silicon Valley ?

- ☐ **A.** Google.
- ☐ **B.** Microsoft.
- ☐ **C.** Apple.
- ☐ **D.** Facebook.

83. La redevance télé date de :

- ☐ **A.** 1933.
- ☐ **B.** 1948.
- ☐ **C.** 1954.
- ☐ **D.** 1965.

84. Que signifie le sigle TNT ?

- ☐ **A.** Télégraphe numérique terrestre.
- ☐ **B.** Téléphone numérique terrestre.
- ☐ **C.** Téléviseur numérique terrestre.
- ☐ **D.** Télévision numérique terrestre.

85. Le quotidien français *L'Humanité* a été fondé en :

- ☐ **A.** 1789.
- ☐ **B.** 1848.
- ☐ **C.** 1904.
- ☐ **D.** 1936.

86. Par qui a-t-il été créé ?

- ☐ **A.** Claude Perdriel.
- ☐ **B.** Jean Jaurès.
- ☐ **C.** Jacques Goddet.
- ☐ **D.** J.-J Servan-Schreiber.

87. La presse gratuite d'information compte en France trois quotidiens. Lequel n'en fait pas partie ?

- ☐ **A.** *20 minutes*.
- ☐ **B.** *Metro*.
- ☐ **C.** *Le Soir*.
- ☐ **D.** *Direct Matin*.

88. Un journal en ligne, est un journal publié sur internet et appelé :

- ☐ **A.** Net-journal.
- ☐ **B.** e-journal.
- ☐ **C.** Web-journal.
- ☐ **D.** e-news.

89. Le WEB World Wide Web, ou WWW, est traduit en français par :

- ☐ **A.** La tapisserie mondiale.
- ☐ **B.** La toile d'araignée tissée.
- ☐ **C.** Le tissage mondial.
- ☐ **D.** La toile d'araignée mondiale.

90. Le *Canard enchaîné* est un hebdomadaire français satirique fondé en :

- ☐ **A.** 1915.
- ☐ **B.** 1936.
- ☐ **C.** 1939.
- ☐ **D.** 1945.

91. Selon les derniers chiffres disponibles au premier trimestre 2022, le podium de la presse française numérique était occupé par :

- ☐ **A.** *L'Équipe*.
- ☐ **B.** *Le Monde*.
- ☐ **C.** *L'Express*.
- ☐ **D.** *Mediapart*.

92. Quel est le pourcentage de la population qui possède un téléphone mobile ?

- ☐ **A.** 87 %.
- ☐ **B.** 89 %
- ☐ **C.** 95 %.
- ☐ **D.** 98 %

93. Le smartphone est un incontournable pour les jeunes de 15 à 29 ans. Ils en possèdent un à :

- ☐ **A.** 87 %.
- ☐ **B.** 89 %.
- ☐ **C.** 91 %.
- ☐ **D.** 94 %.

94. Actuellement, combien *L'Équipe*, a-t-elle d'abonnés numériques ?

- ☐ **A.** 315 000.
- ☐ **B.** 335 000.
- ☐ **C.** 356 000.
- ☐ **D.** 370 000.

95. Quel journaliste français, tué le 30 mai 2023 en Ukraine, va recevoir la Légion d'honneur à titre posthume ?

- ☐ **A.** Anne-Laure Bonnel.
- ☐ **B.** Frédéric Leclerc-Imhoff.
- ☐ **C.** Loup Bureau.
- ☐ **D.** Maryse Burgot.

96. Dans quel journal, en 1898, Émile Zola écrit son article « J'accuse » ?

☐ A. *La Gazette.* ☐ C. *Le Matin.*
☐ B. *L'Aurore.* ☐ D. *L'Humanité.*

97. Quel est le 1er opérateur de téléphonie mobile en France ?

☐ A. Orange. ☐ C. Bouygues Télécom.
☐ B. Free. ☐ D. SFR.

98. Quelle a été la 1re émission télévisée de Michel Drucker ?

☐ A. Vivement dimanche. ☐ C. Tilt Magazine.
☐ B. Stars 90. ☐ D. Champs-Élysées.

99. Le manifeste des 343 est une pétition parue le 5 avril 1971 dans le magazine :

☐ A. *Le Monde.* ☐ C. *Le Canard Enchaîné.*
☐ B. *Nouvel Observateur.* ☐ D. *L'Humanité.*

100. Lequel de ces réseaux sociaux est le préféré des jeunes :

☐ A. Instagram. ☐ B. Facebook. ☐ C. Twitter. ☐ D. Pinterest.

Corrigé

1. **B.** Charles Babbage.
2. **D.** Le World Wide Web.
3. **C.** 1991.
4. **A.** La télévision.
5. **C.** Collecter des informations pour les transmettre aux journalistes.
6. **A.** L'Audimat.
7. **B.** L'ensemble des traces que nous laissons sur Internet et qui peuvent nous identifier.
8. **C.** La Une.
9. **D.** Un reporter.
10. **B.** Graham Bell.
11. **B.** Short Messaging Service.
12. **C.** Un scoop
13. **D.** Réutiliser une image en changeant sa signification d'origine.
14. **A.** Une presse diffusée exclusivement sur Internet.
15. **B.** Jean Paul Sartre.
16. **A.** *La Gazette.*
17. **A.** Fiabilité et impartialité.
18. **B.** C'est la presse à scandale.
19. **D.** 1978.
20. **A.** Edwy Plenel.
21. **D.** *Le Monde.*
22. **B.** La loi du 29 juillet 1881.
23. **A.** *Ouest France.*
24. **C.** TF1.
25. **D.** Commission nationale de l'informatique et des libertés.
26. **D.** Franklin Loufrani.
27. **C.** 50 ans.
28. **B.** 49 millions.

29. **A.** Facebook, Instagram, Messenger, WhatsApp, Snapchat.

30. **C.** Facebook.

31. **B.** Linkedin.

32. **C.** 14 février 2005.

33. **D.** Guglielmo Marconi.

34. **A.** Followers.

35. Le cyberharcèlement.

36. Les 4.

37. **D.** Un acte de piratage informatique sur Internet.

38. **B.** #AimeSansHaine.

39. **C.** 17 février 2022.

40. **A.** L'association e-Enfance.

41. **D.** Contre le cybersexisme.

42. **B.** Une vengeance pornographique.

43. **A.** 2016.

44. **D.** Un courrier indésirable.

45. **C.** Paysage audiovisuel français.

46. **C.** 230,75 millions.

47. **A.** Conseil supérieur de l'audiovisuel.

48. **B.** Roch-Olivier Maistre.

49. **B.** Free.

50. **D.** Mark Zuckerberg.

51. **B.** Les hakers.

52. **A.** John Baird.

53. **C.** 1921.

54. **C.** 1985.

55. **B.** Gutenberg.

56. **D.** John Levis.

57. **C.** Michel Polac.

58. **B.** L'ARCOM.

59. **A.** Jean Pierre Pernaut.

60. **B.** Élise Lucet.

61. **C.** Arte.

62. **A.** France Inter.

63. **B.** Hubert Beuve-Méry.

64. **C.** Par Raphaël de Casabianca.

65. **B.** On est en direct.

66. **A.** Adèle Van Reeth.

67. **C.** 1970.

68. **D.** François Cavanna et Georget Bernier.

69. **B.** Le magazine *Hara-Kiri*.

70. **A.** Titre d'article figurant en gros caractères dans la partie supérieure de la 1re page d'un journal.

71. **D.** 30 tonnes.

72. **D.** Institut national de l'audiovisuel.

73. **C.** Droit de réponse.

74. **A.** Anne-Sophie Lapix.

75. **D.** Patrick Poivre d'Arvor.

76. **C.** L'Autorité de régulation de la communication audiovisuelle et numérique.

77. **B.** Carole Gaessler.

78. **D.** 1er janvier 1975.

79. **A.** Armand Jammot.

80. **D.** La RTF.

81. **C.** 1981.

82. **B.** Microsoft.

83. **A.** 1933.

84. **D.** Télévision numérique terrestre.

85. **C.** 1904.

86. **B.** Jean Jaurès.

87. **C.** *Le Soir*.

88. **B.** e-journal.

89. **D.** La toile d'araignée mondiale.

90. **A.** 1915.

91. **B.** *Le Monde*.

92. **C.** 95 %.

93. **D.** 94 %.

94. **B.** 335 000.

95. **B.** Frédéric Leclerc-Imhoff.

96. **B.** *L'Aurore*.

97. **A.** Orange.

98. **C.** Tilt Magazine.

99. **B.** *Nouvel Observateur*.

100. **A.** Instagram.

3 Écologie et développement durable

1. En France, le ministère de la Transition écologique et de la Cohésion des territoires était dirigé avant la dissolution de l'Assemblée nationale par :

☐ **A.** Christophe Béchu. ☐ **C.** Nicolas Hulot.

☐ **B.** Cécile Duflot. ☐ **D.** Ségolène Royal.

2. Depuis quelle année existe-t-il des lois en France qui protègent l'environnement ?

☐ **A.** 1960. ☐ **B.** 1965. ☐ **C.** 1970. ☐ **D.** 1975.

3. Qu'est-ce que des énergies renouvelables ?

☐ **A.** Des énergies inépuisables mais polluantes.

☐ **B.** Des énergies inépuisables et non polluantes.

☐ **C.** Des énergies épuisables mais non polluantes.

☐ **D.** Des énergies épuisables et polluantes.

4. Quels éléments de la nature utilise-t-on en termes d'énergie renouvelable ?

☐ **A.** Les plantes, l'eau des rivières.

☐ **B.** Les plantes, les animaux, les espaces verts.

☐ **C.** L'eau des rivières, le nucléaire.

☐ **D.** Le soleil, le vent, la biomasse, l'hydraulique.

5. Quelle énergie est non renouvelable ?

☐ **A.** L'eau. ☐ **B.** Le vent. ☐ **C.** Le pétrole. ☐ **D.** Le soleil.

6. En quelle année apparaît la notion de développement durable ?

☐ **A.** 1974. ☐ **B.** 1987. ☐ **C.** 1993. ☐ **D.** 1999.

7. La notion de développement durable a été définie officiellement dans :

☐ **A.** La constitution.

☐ **B.** Le rapport d'une commission de l'ONU.

☐ **C.** L'acte de la conférence de Kyoto, au Japon

☐ **D.** Le préambule de la Déclaration universelle des droits de l'Homme.

8. Le développement durable est fondé sur trois piliers. Lesquels ?

☐ **A.** Environnemental, sanitaire et économique.

☐ **B.** Environnemental, social et écologique.

☐ **C.** Environnemental, social et économique.

☐ **D.** Éducatif, social et économique.

9. Actuellement quel est le seul pays au monde qui génère une électricité 100 % renouvelable ?

☐ **A.** L'Écosse. ☐ **B.** L'Irlande. ☐ **C.** La Suède. ☐ **D.** L'Islande.

10. Pour économiser l'énergie, quelles ampoules doit-on utiliser ?

- ☐ **A.** Des ampoules à LED.
- ☐ **B.** Des ampoules halogènes.
- ☐ **C.** Des ampoules à filaments.
- ☐ **D.** Des ampoules fluorescentes.

11. En grande surface, quels produits faut-il privilégier ?

- ☐ **A.** Les produits vendus dans une barquette en aluminium.
- ☐ **B.** Les produits emballés dans un étui plastique.
- ☐ **C.** Les produits vendus en vrac.
- ☐ **D.** Les produits emballés dans une boîte en carton.

12. Que fait-on des restes de produits dangereux après usage ?

- ☐ **A.** On les jette la poubelle jaune.
- ☐ **B.** On les jette dans les toilettes.
- ☐ **C.** On les apporte à la déchetterie.
- ☐ **D.** On les jette la poubelle verte.

13. L'objectif du commerce équitable est :

- ☐ **A.** De nourrir la planète.
- ☐ **B.** De parvenir à une plus grande équité dans le commerce mondial.
- ☐ **C.** De parvenir à s'ajuster à chaque pays.
- ☐ **D.** De redistribuer les richesses de façon équitable.

14. Le commerce équitable contribue au développement durable en offrant de meilleures conditions commerciales :

- ☐ **A.** Et en garantissant les devoirs des producteurs.
- ☐ **B.** Et en imposant un label.
- ☐ **C.** Et en garantissant les droits des producteurs et des travailleurs défavorisés.
- ☐ **D.** Et en assurant un salaire décent aux travailleurs défavorisés.

15. Que signifie le sigle EDD ?

- ☐ **A.** Éducation au développement durable.
- ☐ **B.** Expérimentation du développement durable.
- ☐ **C.** Évaluation du développement durable.
- ☐ **D.** Enseignement du développement durable.

16. Quel est le nom d'un célèbre label de commerce équitable ?

- ☐ **A.** Écolabel.
- ☐ **B.** Bio Commerce.
- ☐ **C.** L'Or.
- ☐ **D.** Max Havelaar.

17. Quel comédien écolo a créé le Festival de cinéma de Sundance, durant lequel on mange de la nourriture bio, on boit du café équitable et on débat sur le réchauffement climatique ?

- ☐ **A.** Bruce Springsteen.
- ☐ **B.** Brad Pitt.
- ☐ **C.** Robert Redford.
- ☐ **D.** Leonardo DiCaprio.

18. Qu'est-ce qu'une AMAP ?

- ▢ **A.** Une bactérie tuant les insectes.
- ▢ **B.** Un regroupement de producteurs.
- ▢ **C.** Une catastrophe naturelle.
- ▢ **D.** Une association de lutte contre le nucléaire.

19. Quand le GIEC a-t-il assuré que le réchauffement climatique était d'origine humaine ?

- ▢ **A.** En 1988 dès sa création.
- ▢ **B.** En 2001 le 11 septembre.
- ▢ **C.** En 2007 par rapport aux phénomènes climatiques extrêmes.
- ▢ **D.** 2014 à la COP21 en 2015 à Paris.

20. Quelle action permettrait de diminuer le plus son empreinte carbone ?

- ▢ **A.** Éteindre les lumières en quittant une pièce.
- ▢ **B.** Baisser de 1 °C la consigne de chauffage.
- ▢ **C.** Ne pas prendre de bain.
- ▢ **D.** Consommer seulement un repas par semaine avec viande.

21. En matière de transport, quelle action aurait le plus d'impact ?

- ▢ **A.** Améliorer l'efficience des avions.
- ▢ **B.** Lancer un grand plan pour favoriser les vélos taxis.
- ▢ **C.** Développer le télétravail.
- ▢ **D.** Construire un réseau global de trains à grande vitesse.

22. Quel est le type de transport de marchandises le plus économique ?

- ▢ **A.** Le transport ferroviaire.
- ▢ **B.** Le transport fluvial.
- ▢ **C.** Le transport routier.
- ▢ **D.** Le transport aérien.

23. Quelle action diminuerait le plus nos émissions de gaz à effet de serre ?

- ▢ **A.** Interdire les véhicules à essence.
- ▢ **B.** Utiliser son vélo.
- ▢ **C.** Arrêter la déforestation.
- ▢ **D.** Fermer les centrales à énergie carbonée.

24. Qu'est-ce que « l'agriculture biologique » ?

- ▢ **A.** Un mode de culture qui associe production intensive et respect de l'environnement.
- ▢ **B.** Un mode de culture qui utilise des pesticides mais pas d'engrais chimiques.
- ▢ **C.** Un mode de culture qui préserve la nature.
- ▢ **D.** Un mode de culture qui utilise des engrais chimiques mais pas de pesticides.

25. L'Union européenne a autorisé le glyphosate jusqu'en :

- ▢ **A.** Juillet 2022.
- ▢ **B.** Décembre 2022.
- ▢ **C.** Juillet 2023.
- ▢ **D.** Décembre 2033.

26. Quel est le sigle du label agricole fondé sur l'interdiction d'utilisation de produits issus de la chimie de synthèse ?

- ☐ **A.** Label Rouge.
- ☐ **B.** NF.
- ☐ **C.** AB.
- ☐ **D.** Nature progrès.

27. Depuis 2010, quel pays est le premier producteur d'énergie éolienne ?

- ☐ **A.** La Chine.
- ☐ **B.** L'Allemagne.
- ☐ **C.** Le Brésil.
- ☐ **D.** La Russie.

28. Que signifie le sigle INAO ?

- ☐ **A.** Institut national de la qualité de l'œuf.
- ☐ **B.** Institut national de l'origine et de la qualité.
- ☐ **C.** Institut national de l'origine du chocolat.
- ☐ **D.** Institut national de l'origine et de la quantité.

29. Quelle énergie durable est utilisée en Islande pour chauffer les maisons et les trottoirs ?

- ☐ **A.** L'hydroélectricité.
- ☐ **B.** Le nucléaire.
- ☐ **C.** La géothermie.
- ☐ **D.** L'énergie solaire.

30. De quelle hauteur augmentera le niveau de la mer si le Groenland fond ?

- ☐ **A.** De 1 mètre.
- ☐ **B.** De 3 mètres.
- ☐ **C.** De 7 mètres.
- ☐ **D.** De 10 mètres.

31. Le WWF (Fonds mondial pour la nature) est une ONG qui protège les animaux sauvages et leurs lieux de vie. Quel animal apparaît sur le logo du WWF ?

- ☐ **A.** Un pélican.
- ☐ **B.** Un panda.
- ☐ **C.** Un singe.
- ☐ **D.** Un kangourou.

32. Qui a dit : « la maison brûle et on regarde ailleurs » ?

- ☐ **A.** Jacques Chirac.
- ☐ **B.** Valéry Giscard d'Estaing.
- ☐ **C.** Nicolas Sarkozy.
- ☐ **D.** François Mitterrand.

33. Les Objectifs de développement durable de l'ONU ont pour but de :

- ☐ **A.** Sauvegarder la faune et la flore.
- ☐ **B.** Transformer le monde, en le rendant plus durable et plus juste.
- ☐ **C.** Pallier les inégalités au niveau de l'eau dans le monde.
- ☐ **D.** Favoriser la croissance économique des pays les plus pauvres.

34. Quand ont été adoptés les objectifs de développement durable :

- ☐ **A.** Septembre 2000.
- ☐ **B.** Septembre 2010.
- ☐ **C.** Septembre 2015.
- ☐ **D.** Septembre 2020.

35. On entend de plus en plus parler d'Agenda 21. De quoi s'agit-il ?

☐ **A.** Des mesures à mettre en place pendant le XXIe siècle afin de préserver l'environnement.

☐ **B.** 21 mesures à mettre en place afin de préserver l'environnement.

☐ **C.** Réétudier les 21 mesures de la convention citoyenne pour le climat.

☐ **D.** Réétudier les 21 mesures de l'UE concernant l'environnement.

36. Selon l'ONU, combien de masques jetables utilisés pendant la pandémie finiront dans des décharges ?

☐ **A.** 20 %. ☐ **B.** 40 %. ☐ **C.** 60 %. ☐ **D.** 75 %.

37. Que veut dire « recycler les déchets » ?

☐ **A.** Nettoyer les emballages usagés.

☐ **B.** Utiliser leur matière pour fabriquer de nouveaux objets.

☐ **C.** Rénover les emballages.

☐ **D.** Leur trouver un usage différent.

38. En combien de temps, un sac en plastique se décompose-t-il ?

☐ **A.** 1 an. ☐ **B.** 10 ans. ☐ **C.** 100 ans. ☐ **D.** 1 000 ans.

39. Quelles énergies, dites fossiles car non renouvelables, produisent des gaz à effet de serre ?

☐ **A.** Le nucléaire, l'hydroélectricité et la vapeur d'eau.

☐ **B.** La géothermie et l'énergie éolienne.

☐ **C.** Le nucléaire, le solaire et la vapeur d'eau.

☐ **D.** Le pétrole, le gaz naturel et le charbon.

40. Parmi ces propositions sur l'agriculture biologique, laquelle ne contribue pas au développement durable ?

☐ **A.** Elle n'utilise pas de produits chimiques (engrais, pesticides, antibiotiques…).

☐ **B.** Elle permet de produire plus et de lutter contre la faim dans le monde.

☐ **C.** Les animaux sont élevés en plein air et nourris naturellement.

☐ **D.** Ses producteurs ont signé une charte stricte de qualité.

41. Parmi ces énergies renouvelables, laquelle est une énergie fossile ?

☐ **A.** La géothermie.

☐ **B.** Le lignite.

☐ **C.** L'hydroélectricité.

☐ **D.** Les biocarburants.

42. Qu'est-ce que l'empreinte écologique ?

☐ **A.** La surface nécessaire à la production de tous nos biens de consommation et à leur élimination.

☐ **B.** Les traces que nous laissons pour les générations futures.

☐ **C.** Le temps nécessaire à la production de tous nos biens de consommation et à leur élimination.

☐ **D.** L'environnement dégradé que nous laissons pour les générations futures.

43. Qui a été désigné tête de liste des Écologistes – Europe Écologie Les Verts (EELV) pour les élections européennes 2024 ?

- ☐ **A.** Yannick Jadot.
- ☐ **B.** Marie Toussaint.
- ☐ **C.** David Corman.
- ☐ **D.** Priscillia Ludosky.

44. Le pourcentage de culture biologique dans la culture mondiale s'élève à plus de :

- ☐ **A.** 5 %.
- ☐ **B.** 10 %.
- ☐ **C.** 15 %.
- ☐ **D.** 20 %.

45. Quelle est la principale culture bio ?

- ☐ **A.** Le café.
- ☐ **B.** Le cacao.
- ☐ **C.** Les olives.
- ☐ **D.** Les pommes.

46. Quelles sont les caractéristiques de l'économie verte ?

- ☐ **A.** Faible émission carbone, utilisation efficace des ressources et inclusion sociale.
- ☐ **B.** Baisse des GES et production d'au moins 30 % de matériaux biologiques.
- ☐ **C.** Approvisionnement en matériaux provenant de zones protégées.
- ☐ **D.** Production d'au moins 50 % de matériaux biologiques.

47. Parmi ces mesures de la loi « Loi climat et résilience », laquelle est inexacte ?

- ☐ **A.** Dès 2025, il sera interdit de louer les passoires thermiques (classées étiquette G).
- ☐ **B.** Dès 2028 il sera interdit de louer les passoires (classées F).
- ☐ **C.** À partir de 2032, obligation d'installer des panneaux solaires ou des toits végétalisés sur l'habitat ancien.
- ☐ **D.** À partir de 2034, les logements classés E seront interdits à la location.

48. Les atteintes les plus graves commises intentionnellement à l'environnement seront passibles :

- ☐ **A.** D'une peine maximale de 5 ans de prison et 4,5 millions d'euros d'amende.
- ☐ **B.** D'une peine maximale de 10 ans de prison et 4,5 millions d'euros d'amende.
- ☐ **C.** D'une peine maximale de 12 ans de prison et 4,5 millions d'euros d'amende.
- ☐ **D.** D'une peine maximale de 15 ans de prison et 4,5 millions d'euros d'amende.

49. La première commercialisation d'un véhicule électrique remonte à :

- ☐ **A.** 1852.
- ☐ **B.** 1914.
- ☐ **C.** 1918.
- ☐ **D.** 1939.

50. Qu'est-ce que la biodiversité ?

- ☐ **A.** Disparition des espèces vivantes présentes dans un milieu.
- ☐ **B.** Augmentation des espèces vivantes présentes dans un milieu.
- ☐ **C.** Prolifération des espèces vivantes présentes dans un milieu.
- ☐ **D.** Diversité des espèces vivantes présentes dans un milieu.

51. Quel documentaire suit les mouvements citoyens de défense du climat ?

- ☐ **A.** *Minimalisme.*
- ☐ **B.** *Les guerriers du climat.*
- ☐ **C.** *Home.*
- ☐ **D.** *Avant le déluge.*

52. Quand a été fondée l'agence internationale pour les énergies renouvelables ?

- ☐ **A.** 1997.
- ☐ **B.** 2007.
- ☐ **C.** 2009.
- ☐ **D.** 2012.

53. Pour quelle cause se bat Greta Thunberg ?

- ☐ **A.** Pour le climat.
- ☐ **B.** Pour l'interdiction des animaux dans les cirques.
- ☐ **C.** Pour les inégalités dans le monde.
- ☐ **D.** Pour la défense des ours polaires.

54. Combien de millions de tonnes de CO_2 le recyclage permet-il d'éviter ?

- ☐ **A.** 6,5 millions de tonnes de CO_2.
- ☐ **B.** 10,5 millions de tonnes de CO_2.
- ☐ **C.** 22,5 millions de tonnes de CO_2.
- ☐ **D.** 30,5 millions de tonnes de CO_2.

55. Si l'on respectait l'accord de Paris, de combien le taux de mortalité attribuable à la pollution en Europe pourrait-il être réduit ?

- ☐ **A.** 25 %.
- ☐ **B.** 35 %.
- ☐ **C.** 45 %.
- ☐ **D.** 55 %.

56. Comment s'appelle l'homme qui, en 1883, a imposé l'usage de récipients spéciaux pour les déchets ?

- ☐ **A.** Christophe Panier.
- ☐ **B.** Eugène Poubelle.
- ☐ **C.** Michel Benne.
- ☐ **D.** Arnaud Corbeille.

57. Quels sont les déchets non recyclables ?

- ☐ **A.** Le papier et le carton.
- ☐ **B.** Le plastique.
- ☐ **C.** Les ordures ménagères.
- ☐ **D.** Le verre.

58. Qu'est-ce que le « compost » ?

- ☐ **A.** Une culture hors sol.
- ☐ **B.** Le broyage des ordures ménagères.
- ☐ **C.** Le syndicat écologique de la poste.
- ☐ **D.** Un phénomène naturel de décomposition des végétaux qui est utilisé dans le jardinage.

59. Dans quel domaine Monsanto est-il le leader mondial ?

- ☐ **A.** Les produits cosmétiques.
- ☐ **B.** Les produits biologiques.
- ☐ **C.** La biotechnologie.
- ☐ **D.** Les produits maraîchers.

60. Qu'est-ce que le Roundup Ready ?

- ☐ **A.** Un herbicide qui détruit uniquement les mauvaises herbes
- ☐ **B.** Un fongicide permettant d'éviter le développement de mycoses.
- ☐ **C.** Un fongicide permettant un rendement élevé.
- ☐ **D.** Un herbicide dit non sélectif, car il détruit toutes les plantes.

61. Quand fut créée la première éolienne ?

- ☐ **A.** En 1888.
- ☐ **B.** En 1915.
- ☐ **C.** En 1930.
- ☐ **D.** En 1990.

62. Qui est le créateur de l'éolienne ?

- ☐ **A.** Léonard Pale.
- ☐ **B.** Charles Francis Brush.
- ☐ **C.** Dominique Le Vent.
- ☐ **D.** Corentin Souffle.

63. En France, à quelle distance minimale des habitations les éoliennes terrestres peuvent-elles être implantées selon la loi ?

☐ **A.** 500 m. ☐ **B.** 1 km. ☐ **C.** 1,5 km. ☐ **D.** 2 km.

64. Quel est le pays européen avec le plus de puissance éolienne en mer installée ?

☐ **A.** Le Royaume-Uni.
☐ **B.** La Norvège.
☐ **C.** La Suède.
☐ **D.** Le Danemark.

65. La France prévoit une décarbonisation quasi complète des transports en :

☐ **A.** 2030. ☐ **B.** 2040. ☐ **C.** 2050. ☐ **D.** 2060.

66. En France, une voiture électrique vendue aujourd'hui a une empreinte carbone :

☐ **A.** 2 fois moindre qu'une voiture thermique.
☐ **B.** 3 fois moindre qu'une voiture thermique.
☐ **C.** 4 fois moindre qu'une voiture thermique
☐ **D.** 5 fois moindre qu'une voiture thermique.

67. Quel est l'objectif du Pacte Vert pour l'Europe ?

☐ **A.** Réduire de 25 % les émissions de GES en 2030.
☐ **B.** Réduire de 35 % les émissions de GES en 2030.
☐ **C.** Réduire de 45 % les émissions de GES en 2030.
☐ **D.** Réduire de 55 % les émissions de GES en 2030.

68. L'objectif de la loi anti-gaspillage pour une économie circulaire est de :

☐ **A.** Limiter les déchets et préserver les ressources naturelles, la biodiversité et le climat.
☐ **B.** Stabiliser les déchets et préserver les ressources naturelles, la biodiversité et le climat.
☐ **C.** Enfouir les déchets et préserver les ressources naturelles, la biodiversité et le climat.
☐ **D.** Exporter les déchets et préserver les ressources naturelles, la biodiversité et le climat.

69. À partir du 1er janvier 2022, le seuil de déclenchement du malus écologique – la taxe sur l'achat d'un véhicule neuf polluant – sera abaissé :

☐ **A.** À 128 grammes de CO_2 par km.
☐ **B.** À 131 grammes de CO_2 par km.
☐ **C.** À 133 grammes de CO_2 par km.
☐ **D.** À 137 grammes de CO_2 par km.

70. La loi EGAlim prévoit à partir du 1er janvier 2022 :

☐ **A.** Un jour sans viande à la cantine scolaire.
☐ **B.** L'introduction de 20 % de produits bio en restauration collective.
☐ **C.** L'introduction de 50 % de produits frais.
☐ **D.** La cantine scolaire gratuite pour les plus modestes.

71. Combien d'associations en mars 2019, ont saisi le tribunal administratif de Paris pour non-respect des engagements de la France dans la lutte contre les émissions de GES ?

☐ **A.** 2. ☐ **B.** 3. ☐ **C.** 4. ☐ **D.** 5.

72. À combien estime-t-on en mars 2022, le nombre de personnes gravement touchées par la sécheresse au Kenya, en Somalie et en Éthiopie ?

☐ **A.** 5 millions.
☐ **B.** 10 millions.
☐ **C.** 15 millions.
☐ **D.** 20 millions.

73. Un appel urgent à la protection de la santé et à l'atténuation de la crise climatique a été lancé par l'OMS à l'occasion de :

☐ **A.** La Journée mondiale de la santé.
☐ **B.** La Journée mondiale de l'eau.
☐ **C.** La Journée mondiale d recyclage.
☐ **D.** La Journée mondiale de l'environnement.

74. Le nombre de catastrophes liées au climat :

☐ **A.** Est resté inchangé dans les trente dernières années.
☐ **B.** A baissé dans les trente dernières années.
☐ **C.** A doublé dans les trente dernières années.
☐ **D.** A triplé dans les trente dernières années.

75. Quelle est la proportion de français qui consomment des produits issus de l'agriculture biologique ?

☐ **A.** Un quart.
☐ **B.** Un tiers.
☐ **C.** La moitié.
☐ **D.** Deux tiers.

76. En France, combien de consommateurs privilégient le local ?

☐ **A.** 75 %.
☐ **B.** 79 %.
☐ **C.** 80 %.
☐ **D.** 89 %.

77. Que signifie le sigle ZFE ?

☐ **A.** Zone à faibles émissions.
☐ **B.** Zone franche européenne.
☐ **C.** Zone à fortes émissions.
☐ **D.** Zone franco-européenne.

78. La loi Climat prévoit que seuls les véhicules porteurs d'une vignette Crit'Air 1, 2 ou verte pourront être autorisés à rouler dans les ZFE à partir du :

☐ **A.** 1er janvier 2023.
☐ **B.** 1er janvier 2024.
☐ **C.** 1er janvier 2025.
☐ **D.** 1er janvier 2026.

79. Quel est le pays européen qui émet le plus de CO_2 à cause de sa forte dépendance au charbon ?

☐ **A.** La France.
☐ **B.** L'Allemagne.
☐ **C.** L'Espagne.
☐ **D.** L'Italie.

80. Où a lieu principalement la déforestation ?

☐ **A.** En Amérique du Sud, Afrique centrale et Asie du Sud-Est.
☐ **B.** En Amérique du Nord, Europe centrale et Océanie.
☐ **C.** En Amérique centrale, Afrique du Sud et en Asie du Nord-Ouest.
☐ **D.** En Afrique du Nord, en Europe du Nord et Océanie.

81. La fonte des glaces est majoritairement présente :

- ☐ **A.** Dans le Sud-Est de l'Argentine.
- ☐ **B.** En Arctique et en Antarctique.
- ☐ **C.** Au Cachemire.
- ☐ **D.** En Alaska.

82. L'UNEP, c'est :

- ☐ **A.** Le Programme des Nations unies pour l'environnement.
- ☐ **B.** Un syndicat des enseignants.
- ☐ **C.** Une association dépendante de l'Organisation des Nations unies.
- ☐ **D.** Une organisation dépendante des Nations unies qui œuvre dans le domaine de la santé.

83. Quel est le montant de la prime pour l'achat d'un véhicule thermique ?

- ☐ **A.** 1500 euros.
- ☐ **B.** 200 euros.
- ☐ **C.** 4 000 euros.
- ☐ **D.** 10 000 euros.

84. Il est une des figures du mouvement altermondialiste et membre de la confédération paysanne. Il s'agit de :

- ☐ **A.** René Dumont.
- ☐ **B.** José Bové.
- ☐ **C.** Antoine Waechter.
- ☐ **D.** Daniel Cohn-Bendit.

85. La pollution des usines rejette surtout :

- ☐ **A.** Des oxydes d'azote.
- ☐ **B.** Du NH_3 et de l'O_3.
- ☐ **C.** Du CO_2, de l'azote et des gaz fluorés.
- ☐ **D.** du dioxyde de soufre.

86. Quel est le principal problème engendré par le rejet de ces gaz ?

- ☐ **A.** La fonte des glaciers.
- ☐ **B.** Une odeur nauséabonde.
- ☐ **C.** Une fracturation importante des plaques tectoniques.
- ☐ **D.** Un bouleversement climatique plus fort.

87. Le parti Europe Écologie Les Verts (EELV) a succédé à quel parti ?

- ☐ **A.** La Nature.
- ☐ **B.** Mouvement écologiste politique.
- ☐ **C.** Écopole.
- ☐ **D.** Les Verts.

88. Combien de niveaux comprend la biodiversité ?

- ☐ **A.** 1 seul : la biodiversité génétique.
- ☐ **B.** 2 : la biodiversité phénotypique et génotypique.
- ☐ **C.** 3 : la biodiversité des écosystèmes, des espèces et génétique.
- ☐ **D.** 4 : la biodiversité des espèces, des territoires, des modes de reproduction et des modes d'alimentation.

89. Qu'est-ce qu'un écosystème ?

- ☐ **A.** C'est un ensemble dynamique d'êtres vivants interagissant entre eux et avec leur milieu.
- ☐ **B.** C'est une zone protégée.
- ☐ **C.** C'est un groupe d'individus possédant des caractéristiques similaires.
- ☐ **D.** C'est une zone non polluée.

90. Le blanchiment des coraux est :

- ☐ **A.** Dû aux oursins de mer.
- ☐ **B.** Dû à un réchauffement de l'eau qui provoque leur mort.
- ☐ **C.** Normal chez certaines espèces.
- ☐ **D.** Dû à une espèce d'étoiles prédatrice de coraux.

91. Quel est le problème posé par ce blanchiment ?

- ☐ **A.** Une pollution accrue.
- ☐ **B.** La multiplication des bactéries
- ☐ **C.** La disparition du tourisme sur la Grande Barrière de corail.
- ☐ **D.** Le manque de dioxygène relâché dans l'atmosphère a provoqué leur mort.

92. Le cyclone Freddy a causé plus de 400 morts en Afrique australe dont la grande majorité :

- ☐ **A.** En Tanzanie.
- ☐ **B.** Au Malawi.
- ☐ **C.** En Zambie.
- ☐ **D.** Au Mozambique.

93. La planète fait face à la triple crise :

- ☐ **A.** De la démocratie, de la justice et de la liberté.
- ☐ **B.** Du dérèglement climatique, de la perte de biodiversité et de la pollution.
- ☐ **C.** Des pesticides, de la disparition de la faune et la flore.
- ☐ **D.** Des valeurs républicaines et de la justice.

94. L'UNESCO demande aux États d'inscrire :

- ☐ **A.** L'éducation à la sexualité dans les programmes scolaires d'ici 2025.
- ☐ **B.** L'éducation à l'environnement dans les programmes scolaires d'ici 2025.
- ☐ **C.** L'éducation à l'écologie dans les programmes scolaires d'ici 2025.
- ☐ **D.** L'éducation à l'océan dans les programmes scolaires d'ici 2025.

95. Les marées vertes sont composées essentiellement :

- ☐ **A.** D'algues se développant à cause de nos rejets.
- ☐ **B.** De plantes se développant en bord de mer.
- ☐ **C.** D'antibiotiques déversés dans les rivières.
- ☐ **D.** De pesticides donnant cette couleur verte.

96. Quel est le pilier sur lequel ne repose pas le développement durable ?

- ☐ **A.** Le pilier économique.
- ☐ **B.** Le pilier social.
- ☐ **C.** Le pilier politique.
- ☐ **D.** Le pilier environnemental.

97. Quels sont les déchets le plus jetés au monde ?

- ☐ **A.** Les déchets médicaux.
- ☐ **B.** Les mégots de cigarettes.
- ☐ **C.** Les smartphones.
- ☐ **D.** Les masques.

98. Quelle est l'organisation spécialisée du système des Nations unies, pour l'alimentation et l'agriculture ?

- ☐ **A.** UNESCO.
- ☐ **B.** OMS.
- ☐ **C.** FAO.
- ☐ **D.** FMI.

99. À quel rang mondial se trouve la France parmi les pays producteurs de chaleur d'origine solaire ?

- ☐ **A.** Au 8e rang mondial.
- ☐ **B.** Au 12e rang mondial.
- ☐ **C.** Au 10e rang mondial.
- ☐ **D.** Au 15e rang mondial.

100. Greenpeace est une organisation non gouvernementale internationale de protection de l'environnement présente dans plus de 55 pays à travers le monde. Elle a été créée en :

- ☐ **A.** 1968.
- ☐ **B.** 1971.
- ☐ **C.** 1978.
- ☐ **D.** 1981.

Corrigé

1. **A.** Christophe Béchu.
2. **D.** 1975.
3. **C.** Des énergies épuisables mais non polluantes.
4. **D.** Le soleil, le vent, la biomasse, l'hydraulique.
5. **C.** Le pétrole.
6. **B.** 1987.
7. **B.** Le rapport d'une commission de l'ONU.
8. **C.** Environnemental, social et économique.
9. **D.** L'Islande.
10. **A.** Des ampoules à Led.
11. **C.** Les produits vendus en vrac.
12. **C.** On les apporte à la déchetterie.
13. **B.** De parvenir à une plus grande équité dans le commerce mondial.
14. **C.** Et en garantissant les droits des producteurs et des travailleurs défavorisés.
15. **A.** Éducation au développement durable.
16. **D.** Max Havelaar.
17. **C.** Robert Redford.
18. **B.** Un regroupement de producteurs.
19. **A.** En 1988 dès sa création.
20. **B.** Baisser de 1 °C la consigne de chauffage.
21. **A.** Améliorer l'efficience des avions.
22. **B.** Le transport fluvial.
23. **D.** Fermer les centrales à énergie carbonée.

24. **C.** Un mode de culture qui préserve la nature.
25. **D.** Décembre 2033.
26. **C.** AB.
27. **A.** La Chine.
28. **B.** Institut national de l'origine et de la qualité.
29. **C.** La géothermie.
30. **C.** De 7 mètres.
31. **B.** Un panda.
32. **A.** Jacques Chirac.
33. **B.** Transformer le monde, en le rendant plus durable et plus juste.
34. **C.** Septembre 2015.
35. **A.** Des mesures à mettre en place pendant le XXIe siècle afin de préserver l'environnement.
36. **D.** 75.
37. **B.** Utiliser leur matière pour fabriquer de nouveaux objets.
38. **C.** 100 ans.
39. **D.** Le pétrole, le gaz naturel et le charbon.
40. **B.** Elle permet de produire plus et de lutter contre la faim dans le monde.
41. **B.** Le lignite.
42. **A.** La surface nécessaire à la production de tous nos biens de consommation et à leur élimination.
43. **B.** Marie Toussaint.
44. **B.** 10 %.
45. **A.** Le café.
46. **A.** Faible émission carbone, utilisation efficace des ressources et inclusion sociale.
47. **C.** À partir de 2032, obligation d'installer des panneaux solaires ou des toits végétalisés sur l'habitat ancien.
48. **B.** D'une peine maximale de 10 ans de prison et 4,5 millions d'euros d'amende.
49. **A.** 1852.
50. **D.** Diversité des espèces vivantes présentes dans un milieu.
51. *Les guerriers du climat.*
52. **C.** 2009.
53. **A.** Pour le climat.
54. **C.** 22,5 millions de tonnes de CO_2.
55. **D.** 55 %.
56. **B.** Eugène Poubelle.
57. **C.** Les ordures ménagères.
58. **D.** Un phénomène naturel de décomposition des végétaux qui est utilisé dans le jardinage.
59. **C.** La biotechnologie.
60. **D.** Un herbicide dit non sélectif, car il détruit toutes les plantes.
61. **A.** En 1888.
62. **B.** Charles Francis Brush.
63. **A.** 500 m.
64. **A.** Le Royaume-Uni.
65. **C.** 2050.
66. **B.** 3 fois moindre qu'une voiture thermique.
67. **D.** Réduire de 55 % les émissions de GES en 2030.
68. **A.** Limiter les déchets et préserver les ressources naturelles, la biodiversité et le climat.
69. **A.** À 128 grammes de CO_2 par km.
70. **B.** L'introduction de 20 % de produits bio en restauration collective.
71. **C.** 4.
72. **C.** 15 millions.
73. **A.** La Journée mondiale de la santé.
74. **D.** A triplé dans les trente dernières années.
75. **D.** Deux tiers.
76. **C.** 80 %.
77. **A.** Zone à faibles émissions.

78. **C.** 1er janvier 2025.

79. **B.** L'Allemagne.

80. **A.** En Amérique du Sud, Afrique centrale et Asie du Sud Est.

81. **B.** En Arctique et en Antarctique.

82. **A.** Le Programme des Nations unies pour l'environnement.

83. **C.** 3 000 euros.

84. **B.** José Bové.

85. **C.** Du CO_2, de l'azote et des gaz fluorés.

86. **D.** Un bouleversement climatique plus fort.

87. **D.** Les Verts.

88. **C.** 3 : la biodiversité des écosystèmes, des espèces et génétique.

89. **A.** C'est un ensemble dynamique d'êtres vivants interagissant entre eux et avec leur milieu.

90. **B.** Dû à un réchauffement de l'eau qui provoque leur mort.

91. **D.** Le manque de dioxygène relâché dans l'atmosphère a provoqué leur mort.

92. **B.** Au Malawi.

93. **B.** Du dérèglement climatique, de la perte de biodiversité et de la pollution.

94. **D.** L'éducation à l'océan dans les programmes scolaires d'ici 2025.

95. **A.** D'algues se développant à cause de nos rejets.

96. **C.** Le pilier politique.

97. **B.** Les mégots de cigarettes.

98. **C.** FAO.

99. **D.** Au 12e rang mondial.

100. **B.** 1971.

4 Religions et mythologie

1. De quel pays vient le pape François Ier ?

- ▢ **A.** Italie.
- ▢ **B.** Argentine.
- ▢ **C.** Pologne.
- ▢ **D.** Équateur.

2. Quelle est la religion qui compte le plus d'adeptes ?

- ▢ **A.** Le bouddhisme.
- ▢ **B.** L'islam.
- ▢ **C.** Le christianisme.
- ▢ **D.** L'hindouisme.

3. Parmi les fondateurs des grandes religions universalistes, lequel a vécu de 571 à 632 ?

- ▢ **A.** Jésus.
- ▢ **B.** Luther.
- ▢ **C.** Moïse.
- ▢ **D.** Mahomet.

4. En quelle année a été adoptée la loi de séparation de l'Église et de l'État ?

- ▢ **A.** 1901.
- ▢ **B.** 1905.
- ▢ **C.** 1907.
- ▢ **D.** 1908.

5. Qu'est-ce que la laïcité ?

- ▢ **A.** L'interdiction des religions.
- ▢ **B.** L'interdiction de faire de la publicité pour les religions.
- ▢ **C.** La neutralité de l'État en matière religieuse.
- ▢ **D.** Une forme d'athéisme.

6. Que signifie l'acronyme CRIF ?

- ▢ **A.** Commission représentative des institutions juives de France.
- ▢ **B.** Conseil représentatif des instances juives de France.
- ▢ **C.** Comité représentatif des institutions juives de France.
- ▢ **D.** Conseil représentatif des institutions juives de France.

7. Quel ministre a instauré la Charte de la laïcité ?

- ▢ **A.** François Bayrou.
- ▢ **B.** Vincent Peillon.
- ▢ **C.** Claude Allègre.
- ▢ **D.** Jean Michel Blanquer.

8. Quelle est la devise de la République française ?

- ▢ **A.** Indivisible, laïque, démocratique, sociale.
- ▢ **B.** Unie dans la diversité.
- ▢ **C.** Égalité, neutralité, fraternité.
- ▢ **D.** Liberté, égalité, fraternité.

9. Pédocriminalité dans l'Église : combien de victimes ont été indemnisées au 1er mars 2023 ?

- ▢ **A.** 110.
- ▢ **B.** 190.
- ▢ **C.** 270.
- ▢ **D.** 490.

10. Le 9 décembre est devenu la journée de la laïcité et est célébrée dans tous les établissements de France depuis :

- ▢ **A.** L'attentat de Nice.
- ▢ **B.** La mort du héros Arnaud Beltrame en 2018.
- ▢ **C.** L'attentat de *Charlie Hebdo* en 2015.
- ▢ **D.** Les attentats du Bataclan.

11. Lequel de ces pays est laïque ?

- ☐ **A.** Les États-Unis.
- ☐ **B.** L'Algérie.
- ☐ **C.** L'Arabie Saoudite.
- ☐ **D.** Le Vatican.

12. Qu'est-ce que l'État ?

- ☐ **A.** L'ensemble des Français.
- ☐ **B.** L'armée.
- ☐ **C.** La défense.
- ☐ **D.** Tout ce qui relève du gouvernement : services publics, écoles, armée, police…

13. Quel est le livre sacré pour les catholiques ?

- ☐ **A.** Le Coran.
- ☐ **B.** Le Nouveau Testament.
- ☐ **C.** La Bible.
- ☐ **D.** La Torah.

14. Qu'est-ce que la Shoa ?

- ☐ **A.** Politique d'extermination des Juifs menée par les nazis à travers toute l'Europe.
- ☐ **B.** Politique d'extermination des musulmans menée par les nazis à travers toute l'Europe.
- ☐ **C.** Politique d'extermination des catholiques menée par les nazis à travers toute l'Europe.
- ☐ **D.** Politique d'extermination des protestants menée par les nazis à travers toute l'Europe.

15. Depuis quand date l'interdiction interdisant la dissimulation du visage dans l'espace public ?

- ☐ **A.** 2004.
- ☐ **B.** 2006.
- ☐ **C.** 2008.
- ☐ **D.** 2010.

16. Dans quelle ville se trouve le Vatican ?

- ☐ **A.** Venise.
- ☐ **B.** Florence.
- ☐ **C.** Milan.
- ☐ **D.** Rome.

17. Avant cette loi sur la séparation de l'Église et l'État, et en particulier avant la Révolution française, quelle était la religion officielle de la France ?

- ☐ **A.** Le catholicisme.
- ☐ **B.** Le protestantisme.
- ☐ **C.** L'islam.
- ☐ **D.** Le judaïsme.

18. Que signifie « charia » ?

- ☐ **A.** Loi canonique islamique régissant la vie religieuse, politique appliquée dans certains États musulmans.
- ☐ **B.** Loi canonique islamique régissant la vie religieuse, politique, sociale appliquée dans certains États musulmans.
- ☐ **C.** Loi canonique islamique régissant la vie religieuse appliquée dans certains États musulmans.
- ☐ **D.** Loi canonique islamique régissant la vie religieuse, politique, sociale et individuelle, appliquée dans certains États musulmans.

19. Quel théologien, philosophe et évêque d'Hippone, est resté célèbre pour ses *Confessions* ?

- ☐ **A.** Saint François d'assise.
- ☐ **B.** Saint Augustin.
- ☐ **C.** Saint Jean-Jacques.
- ☐ **D.** Saint Thomas d'Aquin.

20. Quel est le terme qui désigne les paroles, actes et approbations du prophète Mahomet considérés comme des ordres à suivre par les musulmans ?

- ☐ **A.** Les Mantras.
- ☐ **B.** Les sourates.
- ☐ **C.** Les hadiths.
- ☐ **D.** Les Fatwas.

21. Dans la tradition chrétienne, que symbolise la fête de Pâques ?

- ☐ **A.** L'élévation de Jésus-Christ au ciel.
- ☐ **B.** Le jeûne de Jésus-Christ dans le désert.
- ☐ **C.** La résurrection de Jésus-Christ.
- ☐ **D.** L'élévation de Marie au Ciel.

22. Combien de jours après Pâques célèbre-t-on l'Ascension ?

- ☐ **A.** 5 jours.
- ☐ **B.** 10 jours.
- ☐ **C.** 30 jours.
- ☐ **D.** 40 jours.

23. Quelle fête est considérée comme la Pâque juive ?

- ☐ **A.** Noël.
- ☐ **B.** Yom Kippour.
- ☐ **C.** Pessah.
- ☐ **D.** Roch Hachana.

24. Quelle est la troisième religion la plus répandue au monde ?

- ☐ **A.** Le judaïsme.
- ☐ **B.** L'hindouisme.
- ☐ **C.** Le christianisme.
- ☐ **D.** L'islam.

25. Quel est le but de la pratique bouddhique, appelé Éveil ?

- ☐ **A.** Le karma.
- ☐ **B.** Le nirvana.
- ☐ **C.** La réincarnation.
- ☐ **D.** La mission de vie.

26. Qui fut le père de la réforme protestante, dès 1517 ?

- ☐ **A.** Martin Bucer.
- ☐ **B.** Jean Calvin.
- ☐ **C.** Martin Luther.
- ☐ **D.** Daniel Marguerat.

27. Sur quel mont, Moïse a-t-il reçu ses fameux Dix Commandements ?

- ☐ **A.** Mont Sinaï.
- ☐ **B.** Mont de la Colombe.
- ☐ **C.** Mont des Oliviers.
- ☐ **D.** Mont de la Paix.

28. Que signifie le mot « aïd » dans l'Islam ?

- ☐ **A.** La punition.
- ☐ **B.** La fête.
- ☐ **C.** La fidélité.
- ☐ **D.** La mort.

29. Quel est le texte fondateur pour les juifs ?

- ☐ **A.** La Torah.
- ☐ **B.** Le Coran.
- ☐ **C.** Le Nouveau Testament.
- ☐ **D.** La Toundra.

30. Quel jour de la semaine, les Juifs procèdent-ils au chabbat ?

☐ **A.** Le lundi. ☐ **C.** Le samedi.
☐ **B.** Le jeudi. ☐ **D.** Le dimanche.

31. Dans la tradition juive, à partir de quel âge un garçon fait-il sa bar-mitzva ?

☐ **A.** 8 ans. ☐ **B.** 10 ans. ☐ **C.** 13 ans. ☐ **D.** 15 ans.

32. Quel philosophe a dit : « La religion est l'opium du peuple » ?

☐ **A.** Karl Marx. ☐ **C.** Emmanuel Kant.
☐ **B.** Jean Paul Sartre. ☐ **D.** Martin Heidegger.

33. Où fut construite la célèbre Tour de Babel ?

☐ **A.** Babylone. ☐ **B.** Alexandrie. ☐ **C.** Bagdad. ☐ **D.** Jérusalem.

34. Avec Brahma et Shiva, quel est le troisième dieu de la « trinité hindoue » ?

☐ **A.** Shiva. ☐ **B.** Vishnou. ☐ **C.** Bouddha. ☐ **D.** Brahma.

35. Quel mois célèbre-t-on l'Assomption ?

☐ **A.** Mai. ☐ **B.** Juin. ☐ **C.** Juillet. ☐ **D.** Août.

36. Dans quel pays se trouve la mosquée sacrée, la Kaaba ?

☐ **A.** En Irak. ☐ **C.** En Égypte.
☐ **B.** En Algérie. ☐ **D.** En Arabie Saoudite.

37. Comment se nomment les textes sacrés fondant l'hindouisme ?

☐ **A.** Les Tantras. ☐ **C.** Les Védas.
☐ **B.** Les Mantras. ☐ **D.** Les Mokshas.

38. Combien y avait-il d'apôtres autour de Jésus ?

☐ **A.** 5. ☐ **B.** 8. ☐ **C.** 10. ☐ **D.** 12.

39. Dans le monde musulman, qui peut lancer une fatwa ?

☐ **A.** Le muezzin. ☐ **B.** Le mufti. ☐ **C.** Le calife. ☐ **D.** L'imam.

40. Quels personnages sont présents à la fois dans les livres saints des juifs, des chrétiens et des musulmans ?

☐ **A.** Abraham. ☐ **C.** Marie.
☐ **B.** Jésus. ☐ **D.** L'ange Gabriel.

41. Parmi les 5 piliers de l'islam, lequel n'en est pas un ?

☐ **A.** La charité envers les pauvres. ☐ **C.** Le djihad.
☐ **B.** La prière cinq fois par jour. ☐ **D.** Le jeûne du ramadan.

42. Comment se nomment les membres d'une religion monothéiste indienne ?

☐ **A.** Sikhs. ☐ **C.** Soufis.
☐ **B.** Sunnites. ☐ **D.** Shintoïstes.

43. Dans quelle religion, les Upanishad sont-ils des textes sacrés ?

- ☐ **A.** Taoïsme.
- ☐ **B.** Bouddhisme.
- ☐ **C.** Christianisme.
- ☐ **D.** Hindouisme.

44. Le pape Benoit XVI, Joseph Aloisius Ratzinger, nous a quittés. De quel pays était-il originaire ?

- ☐ **A.** Colombie.
- ☐ **B.** Pologne.
- ☐ **C.** Autriche.
- ☐ **D.** Allemagne.

45. Quel film américain de Melvin Le Roy, en 1951, mettra en scène le martyre des chrétiens, sous la Rome Antique ?

- ☐ **A.** *La Tunique Rouge.*
- ☐ **B.** *Ben Hur.*
- ☐ **C.** *Les Dix Commandements.*
- ☐ **D.** *Quo Vadis.*

46. Pour les musulmans chiites quel est le successeur de Mahomet, désigné par le Prophète lui-même ?

- ☐ **A.** Ali.
- ☐ **B.** Mohammed
- ☐ **C.** Hassan
- ☐ **D.** Mohammad.

47. Quelle époque de l'histoire de France a été marquée par les guerres de religions entre catholique et protestants :

- ☐ **A.** Le XVIe siècle.
- ☐ **B.** Le XIIIe siècle.
- ☐ **C.** Le XIe siècle.
- ☐ **D.** Le XVIIIe siècle.

48. Combien de jours après Pâques, célèbre-t-on la Pentecôte :

- ☐ **A.** 20 jours.
- ☐ **B.** 40 jours.
- ☐ **C.** 30 jours.
- ☐ **D.** 50 jours.

49. Laquelle des religions suivantes est polythéiste ?

- ☐ **A.** Chrétienne.
- ☐ **B.** Hindouisme.
- ☐ **C.** Juive.
- ☐ **D.** Islam.

50. Dans les églises et les cathédrales, les compositions formées de pièces de verre blanches ou colorées s'appellent :

- ☐ **A.** Des coraux.
- ☐ **B.** Des vitraux.
- ☐ **C.** Des émaux.
- ☐ **D.** Des icônes.

51. Dans la mythologie grecque, qui est le roi des dieux ?

- ☐ **A.** Apollon.
- ☐ **B.** Zeus.
- ☐ **C.** Hadès.
- ☐ **D.** Thor.

52. Œdipe :

- ☐ **A.** A tué son père et épousé sa mère.
- ☐ **B.** A tué son père et épousé sa sœur.
- ☐ **C.** A tué son père et épousé sa tante.
- ☐ **D.** A tué son oncle et épousé sa tante.

53. Ulysse est l'un des héros les plus célèbres de la mythologie grecque. Il était roi :

- ☐ **A.** D'Athènes.
- ☐ **B.** D'Ithaque.
- ☐ **C.** De Zakynthos.
- ☐ **D.** De Leucade.

54. Un jour qu'il s'abreuve à une source, il voit son reflet dans l'eau et en tombe amoureux. Il s'agit :

- ▢ **A.** D'Éros.
- ▢ **B.** D'Ego.
- ▢ **C.** De Psyché.
- ▢ **D.** De Narcisse.

55. Qui a écrit *La République* ?

- ▢ **A.** Sophocle.
- ▢ **B.** Platon.
- ▢ **C.** Socrate.
- ▢ **D.** Aristophane.

56. Elle défait tous les soirs son ouvrage en attendant le retour de son époux, parti depuis longtemps. C'est :

- ▢ **A.** Hestia.
- ▢ **B.** Pénélope.
- ▢ **C.** Prométhée.
- ▢ **D.** Aphrodite.

57. Qui aide Thésée à quitter le labyrinthe ?

- ▢ **A.** Dédale.
- ▢ **B.** Salomon.
- ▢ **C.** Ariane.
- ▢ **D.** Abel.

58. L'instrument de musique dont se servaient les Grecs était une :

- ▢ **A.** Harpe.
- ▢ **B.** Cithare.
- ▢ **C.** Lyre.
- ▢ **D.** Mandoline.

59. Poséidon est le dieu :

- ▢ **A.** Des océans.
- ▢ **B.** De l'eau.
- ▢ **C.** De la mer.
- ▢ **D.** De la pluie.

60. Qui n'est pas un dieu grec parmi ces 4 propositions ?

- ▢ **A.** Apollon.
- ▢ **B.** Zeus.
- ▢ **C.** Thor.
- ▢ **D.** Héraclès.

61. Dans la mythologie grecque qui était la créature mi-taureau mi-homme ?

- ▢ **A.** Le Centaure.
- ▢ **B.** Le Léviathan.
- ▢ **C.** Le Minotaure.
- ▢ **D.** Le Centauros.

62. Laquelle n'est pas une gorgone ?

- ▢ **A.** Méduse.
- ▢ **B.** Euryale.
- ▢ **C.** Sthéno.
- ▢ **D.** Gaïa.

63. Quel est le nom de la déesse de la beauté et de l'amour ?

- ▢ **A.** Orphée.
- ▢ **B.** Héra.
- ▢ **C.** Aphrodite.
- ▢ **D.** Psyché.

64. Pour avoir désobéi, Antigone est condamnée par Créon, Roi de Thèbes à :

- ▢ **A.** L'exil.
- ▢ **B.** Être enterrée vivante.
- ▢ **C.** Être brûlée vive.
- ▢ **D.** Devenir esclave.

65. Qui a écrit Œdipe roi ?

- ▢ **A.** Sophocle.
- ▢ **B.** Platon.
- ▢ **C.** Socrate.
- ▢ **D.** Aristophane.

66. Où est située la demeure des dieux ?

- ☐ **A.** Dans le monde souterrain.
- ☐ **B.** Dans les cieux.
- ☐ **C.** En Grèce, sur le mont Olympe.
- ☐ **D.** Dans le monde sous-marin.

67. Jason organisa l'expédition des Argonautes pour récupérer :

- ☐ **A.** La statue d'Athéna.
- ☐ **B.** Le Graal.
- ☐ **C.** La vénus de Milo.
- ☐ **D.** La Toison d'or.

68. Lequel de ces noms est le nom d'un héros grec ?

☐ **A.** Thalès. ☐ **B.** Hadès. ☐ **C.** Héraclès. ☐ **D.** Zeus.

69. Laquelle de ces femmes n'est pas une déesse ?

☐ **A.** Aethra. ☐ **B.** Athéna. ☐ **C.** Diane. ☐ **D.** Aphrodite.

70. Éole est :

- ☐ **A.** Le maître et le régisseur des vents.
- ☐ **B.** Le Dieu des mers et des océans.
- ☐ **C.** Le Dieu de la lumière et du soleil.
- ☐ **D.** Le Dieu des enfers.

71. Dans la mythologie grecque qui est la déesse de la sagesse et de la guerre ?

- ☐ **A.** Perséphone.
- ☐ **B.** Athéna.
- ☐ **C.** Aphrodite.
- ☐ **D.** Prométhée.

72. Quel prince troyen est à l'origine de la guerre de Troie ?

☐ **A.** Pâris. ☐ **B.** Hector. ☐ **C.** Énée. ☐ **D.** Priam.

73. Comment s'appelait la devineresse qui avait prédit un grand malheur pour la ville de Troie et que jamais personne n'a écoutée ?

☐ **A.** Ariane. ☐ **B.** Cassandre. ☐ **C.** Iphigénie. ☐ **D.** Pénélope.

74. Comment s'appelle l'épouse du prince troyen Hector, dont le nom évoque une tragédie de Racine ?

- ☐ **A.** Bérénice.
- ☐ **B.** Phèdre.
- ☐ **C.** Andromaque.
- ☐ **D.** Iphigénie.

75. Qui imagina le stratagème du cheval de bois pour s'introduire dans la ville de Troie ?

☐ **A.** Achille. ☐ **B.** Ménélas. ☐ **C.** Midas. ☐ **D.** Ulysse.

76. Comment s'appelait le roi de Sparte, un époux bafoué qui décide de lever une armée contre Troie ?

☐ **A.** Midas. ☐ **B.** Ménélas. ☐ **C.** Augias. ☐ **D.** Achille.

77. Dans quel pays a-t-on retrouvé le site archéologique de la ville antique de Troie ?

☐ **A.** Grèce. ☐ **B.** Crète. ☐ **C.** Turquie. ☐ **D.** Égypte.

78. Quel auteur de la Grèce antique a relaté l'histoire de la guerre de Troie ?

☐ **A.** Homère. ☐ **B.** Virgile. ☐ **C.** Aristote. ☐ **D.** Sophocle.

79. Héraclès est l'un des héros les plus vénérés de la Grèce antique. À quel héros de la mythologie romaine correspond-il ?

☐ **A.** Hermès. ☐ **B.** Apollon. ☐ **C.** Jason. ☐ **D.** Hercule.

80. Quel roi ordonna à Héraclès d'accomplir ses douze travaux ?

☐ **A.** Eurysthée. ☐ **B.** Poséidon. ☐ **C.** Ménélas. ☐ **D.** Augias.

81. Quelle pièce vestimentaire de la femme guerrière, Héraclès devait-il rapporter ?

☐ **A.** Son casque.
☐ **B.** Sa ceinture.
☐ **C.** Sa jambière.
☐ **D.** Sa tunique.

82. Quel était le nom du chien monstrueux qu'Héraclès a dû maîtriser lors de sa descente aux enfers qui constituait son douzième et dernier travail ?

☐ **A.** Argos. ☐ **B.** Cerbère. ☐ **C.** Garm. ☐ **D.** Fenrir.

83. Pour quelle raison Héraclès a-t-il accompli ses douze travaux ?

☐ **A.** Pour épouser la déesse Hébé.
☐ **B.** Pour atteindre l'immortalité.
☐ **C.** Pour expier son crime.
☐ **D.** Pour être sélectionné pour les Jeux olympiques.

84. Quand une tâche est très difficile à réaliser, comment la nomme-t-on ?

☐ **A.** Une montagne de Zeus.
☐ **B.** Un travail d'Hercule.
☐ **C.** Une corvée de Pénélope.
☐ **D.** C'est titanesque.

85. Qui sont les Amazones ?

☐ **A.** Des juments blanches.
☐ **B.** Des aventurières.
☐ **C.** Des femmes guerrières.
☐ **D.** Des peuples vivant au cœur de l'Amazonie.

86. Quelle déesse romaine correspond à la déesse grecque, Aphrodite ?

☐ **A.** Aurore. ☐ **B.** Vesta. ☐ **C.** Vénus. ☐ **D.** Diane.

87. Quelle déesse parcourt la terre entière à la recherche de sa fille disparue, enlevée par le dieu des Enfers ?

☐ **A.** Athéna.
☐ **B.** Déméter.
☐ **C.** Aphrodite.
☐ **D.** Perséphone.

88. Quelle île Zeus attribue-t-il à Hélios, dieu du Soleil ?

☐ **A.** Rhodes. ☐ **B.** Milos. ☐ **C.** Santorin. ☐ **D.** La Crète.

89. Quel est le nom de l'épouse d'Ulysse ?

☐ **A.** Paloma.
☐ **B.** Pénélope.
☐ **C.** Perséphone.
☐ **D.** Aphrodite.

90. Qui est le dieu de la vigne et de l'ivresse ?

☐ **A.** Bacchus. ☐ **B.** Diogène. ☐ **C.** Hadès. ☐ **D.** Dionysos.

91. Comment appelle-t-on les neuf filles de Zeus et de Mnémosyne ?

- ☐ **A.** Les Muses.
- ☐ **B.** Les Sirènes.
- ☐ **C.** Les Gorgones.
- ☐ **D.** Les Amazones.

92. Qui sont les Danaïdes ?

- ☐ **A.** Les filles de Dédale.
- ☐ **B.** Les filles de Danaos.
- ☐ **C.** Les filles de Dionysos
- ☐ **D.** Les filles de Diogène.

93. Quelle expression tirée de la mythologie grecque signifie rêver donc par extension dormir ?

- ☐ **A.** Tomber dans la pénombre d'Hadès.
- ☐ **B.** Être dans le lit d'Hadès.
- ☐ **C.** Être dans les bras de Morphée.
- ☐ **D.** S'évanouir à côté de Morphée.

94. De quel animal, Œdipe a-t-il résolu l'énigme ?

- ☐ **A.** Le tigre.
- ☐ **B.** Le minautore.
- ☐ **C.** Le loup.
- ☐ **D.** Le sphynx.

95. Combien y a-t-il de muses ?

- ☐ **A.** 3.
- ☐ **B.** 6.
- ☐ **C.** 9.
- ☐ **D.** 12.

96. Quelle nymphe amoureuse de Narcisse, fut la cause de sa malédiction ?

- ☐ **A.** Calypso.
- ☐ **B.** Écho.
- ☐ **C.** Chrysalide.
- ☐ **D.** Harmonie.

97. Qui réveilla Psyché d'un baiser d'amour ?

- ☐ **A.** Cupidon.
- ☐ **B.** Jupiter.
- ☐ **C.** Phébus.
- ☐ **D.** Zeus.

98. Quelle était cette statue d'ivoire dont le sculpteur Pygmalion était tombé amoureux et à qui Aphrodite rendit la vie ?

- ☐ **A.** Pandore.
- ☐ **B.** Andromède.
- ☐ **C.** Galatée.
- ☐ **D.** Vénus.

99. Quelle est la femme dont Ulysse restera éperdument amoureux, durant toute sa vie ?

- ☐ **A.** Pénélope.
- ☐ **B.** Hélène
- ☐ **C.** Ariane
- ☐ **D.** Galatée.

100. De quel animal Zeus prit-il la forme pour séduire Leda avec qui il devait connaître l'amour ?

- ☐ **A.** Un aigle.
- ☐ **B.** Un cygne.
- ☐ **C.** Un rouge-gorge.
- ☐ **D.** Un cheval ailé.

Corrigé

1. **B.** Argentine.
2. **C.** Le christianisme.
3. **D.** Mahomet.
4. **B.** 1905.
5. **C.** La neutralité de l'État en matière religieuse.
6. **D.** Conseil représentatif des institutions juives de France.
7. **B.** Vincent Peillon.
8. **D.** Liberté, égalité, fraternité.
9. **B.** 190.
10. **C.** L'attentat de *Charlie Hebdo* en 2015.
11. **A.** Les États-Unis.
12. **D.** Tout ce qui relève du gouvernement : services publics, écoles, armée, police…
13. **C.** La Bible.
14. **A.** Politique d'extermination des Juifs menée par les nazis à travers toute l'Europe.
15. **D.** 2010.
16. **D.** Rome.
17. **A.** Le catholicisme.
18. **D.** Loi canonique islamique régissant la vie religieuse, politique, sociale et individuelle, appliquée dans certains États musulmans.
19. **B.** Saint Augustin.
20. **C.** Les hadiths.
21. **C.** La résurrection de Jésus-Christ.
22. **D.** 40 jours.
23. **C.** Pessah.
24. **B.** L'hindouisme.
25. **B.** Le nirvana.
26. **C.** Martin Luther.
27. **A.** Mont Sinaï.
28. **B.** La fête.
29. **A.** La Torah.
30. **C.** Le samedi.
31. **C.** 13 ans.
32. **A.** Karl Marx.
33. **A.** Babylone.
34. **B.** Vishnou.
35. **D.** Août.
36. **D.** En Arabie Saoudite.
37. **C.** Les Védas.
38. **D.** 12.
39. **B.** Le mufti.
40. **A.** Abraham et **D.** L'ange Gabriel.
41. **C.** Le djihad.
42. **A.** Sikhs.
43. **D.** Hindouisme.
44. **D.** Allemagne.
45. **D.** *Quo Vadis*.
46. **A.** Ali.
47. **A.** Le XVIe siècle.
48. **D.** 50 jours.
49. **B.** Hindouisme.
50. **B.** Des vitraux.
51. **B.** Zeus.
52. **A.** A tué son père et épousé sa mère.
53. **B.** D'Ithaque.
54. **D.** De Narcisse.
55. **B.** Platon.
56. **B.** Pénélope.
57. **C.** Ariane.
58. **C.** Lyre.

59. **C.** De la mer.

60. **D.** Héraclès.

61. **C.** Le Minotaure.

62. **D.** Gaïa.

63. **C.** Aphrodite.

64. **B.** Être enterrée vivante.

65. **A.** Sophocle.

66. **C.** En Grèce, sur le mont Olympe.

67. **D.** La Toison d'or.

68. **C.** Héraclès.

69. **A.** Aethra.

70. **A.** Le maître et le régisseur des vents.

71. **B.** Athéna.

72. **A.** Pâris.

73. **B.** Cassandre.

74. **C.** Andromaque.

75. **D.** Ulysse.

76. **B.** Ménélas.

77. **C.** Turquie.

78. **A.** Homère.

79. **D.** Hercule.

80. **A.** Eurysthée.

81. **B.** Sa ceinture.

82. **B.** Cerbère.

83. **C.** Pour expier son crime.

84. **B.** Un travail d'Hercule.

85. **C.** Des femmes guerrières.

86. **C.** Vénus.

87. **B.** Déméter.

88. **A.** Rhodes.

89. **B.** Pénélope.

90. **D.** Dionysos.

91. **A.** Les Muses.

92. **B.** Les filles de Danaos.

93. **C.** Être dans les bras de Morphée.

94. **D.** Le sphynx.

95. **C.** 9.

96. **B.** Écho.

97. **A.** Cupidon.

98. **C.** Galatée.

99. **A.** Pénélope.

100. **B.** Un cygne.

5 Sport

1. Les premiers Jeux olympiques de l'ère moderne ont eu lieu à :

☐ **A.** Paris. ☐ **B.** Rome. ☐ **C.** Athènes. ☐ **D.** Londres.

2. Quand est né le Comité international olympique ?

☐ **A.** 1893. ☐ **B.** 1894. ☐ **C.** 1895. ☐ **D.** 1896.

3. Parmi ces fédérations, laquelle a été chargée de l'organisation de la Coupe du monde de football 2018 ?

☐ **A.** La FFBB. ☐ **B.** La FFHB. ☐ **C.** La FFVB. ☐ **D.** La FIFA.

4. Quel est le nom de son président en 2024 ?

☐ **A.** Gianni Infantino.
☐ **B.** Noël Le Graët.
☐ **C.** Didier Deschamps.
☐ **D.** Michel Platini.

5. Combien y a-t-il de fédérations multisports agréées en France ?

☐ **A.** 10. ☐ **B.** 15. ☐ **C.** 20. ☐ **D.** 25.

6. Que signifie le sigle AFLD ?

☐ **A.** Agence française de lutte contre les drogues.
☐ **B.** Agence française de lutte contre les délinquants.
☐ **C.** Agence française de lutte contre le dopage.
☐ **D.** Agence française de lutte pour le dépistage.

7. Avant la dissolution de l'Assemblée nationale, qui était la ministre des Sports et des Jeux olympiques et paralympiques ?

☐ **A.** Amélie Oudéa-Castéra.
☐ **B.** Najat Vallaud-Belkacem.
☐ **C.** Jeannette Bougrab.
☐ **D.** Valérie Fourneyron.

8. En quelle année l'équipe de France de football a-t-elle remporté la Coupe du monde de football ?

☐ **A.** 1968. ☐ **B.** 1978. ☐ **C.** 1988. ☐ **D.** 2018.

9. Quelle est la largeur d'un but de football ?

☐ **A.** 7,12 m. ☐ **B.** 7,22 m. ☐ **C.** 7,32 m. ☐ **D.** 7,42 m.

10. Quel pays ne fait pas partie du Tournoi des Six Nations ?

☐ **A.** L'Angleterre. ☐ **B.** L'Italie. ☐ **C.** La France. ☐ **D.** L'Espagne.

11. Quel a été le pays vainqueur de ce tournoi en 2023 ?

☐ **A.** L'Irlande.
☐ **B.** Le Pays de Galles.
☐ **C.** L'Angleterre.
☐ **D.** L'Italie.

12. Parmi ces joueurs, lequel vient d'être lauréat du ballon d'or en 2023 ?

☐ **A.** Lionel Messi.
☐ **B.** Michel Platini.
☐ **C.** Jean Pierre Papin.
☐ **D.** Cristiano Ronaldo.

13. Kylian Mbappé a officialisé, vendredi 10 mai 2024, son départ du PSG après :

☐ **A.** 3 années. ☐ **B.** 5 années. ☐ **C.** 7 années. ☐ **D.** 9 années.

14. L'équipe de France de Handball a été championne du monde :

☐ **A.** 4 fois. ☐ **B.** 5 fois. ☐ **C.** 6 fois. ☐ **D.** 7 fois.

15. À Tokyo, les Bleues, décrochent leur première médaille d'or olympique en s'imposant, en finale, face à :

☐ **A.** L'Espagne. ☐ **B.** La Russie. ☐ **C.** La Suisse. ☐ **D.** L'Italie.

16. L'Euro 2022 de Handball : quel est le pays vainqueur pour la 5e fois ?

☐ **A.** L'Italie. ☐ **B.** La Suisse. ☐ **C.** La Norvège. ☐ **D.** La Suède.

17. De combien de joueurs se compose une équipe de basket-ball ?

☐ **A.** 4. ☐ **B.** 5. ☐ **C.** 6. ☐ **D.** 7.

18. En 2015, lequel de ces joueurs est devenu le meilleur marqueur de l'histoire de l'Euro de basketball ?

☐ **A.** Antoine Diot. ☐ **C.** Tony Parker.

☐ **B.** Léo Westermann. ☐ **D.** Thomas Heurtel.

19. Combien y a-t-il de joueurs sur le terrain dans une équipe de volley-ball ?

☐ **A.** 4. ☐ **B.** 6. ☐ **C.** 8. ☐ **D.** 10.

20. En quelle année a-t-on fêté le centenaire du Tour de France ?

☐ **A.** 2009. ☐ **B.** 2011. ☐ **C.** 2012. ☐ **D.** 2013.

21. Qui a été vainqueur du Tour 2022 ?

☐ **A.** Tadej Pogačar. ☐ **C.** Lance Armstrong.

☐ **B.** Alberto Contador. ☐ **D.** Jonas Vingegaard.

22. Lequel de ces cyclistes a perdu ses titres de vainqueur du Tour de France pour dopage ?

☐ **A.** Jacques Anquetil. ☐ **C.** Lance Armstrong.

☐ **B.** Alberto Contador. ☐ **D.** Bernard Hinault.

23. Le maillot à pois rouges distingue le meilleur :

☐ **A.** Sprinter du Tour de France.

☐ **B.** Jeune du Tour de France.

☐ **C.** Coureur qui occupe la 1re position au classement général.

☐ **D.** Grimpeur du Tour de France.

24. Depuis quand les internationaux de France ou Tournoi de Roland Garros existe-t-il ?

☐ **A.** 1920. ☐ **B.** 1925. ☐ **C.** 1930. ☐ **D.** 1935.

25. Quel est le seul tennisman français à avoir remporté Roland-Garros ?

☐ **A.** Henri Leconte. ☐ **C.** Yannick Noah.

☐ **B.** Richard Gasquet. ☐ **D.** Arnaud Clément.

26. C'était en quelle année ?

- ☐ A. 1980.
- ☐ B. 1981.
- ☐ C. 1982.
- ☐ D. 1983.

27. Comment se nomme le président du Comité d'organisation des Jeux olympiques et paralympiques (Cojop) ?

- ☐ A. Tony Estanguet.
- ☐ B. Thomas Bach.
- ☐ C. Bernard Giudicelli.
- ☐ D. Gilles Moretton.

28. Le Grand Chelem en tennis est le fait de remporter, la même année, combien de tournois majeurs du circuit international organisé par la Fédération internationale de tennis ?

- ☐ A. 2.
- ☐ B. 3.
- ☐ C. 4.
- ☐ D. 5.

29. Au tennis, les « Quatre Mousquetaires » est le surnom donné à l'équipe victorieuse à 6 reprises de la Coupe Davis. Elle se composait de Jean Borotra, Henri Cochet, René Lacoste et ?

- ☐ A. Jacques Trognon.
- ☐ B. Jacques Brugnon.
- ☐ C. Jacques Chignon.
- ☐ D. Jacques Toubon.

30. Au tournoi de Wimbledon, les professionnels jouent sur :

- ☐ A. Les surfaces dures.
- ☐ B. Les moquettes.
- ☐ C. Le gazon.
- ☐ D. La terre battue.

31. Au judo, quel est le grade le plus élevé parmi ces ceintures ?

- ☐ A. Jaune.
- ☐ B. Marron.
- ☐ C. Verte.
- ☐ D. Bleue.

32. Judo : 2017. Le judoka Teddy Riner a remporté son :

- ☐ A. Septième titre mondial.
- ☐ B. Huitième titre mondial.
- ☐ C. Neuvième titre mondial.
- ☐ D. Dixième titre mondial.

33. L'équipe de France d'épée a remporté le titre de champion du monde :

- ☐ A. En 2015.
- ☐ B. En 2016.
- ☐ C. En 2018.
- ☐ D. En 2019.

34. En quelle année la première course à voile en solitaire autour du monde sans escale a-t-elle eu lieu ?

- ☐ A. 1938.
- ☐ B. 1948.
- ☐ C. 1958.
- ☐ D. 1968.

35. Cette première course était :

- ☐ A. La Golden Globe Race.
- ☐ B. Du Vendée Globe.
- ☐ C. De la Route du Rhum.
- ☐ D. De la Volvo Ocean Race.

36. Dans quelle ville, le chaudron qui devait accueillir le feu sacré à l'issue de la troisième étape dans les Alpes-de-Haute-Provence ne s'est pas allumé, samedi 11 mai ?

- ☐ A. Aix-en-Provence.
- ☐ B. La Ciotat.
- ☐ C. Manosque.
- ☐ D. Montpellier.

37. La France au JO d'hiver à Beijing en 2022 avec 14 médailles dont 5 en or, 7 en argent et 2 en bronze s'est classée :

- ☐ A. 6e.
- ☐ B. 7e.
- ☐ C. 8e.
- ☐ D. 10e.

38. Quel athlète français a été sacré le plus médaillé des Jeux olympiques ?

- ☐ **A.** Alexis Pinturault.
- ☐ **B.** Martin Fourcade.
- ☐ **C.** Maurice Manificat.
- ☐ **D.** Simon Desthieux.

39. JO paralympiques 2022 : quel a été le pays vainqueur avec 36 médailles ?

- ☐ **A.** La Chine.
- ☐ **B.** La France.
- ☐ **C.** La Corée du Sud.
- ☐ **D.** La Corée du Nord.

40. Marie-José Pérec est une athlète française. Elle est la seule athlète française à être :

- ☐ **A.** 2 fois championne olympique.
- ☐ **B.** 3 fois championne olympique.
- ☐ **C.** 4 fois championne olympique.
- ☐ **D.** 5 fois championne olympique.

41. Il est l'un des judokas français les plus titrés de l'histoire. Il s'agit de

- ☐ **A.** Thierry Rey.
- ☐ **B.** David Douillet.
- ☐ **C.** Jean-Luc Rouge.
- ☐ **D.** Bernard Tchoullouyan.

42. Quelle discipline nécessite le port de gants d'environ 200 grammes et d'une coquille ?

- ☐ **A.** La lutte.
- ☐ **B.** Le catch.
- ☐ **C.** La boxe.
- ☐ **D.** Le Karaté.

43. Elle est une des meilleures gymnastes les plus renommées au monde :

- ☐ **A.** Nadia Comăneci.
- ☐ **B.** Élodie Lussac.
- ☐ **C.** Isabelle Severino.
- ☐ **D.** Ludivine Furnon.

44. Parmi ces champions français de natation, lequel est inexact ?

- ☐ **A.** Florent Manaudou.
- ☐ **B.** Yannick Agnel.
- ☐ **C.** Martin Fourcade.
- ☐ **D.** Camille Lacourt.

45. Quel est le nom du capitaine de l'équipe de France de Coupe Davis ?

- ☐ **A.** Henri Leconte.
- ☐ **B.** Guy Forget.
- ☐ **C.** Cédric Pioline.
- ☐ **D.** Sébastien Grosjean.

46. Quel sport pratiquent les Harlem Globe Trotters ?

- ☐ **A.** Le Basketball.
- ☐ **B.** Le Baseball.
- ☐ **C.** Le Football.
- ☐ **D.** Le Handball.

47. Quelle est la victorieuse à Roland Garros en 2023 ?

- ☐ **A.** Iga Świątek.
- ☐ **B.** Coco Gauff.
- ☐ **C.** Elena Rybakina.
- ☐ **D.** Ons Jabeur.

48. Les Jeux olympiques d'été de 2024 auront lieu à :

- ☐ **A.** Paris en France.
- ☐ **B.** Los Angeles aux États-Unis.
- ☐ **C.** Londres en Angleterre.
- ☐ **D.** Berlin en Allemagne.

49. La première édition de La Fête du sport a eu lieu en :

- ☐ **A.** Juin 2018.
- ☐ **B.** Août 2018.
- ☐ **C.** Septembre 2018.
- ☐ **D.** Octobre 2018.

50. Quel joueur de tennis a été expulsé d'Australie (Open d'Australie) par rapport à son statut vaccinal ?

- ☐ **A.** Matteo Berrettini.
- ☐ **B.** Novak Djokovic.
- ☐ **C.** Daniil Medvedev.
- ☐ **D.** Rafael Nadal.

51. Dans les arts martiaux, comment appelle-t-on la tenue d'un judoka ?

- ☐ **A.** Un judogi.
- ☐ **B.** Un dan.
- ☐ **C.** Une obi.
- ☐ **D.** Un Keikogi.

52. Comment appelle-t-on un but au basket ?

- ☐ **A.** Un trou.
- ☐ **B.** Une cuvette.
- ☐ **C.** Un filet.
- ☐ **D.** Un panier.

53. Dans quelle ville se déroule le tournoi de tennis l'US Open ?

- ☐ **A.** Londres.
- ☐ **B.** New York.
- ☐ **C.** Melbourne.
- ☐ **D.** Paris.

54. Tennis : mise en place d'une nouvelle règle. Que va-t-il se passer en cas d'égalité à 6-6 dans le dernier set ?

- ☐ **A.** Un tie-break de 4 points sera disputé entre les joueurs.
- ☐ **B.** Un tie-break de 6 points sera disputé entre les joueurs.
- ☐ **C.** Un tie-break de 8 points sera disputé entre les joueurs.
- ☐ **D.** Un tie-break de 10 points sera disputé entre les joueurs.

55. Quel couple a été sacré champion du monde du patinage artistique en 2023 ?

- ☐ **A.** Papadakis et Guillaume Cizeron.
- ☐ **B.** Christopher Dean et Jayne Torvill.
- ☐ **C.** Marina Anissina et Gwendal Peizerat.
- ☐ **D.** Madison Chock et Evan Bates.

56. Un hooligan ou houligan est un adepte d'un sport utilisant :

- ☐ **A.** La « ola » pour peser sur le sort d'une rencontre.
- ☐ **B.** Des sifflements pour peser sur le sort d'une rencontre.
- ☐ **C.** La violence pour peser sur le sort d'une rencontre.
- ☐ **D.** Des drapeaux pour peser sur le sort d'une rencontre.

57. En escrime, quelle est la troisième arme blanche avec l'épée et le fleuret ?

- ☐ **A.** La lame.
- ☐ **B.** Le poignard.
- ☐ **C.** Le sabre.
- ☐ **D.** Le yatagan.

58. En quelle année a eu lieu la première coupe du monde de football ?

- ☐ **A.** 1920.
- ☐ **B.** 1930.
- ☐ **C.** 1940.
- ☐ **D.** 1950.

59. La Coupe du monde de football a lieu tous les :

- ☐ **A.** 2 ans.
- ☐ **B.** 3 ans.
- ☐ **C.** 4 ans.
- ☐ **D.** 5 ans.

60. Quel trophée est remis au vainqueur du simple messieurs des Internationaux de France de tennis ?

- ☐ **A.** Un saladier d'argent.
- ☐ **B.** Un plateau en argent.
- ☐ **C.** Une cruche en or.
- ☐ **D.** La Coupe des Mousquetaires.

61. Quelle est la distance officielle du marathon ?

- ☐ **A.** 41,132 km.
- ☐ **B.** 42,195 km.
- ☐ **C.** 42,541 km.
- ☐ **D.** 42,785 km.

62. À quelle hauteur s'élève un filet de volley-ball ?

- ☐ **A.** 1,43 m.
- ☐ **B.** 2,43 m.
- ☐ **C.** 3,43 m.
- ☐ **D.** 4,43 m.

63. Qui est le sélectionneur et entraîneur principal du XV de France ?

- ☐ **A.** Fabien Galthié.
- ☐ **B.** Louis Picamoles.
- ☐ **C.** Raymond Domenech.
- ☐ **D.** Jacques Brunel.

64. Combien de sports étaient présents aux Jeux olympiques à Tokyo ?

- ☐ **A.** 27.
- ☐ **B.** 33.
- ☐ **C.** 41.
- ☐ **D.** 44.

65. Au tennis, que crie l'arbitre lorsque la balle touche le filet ?

- ☐ **A.** Jet.
- ☐ **B.** Set.
- ☐ **C.** Let.
- ☐ **D.** Net.

66. Le triathlon est constitué de trois épreuves d'endurance enchaînées dans l'ordre suivant :

- ☐ **A.** Natation, cyclisme et course à pied.
- ☐ **B.** Saut en longueur, saut en hauteur, poids.
- ☐ **C.** Javelot, poids et course à pied.
- ☐ **D.** Saut en longueur, saut en hauteur, natation.

67. Au baseball, comment appelle-t-on le terrain carré qui porte le nom d'une pierre précieuse ?

- ☐ **A.** Le saphir.
- ☐ **B.** Le rubis.
- ☐ **C.** Le diamant.
- ☐ **D.** L'émeraude.

68. Combien y a-t-il de joueurs dans une équipe de football ?

- ☐ **A.** 9.
- ☐ **B.** 11.
- ☐ **C.** 12.
- ☐ **D.** 13.

69. En natation, quel type de nage est la plus rapide ?

- ☐ **A.** La brasse.
- ☐ **B.** Le papillon.
- ☐ **C.** Le crawl.
- ☐ **D.** Le dos crawlé.

70. Combien y a-t-il de joueurs dans une équipe de volley-ball ?

- ☐ **A.** 6.
- ☐ **B.** 8.
- ☐ **C.** 10.
- ☐ **D.** 12.

71. Comment s'appelle la surface de gazon qui entoure le trou au golf ?

- ☐ **A.** Labordure.
- ☐ **B.** Le par.
- ☐ **C.** Le green.
- ☐ **D.** Le Tee.

72. Les premiers Jeux olympiques de l'ère moderne ont eu lieu en :

- ☐ **A.** 1896.
- ☐ **B.** 1905.
- ☐ **C.** 1918.
- ☐ **D.** 1928.

73. Qui est le fondateur des Jeux olympiques modernes ?

- ☐ **A.** Pierre Chambernagor.
- ☐ **B.** Pierre de Coubertin.
- ☐ **C.** Pierre Courtois.
- ☐ **D.** Pierre de Chamberlain.

74. Les jeux de l'Antiquité avaient lieu à :

☐ **A.** Alexandrie. ☐ **C.** Patras.

☐ **B.** Olympie. ☐ **D.** Athènes.

75. Les buts au jeu de cricket se nomment :

☐ **A.** Les guichets. ☐ **C.** Les arcades.

☐ **B.** Les paniers. ☐ **D.** Les arceaux.

76. Au croquet, qu'utilise-t-on pour pousser la boule ?

☐ **A.** Un maillet. ☐ **C.** Un tee.

☐ **B.** Une batte. ☐ **D.** Un marteau.

77. Comment se nomme la double championne olympique de judo ?

☐ **A.** Clarisse Agbegnenou. ☐ **C.** Cécile Nowak.

☐ **B.** Cathy Fleury. ☐ **D.** Amandine Buchard.

78. Combien de points, un essai de rugby à XIII vaut-il à l'équipe qui le marque ?

☐ **A.** 2 points. ☐ **B.** 4 points. ☐ **C.** 6 points. ☐ **D.** 8 points.

79. Au tennis, comment nomme-t-on un service gagnant ?

☐ **A.** Une bombe. ☐ **C.** Un ace.

☐ **B.** Une fusée. ☐ **D.** Un bolide.

80. Au football, quelle est la durée d'une mi-temps lors d'un match ?

☐ **A.** 30 min. ☐ **B.** 40 min. ☐ **C.** 45 min. ☐ **D.** 50 min.

81. Quel est le judoka français le plus titré ?

☐ **A.** David Douillet. ☐ **C.** Yasuhiro Yamashita.

☐ **B.** Naoya Ogawa. ☐ **D.** Teddy Riner.

82. L'haltérophile qui fait un épaulé-jeté soulève sa charge en :

☐ **A.** 2 temps. ☐ **B.** 3 temps. ☐ **C.** 4 temps. ☐ **D.** 6 temps.

83. Quel est le numéro 1 mondial du tennis masculin depuis le 10 juin 2024 ?

☐ **A.** Rafael Nadal. ☐ **C.** Novak Djokovic.

☐ **B.** Carlos Alcaraz. ☐ **D.** Jannik Sinner.

84. Quelle est la numéro 1 mondiale du tennis féminin depuis le 6 novembre 2023 ?

☐ **A.** Serena Williams. ☐ **C.** Paula Badosa.

☐ **B.** Iga Świątek. ☐ **D.** Aryna Sabalenka.

85. Dans quelle ville le Tour de France 2024 se terminera-t-il ?

☐ **A.** Paris. ☐ **B.** Nice. ☐ **C.** Cannes. ☐ **D.** Marseille.

86. Où ont eu lieu les premiers Jeux olympiques d'hiver en 1924 ?

☐ **A.** À Chamonix. ☐ **B.** À Oslo.

☐ **C.** À Lillehammer. ☐ **D.** À Garmisch-Partenkirchen.

87. Combien y a-t-il de quilles sur un terrain de bowling en France ?

☐ **A.** 5. ☐ **B.** 7. ☐ **C.** 8. ☐ **D.** 10.

88. En boxe, après combien de secondes un boxeur est-il déclaré Knockout (KO) ?

☐ **A.** 3. ☐ **B.** 5. ☐ **C.** 10. ☐ **D.** 15.

89. Quel était le surnom de Bernard Hinault, ancien coureur cycliste français ?

☐ **A.** La Taupe.
☐ **B.** Le Blaireau.
☐ **C.** La Belette.
☐ **D.** Le Furet.

90. Dans quel sport de combat peut-on s'entraîner avec un bâton ?

☐ **A.** Le kendo. ☐ **B.** Le judo. ☐ **C.** Le Karaté. ☐ **D.** L'aïkido.

91. Combien y a-t-il de fédérations sportives agréées uni-sport ?

☐ **A.** 65 dont 31 olympiques.
☐ **B.** 77 dont 31 olympiques.
☐ **C.** 92 dont 31 olympiques.
☐ **D.** 98 dont 31 olympiques.

92. Combien y a-t-il de fédérations sportives agréées multisports ?

☐ **A.** 15. ☐ **B.** 25. ☐ **C.** 35. ☐ **D.** 45.

93. Qui détient le record du monde du saut à la perche ?

☐ **A.** Le Suédois Armand Duplantis.
☐ **B.** L'Américain Sam Kendricks.
☐ **C.** Le Français Renaud Lavillenie.
☐ **D.** Le Françaix Valentin Lavillenie.

94. Qui étaient les porte-drapeaux à la cérémonie d'ouverture des Jeux olympiques et paralympiques d'hiver de 2022 ?

☐ **A.** Clarisse Agbegnenou, Samir Aït Said et Guillaume Cizeron.
☐ **B.** Tessa Worley, Kevin Rolland et Benjamin Daviet.
☐ **C.** Maurice Manificat, Gabriella Papadakis et Julia Pereira.
☐ **D.** Alexis Pinturault, Sandrine Martinet et Stéphane Houdet.

95. Dans quelle ville partira le Tour de France 2024 ?

☐ **A.** Florence. ☐ **B.** Rome. ☐ **C.** Venise. ☐ **D.** Naples.

96. Quand la France a-t-elle accueilli les Jeux olympiques d'été pour la première fois ?

☐ **A.** 1900. ☐ **B.** 1924. ☐ **C.** 1968. ☐ **D.** 1992.

97. En cyclisme, combien de fois Eddy Mercks a-t-il remporté le Tour de France ?

☐ **A.** 3. ☐ **B.** 5. ☐ **C.** 7. ☐ **D.** 8.

98. Kylian Mbappé est un footballeur international français qui évolue au poste d'attaquant au :

☐ **A.** Olympique lyonnais.
☐ **B.** Olympique de Marseille.
☐ **C.** Paris Saint-Germain.
☐ **D.** AS Monaco.

99. Que lance-t-on sur la glace pour jouer au curling ?

- ☐ **A.** Des perles.
- ☐ **B.** Des billes.
- ☐ **C.** Des pierres.
- ☐ **D.** Des boules.

100. Au kendo, qu'est-ce que le « kiai » ?

- ☐ **A.** La tenue du kendoka.
- ☐ **B.** Le casque du kendoka.
- ☐ **C.** Le sabre du kendoka.
- ☐ **D.** Le cri du kendoka.

Corrigé

1. **C.** Athènes.

2. **B.** 1894.

3. **D.** La FIFA.

4. **A.** Gianni Infantino.

5. **D.** 25.

6. **C.** Agence française de lutte contre le dopage.

7. **A.** Amélie Oudéa-Castéra.

8. **D.** 2018.

9. **C.** 7,32 m.

10. **D.** L'Espagne.

11. **A.** L'Irlande.

12. **A.** Lionel Messi.

13. **C.** 7 années.

14. **C.** 6 fois.

15. **B.** La Russie.

16. **D.** La Suède.

17. **B.** 5.

18. **C.** Tony Parker.

19. **B.** 6.

20. **D.** 2013.

21. **D.** Jonas Vingegaard.

22. **C.** Lance Armstrong.

23. **D.** Grimpeur du Tour de France.

24. **B.** 1925.

25. **C.** Yannick Noah.

26. **D.** 1983.

27. **A.** Tony Estanguet.

28. **C.** 4 → l'Open d'Australie, Wimbledon, Internationaux de France de tennis à Roland Garros, US Open.

29. **B.** Jacques Brugnon.

30. **C.** Le gazon.

31. **B.** Marron.

32. **D.** Dixième titre mondial.

33. **D.** En 2019.

34. **D.** 1968.

35. **A.** La Golden Globe Race.

36. **C.** Manosque.

37. **D.** 10e.

38. **B.** Martin Fourcade avec 5 médailles d'or.

39. **A.** La Chine avec 18 médailles. La France est 4e avec 7 médailles.

40. **B.** 3 fois championne olympique.

41. **B.** David Douillet.

42. **C.** La boxe.

43. **A.** Nadia Comăneci.

44. **C.** Martin Fourcade.

45. **D.** D. Sébastien Grosjean.
46. **A.** Le Basketball.
47. **A.** Iga Świątek.
48. **A.** Paris en France.
49. **C.** Septembre 2018.
50. **B.** Novak Djokovic.
51. **A.** Un judogi.
52. **D.** Un panier.
53. **B.** New York.
54. **D.** Un tie-break de 10 points sera disputé entre les joueurs.
55. **D.** Madison Chock et Evan Bates.
56. **C.** La violence pour peser sur le sort d'une rencontre.
57. C Le sabre.
58. **B.** 1930.
59. **C.** 4 ans.
60. **D.** La Coupe des Mousquetaires.
61. **B.** 42,195 km.
62. **B.** 2,43 m.
63. **A.** Fabien Galthié.
64. **B.** 33.
65. **C.** Let.
66. **A.** Natation, cyclisme et course à pied.
67. **C.** Le diamant.
68. **B.** 11.
69. **C.** Le crawl.
70. **A.** 6.
71. **C.** Le green.
72. **A.** 1896.
73. **B.** Pierre de Coubertin.
74. **B.** Olympie.
75. **A.** Les guichets.
76. **A.** Un maillet.
77. **A.** Clarisse Agbegnenou.
78. **B.** 4 points.
79. **C.** Un ace.
80. **C.** 45 min.
81. **D.** Teddy Riner.
82. **A.** 2 temps.
83. **D.** Jannik Sinner.
84. **B.** Iga Świątek.
85. **B.** Nice.
86. **A.** À Chamonix.
87. **D.** 10.
88. **C.** 10.
89. **B.** Le blaireau.
90. **D.** L'aïkido.
91. **C.** 92 dont 31 olympiques.
92. **B.** 25.
93. **A.** Le Suédois Armand Duplantis.
94. **B.** Tessa Worley, Kevin Rolland et Benjamin Daviet.
95. **A.** Florence.
96. **A.** 1900.
97. **B.** 5.
98. **C.** Paris Saint-Germain.
99. **C.** Des pierres.
100. **D.** Le cri du kendoka.

6 Arts et lettres

1 Peinture, sculpture, architecture

1. Quel est le nom de l'artiste, figure centrale du mouvement artistique pop art ?

- ☐ **A.** Andy Warhol.
- ☐ **B.** Nicolas de Staël.
- ☐ **C.** Klimt.
- ☐ **D.** Stromae.

2. Parmi ces techniques, laquelle n'est pas en rapport avec la sculpture ?

- ☐ **A.** Modelage.
- ☐ **B.** Assemblage.
- ☐ **C.** Pointillisme.
- ☐ **D.** Taille.

3. Il a peint plusieurs fois le Moulin-Rouge, de quel artiste peintre s'agit-il ?

- ☐ **A.** Edgar Degas.
- ☐ **B.** Toulouse-Lautrec.
- ☐ **C.** Bernard Buffet.
- ☐ **D.** Auguste Renoir.

4. Parmi ces œuvres laquelle n'est pas une sculpture de Rodin ?

- ☐ **A.** *Le Penseur.*
- ☐ **B.** *Le Baiser.*
- ☐ **C.** *L'homme qui tombe.*
- ☐ **D.** *L'âge mûr.*

5. Quel tableau de Leonard De Vinci est exposé à la Galerie des Offices de Florence ?

- ☐ **A.** La Croix.
- ☐ **B.** L'Annonciation.
- ☐ **C.** La Joconde
- ☐ **D.** La Cène

6. Qui a réalisé la Statue de la Liberté ?

- ☐ **A.** L'architecte Auguste Bartholdi et l'ingénieur Gustave Eiffel.
- ☐ **B.** L'architecte Renzo Piano et l'ingénieur Gustave Eiffel.
- ☐ **C.** L'architecte Jean Nouvel et l'ingénieur Gustave Eiffel.
- ☐ **D.** L'architecte Norman Foster et l'ingénieur Gustave Eiffel.

7. Quel est le nom de l'architecte qui a créé en 2006 le musée du quai Branly ?

- ☐ **A.** Norman Foster.
- ☐ **B.** Jean Nouvel.
- ☐ **C.** Renzo Piano.
- ☐ **D.** Antoni Gaudi.

8. Qui a peint les plafonds de la Galerie des Glaces du château de Versailles ?

- ☐ **A.** Charles Le Brun.
- ☐ **B.** Bernard Buffet.
- ☐ **C.** Léonard de Vinci.
- ☐ **D.** Jan Bruegel.

9. Quels architectes ont construit le centre Pompidou ?

- ☐ **A.** Jean Nouvel et Renzo Piano.
- ☐ **B.** Antoni Gaudi et Jean Novel.
- ☐ **C.** Norman Foster et Richard Rogers.
- ☐ **D.** Renzo Piano et Richard Rogers.

10. Comment se nomme le peintre auteur du tableau *Les Tournesols* ?

☐ **A.** Vincent Van Gogh. ☐ **C.** Eugène Delacroix.

☐ **B.** Rembrandt. ☐ **D.** Paul Gauguin.

11. Qui a peint en 1893 l'œuvre appelée *Nature Morte* ?

☐ **A.** Paul Gauguin. ☐ **C.** Leonardo da Vinci.

☐ **B.** Edgar Degas. ☐ **D.** Rembrandt.

12. Comment appelle-t-on plus familièrement le centre national d'art et de culture Georges-Pompidou ?

☐ **A.** Tambour. ☐ **C.** Beaubourg.

☐ **B.** Beau Bourg. ☐ **D.** Calembour.

13. En quelle année fut inaugurée la tour Eiffel ?

☐ **A.** 1879. ☐ **B.** 1881. ☐ **C.** 1885. ☐ **D.** 1889.

14. À quel grand peintre belge surréaliste doit-on la toile *La Thérapeute* en 1937 ?

☐ **A.** Jacques Calonne. ☐ **C.** Henri Baes.

☐ **B.** Paul Delvaux. ☐ **D.** René Magritte.

15. Ce peintre espagnol fut, avec Georges Braque, à l'origine du mouvement cubiste. Qui est-il ?

☐ **A.** Salvador Dali. ☐ **C.** Pablo Picasso.

☐ **B.** Francisco Goya. ☐ **D.** Roberto Matta.

16. Qui est l'architecte du Viaduc de Millau ?

☐ **A.** Jean Nouvel. ☐ **C.** Renzo Piano.

☐ **B.** Norman Foster. ☐ **D.** Auguste Bartholdi.

17. Comment se nomme le musée du quai Branly ?

☐ **A.** Musée des arts et civilisations d'Afrique, d'Asie, d'Océanie et des Amériques.

☐ **B.** Musée des arts africains, asiatiques et américains.

☐ **C.** Musée des civilisations africaines, asiatiques et américaines.

☐ **D.** Musée des civilisations premières.

18. Comment s'appelle l'équivalent du musée Grévin à Londres ?

☐ **A.** Musée Grevind. ☐ **C.** Madame Tussaud.

☐ **B.** Musée de cire de Waterloo. ☐ **D.** Historial.

19. Quelle place de Paris accueille de nombreux peintres ?

☐ **A.** Place Vendôme. ☐ **C.** Place du Tertre.

☐ **B.** Place de la Bastille. ☐ **D.** Place de l'Étoile.

20. Quelle hauteur atteint la grande pyramide de Gizeh ?

☐ **A.** 146 m. ☐ **B.** 246 m. ☐ **C.** 346 m. ☐ **D.** 446 m.

21. Lequel de ces peintres surréalistes a créé en 1974, son propre musée ?

- ☐ **A.** Roberto Matta.
- ☐ **B.** Salvador Dali.
- ☐ **C.** René Magritte.
- ☐ **D.** Max Ernst.

22. Parmi ces constructions laquelle n'est pas d'Antoni Gaudi ?

- ☐ **A.** Casa Milà.
- ☐ **B.** Sagrada Familia.
- ☐ **C.** La Tour Agbar.
- ☐ **D.** Parc Güell.

23. Qui est l'auteur de l'œuvre *Le déjeuner sur l'herbe* qui date de 1863 ?

- ☐ **A.** Paul Gauguin.
- ☐ **B.** Rembrandt.
- ☐ **C.** Berthe Morisot.
- ☐ **D.** Édouard Manet.

24. Quel peintre italien, du XVIe siècle, a peint *Les Noces de Cana* en 1562 ?

- ☐ **A.** Raphaël.
- ☐ **B.** Paul Véronèse.
- ☐ **C.** Léonard de Vinci.
- ☐ **D.** Luca Giordano.

25. Où a été construit le premier gratte-ciel ?

- ☐ **A.** À New York.
- ☐ **B.** À Chicago.
- ☐ **C.** À Los Angelès.
- ☐ **D.** À Washington.

26. Lequel de ces peintres fait partie du courant du surréalisme ?

- ☐ **A.** Gustave Courbet.
- ☐ **B.** Édouard Manet.
- ☐ **C.** Eugène Delacroix.
- ☐ **D.** Salvador Dali.

27. Laquelle de ces œuvres n'est pas de Picasso ?

- ☐ **A.** *La femme qui pleure.*
- ☐ **B.** *Le rêve.*
- ☐ **C.** *Garçon à la pipe.*
- ☐ **D.** *L'Or de l'azur.*

28. De quel courant artistique faisait partie Georges Braque ?

- ☐ **A.** Le fauvisme.
- ☐ **B.** L'orientalisme.
- ☐ **C.** Le baroque.
- ☐ **D.** Le cubisme.

29. Quelle est l'œuvre la plus réputée, créée en 1999, de la sculptrice Louise Bourgeois ?

- ☐ **A.** Madre.
- ☐ **B.** Maman.
- ☐ **C.** Maria.
- ☐ **D.** Matrone.

30. Quel est le sculpteur qui a réalisé le mausolée du comte d'Harcourt dans la chapelle Saint-Guillaume de Notre-Dame de Paris ?

- ☐ **A.** Jean Arp.
- ☐ **B.** Jean-Baptiste Pigalle.
- ☐ **C.** Auguste Rodin.
- ☐ **D.** Ieoh Ming Pei.

31. Parmi ces sculpteurs, lequel n'en est pas un ?

- ☐ **A.** Jean Arp.
- ☐ **B.** Auguste Rodin.
- ☐ **C.** Édouard Manet.
- ☐ **D.** Marcel Duchamp.

32. Quelles sont les 3 couleurs primaires ?

- ☐ **A.** Rouge, bleu et jaune.
- ☐ **B.** Rose, vert, bleu.
- ☐ **C.** Rouge, jaune et vert.
- ☐ **D.** Rouge, violet et vert.

33. Qui a peint *Guernica* ?

- ☐ **A.** Nicolas de Staël.
- ☐ **B.** Pablo Picasso.
- ☐ **C.** René Magritte.
- ☐ **D.** Auguste Renoir.

34. *La Joconde* est également appelée :

- ☐ **A.** *Portrait de Mona Lisa.*
- ☐ **B.** *La Jeune Fille à la perle.*
- ☐ **C.** *La Naissance de Vénus.*
- ☐ **D.** *La Joconde de Vinci.*

35. En quelle année a-t-elle été volée au Louvre ?

- ☐ **A.** 1905.
- ☐ **B.** 1911.
- ☐ **C.** 1914.
- ☐ **D.** 1918.

36. Lequel de ces peintres fait partie du courant du fauvisme ?

- ☐ **A.** Claude Monet.
- ☐ **B.** Henri Matisse.
- ☐ **C.** Camille Pissaro.
- ☐ **D.** Auguste Renoir.

37. L'*Autoportrait à l'oreille bandée* est une peinture à l'huile sur toile de :

- ☐ **A.** L'artiste peintre Paul Cézanne.
- ☐ **B.** L'artiste peintre Vincent Van Gogh.
- ☐ **C.** L'artiste peintre Paul Gauguin.
- ☐ **D.** L'artiste peintre Claude Monet.

38. Qui a construit la pyramide du Louvre en 1989 ?

- ☐ **A.** Ieoh Ming Pei.
- ☐ **B.** Jean Nouvel.
- ☐ **C.** Le Corbusier.
- ☐ **D.** Franck Lloyd Wright.

39. Une peinture religieuse réalisée sur du bois, c'est :

- ☐ **A.** Une fresque.
- ☐ **B.** Une frise.
- ☐ **C.** Une icône.
- ☐ **D.** Une banderole.

40. Qui a peint le *Radeau de la Méduse* ?

- ☐ **A.** Monet.
- ☐ **B.** Gauguin.
- ☐ **C.** Renoir.
- ☐ **D.** Géricault.

41. Qui était la sculptrice et artiste peintre française, amante d'Auguste Rodin ?

- ☐ **A.** Camille Claudel.
- ☐ **B.** Ludmillia Claudel.
- ☐ **C.** Colline Claudel.
- ☐ **D.** Camillia Claudel.

42. Un violent incendie en 2019, a ravagé la charpente, mais la structure de l'édifice est préservée. Il s'agit de :

- ☐ **A.** La cathédrale de Reims.
- ☐ **B.** Le Sacré-Cœur.
- ☐ **C.** La cathédrale Notre-Dame de Paris.
- ☐ **D.** La cathédrale Saint-Louis des Invalides.

43. Que signifie l'acronyme INA ?

- ☐ **A.** Institut national de l'art.
- ☐ **B.** Institut national de l'audiovisuel.
- ☐ **C.** Institut national de l'audience.
- ☐ **D.** Institut national de l'audimat.

44. Le peintre italien Le Caravage est connu essentiellement pour :

- ☐ **A.** Son talent de coloriste.
- ☐ **B.** Sa maîtrise des portraits.
- ☐ **C.** Sa maîtrise du clair-obscur.
- ☐ **D.** Ses portraits aristocratiques.

45. Le Centre national d'art et de culture Georges-Pompidou a ouvert en :

- ☐ **A.** Janvier 1967.
- ☐ **B.** Janvier 1970.
- ☐ **C.** Janvier 1975.
- ☐ **D.** Janvier 1977.

46. Dans quelle ville, en Aveyron, le musée consacré à l'œuvre de Pierre Soulages a pris place ?

- ☐ **A.** Rodez.
- ☐ **B.** Saint-Affrique.
- ☐ **C.** Millau.
- ☐ **D.** Najac.

47. Lequel n'est pas un peintre de la Renaissance ?

- ☐ **A.** Léonard de Vinci.
- ☐ **B.** Michelangelo.
- ☐ **C.** Raphaël.
- ☐ **D.** Gustav Klimt.

48. Quelle est la date du début de la construction de la Sagrada Familia ?

- ☐ **A.** 1882.
- ☐ **B.** 1890.
- ☐ **C.** 1902.
- ☐ **D.** 1912.

49. Le musée Grévin est un musée de :

- ☐ **A.** Bronze.
- ☐ **B.** Verre.
- ☐ **C.** Cire.
- ☐ **D.** Vitraux.

50. Lequel de ces peintres n'appartient pas au courant surréaliste ?

- ☐ **A.** Joan Miró.
- ☐ **B.** Georges de La Tour.
- ☐ **C.** Salvador Dali.
- ☐ **D.** René Magritte.

51. Dans quelle ville se trouve le Théâtre-musée Dalí ?

- ☐ **A.** Barcelone.
- ☐ **B.** Madrid.
- ☐ **C.** Figueras.
- ☐ **D.** Séville.

52. Qui a construit la maison de verre ?

- ☐ **A.** Le Corbusier.
- ☐ **B.** Frank Gehry.
- ☐ **C.** Philip Johnson.
- ☐ **D.** Franck Lloyd Wright.

53. Qui a construit le nouvel opéra de Pékin ?

- ☐ **A.** Paul Andreu.
- ☐ **B.** Jean Nouvel.
- ☐ **C.** Le Corbusier.
- ☐ **D.** Franck Lloyd Wright.

54. Dans quelle ville peut-on visiter le musée consacré à Jeanne d'Arc ?

- ☐ **A.** Strasbourg.
- ☐ **B.** Reims.
- ☐ **C.** Domrémy.
- ☐ **D.** Rouen.

55. Qui a peint *Le Déjeuner des canotiers* ?

- ☐ **A.** Nicolas Poussin.
- ☐ **B.** Auguste Renoir.
- ☐ **C.** Claude Monet.
- ☐ **D.** Henri Matisse.

56. Nicolas de Staël était un peintre :

- ☐ **A.** Français originaire de Russie.
- ☐ **B.** Français originaire de Moldavie.
- ☐ **C.** Français originaire des Pays-Bas.
- ☐ **D.** Français originaire de Suède.

57. Combien d'années Michel-Ange a-t-il mis pour peindre la fresque du *Jugement dernier de la Chapelle Sixtine* ?

- ☐ **A.** 2 ans.
- ☐ **B.** 3 ans.
- ☐ **C.** 4 ans.
- ☐ **D.** 6 ans.

58. Où se trouve la célèbre statue de David exécutée par Michel-Ange entre 1501 et 1504 ?

- ☐ **A.** À Venise.
- ☐ **B.** À Florence.
- ☐ **C.** À Rome.
- ☐ **D.** À Milan.

59. Comment se nomme le musée toulousain exposant des collections orientales et égyptiennes ?

- ☐ **A.** Musée Rose.
- ☐ **B.** Ferdinand Fabre.
- ☐ **C.** Georges Labit.
- ☐ **D.** Paul Dupuy.

60. Qui a découvert les lois de la perspective ?

- ☐ **A.** Nicolas de Staël.
- ☐ **B.** Pablo Picasso.
- ☐ **C.** Léon Battista Alberti.
- ☐ **D.** Philippo Brunelleschi.

61. Par quoi Violet le Duc est-il surtout célèbre ?

- ☐ **A.** L'édification de monuments.
- ☐ **B.** La restauration de nombreux monuments.
- ☐ **C.** Sa peinture.
- ☐ **D.** La décoration de l'intérieur de l'Arc de Triomphe.

62. Combien de temps a duré le chantier de la fontaine de Trévi à Rome ?

- ☐ **A.** 7 ans.
- ☐ **B.** 21 ans.
- ☐ **C.** 30 ans.
- ☐ **D.** 40 ans.

63. Quelle pièce, aménagée sous les combles d'un toit en pente, doit son nom à un architecte du XVIIe siècle ?

- ☐ **A.** La mansarde.
- ☐ **B.** La sous-pente.
- ☐ **C.** Les combles.
- ☐ **D.** Le grenier.

64. Dans un château fort, quelle tour principale constituait le dernier retranchement de la garnison ?

- ☐ **A.** Le grenier.
- ☐ **B.** La nef.
- ☐ **C.** Le donjon.
- ☐ **D.** Le dôme.

65. Qui a peint *Le Massacre des Innocents* ?

- ☐ **A.** Goya.
- ☐ **B.** Raphaël.
- ☐ **C.** Botticelli.
- ☐ **D.** Miro.

66. Dans l'architecture romaine, quelle grande pièce, placée derrière le vestibule, commande la distribution de la maison ?

☐ **A.** L'alcôve. ☐ **B.** Le couloir. ☐ **C.** L'atrium. ☐ **D.** La nef.

67. Les impressionnistes ont beaucoup peint quelle région ?

☐ **A.** Ile-de-France.
☐ **B.** La Provence.
☐ **C.** Le Jura.
☐ **D.** Les Vosges.

68. Dans quel jardin trouve-t-on les sculptures de Maillol ?

☐ **A.** Le jardin du Palais Royal.
☐ **B.** Le Parc floral.
☐ **C.** Les Tuileries.
☐ **D.** Le Jardin d'acclimatation.

69. Garnier était l'architecte de :

☐ **A.** Notre-Dame.
☐ **B.** L'Opéra.
☐ **C.** Le Louvre.
☐ **D.** L'Arc de Triomphe.

70. Qui a peint le plafond de la chapelle Sixtine ?

☐ **A.** Leonard de Vinci.
☐ **B.** Sandro Botticelli.
☐ **C.** Raphael.
☐ **D.** Michel-Ange.

71. À quel peintre doit-on le tableau intitulé *Carré noir sur fond blanc* ?

☐ **A.** Kasimir Malevitch.
☐ **B.** Henri Matisse.
☐ **C.** Paul Gauguin.
☐ **D.** Pablo Picasso.

72. Parmi les monuments/édifices suivants, lequel est le plus récent ?

☐ **A.** Notre-Dame de Paris.
☐ **B.** La Grande Arche de la Défense.
☐ **C.** La tour Eiffel.
☐ **D.** L'Arc de Triomphe de l'Étoile.

73. Outre la peinture, quelle activité artistique avaient en commun Degas, Daumier et Géricault ?

☐ **A.** L'architecture.
☐ **B.** La musique.
☐ **C.** La danse.
☐ **D.** La sculpture.

74. Durant quel siècle est apparu le mouvement hyperréaliste qui consiste à reproduire à l'identique une image en peinture ?

☐ **A.** XVIIe siècle.
☐ **B.** XVIIIe siècle.
☐ **C.** XIXe siècle.
☐ **D.** XXe siècle.

75. Quelle main de la Joconde est posée sur l'autre ?

☐ **A.** La droite.
☐ **B.** La gauche.
☐ **C.** Les deux.
☐ **D.** On ne voit pas ses mains sur le tableau.

76. 76 Mansard est un architecte :

☐ **A.** Allemand. ☐ **B.** Anglais. ☐ **C.** Français. ☐ **D.** Suisse.

77. Dans un monastère, quelle galerie couverte délimite la cour centrale ?

☐ **A.** La nef. ☐ **B.** Le cloître. ☐ **C.** La cour. ☐ **D.** Le préau.

78. Quel monument Violet le Duc a-t-il restauré ?

☐ **A.** L'Arc de Triomphe. ☐ **C.** Notre-Dame.

☐ **B.** Le Sacré-Cœur. ☐ **D.** La basilique Saint-Pierre.

79. Comment Le Corbusier avait-il baptisé son immeuble à loyer limité à Marseille ?

☐ **A.** La Cité joyeuse. ☐ **C.** La Cité victorieuse.

☐ **B.** La Cité radieuse. ☐ **D.** La Cité heureuse.

80. Quel peintre impressionniste est célèbre pour ses nénuphars ?

☐ **A.** Claude Monet. ☐ **C.** Paul Gauguin.

☐ **B.** Auguste Renoir. ☐ **D.** Paul Cézanne.

81. Lequel de ces musées parisiens n'a pas été conçu par Jean Nouvel ?

☐ **A.** Le musée du Louvre. ☐ **C.** Le centre Pompidou à Paris.

☐ **B.** Le musée du quai Branly. ☐ **D.** L'Institut du monde arabe à Paris.

82. Quel peintre est le précurseur de l'impressionnisme ?

☐ **A.** Géricault. ☐ **B.** Corot. ☐ **C.** Degas. ☐ **D.** Manet.

83. À l'intérieur d'un clocher, quel bâti en charpente supporte les cloches ?

☐ **A.** Un sous-toit. ☐ **C.** Un beffroi.

☐ **B.** Une sous pente. ☐ **D.** Une poutre.

84. Quel chef-d'œuvre du patrimoine architectural français n'a pas été restauré par Eugène Viollet-le-Duc ?

☐ **A.** Le MUCEM. ☐ **C.** La cathédrale Notre-Dame de Paris.

☐ **B.** La cité de Carcassonne. ☐ **D.** Le Mont-Saint-Michel.

85. Quelle petite ouverture circulaire ou ovale peut être munie d'un panneau vitré ou d'une grille ?

☐ **A.** Une meurtrière. ☐ **C.** Un vitrail.

☐ **B.** Un œil-de-bœuf. ☐ **D.** Une lucarne.

86. Dans l'Antiquité grecque, quelle partie haute de la ville comportait des fortifications et des sanctuaires ?

☐ **A.** L'acropole. ☐ **C.** Les remparts.

☐ **B.** Le dôme. ☐ **D.** La citadelle.

87. Quel architecte français a réalisé le Vieux-Port et l'ensemble de la Tourette à Marseille ?

☐ **A.** Charles Garnier. ☐ **C.** Franck Gehry.

☐ **B.** Fernand Pouillon. ☐ **D.** Louis Sullivan.

88. Qui a réalisé le musée Guggenheim de New York ?

- ☐ **A.** Charles Garnier.
- ☐ **B.** Fernand Pouillon.
- ☐ **C.** Franck Gehry.
- ☐ **D.** Frank Lloyd Wright.

89. Qui a photographié le célèbre *Baiser de l'Hôtel de Ville* en 1950 ?

- ☐ **A.** David Hamilton.
- ☐ **B.** Jean-Marie Perier.
- ☐ **C.** Robert Doisneau.
- ☐ **D.** Henri Cartier-Bresson.

90. Dans quelle ville se trouve le MUCEM ?

- ☐ **A.** Paris.
- ☐ **B.** Marseille.
- ☐ **C.** Bordeau.
- ☐ **D.** Lyon.

91. Quel peintre français a représenté des singes dans une forêt tropicale en 1910 ?

- ☐ **A.** Le Douanier Rousseau.
- ☐ **B.** Edgar Degas.
- ☐ **C.** Henri de Toulouse-Lautrec.
- ☐ **D.** Paul Cézanne.

92. Quel président français a fait construire l'Arche de la Défense ?

- ☐ **A.** Valery Giscard d'Estaing.
- ☐ **B.** François Mitterrand.
- ☐ **C.** Georges Pompidou.
- ☐ **D.** Jacques Chirac.

93. En quel siècle a été construite la basilique du Sacré-Cœur à Montmartre ?

- ☐ **A.** XVIIe siècle.
- ☐ **B.** XVIIIe siècle.
- ☐ **C.** XIXe siècle.
- ☐ **D.** XXe siècle.

94. Dans quelle ville française se situe la place des Quinconces, la plus grande d'Europe ?

- ☐ **A.** Bordeaux.
- ☐ **B.** Paris.
- ☐ **C.** Lyon.
- ☐ **D.** Marseille.

95. Quel architecte dessina les plans de l'Institut du monde arabe de Paris ?

- ☐ **A.** Franck Gehry.
- ☐ **B.** Jean Nouvel.
- ☐ **C.** Ricardo Bofill.
- ☐ **D.** Auguste Rodin.

96. Qui a peint *La Corbeille de pommes* ?

- ☐ **A.** Auguste Renoir.
- ☐ **B.** Véronèse.
- ☐ **C.** Picasso.
- ☐ **D.** Paul Cézanne.

97. *Le Vieux guitariste* est un tableau de :

- ☐ **A.** Magritte.
- ☐ **B.** Véronèse.
- ☐ **C.** Renoir.
- ☐ **D.** Pablo Picasso.

98. Quelle cité italienne fut à l'origine de la citadelle de Bonifacio ?

- ☐ **A.** Gênes.
- ☐ **B.** Florence.
- ☐ **C.** Rome.
- ☐ **D.** Venise.

99. Où se situe la tour de Pise ?

- ☐ **A.** En France.
- ☐ **B.** En Italie.
- ☐ **C.** En Espagne.
- ☐ **D.** En Grèce.

100. *Figures* est un tableau de :

- ☐ **A.** Cézanne.
- ☐ **B.** Matisse.
- ☐ **C.** Van Gogh.
- ☐ **D.** Nicolas de Staël.

Corrigé

1. **A.** Andy Warhol.
2. **C.** Pointillisme.
3. **B.** Toulouse-Lautrec.
4. **D.** L'âge mûr.
5. **B.** L'Annonciation.
6. **A.** L'architecte Auguste Bartholdi et l'Ingénieur Gustave Eiffel.
7. **B.** Jean Nouvel.
8. **A.** Charles Le Brun.
9. **D.** Renzo Piano et Richard Rogers.
10. **A.** Vincent Van Gogh.
11. **A.** Paul Gauguin.
12. **C.** Beaubourg.
13. **D.** 1889.
14. **D.** René Magritte.
15. **C.** Pablo Picasso.
16. **B.** Norman Foster.
17. **A.** Musée des arts et civilisations d'Afrique, d'Asie, d'Océanie et des Amériques.
18. **C.** Madame Tussaud.
19. **C.** Place du Tertre.
20. **A.** 146 m.
21. **B.** Salvador Dali.
22. **C.** La Tour Agbar.
23. **D.** Édouard Manet.
24. **B.** Paul Véronèse.
25. **B.** À Chicago.
26. **D.** Salvador Dali.
27. **D.** *L'Or de l'azur*.
28. **D.** Le cubisme.
29. **B.** Maman.
30. **B.** Jean-Baptiste Pigalle.
31. **C.** Édouard Manet.
32. **A.** Rouge, bleu et jaune.
33. **B.** Pablo Picasso.
34. **A.** *Portrait de Mona Lisa*.
35. **B.** 1911.
36. **B.** Henri Matisse.
37. **B.** L'artiste peintre Vincent Van Gogh.
38. **A.** Ieoh Ming Pei.
39. **C.** Une icône.
40. **D.** Géricault.
41. **A.** Camille Claudel.
42. **C.** La cathédrale Notre-Dame de Paris.
43. **B.** Institut national de l'audiovisuel.
44. **C.** Sa maîtrise du clair-obscur.
45. **D.** Janvier 1977.
46. **A.** Rodez.
47. **D.** Klimt.
48. **A.** 1882.
49. **C.** Cire.
50. **B.** Georges de La Tour.
51. **C.** Figueras.
52. **C.** Philip Johnson.

53. A. Paul Andreu.

54. D. Rouen.

55. B. Auguste Renoir.

56. A. Français originaire de Russie.

57. D. 6 ans.

58. B. À Florence.

59. C. Georges Labit.

60. D. Philippo Brunelleschi.

61. B. La restauration de nombreux monuments.

62. C. 30 ans.

63. A. La mansarde.

64. C. Le donjon.

65. B. Raphaël.

66. C. L'atrium.

67. A. Île-de-France.

68. C. Les Tuileries.

69. B. L'Opéra.

70. D. Michel-Ange.

71. A. Kasimir Malevitch.

72. B. La Grande Arche de la Défense.

73. D. La sculpture.

74. D. XXe siècle.

75. A. La droite.

76. C. Français.

77. B. Le cloître.

78. C. Notre-Dame.

79. B. La Cité radieuse.

80. A. Claude Monet.

81. C. Le centre Pompidou à Paris.

82. D. Manet.

83. C. Un beffroi.

84. D. Le Mont-Saint-Michel.

85. B. Un œil-de-bœuf.

86. A. L'acropole.

87. B. Fernand Pouillon.

88. D. Frank Lloyd Wright.

89. C. Robert Doisneau.

90. B. Marseille.

91. A. Le Douanier Rousseau.

92. B. François Mitterrand.

93. C. XIXe siècle.

94. A. Bordeaux.

95. B. Jean Nouvel.

96. D. Paul Cézanne.

97. D. Pablo Picasso.

98. B. Gênes.

99. B. En Italie.

100. D. Nicolas de Staël.

2 Littérature, poésie et bandes dessinées

1. Quand a été fondée l'Académie française ?

☐ **A.** En 1579. ☐ **B.** En 1635. ☐ **C.** En 1789. ☐ **D.** En 1845.

2. Combien de personnalités siègent à l'Académie française ?

☐ **A.** 40. ☐ **B.** 45. ☐ **C.** 50. ☐ **D.** 55.

3. Quelle philosophe a rejoint l'Académie française en mars 2024 ?

☐ **A.** Sylviane Agacinski. ☐ **C.** Jeannette Colombel.

☐ **B.** Annie Leclerc. ☐ **D.** Christine de Pisan.

4. Quel est le nom de la première femme, romancière et essayiste, à avoir été élue à l'Académie française ?

☐ **A.** Marguerite Duras. ☐ **C.** Simone Veil.

☐ **B.** Marguerite Yourcenar. ☐ **D.** Assia Djebar.

5. Avant la dissolution de l'Assemblée nationale, qui était la ministre de la Culture en 2024 ?

☐ **A.** Florence Parly. ☐ **C.** Frédérique Vidal.

☐ **B.** Françoise Nyssen. ☐ **D.** Rachida Dati.

6. Distingué pour sa poésie, il devient le premier chanteur en 2016, à rejoindre les hommes et les femmes de lettres canonisés par l'Académie suédoise. C'est :

☐ **A.** Alain Bashung. ☐ **C.** Bob Dylan.

☐ **B.** Jean Jacques Goldman. ☐ **D.** Louis Bertignac.

7. Le prix Renaudot 2021 a été décerné à Amélie Nothomb pour son roman :

☐ **A.** *Stupeur et tremblements.* ☐ **C.** *Métaphysique des tubes.*

☐ **B.** *Hygiène de l'assassin.* ☐ **D.** *Premier sang.*

8. Le XVIIIe siècle, le siècle des lumières. Lequel de ces écrivains n'en fait pas partie ?

☐ **A.** Voltaire. ☐ **C.** André Breton.

☐ **B.** Jean Jacques Rousseau. ☐ **D.** Montesquieu.

9. Qui a écrit *Gargantua* ?

☐ **A.** François Rabelais. ☐ **C.** Pierre de Ronsard.

☐ **B.** Michel de Montaigne. ☐ **D.** Joachim du Bellay.

10. Dans la pièce de théâtre d'Edmond Rostand, de qui Cyrano de Bergerac est-il amoureux ?

☐ **A.** Héloïse. ☐ **C.** Roxane.

☐ **B.** Anna. ☐ **D.** Cunégonde.

11. Qui est l'auteur de *L'invitée* ?

☐ **A.** Georges Sand. ☐ **C.** Simone de Beauvoir.

☐ **B.** Colette. ☐ **D.** La comtesse de Ségur.

12. Quelle œuvre ne fait pas partie de la série *Les Rougon-Macquart* ?

- ☐ **A.** *Le ventre de Paris.*
- ☐ **B.** *Les héritiers Rabourdin.*
- ☐ **C.** *Au bonheur des dames.*
- ☐ **D.** *Le rêve.*

13. Parmi ces auteurs, lequel n'appartient pas au courant du romantisme ?

- ☐ **A.** Flaubert.
- ☐ **B.** Chateaubriand.
- ☐ **C.** Hugo.
- ☐ **D.** Lamartine.

14. Quelle œuvre de Victor Hugo n'est pas une pièce de théâtre ?

- ☐ **A.** *Hernani.*
- ☐ **B.** *Le roi s'amuse.*
- ☐ **C.** *Ruy Blas.*
- ☐ **D.** *Notre-Dame de Paris.*

15. Qui est l'auteur de *La Comédie humaine* ?

- ☐ **A.** Jean Paul Sartre.
- ☐ **B.** Honoré de Balzac.
- ☐ **C.** André Malraux.
- ☐ **D.** Albert Camus.

16. Le prix Goncourt a été décerné à Michel Houellebecq en 2010 pour quel roman ?

- ☐ **A.** *Anéantir.*
- ☐ **B.** *La carte et le territoire.*
- ☐ **C.** *Sérotonine.*
- ☐ **D.** *Soumission.*

17. Dans *Belle du Seigneur* de qui Solal est-il amoureux ?

- ☐ **A.** Laura.
- ☐ **B.** Anna.
- ☐ **C.** Ariane.
- ☐ **D.** Héloïse.

18. D'après le poème d'Arthur Rimbaud, qui est le *Dormeur du Val* ?

- ☐ **A.** Un mendiant.
- ☐ **B.** Un marchand.
- ☐ **C.** Un poète.
- ☐ **D.** Un soldat.

19. Lequel de ces écrivains a été ministre des Affaires culturelles sous la présidence du général de Gaulle ?

- ☐ **A.** François Mauriac.
- ☐ **B.** Paul Claudel.
- ☐ **C.** Charles Péguy.
- ☐ **D.** André Malraux.

20. Qui a écrit *Le rouge et le noir* ?

- ☐ **A.** Honoré de Balzac.
- ☐ **B.** Stendhal.
- ☐ **C.** Gustave Flaubert.
- ☐ **D.** Paul Valéry.

21. Quelle œuvre n'est pas d'Alfred de Musset ?

- ☐ **A.** *Adèle.*
- ☐ **B.** *L'âne et le ruisseau.*
- ☐ **C.** *Les filles de Loth.*
- ☐ **D.** *On ne badine pas avec l'amour.*

22. L'expression *une madeleine de Proust* est inspirée d'un passage du livre écrit par Marcel Proust dont le titre est :

- ☐ **A.** *Sodome et Gomorrhe.*
- ☐ **B.** *À la recherche du temps perdu.*
- ☐ **C.** *À l'ombre des jeunes filles en fleurs.*
- ☐ **D.** *Du côté de chez Swann.*

23. Qui a écrit *La Chartreuse de Parme* ?

☐ **A.** Flaubert. ☐ **B.** Stendhal. ☐ **C.** Balzac. ☐ **D.** Bazin.

24. Quel personnage de théâtre lance cette réplique « Ne pas monter bien haut, peut-être… mais tout seul ! »?

☐ **A.** Ruy Blas. ☐ **C.** Dom Juan.

☐ **B.** Rodrigue. ☐ **D.** Cyrano de Bergerac.

25. Qui a écrit *Le Père Goriot* ?

☐ **A.** Bazin. ☐ **B.** Balzac. ☐ **C.** Flaubert. ☐ **D.** Stendhal.

26. Quel est l'auteur de *Madame Bovary* ?

☐ **A.** Flaubert. ☐ **B.** Balzac. ☐ **C.** Bazin. ☐ **D.** Stendhal.

27. Quel est le roman d'Alphonse Daudet de 1868 qui est un récit autobiographique de son enfance ?

☐ **A.** *Jack.* ☐ **C.** *Le Petit Chose.*

☐ **B.** *Tartarin de Tarascon.* ☐ **D.** *Contes du Lundi.*

28. Lequel ne fait pas partie du courant surréaliste ?

☐ **A.** Breton. ☐ **B.** Aragon. ☐ **C.** Éluard. ☐ **D.** Malraux.

29. Le deuxième sexe est un essai existentialiste et féministe. De qui est-il ?

☐ **A.** Françoise Sagan. ☐ **C.** Georges Sand.

☐ **B.** Simone de Beauvoir. ☐ **D.** Marguerite Duras.

30. Parmi ces écrivains, lequel n'est pas du XXᵉ siècle ?

☐ **A.** Louis Aragon. ☐ **C.** Albert Camus.

☐ **B.** Paul Verlaine. ☐ **D.** Paul Éluard.

31. Qui a écrit *J'irai cracher sur vos tombes* ?

☐ **A.** Boris Vian. ☐ **C.** André Breton.

☐ **B.** Arthur Rimbaud. ☐ **D.** Louis Aragon.

32. Parmi ces œuvres, laquelle n'a pas été écrite par Émile Zola ?

☐ **A.** *Nana.* ☐ **C.** *Germinal.*

☐ **B.** *L'Assommoir.* ☐ **D.** *Les Misérables.*

33. Le prix Goncourt 2021 a été décerné à :

☐ **A.** Éric Vuillard pour *L'ordre du jour.*

☐ **B.** Leïla Slimani pour *Chanson douce.*

☐ **C.** Mohamed Mbougar Sarr pour *La plus secrète mémoire pour les hommes.*

☐ **D.** Olivier Guez pour *La disparition de Josef Mengele.*

34. L'académicien Jean d'Ormesson n'a pas écrit ;

- ☐ **A.** *Et moi, je vis toujours.*
- ☐ **B.** *La Conversation.*
- ☐ **C.** *Guide des égarés.*
- ☐ **D.** *Profanes.*

35. Qui est l'auteur de *La chute* ?

- ☐ **A.** Jean-Paul Sartre.
- ☐ **B.** Hervé Bazin.
- ☐ **C.** Albert Camus.
- ☐ **D.** Boris Vian.

36. En quelle année Jules Verne a publié *De la Terre à la Lune* ?

- ☐ **A.** 1855.
- ☐ **B.** 1865.
- ☐ **C.** 1955.
- ☐ **D.** 1965.

37. Qui a écrit *Boule de Suif* ?

- ☐ **A.** Émile Zola.
- ☐ **B.** André Malraux.
- ☐ **C.** Hervé Bazin.
- ☐ **D.** Guy de Maupassant.

38. *Oliver Twist* et *David Copperfield* sont des œuvres de :

- ☐ **A.** Andersen.
- ☐ **B.** Steinbeck.
- ☐ **C.** Dickens.
- ☐ **D.** Vian.

39. Qui est l'auteur du roman *Le blé en herbe* ?

- ☐ **A.** Colette.
- ☐ **B.** George Sand.
- ☐ **C.** Émilie Brontë.
- ☐ **D.** Simone de Beauvoir.

40. *Manon des Sources* est un livre :

- ☐ **A.** D'Alphonse Daudet.
- ☐ **B.** De Marcel Pagnol.
- ☐ **C.** De Jean Giono.
- ☐ **D.** André Gide.

41. Quel est l'écrivain qui a écrit *Guerre et Paix* ?

- ☐ **A.** Nicolaï Gogol.
- ☐ **B.** Soljenitsyne.
- ☐ **C.** Dostoïevski.
- ☐ **D.** Tolstoï.

42. À qui doit-on *Le ventre de Paris* ?

- ☐ **A.** Gilbert Cesbron.
- ☐ **B.** Victor Hugo.
- ☐ **C.** Hervé Bazin.
- ☐ **D.** Émile Zola.

43. Quel auteur ne fait pas partie du courant de l'absurde, issu de l'existentialisme ?

- ☐ **A.** Gide.
- ☐ **B.** Beckett.
- ☐ **C.** Camus.
- ☐ **D.** Sartre.

44. Qui a écrit le recueil *Alcools* ?

- ☐ **A.** Paul Éluard.
- ☐ **B.** Guillaume Apollinaire.
- ☐ **C.** Charles Baudelaire.
- ☐ **D.** Paul Verlaine.

45. La terre est bleue comme une orange est un vers de quel poète français ?

- ☐ **A.** Paul Verlaine.
- ☐ **B.** Guillaume Apollinaire.
- ☐ **C.** Paul Éluard.
- ☐ **D.** Charles Baudelaire.

46. De qui est l'œuvre *Pour qui sonne le glas* ?

- ☐ **A.** Émile Zola.
- ☐ **B.** Gilbert Cesbron.
- ☐ **C.** Victor hugo.
- ☐ **D.** Ernest Hemingway.

47. Qui a écrit *Voyage au bout de la nuit* ?

- ☐ **A.** Antoine de Saint-Exupéry.
- ☐ **B.** Louis Ferdinand Céline.
- ☐ **C.** François Mauriac.
- ☐ **D.** Hervé Bazin.

48. Le poète Charles de Baudelaire n'a pas écrit :

- ☐ **A.** *Le Bateau ivre.*
- ☐ **B.** *L'Albatros.*
- ☐ **C.** *Le Cygne.*
- ☐ **D.** *Les Fleurs du mal.*

49. Combien y a-t-il de syllabes dans un Alexandrin ?

- ☐ **A.** 6.
- ☐ **B.** 8.
- ☐ **C.** 10.
- ☐ **D.** 12.

50. *Le Pont Mirabeau* est un poème du poète français :

- ☐ **A.** Guillaume Apollinaire.
- ☐ **B.** Rimbaud.
- ☐ **C.** Baudelaire.
- ☐ **D.** Verlaine.

51. Par qui a été écrit *L'Étranger* ?

- ☐ **A.** Victor Hugo.
- ☐ **B.** Gilbert Cesbron.
- ☐ **C.** Albert. Camus.
- ☐ **D.** Jean-Paul Sartre.

52. *Clair de lune* est un poème écrit par :

- ☐ **A.** Rimbaud.
- ☐ **B.** Verlaine.
- ☐ **C.** Baudelaire.
- ☐ **D.** Apollinaire.

53. Qui a écrit *Mémoires d'Outre-Tombe* ?

- ☐ **A.** Rousseau.
- ☐ **B.** Victor Hugo.
- ☐ **C.** Voltaire.
- ☐ **D.** Châteaubriand.

54. Quel est l'auteur de *L'arrache-cœur* ?

- ☐ **A.** Paul Éluard.
- ☐ **B.** Boris Vian.
- ☐ **C.** Louis Aragon.
- ☐ **D.** Baudelaire

55. Quel était le vrai nom de l'écrivaine George Sand ?

- ☐ **A.** Amandine Aurore Lucile Dupin de Francueil.
- ☐ **B.** Clémentine Aurore Lucile Dupin de Francueil.
- ☐ **C.** Amantine Aurore Lucile Dupin de Francueil
- ☐ **D.** Céline Aurore Lucile Dupin de Francueil.

56. Qui a écrit *Thérèse Desqueyroux* ?

- ☐ **A.** Hervé Bazin.
- ☐ **B.** Gilbert Cesbron.
- ☐ **C.** Victor Hugo.
- ☐ **D.** François Mauriac.

57. C'est une œuvre poétique et philosophique d'Antoine de Saint-Exupéry. C'est :

- ☐ **A.** *Le Petit Prince.*
- ☐ **B.** *Mon petit prince à moi.*
- ☐ **C.** *Vol de nuit.*
- ☐ **D.** *Les Mille et Une Nuits.*

58. Lequel de ces auteurs a écrit *Caligula* ?

- ☐ **A.** Albert Camus.
- ☐ **B.** Jean Giraudoux.
- ☐ **C.** Hervé Bazin.
- ☐ **D.** Alfred de Musset.

59. Le 13 janvier 1898, un écrivain publiait dans le journal *L'Aurore* la lettre *J'accuse… !* pour dénoncer la machination contre Alfred Dreyfus. De qui s'agit-il ?

- ☐ **A.** Émile Zola.
- ☐ **B.** Charles Baudelaire.
- ☐ **C.** Paul Verlaine.
- ☐ **D.** Victor Hugo.

60. Qui a écrit *Une saison en enfer* ?

- ☐ **A.** Charles Baudelaire.
- ☐ **B.** Paul Verlaine.
- ☐ **C.** Arthur Rimbaud.
- ☐ **D.** Paul Éluard.

61. Jane Eyre est un roman de :

- ☐ **A.** Émilie Brontë.
- ☐ **B.** Charlotte Brontë.
- ☐ **C.** Anne Brontë.
- ☐ **D.** Émilie et Charlotte Brontë.

62. Quels sont les fondateurs de l'Oulipo ?

- ☐ **A.** Raymond Queneau et François Le Lionnais.
- ☐ **B.** Georges Perec et François Le Lionnais.
- ☐ **C.** Raymond Queneau et Georges Perec.
- ☐ **D.** Marcel Bénabou et Georges Perec.

63. *Vipère au poing* est une œuvre :

- ☐ **A.** D'André Gide.
- ☐ **B.** De Jean-Paul Sartre.
- ☐ **C.** D'Hervé Bazin.
- ☐ **D.** De François Mauriac.

64. Quel est le roman le plus célèbre de Georges Orwell ?

- ☐ **A.** *Hommage à la Catalogne.*
- ☐ **B.** *1984.*
- ☐ **C.** *Le Meilleur des mondes.*
- ☐ **D.** *La Ferme des animaux.*

65. Dans quel roman, Georges Perec n'utilise pas la lettre « e » ?

- ☐ **A.** *Les Choses.*
- ☐ **B.** *La Vie, mode d'emploi.*
- ☐ **C.** *W ou le souvenir d'enfance.*
- ☐ **D.** *La Disparition.*

66. Marguerite Duras n'a pas écrit :

- ☐ **A.** *L'Amant.*
- ☐ **B.** *Un barrage contre le Pacifique.*
- ☐ **C.** *La Douleur.*
- ☐ **D.** *L'Œuvre au noir.*

67. Quel concept le poète Aimé Césaire a-t-il inventé ?

- ☐ **A.** La négritude.
- ☐ **B.** La noircitude.
- ☐ **C.** L'africanité.
- ☐ **D.** La négro-africanité.

68. *Les Amitiés particulières* est un roman écrit en 1943 par :

- ☐ **A.** Francis Lacombrade.
- ☐ **B.** Didier Haudepin.
- ☐ **C.** Roger Peyrefitte.
- ☐ **D.** Michel Bouquet.

69. Quel est le roman d'anticipation, écrit en 1931 par Aldous Huxley ?

- ☐ **A.** *Les Portes de la perception.*
- ☐ **B.** *Île.*
- ☐ **C.** *Contrepoint.*
- ☐ **D.** *Le Meilleur des mondes.*

70. Des souris et des hommes est un roman court de l'écrivain américain :

- ☐ **A.** Ernest Hemingway.
- ☐ **B.** John Steinbeck.
- ☐ **C.** Thomas Steinbeck.
- ☐ **D.** William Faulkner.

71. Quel poète a écrit *Déjeuner du matin* ?

- ☐ **A.** Charles Baudelaire.
- ☐ **B.** Paul Verlaine.
- ☐ **C.** Jacques Prévert.
- ☐ **D.** Paul Éluard.

72. Françoise Sagan devient célèbre dès son premier roman dont le titre est :

- ☐ **A.** *La Chamade.*
- ☐ **B.** *Bonjour tristesse.*
- ☐ **C.** *La Femme fardée.*
- ☐ **D.** *Un certain sourire.*

73. André Breton était un auteur du courant du :

- ☐ **A.** Réalisme.
- ☐ **B.** Romantisme.
- ☐ **C.** Surréalisme.
- ☐ **D.** Naturalisme.

74. William Shakespeare, dramaturge, poète et acteur anglais n'a pas écrit :

- ☐ **A.** *Roméo et Juliette.*
- ☐ **B.** *Hamlet.*
- ☐ **C.** *Le Roi Lear.*
- ☐ **D.** *Le Comte du tsar Saltan.*

75. L'écrivain Dominique Lapierre nous a quittés. Il avait notamment écrit :

- ☐ **A.** *Les Demeurées.*
- ☐ **B.** *Profanes.*
- ☐ **C.** *Présent ?*
- ☐ **D.** *La cité de la joie.*

76. Le Festival d'Angoulême est le festival :

- ☐ **A.** Des arts du cirque.
- ☐ **B.** De la BD.
- ☐ **C.** Des arts médiatiques.
- ☐ **D.** Des arts de la scène.

77. À qui a été décerné le Grand prix lors de ce festival 2022 ?

- ☐ **A.** Julie Doucet.
- ☐ **B.** Camille Lavaud Benito.
- ☐ **C.** Léa Murawiec.
- ☐ **D.** Émile Bravo.

78. Quel est le personnage de bande dessinée le plus connu et le plus lu au monde, créé par le dessinateur belge Hergé en 1926 ?

- ☐ **A.** Batman.
- ☐ **B.** Astérix.
- ☐ **C.** Tintin.
- ☐ **D.** Lucky Luke.

79. Il est surtout connu pour être l'auteur de la série de bande dessinée *Le Chat*. Il s'agit de :

- ☐ **A.** René Goscinny
- ☐ **B.** Philippe Geluck.
- ☐ **C.** Hergé.
- ☐ **D.** Albert Uderzo

80. *Astérix*, anciennement *Astérix le Gaulois*, est une série de bande dessinée française créée en 1959 :

- ☐ **A.** Par le scénariste français René Goscinny et le dessinateur belge Hergé.
- ☐ **B.** Par le scénariste français René Goscinny et le dessinateur belge Philippe Gelluck.
- ☐ **C.** Par le scénariste français dessinateur René Goscinny.
- ☐ **D.** Par le scénariste français René Goscinny et le dessinateur français Albert Uderzo.

81. Dans quelle aventure de Tintin le journaliste rencontre-t-il pour la première fois le Capitaine Haddock ?

- ☐ **A.** *L'Oreille cassée.*
- ☐ **B.** *Le Crabe aux pinces d'or.*
- ☐ **C.** *Le Secret de La Licorne.*
- ☐ **D.** *Le Trésor de Rackham le Rouge.*

82. Quelle série de bande dessinée Louis Forton, a-t-il créée ?

- ☐ **A.** *Les Pieds nickelés.*
- ☐ **B.** *Les Bidochons.*
- ☐ **C.** *Les Schtroumpfs.*
- ☐ **D.** *Rubrique-à-brac.*

83. *Les Frustrés* est une bande dessinée humoristique de :

- ☐ **A.** Binet.
- ☐ **B.** Claire Bretécher.
- ☐ **C.** Albert Uderzo.
- ☐ **D.** Hergé.

84. Dans quelle aventure, Tintin lutte-t-il contre des marchands d'esclaves ?

- ☐ **A.** *Les Sept Boules de cristal.*
- ☐ **B.** *Coke en Stock.*
- ☐ **C.** *L'Ile Noire.*
- ☐ **D.** *Tintin au Congo.*

85. Quels sont les prénoms du couple dans la série de bande dessinée française *Les Bidochons* ?

- ☐ **A.** Raymonde et Robert.
- ☐ **B.** Danièle et Hubert.
- ☐ **C.** Micheline et Albert.
- ☐ **D.** Ginette et Gilbert.

86. Comment s'appelle le sorcier grand ennemi des *Schtroumpfs* ?

- ☐ **A.** Grossbouf.
- ☐ **B.** Garganthua.
- ☐ **C.** Gargamel.
- ☐ **D.** Grognon.

87. Dans quel pays se passent les aventures de *Tintin et le Temple du Soleil* ?

- ☐ **A.** La Bolivie.
- ☐ **B.** Le Mexique.
- ☐ **C.** La Colombie.
- ☐ **D.** Le Pérou.

88. *Rubrique-à-brac* est une série de bande dessinée créée par :

- ☐ **A.** Gotlib.
- ☐ **B.** Claire Bretécher.
- ☐ **C.** Albert Uderzo.
- ☐ **D.** Hergé.

89. Quel homme politique a dit que *Tintin était son rival international* ?

- ☐ **A.** Churchill.
- ☐ **B.** De Gaulle.
- ☐ **C.** Hitler.
- ☐ **D.** Staline.

90. Quel dessinateur a créé le personnage d'Achille Talon ?

- ☐ **A.** René Goscinny.
- ☐ **B.** Philippe Geluck.
- ☐ **C.** Michel Greg.
- ☐ **D.** Albert Uderzo.

91. Quel ennemi de Tintin a été capturé par des extra-terrestres à la fin de l'album *Vol 714 pour Sydney* ?

- ☐ **A.** Rastatopoulos.
- ☐ **B.** Le docteur Muller.
- ☐ **C.** Le général Tapioca.
- ☐ **D.** Le Fakir.

92. Quel est le titre du dernier album d'Astérix sorti en octobre 2023 ?

- ☐ **A.** *La Serpe d'or.*
- ☐ **B.** *Astérix et le Griffon.*
- ☐ **C.** *Astérix gladiateur.*
- ☐ **D.** *Astérix chez les Bretons.*

93. Quel est le prénom du Professeur Tournesol ?

- ☐ **A.** Triton.
- ☐ **B.** Mortimer.
- ☐ **C.** Ernest.
- ☐ **D.** Tryphon.

94. Quelle est la série de bande dessinée française créée par Jean-Michel Charlier et Albert Uderzo ?

- ☐ **A.** *Les Aventures de Tanguy et Laverdure.*
- ☐ **B.** *L'Iris blanc.*
- ☐ **C.** *Les Pieds nickelés.*
- ☐ **D.** *Les Bidochons.*

95. Quel est le titre des premières *Aventures de Tintin*, publiées en 1929 ?

- ☐ **A.** *Tintin au Congo.*
- ☐ **B.** *Les Cigares du pharaon.*
- ☐ **C.** *Tintin au Pays des Soviets.*
- ☐ **D.** *Le Secret de La Licorne.*

96. Quelle figure emblématique du Far West n'est jamais apparue intégralement dessinée dans *Lucky Luke* ?

- ☐ **A.** Jesse James.
- ☐ **B.** Wild Bill Hickok.
- ☐ **C.** Doc Holiday.
- ☐ **D.** Calamity Jane.

97. Quel est le titre du dernier album achevé des *Aventures de Tintin* ?

- ☐ **A.** *Tintin et les Picaros.*
- ☐ **B.** *Le Temple du Soleil.*
- ☐ **C.** *Tintin au pays de l'or noir.*
- ☐ **D.** *Objectif Lune.*

98. Comment s'appelle le druide qui détient le secret de la potion magique ?

- ☐ **A.** Papanoramix.
- ☐ **B.** Héroix.
- ☐ **C.** Panoramix.
- ☐ **D.** Papirix.

99. Parmi ces auteurs de BD, lequel est toujours vivant ?

- ☐ **A.** Underzo
- ☐ **B.** Binet.
- ☐ **C.** Hergé.
- ☐ **D.** Goscinny.

100. Quel est le manga le plus vendu au monde en 2023 ?

- ☐ **A.** *One Piece.*
- ☐ **B.** *Demon Slayer.*
- ☐ **C.** *Tokyo Revengers.*
- ☐ **D.** *L'Attaque des Titans.*

Corrigé

1. **B.** En 1635.
2. **A.** 40.
3. **A.** Sylviane Agacinski.
4. **B.** Marguerite Yourcenar.
5. **D.** Rachida Dati.
6. **C.** Bob Dylan.
7. **D.** *Premier sang.*
8. **C.** André Breton.
9. **A.** François Rabelais.
10. **C.** Roxane.
11. **C.** Simone de Beauvoir.
12. **B.** *Les héritiers Rabourdin.*
13. **A.** Flaubert.
14. **D.** *Notre-Dame de Paris.*
15. **B.** Honoré de Balzac.
16. **B.** *La carte et le territoire.*
17. **C.** Ariane.
18. **D.** Un soldat.
19. **D.** André Malraux.
20. **B.** Stendhal.
21. **A.** *Adèle.*
22. **B.** *À la recherche du temps perdu.*
23. **C.** Balzac.
24. **D.** Cyrano de Bergerac.
25. **B.** Balzac.
26. **A.** Flaubert.
27. **C.** *Le Petit Chose.*
28. **D.** Malraux.
29. **B.** Simone de Beauvoir.
30. **B.** Paul Verlaine.
31. **A.** Boris Vian.
32. **D.** *Les Misérables.*
33. **C.** Mohamed Mbougar Sarr pour *La plus secrète mémoire pour les hommes.*
34. **D.** *Profanes.*
35. **C.** Albert Camus.
36. **B.** 1865.
37. **D.** Guy de Maupassant.
38. **C.** Dickens.
39. **A.** Colette.
40. **B.** De Marcel Pagnol.
41. **D.** Tolstoï.
42. **D.** Émile Zola.
43. **A.** Gide.
44. **B.** Guillaume Apollinaire.
45. **C.** Paul Éluard.
46. **D.** Ernest Hemingway.
47. **B.** Louis Ferdinand Céline.

48. A. *Le Bateau ivre.*

49. D. 12.

50. A. Guillaume Apollinaire.

51. C. Albert Camus.

52. B. Verlaine.

53. D. Châteaubriand.

54. B. Boris Vian.

55. C. Amantine Aurore Lucile Dupin de Francueil.

56. D. François Mauriac.

57. A. *Le Petit Prince.*

58. A. Albert Camus.

59. D. Victor Hugo.

60. C. Arthur Rimbaud.

61. B. Charlotte Brontë.

62. A. Raymond Queneau et François Le Lionnais

63. C. D'Hervé Bazin.

64. B. *1984.*

65. D. *La Disparition.*

66. D. *L'Œuvre au noir.*

67. A. La négritude.

68. C. Roger Peyrefitte.

69. D. *Le Meilleur des mondes.*

70. B. John Steinbeck.

71. C. Jacques Prévert.

72. B. *Bonjour tristesse.*

73. C. Surréalisme.

74. D. *Le Comte du tsar Saltan.*

75. D. *La cité de la joie.*

76. B. De la BD.

77. A. Julie Doucet.

78. C. Tintin.

79. B. Philippe Geluck.

80. D. Par le scénariste français René Goscinny et le dessinateur français Albert Uderzo.

81. B. *Le Crabe aux pinces d'or.*

82. A. *Les Pieds nickelés.*

83. B. Claire Bretécher.

84. B. *Coke en Stock.*

85. A. Raymonde et Robert.

86. C. Gargamel.

87. D. Le Pérou.

88. A. Gotlib.

89. B. De Gaulle.

90. C. Michel Greg.

91. A. Rastatopoulos.

92. B. *L'Iris blanc.*

93. D. Tryphon.

94. A. *Les Aventures de Tanguy et Laverdure.*

95. C. *Tintin au Pays des Soviets.*

96. B. Wild Bill Hickok.

97. A. *Tintin et les Picaros.*

98. C. Panoramix.

99. B. Binet.

100. A. *One Piece.*

3 Cinéma, séries

1. En mars 1899, ils diffusaient pour la première fois des images animées au cinéma de La Ciotat. Ce sont :
   - ☐ **A.** Les frères Grimm.
   - ☐ **B.** Les frères Dardenne.
   - ☐ **C.** Les frères Lumière.
   - ☐ **D.** Les frères Cohen.
2. À quelle époque se passe le film *Un sac de billes* ?
   - ☐ **A.** Pendant la Première Guerre mondiale.
   - ☐ **B.** Pendant la Seconde Guerre mondiale.
   - ☐ **C.** Pendant la guerre d'Algérie.
   - ☐ **D.** Pendant la guerre au Vietnam.
3. Dans quel film trouve-t-on la citation « Touche pas au grisbi, salope ! » et quel est l'acteur qui la prononce ?
   - ☐ **A.** *Les tontons flingueurs* – Francis Blanche.
   - ☐ **B.** *Maigret tend un piège* – Jean Gabin.
   - ☐ **C.** *Le Guignolo* – Paul Meurisse.
   - ☐ **D.** *Une veuve en or* – Claude Rich.
4. Le 7e art est aussi connu sous un autre nom, lequel ?
   - ☐ **A.** La cinémathèque.
   - ☐ **B.** La caméra.
   - ☐ **C.** La cinématographie.
   - ☐ **D.** Le cinéma.
5. Quel acteur joue le rôle de Gaston Dominici dans le film *L'Affaire Dominici* ?
   - ☐ **A.** Fernandel.
   - ☐ **B.** Lino Ventura.
   - ☐ **C.** Jean Gabin.
   - ☐ **D.** Francis Blanche.
6. Dans quel film trouve-t-on cette citation « T'as de beaux yeux, tu sais » et quel est l'acteur qui la prononce ?
   - ☐ **A.** *Une veuve en or* – Claude Rich.
   - ☐ **B.** *Le Guignolo* – Paul Meurisse.
   - ☐ **C.** *Les Yeux de l'amour* – Jean-Claude Brialy.
   - ☐ **D.** *Le Quai des Brumes* – Jean Gabin à Michèle Morgan.
7. De qui est la musique du film franco-italien *Sacco et Vanzetti*, réalisé par Giuliano Montaldo ?
   - ☐ **A.** Nino Rota.
   - ☐ **B.** John Williams.
   - ☐ **C.** Ennio Morricone.
   - ☐ **D.** Hans Zimmer.
8. Les César du cinéma sont des récompenses cinématographiques créées en :
   - ☐ **A.** 1970.
   - ☐ **B.** 1976.
   - ☐ **C.** 1978.
   - ☐ **D.** 1979.

9. Quels sont les acteurs principaux dans *Le Chat*, film franco-italien réalisé par Pierre Granier-Deferre ?

- ☐ **A.** Lino Ventura et Michèle Morgan.
- ☐ **B.** Jean Gabin et Simone Signoret.
- ☐ **C.** Lino Ventura et Simone Signoret.
- ☐ **D.** Jean Gabin et Michèle Morgan.

10. Lequel de ces acteurs ne joue pas dans le film *Tchao Pantin*, écrit et réalisé par Claude Berri ?

- ☐ **A.** Marie Trintignant.
- ☐ **B.** Richard Anconina.
- ☐ **C.** Agnès Soral.
- ☐ **D.** Coluche.

11. Qui dans les années 70, élabore une première statuette, qui deviendra le Saint-Graal pour tous les professionnels du cinéma français ?

- ☐ **A.** Robert Adams.
- ☐ **B.** Anthony Caro.
- ☐ **C.** François Muller.
- ☐ **D.** César Baldaccini.

12. Qui est Madame Rosa dans le film *La vie devant soi* ?

- ☐ **A.** Romy Schneider.
- ☐ **B.** Simone Signoret.
- ☐ **C.** Marie Trintignant.
- ☐ **D.** Michèle Morgan.

13. Quelle est la première femme à avoir remporté la Palme d'or au festival de Cannes ?

- ☐ **A.** Audrey Diwan pour *L'évènement.*
- ☐ **B.** Julia Ducournau pour *Titane.*
- ☐ **C.** Jane Campion pour *La Leçon de Piano.*
- ☐ **D.** Carla Simón pour *Alcarràs.*

14. Parmi ces acteurs, lequel a mis fin à ses jours en 1982 ?

- ☐ **A.** Yves Montand.
- ☐ **B.** Philipe Léotard.
- ☐ **C.** Michel Piccoli.
- ☐ **D.** Patrick Dewaere.

15. *Les choses de la vie* est un film réalisé par :

- ☐ **A.** Claude Sautet.
- ☐ **B.** Patrice Leconte.
- ☐ **C.** Claude Lelouch.
- ☐ **D.** Éric Rohmer.

16. C'est la première actrice française à avoir remporté un prix d'interprétation dans les trois plus grands festivals de cinéma que sont Cannes, Venise et Berlin. Il s'agit de :

- ☐ **A.** Juliette Binoche.
- ☐ **B.** Isabelle Huppert.
- ☐ **C.** Romy Schneider.
- ☐ **D.** Isabelle Adjani.

17. La Berlinale 2024 a décerné, l'Ours d'or au documentaire :

- ☐ **A.** *L'évènement* de Audrey Diwan.
- ☐ **B.** *Dahomey* de Mati Diop.
- ☐ **C.** *Titane* de Julia Ducournau.
- ☐ **D.** *De son vivant*, d'Emmanuelle Bercot.

18. Quelle est l'actrice, Professeure de français dans un collège sensible, qui s'obstine à venir en cours en jupe ?

- ☐ **A.** Isabelle Huppert.
- ☐ **B.** Isabelle Adjani.
- ☐ **C.** Marie Trintignant.
- ☐ **D.** Juliette Binoche.

19. Quel acteur joue le rôle de Driss dans le film *Les intouchables* ?

- ☐ **A.** Guillaume Canet.
- ☐ **B.** François Cluzet.
- ☐ **C.** Gérard Jugnot.
- ☐ **D.** Omar Sy.

20. Mostra de Venise 2023 : quel est le ou la lauréate du Lion d'Or pour son film *Pauvres créatures* ?

- ☐ **A.** Carla Simón.
- ☐ **B.** Yorgos Lanthimos.
- ☐ **C.** Emmanuelle Bercot.
- ☐ **D.** Cédric Klapisch.

21. La comédienne Marie Trintignant est morte sous les coups de son compagnon qui se nomme :

- ☐ **A.** Richard Kolinka.
- ☐ **B.** François Cluzet.
- ☐ **C.** Mathias Othnin-Girard
- ☐ **D.** Bertrand Cantat.

22. Dans lequel de ces films, Romy Schneider n'a pas joué ?

- ☐ **A.** *Sissi.*
- ☐ **B.** *La Piscine.*
- ☐ **C.** *Mauvaises herbes.*
- ☐ **D.** *La Banquière.*

23. Qui était *Manon des sources* dans le film de Claude Berri, en 1986 ?

- ☐ **A.** Catherine Deneuve.
- ☐ **B.** Vanessa Paradis.
- ☐ **C.** Emmanuelle Béart.
- ☐ **D.** Charlotte Gainsbourg.

24. Qui interprète Zaza Napoli dans *La Cage aux folles* ?

- ☐ **A.** Jean Yann.
- ☐ **B.** Yves Montand.
- ☐ **C.** Ugo Tognazzi.
- ☐ **D.** Michel Serrault.

25. Le César de la meilleure actrice 2024 a été attribué à :

- ☐ **A.** Audrey Diwan.
- ☐ **B.** Carla Simón.
- ☐ **C.** Sandra Hüller.
- ☐ **D.** Emmanuelle Bercot.

26. À quel réalisateur doit-on *Le Péril jeune*, en 1995 ?

- ☐ **A.** Cédric Klapisch.
- ☐ **B.** Patrice Leconte.
- ☐ **C.** Claude Lelouch.
- ☐ **D.** Éric Rohmer.

27. *Les Choristes* est un film musical et une comédie dramatique française réalisé par :

- ☐ **A.** Claude Berri.
- ☐ **B.** François Truffaut.
- ☐ **C.** Christophe Barratier.
- ☐ **D.** Claude Lelouch.

28. Agnès Jaoui a reçu le César du meilleur film pour quel film ?

- ☐ **A.** *Place publique.*
- ☐ **B.** *Le Goût des autres.*
- ☐ **C.** *Aurore.*
- ☐ **D.** *Un air de famille.*

29. En quelle année Jean-Pierre Bacri nous a quittés ?

☐ **A.** 2019. ☐ **B.** 2020. ☐ **C.** 2021. ☐ **D.** 2022.

30. Lesquelles de ces actrices ne jouent pas dans *Huit* femmes de François Ozon ?

☐ **A.** Fanny Ardant, Emmanuelle Béart, Ludivine Sagnier.

☐ **B.** Danielle Darrieux, Firmine Richard, Isabelle Huppert.

☐ **C.** Catherine Deneuve, Virginie Ledoyen.

☐ **D.** Mathilde Seigner, Juliette Binoche, Agnès Jaoui.

31. Dans quel film Catherine Deneuve a joué le rôle d'un juge ?

☐ **A.** *De son vivant.* ☐ **C.** *La tête haute.*

☐ **B.** *L'adieu à la nuit.* ☐ **D.** *Mauvaises herbes.*

32. Depuis 1994, l'actrice a été sept fois nommée aux César, et deux fois récompensée. Il s'agit de :

☐ **A.** Ariane Ascaride. ☐ **C.** Isabelle Huppert.

☐ **B.** Agnès Jaoui. ☐ **D.** Marion Cotillard.

33. Quel film a remporté en 2022 l'Oscar du meilleur film ?

☐ **A.** La Méthode Williams de Reinaldo Marcus.

☐ **B.** *Coda* de Siân Heder.

☐ **C.** Dune est un film réalisé de Denis Villeneuve.

☐ **D.** Don't Look Up : Déni cosmique d'Adam McKay.

34. Qui a réalisé *Jeanne D'Arc* en 1999 ?

☐ **A.** André Téchiné. ☐ **C.** Alain Resnais.

☐ **B.** Luc Besson. ☐ **D.** Claude Berri.

35. Quel est le nom du valet muet mais pas sourd de *Zorro* ?

☐ **A.** Antonio. ☐ **B.** Sergio. ☐ **C.** Bernardo. ☐ **D.** Ricardo.

36. Qui a réalisé le film *Home*, sorti le 5 juin 2009 ?

☐ **A.** Yann Arthus Bertrand. ☐ **C.** Nicolas Hulot.

☐ **B.** Nicolas Vanier. ☐ **D.** Jean Reno.

37. Qui joue *l'Effrontée* dans le film de Claude Miller ?

☐ **A.** Emmanuelle Béart. ☐ **C.** Marion Cotillard.

☐ **B.** Charlotte Gainsbourg. ☐ **D.** Chiara Mastroianni.

38. Comment s'appelle la planète dans le film *Avatar* ?

☐ **A.** Carla. ☐ **B.** Andora. ☐ **C.** Pandora. ☐ **D.** Sanngria.

39. Quel est le réalisateur du film *Le Grand Bleu* ?

☐ **A.** André Téchiné. ☐ **C.** Alain Resnais.

☐ **B.** Nicolas Hulot. ☐ **D.** Luc Besson.

40. Quel acteur interprète le rôle du plongeur Jacques Mayol dans le film *Le Grand Bleu* ?

- ☐ **A.** Jean Reno.
- ☐ **B.** Jean-Marc Barr.
- ☐ **C.** Jason Statham.
- ☐ **D.** Enzo Molinari.

41. À qui a été attribuée la Palme d'or 2022 ?

- ☐ **A.** Ruben Östlund pour *Triangle of Sadness.*
- ☐ **B.** Robin Campillo pour *120 battements par minute.*
- ☐ **C.** Ken Loach pour *Moi, Daniel Blake.*
- ☐ **D.** Eva Husson pour *Les filles du soleil.*

42. Qui est le réalisateur du film *Bienvenue chez les Ch'tis* ?

- ☐ **A.** Dany Boon.
- ☐ **B.** Guillaume Canet.
- ☐ **C.** François Cluzet.
- ☐ **D.** François Ozon.

43. À quel réalisateur doit-on *La Haine* ?

- ☐ **A.** Mathieu Kassovitz.
- ☐ **B.** Guillaume Canet.
- ☐ **C.** Claude Lelouch.
- ☐ **D.** Claude Berri.

44. Qui a réalisé le film *Chat noir, chat blanc* ?

- ☐ **A.** Bertrand Tavernier.
- ☐ **B.** Emir Kusturica.
- ☐ **C.** Costa-Gavras.
- ☐ **D.** François Truffaut.

45. Qui se classe au premier rang des meilleures sociétés de production de films au monde en 2020 ?

- ☐ **A.** Acteurs auteurs associés.
- ☐ **B.** Gaumont.
- ☐ **C.** ABCB Films.
- ☐ **D.** Universal Pictures.

46. À quel film d'animation, Chiara Mastroianni, Catherine Deneuve et Danielle Darrieux prêtent-elles leur voix ?

- ☐ **A.** *Persépolis.*
- ☐ **B.** *Kirikou et la sorcière.*
- ☐ **C.** *Les Triplettes de Belleville.*
- ☐ **D.** *Le sommet des Dieux.*

47. Dans quel quartier parisien se déroule le film *Le fabuleux Destin d'Amélie Poulain* ?

- ☐ **A.** Le Marais.
- ☐ **B.** Montmartre.
- ☐ **C.** Saint-Germain-des-Prés.
- ☐ **D.** Belleville.

48. Qui joue le rôle de l'employé de l'épicier dans le film *Le fabuleux Destin d'Amélie Poulain* ?

- ☐ **A.** Jamel Debbouze.
- ☐ **B.** Omar Sy.
- ☐ **C.** Gad Elmaleh
- ☐ **D.** Patrick Timsit.

49. Qui a réalisé le film *Les Aventures de Rabbi Jacob* ?

- ☐ **A.** Claude Lelouch.
- ☐ **B.** François Truffaut.
- ☐ **C.** Guillaume Canet.
- ☐ **D.** Gérard Oury.

50. Dans quel film Alain Delon a-t-il joué ?

- ☐ **A.** *Le Clan des Siciliens.*
- ☐ **B.** *Le Quai des brumes.*
- ☐ **C.** *Sissi.*
- ☐ **D.** *La Grande Vadrouille.*

51. *L'*Emmerdeur, avec Jacques Brel et Lino Ventura, est un film réalisé par :

- ☐ **A.** François Truffaut.
- ☐ **B.** Claude Lelouch.
- ☐ **C.** Édouard Molinaro.
- ☐ **D.** Gérard Oury.

52. En 1998, elle obtient le César de la meilleure actrice pour son rôle dans *Marius et Jeannette* de Robert Guédiguian. Il s'agit de :

- ☐ **A.** Juliette Binoche.
- ☐ **B.** Isabelle Huppert.
- ☐ **C.** Madeleine Guédiguian.
- ☐ **D.** Ariane Ascaride.

53. Combien a-t-elle tourné de films avec Robert Guédiguian :

- ☐ **A.** 16.
- ☐ **B.** 18.
- ☐ **C.** 20.
- ☐ **D.** 22.

54. La carrière de Jean-Paul Belmondo commence en 1958 avec un petit rôle dans :

- ☐ **A.** *Sois belle et tais-toi.*
- ☐ **B.** *La Belle et la Bête.*
- ☐ **C.** *Le Clan des Siciliens.*
- ☐ **D.** *Le Quai des brumes.*

55. Quel est le prénom de l'homme mystérieux du photomaton dans le film *Le fabuleux Destin d'Amélie Poulain* ?

- ☐ **A.** Nino.
- ☐ **B.** Dominique.
- ☐ **C.** Raphael.
- ☐ **D.** Raymond.

56. Durant quelle décennie, le film d'animation *Les Aristochats* est-il sorti ?

- ☐ **A.** Les années 60.
- ☐ **B.** Les années 70.
- ☐ **C.** Les années 80.
- ☐ **D.** Les années 90.

57. Qui a interprété le *Pianiste* dans le film de Roman Polanski ?

- ☐ **A.** Ed Stoppard.
- ☐ **B.** Franck Finlay.
- ☐ **C.** Thomas Kretschmann.
- ☐ **D.** Adrien Brody.

58. Qui a réalisé le film *Jurassic Park* ?

- ☐ **A.** André Téchiné.
- ☐ **B.** Luc Besson.
- ☐ **C.** Steven Spielberg.
- ☐ **D.** Alain Resnais.

59. Dans quel film entend-on cette réplique *Peu importe ce qu'on pourra vous dire, les mots et les idées peuvent changer le monde* ?

- ☐ **A.** *Le Cercle des poètes disparus.*
- ☐ **B.** *La Belle et la Bête.*
- ☐ **C.** *Ne t'en fais pas, tout va bien.*
- ☐ **D.** *Les Petits Mouchoirs.*

60. Qui a réalisé le film *Roméo + Juliette* ?

- ☐ **A.** Steven Spielberg.
- ☐ **B.** Baz Luhrmann.
- ☐ **C.** Sydney Pollack.
- ☐ **D.** Bill Condon.

61. Qui interprète Peter Pan dans le film *Hook ou la Revanche du Capitaine Crochet*, de Steven Spielberg, en 1991 ?

☐ **A.** Robin Williams. ☐ **C.** Mel Gibson.
☐ **B.** Jack Nicholson. ☐ **D.** Dustin Hoffman.

62. En 1975, dans *Vol au-dessus d'un nid de coucou*, de Miloš Forman, qui incarne McMurphy ?

☐ **A.** Robin Williams. ☐ **C.** Mel Gibson.
☐ **B.** Jack Nicholson. ☐ **D.** Dustin Hoffman.

63. Quels frères ont réalisé les films *Fargo* et *Barton Fink* ?

☐ **A.** Les frères Coen. ☐ **C.** Les frères Dardenne.
☐ **B.** Les frères Lumière. ☐ **D.** Les frères Bogdanov.

64. Qui interprète *Tootsie* dans le film de Sydney Pollack ?

☐ **A.** Robin Williams. ☐ **C.** Dustin Hoffman.
☐ **B.** Jack Nicholson. ☐ **D.** Mel Gibson.

65. Quel prénom porte l'héroïne de *West Side Story* ?

☐ **A.** Nina. ☐ **B.** Julia. ☐ **C.** Mina. ☐ **D.** Maria.

66. Quel est le film de Quentin Tarantino sorti au mois d'août 2009 avec Mélanie Laurent et Brad Pitt ?

☐ **A.** *Inglorious Bastard.* ☐ **C.** *Django Unchained.*
☐ **B.** *Pulp Fiction.* ☐ **D.** *Reservoir dogs.*

67. Dans combien de films, Sean Connery a-t-il interprété James Bond, l'Agent 007 ?

☐ **A.** 3. ☐ **B.** 5. ☐ **C.** 7. ☐ **D.** 9.

68. Qui a réalisé le film *Apocalypse Now* ?

☐ **A.** Quentin Tarantino. ☐ **C.** Bill Condon.
☐ **B.** Francis Ford Coppola. ☐ **D.** Sydney Pollack.

69. En 1988, à quel réalisateur doit-on *Femmes au bord de la crise de nerfs* ?

☐ **A.** Claude Sautet. ☐ **C.** Sydney Pollack.
☐ **B.** Claude Lelouch. ☐ **D.** Pedro Almodovar.

70. Quel est le titre de noblesse de *Sissi* dans le film d'Ernst Marischka ?

☐ **A.** Baronne. ☐ **C.** Impératrice.
☐ **B.** Duchesse. ☐ **D.** Comtesse.

71. Quelle était la nationalité de Lawrence d'Arabie ?

☐ **A.** Algérienne. ☐ **C.** Américaine.
☐ **B.** Marocaine. ☐ **D.** Britannique.

72. Quel acteur incarne *Scarface* dans le film de Brian de Palma ?

☐ **A.** Al Pacino.
☐ **B.** Victorio Gassman.
☐ **C.** Roberto Benigni.
☐ **D.** Alberto Sordi.

73. Dans quel film entend-on cette réplique « *Oh captain, my captain* » ?

☐ **A.** *Capitaine Crochet.*
☐ **B.** *Pretty Woman.*
☐ **C.** *Le Cercle des poètes disparus.*
☐ **D.** *Tootsie.*

74. Quel acteur séquestre Marina (Victoria Abril), dans le film *Attache-moi* de Pedro Almodovar ?

☐ **A.** Gael Garcia Bernal.
☐ **B.** Antonio Banderas.
☐ **C.** Sergio Ramos.
☐ **D.** Sergi Lopez.

75. Comment se prénomme le rat qui rêve de devenir cuisinier dans le film *Ratatouille* ?

☐ **A.** Tom. ☐ **B.** Rato. ☐ **C.** Domi. ☐ **D.** Rémy.

76. Dans quel film entend-on cette réplique *Trois consonnes, quatre voyelles et un seul sens : je t'aime* ?

☐ **A.** *Les Petits Mouchoirs.*
☐ **B.** *Titanic.*
☐ **C.** *Ne t'en fais pas, tout va bien.*
☐ **D.** *Le Cercle des poètes disparus.*

77. Quel acteur joue le rôle du professeur dans *Le Cercle des poètes disparus* ?

☐ **A.** Laurent Gamelon.
☐ **B.** Dustin Hoffman.
☐ **C.** Robin Williams.
☐ **D.** Fabrice Lucchini.

78. Quel film retrace la *vie du Che* avant son arrivée à Cuba ?

☐ **A.** *Carnets de voyage.*
☐ **B.** *Voyage de Chihiro.*
☐ **C.** *Voyage Singulier.*
☐ **D.** *El Commandante.*

79. Qui a réalisé le film *Casino* ?

☐ **A.** Claude Lelouch.
☐ **B.** Guillaume Canet.
☐ **C.** Steven Spielberg.
☐ **D.** Martin Scorsese.

80. Dans quel film de Pedro Almodovar, un homme rend-il visite à son épouse dans le coma depuis 4 ans ?

☐ **A.** *Talons aiguilles.*
☐ **B.** *Parle avec elle.*
☐ **C.** *Volver.*
☐ **D.** *Tout sur ma mère.*

81. Quelle actrice joue le rôle de Juliette dans le *Roméo et Juliette* de Baz Lurhmann ?

☐ **A.** Juliette Binoche.
☐ **B.** Vanessa Paradis.
☐ **C.** Claire Danes.
☐ **D.** Marion Cotillard.

82. En 1999, les frères Dardenne sont reconnus mondialement grâce à leur première Palme d'or au Festival de Cannes, obtenue pour le drame :

☐ **A.** *Le Gamin au vélo.*
☐ **B.** *Le Fils.*
☐ **C.** *L'Enfant.*
☐ **D.** *Rosetta.*

83. *Parfum de femme* est un film italien réalisé par :

- ☐ **A.** Frederico Fellini.
- ☐ **B.** Dino Risi.
- ☐ **C.** Ettore Scola.
- ☐ **D.** Luchino Visconti.

84. Parmi ces films, lequel n'est pas de Frederico Fellini ?

- ☐ **A.** *Les Monstres.*
- ☐ **B.** *Amarcord.*
- ☐ **C.** *La dolce vita.*
- ☐ **D.** *Huit et demi.*

85. Dans la série *Le capitaine Marleau*, quelle actrice joue le personnage de la capitaine Marleau ?

- ☐ **A.** Corinne Masiero.
- ☐ **B.** Véronique Genest.
- ☐ **C.** Gwendoline Hamon.
- ☐ **D.** Cécile Bois.

86. *En Thérapie* est une série de :

- ☐ **A.** Jérôme Deschamps et Macha Makeïeff.
- ☐ **B.** Jérôme Deschamps et Éric Toledano.
- ☐ **C.** Éric Toledano et Olivier Nakache.
- ☐ **D.** Jérôme Deschamps et Olivier Nakache.

87. *En Thérapie*, qui interprète le rôle de Philippe Dayan ?

- ☐ **A.** Pio Marmaï.
- ☐ **B.** Frédéric Pierrot.
- ☐ **C.** Sharif Andoura.
- ☐ **D.** Djemel Barek.

88. Quelle série coréenne a été la plus regardée sur Netflix depuis la création de la plateforme :

- ☐ **A.** *Squid Game.*
- ☐ **B.** *All of Us Are Dead.*
- ☐ **C.** *Alice in Borderland.*
- ☐ **D.** *The Walking Dead.*

89. Quel est le modèle de la célèbre voiture du lieutenant Columbo ?

- ☐ **A.** Une Peugeot 403.
- ☐ **B.** Une Simca 1000.
- ☐ **C.** Une Jeep.
- ☐ **D.** Une Citroën DS.

90. Dans la série *Desperate housewife*, quel personnage est particulièrement défini par sa maniaquerie ?

- ☐ **A.** Bree Van Der Kamp.
- ☐ **B.** Eddy Britt.
- ☐ **C.** Gabrielle Solis.
- ☐ **D.** Suzan Mayer.

91. Quelle est la particularité du premier épisode de la saison 4 d'*Urgences* ?

- ☐ **A.** Il n'y a que des acteurs masculins.
- ☐ **B.** Il a été tourné en direct.
- ☐ **C.** Il n'y a que des actrices.
- ☐ **D.** Il ne se déroule pas aux urgences.

92. En 2023, quelle série a été sacrée meilleure série dramatique au Emmy Awardf ?

- ☐ **A.** *Victoria.*
- ☐ **B.** *Downton Abbey.*
- ☐ **C.** *Les Chroniques des Bridgerton.*
- ☐ **D.** *Succession.*

93. Quel est le nom de code du personnage de Jean-Pierre Darroussin dans *Le Bureau des légendes* ?

☐ **A.** Platon. ☐ **B.** Aristote. ☐ **C.** Socrate. ☐ **D.** Spinoza.

94. Quelle série a reçu le Golden Globe 2023 de la meilleure série dramatique ?

☐ **A.** *House of the Dragon.*
☐ **B.** *The Mornig Show.*
☐ **C.** *Lupin.*
☐ **D.** *Squid Game.*

95. Quelle célèbre série américaine met en scène un professeur de chimie qui se lance dans du traffic de drogue ?

☐ **A.** *Game of Thrones.*
☐ **B.** *Prison Break.*
☐ **C.** *Breaking Bad.*
☐ **D.** *Ozark.*

96. Dans la série française *Scènes de ménage*, quel est le métier du personnage de Fabien ?

☐ **A.** Maire.
☐ **B.** Plombier.
☐ **C.** Instituteur.
☐ **D.** Professeur d'histoire.

97. Dans la série *Kaamelott*, quel rôle joue son créateur Alexandre Astier ?

☐ **A.** Perceval.
☐ **B.** Le roi Arthur.
☐ **C.** Léodagan.
☐ **D.** Gauvin.

98. Laquelle de ces séries françaises est tournée dans la ville de Sète ?

☐ **A.** *Plus belle la vie.*
☐ **B.** *Demain nous appartient.*
☐ **C.** *Les Revenants.*
☐ **D.** *Un village français.*

99. Dans la série *Dix pour cent* quelle actrice joue le rôle de l'agente de célébrités Andréa Martel ?

☐ **A.** Camille Cottin.
☐ **B.** Marilou Berry.
☐ **C.** Julie De Bona.
☐ **D.** Laure Calamy.

100. Dans la série française *Scènes de ménage*, quel est le prénom de la femme de Raymond ?

☐ **A.** Simone.
☐ **B.** Marguerite.
☐ **C.** Françoise.
☐ **D.** Huguette.

Corrigé

1. **C.** Les frères Lumière.
2. **B.** Pendant la Seconde Guerre mondiale.
3. **A.** *Les tontons flingueurs* – Francis Blanche.
4. **D.** Le Cinéma.
5. **C.** Jean Gabin.
6. **D.** *Le Quai des Brumes* – Jean Gabin à Michèle Morgan.
7. **C.** Ennio Morricone.

8. **B.** 1976.
9. **B.** Jean Gabin et Simone Signoret.
10. **A.** Marie Trintignant.
11. **D.** César Baldaccini.
12. **B.** Simone Signoret.
13. **C.** Jane Campion pour *La Leçon de Piano.*
14. **D.** Patrick Dewaere.
15. **A.** Claude Sautet.
16. **A.** Juliette Binoche.
17. **B.** *Dahomey* de Mati Diop.
18. **B.** Isabelle Adjani.
19. **D.** Omar Sy.
20. **B.** Yorgos Lanthimos.
21. **D.** Bertrand Cantat.
22. **C.** *Mauvaises Herbes.*
23. **C.** Emmanuelle Béart.
24. **D.** Michel Serrault.
25. **C.** Sandra Hüller.
26. **A.** Cédric Klapisch.
27. **C.** Christophe Barratier.
28. **B.** *Le Goût des autres.*
29. **C.** 2021.
30. **D.** Mathilde Seigner, Juliette Binoche, Agnès Jaoui.
31. **C.** *La tête haute.*
32. **D.** Marion Cotillard.
33. **B.** *Coda* de Siân Heder.
34. **B.** Luc Besson.
35. **C.** Bernardo.
36. **A.** Yann Arthus Bertrand.
37. **B.** Charlotte Gainsbourg.
38. **C.** Pandora.
39. **D.** Luc Besson.
40. **D.** Enzo Molinari.
41. **A.** Ruben Östlund pour *Triangle of Sadness.*
42. **A.** Dany Boon.
43. **A.** Mathieu Kassovitz.
44. **B.** Émir Kusturica.
45. **D.** Universal Pictures.
46. **A.** *Persépolis.*
47. **B.** Montmartre.
48. **A.** Jamel Debbouze.
49. **D.** Gérard Oury.
50. **A.** Le Clan des Siciliens.
51. **C.** Édouard Molinaro.
52. **D.** Ariane Ascaride.
53. **B.** 18.
54. **A.** *Sois belle et tais-toi.*
55. **A.** Nino.
56. **B.** Les années 70.
57. **D.** Adrien Brody.
58. **C.** Steven Spielberg.
59. **A.** *Le Cercle des poètes disparus.*
60. **B.** Baz Luhrmann.
61. **A.** Robin Williams
62. **B.** Jack Nicholson.
63. **A.** Les frères Coen.
64. **C.** Dustin Hoffman.
65. **D.** Maria.
66. **A.** *Inglorious Bastard.*
67. **C.** 7.
68. **B.** Francis Ford Coppola.
69. **D.** Pedro Almodovar.
70. **C.** Impératrice.
71. **D.** Britannique.
72. **A.** Al Pacino.
73. **C.** *Le Cercle des poètes disparus.*
74. **B.** Antonio Banderas.
75. **D.** Rémy.
76. **B.** *Titanic.*

77. C. Robin Williams.

78. A. *Carnets de voyage.*

79. D. Martin Scorsese.

80. B. *Parle avec elle.*

81. C. Claire Danes.

82. D. *Rosetta.*

83. B. Dino Risi.

84. A. *Les Monstres.*

85. A. Corinne Masiero.

86. C. Éric Toledano et Olivier Nakache.

87. B. Frédéric Pierrot.

88. A. *Squid Game.*

89. A. Une Peugeot 403.

90. A. Bree Van Der Kamp.

91. B. Il a été tourné en direct.

92. D. *Succession.*

93. C. Socrate.

94. A. *House of the Dragon.*

95. C. *Breaking Bad.*

96. D. Professeur d'histoire.

97. B. Le roi Arthur.

98. B. *Demain nous appartient.*

99. A. Camille Cottin.

100. D. Huguette.

4 Théâtre, danse, cirque et mime

1. La danse, le mime, le théâtre et le cirque sont regroupés dans :

- ☐ **A.** Les arts médiatiques.
- ☐ **B.** Les arts contemporains.
- ☐ **C.** Les arts scénographiques.
- ☐ **D.** Les arts de la scène.

2. La Comédie-Française ou Théâtre-Français est une institution culturelle française fondée en :

- ☐ **A.** 1680.
- ☐ **B.** 1695.
- ☐ **C.** 1715.
- ☐ **D.** 1825.

3. Quel est le vrai nom de Molière ?

- ☐ **A.** Jean Marie Arouet.
- ☐ **B.** Jean-Baptiste Poquelin.
- ☐ **C.** Jean-Paul Proquelin.
- ☐ **D.** Jean-Louis Poquin.

4. Figure centrale du théâtre et de la culture de notre pays, nous fêtons cette année :

- ☐ **A.** Les 250 ans de la naissance Molière.
- ☐ **B.** Les 350 ans de la naissance Molière.
- ☐ **C.** Les 300 ans de la naissance Molière.
- ☐ **D.** Les 400 ans de la naissance Molière.

5. Comment s'appelait sa première troupe de théâtre ?

- ☐ **A.** Le grand théâtre.
- ☐ **B.** Le splendide théâtre
- ☐ **C.** Somptueux théâtre.
- ☐ **D.** L'illustre théâtre.

6. De quel art italien s'est inspiré Molière ?

- ☐ **A.** La Comédia dell'arte.
- ☐ **B.** La Comédia d'histrions.
- ☐ **C.** La Comédia improvisée.
- ☐ **D.** La Comédia à l'impromptu.

7. Laquelle des comédies suivantes est une comédie-ballet ?

- ☐ **A.** *Le Tartuffe*.
- ☐ **B.** *Le Malade imaginaire*.
- ☐ **C.** *Dom Juan*.
- ☐ **D.** *L'Avare*.

8. Le Festival d'Avignon fut fondé en 1947 par :

- ☐ **A.** Michel Galabru.
- ☐ **B.** Jean-Louis Trintignant.
- ☐ **C.** Jean Vilar.
- ☐ **D.** Jean Genet.

9. Quelle est la récompense attribuée aux acteurs et metteurs en scène de théâtre ?

- ☐ **A.** Les Molières.
- ☐ **B.** Les Tartuffes.
- ☐ **C.** Les Oscars.
- ☐ **D.** Les César.

10. Michel Bouquet nous a quittés. En 2014 quel acteur lui remet un Molière d'honneur ?

- ☐ **A.** Jean-Louis Trintignant.
- ☐ **B.** Fabrice Luchini.
- ☐ **C.** Jacques Weber.
- ☐ **D.** Michel Galabru.

11. Au théâtre, comment appelle-t-on un changement de situation brutal et inattendu ?

- ☐ **A.** Un acte.
- ☐ **B.** Un coup de théâtre.
- ☐ **C.** Une réplique.
- ☐ **D.** Un vaudeville.

12. Dans ce genre théâtral né dans la Grèce antique, on rencontre souvent un héros en proie à la fatalité exercée par les dieux ou par les hommes selon les époques. Ce genre s'appelle :

- ☐ **A.** La comédie.
- ☐ **B.** La farce.
- ☐ **C.** La tragédie.
- ☐ **D.** La satire.

13. Au théâtre, qu'est-ce qu'un monologue ?

- ☐ **A.** Une répétition de la même phrase.
- ☐ **B.** Une division de la pièce en grandes unités.
- ☐ **C.** Une indication pour le comédien, non prononcée sur scène.
- ☐ **D.** Une scène qui se compose d'une seule tirade d'un personnage.

14. Ces pièces *Phèdre, Andromaque, Iphigénie, Bérénice* sont de :

- ☐ **A.** Racine.
- ☐ **B.** Alfred de Musset.
- ☐ **C.** Molière.
- ☐ **D.** Corneille.

15. Qu'est-ce qu'une caricature ?

- ☐ **A.** Un discours qui attaque de façon violente.
- ☐ **B.** Un échange de lettres entre deux personnes.
- ☐ **C.** Une œuvre qui glorifie.
- ☐ **D.** Une œuvre qui ridiculise en accentuant les défauts.

16. *Le Cid* est une pièce de théâtre tragi-comique de :

- ☐ **A.** Alfred de Musset.
- ☐ **B.** Pierre Corneille.
- ☐ **C.** Molière.
- ☐ **D.** Racine.

17. À l'époque romaine, à qui sont réservées les places situées en haut de l'amphithéâtre ?

- ☐ **A.** À la plèbe.
- ☐ **B.** À la noblesse.
- ☐ **C.** Aux gladiateurs.
- ☐ **D.** Le clergé.

18. Dans un amphithéâtre romain, qu'est-ce qu'un vomitoire ?

- ☐ **A.** Un passage souterrain qui permet aux spectateurs d'entrer et de sortir de l'amphithéâtre.
- ☐ **B.** Une galerie qui permet d'évacuer les eaux de pluie.
- ☐ **C.** Un couloir circulaire qui fait le tour de l'amphithéâtre.
- ☐ **D.** Un cachot où l'on enfermait les personnes condamnées à la prison perpétuelle.

19. *Les Précieuses ridicules, Les Femmes savantes, Le Bourgeois gentilhomme, Le Malade imaginaire* sont des pièces écrites par :

- ☐ **A.** Alfred de Musset.
- ☐ **B.** Corneille.
- ☐ **C.** Molière.
- ☐ **D.** Racine.

20. Comment appelle-t-on les paroles échangées au théâtre ?

- ☐ **A.** Une réplique.
- ☐ **B.** Une tirade.
- ☐ **C.** Une riposte.
- ☐ **D.** Un monologue.

21. Au théâtre qu'est-ce qu'un poulailler ?

☐ **A.** La fosse d'orchestre.

☐ **B.** Dans une salle de spectacle, première galerie au-dessus de l'orchestre.

☐ **C.** Le dernier étage d'une salle de théâtre, au-dessus des loges et des balcons.

☐ **D.** La partie de la salle située dans sa partie centrale en contrebas du plateau.

22. Dans *Les Fourberies de Scapin* de Molière, qui est Scapin ?

☐ **A.** Un roi.

☐ **B.** Un grand seigneur.

☐ **C.** Le fils du roi.

☐ **D.** Un valet.

23. Le Festival international de théâtre de rue d'Aurillac a été créé en 1986 par :

☐ **A.** Michel Bouquet.

☐ **B.** Michel Galabru.

☐ **C.** Michel Aumont.

☐ **D.** Michel Crespin.

24. Ces pièces *Fantasio*, *Lorenzaccio*, *On ne badine pas avec l'amour*, *Il ne faut jurer de rien* sont de :

☐ **A.** Molière.

☐ **B.** Alfred de Musset.

☐ **C.** Racine.

☐ **D.** Corneille.

25. Malentendu qui fait prendre un propos, une chose, une personne pour un autre :

☐ **A.** Une réplique.

☐ **B.** Un coup de théâtre.

☐ **C.** Un quiproquo.

☐ **D.** Un à-propos.

26. Qu'est-ce qu'un acte ?

☐ **A.** Une partie de la pièce.

☐ **B.** Une scène silencieuse.

☐ **C.** La moitié de la pièce.

☐ **D.** Une pause dans la pièce.

27. Comment appelle-t-on une résolution des problèmes à la fin de la pièce ?

☐ **A.** Une intrigue.

☐ **B.** Un dénouement.

☐ **C.** Un nœud.

☐ **D.** Une fuite.

28. Où les comédiens se changent et se maquillent avant la représentation ?

☐ **A.** Dans la loge.

☐ **B.** Au balcon.

☐ **C.** Au poulailler.

☐ **D.** Sur le plateau.

29. Comment appelle-t-on une longue prise de parole d'un personnage ?

☐ **A.** Un monologue.

☐ **B.** Une réplique.

☐ **C.** Un aparté.

☐ **D.** Une tirade.

30. *Cyrano de Bergerac* est une pièce de :

☐ **A.** De Samuel Beckett.

☐ **B.** D'Edmond Rostand.

☐ **C.** De Racine.

☐ **D.** De Corneille.

31. La première *Cérémonie* des *Molières* a eu lieu au théâtre du Châtelet en :

- ▢ **A.** 1981.
- ▢ **B.** 1987.
- ▢ **C.** 1992.
- ▢ **D.** 1995.

32. Le théâtre contemporain est un genre théâtral du xxe siècle illustré par :

- ▢ **A.** Le théâtre de l'absurde et le théâtre d'idées.
- ▢ **B.** Le théâtre de boulevard.
- ▢ **C.** Le vaudeville.
- ▢ **D.** Le mélodrame.

33. *Hamlet* est une pièce de :

- ▢ **A.** Pinter.
- ▢ **B.** Shakespeare.
- ▢ **C.** Beckett.
- ▢ **D.** Miller.

34. Il a été metteur en scène et directeur du théâtre de Dix Heures. Il s'agit de :

- ▢ **A.** Antonin Artaud.
- ▢ **B.** Jean Cocteau.
- ▢ **C.** Michel Galabru.
- ▢ **D.** Ionesco.

35. Comment se nomme le personnage comique de *La Vie est un songe* de Calderón ?

- ▢ **A.** Sigismond.
- ▢ **B.** Valère.
- ▢ **C.** Claudius.
- ▢ **D.** Clairon.

36. Comment s'appelle l'ensemble des spectateurs au théâtre ?

- ▢ **A.** Le public.
- ▢ **B.** Les gens.
- ▢ **C.** Les tribunes.
- ▢ **D.** La foule.

37. Qu'arrive-t-il à Roméo et Juliette à la fin de la pièce ?

- ▢ **A.** Ils ne s'aiment plus.
- ▢ **B.** Ils se séparent.
- ▢ **C.** Ils meurent.
- ▢ **D.** Ils se marient.

38. Où a été inventé le théâtre ?

- ▢ **A.** Grèce.
- ▢ **B.** Japon.
- ▢ **C.** Chine.
- ▢ **D.** Arménie.

39. Que sont les stichomythies au théâtre ?

- ▢ **A.** Des didascalies.
- ▢ **B.** Des répliques très courtes.
- ▢ **C.** Des dialogues insensés.
- ▢ **D.** Des phrases murmurées.

40. Qui a écrit le manifeste *Inutilité du théâtre au théâtre* ?

- ▢ **A.** Victor Hugo.
- ▢ **B.** Antonin Artaud.
- ▢ **C.** Alfred Jarry.
- ▢ **D.** Ionesco.

41. Lequel de ces écrivains n'est pas un auteur de théâtre ?

- ▢ **A.** Musset.
- ▢ **B.** Corneille.
- ▢ **C.** Shakespeare.
- ▢ **D.** Éluard.

42. Georges Feydeau n'a pas écrit :

- ▢ **A.** *Rhinocéros.*
- ▢ **B.** *Le Dindon.*
- ▢ **C.** *La main passe.*
- ▢ **D.** *La Puce à l'oreille.*

43. De quel siècle date la pièce *En attendant Godot* de Beckett ?

- [ ] **A.** XVIIIe siècle.
- [ ] **B.** XIXe siècle.
- [ ] **C.** XXe siècle.
- [ ] **D.** XXIe siècle.

44. Quel genre a été popularisé par les auteurs Labiche, Courteline, Feydeau, Guitry ?

- [ ] **A.** Le mélodrame.
- [ ] **B.** Le Grand Guignol.
- [ ] **C.** Le vaudeville.
- [ ] **D.** La comédie.

45. Parmi les dramaturges suivants, lequel n'a pas reçu le Nobel de littérature ?

- [ ] **A.** Harold Pinter.
- [ ] **B.** Arthur Miller.
- [ ] **C.** Samuel Beckett.
- [ ] **D.** Dario Fo.

46. Qui a écrit *Fin de Partie* ?

- [ ] **A.** Beckett.
- [ ] **B.** Adamov.
- [ ] **C.** Guitry.
- [ ] **D.** Ionesco.

47. Quel est le genre de la pièce *Le Songe d'une nuit d'été* de Shakespeare ?

- [ ] **A.** Drame.
- [ ] **B.** Tragédie.
- [ ] **C.** Comédie.
- [ ] **D.** Vaudeville.

48. Qui a écrit la pièce *Macbeth* ?

- [ ] **A.** Molière.
- [ ] **B.** Guitry.
- [ ] **C.** Goethe.
- [ ] **D.** Shakespeare.

49. Dans l'œuvre de Goethe, avec qui Faust signe-t-il un pacte ?

- [ ] **A.** Le diable.
- [ ] **B.** Le docteur.
- [ ] **C.** L'avocat.
- [ ] **D.** Le facteur.

50. Qui a écrit la pièce *Hernani ou l'Honneur castillan* ?

- [ ] **A.** Marivaux.
- [ ] **B.** Victor Hugo.
- [ ] **C.** Alfred de Musset.
- [ ] **D.** Corneille.

51. La pièce de théâtre *Le Jeu de l'amour et du hasard* est de :

- [ ] **A.** Molière.
- [ ] **B.** Beaumarchais.
- [ ] **C.** Marivaux.
- [ ] **D.** Corneille.

52. La 34e cérémonie des Molières qui s'est déroulée en 2023 au théâtre de Paris a été présentée par :

- [ ] **A.** Nicolas Bedos.
- [ ] **B.** Alexis Michalik.
- [ ] **C.** Fabrice Lucchini.
- [ ] **D.** Gérard Depardieu.

53. Le Printemps des comédiens est un festival incontournable de la création théâtrale internationale en France. Il a lieu dans quelle région ?

- [ ] **A.** Occitanie.
- [ ] **B.** Bretagne.
- [ ] **C.** Pays de la Loire.
- [ ] **D.** Grand Est.

54. La première représentation d'un cirque moderne à Londres date de 1768, elle est l'œuvre :

- ☐ **A.** De Philipp Astley.
- ☐ **B.** D'Alexis Grüss.
- ☐ **C.** D'Achille Zavatta.
- ☐ **D.** De Jean Richard.

55. La famille Fratellini est une famille :

- ☐ **A.** D'artistes peintres d'origine italienne.
- ☐ **B.** De photographes d'origine italienne.
- ☐ **C.** D'artistes de cirque d'origine italienne.
- ☐ **D.** D'écrivains d'origine italienne.

56. Le Cirque du Soleil est une entreprise de divertissement artistique spécialisée en cirque contemporain située :

- ☐ **A.** En France.
- ☐ **B.** Au Québec.
- ☐ **C.** En Belgique.
- ☐ **D.** En Suisse.

57. La compagnie Archaos est une compagnie de cirque française fondée en :

- ☐ **A.** 1966.
- ☐ **B.** 1970.
- ☐ **C.** 1976.
- ☐ **D.** 1986.

58. Avec humour, poésie, mais sans animaux, il a réinventé le genre dans les années 1990. Quel est le nom de cette troupe qui vient de faire ses adieux en plein Covid fin 2020 ?

- ☐ **A.** Le cirque Bouglione.
- ☐ **B.** Le cirque Soleil.
- ☐ **C.** Le cirque Plume.
- ☐ **D.** Le cirque Eloize.

59. Quelle est la première femme à jouer le clown Auguste et l'une des rares à jouer du concertina ?

- ☐ **A.** Phia Ménard.
- ☐ **B.** Annie Fratellini.
- ☐ **C.** Cha-U-Kao.
- ☐ **D.** Lola Montès.

60. Que signifie l'acronyme CNAC ?

- ☐ **A.** Centre national des arts contemporains.
- ☐ **B.** Centre national des arts du cirque.
- ☐ **C.** Compagnie nationale des arts du cirque.
- ☐ **D.** Commission nationale des arts du cirque.

61. Quelle est la salle de spectacle située dans le 11e arrondissement de Paris, construit en 1852 par l'architecte Jacques Hittorff ?

- ☐ **A.** Le cirque d'Hiver.
- ☐ **B.** Le cirque Phenix.
- ☐ **C.** Le cirque Bormann-Moreno.
- ☐ **D.** Le Circa-Humans.

62. Quel est le nom de l'École supérieure des arts du cirque, inaugurée en 2003 ?

- ☐ **A.** L'Académie Fratellini.
- ☐ **B.** École nationale de cirque.
- ☐ **C.** L'Académie Zapata.
- ☐ **D.** L'Académie Auguste.

63. Qui a connu une célébrité internationale avec son personnage silencieux de Bip, créé en 1947 ?

- ☐ **A.** Marcel Marceau.
- ☐ **B.** Marcel Pagnol.
- ☐ **C.** Marcel Amont.
- ☐ **D.** Marcel Cerdan.

64. Quelle est la date de la création des centres chorégraphiques nationaux ?

- ☐ **A.** 1964.
- ☐ **B.** 1974.
- ☐ **C.** 1984.
- ☐ **D.** 1994.

65. Parmi ces chorégraphes, lequel n'en n'est pas un :

- ☐ **A.** Dominique Bagouet.
- ☐ **B.** Mathilde Monnier.
- ☐ **C.** Maurice Béjart.
- ☐ **D.** Henri Matisse.

66. Lequel de ces ballets ne fait pas partie des ballets de Rudolf Noureev ?

- ☐ **A.** *Le Lac des cygnes.*
- ☐ **B.** *Le Boléro.*
- ☐ **C.** *Roméo et Juliette.*
- ☐ **D.** *Cendrillon.*

67. Dans quelle ville, Dominique Bagouet devient directeur en 1980 de l'un des premiers centres chorégraphiques nationaux ?

- ☐ **A.** Montpellier.
- ☐ **B.** Bordeaux.
- ☐ **C.** Marseille.
- ☐ **D.** Lyon.

68. En 1976, comment Patrick Dupond s'est fait connaître ?

- ☐ **A.** En remportant la médaille d'or du concours national de ballet de Paris.
- ☐ **B.** En remportant la médaille d'or du concours international de ballet de Saint-Pétersbourg en Russie.
- ☐ **C.** En remportant la médaille d'or du concours international de ballet de Varna en Bulgarie.
- ☐ **D.** En remportant la médaille d'or du concours national de ballet de Vienne en Autriche.

69. Quel est le nom de cette danseuse et chorégraphe française, étoile du ballet de l'Opéra national de Paris de 1990 à 1998 ?

- ☐ **A.** Aurélie Dupont.
- ☐ **B.** Marie-Claude Pietragalla,
- ☐ **C.** Zizi Jeanmaire.
- ☐ **D.** Janine Charrat.

70. Quels sont les 2 spectacles les plus connus de Maurice Béjart ?

- ☐ **A.** *Roméo et Juliette et Cendrillon.*
- ☐ **B.** *Le Lac des cygnes et Cendrillon.*
- ☐ **C.** *Le Lac des cygnes et Roméo et Juliette.*
- ☐ **D.** *Le Boléro et Le Sacre du printemps.*

71. Quel pas de danse se rapporte à un animal en classique ?

- ☐ **A.** Le saut de chat.
- ☐ **B.** Le bas de jambe de cochon.
- ☐ **C.** Le saut de mouton.
- ☐ **D.** Le piqué canard.

72. Dans quel pays est né le Madison ?

- ☐ **A.** En Irlande.
- ☐ **B.** Aux États-Unis.
- ☐ **C.** En Angleterre.
- ☐ **D.** En Écosse.

73. Durant quelle période a-t-on pratiqué les ballets de cour ?

☐ **A.** 1581-1700. ☐ **B.** 1581-1801. ☐ **C.** 1581-1605. ☐ **D.** 1581-1681.

74. Comment appelle-t-on les jeunes danseuses ?

☐ **A.** Des chats.
☐ **B.** Des souriceaux.
☐ **C.** Des rats.
☐ **D.** Des cygnes.

75. À quel siècle se développe le ballet pantomime ?

☐ **A.** XVe siècle.
☐ **B.** XVIe siècle.
☐ **C.** XVIIe siècle.
☐ **D.** XVIIIe siècle.

76. Quel cabaret est célèbre pour ses jeux d'ombres sur le corps nu de ses danseuses ?

☐ **A.** Le Lido.
☐ **B.** Le Crazy Horse.
☐ **C.** Le Moulin-Rouge.
☐ **D.** Chez Michou.

77. Comment appelle-t-on le petit gilet que l'on porte pour danser ?

☐ **A.** Un tricot.
☐ **B.** Un corset.
☐ **C.** Un cache-cœur.
☐ **D.** Un combishort.

78. Quelle danse à trois temps a été chantée par Jacques Brel ?

☐ **A.** *La polka.*
☐ **B.** *Le tango.*
☐ **C.** *La lambada.*
☐ **D.** *La valse.*

79. Le charleston se dansait dans les années :

☐ **A.** 1910-1920. ☐ **B.** 1920-1930. ☐ **C.** 1930-1940. ☐ **D.** 1940-1950.

80. Quelle danse syncopée, née dans les années 1970 dans les ghettos des États-Unis, est liée au Hip-Hop ?

☐ **A.** Le breakdance.
☐ **B.** Le zouk.
☐ **C.** Le modern jazz.
☐ **D.** La rumba.

81. De quel pays vient le mambo ?

☐ **A.** Colombie. ☐ **B.** Brésil. ☐ **C.** Cuba. ☐ **D.** Argentine.

82. Comment nomme-t-on la danse du XVIIe siècle, ancêtre de la danse classique ?

☐ **A.** La danse pré-classique.
☐ **B.** La danse noble.
☐ **C.** La danse sobre.
☐ **D.** La belle danse.

83. À quand remonte l'âge d'or du tango en Europe ?

☐ **A.** Années 1920.
☐ **B.** Années 1930.
☐ **C.** Années 1940.
☐ **D.** Années 1950.

84. Quelle danse est originaire de Bohème (Tchéquie) ?

☐ **A.** La salsa.
☐ **B.** La polka.
☐ **C.** La lambada.
☐ **D.** La java.

85. Dans quelle ville française est née la java ?

- ☐ **A.** Strasbourg.
- ☐ **B.** Lyon.
- ☐ **C.** Caen.
- ☐ **D.** Paris.

86. En flamenco, comment s'appellent les claquements de mains ?

- ☐ **A.** Palmas.
- ☐ **B.** Tapas.
- ☐ **C.** Congas.
- ☐ **D.** Manas.

87. Quelle danse est née en République dominicaine vers 1850 ?

- ☐ **A.** La lambada.
- ☐ **B.** La salsa.
- ☐ **C.** Le merengue.
- ☐ **D.** La java.

88. L'Académie royale de danse a été fondée en 1661 à l'initiative de :

- ☐ **A.** Louis XIV.
- ☐ **B.** Louis XV.
- ☐ **C.** Louis XVI.
- ☐ **D.** Louis XVIII.

89. Danse d'origine mexicaine, à 4 temps, mêlant les rythmes du mambo et de la rumba, en vogue dans les années 1950. C'est :

- ☐ **A.** La salsa.
- ☐ **B.** Le paso doble.
- ☐ **C.** La lambada.
- ☐ **D.** Le cha-cha-cha.

90. Forme de spectacle musical et chorégraphique apparu dans la seconde moitié du XIXe siècle. Censée émoustiller le public, cette danse associe dans l'esprit du public Paris et ses music-halls. C'est :

- ☐ **A.** Le French cancan.
- ☐ **B.** Le charleston.
- ☐ **C.** Le madison.
- ☐ **D.** Le wist.

91. Dans quelle ville la valse a-t-elle connu ses lettres de noblesse ?

- ☐ **A.** Budapest.
- ☐ **B.** Vienne.
- ☐ **C.** Berlin.
- ☐ **D.** Dublin.

92. Quelle danse est originaire de Jamaïque ?

- ☐ **A.** La salsa.
- ☐ **B.** La samba.
- ☐ **C.** La rumba.
- ☐ **D.** Le reggae.

93. Lorsqu'on dit polonaise, qui cela évoque ?

- ☐ **A.** Mozart.
- ☐ **B.** Brahms.
- ☐ **C.** Chopin.
- ☐ **D.** Wagner.

94. Pour quel film la danse le sirtaki a-t-elle été créée ?

- ☐ **A.** *Xenia.*
- ☐ **B.** *Zorba le Grec.*
- ☐ **C.** *Un ciel épicé.*
- ☐ **D.** *Canine.*

95. Le flamenco s'est propagé grâce aux Gitans. De quelle région d'Espagne est-il originaire ?

- ☐ **A.** Andalousie.
- ☐ **B.** Catalogne.
- ☐ **C.** Îles Baléares.
- ☐ **D.** Galice.

96. Quelle est la danse d'Amérique latine, au tempo vif, appelée également jazz afro-cubain ?

- ☐ **A.** La rumba.
- ☐ **B.** La salsa.
- ☐ **C.** Le tango.
- ☐ **D.** Le zouk.

97. En Écosse, elle constitue l'une des principales danses traditionnelles. Il s'agit de :

- ☐ **A.** Le jerk.
- ☐ **B.** Le reggae.
- ☐ **C.** La valse.
- ☐ **D.** La gigue.

98. Dans les années 1920-1930, quelle danse Joséphine Baker a-t-elle lancée en France ?

- ☐ **A.** La mazurka.
- ☐ **B.** Le jerk.
- ☐ **C.** Le charleston.
- ☐ **D.** Le fox-trot.

99. Quelle est la danse du courant swing, à cheval entre le rock'n'roll et le lindy-hop ?

- ☐ **A.** Le be-bop.
- ☐ **B.** Le boogie-woogie.
- ☐ **C.** Le popping.
- ☐ **D.** Le hip hop.

100. Quel instrument est très lié au tango ?

- ☐ **A.** Le djembé.
- ☐ **B.** L'harmonica.
- ☐ **C.** L'ocarina.
- ☐ **D.** Le bandonéon.

Corrigé

1. **D.** Les arts de la scène.
2. **A.** 1680.
3. **B.** Jean-Baptiste Poquelin.
4. **D.** Les 400 ans de la naissance Molière.
5. **D.** L'illustre théâtre.
6. **A.** La Comédia dell'arte.
7. **C.** *Dom Juan*.
8. **C.** Jean Vilar.
9. **A.** Les Molières.
10. **B.** Fabrice Luchini.
11. **B.** Un coup de théâtre.
12. **C.** La tragédie.
13. **D.** Une scène qui se compose d'une seule tirade d'un personnage.
14. **A.** Racine.
15. **D.** Une œuvre qui ridiculise en accentuant les défauts.
16. **B.** Pierre Corneille.
17. **A.** À la plèbe.
18. **A.** Un passage souterrain qui permet aux spectateurs d'entrer et de sortir de l'amphithéâtre.
19. **C.** Molière.
20. **A.** Une réplique.
21. **C.** Le dernier étage d'une salle de théâtre, au-dessus des loges et des balcons.
22. **D.** Un valet.
23. **D.** Michel Crespin.
24. **B.** Alfred de Musset.
25. **C.** Un quiproquo.
26. **A.** Une partie de la pièce.
27. **B.** Un dénouement.
28. **A.** Dans la loge.
29. **D.** Une tirade.
30. **B.** D'Edmond Rostand.
31. **B.** 1987.
32. **A.** Le théâtre de l'absurde et le théâtre d'idées.
33. **B.** Shakespeare.
34. **C.** Michel Galabru.
35. **D.** Clairon.
36. **A.** Le public.
37. **C.** Ils meurent.
38. **A.** Grèce.

39. **B.** Des répliques très courtes.
40. **C.** Alfred Jarry.
41. **D.** Éluard.
42. **A.** *Rhinocéros.*
43. **C.** xxe siècle.
44. **C.** Le vaudeville.
45. **B.** Arthur Miller.
46. **A.** Beckett.
47. **C.** Comédie.
48. **D.** Shakespeare.
49. **A.** Le diable.
50. **B.** Victor Hugo.
51. **C.** Marivaux.
52. **B.** Alexis Michalik.
53. **A.** Occitanie
54. **A.** De Philipp Astley.
55. **C.** D'artistes de cirque d'origine italienne.
56. **B.** Au Québec.
57. **D.** 1986.
58. **C.** Le cirque Plume.
59. **B.** Annie Fratellini.
60. **B.** Centre national des arts du cirque.
61. **A.** Le cirque d'Hiver.
62. **A.** L'Académie Fratellini.
63. **A.** Marcel Marceau.
64. **C.** 1984.
65. **D.** Henri Matisse.
66. **B.** *Le Boléro.*
67. **A.** Montpellier.
68. **C.** En remportant la médaille d'or du concours international de ballet de Varna en Bulgarie.
69. **B.** Marie-Claude Pietragalla,
70. **D.** *Le Boléro* et *Le Sacre du printemps.*
71. **A.** Le saut de chat.
72. **B.** Aux États Unis.
73. **D.** 1581-1681.
74. **C.** Des rats.
75. **D.** XVIIIe siècle.
76. **B.** Le Crazy Horse.
77. **C.** Un cache-cœur.
78. **D.** *La valse.*
79. **B.** 1920-1930.
80. **A.** Le breakdance.
81. **C.** Cuba.
82. **D.** La belle danse.
83. **A.** Années 1920.
84. **B.** La polka.
85. **D.** Paris.
86. **A.** Palmas.
87. **C.** Le merengue.
88. **A.** Louis XIV
89. **D.** Le cha-cha-cha.
90. **A.** Le French cancan.
91. **B.** Vienne.
92. **D.** Le reggae.
93. **C.** Chopin.
94. **B.** *Zorba le Grec.*
95. **A.** Andalousie.
96. **B.** La salsa.
97. **D.** La gigue.
98. **C.** Le charleston.
99. **B.** Le boogie-woogie.
100. **D.** Le bandonéon.

5 Musique

1. Laquelle de ces voix n'est pas une voix masculine ?

☐ **A.** La basse.
☐ **B.** Le baryton.
☐ **C.** Le mezzo-soprano.
☐ **D.** Le ténor.

2. Le violoncelle fait partie de la famille des :

☐ **A.** Cordes pincées.
☐ **B.** Cordes frottées.
☐ **C.** Cuivres.
☐ **D.** Bois.

3. Kendrick Lamar a reçu le prix Pulitzer en musique, une première, pour :

☐ **A.** Du hip-hop.
☐ **B.** Du jazz.
☐ **C.** Du rock.
☐ **D.** Du blues.

4. La symphonie pastorale est une œuvre de :

☐ **A.** Mozart. ☐ **B.** Bach. ☐ **C.** Wagner. ☐ **D.** Beethoven.

5. De quelle origine est le musicien Debussy ?

☐ **A.** Anglais. ☐ **B.** Espagnol. ☐ **C.** Français. ☐ **D.** Italien.

6. Quand a eu lieu la première édition de la fête de la musique ?

☐ **A.** Le 21 juin 1981.
☐ **B.** Le 21 juin 1982.
☐ **C.** Le 21 juin 1983.
☐ **D.** Le 21 juin 1984.

7. Par qui a-t-elle été instaurée ?

☐ **A.** Par Jack Lang, ministre de la Culture.
☐ **B.** François Mitterrand, président de la République.
☐ **C.** Delphine Ernotte, présidente de France Télévisions.
☐ **D.** Jean-Luc Hees, président-directeur général de Radio France.

8. France Festivals est une fédération française de festivals de musique et spectacle vivant, créée en :

☐ **A.** 1948. ☐ **B.** 1959. ☐ **C.** 1968. ☐ **D.** 1975.

9. Les Conservatoires nationaux supérieurs de musique et de danse (CNSMD), Paris et Lyon sont sous la tutelle du :

☐ **A.** Paysage audiovisuel français.
☐ **B.** Institut national de l'audiovisuel.
☐ **C.** L'Office de radiodiffusion-télévision française.
☐ **D.** Ministère de la Culture et de la Communication.

10. Quelle est l'artiste féminine gagnante des victoires de la musique 2024 ?

☐ **A.** Barbara Pravi.
☐ **B.** Aya Nakamura.
☐ **C.** Juliette Armanet.
☐ **D.** Angèle.

11. Au concours eurovision de la chanson 2021, la France est arrivée en 2e position avec :

- ☐ **A.** Clara Luciani pour *Respire encore.*
- ☐ **B.** Barbara Pravi pour *Voilà.*
- ☐ **C.** France Gall pour *Poupée de cire, poupée de son.*
- ☐ **D.** Marie Myriam pour *L'oiseau et l'enfant.*

12. Un stradivarius est un instrument fabriqué dans :

- ☐ **A.** L'atelier d'Antoni Stradivaro.
- ☐ **B.** L'atelier d'Antonio Stradivari.
- ☐ **C.** L'atelier d'Antoni Stradi.
- ☐ **D.** L'atelier d'Antonio Stavaro.

13. Quel est l'auteur de la chanson *La Javanaise* ?

- ☐ **A.** Serge Gainsbourg.
- ☐ **B.** Michel Polnareff.
- ☐ **C.** Georges Brassens.
- ☐ **D.** Jacques Brel.

14. Musicien français du début du XXe siècle, il écrivit notamment des airs pour enfants, comme *Le Carnaval des animaux*. Qui est-il ?

- ☐ **A.** Camille Saint-Saëns.
- ☐ **B.** Claude Debussy.
- ☐ **C.** Gabriel Fauré.
- ☐ **D.** Erik Satie.

15. Qui a écrit *Les Quatre Saisons* ?

- ☐ **A.** Mozart.
- ☐ **B.** Vivaldi.
- ☐ **C.** Bach.
- ☐ **D.** Verdi.

16. Par quelle saison commencent *Les Quatre Saisons* ?

- ☐ **A.** L'été.
- ☐ **B.** L'automne.
- ☐ **C.** L'hiver.
- ☐ **D.** Le printemps.

17. « Prodiges » est la première émission à révéler les jeunes talents en :

- ☐ **A.** Patinage artistique.
- ☐ **B.** Dessin, sculpture et peinture.
- ☐ **C.** Littérature.
- ☐ **D.** Musique classique, chant et danse classique.

18. Renaud Capuçon est :

- ☐ **A.** Un pianiste.
- ☐ **B.** Un violoncelliste.
- ☐ **C.** Un saxophoniste.
- ☐ **D.** Un clarinettiste.

19. Le jazzman Louis Armstrong jouait de la :

- ☐ **A.** Trompette.
- ☐ **B.** Batterie.
- ☐ **C.** Flûte.
- ☐ **D.** Basse.

20. De quel instrument jouait Frédéric Chopin ?

- ☐ **A.** Du clavecin.
- ☐ **B.** Du hautbois.
- ☐ **C.** Du piano.
- ☐ **D.** De l'orgue.

21. Qu'est-ce qu'un requiem ?

- ☐ **A.** Un hymne à la joie.
- ☐ **B.** Un chant pour les morts.
- ☐ **C.** Une célébration de mariage.
- ☐ **D.** Une composition gaie.

22. Les congas font partie de la famille des :

☐ **A.** Cordes frottées. ☐ **C.** Cuivres.

☐ **B.** Bois. ☐ **D.** Percussions.

23. Quel compositeur a laissé une 8e symphonie dite « inachevée » ?

☐ **A.** Schubert. ☐ **B.** Mozart. ☐ **C.** Wagner. ☐ **D.** Chopin.

24. Antonio Vivaldi jouait :

☐ **A.** Du clavecin. ☐ **C.** Du violon.

☐ **B.** De la mandoline. ☐ **D.** De la harpe.

25. La Symphonie nº 9 en mi mineur, *Du Nouveau Monde* a été composée par :

☐ **A.** Antonín Dvorak. ☐ **C.** Claude Debussy.

☐ **B.** Frédéric Chopin. ☐ **D.** Gabriel Fauré.

26. *Macbeth*, *Tosca*, *Scarpia* ou encore *Norma* font partie des opéras et des rôles qu'elle a joués. C'est :

☐ **A.** Mado Robin. ☐ **C.** Anna Netrebko.

☐ **B.** Majida El Roumi. ☐ **D.** Maria Callas.

27. Qui est l'auteur d'un adagio célébrissime ?

☐ **A.** Giuseppe Verdi. ☐ **C.** Tomaso Albinoni.

☐ **B.** Antonio Vivaldi. ☐ **D.** Giacomo Puccini.

28. La clarinette fait partie de la famille des :

☐ **A.** Cordes frottées. ☐ **C.** Cuivres.

☐ **B.** Cordes pincées. ☐ **D.** Bois.

29. Michel Petrucciani, jazzman, jouait :

☐ **A.** Du piano. ☐ **C.** Du trombone.

☐ **B.** Du saxophone. ☐ **D.** De la contrebasse.

30. Le prix de Rome en musique date de :

☐ **A.** 1803. ☐ **B.** 1848. ☐ **C.** 1870. ☐ **D.** 1890.

31. Le festival international qui se déroule à Juan-les-Pins est un festival de :

☐ **A.** Rock. ☐ **B.** Blues. ☐ **C.** Jazz. ☐ **D.** Techno.

32. Quel assureur utilisait le *Boléro* de Ravel dans l'une de ses publicités ?

☐ **A.** Allianz. ☐ **B.** AGF. ☐ **C.** Matmut. ☐ **D.** Maif.

33. Dans quel pays chante-t-on le fado ?

☐ **A.** Chili. ☐ **B.** Italie. ☐ **C.** Portugal. ☐ **D.** Espagne.

34. *La Traviata* est un opéra de :

☐ **A.** Vivaldi. ☐ **B.** Verdi. ☐ **C.** Puccini. ☐ **D.** Albinoni.

35. La harpe fait partie de la famille des :

- ☐ **A.** Cordes frottées.
- ☐ **B.** Cordes pincées.
- ☐ **C.** Bois.
- ☐ **D.** Cuivres.

36. Quel est le titre du dernier album studio de Stromae, sorti en 2022 ?

- ☐ **A.** *Multitude.*
- ☐ **B.** *Racine carrée.*
- ☐ **C.** *Formidable.*
- ☐ **D.** *Pourquoi pas moi.*

37. Parmi ces chansons, laquelle n'est pas de Barbara ?

- ☐ **A.** *L'Aigle noir.*
- ☐ **B.** *Ma plus belle histoire d'amour.*
- ☐ **C.** *Jolie môme.*
- ☐ **D.** *La Dame brune.*

38. Une baguette de direction est un instrument utilisé par :

- ☐ **A.** Les musiciens.
- ☐ **B.** Les chœurs.
- ☐ **C.** Les chefs d'orchestre.
- ☐ **D.** Les instrumentistes.

39. Lord Yehudi Menuhin est un chef d'orchestre britannique et :

- ☐ **A.** Pianiste.
- ☐ **B.** Trompettiste.
- ☐ **C.** Violoniste.
- ☐ **D.** Violoncelliste.

40. Dans quelle ville se déroulent les Transmusicales ?

- ☐ **A.** Morlaix.
- ☐ **B.** Rennes.
- ☐ **C.** La Rochelle.
- ☐ **D.** Lorient.

41. Comment était surnommé le saxophoniste Charlie Parker ?

- ☐ **A.** The Bird.
- ☐ **B.** The Duke.
- ☐ **C.** The Master.
- ☐ **D.** The Boss.

42. Qui a composé *La Truite* ?

- ☐ **A.** Frédéric Chopin.
- ☐ **B.** Franz Peter Schubert.
- ☐ **C.** Robert Schumann.
- ☐ **D.** Félix Mendelssohn-Bartholdy.

43. À qui doit-on *Les Danses hongroises* ?

- ☐ **A.** Johannes Brahms.
- ☐ **B.** Frédéric Chopin.
- ☐ **C.** Robert Schumann.
- ☐ **D.** Franz Peter Schubert.

44. Quel compositeur a créé le ballet du *Lac des Cygnes* ?

- ☐ **A.** Ravel.
- ☐ **B.** Prokofiev.
- ☐ **C.** Bizet.
- ☐ **D.** Tchaikovski.

45. Qui est le grand « maître » des valses ?

- ☐ **A.** Robert Schumann.
- ☐ **B.** Johann Strauss.
- ☐ **C.** Franz Liszt.
- ☐ **D.** Franz Schubert.

46. Qui a composé l'opéra *Madame Butterfly* ?

- ☐ **A.** Giuseppe Verdi.
- ☐ **B.** Antonio Vivaldi.
- ☐ **C.** Vincenzo Bellini.
- ☐ **D.** Giacomo Puccini.

47. À quel âge Mozart a-t-il composé son premier menuet ?

- ☐ **A.** À 3 ans.
- ☐ **B.** À 5 ans.
- ☐ **C.** À 6 ans.
- ☐ **D.** À 7 ans.

48. Sur quel support le musicien pose ses partitions ?

- ☐ **A.** Un pupitre.
- ☐ **B.** Un chevalet.
- ☐ **C.** Un bureau.
- ☐ **D.** Une table.

49. Quel est le compositeur de *La Flûte enchantée* ?

- ☐ **A.** Beethoven.
- ☐ **B.** Mozart.
- ☐ **C.** Verdi.
- ☐ **D.** Vivaldi.

50. À quel compositeur doit-on un « fameux canon » ?

- ☐ **A.** Giuseppe Verdi.
- ☐ **B.** Franz Joseph Haydn.
- ☐ **C.** Johann Pachelbel.
- ☐ **D.** Franz Liszt.

51. Où se tient chaque année le grand festival d'opéra, créé par Wagner en 1876 ?

- ☐ **A.** Londres.
- ☐ **B.** Vienne.
- ☐ **C.** Milan.
- ☐ **D.** Bayreuth.

52. Quel groupe de hard-rock est emmené par les frères Young ?

- ☐ **A.** Led Zeppelin.
- ☐ **B.** Black Sabbath.
- ☐ **C.** Iron Maiden.
- ☐ **D.** AC/DC.

53. De quel pays, les Beatles sont-ils originaires ?

- ☐ **A.** Irlande.
- ☐ **B.** Écosse.
- ☐ **C.** Angleterre.
- ☐ **D.** États-Unis.

54. Qui était le chanteur mythique du groupe Nirvana ?

- ☐ **A.** Kurt Cobain.
- ☐ **B.** Axel Rose.
- ☐ **C.** Jim Morrison.
- ☐ **D.** Ian Curtis.

55. Qui est le chanteur emblématique du groupe The Cure ?

- ☐ **A.** Michael Stipe.
- ☐ **B.** Mick Jagger.
- ☐ **C.** Jim Morrison.
- ☐ **D.** Robert Smith.

56. Où se déroule le festival des Vieilles Charrues ?

- ☐ **A.** En Lozère.
- ☐ **B.** En Normandie.
- ☐ **C.** En Bretagne.
- ☐ **D.** En Savoie.

57. Dans quel groupe de musique Roger Waters, David Gilmour, Syd Barrett ont-ils joué ?

- ☐ **A.** The Who.
- ☐ **B.** Pink Floyd.
- ☐ **C.** The Doors.
- ☐ **D.** Deep Purple.

58. Quel groupe de musique est composé d'Akhenaton, Shurik'n, Kheops, Imhotep, Kephren ?

☐ **A.** NTM. ☐ **B.** PNL. ☐ **C.** IAM. ☐ **D.** Lunatic.

59. Comment était surnommé Elvis Presley ?

☐ **A.** The God.
☐ **B.** The King.
☐ **C.** The President.
☐ **D.** The Best.

60. Qui a interprété le tube *Allumer le feu* ?

☐ **A.** Bob Dylan.
☐ **B.** Dick Rivers.
☐ **C.** Eddy Mitchell.
☐ **D.** Johnny Hallyday.

61. Comment surnommait-on Édith Piaf ?

☐ **A.** Le moineau.
☐ **B.** La petite.
☐ **C.** La môme.
☐ **D.** Le piaf.

62. Quelle jeune chanteuse interprétait « Joe le Taxi » dans les années 80 ?

☐ **A.** Lio.
☐ **B.** Vanessa Paradis.
☐ **C.** Marie-Paule Belle.
☐ **D.** Sabine Paturel.

63. De quel instrument de musique Phil Collins jouait-il au sein du groupe Genesis ?

☐ **A.** De la batterie.
☐ **B.** De la basse.
☐ **C.** De la guitare.
☐ **D.** Du piano.

64. Comment s'appelait la troupe qui entourait Michel Fugain, jusqu'en 1977 ?

☐ **A.** Balthazar.
☐ **B.** Le Big Bazar.
☐ **C.** The Circus.
☐ **D.** Le Splendid.

65. Quel était l'instrument de prédilection de Jerry Lee Lewis ?

☐ **A.** La guitare.
☐ **B.** Le saxophone.
☐ **C.** La trompette.
☐ **D.** Le piano.

66. Dans quelle ville se déroule chaque année le Festival Interceltique ?

☐ **A.** Dublin, en Irlande.
☐ **B.** Bilbao, en Espagne.
☐ **C.** Shetland, en Écosse.
☐ **D.** Lorient, en France.

67. À quel chanteur doit-on les chansons *Dites-moi* et *Joueur de blues* ?

☐ **A.** Michel Jonasz.
☐ **B.** Michel Delpech.
☐ **C.** Michel Sardou.
☐ **D.** Michel Fugain.

68. Quel chanteur a longtemps formé un duo avec Art Garfunkel ?

☐ **A.** Bob Dylan.
☐ **B.** Paul Simon.
☐ **C.** Peter Gabriel.
☐ **D.** Ray Charles.

69. Avec qui Catherine Ringer a-t-elle formé le groupe des Rita Mistouko ?

- ☐ **A.** Frédéric Chaudron.
- ☐ **B.** François Chausson.
- ☐ **C.** Fred Chichin.
- ☐ **D.** Francis Fauchon.

70. Qu'est-ce qu'un métronome ?

- ☐ **A.** Un appareil pour mesurer la direction du vent.
- ☐ **B.** Un appareil capable d'émettre un son à intervalles réguliers afin d'indiquer un tempo.
- ☐ **C.** Un appareil pour quantifier le bruit ainsi que les nuisances sonores
- ☐ **D.** Un appareil pour mesurer la vitesse du vent.

71. En France, le rap a émergé avec Sidney, le pionnier du hip-hop en :

- ☐ **A.** 1969.
- ☐ **B.** 1979.
- ☐ **C.** 1982.
- ☐ **D.** 1985.

72. Quel est le vrai nom de Grand Corps Malade ?

- ☐ **A.** Marcel Marceau.
- ☐ **B.** Antonin Marteau.
- ☐ **C.** Fabien Marsaud.
- ☐ **D.** Fabrice Marlaud.

73. Son album, sorti en 2020, a eu un immense succès. Comment se nomme-t-il ?

- ☐ **A.** *Mesdames.*
- ☐ **B.** *Enfant de la ville.*
- ☐ **C.** *Plan B.*
- ☐ **D.** *Funambule.*

74. C'était une chanteuse, auteur-compositrice-interprète et guitariste britannique décédée en 2011, à 28 ans. Il s'agit de :

- ☐ **A.** Wanda Jackson.
- ☐ **B.** Sarah Vaughan.
- ☐ **C.** Dinah Washington.
- ☐ **D.** Amy Winehouse.

75. Quelle société perçoit les droits des auteurs, des compositeurs et éditeurs de musique ?

- ☐ **A.** L'INA.
- ☐ **B.** La SACEM.
- ☐ **C.** Le PAF.
- ☐ **D.** La SAGEM.

76. De quel instrument jouait le jazzman Sidney Bechet ?

- ☐ **A.** Du saxophone-soprano.
- ☐ **B.** De la trompette.
- ☐ **C.** De la guitare.
- ☐ **D.** De la contrebasse.

77. De quelle famille le tuba fait partie ?

- ☐ **A.** Cordes frottées.
- ☐ **B.** Bois.
- ☐ **C.** Cuivres.
- ☐ **D.** Percussions.

78. Le Grand Échiquier est une émission de télévision de variétés française créée et présentée en 1972 par :

- ☐ **A.** Armand Jammot.
- ☐ **B.** Jacques Martin.
- ☐ **C.** Pierre Bellemare.
- ☐ **D.** Jacques Chancel.

79. Laquelle de ces chansons Brassens n'a pas interprété ?

☐ **A.** *Les copains d'abord.*
☐ **B.** *Le parapluie.*
☐ **C.** *La montagne.*
☐ **D.** *La mauvaise réputation.*

80. En 1969, le festival de Woodstock rassemblait des amateurs de :

☐ **A.** Jazz. ☐ **B.** Rock. ☐ **C.** Folk. ☐ **D.** Hip-hop.

81. À qui sont les paroles *Il pleut sur Nantes* ?

☐ **A.** Anne Vanderlove.
☐ **B.** Nicoletta.
☐ **C.** Barbara.
☐ **D.** Nicole Croisille.

82. Qui était l'auteur-compositeur-interprète et musicien français, mort durant le Paris Dakar au Mali ?

☐ **A.** Serge Gainsbourg.
☐ **B.** Daniel Balavoine.
☐ **C.** Charles Dumont.
☐ **D.** Joe Dassin.

83. Qui est le compositeur de *Ne me quitte pas*, chanté par Jacques Brel :

☐ **A.** Gérard Jouannest.
☐ **B.** Charles Dumont.
☐ **C.** Jacques Brel.
☐ **D.** Michel Berger.

84. De qui est l'album *Nuit et Brouillard* sorti en décembre 1963.

☐ **A.** Jacques Brel.
☐ **B.** Léo Ferré.
☐ **C.** Georges Brassens.
☐ **D.** Jean Ferrat.

85. En quelle année le groupe de rock français, Téléphone, s'est séparé ?

☐ **A.** 1976. ☐ **B.** 1986. ☐ **C.** 1988. ☐ **D.** 1992.

86. Il était surnommé « le roi du blues », et considéré comme l'un des plus grands guitaristes de l'histoire. C'est :

☐ **A.** Bill Deraime.
☐ **B.** Paul Personne.
☐ **C.** B.B. King.
☐ **D.** Charlie Fabert.

87. Qui a écrit et chanté *Envole-moi* ?

☐ **A.** Jean-Jacques Goldman.
☐ **B.** Francis Cabrel.
☐ **C.** Florent Pagny.
☐ **D.** Alain Souchon.

88. Dans quelle chanson Gilbert Bécaud chante *La place rouge était vide* ?

☐ **A.** Nathalie. ☐ **B.** Céline. ☐ **C.** Aline. ☐ **D.** Élisa.

89. Dans quelle chanson Édith Piaf a-t-elle déclaré : « Dieu réunit ceux qui s'aiment ! » ?

☐ **A.** *La valse de l'amour.*
☐ **B.** *La vie en rose.*
☐ **C.** *Mon Dieu.*
☐ **D.** *L'Hymne à l'amour.*

90. Brothers In Arms est le cinquième album studio du groupe rock britannique :

☐ **A.** The Cure.
☐ **B.** Dire Straits.
☐ **C.** Queen.
☐ **D.** The Beatles.

91. L'album *No Woman No Cry* de Bob Marley est sorti en :

☐ **A.** 1974. ☐ **B.** 1976. ☐ **C.** 1980. ☐ **D.** 1984.

92. De quel groupe est l'album *J'ai demandé à la lune* ?

☐ **A.** Cobra. ☐ **C.** Indochine.

☐ **B.** Il était une fois. ☐ **D.** Téléphone.

93. Dans quel album d'Alain Bashung trouve-t-on la chanson *Vertige de l'amour* ?

☐ **A.** *L'imprudence.* ☐ **C.** *Dimanches à l'Élysée.*

☐ **B.** *Osez Joséphine.* ☐ **D.** *Pizza.*

94. À qui doit-on *Le Métèque* ?

☐ **A.** Michel Polnareff. ☐ **C.** Serge Lama.

☐ **B.** Georges Moustaki. ☐ **D.** Serge Reggiani.

95. De qui est l'album sorti en 1977 *Lily* ?

☐ **A.** Pierre Perret. ☐ **C.** Georges Moustaki.

☐ **B.** Michel Polnareff. ☐ **D.** Serge Lama.

96. Dans quel but « Les Enfoirés » regroupement d'artistes et personnalités a été créé en 1985 par Coluche ?

☐ **A.** Pour chanter au profit de l'association caritative des Restos du Cœur.

☐ **B.** Pour chanter au profit de l'association pour la lutte contre le sida.

☐ **C.** Pour chanter au profit de l'association pour la lutte contre la mucoviscidose.

☐ **D.** Pour chanter au profit de l'association pour la lutte contre la faim dans le monde.

97. De quelle ville était originaire l'auteur, compositeur, interprète Claude Nougaro ?

☐ **A.** Nice. ☐ **B.** Paris. ☐ **C.** Marseille. ☐ **D.** Toulouse.

98. Serge Lama, n'a pas chanté :

☐ **A.** *Je t'aime à la folie.* ☐ **C.** *Ma solitude.*

☐ **B.** *Je suis malade.* ☐ **D.** *Les p'tites femmes de Pigalle.*

99. Qui était la muse de Saint-Germain-des-Prés ?

☐ **A.** Édith Piaf. ☐ **C.** Françoise Hardy.

☐ **B.** Juliette Gréco. ☐ **D.** Barbara.

100. Qui a composé et arrangé l'œuvre *Ma liberté* ?

☐ **A.** Georges Moustaki. ☐ **C.** Barbara.

☐ **B.** Léo Ferré. ☐ **D.** Serge Reggiani.

Corrigé

1. **C.** Le mezzo-soprano.
2. **B.** Cordes frottées.
3. **A.** Du hip-hop.
4. **D.** Beethoven.
5. **C.** Français.
6. **B.** Le 21 juin 1982.
7. **A.** Par Jack Lang, ministre de la Culture.
8. **B.** 1959.
9. **D.** Ministère de la Culture et de la Communication.
10. **B.** Aya Nakamura.
11. **B.** Barbara Pravi pour *Voilà*.
12. **B.** L'atelier d'Antonio Stradivari.
13. **A.** Serge Gainsbourg.
14. **A.** Camille Saint-Saëns.
15. **B.** Vivaldi.
16. **D.** Le printemps.
17. **D.** Musique classique, chant et danse classique.
18. **B.** Un violoncelliste.
19. **A.** Trompette.
20. **C.** Du piano.
21. **B.** Un chant pour les morts.
22. **D.** Percussions.
23. **A.** Schubert.
24. **C.** Du violon.
25. **A.** Antonin Dvorak.
26. **D.** Maria Callas
27. **C.** Tomaso Albinoni.
28. **D.** Bois
29. **A.** Du piano.
30. **A.** 1803.
31. **C.** Jazz.
32. **B.** AGF.
33. **C.** Portugal.
34. **B.** Verdi.
35. 35. **B.** Cordes pincées.
36. **A.** *Multitude.*
37. **C.** *Jolie môme.*
38. **C.** Les chefs d'orchestre.
39. **C.** Violoniste.
40. **B.** Rennes.
41. **A.** The Bird.
42. **B.** Franz Peter Schubert.
43. **A.** Johannes Brahms.
44. **D.** Tchaikovski.
45. **B.** Johann Strauss.
46. **D.** Giacomo Puccini.
47. **C.** À 6 ans.
48. **A.** Un pupitre.
49. **B.** Mozart.
50. **C.** Johann Pachelbel.
51. **D.** Bayreuth.
52. **D.** AC/DC.
53. **C.** Angleterre.
54. **A.** Kurt Cobain.
55. **D.** Robert Smith.
56. **C.** En Bretagne.
57. **B.** Pink Floyd.
58. **C.** IAM.
59. **B.** The King.
60. **D.** Johnny Hallyday.
61. **C.** La môme.

62. **B.** Vanessa Paradis.
63. **A.** De la batterie.
64. **B.** Le Big Bazar.
65. **D.** Le piano.
66. **D.** Lorient, en France.
67. **A.** Michel Jonasz.
68. **B.** Paul Simon.
69. **C.** Fred Chichin.
70. **B.** Un appareil capable d'émettre un son à intervalles réguliers afin d'indiquer un tempo.
71. **B.** 1979.
72. **C.** Fabien Marsaud.
73. **A.** Mesdames.
74. **D.** Amy Winehouse.
75. **B.** La SACEM.
76. **A.** Du saxophone-soprano.
77. **C.** Cuivres.
78. **D.** Jacques Chancel.
79. **C.** *La montagne.*
80. **B.** Rock.
81. **C.** Barbara.
82. **B.** Daniel Balavoine.
83. **A.** Gérard Jouannest.
84. **D.** Jean Ferrat.
85. **B.** 1986.
86. **C.** B.B. King.
87. **A.** Jean-Jacques Goldman.
88. **A.** Nathalie.
89. **D.** *L'Hymne à l'amour.*
90. **B.** Dire Straits.
91. **A.** 1974.
92. **C.** Indochine.
93. **D.** *Pizza.*
94. **B.** Georges Moustaki.
95. **A.** Pierre Perret.
96. **A.** Pour chanter au profit de l'association caritative des Restos du Cœur.
97. **D.** Toulouse (la ville rose).
98. **C.** *Ma solitude.*
99. **B.** Juliette Gréco.
100. **A.** Georges Moustaki.

6 Essais et philosophie

1. Quel est le nom de l'école philosophique fondée par Platon vers 388 avant J.-C. ?

- ☐ **A.** L'Académie.
- ☐ **B.** La Cité.
- ☐ **C.** Le Platonium.
- ☐ **D.** L'Ecclésia.

2. À quel philosophe doit-on *Le Banquet* et *La République* ?

- ☐ **A.** Épicure.
- ☐ **B.** Platon.
- ☐ **C.** Aristote.
- ☐ **D.** Rousseau.

3. Avec quel poison Socrate s'est-il donné le mort ?

- ☐ **A.** De l'arsenic.
- ☐ **B.** De la mort aux rats.
- ☐ **C.** De la ciguë.
- ☐ **D.** De la strychnine.

4. Quelle école a été fondée par Antisthène ?

- ☐ **A.** L'atonisme.
- ☐ **B.** Le cynisme.
- ☐ **C.** Le scepticisme.
- ☐ **D.** L'hédonisme.

5. Qui a écrit *L'Homme est un animal politique* ?

- ☐ **A.** Aristote.
- ☐ **B.** Platon.
- ☐ **C.** Voltaire.
- ☐ **D.** Rousseau.

6. Quel philosophe a fondé l'école philosophique du stoïcisme ?

- ☐ **A.** Aristote.
- ☐ **B.** Épicure.
- ☐ **C.** Platon.
- ☐ **D.** Zénon de Kition.

7. Selon la légende, quel philosophe aurait vécu dans un tonneau ?

- ☐ **A.** Bacchus.
- ☐ **B.** Dionysos.
- ☐ **C.** Diogène.
- ☐ **D.** Socrate

8. Quel philosophe grec disait qu'il visait avant tout le perfectionnement de l'âme ?

- ☐ **A.** Socrate.
- ☐ **B.** Platon.
- ☐ **C.** Épicure.
- ☐ **D.** Aristote.

9. Lequel de ces philosophes de l'Antiquité n'en fait pas partie ?

- ☐ **A.** Aristote.
- ☐ **B.** Platon.
- ☐ **C.** Montaigne.
- ☐ **D.** Socrate.

10. À quel philosophe français du XVIIIe Aristote s'oppose-t-il lorsqu'il dit « L'homme est par nature un être animal » ?

- ☐ **A.** Diderot.
- ☐ **B.** Montesquieu.
- ☐ **C.** Socrate.
- ☐ **D.** Rousseau.

11. Quel est le courant qui incite au bonheur et à la sagesse qui date de l'Antiquité ?

- ☐ **A.** L'idéalisme.
- ☐ **B.** Le réalisme.
- ☐ **C.** L'épicurisme.
- ☐ **D.** Le rationalisme.

12. Quelle est la science et la théorie de ce qui est au-delà des choses physiques ?

- ☐ **A.** La métaphysique.
- ☐ **B.** Le paranormal.
- ☐ **C.** L'existentialisme.
- ☐ **D.** Le scepticisme.

13. Quelle doctrine fait du bonheur le but de l'existence humaine ?

- ☐ **A.** L'idéalisme.
- ☐ **B.** L'épicurisme.
- ☐ **C.** L'hédonisme.
- ☐ **D.** L'eudémonisme.

14. Quelle est la doctrine qui pose la raison comme source principale de toute connaissance vraie de la réalité ?

- ☐ **A.** Le pragmatisme.
- ☐ **B.** Le rationalisme.
- ☐ **C.** Le réalisme.
- ☐ **D.** Le positivisme.

15. Qui a écrit *Un homme libre ne doit rien apprendre en esclave* ?

- ☐ **A.** Montesquieu.
- ☐ **B.** Hegel.
- ☐ **C.** Platon.
- ☐ **D.** Socrate.

16. Quelle est la doctrine selon laquelle la pensée humaine ne peut se déterminer sur la possibilité de la découverte d'une vérité non fondée ?

- ☐ **A.** Le scepticisme.
- ☐ **B.** Le criticisme.
- ☐ **C.** Le pessimisme.
- ☐ **D.** Le rationalisme.

17. Le jugement esthétique pour Kant est :

- ☐ **A.** Objectif.
- ☐ **B.** Universel.
- ☐ **C.** Subjectif.
- ☐ **D.** Propre à chacun.

18. Réputé pour sa sagesse, il aimait à dire « Je ne sais qu'une chose, c'est que je ne sais rien ». De qui s'agit-il ?

- ☐ **A.** Sénèque.
- ☐ **B.** Platon.
- ☐ **C.** Socrate.
- ☐ **D.** Cicéron.

19. Quelle philosophie ou religion rejette catégoriquement le doute et la critique ?

- ☐ **A.** L'épicurisme.
- ☐ **B.** Le moralisme.
- ☐ **C.** L'éthique.
- ☐ **D.** Le dogmatisme.

20. Quelle partie de la philosophie étudie les fondements de la morale ?

- ☐ **A.** L'éthique.
- ☐ **B.** Le moralisme.
- ☐ **C.** Le rationalisme.
- ☐ **D.** Le spiritualisme.

21. Quel nom portait l'école philosophique d'Épicure ?

- ☐ **A.** Le jardin.
- ☐ **B.** Éden.
- ☐ **C.** Le paradis.
- ☐ **D.** Le verger.

22. Quel philosophe est considéré comme le *Père de la philosophie occidentale* ?

- ☐ **A.** Aristote.
- ☐ **B.** Platon.
- ☐ **C.** Socrate.
- ☐ **D.** Sénèque.

23. Dans l'Antiquité, comment étaient appelés les disciples de Platon ?

- ☐ **A.** Les Platoniciens.
- ☐ **B.** Les Académiciens.
- ☐ **C.** Les Académistes.
- ☐ **D.** Les Platoniques.

24. Qui a écrit les *Lettres persanes* ?

- ☐ **A.** Voltaire.
- ☐ **B.** Jean-Jacques Rousseau.
- ☐ **C.** Denis Diderot.
- ☐ **D.** Montesquieu.

25. *L'Encyclopédie ou Dictionnaire raisonné des sciences, des arts et des métiers* est de :

- ☐ **A.** Voltaire.
- ☐ **B.** Denis Diderot.
- ☐ **C.** Montesquieu.
- ☐ **D.** Jean-Jacques Rousseau.

26. À quel philosophe allemand doit-on le livre *Ainsi parlait Zarathoustra* ?

- ☐ **A.** Husserl.
- ☐ **B.** Nietzsche.
- ☐ **C.** Marx.
- ☐ **D.** Heidegger.

27. Par quel philosophe a été écrite *L'encyclopédie des sciences philosophiques* ?

- ☐ **A.** Karl Marx.
- ☐ **B.** Edmund Husserl.
- ☐ **C.** Georg W. F. Hegel.
- ☐ **D.** Martin Heidegger.

28. À qui doit-on la phrase *Je pense donc je suis* ?

- ☐ **A.** Denis Diderot.
- ☐ **B.** Jean-Paul Sartre.
- ☐ **C.** René Descartes.
- ☐ **D.** David Hume.

29. Montaigne a écrit :

- ☐ **A.** *Les Caractères.*
- ☐ **B.** *Les Pensées.*
- ☐ **C.** *Les Confessions.*
- ☐ **D.** *Les Essais.*

30. Quelle œuvre fut écrite en 1887 par Nietzsche ?

- ☐ **A.** *Le Protagoras.*
- ☐ **B.** *La Généalogie de la morale.*
- ☐ **C.** *Le Criton.*
- ☐ **D.** *Le Gorgias.*

31. Quel est le courant de pensée qui consiste à valoriser l'homme, à le placer au centre de son univers ?

- ☐ **A.** Le réalisme.
- ☐ **B.** L'humanisme.
- ☐ **C.** Le cartésianisme.
- ☐ **D.** L'objectivisme.

32. Dans quel livre Jean-Jacques Rousseau aborde-t-il les fondements de ce qui deviendra l'ethnologie ?

- ☐ **A.** *Discours sur l'origine et les fondements de l'inégalité parmi les hommes.*
- ☐ **B.** *Rêveries du promeneur solitaire.*
- ☐ **C.** *Les Confessions.*
- ☐ **D.** Du contrat social ou principes du droit politique.

33. Quel livre Baruch Spinoza n'a pas écrit ?

- ☐ **A.** *Traité théologico-politique.*
- ☐ **B.** *Traité politique.*
- ☐ **C.** *Petit traité de manipulation à l'usage des honnêtes gens.*
- ☐ **D.** *Traité de la réforme de l'entendement.*

34. Machiavel est surtout connu pour ses ouvrages sur :

- ☐ **A.** Le bonheur.
- ☐ **B.** La politique.
- ☐ **C.** La religion.
- ☐ **D.** La métaphysique.

35. Thomas Hobbes est l'auteur du célèbre livre de philosophie politique :

- ☐ **A.** *Léviathan.*
- ☐ **B.** *Du contrat social.*
- ☐ **C.** *Le Traité du gouvernement civil.*
- ☐ **D.** *Les Pensées métaphysiques.*

36. Qui a écrit le conte philosophique *Zadig* ?

- ☐ **A.** Beaumarchais.
- ☐ **B.** Spinoza.
- ☐ **C.** Voltaire.
- ☐ **D.** Rousseau.

37. À quel courant philosophique Rousseau appartient-il ?

- ☐ **A.** La philosophie positiviste.
- ☐ **B.** La philosophie Hédonique.
- ☐ **C.** La philosophie structuraliste.
- ☐ **D.** La philosophie des Lumières.

38. Michel Foucault est l'auteur d'une des œuvres les plus importantes et les plus originales du xxe siècle. Laquelle ?

- ☐ **A.** *Surveiller et punir.*
- ☐ **B.** *Mille plateaux.*
- ☐ **C.** *La domination masculine.*
- ☐ **D.** *Le suicide.*

39. Qui a écrit *L'affaire Calas* ou bien *Candide* ?

- ☐ **A.** Denis Diderot.
- ☐ **B.** Voltaire.
- ☐ **C.** Montesquieu.
- ☐ **D.** Jean-Jacques Rousseau.

40. Rousseau était un contemporain de :

- ☐ **A.** De Hume et de Voltaire.
- ☐ **B.** De Hume et D'Alembert.
- ☐ **C.** De Voltaire et d'Alembert.
- ☐ **D.** De Hume, de Voltaire et d'Alembert.

41. Qui a écrit : *Le Moi n'est pas maître dans sa propre maison* ?

- ☐ **A.** Machiavel.
- ☐ **B.** Cicéron.
- ☐ **C.** Freud.
- ☐ **D.** Deleuze.

42. Cet ouvrage de Baruch Spinoza, en deux parties, traite de l'être et de Dieu. Quel est son nom ?

- ☐ **A.** *Les Pensées métaphysiques.*
- ☐ **B.** *Les Pensées religieuses.*
- ☐ **C.** *Les Pensées éthiques.*
- ☐ **D.** *Les Pensées politiques.*

43. Lequel de ces ouvrages a été écrit par le philosophe René Girard ?

- ☐ **A.** *La Dialectique éristique.*
- ☐ **B.** *Le Bouc émissaire.*
- ☐ **C.** *La Méthode.*
- ☐ **D.** *Leçons d'un siècle de vie.*

44. Jean-Jacques Rousseau a écrit :

- ☐ **A.** *Du contrat politique.*
- ☐ **B.** *Du contrat philosophique.*
- ☐ **C.** *Du contrat économique.*
- ☐ **D.** *Du contrat social.*

45. Lequel de ces titres ne correspond pas à une œuvre de Voltaire ?

☐ **A.** *Émile.*
☐ **B.** *Zadig.*
☐ **C.** *Candide.*
☐ **D.** *Traité sur la tolérance.*

46. À qui doit-on cette citation : « Le “moi” est haïssable » ?

☐ **A.** Jean-Jacques Rousseau.
☐ **B.** Blaise Pascal.
☐ **C.** Montesquieu.
☐ **D.** Voltaire.

47. Laquelle de ces œuvres n'est pas d'Emmanuel Kant ?

☐ **A.** *Critique de la raison pure.*
☐ **B.** *Critique de la raison pratique.*
☐ **C.** *La question philosophique de l'existence de Dieu.*
☐ **D.** *Fondements de la métaphysique des mœurs.*

48. Qui a écrit « Les hommes se croient libres parce qu'ils sont conscients de leurs désirs et ignorants des causes qui les déterminent » ?

☐ **A.** Montesquieu.
☐ **B.** Kant.
☐ **C.** Sénèque.
☐ **D.** Spinoza.

49. Toute conscience est conscience de quelque chose est une formule de :

☐ **A.** Husserl.
☐ **B.** Kant.
☐ **C.** Voltaire.
☐ **D.** Rousseau.

50. Quel système moral fait du plaisir le principe ou le but de la vie ?

☐ **A.** L'idéalisme.
☐ **B.** L'épicurisme.
☐ **C.** L'Hédonisme.
☐ **D.** L'eudémonisme.

51. Quel philosophe du XXe siècle a écrit *L'essence de la manifestation* ?

☐ **A.** Maurice Merleau-Ponty.
☐ **B.** Jean-Paul Sartre.
☐ **C.** Michel Henry.
☐ **D.** Jean-Jacques Rousseau.

52. Qui est ce philosophe, penseur des « lumières écossaises » et co-fondateur de l'empirisme moderne ?

☐ **A.** Emmanuel Kant.
☐ **B.** John Locke.
☐ **C.** George Berkeley.
☐ **D.** David Hume.

53. Quel mouvement philosophique est caractérisé par la priorité du sujet sur l'objet, et du choix de soi sur toute prédétermination ?

☐ **A.** L'existentialisme.
☐ **B.** L'humanisme.
☐ **C.** L'altruisme.
☐ **D.** La psychanalyse.

54. Par qui a été écrit l'essai philosophique *Le traité du gouvernement civil* ?

☐ **A.** Emmanuel Kant.
☐ **B.** Thomas Reid.
☐ **C.** John Locke.
☐ **D.** Henri Bergson.

55. Ce philosophe fut rendu célèbre pour sa critique du capitalisme, qui est-il ?

- ☐ **A.** John Dewey.
- ☐ **B.** Karl Marx.
- ☐ **C.** Jean Paul Sartre.
- ☐ **D.** William James.

56. Qui a défini le totalitarisme comme la négation de la politique ?

- ☐ **A.** Louis Althusser.
- ☐ **B.** Raymond Aron.
- ☐ **C.** Martin Heidegger.
- ☐ **D.** Hannah Arendt.

57. Qui est ce philosophe français ayant obtenu le prix Nobel de littérature en 1927 ?

- ☐ **A.** Henri Bergson.
- ☐ **B.** Ernst Cassirer.
- ☐ **C.** Walter Benjamin.
- ☐ **D.** Martin Heidegger.

58. Quelle partie de la philosophie étudie l'histoire, les méthodes et les principes des sciences ?

- ☐ **A.** Le scepticisme.
- ☐ **B.** L'épistémologie.
- ☐ **C.** Le dogmatisme.
- ☐ **D.** La méthodologie.

59. On doit cette citation à ce philosophe *Savoir, c'est pouvoir.* De qui s'agit-il ?

- ☐ **A.** Michel Henri.
- ☐ **B.** Francis Bacon.
- ☐ **C.** Maurice Merleau-Ponty.
- ☐ **D.** Jean-Paul Sartre.

60. Comment s'appelle l'historien, économiste et philosophe auteur de *l'Analyse des phénomènes de l'esprit humain* ?

- ☐ **A.** Bachelard.
- ☐ **B.** Francis Bacon.
- ☐ **C.** Henri Bergson.
- ☐ **D.** James Mill.

61. Figure marquante de la lutte contre l'épidémie de sida, ce philosophe vient de nous quitter en février 2023. Il s'agit de :

- ☐ **A.** Daniel Defert.
- ☐ **B.** Raphaël Glucksmann.
- ☐ **C.** Raymond Aron.
- ☐ **D.** Bernard Henri Levy.

62. Quelle est l'œuvre de Sartre qu'il résumait lui-même par cette réplique : *L'enfer, c'est les autres* ?

- ☐ **A.** *Le Mur.*
- ☐ **B.** *Huis-clos.*
- ☐ **C.** *Le Séquestré d'Altona.*
- ☐ **D.** *Les Mains sales.*

63. Qui a écrit « Malheur à qui n'a plus rien à désirer ! Il perd pour ainsi dire tout ce qu'il possède » ?

- ☐ **A.** Spinoza.
- ☐ **B.** Épictète.
- ☐ **C.** Rousseau.
- ☐ **D.** Voltaire.

64. Il a écrit entre autres *Les Confessions.* Il s'agit de :

- ☐ **A.** Montesquieu.
- ☐ **B.** Jean-Jacques Rousseau.
- ☐ **C.** Voltaire.
- ☐ **D.** Denis Diderot.

65. Quel est le roman philosophique publié par Jean-Paul Sartre en 1938 ?

- ☐ **A.** *La Nausée.*
- ☐ **B.** *Le Mur.*
- ☐ **C.** *Les Mouches.*
- ☐ **D.** *Huis-clos.*

66. Le philosophe Alain met au point à partir de 1906 le genre littéraire qui le caractérise :

- ☐ **A.** Les propos.
- ☐ **B.** Les essais.
- ☐ **C.** Les pamphlets.
- ☐ **D.** Les satires.

67. À quel écrivain doit-on *Les mots* ?

- ☐ **A.** Bachelard.
- ☐ **B.** Albert Camus.
- ☐ **C.** Hervé Bazin.
- ☐ **D.** Jean-Paul Sartre.

68. Quel auteur utilise le mythe de Sisyphe pour montrer l'absurdité de l'existence ?

- ☐ **A.** Jean-Paul Sartre.
- ☐ **B.** Bachelard.
- ☐ **C.** Albert Camus.
- ☐ **D.** Machiavel.

69. Quel est le titre de cette œuvre d'Étienne de la Boétie qui pourrait se résumer de la manière suivante : *Comment un seul tyran peut-il exercer sa domination sur toute un peuple* ?

- ☐ **A.** *Discours sur la servitude volontaire.*
- ☐ **B.** *Étiologie de l'esclavage.*
- ☐ **C.** *De la servitude de l'Homme.*
- ☐ **D.** *Traité de la servitude malgré soi.*

70. Quel philosophe est associé au post-structuralisme et reconnu par sa théorie de la post-modernité ?

- ☐ **A.** André Glucksmann.
- ☐ **B.** Jean-François Lyotard.
- ☐ **C.** Gilles Deleuze.
- ☐ **D.** Maurice Merleau-Ponty.

71. Qui a écrit l'*Anti-Œdipe* ?

- ☐ **A.** Maurice Merleau-Ponty.
- ☐ **B.** André Glucksmann.
- ☐ **C.** Jean-François Lyotard.
- ☐ **D.** Gilles Deleuze.

72. André Glucksmann n'a pas écrit :

- ☐ **A.** *Les Enfants du vide.*
- ☐ **B.** *Les Maitres penseurs.*
- ☐ **C.** *Le Discours de la guerre.*
- ☐ **D.** *Le Discours de la haine.*

73. Quel est l'ouvrage philosophique principal de Jean-Paul Sartre sous-titré *Essai d'ontologie phénoménologique* ?

- ☐ **A.** *Le Mur.*
- ☐ **B.** *La Nausée.*
- ☐ **C.** L'Être et le Néant.
- ☐ **D.** *Huis-clos.*

74. Quelle philosophie écarte toute interprétation abstraite pour se limiter à la description et à l'analyse des seuls phénomènes perçus ?

- ☐ **A.** La phénoménologie.
- ☐ **B.** Le positivisme.
- ☐ **C.** L'épistémologie.
- ☐ **D.** La méthodologie.

75. Quel théologien et philosophe rédigea le *Commentaire du Traité de l'âme d'Aristote* ?

- ☐ A. Étienne Gilson.
- ☐ B. René Descartes.
- ☐ C. Aristote.
- ☐ D. Saint Thomas d'Aquin.

76. Quel philosophe allemand mort en 1900 est l'auteur du *Gai Savoir* ?

- ☐ A. Emmanuel Kant.
- ☐ B. Friedrich Nietzsche.
- ☐ C. Martin Heidegger.
- ☐ D. Auguste Comte.

77. Qui est l'auteur de l'ouvrage *Le Rire* en 1899 ?

- ☐ A. Martin Heidegger.
- ☐ B. Gaston Bachelard.
- ☐ C. Henri Bergson.
- ☐ D. Emmanuel Kant.

78. Quel philosophe est le créateur du concept de positivisme ?

- ☐ A. Auguste comte.
- ☐ B. Martin Heidegger
- ☐ C. Gaston Bachelard.
- ☐ D. Henri Bergson.

79. Quel philosophe moderne a réalisé le film *Le jour et la nuit* ?

- ☐ A. André Comte-Sponville.
- ☐ B. Bernard-Henri Lévy.
- ☐ C. Raphaël Glucksmann.
- ☐ D. André Glucksmann.

80. Quel médecin célèbre pour ses travaux sur l'hypnose a influencé Freud ?

- ☐ A. Jean-Martin Charcot.
- ☐ B. Jacques Lacan.
- ☐ C. Sandor Ferenczi.
- ☐ D. Carl Gustav Jung.

81. En psychanalyse, les actes manqués désignent :

- ☐ A. Des échecs.
- ☐ B. Des manifestations de l'inconscient.
- ☐ C. Des réflexes.
- ☐ D. Des passages régressifs.

82. Qui a écrit *L'inconscient est structuré comme un langage* ?

- ☐ A. Carl Gustav Jung.
- ☐ B. Sigmund Freud.
- ☐ C. Jacques Lacan.
- ☐ D. Claude Lévi-Strauss.

83. À qui doit-on le concept d'inconscient collectif ?

- ☐ A. Sandor Ferenczi.
- ☐ B. Wilfried Bion.
- ☐ C. Alfred Alder.
- ☐ D. Carl Gustav Jung.

84. Dans quel livre Freud démontre-t-il que la vie en société nécessite la répression des instincts et le refoulement de l'agressivité ?

- ☐ A. *Psychopathologie de la vie quotidienne.*
- ☐ B. *Malaise dans la civilisation.*
- ☐ C. *Métapsychologie.*
- ☐ D. *Trois essais sur la théorie sexuelle.*

85. Qui s'est d'abord intéressé à la psychanalyse des enfants ?

- ☐ A. Mélanie Klein.
- ☐ B. Didier Anzieu.
- ☐ C. Anna Freud.
- ☐ D. Donald Woods Winnicott.

86. Lequel de ces cas cliniques étudiés par S. Freud, est un cas de paranoïa ?

- ☐ **A.** *Le cas Anna O.*
- ☐ **B.** *Le cas Dora.*
- ☐ **C.** *Le Président Schreber.*
- ☐ **D.** *L'Homme aux loups.*

87. Pour Sigmund Freud, qu'est-ce qui est la voie royale qui mène à l'inconscient ?

- ☐ **A.** Le jeu.
- ☐ **B.** Les souvenirs.
- ☐ **C.** La famille.
- ☐ **D.** Le rêve.

88. À qui doit-on le concept de préoccupation maternelle primaire ?

- ☐ **A.** Wilfried Bion.
- ☐ **B.** Donald Woods Winnicott.
- ☐ **C.** Françoise Dolto.
- ☐ **D.** Mélanie Klein.

89. La première topique freudienne (1920) permet de se représenter l'appareil psychique en distinguant :

- ☐ **A.** Le symbolique – le réel – l'imaginaire.
- ☐ **B.** Le stade oral – le stade anal – le stade phallique.
- ☐ **C.** L'inconscient – le préconscient – le conscient.
- ☐ **D.** Le ça - le moi – le surmoi.

90. Pour S. Freud, quel concept est central dans la structuration psychique du sujet ?

- ☐ **A.** Le concept de jouissance.
- ☐ **B.** Le stade du miroir.
- ☐ **C.** Le mythe de Narcisse.
- ☐ **D.** Le complexe d'Œdipe.

91. Quel autre nom désigne la phobie pour S. Freud ?

- ☐ **A.** L'hystérie de conversion.
- ☐ **B.** L'hystérie d'angoisse.
- ☐ **C.** Les troubles obsessionnels compulsifs.
- ☐ **D.** La névrose de transfert.

92. Écrits est un ouvrage de :

- ☐ **A.** Sigmund Freud.
- ☐ **B.** Jacques Lacan.
- ☐ **C.** Alfred Adler.
- ☐ **D.** Carl Gustav Jung.

93. Quel homme a étudié les contes par le prisme de la psychanalyse ?

- ☐ **A.** Bettelheim.
- ☐ **B.** Freud.
- ☐ **C.** Alfred Adler.
- ☐ **D.** Carl Gustav Jung.

94. En psychanalyse, Jacques Lacan en fait un concept à part entière, distinct du plaisir et du désir. Il s'agit de :

- ☐ **A.** La motivation.
- ☐ **B.** L'envie.
- ☐ **C.** Le besoin.
- ☐ **D.** La jouissance.

95. À quel psychiatre suisse doit-on *Psychologie et Alchimie*, en 1944 ?

- ☐ **A.** Carl Gustav Jung.
- ☐ **B.** Sigmund Freud.
- ☐ **C.** Jacques Lacan.
- ☐ **D.** Bruno Bettelheim.

96. À quel dieu grec est associée la pulsion de mort ?

- ☐ **A.** Thellos.
- ☐ **B.** Thanatos.
- ☐ **C.** Éros.
- ☐ **D.** Cerbère.

97. Dans quelle ville autrichienne a lieu le premier congrès de la psychanalyse ?

- ☐ **A.** Vienne.
- ☐ **B.** Paris.
- ☐ **C.** Salzbourg.
- ☐ **D.** Marseille.

98. À quel médecin et psychologue autrichien doit-on *Psychologie de l'enfant difficile*, en 1928 ?

- ☐ **A.** Carl Gustav Jung.
- ☐ **B.** Sigmund Freud.
- ☐ **C.** Bruno Bettelheim.
- ☐ **D.** Alfred Adler.

99. Parmi ces ouvrages, lequel est de Didier Anzieu ?

- ☐ **A.** *La cause des enfants.*
- ☐ **B.** *Le moi-peau.*
- ☐ **C.** *Jeu et réalité.*
- ☐ **D.** *Psychanalyse des contes de fées.*

100. *Tout est langage* est un ouvrage de la pédiatre et psychanalyste

- ☐ **A.** Françoise Dolto.
- ☐ **B.** Anna Freud.
- ☐ **C.** Bruno Bettelheim.
- ☐ **D.** Mélanie Klein.

Corrigé

1. **A.** L'Académie.
2. **B.** Platon.
3. **C.** De la ciguë.
4. **B.** Le cynisme.
5. **A.** Aristote.
6. **D.** Zénon de Kition.
7. **C.** Diogène.
8. **A.** Socrate.
9. **C.** Montaigne.
10. **D.** Rousseau.
11. **C.** L'épicurisme.
12. **A.** La métaphysique.
13. **D.** L'eudémonisme.
14. **B.** Le rationalisme.
15. **C.** Platon.
16. **A.** Le scepticisme.
17. **B.** Universel.
18. **C.** Socrate.
19. **D.** Le dogmatisme.
20. **A.** L'éthique.
21. **A.** Le jardin.
22. **C.** Socrate.
23. **B.** Les Académiciens.
24. **D.** Montesquieu.
25. **B.** Denis Diderot.
26. **B.** Nietzsche.
27. **C.** Georg W. F. Hegel.
28. **C.** René Descartes.
29. **D.** *Les Essais.*
30. **B.** *La Généalogie de la morale.*

31. **B.** L'humanisme.
32. **A.** *Discours sur l'origine et les fondements de l'inégalité parmi les hommes.*
33. **C.** *Petit traité de manipulation à l'usage des honnêtes gens.*
34. **B.** La politique.
35. **A.** *Léviathan.*
36. **C.** Voltaire.
37. **D.** La philosophie des Lumières.
38. **A.** *Surveiller et punir.*
39. **B.** Voltaire.
40. **D.** De Hume, de Voltaire et d'Alembert.
41. **C.** Freud.
42. **A.** *Les Pensées métaphysiques.*
43. **B.** *Le Bouc émissaire.*
44. **D.** *Du contrat social.*
45. **A.** *Émile.*
46. **B.** Blaise Pascal.
47. **C.** *La question philosophique de l'existence de Dieu.*
48. **D.** Spinoza.
49. **A.** Husserl.
50. **C.** L'Hédonisme.
51. **C.** Michel Henry.
52. **D.** David Hume.
53. **A.** L'existentialisme.
54. **C.** John Locke.
55. **B.** Karl Marx.
56. **D.** Hannah Arendt.
57. **A.** Henri Bergson.
58. **B.** L'Epistémologie.
59. **B.** Francis Bacon.
60. **D.** James Mill.
61. **A.** Daniel Defert.
62. **B.** *Huis-clos.*
63. **C.** Rousseau.
64. **B.** Jean-Jacques Rousseau.
65. **A.** *La Nausée.*
66. **A.** Les Propos.
67. **D.** Jean-Paul Sartre.
68. **C.** Albert Camus.
69. **A.** *Discours sur la servitude volontaire.*
70. **B.** Jean-François Lyotard.
71. **D.** Gilles Deleuze.
72. **A.** *Les Enfants du vide.*
73. **C.** *L'Être et le néant.*
74. **A.** La phénoménologie.
75. **D.** Saint Thomas d'Aquin.
76. **B.** Friedrich Nietzsche.
77. **C.** Henri Bergson.
78. **A.** Auguste comte.
79. **B.** Bernard-Henri Lévy.
80. **A.** Jean-Martin Charcot.
81. **B.** Des manifestations de l'inconscient.
82. **C.** Jacques Lacan.
83. **D.** Carl Gustav Jung.
84. **B.** *Malaise dans la civilisation.*
85. **A.** Mélanie Klein.
86. **C.** *Le Président Schreber.*
87. **D.** Le rêve.
88. **B.** Donald Woods Winnicott.
89. **C.** L'inconscient – le préconscient – le conscient.
90. **D.** Le complexe d'Œdipe.
91. **B.** L'hystérie d'angoisse.
92. **B.** Jacques Lacan.
93. **A.** Bettelheim.
94. **D.** La jouissance.
95. **A.** Carl Gustav Jung.
96. **B.** Thanatos.
97. **C.** Salzbourg.
98. **D.** Alfred Adler.
99. **B.** *Le moi-peau.*
100. **A.** Françoise Dolto.

7 Sciences, technologie et inventions

1 Inventions

1. Le concours Lépine fête cette année ses :

☐ **A.** 114 ans. ☐ **B.** 115 ans. ☐ **C.** 117 ans. ☐ **D.** 122 ans.

2. Qui a été le lauréat du concours Lépine 2022 ?

☐ **A.** Frédéric Leybold. ☐ **C.** Jean-Louis Hecht.

☐ **B.** Benoît Mirambeau. ☐ **D.** Jean-Luc Vignaud.

3. Que signifie le sigle TSF ?

☐ **A.** Téléphone sans fil. ☐ **C.** Télétransmission sans fil.

☐ **B.** Télégraphie sans fil. ☐ **D.** Téléfaxe sans fil.

4. John Logie Baird l'inventeur de la télévision était :

☐ **A.** Américain. ☐ **B.** Irlandais. ☐ **C.** Écossais. ☐ **D.** Australien.

5. Il est le premier à mettre au point une méthode de conservation des aliments en les stérilisant par la chaleur dans des contenants hermétiques et stériles. Il s'agit de :

☐ **A.** Nicolas Appert. ☐ **C.** Alexandre Fleming.

☐ **B.** Louis Pasteur. ☐ **D.** Pierre Curie.

6. Qui a découvert la pénicilline ?

☐ **A.** Louis Pasteur. ☐ **C.** Marie Curie.

☐ **B.** Alexandre Fleming. ☐ **D.** Pierre Curie.

7. Quel est le nom de l'inventeur de la lunette astronomique et du télescope ?

☐ **A.** Albert Einstein. ☐ **C.** Blaise Pascal.

☐ **B.** Paul Langevin. ☐ **D.** Isaac Newton.

8. Quel est le nom du musée qui présente plus de 3 000 inventions ?

☐ **A.** Le musée des Arts et Métiers. ☐ **C.** Le musée des Beaux-Arts.

☐ **B.** Le musée des Arts premiers. ☐ **D.** Le musée des Arts modernes.

9. Le concours Lépine a été créé par :

☐ **A.** Le préfet de Police Louis Lépine.

☐ **B.** Le ministre de la Culture Louis Lépine.

☐ **C.** Le Premier ministre Louis Lépine.

☐ **D.** Le maire de Paris Louis Lépine.

10. Le vaccin contre la rage a été découvert par :

- ☐ **A.** Pierre Curie.
- ☐ **B.** Louis Pasteur.
- ☐ **C.** Louis Fleming.
- ☐ **D.** Jean Martin Charcot.

11. Un nouveau moyen de transport a été inventé par les frères Wright. Lequel ?

- ☐ **A.** La voiture.
- ☐ **B.** L'avion.
- ☐ **C.** Le train.
- ☐ **D.** La diligence.

12. Quel philosophe français est l'inventeur de la machine à calculer ?

- ☐ **A.** Gilles Deleuze.
- ☐ **B.** René Descartes.
- ☐ **C.** Blaise Pascal.
- ☐ **D.** Henri Bergson.

13. Durant quel siècle l'ampoule électrique a-t-elle été inventée ?

- ☐ **A.** XVe siècle.
- ☐ **B.** XVIe siècle.
- ☐ **C.** XVIIe siècle.
- ☐ **D.** XIXe siècle.

14. Le monde de l'innovation et de l'invention connaît son lot de projets ratés. Dans quel pays le musée des Échecs a été récemment ouvert ?

- ☐ **A.** En Suède.
- ☐ **B.** En Espagne.
- ☐ **C.** Aux Pays-Bas.
- ☐ **D.** En Italie.

15. Qui a inventé la machine à vapeur ?

- ☐ **A.** Georges Stephenson.
- ☐ **B.** James Watt.
- ☐ **C.** Denis Papin
- ☐ **D.** Thomas Edison.

16. Quel est l'inventeur de l'alphabet pour aveugles ?

- ☐ **A.** Louis Blinded.
- ☐ **B.** Louis Aveugle.
- ☐ **C.** Louis Braille.
- ☐ **D.** Louis Cécite.

17. Qui a inventé le télégraphe électrique ?

- ☐ **A.** Louis Braille.
- ☐ **B.** Samuel Morse.
- ☐ **C.** Alfred Vail.
- ☐ **D.** Graham Bell.

18. En quelle année le téléphone a-t-il été inventé ?

- ☐ **A.** 1876.
- ☐ **B.** 1886.
- ☐ **C.** 1896.
- ☐ **D.** 1906.

19. Cette invention d'Alva J. Ficher a facilité la vie de nombreuses femmes. C'est :

- ☐ **A.** Le sèche-cheveux.
- ☐ **B.** Le fer à repasser.
- ☐ **C.** La machine à laver le linge électrique.
- ☐ **D.** L'aspirateur.

20. Pierre et Marie Curie ont découvert ?

- ☐ **A.** Le radium.
- ☐ **B.** La pénicilline.
- ☐ **C.** Le vaccin contre la rage.
- ☐ **D.** Le bacille de Koch.

21. Qui a réussi à déchiffrer les hiéroglyphes égyptiens ?

- ☐ **A.** Paul Bucher.
- ☐ **B.** Pierre Tallet.
- ☐ **C.** Jean Leclant.
- ☐ **D.** Champollion.

22. Elles sont construites à la chaîne. Grâce à l'invention de qui ?

- ☐ **A.** Henri Renault.
- ☐ **B.** Henri Ford.
- ☐ **C.** Carl Benz.
- ☐ **D.** Charles Lindberg.

23. Les frères Lumière ont inventé le cinématographe. En quelle année ?

- ☐ **A.** 1875.
- ☐ **B.** 1885.
- ☐ **C.** 1895.
- ☐ **D.** 1905.

24. Albert Calmette est connu pour avoir mis au point, avec Camille Guérin :

- ☐ **A.** Le DTP.
- ☐ **B.** Le BCG.
- ☐ **C.** Le ROR.
- ☐ **D.** Le pneumocoque.

25. Comment s'appelait la mission au cours de laquelle pour la première fois des hommes ont marché sur la Lune ?

- ☐ **A.** Apollo 5.
- ☐ **B.** Apollo 7.
- ☐ **C.** Apollo 9.
- ☐ **D.** Apollo 11.

26. Quel moyen de transport a été inventé par Orville et Wilbur Wright en 1902 ?

- ☐ **A.** La voiture.
- ☐ **B.** L'autobus.
- ☐ **C.** L'avion.
- ☐ **D.** La mobylette.

27. Qui a été le premier à affirmer que la Terre tourne sur elle-même et autour du soleil ?

- ☐ **A.** Galilée.
- ☐ **B.** Copernic.
- ☐ **C.** Ampère.
- ☐ **D.** Koné.

28. La première voiture automobile a été inventée par Édouard Delamare-Débouteville et Léon Malandin :

- ☐ **A.** En 1800.
- ☐ **B.** En 1854.
- ☐ **C.** En 1884.
- ☐ **D.** En 1890.

29. Le four à micro-ondes a été inventé par :

- ☐ **A.** Roland Moreno.
- ☐ **B.** Charles Babbage.
- ☐ **C.** Isidor Isaac Rabi.
- ☐ **D.** Percy Spencer.

30. En quelle année a été créé le Concours Lépine ?

- ☐ **A.** 1901.
- ☐ **B.** 1905.
- ☐ **C.** 1936.
- ☐ **D.** 1945.

31. On doit l'invention de la pile électrique à :

- ☐ **A.** André-Marie Ampère.
- ☐ **B.** James Watt.
- ☐ **C.** Pierre Volt.
- ☐ **D.** Alessandro Volta.

32. Le 15 juin 1752, Benjamin Franklin invente :

- ☐ **A.** Le parapluie.
- ☐ **B.** Le parachute.
- ☐ **C.** Le parapente.
- ☐ **D.** Le paratonnerre.

33. Qui a inventé la dynamite ?

- ☐ **A.** Alert Einstein.
- ☐ **B.** Alfred Nobel.
- ☐ **C.** Edward Teller.
- ☐ **D.** Julius Robert Oppenheimer.

34. La photographie a été inventée par :

- ☐ **A.** Hippolyte Fizeau.
- ☐ **B.** Georges Eastman.
- ☐ **C.** Nicéphore Niepce.
- ☐ **D.** Louis Ducos du Hauron.

35. Que reçoit le gagnant du Concours Lépine à la Foire de Paris ?

- ☐ **A.** Une encyclopédie des inventions.
- ☐ **B.** Un film sur toutes les inventions.
- ☐ **C.** Une statuette de Louis Lépine.
- ☐ **D.** Le vase en porcelaine de Sèvres.

36. Lequel d'entre eux n'a pas participé à l'invention et principe de l'IRM ?

- ☐ **A.** Félix Bloch.
- ☐ **B.** Jean-Martin Charcot.
- ☐ **C.** Edward Mills Purcell.
- ☐ **D.** Isidor Isaac Rabi.

37. La première traversée de la Manche en avion fut effectuée en 1909 par :

- ☐ **A.** Louis Blériot.
- ☐ **B.** Jean Mermoz.
- ☐ **C.** Charles Augustus Lindbergh.
- ☐ **D.** Antoine de Saint-Exupéry.

38. Le premier ballon à air chaud a été inventé par :

- ☐ **A.** Les frères Lumières.
- ☐ **B.** Les frères Montgolfier.
- ☐ **C.** Les frères Wright.
- ☐ **D.** Les frères Bogdanov.

39. Laquelle de ces inventions est du XXe siècle ?

- ☐ **A.** Le téléphone.
- ☐ **B.** La photographie.
- ☐ **C.** La lampe électrique.
- ☐ **D.** L'avion.

40. Le canadien Clarence Birdseye, en 1923, invente :

- ☐ **A.** La stérilisation des aliments.
- ☐ **B.** L'appertisation des aliments.
- ☐ **C.** La congélation des aliments.
- ☐ **D.** La pasteurisation des aliments.

41. Le stylo-bille a été inventé par Laszlo Biron en :

- ☐ **A.** 1925.
- ☐ **B.** 1938.
- ☐ **C.** 1945.
- ☐ **D.** 1950.

42. Il a sauvé des milliers de vies. Il a été inventé en 1950 par John Hopps. Il s'agit :

- ☐ **A.** Du pacemaker.
- ☐ **B.** Du défibrillateur.
- ☐ **C.** Du laser.
- ☐ **D.** De l'endoscope.

43. Le GPS date de :

- ☐ **A.** 1972.
- ☐ **B.** 1974.
- ☐ **C.** 1976.
- ☐ **D.** 1978.

44. 1989, Tim Berners-Lee met au point :

- ☐ **A.** Le disque compact ou CD.
- ☐ **B.** La carte à puce.
- ☐ **C.** Le World Wide Web.
- ☐ **D.** L'IRM.

45. Laquelle de ces inventions n'a pas eu lieu au XIXe siècle ?

- ☐ **A.** La dynamo industrielle.
- ☐ **B.** La locomotive à vapeur.
- ☐ **C.** La montgolfière.
- ☐ **D.** La lampe électrique.

46. Les Grands Prix de l'Innovation de la Ville de Paris ont pour vocation de soutenir le développement

- ☐ **A.** D'entreprises innovantes franciliennes dans des secteurs du développement durable.
- ☐ **B.** D'entreprises innovantes franciliennes dans des secteurs en forte croissance.
- ☐ **C.** D'entreprises innovantes franciliennes dans des secteurs éco-citoyens.
- ☐ **D.** D'entreprises innovantes franciliennes dans des secteurs de l'écologie.

47. Qui a effectué la première traversée de l'Atlantique ?

- ☐ **A.** Louis Blériot.
- ☐ **B.** Louis Pasteur.
- ☐ **C.** Charles Augustus Lindbergh.
- ☐ **D.** Jean-Martin Charcot.

48. En 1978, Louise Brown naît en Angleterre. C'est le premier bébé au monde né par fécondation in-vitro. En quelle année naît Amandine, le premier bébé éprouvette français ?

- ☐ **A.** 1982.
- ☐ **B.** 1983.
- ☐ **C.** 1984.
- ☐ **D.** 1986.

49. L'autobus a été inventé en :

- ☐ **A.** 1531.
- ☐ **B.** 1631.
- ☐ **C.** 1731.
- ☐ **D.** 1831.

50. Quelle invention a été récompensée au concours Lépine 2022 ?

- ☐ **A.** Une armoire sèche-linge à circuit frigorifique.
- ☐ **B.** Géocoeur, dispositif et procédé d'avertissement pour défibrillateur.
- ☐ **C.** Un télé-transmetteur infrarouge universel.
- ☐ **D.** Top-Braille.

51. Champollion a déchiffré les hiéroglyphes Égyptiens. Quel était son prénom ?

- ☐ **A.** Jean-François.
- ☐ **B.** Jean-Pierre.
- ☐ **C.** Jean-Paul.
- ☐ **D.** Jean-Marie.

52. Dans quel monument parisien peut-on admirer le pendule de Foucault ?

- ☐ **A.** Le Panthéon.
- ☐ **B.** Le Louvre.
- ☐ **C.** Les Invalides.
- ☐ **D.** L'Arc de Triomphe.

53. Le premier système numérique connu avait une base de 60. Quelle civilisation l'a inventé ?

- ☐ **A.** Les Babyloniens.
- ☐ **B.** Les Phéniciens.
- ☐ **C.** Les Sumériens.
- ☐ **D.** Les Égyptiens.

54. En quelle année a été inventé le premier véhicule à moteur ?

- ☐ **A.** 1771.
- ☐ **B.** 1789.
- ☐ **C.** 1808.
- ☐ **D.** 1848.

55. Qui fût la première femme à être envoyée dans l'espace ?

- ☐ A. Sally Ride
- ☐ B. Claudie Haigneré.
- ☐ C. Kayla Barron.
- ☐ D. Valentina Tereshkova.

56. Quel égyptologue a découvert La tombe de Toutankhamon ?

- ☐ A. Howard Carter.
- ☐ B. Jean Leclant.
- ☐ C. Christian Jack.
- ☐ D. Philippe Collombert.

57. En quelle année Henri Becquerel a-t-il reçu le prix Nobel de Physique ?

- ☐ A. 1903.
- ☐ B. 1913.
- ☐ C. 1923.
- ☐ D. 1933.

58. L'Australie a été découverte par :

- ☐ A. Les Anglais.
- ☐ B. Les Hollandais.
- ☐ C. Les Norvégiens.
- ☐ D. Les Américains.

59. Qu'ont en commun Jacques Monod, François Jacob et André Lwoff ?

- ☐ A. Ils ont reçu le prix Nobel de chimie.
- ☐ B. Ils ont reçu le prix Nobel de littérature.
- ☐ C. Ils ont reçu le prix Nobel de médecine.
- ☐ D. Ils ont reçu le prix Nobel de physique.

60. Quel peuple est à l'origine du premier déodorant ?

- ☐ A. Les Grecs.
- ☐ B. Les Portugais.
- ☐ C. Les Indiens.
- ☐ D. Les Égyptiens.

61. Qui a inventé la dynamo industrielle ?

- ☐ A. Zénobe Gramme.
- ☐ B. Graham Bell.
- ☐ C. Thomas Edison.
- ☐ D. Samuel Morse.

62. Quel politicien a inventé le sandwich ?

- ☐ A. Al Gore.
- ☐ B. Winston Churchill
- ☐ C. John Montagu.
- ☐ D. Abraham Lincoln

63. Dans quel pays la poubelle a-t-elle été inventée ?

- ☐ A. En Suède.
- ☐ B. En France.
- ☐ C. En Norvège.
- ☐ D. En Suisse.

64. Durant quel siècle la machine à vapeur a-t-elle été inventée ?

- ☐ A. XVe siècle.
- ☐ B. XVIIe siècle.
- ☐ C. XVIIIe siècle.
- ☐ D. XXe siècle.

65. Quel moyen de transport a été inventé par Fulgence Bienvenüe ?

- ☐ A. Le tramway.
- ☐ B. Le train.
- ☐ C. Le métro.
- ☐ D. L'avion.

66. Qu'est-ce qu'a inventé Henry John Heinz ?

- ☐ **A.** Le ketchup.
- ☐ **B.** La moutarde.
- ☐ **C.** La vinaigrette.
- ☐ **D.** La mayonnaise.

67. Quel pays a inventé le premier bateau à voile ?

- ☐ **A.** Le Portugal.
- ☐ **B.** L'Égypte
- ☐ **C.** L'Irlande.
- ☐ **D.** La Colombie.

68. Qui était Christian Huygens ?

- ☐ **A.** Un mathématicien, physicien et médecin.
- ☐ **B.** Un chimiste, physicien et médecin.
- ☐ **C.** Un mathématicien, chimiste et médecin.
- ☐ **D.** Un mathématicien, physicien et astronome.

69. Qui a réalisé le premier véhicule propulsé, ancêtre de l'automobile ?

- ☐ **A.** Nicolas Joseph Cugnot.
- ☐ **B.** Samuel Morse.
- ☐ **C.** Zénobe Gramme.
- ☐ **D.** Jean-Marie Cageot.

70. En 1952, Norman J. Woodland et son associé Bernard Silver déposent le brevet :

- ☐ **A.** Du code-barres.
- ☐ **B.** Du transistor.
- ☐ **C.** Du magnétophone.
- ☐ **D.** De la télévision couleur.

71. Le constructeur de la première locomotive à vapeur est anglais. Quel est son nom ?

- ☐ **A.** Watson.
- ☐ **B.** Smith.
- ☐ **C.** Trevithick.
- ☐ **D.** Johnson.

72. Laquelle de ces personnes a donné son nom à son invention ?

- ☐ **A.** John Heinz.
- ☐ **B.** Eugène-René. Poubelle.
- ☐ **C.** Gabriel Cornichon.
- ☐ **D.** Jean-Marie Cageot.

73. En quelle année a été commercialisée la première machine à écrire mécanique ?

- ☐ **A.** 1833.
- ☐ **B.** 1853.
- ☐ **C.** 1873.
- ☐ **D.** 1888.

74. Qui a inventé le chronomètre appelé « chronomètre de marine » ?

- ☐ **A.** John Harrison.
- ☐ **B.** John Timing.
- ☐ **C.** John Chrono.
- ☐ **D.** John Tempo.

75. En quelle année la firme Columbia édite-t-elle le premier disque vinyle, également appelé microsillon, ou disque noir ?

- ☐ **A.** 1945.
- ☐ **B.** 1946.
- ☐ **C.** 1947.
- ☐ **D.** 1948.

76. Que doit-on au comte allemand von Zeppelin au début du XXe siècle ?

- ☐ **A.** Le thermostat.
- ☐ **B.** Les patins à roulettes.
- ☐ **C.** La bouilloire.
- ☐ **D.** Le dirigeable rigide.

77. Le sécateur a été inventé en :

- ▢ A. 1812.
- ▢ B. 1815.
- ▢ C. 1826.
- ▢ D. 1830.

78. Qui a découvert et conquis le Mexique ?

- ▢ A. Christophe Colomb.
- ▢ B. Hernan Cortes.
- ▢ C. Vasco de Gama.
- ▢ D. Magellan.

79. Les impôts ont été inventés par :

- ▢ A. Le Français Joseph Caillaux.
- ▢ B. L'Américain David Rockefeller.
- ▢ C. Le Suisse Lombard Odier.
- ▢ D. L'Anglais Montagu Norman.

80. Quel est le nom du Français qui a inventé le pneu ?

- ▢ A. John Heinz.
- ▢ B. Joseph Caillaux.
- ▢ C. Charles Dietz.
- ▢ D. Jean-Marie Cageot.

81. Dans quel pays le brevet de la machine à coudre a-t-il été délivré ?

- ▢ A. Au Canada.
- ▢ B. En France.
- ▢ C. En Angleterre.
- ▢ D. En Suisse.

82. Qui a inventé l'école ?

- ▢ A. Luc Ferry.
- ▢ B. Jules Ferry.
- ▢ C. Jules Ferri.
- ▢ D. Charlemagne.

83. Quel est le nom du premier sous-marin nucléaire ?

- ▢ A. Le Terrible.
- ▢ B. Le Téméraire.
- ▢ C. Le Triomphant.
- ▢ D. Le Nautilus.

84. Quel peuple a inventé la roue ?

- ▢ A. Les Sumériens.
- ▢ B. Les Égyptiens.
- ▢ C. Les Babyloniens.
- ▢ D. Les Érythréens.

85. Le tramway a été inventé par un newyorkais en 1832. Il s'agit de :

- ▢ A. Montagu Norman.
- ▢ B. René Laennec.
- ▢ C. John Ford.
- ▢ D. John Stephenson.

86. En quelle année ?

- ▢ A. 1822.
- ▢ B. 1832.
- ▢ C. 1842.
- ▢ D. 1852.

87. Jesse W. Reno en 1892 inventa :

- ▢ A. La scie.
- ▢ B. Le moulin à café.
- ▢ C. L'escalator.
- ▢ D. Le monte-charge.

88. Qui invente le parapluie pliant en 1705 ?

- ▢ A. John Papin.
- ▢ B. Mary Poppins.
- ▢ C. Pépin le Bref.
- ▢ D. Jean Marius.

89. Le canon fut inventé par :

☐ **A.** René Laennec.
☐ **B.** Jean Marius.
☐ **C.** Berthold Schwarz.
☐ **D.** Montagu Norman.

90. La machine à coudre fût mise au point par :

☐ **A.** Isaac Singer.
☐ **B.** Bartelemy Thimonnier.
☐ **C.** William Thomson.
☐ **D.** John Ford.

91. En 1882, un médecin allemand découvre une nouvelle bactérie en forme de bâtonnet, appelée bacille. Ce médecin donnera son nom à cette bactérie.

☐ **A.** Karl Landsteiner.
☐ **B.** Robert Koch.
☐ **C.** Alexander Fleming.
☐ **D.** René Laennec.

92. Vers 1885, Sigmund Freud crée une technique qui a pour but d'explorer l'inconscient. C'est le premier praticien et théoricien de cette technique qui s'appelle :

☐ **A.** La psychanalyse.
☐ **B.** La psychiatrie.
☐ **C.** La bioénergie.
☐ **D.** La psychothérapie.

93. En 1979, Sir Godfrey Hounsfield reçoit le prix Nobel de médecine, bien qu'il ne soit pas médecin, pour une invention conçue en 1972. Il s'agit :

☐ **A.** De l'endoscope.
☐ **B.** Du scanner.
☐ **C.** Du scalpel.
☐ **D.** Du bistouri laser.

94. René Laennec met au point en 1816 l'auscultation comme méthode de diagnostic médical et il crée en 1819 l'instrument d'écoute indispensable à l'auscultation qui est :

☐ **A.** Le stéthoscope.
☐ **B.** L'échographe.
☐ **C.** L'endoscope.
☐ **D.** Le scalpel.

95. Gregory Pincus, médecin et biologiste américain est le co-inventeur d'une découverte révolutionnaire, en 1956. Cette découverte autorisée à la vente en 1960 est :

☐ **A.** L'aspirine.
☐ **B.** Le préservatif.
☐ **C.** La pilule contraceptive.
☐ **D.** Le diaphragme.

96. James Dewey Watson, Maurice Wilkins et Francis Crick font une découverte qui va révolutionner le monde de la génétique. C'est :

☐ **A.** Les antibiotiques.
☐ **B.** Le virus du VIH.
☐ **C.** Les groupes sanguins.
☐ **D.** La structure de l'ADN.

97. En 1900, Karl Landsteiner est un biologiste et médecin autrichien. Il fait une découverte qui permettra de réaliser des transfusions sanguines :

☐ **A.** Les lymphocytes.
☐ **B.** Les groupes sanguins.
☐ **C.** L'hémoglobine.
☐ **D.** Le plasma.

98. Quel est le scientifique et médecin anglais inventeur du vaccin contre la variole ?

- ☐ **A.** Albert Calmette.
- ☐ **B.** Edward Jenner.
- ☐ **C.** Benjamin Jesty.
- ☐ **D.** Louis Pasteur.

99. Les Chinois utilisent un procédé médical qui consiste à l'implantation de fines aiguilles. C'est :

- ☐ **A.** L'acupuncture.
- ☐ **B.** La chimiothérapie.
- ☐ **C.** L'immunothérapie.
- ☐ **D.** L'oriculothérapie.

100. En 1940, deux chercheurs britanniques découvrent les antibiotiques. Qui sont-ils ?

- ☐ **A.** Linus Pauling et Robert Corey.
- ☐ **B.** Joseph C. Muller et Harry G. Day.
- ☐ **C.** Howard Walter Florey et Ernst Boris Chain.
- ☐ **D.** Claudius Regaud et Alexandre Yersin.

Corrigé

1. **D.** 122.
2. **A.** Frédéric Leybold.
3. **B.** Télégraphie sans fil.
4. **C.** Écossais.
5. **A.** Nicolas Appert.
6. **B.** Alexandre Fleming.
7. **D.** Isaac Newton.
8. **A.** Le musée des Arts et Métiers.
9. **A.** Le préfet de Police Louis Lépine.
10. **B.** Louis Pasteur.
11. **B.** L'avion.
12. **C.** Blaise Pascal.
13. **D.** XIXe siècle.
14. **A.** En Suède.
15. **B.** James Watt.
16. **C.** Louis Braille.
17. **B.** Samuel Morse.
18. **A.** 1876.
19. **C.** La machine à laver le linge électrique.
20. **A.** Le radium.
21. **D.** Champollion.
22. **B.** Henri Ford.
23. **C.** 1895.
24. **B.** Le BCG.
25. **D.** Apollo 11.
26. **C.** L'avion.
27. **A.** Galilée.
28. **C.** En 1884.
29. **D.** Percy Spencer.
30. **A.** 1901.
31. **D.** Alessandro Volta.
32. **D.** Le paratonnerre.
33. **B.** Alfred Nobel.
34. **C.** Nicéphore Niepce.
35. **D.** Un vase en porcelaine de Sèvres.
36. **B.** Jean-Martin Charcot.

37. **A.** Louis Blériot.
38. **B.** Les frères Montgolfier.
39. **D.** L'avion.
40. **C.** La congélation des aliments.
41. **B.** 1938.
42. **A.** Du pacemaker.
43. **D.** 1978.
44. **C.** Le World Wide Web.
45. **C.** La montgolfière.
46. **B.** D'entreprises innovantes franciliennes dans des secteurs en forte croissance.
47. **C.** Charles Augustus Lindbergh.
48. **A.** 1982.
49. **D.** 1831
50. **B.** Géocoeur, dispositif et procédé d'avertissement pour défibrillateur.
51. **A.** Jean-François.
52. **A.** Le Panthéon.
53. **B.** Les Phéniciens.
54. **A.** 1771.
55. **D.** Valentina Tereshkova.
56. **A.** Howard Carter.
57. **A.** 1903.
58. **B.** Les Hollandais.
59. **C.** Ils ont reçu le prix Nobel de médecine.
60. **D.** Les Égyptiens.
61. **A.** Zénobe Gramme.
62. **C.** John Montagu.
63. **B.** En France.
64. **C.** XVIIIe siècle.
65. **C.** Le métro.
66. **A.** Le ketchup.
67. **A.** Le Portugal.
68. **D.** Un mathématicien, physicien et astronome.
69. **A.** Nicolas Joseph Cugnot.
70. **A.** Du code-barres.
71. **C.** Trevithick.
72. **B.** Eugène-René Poubelle.
73. **C.** 1873.
74. **A.** John Harrison.
75. **B.** 1946.
76. **D.** Le dirigeable rigide.
77. **B.** 1815.
78. **B.** Hernan Cortes.
79. **A.** Le Français Joseph Caillaux.
80. **C.** Charles Dietz.
81. **B.** En France.
82. **B.** Jules Ferry.
83. **D.** Le Nautilus.
84. **A.** Les Sumériens.
85. **D.** John Stephenson.
86. **B.** 1832.
87. **C.** L'escalator.
88. **D.** Jean Marius.
89. **C.** Berthold Schwarz.
90. **B.** Bartelemy Thimonnier.
91. **B.** Robert Koch.
92. **A.** La psychanalyse.
93. **B.** Du scanner.
94. **A.** Le stéthoscope.
95. **C.** La pilule contraceptive.
96. **D.** La structure de l'ADN.
97. **B.** Les groupes sanguins.
98. **B.** Edward Jenner.
99. **A.** L'acupuncture
100. **C.** Howard Walter Florey et Ernst Boris Chain.

2 Santé

1. En quelle année le système de protection sociale a-t-il été créé en France ?

- [ ] A. 1936.
- [ ] B. 1945.
- [ ] C. 1958.
- [ ] D. 1960.

2. La Sécurité sociale est composée de :

- [ ] A. 3 branches.
- [ ] B. 4 branches.
- [ ] C. 5 branches.
- [ ] D. 6 branches.

3. Qui gouverne la Sécurité sociale ?

- [ ] A. L'État.
- [ ] B. Le Haut Conseil de la santé.
- [ ] C. Le ministère de la Santé.
- [ ] D. L'État et les partenaires sociaux.

4. Quel a été le déficit de la Sécurité sociale en 2022 ?

- [ ] A. 19,6 milliards.
- [ ] B. 21,5 milliards.
- [ ] C. 24,6 milliards.
- [ ] D. 33 milliards.

5. Comment est financée la Sécurité sociale ?

- [ ] A. Par la TVA.
- [ ] B. Par des cotisations sociales.
- [ ] C. Par des impôts affectés.
- [ ] D. Par des cotisations sociales et des impôts affectés.

6. Que signifie le sigle CASA ?

- [ ] A. La contribution additionnelle de solidarité pour l'autonomie.
- [ ] B. La cotisation additionnelle de solidarité pour l'autonomie.
- [ ] C. La cotisation actualisée de solidarité pour l'autonomie.
- [ ] D. La collaboration additionnelle de solidarité pour l'autonomie.

7. Les agents des organismes de Sécurité sociale sont :

- [ ] A. Des agents territoriaux.
- [ ] B. Des fonctionnaires d'État.
- [ ] C. Des salariés de droit privé.
- [ ] D. Des agents de la fonction hospitalière.

8. De quoi dépend le montant des cotisations versées par chaque assuré ?

- [ ] A. De son âge.
- [ ] B. De sa fonction.
- [ ] C. De son état de santé.
- [ ] D. De ses revenus.

9. L'offre 100 % Santé, et donc le reste à charge zéro, est accessible à tous les Français bénéficiant :

- [ ] A. D'un contrat de travail.
- [ ] B. D'une complémentaire santé responsable ou de la CMU-C.
- [ ] C. D'une complémentaire santé responsable ou de la CMU de base.
- [ ] D. D'une complémentaire santé responsable et de la CMU-C.

10. Qu'est-ce que l'Aide médicale d'État (AME) ?

- ☐ **A.** C'est un dispositif permettant de bénéficier d'une aide pour une couverture de base.
- ☐ **B.** C'est un dispositif permettant de bénéficier d'une aide pour une complémentaire santé.
- ☐ **C.** C'est un dispositif permettant de bénéficier d'une aide pour une mutuelle.
- ☐ **D.** C'est un dispositif permettant aux étrangers en situation irrégulière de bénéficier d'un accès aux soins.

11. La carte vitale date de :

☐ **A.** 1995. ☐ **B.** 1998. ☐ **C.** 2000. ☐ **D.** 2004.

12. Combien de temps est valable une carte européenne d'assurance maladie ?

☐ **A.** 6 mois. ☐ **B.** 1 an. ☐ **C.** 2 ans. ☐ **D.** 3 ans.

13. La protection universelle maladie (Puma) est entrée en vigueur au 1er janvier 2016. L'ouverture de droit à l'AM, du fait de cette réforme pour tout assuré social se fait sur :

- ☐ **A.** Critère d'âge.
- ☐ **B.** Critère de résidence stable et régulière.
- ☐ **C.** Critère de nationalité.
- ☐ **D.** Critère d'une durée d'activité minimale.

14. Que signifie le sigle C2S ?

- ☐ **A.** Couverture santé solidaire.
- ☐ **B.** Couverture sanitaire solidaire.
- ☐ **C.** Complémentaire santé solidaire.
- ☐ **D.** Complémentaire sanitaire solidaire.

15. Qu'est-ce que la CSG ?

- ☐ **A.** Une aide.
- ☐ **B.** Une allocation.
- ☐ **C.** Un remboursement.
- ☐ **D.** Un impôt.

16. Combien, y a-t-il de régimes de la SS ?

☐ **A.** 1. ☐ **B.** 2. ☐ **C.** 3. ☐ **D.** 4.

17. Le projet de loi de financement de la Sécurité sociale (LFSS) prévoit pour l'année à venir :

- ☐ **A.** Les recettes de chacune des branches.
- ☐ **B.** Les recettes et dépenses de chacune des branches.
- ☐ **C.** Les dépenses de chacune des branches.
- ☐ **D.** Le déficit ou l'excédent de chacune des branches.

18. Elle facilite l'accès aux soins des personnes aux faibles ressources et résidant en France de façon stable et régulière. Il s'agit de :

- ☐ **A.** La complémentaire santé solidaire.
- ☐ **B.** La couverture maladie universelle (CMU) de base.
- ☐ **C.** La protection universelle maladie complémentaire.
- ☐ **D.** La protection universelle maladie de base.

19. L'imagerie médicale recourt aux…

- ☐ **A.** Rayons gamma.
- ☐ **B.** Rayons.
- ☐ **C.** Rayons UV.
- ☐ **D.** Rayons cathodiques.

20. Quelles infections se combattent avec des antibiotiques ?

- ☐ **A.** Les infections orphelines.
- ☐ **B.** Les infections informatiques.
- ☐ **C.** Les infections bactériennes.
- ☐ **D.** Les infections virales.

21. Loi HPST Hôpital, Patients, Santé et Territoires est entrée en vigueur en :

- ☐ **A.** 2007.
- ☐ **B.** 2009.
- ☐ **C.** 2011.
- ☐ **D.** 2013.

22. La loi HPST, n'interdit pas :

- ☐ **A.** La vente d'alcool à tous les mineurs.
- ☐ **B.** La vente au forfait ou l'offre à volonté d'alcool.
- ☐ **C.** La vente de boissons alcooliques par un distributeur automatique.
- ☐ **D.** La distribution de boissons sans alcool au moyen d'un appareil automatique.

23. Qu'est-ce que la T2A ?

- ☐ **A.** Le tarif de l'acte.
- ☐ **B.** La tarification à l'activité.
- ☐ **C.** Le tarif de l'activité.
- ☐ **D.** La tarification à l'acte.

24. Que signifie le sigle ARS ?

- ☐ **A.** Agence régionale du sport.
- ☐ **B.** Agence régionale sanitaire.
- ☐ **C.** Agence régionale de santé.
- ☐ **D.** Agence régionale de la sécurité.

25. Quand ont-elles été créées ?

- ☐ **A.** En 2005.
- ☐ **B.** En 2008.
- ☐ **C.** En 2010.
- ☐ **D.** En 2012.

26. Que signifie le sigle FPH ?

- ☐ **A.** Finance publique hospitalière.
- ☐ **B.** Formation politique hospitalière.
- ☐ **C.** Formation prioritaire hospitalière.
- ☐ **D.** Fonction publique hospitalière.

27. Combien a-t-elle de filières ?

- ☐ **A.** 3.
- ☐ **B.** 5.
- ☐ **C.** 6.
- ☐ **D.** 7.

28. L'ordre des médecins a été créé en :

- ☐ **A.** 1936.
- ☐ **B.** 1940.
- ☐ **C.** 1945.
- ☐ **D.** 1950.

29. La loi Évin du 10 janvier 1991 comporte :

- ☐ **A.** Un volet tabac et un volet alcool.
- ☐ **B.** Un volet tabac et un volet drogue.
- ☐ **C.** Un volet alcool et un volet drogue.
- ☐ **D.** Un volet alcool et un volet addictions.

30. La pandémie de la Covid-19 a démarré en Chine :

☐ **A.** À Wuhan. ☐ **C.** À Shanghai.

☐ **B.** À Pékin. ☐ **D.** À Canton.

31. Quel est l'agent pathogène de la Covid-19 ?

☐ **A.** Le SARS-CoV-7. ☐ **C.** Le SARS-CoV-2.

☐ **B.** Le SARS-CoV-12. ☐ **D.** Le SARS-CoV-10.

32. Le 16 mars 2020, Emmanuel Macron annonce « *nous sommes en guerre* ». Un confinement est promulgué le 17 et a duré :

☐ **A.** Jusqu'au 11 avril. ☐ **C.** Jusqu'au 2 mai.

☐ **B.** Jusqu'au 21 avril. ☐ **D.** Jusqu'au 11 mai.

33. Un second confinement est promulgué en France en :

☐ **A.** Septembre 2020. ☐ **C.** Novembre 2020.

☐ **B.** Octobre 2020. ☐ **D.** Janvier 2021.

34. Cette pandémie meurtrière dénombre à ce jour combien de décès ?

☐ **A.** 80 000. ☐ **B.** 116 000. ☐ **C.** 92 000. ☐ **D.** 154 000.

35. La Haute autorité de la santé (HAS) et l'Agence nationale de sécurité du médicament (ANSM) ont donné leur feu vert en France pour le :

☐ **A.** Paxlovid, pilule contre la Covid-19. ☐ **C.** Spoutnik V.

☐ **B.** CoronoVac. ☐ **D.** Spoutnik light.

36. À quand remonte la création de l'ANSM ?

☐ **A.** 1987. ☐ **B.** 1989. ☐ **C.** 1991. ☐ **D.** 1993.

37. Depuis quelle date le « pass sanitaire » était obligatoire pour accéder aux lieux de loisirs et de culture accueillant plus de 50 personnes ?

☐ **A.** Le 2 juin 2021. ☐ **C.** Le 21 juillet 2021.

☐ **B.** Le 21 juin 2021. ☐ **D.** Le 21 août 2021.

38. La loi a transformé le passe sanitaire en un passe vaccinal le :

☐ **A.** 1er décembre 2021. ☐ **C.** 15 décembre 2021.

☐ **B.** 2 janvier 2022. ☐ **D.** 24 janvier 2022.

39. Quelle est la première pandémie grippale du XXe siècle ?

☐ **A.** La grippe espagnole. ☐ **C.** La grippe A (H3N2).

☐ **B.** La grippe de Hong Kong. ☐ **D.** La grippe A (H1N1).

40. Il désigne une zone géographique où la population rencontre des difficultés pour accéder à des soins de santé. C'est :

☐ **A.** Un exode médical. ☐ **C.** Une hémorragie médicale.

☐ **B.** Un désert médical. ☐ **D.** Une zone désertique.

41. En 2022, combien de patients n'avaient pas de médecin traitant ?

- ☐ **A.** 3,9 millions.
- ☐ **B.** 4,2 millions.
- ☐ **C.** 4,9 millions.
- ☐ **D.** 7 millions.

42. Le numerus Clausus fait place actuellement au :

- ☐ **A.** Numerus open.
- ☐ **B.** Numerus cubitus.
- ☐ **C.** Numerus apertus.
- ☐ **D.** Numerus opportun.

43. Il est proposé à tous depuis début janvier 2022. Il s'agit :

- ☐ **A.** Du Livret de santé.
- ☐ **B.** Du Dossier médical partagé.
- ☐ **C.** De Mon espace santé.
- ☐ **D.** Du Carnet de santé.

44. Quand l'hôpital public est-il devenu un centre de soins ouvert à tous ?

- ☐ **A.** En 1771.
- ☐ **B.** En 1789.
- ☐ **C.** En 1848.
- ☐ **D.** En 1941.

45. Crise de l'hôpital public : la fermeture de lits ne cesse de s'accentuer. Pour l'année 2021, elle est de :

- ☐ **A.** 3 000 lits.
- ☐ **B.** 3 500 lits.
- ☐ **C.** 4 300 lits.
- ☐ **D.** 9 800 lits.

46. Les accords Ségur 1 de la santé fonction publique territoriale instaurent :

- ☐ **A.** Une prime de revalorisation.
- ☐ **B.** Un treizième mois.
- ☐ **C.** Une augmentation mensuelle de 540 €.
- ☐ **D.** 15 jours de congés supplémentaires.

47. La loi Ma Santé 2022 repose sur 3 axes. Lequel est inexact ?

- ☐ **A.** Faire du numérique un atout pour le partage de l'information en santé.
- ☐ **B.** Préparer les futurs soignants aux besoins du système de santé de demain.
- ☐ **C.** Effectuer des contrôles sur les pratiques et dysfonctionnements de la chaîne d'Ehpad privés.
- ☐ **D.** Créer, dans tous les territoires, un collectif de soins au service des patients.

48. La vaccination contre la Covid-19 a débuté :

- ☐ **A.** Fin octobre 2020.
- ☐ **B.** Fin novembre 2020.
- ☐ **C.** Fin décembre 2020.
- ☐ **D.** Début janvier 2021.

49. Les premiers vaccins mis sur le marché étaient :

- ☐ **A.** À l'acide désoxyribonucléique.
- ☐ **B.** Classiques.
- ☐ **C.** À l'acide ribonucléique.
- ☐ **D.** À l'acide ribonucléique messager.

50. Les premiers vaccins contre le coronavirus autorisés en France ont été les vaccins :

- ☐ **A.** Novavax et CoronoVac.
- ☐ **B.** Pfizer-BioNTech et Moderna.
- ☐ **C.** Johnson et Johnson et Novavax.
- ☐ **D.** AstraZeneca et Novavax.

51. Quel a été le premier pays de l'Union européenne à imposer la vaccination obligatoire contre la Covid 19 ?

- ☐ **A.** L'Autriche.
- ☐ **B.** L'Italie.
- ☐ **C.** L'Allemagne.
- ☐ **D.** L'Espagne.

52. Quel est le nom du directeur des hôpitaux de Paris ?

- ☐ **A.** Xavier Emmanuelli.
- ☐ **B.** Martin Hirsch.
- ☐ **C.** Nicolas Revel.
- ☐ **D.** Patrick Pelloux.

53. Il peut être considéré comme le texte fondateur de la déontologie médicale. C'est :

- ☐ **A.** L'engagement d'Hippocrate.
- ☐ **B.** Le serment d'Hippocrate.
- ☐ **C.** La promesse d'Hippocrate.
- ☐ **D.** Le pacte d'Hippocrate.

54. Depuis la loi du 2 mars 2022 visant à renforcer le droit à l'avortement, le délai légal passe à :

- ☐ **A.** 10 semaines de grossesse.
- ☐ **B.** 11 semaines de grossesse.
- ☐ **C.** 12 semaines de grossesse.
- ☐ **D.** 14 semaines de grossesse.

55. La loi Veil a été promulguée :

- ☐ **A.** En 1967.
- ☐ **B.** En 1970.
- ☐ **C.** En 1972.
- ☐ **D.** En 1975.

56. Quelle était la fonction de Simone Veil ?

- ☐ **A.** Ministre de la Santé.
- ☐ **B.** Députée européenne.
- ☐ **C.** Académicienne.
- ☐ **D.** Ministre des Droits des femmes.

57. Quand l'IVG a-t-elle été remboursée à 100 % ?

- ☐ **A.** En 2009.
- ☐ **B.** En 2013.
- ☐ **C.** En 2015.
- ☐ **D.** En 2017.

58. Toutes ont été ministres de la santé sauf une. Laquelle ?

- ☐ **A.** Roselyne Bachelot.
- ☐ **B.** Simone Veil.
- ☐ **C.** Christiane Taubira.
- ☐ **D.** Marisol Touraine.

59. Aujourd'hui en France, combien d'interventions chirurgicales sont désormais réalisées en ambulatoire ?

- ☐ **A.** Une sur dix.
- ☐ **B.** Deux sur dix.
- ☐ **C.** Trois sur dix.
- ☐ **D.** Quatre sur dix.

60. L'agence Santé publique France regroupe :

- ☐ **A.** L'Inpes, l'InVS, l'Inprs.
- ☐ **B.** L'Inpes, l'Inprs, l'Eprus.
- ☐ **C.** L'Eprus, L'InVS, l'Inpes.
- ☐ **D.** L'InVS, l'Inprs, l'Eprus.

61. Quel est le ministre des Solidarités et de la Santé qui a été chargé de la gestion de la crise liée à la pandémie de Covid-19 depuis le 16 février 2020 ?

- ☐ **A.** Xavier Darcos.
- ☐ **B.** Olivier Véran.
- ☐ **C.** Philippe Douste-Blazy.
- ☐ **D.** Agnès Buzyn.

62. Que signifie le sigle OMS ?

- ▢ **A.** Organisation mondiale de la sécurité.
- ▢ **B.** Organisation mondiale de la solidarité.
- ▢ **C.** Organisation mondiale sanitaire.
- ▢ **D.** Organisation mondiale de la santé.

63. Quand a-t-elle été créée ?

- ▢ **A.** 1936.
- ▢ **B.** 1945.
- ▢ **C.** 1948.
- ▢ **D.** 1957.

64. En 2022, combien y a-t-il de personnes dans le monde qui vivent avec le VIH ?

- ▢ **A.** 33,7 millions.
- ▢ **B.** 34,6 millions.
- ▢ **C.** 35,2 millions.
- ▢ **D.** 39 millions.

65. Parmi ces maladies neuro-dégénératives, laquelle n'en fait pas partie ?

- ▢ **A.** Alzheimer.
- ▢ **B.** L'ostéoporose.
- ▢ **C.** Maladie de Charcot.
- ▢ **D.** Parkinson.

66. Le GHB, est une drogue de synthèse connue pour ses propriétés sédatives et amnésiantes, elle est aussi tristement célèbre sous le nom de :

- ▢ **A.** Drogue de la mort.
- ▢ **B.** Drogue du viol.
- ▢ **C.** Drogue de la dépression.
- ▢ **D.** Drogue de la schizophrénie.

67. La gériatrie est :

- ▢ **A.** L'étude médicale de la vieillesse.
- ▢ **B.** La science du vieillissement.
- ▢ **C.** L'étude démographique de la vieillesse.
- ▢ **D.** L'étude psychologique de la vieillesse.

68. En France, combien y a-t-il de décès dû au tabagisme par an ?

- ▢ **A.** 49 000 morts.
- ▢ **B.** 56 000 morts.
- ▢ **C.** 75 000 morts.
- ▢ **D.** 81 000 morts.

69. Que signifie PNNS ?

- ▢ **A.** Plan national nutrition santé.
- ▢ **B.** Plan national nutritionnel santé.
- ▢ **C.** Plan national nutrition sanitaire.
- ▢ **D.** Plan national nutritionnel sanitaire.

70. Qui est le fondateur du service d'aide médicale urgente (SAMU) ?

- ▢ **A.** Martin Hirsch.
- ▢ **B.** Louis Lareng.
- ▢ **C.** Xavier Emmanuelli.
- ▢ **D.** Patrick Pelloux.

71. Qui a réalisé la première greffe du cœur ?

- ▢ **A.** Christiaan Barnard.
- ▢ **B.** Alain de Greef.
- ▢ **C.** Henri Joyeux.
- ▢ **D.** Christian Cabrol.

72. Selon l'OMS, la santé est un état de complet bien-être :

- ☐ **A.** Physique, mental et social, et ne consiste pas seulement en une absence de maladie ou d'infirmité.
- ☐ **B.** Moteur, moral et social, et ne consiste pas seulement en une absence de maladie ou d'infirmité.
- ☐ **C.** Physique, moral et social, et ne consiste pas seulement en une absence de maladie ou d'infirmité.
- ☐ **D.** Moteur, mental et social, et ne consiste pas seulement en une absence de maladie ou d'infirmité.

73. Qu'est-ce que la bioéthique ? C'est l'étude :

- ☐ **A.** Des problèmes moraux soulevés par la recherche biologique et médicale.
- ☐ **B.** Des problèmes soulevés par la recherche en physique.
- ☐ **C.** Des problèmes soulevés par la recherche technologique.
- ☐ **D.** Des problèmes soulevés par la recherche environnementale.

74. Que signifie le sigle CCNE ?

- ☐ **A.** Conseil consultatif national d'éthique.
- ☐ **B.** Commission consultative d'éthique.
- ☐ **C.** Comité consultatif national d'éthique.
- ☐ **D.** Collège consultatif national d'éthique.

75. La « PMA » regroupe :

- ☐ **A.** Toutes les techniques d'aide à la médecine prédictive.
- ☐ **B.** Toutes les techniques d'aide à la procréation en vue d'une fécondation.
- ☐ **C.** Toutes les techniques d'aide à la médecine préventive.
- ☐ **D.** Toutes les techniques d'aide à la procréation gémellaire.

76. Quelles sont les différentes techniques en France ?

- ☐ **A.** L'IA et la FIV.
- ☐ **B.** La GPA.
- ☐ **C.** L'IVG.
- ☐ **D.** L'IMG.

77. Quel problème éthique soulève la FIV ?

- ☐ **A.** L'avenir des spermatozoïdes.
- ☐ **B.** L'avenir des ovocytes.
- ☐ **C.** Le sort de l'embryon.
- ☐ **D.** Le sort des embryons surnuméraires.

78. Combien de tentatives de FIV peuvent être remboursées par la Sécurité sociale ?

☐ **A.** 2. ☐ **B.** 3. ☐ **C.** 4. ☐ **D.** 5.

79. En quelle année a eu lieu la première transplantation d'un organe ?

☐ **A.** 1952. ☐ **B.** 1957. ☐ **C.** 1962. ☐ **D.** 1967.

80. La gestation pour autrui est-elle autorisée en France ?

- ☐ **A.** Oui.
- ☐ **B.** Non.
- ☐ **C.** Sous certaines conditions.
- ☐ **D.** Si c'est un acte gratuit.

81. Quelle est la particularité des dons en France ?

- ☐ **A.** Les dons sont gratuits et anonymes.
- ☐ **B.** Les dons sont payants et anonymes.
- ☐ **C.** Les dons sont payants et nominatifs.
- ☐ **D.** Les dons sont nominatifs et gratuits.

82. Don du sang. Que signifie le sigle CNTS ?

- ☐ **A.** Le Centre national de transport sanguin.
- ☐ **B.** Le Centre national de transport du sang.
- ☐ **C.** Le Centre national de transfusion sanguine.
- ☐ **D.** Le Centre national de transfusion du sang.

83. En France, à quelle date le scandale du sang contaminé a eu lieu ?

- ☐ **A.** Début 1980.
- ☐ **B.** Début 1981.
- ☐ **C.** Début 1982.
- ☐ **D.** Début 1983.

84. Dans quel pays le marché d'organes est-il légal ?

- ☐ **A.** L'Inde.
- ☐ **B.** La France.
- ☐ **C.** L'Italie.
- ☐ **D.** L'Espagne.

85. En quelle année est né le premier « bébé du double espoir » ?

- ☐ **A.** En 2010.
- ☐ **B.** En 2011.
- ☐ **C.** En 2012.
- ☐ **D.** En 2013.

86. Loi Caillavet sur le don d'organes, instaure le principe de consentement présumé depuis :

- ☐ **A.** Le 22 décembre 1976.
- ☐ **B.** Le 22 décembre 1978.
- ☐ **C.** Le 22 décembre 1980.
- ☐ **D.** Le 22 décembre 1982.

87. Depuis 2018, le principal moyen de s'opposer au prélèvement de ses organes et tissus après la mort est :

- ☐ **A.** D'en parler à ses proches.
- ☐ **B.** De le dire au personnel soignant.
- ☐ **C.** De s'inscrire sur le registre national des refus.
- ☐ **D.** De le dire à son conjoint.

88. Loi sur la fin de vie dite loi Léonetti a été adoptée en :

- ☐ **A.** 2002.
- ☐ **B.** 2003.
- ☐ **C.** 2005.
- ☐ **D.** 2007.

89. Loi du 2 février 2016, dite loi Claeys-Loenetti, crée notamment un nouveau droit en faveur des malades atteints d'une affection grave et incurable. Lequel ?

- ☐ **A.** Le droit à la sédation profonde et continue.
- ☐ **B.** Le droit au suicide assisté.
- ☐ **C.** Le droit de refuser, de limiter ou d'arrêter les traitements.
- ☐ **D.** Le droit à l'euthanasie active.

90. Quel est l'objectif des soins palliatifs ?

- ☐ **A.** Prolonger la vie de la personne.
- ☐ **B.** Soulager les douleurs physiques et la souffrance psychologique.
- ☐ **C.** Améliorer l'aspect esthétique de la personne.
- ☐ **D.** Ralentir l'évolution de la maladie.

91. Que signifie le sigle MILDECA ?

- ☐ **A.** Mission interministérielle de lutte contre les drogues et les conduites addictives.
- ☐ **B.** Mission internationale de lutte contre les drogues et les conduites addictives.
- ☐ **C.** Mission interrégionale de lutte contre les drogues et les conduites addictives.
- ☐ **D.** Mission interprofessionnelle de lutte contre les drogues et les conduites addictives.

92. Pour les conducteurs novices, le taux d'alcoolémie légal est de :

- ☐ **A.** 0,5 gramme par litre de sang.
- ☐ **B.** 0,4 gramme par litre de sang.
- ☐ **C.** 0,3 gramme par litre de sang.
- ☐ **D.** 0,2 gramme par litre de sang.

93. En France combien de personnes adultes sont considérées comme obèses ?

- ☐ **A.** Environ 3 millions.
- ☐ **B.** Environ 5 millions.
- ☐ **C.** Environ 7 millions.
- ☐ **D.** Environ 10 millions.

94. Quel est le pays européen le plus gros consommateur d'antidépresseurs ?

- ☐ **A.** La France.
- ☐ **B.** L'Islande.
- ☐ **C.** L'Allemagne.
- ☐ **D.** L'Angleterre.

95. Qu'est-ce qu'une infection nosocomiale ?

- ☐ **A.** C'est une infection contractée au cours d'un séjour dans un établissement de santé.
- ☐ **B.** C'est une infection contractée au cours d'un séjour dans un établissement pénitentiaire.
- ☐ **C.** C'est une infection contractée au cours d'un voyage à l'étranger.
- ☐ **D.** C'est une infection contractée au cours d'un passage dans un magasin de pesticides.

96. En 2022, en France métropolitaine, combien de personnes sont décédées sur les routes ?

- ☐ **A.** 3 198.
- ☐ **B.** 3 541.
- ☐ **C.** 3 221.
- ☐ **D.** 3 542.

97. Le THC est présent :

- ☐ **A.** Dans les drogues de synthèse.
- ☐ **B.** Dans le cannabis.
- ☐ **C.** Dans l'héroïne.
- ☐ **D.** Dans la cocaïne.

98. En France, la cyberdépendance évalue entre :

- ☐ **A.** 200 000 et 400 000 le nombre de personnes victimes.
- ☐ **B.** 400 000 et 600 000 le nombre de personnes victimes.
- ☐ **C.** 600 000 et 800 000 le nombre de personnes victimes.
- ☐ **D.** 800 et 1 million le nombre de personnes victimes.

99. L'eugénisme est une théorie qui cherche à opérer :

- ☐ **A.** Une amélioration des collectivités humaines à partir des lois de la génétique.
- ☐ **B.** Un développement des collectivités humaines à partir des lois de la génétique.
- ☐ **C.** Une sélection sur les collectivités humaines à partir des lois de la génétique.
- ☐ **D.** Une augmentation des collectivités humaines à partir des lois de la génétique.

100. L'Agence de la biomédecine a été créée lors de la loi de bioéthique :

☐ **A.** De 1994. ☐ **B.** De 2004. ☐ **C.** De 2011. ☐ **D.** De 2013.

Corrigé

1. **B.** 1945.
2. **B.** 4 branches.
3. **D.** L'État et les partenaires sociaux.
4. **A.** 19,6 milliards.
5. **D.** Par des cotisations sociales et des impôts affectés.
6. **B.** La cotisation additionnelle de solidarité pour l'autonomie.
7. **C.** Des salariés de droit privé.
8. **D.** De ses revenus.
9. **B.** D'une complémentaire santé responsable ou de la CMU-C.
10. **D.** C'est un dispositif permettant aux étrangers en situation irrégulière de bénéficier d'un accès aux soins.
11. **B.** 1998.
12. **C.** 2 ans.
13. **B.** Critère de résidence stable et régulière.
14. **A.** Couverture santé solidaire.
15. **D.** Un impôt.
16. **D.** 4.
17. **B.** Les recettes et dépenses de chacune des branches.
18. **A.** La complémentaire santé solidaire.
19. **B.** Rayons.
20. **C.** Les infections bactériennes.
21. **B.** 2009.
22. **D.** La distribution de boissons sans alcool au moyen d'un appareil automatique.
23. **B.** La tarification à l'activité.
24. **C.** Agence régionale de Ssnté.
25. **C.** En 2010.
26. **D.** Fonction publique hospitalière.
27. **B.** 5.
28. **B.** 1940.
29. **A.** Un volet tabac et un volet alcool.
30. **A.** À Wuhan.
31. **C.** Le SARS-CoV-2.
32. **D.** Jusqu'au 11 mai.
33. **C.** Novembre 2020.
34. **B.** 116 000.
35. **A.** Paxlovid, pilule contre la Covid-19.
36. **D.** 1993.
37. **C.** Le 21 juillet 2021.
38. **D.** 24 janvier 2022.
39. **A.** La grippe espagnole.
40. **B.** Un désert médical.

41. **D.** 7 millions.

42. **C.** Numerus apertus.

43. **C.** De Mon espace santé.

44. **D.** En 1941.

45. **C.** 4 300 lits.

46. **A.** Une prime de revalorisation.

47. **C.** Effectuer des contrôles sur les pratiques et dysfonctionnements de la chaîne d'Ehpad privés.

48. **C.** Fin décembre 2020.

49. **D.** À l'acide ribonucléique messager.

50. **B.** Pfizer-BioNTech et Moderna.

51. **A.** L'Autriche.

52. **C.** Nicolas Revel.

53. **B.** Le serment d'Hippocrate.

54. **D.** 14 semaines de grossesse.

55. **D.** En 1975.

56. **A.** Ministre de la Santé.

57. **B.** En 2013.

58. **C.** Christiane Taubira.

59. **D.** Quatre sur dix.

60. **D.** L'InVS, l'Inprs, l'Eprus.

61. **B.** Olivier Véran.

62. **D.** Organisation mondiale de la santé.

63. **B.** 1945.

64. **D.** 39 millions.

65. **B.** L'ostéoporose.

66. **B.** Drogue du viol.

67. **A.** L'étude médicale de la vieillesse.

68. **C.** 75 000 morts par an.

69. **A.** Plan national nutrition santé.

70. **B.** Louis Lareng.

71. **A.** Christiaan Barnard.

72. **A.** Physique, mental et social, et ne consiste pas seulement en une absence de maladie ou d'infirmité.

73. **A.** Des problèmes moraux soulevés par la recherche biologique et médicale.

74. **C.** Comité consultatif national d'éthique.

75. **B.** Toutes les techniques d'aide à la procréation en vue d'une fécondation.

76. **A.** L'IA et la FIV.

77. **D.** Le sort des embryons surnuméraires.

78. **C.** 4.

79. **A.** 1952.

80. **B.** Non.

81. **A.** Les dons sont gratuits et anonymes.

82. **C.** Le Centre national de transfusion sanguine.

83. **D.** Début 1983.

84. **A.** L'Inde.

85. **B.** En 2011.

86. **A.** Le 22 décembre 1976.

87. **C.** De s'inscrire sur le registre national des refus.

88. **C.** 2005.

89. **A.** Le droit à la sédation profonde et continue.

90. **B.** Soulager les douleurs physiques et la souffrance psychologique.

91. **A.** Mission interministérielle de lutte contre les drogues et les conduites addictives.

92. **D.** 0,2 gramme par litre de sang.

93. **C.** Environ 7 millions.

94. **B.** L'Islande.

95. **A.** C'est une infection contractée au cours d'un séjour dans un établissement de santé.

96. **B.** 3 541.

97. **B.** Dans le cannabis.

98. **C.** 600 000 et 800 000 le nombre de personnes victimes.

99. **C.** Une sélection sur les collectivités humaines à partir des lois de la génétique.

100. **B.** De 2004.

3 Environnement

1. La révision constitutionnelle entrée en vigueur le 1er mars 2005 a introduit dans la Constitution :

- ☐ A. La charte de l'environnement.
- ☐ B. La charte du développement durable.
- ☐ C. La charte de la biodiversité.
- ☐ D. La charte de l'écologie.

2. Le Gouvernement a instauré depuis 2022 la journée :

- ☐ A. De lutte contre l'abandon.
- ☐ B. Tous à l'opéra.
- ☐ C. Tous résilients face aux risques.
- ☐ D. Tous en bleu.

3. En France, en 2019, la superficie agricole utilisée (SAU) représente :

- ☐ A. 30 % de la superficie du pays.
- ☐ B. 35 % de la superficie du pays.
- ☐ C. 40 % de la superficie du pays.
- ☐ D. 45 % de la superficie du pays.

4. Que signifie le sigle GES ?

- ☐ A. Gaz à effet sérieux.
- ☐ B. Gaz à effet secondaire.
- ☐ C. Gaz à effet significatif.
- ☐ D. Gaz à effet de serre.

5. Depuis l'été 2015, est décerné aux véhicules les moins polluants :

- ☐ A. Un certificat qualité de l'air.
- ☐ B. Une pastille bleue.
- ☐ C. Une prime.
- ☐ D. Un bonus.

6. Lors des pics de pollution aux particules fines et aux oxydes d'azote, il a été instauré en 2014 :

- ☐ A. L'obligation de prendre les transports en commun.
- ☐ B. La circulation alternée sur la route.
- ☐ C. L'obligation de rester chez soi.
- ☐ D. Le covoiturage.

7. Dans le cadre du projet de loi sur la transition énergétique, les sacs plastiques à usage unique sont interdits depuis :

- ☐ A. 2014.
- ☐ B. 2015.
- ☐ C. 2016.
- ☐ D. 2017.

8. Le protocole de Kyoto signé en 1997, est un traité international visant à la réduction des émissions de GES. Dans quel pays se trouve la ville de Kyoto ?

- ☐ A. La Chine.
- ☐ B. Le Japon.
- ☐ C. La Corée du Nord.
- ☐ D. La Corée du Sud.

9. Le bruit devient source de gêne quand il dépasse :

- ☐ A. 65 décibels.
- ☐ B. 70 décibels.
- ☐ C. 75 décibels.
- ☐ D. 80 décibels.

10. Les sommets de la Terre sont des rencontres entre dirigeants mondiaux organisés par l'ONU. Ils ont lieu :

- ☐ A. Tous les ans.
- ☐ B. Tous les 5 ans.
- ☐ C. Tous les 7 ans.
- ☐ D. Tous les 10 ans.

11. Le premier sommet a eu lieu à Stockholm (Suède) en :

- ☐ **A.** 1968.
- ☐ **B.** 1970.
- ☐ **C.** 1972.
- ☐ **D.** 1974.

12. Le GIEC est un :

- ☐ **A.** Groupe d'experts intergouvernemental sur l'évolution du climat.
- ☐ **B.** Groupe d'experts international sur l'évolution du climat.
- ☐ **C.** Groupe d'experts indépendant sur l'évolution du climat.
- ☐ **D.** Groupe d'experts intéressé par l'évolution du climat.

13. Le parti Europe Écologie Les Verts (EELV) a été fondé en :

- ☐ **A.** 1974.
- ☐ **B.** 1979.
- ☐ **C.** 2009.
- ☐ **D.** 2010.

14. Dans quel pays la pêche électrique est-elle utilisée ?

- ☐ **A.** Norvège.
- ☐ **B.** Suède.
- ☐ **C.** Canada.
- ☐ **D.** Pays-Bas.

15. Le camping Massereau, situé à une trentaine de kilomètres de Nîmes, a obtenu la palme du camping le plus vert d'Europe. Dans quel département est-ce ?

- ☐ **A.** Hérault.
- ☐ **B.** Gard.
- ☐ **C.** Lozère.
- ☐ **D.** Aveyron.

16. Selon l'Ademe, la production d'ordures ménagères et assimilables par habitant en France représente en 2021 :

- ☐ **A.** 375 kg.
- ☐ **B.** 460 kg.
- ☐ **C.** 510 kg.
- ☐ **D.** 568 kg.

17. Dans quel pays, 90 % des maisons sont chauffées grâce aux sources d'eau chaude et où cette géothermie est exploitée par les agriculteurs pour la culture sous serre ?

- ☐ **A.** Suède.
- ☐ **B.** Norvège.
- ☐ **C.** Irlande.
- ☐ **D.** Islande.

18. Que signifie le sigle OGM ?

- ☐ **A.** Organisme génétiquement métamorphosé.
- ☐ **B.** Organisme génétiquement manipulé.
- ☐ **C.** Organisme génétiquement modifié.
- ☐ **D.** Organisme génétiquement manufacturé.

19. Parmi ces pays européens, lequel n'est pas pro OGM ?

- ☐ **A.** La France.
- ☐ **B.** L'Espagne.
- ☐ **C.** Les Pays-Bas.
- ☐ **D.** Le Royaume-Uni.

20. En 2022, combien de personnes dans le monde n'ont un accès satisfaisant à l'eau potable ?

- ☐ **A.** 1,6 milliard.
- ☐ **B.** 1,8 milliard.
- ☐ **C.** 2,1 milliards.
- ☐ **D.** 3 milliards.

21. Le saturnisme est une intoxication par :

- ☐ **A.** Le cuivre.
- ☐ **B.** Le plomb.
- ☐ **C.** Le zinc.
- ☐ **D.** L'aluminium.

22. Selon l'ONPE, combien de Français sont en situation de précarité énergétique ?

☐ **A.** Cinq millions de personnes.
☐ **B.** Sept millions de personnes.
☐ **C.** 12 millions de personnes.
☐ **D.** 20 millions de personnes.

23. Dans quelle ville la conférence environnementale des 27 et 28 novembre 2015 s'est-elle déroulée ?

☐ **A.** À New York.
☐ **B.** À Paris.
☐ **C.** À Berlin.
☐ **D.** À Bruxelles.

24. Quel est l'objectif de la Convention citoyenne sur le climat ?

☐ **A.** Proposer des mesures pour réduire d'au moins 10 % les GES d'ici 2030.
☐ **B.** Proposer des mesures pour réduire d'au moins 20 % les GES d'ici 2030.
☐ **C.** Proposer des mesures pour réduire d'au moins 30 % les GES d'ici 2030.
☐ **D.** Proposer des mesures pour réduire d'au moins 40 % les GES d'ici 2030.

25. L'interdiction tardive de l'amiante en France date du :

☐ **A.** 1er janvier 1995.
☐ **B.** 1er janvier 1997.
☐ **C.** 1er janvier 2005.
☐ **D.** 1er janvier 2007.

26. La loi relative à la transition énergétique pour la croissance verte adoptée en août 2015, contient des dispositions relatives :

☐ **A.** Au nucléaire.
☐ **B.** Au tri des déchets.
☐ **C.** Au charbon.
☐ **D.** Au pétrole.

27. À la maison, quelle est la température recommandée ?

☐ **A.** 18 °C.
☐ **B.** 19 °C.
☐ **C.** 20 °C.
☐ **D.** 2 °C.

28. Dans la loi Climat et résilience, laquelle de ces mesures n'en fait pas partie ?

☐ **A.** Lutte contre la bétonisation des sols.
☐ **B.** Extension de la vente en vrac dans les supermarchés.
☐ **C.** Amélioration de la qualité de l'air dans les grandes villes.
☐ **D.** Interdiction d'exporter nos déchets dans d'autres pays.

29. L'eau sur terre représente :

☐ **A.** 94 % d'eau salée et 6 % d'eau douce.
☐ **B.** 95 % d'eau salée et 5 % d'eau douce.
☐ **C.** 96 % d'eau salée et 4 % d'eau douce.
☐ **D.** 97 % d'eau salée et 3 % d'eau douce.

30. La loi de mars 2022 réforme le système d'assurance récolte face à la multiplication :

☐ **A.** Des inondations.
☐ **B.** Des gelées.
☐ **C.** Des aléas météorologiques.
☐ **D.** Des variations de températures.

31. À quoi correspond la poubelle de couleur verte ?

☐ **A.** Au papier.
☐ **B.** Aux déchets végétaux.
☐ **C.** Aux ordures ménagères.
☐ **D.** Aux piles et aux batteries.

32. Parmi ces énergies, laquelle n'est pas une énergie fossile ?

- ☐ **A.** Le pétrole.
- ☐ **B.** Le gaz.
- ☐ **C.** Le charbon.
- ☐ **D.** L'hydroélectricité.

33. Qu'est-ce qu'un perturbateur endocrinien ? C'est un agent chimique capable :

- ☐ **A.** D'interférer dans le système hormonal d'un organisme.
- ☐ **B.** D'interférer dans le système nerveux d'un organisme.
- ☐ **C.** D'interférer dans le système limbique d'un organisme.
- ☐ **D.** D'interférer dans le système nerveux sympathique d'un organisme.

34. Les COP sont les conférences internationales sur les changements climatiques.

- ☐ **A.** Elles ont lieu tous les 6 mois.
- ☐ **B.** Elles ont lieu une fois par an.
- ☐ **C.** Elles ont lieu tous les 2 ans.
- ☐ **D.** Elles ont lieu tous les 2 ans.

35. Laquelle de ces substances que l'on trouve dans l'eau du robinet n'est pas nocive ?

- ☐ **A.** Le plomb.
- ☐ **B.** Les nitrates.
- ☐ **C.** Le chlore.
- ☐ **D.** Les pesticides.

36. Les pesticides ne provoquent pas :

- ☐ **A.** Des cancers.
- ☐ **B.** Des malformations congénitales.
- ☐ **C.** Des problèmes d'infertilité.
- ☐ **D.** Des maladies infantiles.

37. La culture d'OGM en France est autorisée en principe, mais n'est pas pratiquée :

- ☐ **A.** Pour cause d'interdiction nationale.
- ☐ **B.** Car les écologistes s'y opposent.
- ☐ **C.** Car la FNSEA s'y oppose.
- ☐ **D.** Pour cause de directives européennes.

38. Les principaux polluants de l'atmosphère proviennent essentiellement des rejets :

- ☐ **A.** Des automobiles et des centrales nucléaires.
- ☐ **B.** Des industries, de l'agriculture et des humains.
- ☐ **C.** Des industries, de l'agriculture, des automobiles et des chauffages.
- ☐ **D.** Des industries, de l'agriculture et des automobiles.

39. Quel est le plus gros pays pollueur ?

- ☐ **A.** Les États-Unis.
- ☐ **B.** L'Inde.
- ☐ **C.** Le Brésil.
- ☐ **D.** La Chine.

40. Quel pays a annoncé sa sortie de l'accord de Paris sur le climat ?

- ☐ **A.** L'Allemagne.
- ☐ **B.** Les États-Unis.
- ☐ **C.** L'Italie.
- ☐ **D.** L'Espagne.

41. Qu'a interdit le 11 mars 2013 l'Union européenne au niveau de l'environnement ?

- ☐ **A.** La pêche à la baleine.
- ☐ **B.** Le braconnage des éléphants.
- ☐ **C.** Les tests sur des animaux.
- ☐ **D.** L'aluminium dans les déodorants.

42. Comment est appelé le 4e Plan national santé environnement (PNSE 4) 2021-2025 ?

- ☐ **A.** « Un environnement, une santé ».
- ☐ **B.** « Un environnement, un climat ».
- ☐ **C.** « Un climat, une santé ».
- ☐ **D.** « Sauvegarder notre planète ».

43. Combien de réacteurs nucléaires comprend le parc français ?

- ☐ **A.** 14.
- ☐ **B.** 19.
- ☐ **C.** 24.
- ☐ **D.** 57.

44. Selon l'ONU, en 2022, combien de tonnes de plastique sont déversées chaque année dans les océans ?

- ☐ **A.** Entre 1 et 3 millions de tonnes par an.
- ☐ **B.** Entre 6 et 9 millions de tonnes par an.
- ☐ **C.** Entre 3 et 6 millions de tonnes par an.
- ☐ **D.** Entre 9 et 12 millions de tonnes par an.

45. Comment appelle-t-on les gros déchets comme des réfrigérateurs, des cuisinières, des télévisions ?

- ☐ **A.** Des engins.
- ☐ **B.** Des détritus.
- ☐ **C.** Des encombrants.
- ☐ **D.** Des incommodants.

46. Quelle est la science qui a pour objet l'étude des oiseaux ?

- ☐ **A.** L'éthologie.
- ☐ **B.** L'herpétologie.
- ☐ **C.** L'ornithologie.
- ☐ **D.** L'entomologie.

47. Quel est le deuxième pays le plus pollueur au monde ?

- ☐ **A.** La Chine.
- ☐ **B.** Les États-Unis.
- ☐ **C.** L'Inde.
- ☐ **D.** Le Brésil.

48. Disparition des oiseaux en France d'un tiers en 15 ans. Cela est dû :

- ☐ **A.** À la pollution des mers.
- ☐ **B.** À la réindustrialisation.
- ☐ **C.** Aux déchets nucléaires et rejets radioactifs.
- ☐ **D.** À l'intensification des pratiques agricoles.

49. Quel est le nom du groupe responsable de l'affaire du lait infantile contaminé à la salmonelle ?

- ☐ **A.** Le groupe agroalimentaire français Nestlé.
- ☐ **B.** Le groupe agroalimentaire français Président.
- ☐ **C.** Le groupe agroalimentaire français Lactalis.
- ☐ **D.** Le groupe agroalimentaire français Bridel.

50. Dans quelle ville s'est déroulée en novembre 2022 la COP 27 sur le climat ?

- ☐ **A.** Paris.
- ☐ **B.** Berlin.
- ☐ **C.** Sharm El-Sheikh.
- ☐ **D.** Londres.

51. Quel pays a vécu une vague de chaleur exceptionnellement précoce en avril 2023 ?

- ☐ **A.** La Suède.
- ☐ **B.** L'Espagne.
- ☐ **C.** L'Italie.
- ☐ **D.** L'Angleterre.

52. Dans quel endroit le Salon de l'Agriculture 2022 a eu lieu ?

- ☐ **A.** Parc des expositions Paris Nord Villepinte.
- ☐ **B.** Parc des expositions La Villette.
- ☐ **C.** Parc des expositions Le Bourget.
- ☐ **D.** Parc des expositions de la Porte de Versailles de Paris.

53. Combien y a-t-il eu de visiteurs au Salon de l'agriculture 2022 ?

- ☐ **A.** Plus de 100 000 visiteurs.
- ☐ **B.** Plus de 300 000 visiteurs.
- ☐ **C.** Plus de 500 000 visiteurs.
- ☐ **D.** 1 million de visiteurs.

54. Que signifie le signe FNSEA ?

- ☐ **A.** Fédération nationale des syndicats d'exploitants agricoles.
- ☐ **B.** Fédération nationale des syndicats d'exploitants automobiles.
- ☐ **C.** Fédération nationale des syndicats d'exploitants apicoles.
- ☐ **D.** Fédération nationale des syndicats d'exploitants arboricoles.

55. Qui est la présidente de la FNSEA ?

- ☐ **A.** Katia Dubreuil.
- ☐ **B.** Christiane Lambert.
- ☐ **C.** Kristalina Georgieva.
- ☐ **D.** Christine Lagarde.

56. La politique agricole commune (PAC) a été créée en :

- ☐ **A.** 1952.
- ☐ **B.** 1957.
- ☐ **C.** 1962.
- ☐ **D.** 1967.

57. La loi du 18 octobre 2021 dite Egalim 2 vise :

- ☐ **A.** À développer l'agriculture.
- ☐ **B.** À protéger la rémunération des agriculteurs.
- ☐ **C.** À informer les consommateurs.
- ☐ **D.** À promouvoir l'agriculture bio.

58. Quel documentaire suit les mouvements citoyens de défense du climat ?

- ☐ **A.** *Minimalisme.*
- ☐ **B.** *Les guerriers du climat.*
- ☐ **C.** *Home.*
- ☐ **D.** *Avant le déluge.*

59. En France, quelle proportion d'eau est perdue à cause des fuites ?

- ☐ **A.** Environ 5 %.
- ☐ **B.** Environ 10 %.
- ☐ **C.** Environ 15 %.
- ☐ **D.** Environ 20 %.

60. Quand a eu lieu le naufrage de l'Amoco Cadiz ?

- ☐ **A.** 1970.
- ☐ **B.** 1973.
- ☐ **C.** 1975.
- ☐ **D.** 1978.

61. Le pire scenario du GIEC prévoit d'ici 2100 une augmentation de :

- ☐ **A.** 2 °C.
- ☐ **B.** 5 °C.
- ☐ **C.** 8 °C.
- ☐ **D.** 12 °C.

62. Qui a initié le mouvement Colibris ?

- ☐ **A.** Pierre Rabhi.
- ☐ **B.** Daniel Cohn-Bendit.
- ☐ **C.** Nicolas Hulot.
- ☐ **D.** Yann Arthus-Bertrand.

63. Qui était le candidat des Verts à l'élection présidentielle de 2022 ?

- ☐ **A.** Dominique Voynet.
- ☐ **B.** Yannick Jadot.
- ☐ **C.** Brice Lalonde.
- ☐ **D.** Antoine Waechter.

64. Quelle est la quantité moyenne de papier utilisé par un employé de bureau en un an ?

- ☐ **A.** 10 kg.
- ☐ **B.** 25 kg.
- ☐ **C.** 45 kg.
- ☐ **D.** 75 kg.

65. À qui doit-on la *Terre vue du ciel* ?

- ☐ **A.** Nicolas Hulot.
- ☐ **B.** Daniel Cohn-Bendit.
- ☐ **C.** Yann Arthus-Bertrand.
- ☐ **D.** Bertrand Piccard.

66. Quel ministre de l'Écologie a lancé le Grenelle de l'environnement sous la présidence Sarkozy en 2007 ?

- ☐ **A.** Jean-Louis Borloo.
- ☐ **B.** Nathalie Kosciusko-Morizet.
- ☐ **C.** Alain Juppé.
- ☐ **D.** Dominique Voynet.

67. Quel gaz a l'effet de serre le plus puissant ?

- ☐ **A.** Le CO_2.
- ☐ **B.** La vapeur d'eau.
- ☐ **C.** L'argon.
- ☐ **D.** Le butane.

68. Où va la majorité du CO_2 émis par l'homme ?

- ☐ **A.** Dans l'atmosphère.
- ☐ **B.** Dans les océans.
- ☐ **C.** Dans la biomasse.
- ☐ **D.** Dans les mers.

69. Avec trois épisodes de canicule, l'été 2022 fut le plus meurtrier depuis :

- ☐ **A.** 1957.
- ☐ **B.** 1985.
- ☐ **C.** 2003.
- ☐ **D.** 2015.

70. Qu'est-ce que l'éthologie ?

- ☐ **A.** L'étude du comportement animal.
- ☐ **B.** L'étude des insectes.
- ☐ **C.** L'étude des oiseaux.
- ☐ **D.** L'étude des végétaux.

71. En 1987, eut lieu à Montréal la signature d'un important protocole. Sur quoi portait-il ?

- ☐ **A.** La protection de la couche d'ozone.
- ☐ **B.** La réduction des gaz à effet de serre.
- ☐ **C.** L'interdiction de la pêche électrique.
- ☐ **D.** La création d'une zone protégée pour les baleines.

72. En quelle année la catastrophe nucléaire de Tchernobyl a eu lieu ?

- ☐ **A.** 1965.
- ☐ **B.** 1970.
- ☐ **C.** 1978.
- ☐ **D.** 1986.

73. Quel est le premier pays à afficher sa volonté de renoncer au mode de production nucléaire après la catastrophe de Fukushima ?

- ☐ **A.** L'Italie.
- ☐ **B.** L'Espagne.
- ☐ **C.** L'Angleterre.
- ☐ **D.** L'Allemagne.

74. Que sont les gaz à effet de serre ?

- ☐ **A.** Des gaz qui absorbent une partie des rayons solaires.
- ☐ **B.** Des gaz qui absorbent une partie de l'oxygène.
- ☐ **C.** Des gaz qui absorbent une partie de la chaleur.
- ☐ **D.** Des gaz qui absorbent une partie de la vapeur d'eau.

75. Qu'est-ce qu'une plateforme offshore ?

- ☐ **A.** Un paradis fiscal.
- ☐ **B.** Une plateforme d'exploitation des hydrocarbures en mer.
- ☐ **C.** Une plateforme de marque.
- ☐ **D.** Une plateforme du bâtiment.

76. Comment s'appellent les gisements offshores de pétrole brésilien, découverts en 2012 ?

- ☐ **A.** Le pré-sel.
- ☐ **B.** Zakoum.
- ☐ **C.** La compagnie Petrobras.
- ☐ **D.** Total.

77. Dans quels grands pays trouve-t-on beaucoup de charbon ?

- ☐ **A.** L'Allemagne et l'Espagne.
- ☐ **B.** Les USA et la Chine.
- ☐ **C.** La Russie et le Mexique.
- ☐ **D.** La France et l'Italie.

78. Hormis les coûts élevés de production, quel est l'autre inconvénient du charbon ?

- ☐ **A.** C'est une source d'énergie onéreuse.
- ☐ **B.** C'est une source d'énergie en quantité inégale selon les pays.
- ☐ **C.** C'est une source d'énergie polluante.
- ☐ **D.** C'est une source d'énergie épuisable.

79. Qu'est-ce que la rénovation énergétique de l'habitat ?

- ☐ **A.** Rénover les habitations pour qu'elles consomment moins d'énergie.
- ☐ **B.** Transformer l'habitat en source d'énergie.
- ☐ **C.** Repeindre les habitations.
- ☐ **D.** Équiper de radiateurs électriques.

80. Quelle proportion de la consommation d'eau mondiale passe dans l'agriculture ?

- ☐ **A.** 40 %.
- ☐ **B.** 70 %.
- ☐ **C.** 80 %.
- ☐ **D.** 90 %.

81. Quelle activité nouvelle a un impact très négatif sur les ressources en eau de certains pays du Sud ?

- ☐ **A.** La permaculture.
- ☐ **B.** Les activités minières.
- ☐ **C.** Le tourisme.
- ☐ **D.** L'agriculture intensive.

82. Qu'est-ce que le Forum mondial de l'eau ?

- ☐ **A.** Une organisation internationale sur l'eau.
- ☐ **B.** Une association étudiant l'inégalité des ressources en eau.
- ☐ **C.** Une discussion sur internet quant à l'avenir de l'eau.
- ☐ **D.** Une conférence internationale sur l'eau.

83. Qu'est-ce qu'une nappe phréatique ?

- ☐ **A.** Une quantité d'eau située en surface.
- ☐ **B.** Une quantité d'eau souterraine très profonde.
- ☐ **C.** Une quantité d'eau souterraine peu profonde.
- ☐ **D.** Une quantité d'eau souterraine polluée.

84. Il est associé à une augmentation des températures, une sécheresse accrue dans certaines parties du monde et de fortes pluies dans d'autres. Quel est son nom ?

- ☐ **A.** El Ninä.
- ☐ **B.** El Secco.
- ☐ **C.** La Ninä.
- ☐ **D.** El Niño.

85. Où est située la majorité de l'eau douce sur Terre ?

- ☐ **A.** En surface, sous forme de lacs.
- ☐ **B.** Aux pôles, sous forme de glace.
- ☐ **C.** En surface, sous forme de cours d'eau.
- ☐ **D.** Dans le sous-sol, sous forme de nappes phréatiques.

86. Dans combien d'agglomérations les zones à faibles émissions ont été mises en place ?

- ☐ **A.** Dans 4 agglomérations.
- ☐ **B.** Dans 6 agglomérations.
- ☐ **C.** Dans 8 agglomérations.
- ☐ **D.** Dans 10 agglomérations.

87. Depuis quelques années le vélo en libre-service se développe énormément. Quelle ville en est à l'origine ?

- ☐ **A.** Strasbourg.
- ☐ **B.** Paris.
- ☐ **C.** Nice.
- ☐ **D.** Lyon.

88. Entre 1960 et 2000, la production annuelle d'ordures ménagères de chaque français a :

- ☐ **A.** Baissé.
- ☐ **B.** Doublé.
- ☐ **C.** Triplé.
- ☐ **D.** Est la même.

89. D'après le GIEC, le réchauffement du climat aura augmenté dès le début des années 2030, de :

- ☐ **A.** 1 °C.
- ☐ **B.** 1,5 °C.
- ☐ **C.** 2 °C.
- ☐ **D.** 3 °C.

90. Qu'est-ce que l'agriculture intensive ? Un système de production agricole caractérisé par :

- ☐ **A.** L'optimisation de la production.
- ☐ **B.** L'utilisation d'un maximum de semences différentes.
- ☐ **C.** L'utilisation de machines.
- ☐ **D.** L'utilisation d'engrais chimiques.

91. Qu'est-ce que la biomasse ?

- ☐ **A.** Une variété de plantes.
- ☐ **B.** Une énergie issue de l'agriculture biologique.
- ☐ **C.** Une masse végétale issue de l'agriculture biologique.
- ☐ **D.** Une énergie utilisant des ressources végétale et animale.

92. Qu'est-ce que l'agronomie ?

- ☐ **A.** L'ensemble du secteur agricole mondial.
- ☐ **B.** L'ensemble des sciences de l'agriculture.
- ☐ **C.** L'ensemble des ressources de la nature.
- ☐ **D.** Le potentiel agricole d'un sol.

93. Quel est l'autre nom de l'agriculture hors-sol ?

- ☐ **A.** La permaculture.
- ☐ **B.** L'hydroculture.
- ☐ **C.** L'hydroponie.
- ☐ **D.** L'agriculture *ex-vivo*.

94. À quelle vitesse se dégrade une cannette de soda dans la nature ?

- ☐ **A.** Jusqu'à 6 semaines.
- ☐ **B.** Jusqu'à 10 mois.
- ☐ **C.** Jusqu'à 10 ans.
- ☐ **D.** Jusqu'à 100 ans.

95. Quel pays a le plus d'émissions de gaz à effet de serre par habitant ?

- ☐ **A.** Les États-Unis.
- ☐ **B.** L'Australie.
- ☐ **C.** La Norvège.
- ☐ **D.** Le Japon.

96. La production d'énergie est notre source principale d'émissions de CO_2. Quelle est la seconde ?

- ☐ **A.** La déforestation.
- ☐ **B.** Les flatulences de vaches.
- ☐ **C.** Les éructations.
- ☐ **D.** L'activité volcanique.

97. Quelle est la consommation d'eau pour une chasse d'eau tirée ?

- ☐ **A.** Environ 2 litres.
- ☐ **B.** Environ 6 litres.
- ☐ **C.** Environ 12 litres.
- ☐ **D.** x Environ 20 litres.

98. Parmi ces secteurs, lequel est le plus gros émetteur de gaz à effet de serre ?

- ☐ **A.** L'agriculture.
- ☐ **B.** L'agroalimentaire.
- ☐ **C.** L'industrie minière.
- ☐ **D.** Les transports.

99. Quelle plante a été génétiquement modifiée par la société Monsanto ?

- ☐ **A.** La carotte.
- ☐ **B.** Le soja.
- ☐ **C.** La tomate.
- ☐ **D.** Le blé.

100. La politique de l'environnement de l'UE repose sur quatre principes fondamentaux. Lequel n'en fait pas partie ?

- ▢ **A.** Le principe de précaution et le principe de prévention.
- ▢ **B.** Le principe de la correction des atteintes à l'environnement.
- ▢ **C.** Le principe d'inertie.
- ▢ **D.** Le principe « pollueur-payeur ».

Corrigé

1. **A.** La charte de l'environnement.
2. **C.** Tous résilients face aux risques.
3. **D.** 45 % de la superficie du pays.
4. **D.** Gaz à effet de serre.
5. **A.** Un certificat qualité de l'air.
6. **B.** La circulation alternée sur la route.
7. **C.** 2016.
8. **B.** Le Japon.
9. **A.** 65 décibels.
10. **D.** Tous les 10 ans.
11. **C.** 1972.
12. **A.** Groupe d'experts intergouvernemental sur l'évolution du climat.
13. **D.** 2010.
14. **D.** Pays-Bas.
15. **B.** Gard.
16. **D.** 568 kg.
17. **D.** Islande.
18. **C.** Organisme génétiquement modifié.
19. **A.** La France.
20. **C.** 2,1 milliards.
21. **B.** Le plomb.
22. **C.** 12 millions de personnes.
23. **B.** À Paris.
24. **D.** Proposer des mesures pour réduire d'au moins 40 % les GES d'ici 2030.
25. **B.** 1er janvier 1997.
26. **B.** Au tri des déchets.
27. **B.** 19 °C.
28. **D.** Interdiction d'exporter nos déchets dans d'autres pays.
29. **D.** 97 % d'eau salée et 3 % d'eau douce.
30. **C.** Des aléas météorologiques.
31. **B.** Aux déchets végétaux.
32. **D.** L'hydroélectricité.
33. **A.** D'interférer dans le système hormonal d'un organisme.
34. **B.** Elles ont lieu une fois par an.
35. **C.** Le chlore.
36. **D.** Des maladies infantiles.
37. **A.** Pour cause d'interdiction nationale.
38. **C.** Des industries, de l'agriculture, des automobiles et des chauffages.
39. **D.** La Chine.
40. **B.** Les États-Unis.
41. **C.** Les tests sur des animaux.
42. **A.** « Un environnement, une santé ».
43. **D.** 57.

44. **D.** Entre 9 et 12 millions de tonnes par an.

45. **C.** Des encombrants.

46. **C.** L'ornithologie.

47. **B.** Les États-Unis.

48. **D.** À l'intensification des pratiques agricoles.

49. **C.** Le groupe agroalimentaire français Lactalis.

50. **C.** Sharm El-Sheikh.

51. **B.** L'Espagne.

52. **D.** Parc des expositions de la Porte de Versailles de Paris.

53. **C.** Plus de 500 000 visiteurs.

54. **A.** Fédération nationale des syndicats d'exploitants agricoles.

55. **B.** Christiane Lambert.

56. **C.** 1962.

57. **B.** À protéger la rémunération des agriculteurs.

58. **B.** *Les guerriers du climat.*

59. **D.** Environ 20 %.

60. **D.** 1978.

61. **D.** 12 °C.

62. **A.** Pierre Rabhi.

63. **B.** Yannick Jadot.

64. **D.** 75 kg.

65. **C.** Yann Arthus-Bertrand.

66. **A.** Jean-Louis Borloo.

67. **B.** La vapeur d'eau.

68. **A.** Dans l'atmosphère.

69. **C.** 2003.

70. **A.** L'étude du comportement animal.

71. **B.** La réduction des gaz à effet de serre.

72. **D.** 1986.

73. **D.** L'Allemagne.

74. **A.** Des gaz qui absorbent une partie des rayons solaires.

75. **B.** Une plateforme d'exploitation des hydrocarbures en mer.

76. **A.** Le pré-sel.

77. **B.** Les USA et la Chine

78. **C.** C'est une source d'énergie polluante.

79. **A.** Rénover les habitations pour qu'elles consomment moins d'énergie.

80. **B.** 70 %.

81. **C.** Le tourisme.

82. **D.** Une conférence internationale sur l'eau.

83. **C.** Une quantité d'eau souterraine peu profonde.

84. **D.** El Niño.

85. **B.** Aux pôles, sous forme de glace.

86. **C.** Dans 8 agglomérations.

87. **D.** Lyon.

88. **B.** Doublé.

89. **B.** 1,5 °C.

90. **A.** L'optimisation de la production.

91. **D.** Une énergie utilisant des ressources végétale et animale.

92. **B.** L'ensemble des sciences de l'agriculture.

93. **C.** L'hydroponie.

94. **D.** Jusqu'à 100 ans.

95. **B.** L'Australie.

96. **A.** La déforestation.

97. **C.** Environ 12 litres.

98. **D.** Les transports.

99. **B.** Le soja.

100. **C.** Le principe d'inertie.

SOUS-PARTIE 2

Français, culture générale et actualités 2023-2024 Concours blancs

1 Concours blanc

1. Quel est le temps de « nous avions mangé » ?

- ☐ **A.** Passé composé de l'indicatif.
- ☐ **B.** Futur antérieur.
- ☐ **C.** Passé antérieur de l'indicatif.
- ☐ **D.** Plus-que-parfait de l'indicatif.

2. Laquelle de ces formes verbales conjuguées au présent de l'impératif est incorrecte ?

☐ **A.** Arrives. ☐ **B.** Viens. ☐ **C.** Mange. ☐ **D.** Descends.

3. Je souhaite qu'il […] tort.

☐ **A.** Ai ☐ **B.** Ait. ☐ **C.** Aie. ☐ **D.** Est.

4. Les ressources naturelles se :

☐ **A.** Rarifient. ☐ **B.** Raréffient. ☐ **C.** Rarréfient. ☐ **D.** Raréfient.

5. Quelle est l'orthographe correcte ?

☐ **A.** Qualité. ☐ **B.** Qualitée. ☐ **C.** Qualitté. ☐ **D.** Qualittée.

6. […] à moi, je n'ai pas encore réservé la chambre d'hôtel.

☐ **A.** Qu'en. ☐ **B.** Quant. ☐ **C.** Quand. ☐ **D.** Qu'an.

7. Voilà une […] heure que j'attends.

☐ **A.** Demie. ☐ **B.** Demi-. ☐ **C.** Demi. ☐ **D.** Demie-.

8. 3 500 euros s'orthographient :

- ☐ **A.** Trois mille cinq cents euros.
- ☐ **B.** Trois mille cinq cent euros.
- ☐ **C.** Trois milles cinq cents euros.
- ☐ **D.** Trois miles cinq cent euros.

9. Les cahiers ont été […] par tous les élèves.

☐ **A.** Ranger. ☐ **B.** Rangé. ☐ **C.** Rangés. ☐ **D.** Rangées.

10. J'ai participé à un […] de français.

☐ **A.** Cour. ☐ **B.** Court. ☐ **C.** Coure. ☐ **D.** Cours.

11. L'IVG a été légalement autorisée sous la présidence de :

- ☐ **A.** Georges Pompidou.
- ☐ **B.** Valéry Giscard d'Estaing.
- ☐ **C.** Jacques Chirac.
- ☐ **D.** Charles de Gaulle.

12. Le Fonds des Nations unies pour l'enfance a pour sigle :

☐ **A.** Unesco. ☐ **B.** Otan. ☐ **C.** Onudi. ☐ **D.** Unicef.

13. Qui était Guy Moquet ?

- ☐ **A.** Un écrivain.
- ☐ **B.** Un ministre.
- ☐ **C.** Un jeune résistant qui fut fusillé.
- ☐ **D.** Un peintre.

14. Le CRAN (Conseil représentatif des associations noires) se fait le relais d'une pétition lancée sur le web. La pétition souhaite que l'expression « nègre littéraire » soit remplacée par :

- ☐ **A.** Plume de l'ombre.
- ☐ **B.** Prête-plume.
- ☐ **C.** Auteur fantôme.
- ☐ **D.** Auteur de l'ombre.

15. Quel pays prend la présidence du Conseil de l'Union européenne en janvier 2024 ?

- ☐ **A.** La France.
- ☐ **B.** La Belgique.
- ☐ **C.** La Croatie.
- ☐ **D.** La Norvège.

16. En quelle année ont eu lieu les attentats du World Trade Center ?

- ☐ **A.** 2000.
- ☐ **B.** 2001.
- ☐ **C.** 2002.
- ☐ **D.** 2003.

17. Qui a remporté, avec son 4×4 Hilux Toyota, le rallye-raid Dakar 2023 ?

- ☐ **A.** Cristina Gutiérrez.
- ☐ **B.** Francisco Lopez Contardo.
- ☐ **C.** Nasser al-Attiyah.
- ☐ **D.** Sebastian Eriksson.

18. Dans de nombreux pays, les futurs médecins doivent prononcer quel serment ?

- ☐ **A.** Le Serment de Socrate.
- ☐ **B.** Le serment de Platon.
- ☐ **C.** Le serment d'Aristote.
- ☐ **D.** Le serment d'Hippocrate.

19. En quelle année le réacteur numéro 4 de la centrale nucléaire de Tchernobyl a-t-il explosé ?

- ☐ **A.** 1966.
- ☐ **B.** 1976.
- ☐ **C.** 1986.
- ☐ **D.** 1996.

20. Quel pays sud-américain rencontre de grands problèmes d'accès à l'eau potable ?

- ☐ **A.** Le Brésil
- ☐ **B.** L'Uruguay.
- ☐ **C.** La Bolivie.
- ☐ **D.** L'Argentine.

21. Quel est le premier pays à fêter la nouvelle année ?

- ☐ **A.** Nouvelle-Zélande.
- ☐ **B.** Le Japon.
- ☐ **C.** La Corée du Sud.
- ☐ **D.** La Corée du Nord.

22. Arthur Schopenhauer n'a pas écrit :

- ☐ **A.** *Sur les femmes.*
- ☐ **B.** *La dialectique éristique.*
- ☐ **C.** *Être et temps.*
- ☐ **D.** *Le monde comme volonté et comme représentation.*

23. De quel pays dit-on que c'est le grenier à blé ?

- ☐ **A.** L'Espagne.
- ☐ **B.** L'Ukraine.
- ☐ **C.** Le Portugal.
- ☐ **D.** La Pologne.

24. En Afghanistan, les talibans ont fortement durci les restrictions à la liberté des femmes en leur imposant :

- ☐ **A.** L'alphabétisation obligatoire.
- ☐ **B.** Le mariage à 14 ans.
- ☐ **C.** Le port en public de la burqa.
- ☐ **D.** Un enfant par couple.

25. Combien la France compte-t-elle de personnes en situation de handicap ?

- ☐ **A.** 6 millions.
- ☐ **B.** 8 millions.
- ☐ **C.** 10 millions.
- ☐ **D.** 12 millions.

26. Quel pays a été frappé par une « bombe cyclonique » glaciale en janvier 2023 ?

- ☐ **A.** Le Danemark.
- ☐ **B.** La Norvège.
- ☐ **C.** Les États-Unis.
- ☐ **D.** Le Canada.

27. Le Grand Palais a fermé ses portes pour faire l'objet d'une importante restauration jusqu'en :

- ☐ **A.** 2023.
- ☐ **B.** 2024.
- ☐ **C.** 2025.
- ☐ **D.** 2026.

28. Le portable au volant est aujourd'hui la quatrième cause de décès sur la route. Si vous êtes pris en flagrant délit, vous risquez :

- ☐ **A.** Un retrait de 1 point et 135 € d'amende.
- ☐ **B.** Un retrait de 2 points et 135 € d'amende.
- ☐ **C.** Un retrait de 2 points et 145 € d'amende.
- ☐ **D.** Un retrait de 3 points et 135 € d'amende.

29. Nous fêtons les 80 ans du *Petit Prince*. Qui a écrit ce conte philosophique ?

- ☐ **A.** Charles Perrault.
- ☐ **B.** Antoine de Saint-Exupéry.
- ☐ **C.** Bruno Bettelheim.
- ☐ **D.** Hans Christian Andersen.

30. Qu'autorisait la loi Neuwirth ?

- ☐ **A.** La pilule contraceptive.
- ☐ **B.** L'IVG.
- ☐ **C.** La PMA.
- ☐ **D.** L'IA.

31. Au subjonctif passé, on dit :

- ☐ **A.** Que j'aurai eu.
- ☐ **B.** Que j'eusse eu.
- ☐ **C.** Que j'ai eu.
- ☐ **D.** Que j'avais eu.

32. Parmi ces verbes lequel n'est pas un verbe d'état ?

- ☐ **A.** Être.
- ☐ **B.** Rester.
- ☐ **C.** Sembler.
- ☐ **D.** Avoir.

33. Lequel de ces noms composés est bien orthographié au pluriel ?

- ☐ **A.** Des arrières-boutiques.
- ☐ **B.** Des coffre-forts.
- ☐ **C.** Des tragi-comédies.
- ☐ **D.** Des avants-premières.

34. Lequel de ces adjectifs de couleur est mal orthographié au pluriel ?

- ☐ **A.** Des yeux brun chocolat.
- ☐ **B.** Des chemisiers cerises.
- ☐ **C.** Des robes bleu ciel.
- ☐ **D.** Des cheveux blond cendré.

35. Que signifie incurie ?

- ☐ **A.** Punition.
- ☐ **B.** Maladie.
- ☐ **C.** Négligence extrême.
- ☐ **D.** Salissure.

36. Quel verbe est à l'imparfait ?

- ☐ **A.** Nous envoyons.
- ☐ **B.** Nous payons.
- ☐ **C.** Nous triions.
- ☐ **D.** Nous rions.

37. Quelle phrase est correctement orthographiée ?

- ☐ **A.** Les enfants que j'ai éduqués sont partis.
- ☐ **B.** Cette scène s'est déroulé dans la rue.
- ☐ **C.** Ses grand parents sont gentils.
- ☐ **D.** La tarte que j'ai dégusté est exquise.

38. Comment écrit-on l'adjectif « ardent » lorsqu'il se transforme en adverbe ?

- ☐ **A.** Ardament.
- ☐ **B.** Ardamment.
- ☐ **C.** Ardemment.
- ☐ **D.** Ardement.

39. Quel verbe ne fait pas partie du deuxième groupe ?

- ☐ **A.** Grandir.
- ☐ **B.** Sentir.
- ☐ **C.** Grossir.
- ☐ **D.** Agonir.

40. Dans quelle phrase y a-t-il un attribut du sujet ?

- ☐ **A.** Cette fillette attend son tour patiemment.
- ☐ **B.** Cette femme porte une jolie robe.
- ☐ **C.** Ce garçon est travailleur.
- ☐ **D.** Cet homme a un visage austère.

41. Quel est le titre du huitième roman de Michel Houellebecq ?

- ☐ **A.** *Anéantir.*
- ☐ **B.** *Détruire, dit-elle.*
- ☐ **C.** *Sérotine.*
- ☐ **D.** *Soumission.*

42. L'acronyme « VTC » signifie :

- ☐ **A.** Voiture de transport avec chauffeur.
- ☐ **B.** Voyage tout confort.
- ☐ **C.** Vente taxe comprise.
- ☐ **D.** Véhicule tout confort.

43. Qui est le grand héros des œuvres de Homère, *L'Illiade et l'Odyssée* :

- ☐ **A.** Euripide.
- ☐ **B.** Œdipe.
- ☐ **C.** Ulysse.
- ☐ **D.** Prométhée.

44. Les départements d'Alsace-Moselle ne sont pas concernés par la loi de séparation des Églises et de l'État. Pourquoi ?

- ☐ **A.** Quand la loi sur la laïcité a été votée, en 1905, ils étaient allemands.
- ☐ **B.** Cette région est très marquée par la religion, elle a donc conservé son droit local.
- ☐ **C.** Le pape a menacé d'excommunication les élus locaux qui n'ont donc pas voté la loi.
- ☐ **D.** Cette région voulait rester indépendante.

45. Veolia est le leader mondial :

- ☐ **A.** Du plastique.
- ☐ **B.** Des déchets végétaux.
- ☐ **C.** Du papier.
- ☐ **D.** De l'eau et du traitement des déchets.

46. Comment appelle-t-on la peur des araignées ?

- ☐ **A.** La mygalophobie.
- ☐ **B.** L'araignophobie.
- ☐ **C.** L'arachnophobie.
- ☐ **D.** La mygaphobie.

47. Procès des attentats du 13 novembre. Quel est le nom de l'unique survivant du commando ?

- ☐ **A.** Chérif Kouachi.
- ☐ **B.** Mohamed Merah.
- ☐ **C.** Salah Abdeslam.
- ☐ **D.** Brahim Aouissaoui.

48. Où se trouve la plus grande bibliothèque du monde ?

- ☐ **A.** Paris.
- ☐ **B.** Washington.
- ☐ **C.** Londres.
- ☐ **D.** Amsterdam.

49. Une triple épidémie touche l'Hexagone. Il s'agit de :

- ☐ **A.** La gastro, la grippe et la bronchite.
- ☐ **B.** La grippe, le Covid-19 et la bronchiolite.
- ☐ **C.** La rougeole, la rubéole et la grippe.
- ☐ **D.** La variole, les oreillons et le Covid-19.

50. Quel nom portait le peuple de la Grèce antique ?

- ☐ **A.** Les Ibères.
- ☐ **B.** Les Ottomans.
- ☐ **C.** Les Hellènes.
- ☐ **D.** Les Athéniens.

Corrigé

1. **D.** Plus-que-parfait de l'indicatif.
2. **A.** Arrives.
3. **B.** Ait.
4. **D.** Raréfient.
5. **A.** Qualité.
6. **B.** Quant.
7. **B.** Demi-.
8. **A.** Trois mille cinq cents euros.
9. **C.** Rangés.
10. **D.** Cours.
11. **B.** Valéry Giscard d'Estaing.
12. **D.** Unicef.
13. **C.** Un jeune résistant qui fut fusillé.
14. **B.** Prête-plume.
15. **B.** La Belgique.
16. **B.** 2001.
17. **C.** Nasser al-Attiyah.
18. **D.** Le serment d'Hippocrate.
19. **C.** 1986.
20. **B.** L'Uruguay.
21. **A.** Nouvelle-Zélande.
22. **C.** *Être et temps.*
23. **B.** L'Ukraine.
24. **C.** Le port en public de la burqa.

25. D. 12 millions.

26. C. Les États-Unis.

27. B. 2024.

28. D. Un retrait de 3 points et 135 € d'amende.

29. B. Antoine de Saint-Exupéry.

30. A. La pilule contraceptive.

31. C. Que j'ai eu.

32. D. Avoir.

33. C. Des tragi-comédies.

34. B. Des chemisiers cerises.

35. C. Négligence extrême.

36. C. Nous triions.

37. A. Les enfants que j'ai éduqués sont partis.

38. C. Ardemment.

39. B. Sentir.

40. C. Ce garçon est travailleur.

41. A. *Anéantir.*

42. A. Voiture de transport avec chauffeur.

43. C. Ulysse.

44. A. Quand la loi sur la laïcité a été votée, en 1905, ils étaient allemands.

45. D. L'eau et du traitement des déchets.

46. C. L'arachnophobie.

47. C. Salah Abdeslam.

48. B. Washington.

49. B. La grippe, le Covid-19 et la bronchiolite.

50. C. Les Hellènes.

2 Concours blanc

1. Lequel de ces noms prend un S au pluriel ?

- ☐ A. Bijou.
- ☐ B. Landau.
- ☐ C. Chameau.
- ☐ D. Vitrail.

2. Quelle est la nature du mot « quelqu'un » ?

- ☐ A. Adjectif indéfini.
- ☐ B. Pronom indéfini.
- ☐ C. Adverbe.
- ☐ D. Adjectif démonstratif.

3. Lequel de ces mots n'est pas une conjonction de coordination ?

- ☐ A. Ni.
- ☐ B. Donc.
- ☐ C. Mes.
- ☐ D. Or.

4. Quelle est la fonction du mot « compréhensifs » dans la phrase : « Les policiers paraissent très compréhensifs envers ces personnes. » ?

- ☐ A. Complément circonstanciel.
- ☐ B. Complément d'objet direct.
- ☐ C. Complément d'objet indirect.
- ☐ D. Attribut.

5. Quelle est la bonne orthographe ?

- ☐ A. Des yeux gris-bleus.
- ☐ B. Des yeux gris bleu.
- ☐ C. Des yeux gris-bleu.
- ☐ D. Des yeux gribleus.

6. Quel est le mode verbal utilisé à la suite de la locution conjonctive « afin que » ?

- ☐ A. Conditionnel.
- ☐ B. Indicatif.
- ☐ C. Subjonctif.
- ☐ D. Impératif.

7. Quelle est la phrase correcte ?

- ☐ A. Quel est le différent qui les oppose.
- ☐ B. Quel est le différend qui les opposent.
- ☐ C. Quel est le différend qui les oppose.
- ☐ D. Quel est le différent qui les opposent.

8. Relevez l'intrus parmi ces mots lorsqu'ils sont écrits au pluriel.

- ☐ A. Dieu.
- ☐ B. Feu.
- ☐ C. Jeu.
- ☐ D. Bleu.

9. Le mot « liesse » signifie :

- ☐ A. La torpeur.
- ☐ B. La joie.
- ☐ C. La tristesse.
- ☐ D. La mélancolie.

10. Quel est synonyme de « pléthore » ?

- ☐ A. Abondance.
- ☐ B. Pénurie.
- ☐ C. Rareté.
- ☐ D. Raréfaction.

11. Quelle est la date de l'indépendance de l'Algérie ?

- ☐ **A.** 5 avril 1962.
- ☐ **B.** 5 mai 1962.
- ☐ **C.** 5 juin 1962.
- ☐ **D.** 5 juillet 1962.

12. Quel est le président de la République qui a inauguré le mémorial national de la guerre d'Algérie et des combats du Maroc et de la Tunisie ?

- ☐ **A.** Valéry Giscard d'Estaing.
- ☐ **B.** François Mitterrand.
- ☐ **C.** Jacques Chirac.
- ☐ **D.** Emmanuel Macron.

13. Avec quel instrument calcule-t-on la vitesse du vent ?

- ☐ **A.** L'anémomètre.
- ☐ **B.** Le baromètre.
- ☐ **C.** L'héliomètre.
- ☐ **D.** Le chronomètre.

14. Quel pays a rejoint la zone euro et l'espace Schengen en janvier 2023 ?

- ☐ A. La Suède.
- ☐ B. La Croatie.
- ☐ C. La Norvège.
- ☐ D. La Macédoine.

15. Combien de féminicides ont été comptabilisés sur l'année 2023 ?

☐ **A.** 94. ☐ **B.** 125. ☐ **C.** 136. ☐ **D.** 147.

16. L'inscription sur Facebook supposer une autorisation parentale pour les mineurs de moins de :

☐ **A.** 14 ans. ☐ **B.** 15 ans. ☐ **C.** 16 ans. ☐ **D.** 17 ans.

17. Quel est le nom de la fondation en campagne contre le mobilier urbain anti-SDF :

- ☐ **A.** La Fondation de France.
- ☐ **B.** La Fondation Emmaüs.
- ☐ **C.** La Fondation Abbé-Pierre.
- ☐ **D.** La Fondation du patrimoine.

18. Aux États Unis, combien un président peut-il faire de mandats ?

☐ **A.** 2. ☐ **B.** 3. ☐ **C.** 4. ☐ **D.** 5.

19. Quel est l'emblème national de la République française fixé par la Constitution actuelle dans son article 2 ?

- ☐ **A.** La Marseillaise.
- ☐ **B.** Le drapeau tricolore.
- ☐ **C.** Le coq.
- ☐ **D.** La statue de la Liberté.

20. En quelle année le Krach boursier à Wall Street a-t-il eu lieu ?

☐ **A.** 1918. ☐ **B.** 1929. ☐ **C.** 1936. ☐ **D.** 1945.

21. Jeux olympiques d'hiver 2022 : quel pays a récolté trente-sept médailles ?

- ☐ **A.** La France.
- ☐ **B.** La Chine.
- ☐ **C.** Les États-Unis.
- ☐ **D.** La Norvège.

22. Quel est le montant des bénéfices de TotalEnergies pour l'année 2023 ?

- ☐ **A.** 15 milliards d'euros.
- ☐ **B.** 16,5 milliards d'euros.
- ☐ **C.** 17,5 milliards d'euros.
- ☐ **D.** 21,4 milliards d'euros.

23. Quelle mesure est entrée en vigueur pour les fast-food au 1er janvier 2023 ?

☐ **A.** Interdiction de manger sur place.

☐ **B.** Interdiction des emballages jetables.

☐ **C.** Obligation de mettre plus de crudités dans les hamburgers.

☐ **D.** Obligation d'utiliser uniquement de la viande d'origine française.

24. Quelle ville française accueillera en premier la flamme des JO 2024 ?

☐ **A.** Lyon. ☐ **B.** Grenoble. ☐ **C.** Marseille. ☐ **D.** Paris.

25. Quel est le premier film français à dépasser le million d'entrées au cinéma en 2023 ?

☐ **A.** *Astérix et Obélix : l'empire du Milieu.*

☐ **B.** *Tirailleurs.*

☐ **C.** *La Nuit du 12.*

☐ **D.** *Babylon.*

26. Quel lieu a été victime d'une attaque terroriste au Pakistan en février 2023 ?

☐ **A.** Une mosquée.

☐ **B.** Une synagogue.

☐ **C.** Un temple.

☐ **D.** Une cathédrale.

27. Commémorations de l'attentat contre *Charlie Hebdo* et l'hyper Cacher. Cet attentat a eu lieu en :

☐ **A.** 2014. ☐ **B.** 2015. ☐ **C.** 2016. ☐ **D.** 2017.

28. Berlinade 2023 : l'Ours d'or est remis au film :

☐ **A.** *Astérix et Obélix : l'empire du Milieu.*

☐ **B.** *Babylon.*

☐ **C.** *Tirailleurs.*

☐ **D.** *Sur l'Adamant.*

29. Qui a été le président du jury du festival de Cannes 2023 ?

☐ **A.** Guillaume Canet.

☐ **B.** Ruben Östlund.

☐ **C.** Jacques Weber.

☐ **D.** Fabrice Luchini.

30. Qui est le tenant du titre du Vendée Globe, tour du monde en solitaire ?

☐ **A.** Francis Joyon.

☐ **B.** Loic Poupon.

☐ **C.** Thomas Coville.

☐ **D.** Yannick Bestaven.

31. Le préfixe « im » sert à exprimer :

☐ **A.** Le contraire du sens donné par le radical.

☐ **B.** Le renforcement du sens donné par le radical.

☐ **C.** L'éloignement du sens donné par le radical.

☐ **D.** Le déplacement du sens donné par le radical.

32. Quel mot correctement orthographié se termine par « tieux » ?

☐ **A.** Mali. ☐ **B.** Préten. ☐ **C.** Souc. ☐ **D.** Conscien.

33. Quel est le synonyme de pudibond ?

- ☐ **A.** Impudique.
- ☐ **B.** Prude.
- ☐ **C.** Cynique.
- ☐ **D.** Grivois.

34. « Que je fusse » est :

- ☐ **A.** Au passé simple de l'indicatif.
- ☐ **B.** Au subjonctif présent.
- ☐ **C.** Au subjonctif passé.
- ☐ **D.** Au subjonctif imparfait.

35. Quel est le mot mal orthographié ?

- ☐ **A.** Acompte.
- ☐ **B.** Accoustique.
- ☐ **C.** Acabit.
- ☐ **D.** Acclamation.

36. Quel est l'antonyme du verbe vilipender ?

- ☐ **A.** Vanter.
- ☐ **B.** Dénigrer.
- ☐ **C.** Bafouer.
- ☐ **D.** Discréditer.

37. Quel est l'intrus ?

- ☐ **A.** Chronique.
- ☐ **B.** Chœur.
- ☐ **C.** Chronologie.
- ☐ **D.** Choix.

38. Quel est le synonyme de corroborer ?

- ☐ **A.** Contredire.
- ☐ **B.** Confirmer.
- ☐ **C.** Nier.
- ☐ **D.** Détruire.

39. Quel est l'intrus ?

- ☐ **A.** Croatie.
- ☐ **B.** Chypre.
- ☐ **C.** Norvège.
- ☐ **D.** Estonie.

40. « J'aurai accru » est au :

- ☐ **A.** Conditionnel présent.
- ☐ **B.** Futur antérieur de l'indicatif.
- ☐ **C.** Conditionnel passé.
- ☐ **D.** Futur de l'indicatif.

41. Parmi les 4 titres lequel ne fait pas partie des aventures de Harry Potter ?

- ☐ **A.** *Harry Potter et la chambre des secrets.*
- ☐ **B.** *Harry Potter à l'école des sorciers.*
- ☐ **C.** *Harry Potter et l'ordre du phénix.*
- ☐ **D.** *Harry Potter à l'école de la magie.*

42. La France affiche en 2023 un déficit commercial de combien d'euros ?

- ☐ **A.** 46 milliards.
- ☐ **B.** 64 milliards.
- ☐ **C.** 80 milliards.
- ☐ **D.** 99,6 milliards.

43. *L'Émile* de Rousseau est un ouvrage sur :

- ☐ **A.** La politique.
- ☐ **B.** La religion.
- ☐ **C.** L'éducation.
- ☐ **D.** la mythologie.

44. Le prix Goncourt des lycéens 2023 a été remis à :

- ☐ **A.** Christine Angot pour son roman *Le voyage dans l'Est.*
- ☐ **B.** Neige Sinno pour son roman *Triste Tigre.*
- ☐ **C.** Anne Berest pour son roman *La carte postale.*
- ☐ **D.** Agnès Desarthe pour son roman *L'éternel fiancé.*

45. Quel film a été sacré « meilleur film » à la 48e cérémonie des Césars ?

- ☐ **A.** *Tirailleurs* de Mathieu Vadepied.
- ☐ **B.** *Babylon* de Damien Chazelle.
- ☐ **C.** *Astérix et Obélix : l'empire du Milieu* de Guillaume Canet.
- ☐ **D.** *La Nuit du 12* de Dominik Mall.

46. L'Observatoire international des prisons (OIP) milite pour :

- ☐ **A.** Le droit à la dignité des détenus.
- ☐ **B.** Le droit au travail pour tous les détenus.
- ☐ **C.** Le droit de vote pour tous les détenus.
- ☐ **D.** Le droit à la formation pour tous les détenus.

47. En France, combien y a-t-il de maisons centrales, destinées à recevoir les détenus les plus dangereux dont les peines sont très longues ?

- ☐ **A.** 4.
- ☐ **B.** 6.
- ☐ **C.** 8.
- ☐ **D.** 10.

48. Diogène, philosophe grec, prônait la vie simple et :

- ☐ **A.** Il ne mangeait que des fruits et des légumes.
- ☐ **B.** Il dormait dans un tonneau.
- ☐ **C.** Il ne se vêtait que d'une robe en coton.
- ☐ **D.** Il ne mangeait pas de viande.

49. Quel est le nom de cette chanteuse, muse des existentialistes ?

- ☐ **A.** Colette Renard.
- ☐ **B.** Jane Birkin.
- ☐ **C.** Juliette Greco.
- ☐ **D.** Marlène Dietrich.

50. Le Premier ministre britannique, Rishi Sunak, est à l'origine en 2024 du premier Sommet sur :

- ☐ **A.** La sécurité de l'IA.
- ☐ **B.** La sécurité sanitaire.
- ☐ **C.** La sécurité du Web.
- ☐ **D.** La sécurité alimentaire.

Corrigé

1. **B.** Landau.
2. **B.** Pronom indéfini.
3. **C.** Mes.
4. **D.** Attribut.
5. **C.** Des yeux gris-bleu.
6. **C.** Subjonctif.
7. **C.** Quel est le différend qui les oppose ?
8. **D.** Bleu.
9. **B.** La joie.
10. **A.** Abondance.
11. **D.** 5 juillet 1962.
12. **C.** Jacques Chirac.
13. **A.** L'anémomètre.
14. **B.** La Croatie.
15. **A.** 94.
16. **C.** 16 ans.
17. **B.** La Fondation Emmaüs.
18. **A.** 2.
19. **B.** Le drapeau tricolore.
20. **B.** 1929.
21. **D.** La Norvège.
22. **D.** 21,4 milliards d'euros.
23. **B.** Interdiction des emballages jetables.
24. **C.** Marseille.
25. **B.** *Tirailleurs.*
26. **A.** Une mosquée.
27. **B.** 2015.
28. **D.** *Sur l'Adamant.*
29. **B.** Ruben Östlund.
30. **D.** Yannick Bestaven.
31. **A.** Le contraire du sens donné par le radical.
32. **B.** Prétentieux. Les autres se terminent par « cieux ».
33. **B.** Prude.
34. **D.** Au subjonctif imparfait.
35. **B.** Accoustique. Ne prend qu'un « c ».
36. **A.** Vanter.
37. **D.** Choix. C'est le seul à ne pas se prononcer « K ».
38. **B.** Confirmer.
39. **C.** Norvège. Pays ne faisant pas partie de l'UE.
40. **B.** Futur antérieur de l'indicatif.
41. **D.** *Harry Potter à l'école de la magie.*
42. **D.** 99,6 milliards.
43. **C.** L'éducation.
44. **B.** Neige Sinno pour son roman *Triste Tigre.*
45. **D.** *La Nuit du 12* de Dominik Mall.
46. **A.** Le droit à la dignité des détenus.
47. **B.** 6.
48. **B.** Il dormait dans un tonneau.
49. **C.** Juliette Greco.
50. **A.** La sécurité de l'IA.

3 Concours blanc

1. En conjugaison, combien y a-t-il de modes ?

☐ **A.** 2. ☐ **B.** 3. ☐ **C.** 4. ☐ **D.** 6.

2. Quelle est la bonne orthographe ?

☐ **A.** Des pèses-bébés.
☐ **B.** Des demies-heures.
☐ **C.** Des sous-sol.
☐ **D.** Des grille-pain.

3. Quel est le synonyme de « expier » ?

☐ **A.** Respirer. ☐ **B.** Rêver. ☐ **C.** Réparer. ☐ **D.** Aider.

4. Quel est l'homonyme désignant la femelle d'un animal ?

☐ **A.** Lai. ☐ **B.** Lait. ☐ **C.** Laid. ☐ **D.** Laie.

5. Laquelle de ces expressions n'est pas à l'indicatif ?

☐ **A.** Tu irais.
☐ **B.** Tu as chanté.
☐ **C.** Tu vins.
☐ **D.** Tu mangeais.

6. Lequel de ces verbes est au futur antérieur ?

☐ **A.** Je serais allé.
☐ **B.** Je changerai.
☐ **C.** J'aurai changé.
☐ **D.** J'eus joué.

7. Compléter avec la bonne réponse : J'ai cueilli cette fraise et :

☐ **A.** Je l'ai mangé.
☐ **B.** Je l'aie mangée.
☐ **C.** Je l'aie mangé.
☐ **D.** Je l'ai mangée.

8. À l'impératif présent, le verbe savoir à la deuxième personne du singulier s'écrit :

☐ **A.** Sache. ☐ **B.** Saches. ☐ **C.** Sachez. ☐ **D.** Sachons.

9. Quel est le synonyme du mot « indigence » ?

☐ **A.** Opulence.
☐ **B.** Dénuement.
☐ **C.** Prospérité.
☐ **D.** Essor.

10. Qu'est-ce qu'un paronyme ?

☐ **A.** C'est un mot qui ressemble à un autre mais qui a sens différent.
☐ **B.** C'est un mot qui présente la même forme graphique ou phonique qu'un autre mot mais qui n'a pas le même sens.
☐ **C.** C'est un mot de même fonction grammaticale qui a un sens opposé à celui d'un autre.
☐ **D.** C'est un mot qui comporte un préfixe, un radical et un suffixe.

11. Quelle est la capitale de la Syrie ?

- [ ] **A.** Damas.
- [ ] **B.** Alep.
- [ ] **C.** Bagdad.
- [ ] **D.** Homs.

12. Quel est le pourcentage d'élèves victimes de harcèlement scolaire ?

- [ ] **A.** 6 %.
- [ ] **B.** 8 %.
- [ ] **C.** 10 %.
- [ ] **D.** 12 %.

13. En 2023 en France métropolitaine, l'espérance de vie à la naissance atteint :

- [ ] **A.** 85 ans pour les femmes et 78,7 pour les hommes.
- [ ] **B.** 86 ans pour les femmes et 78,7 pour les hommes.
- [ ] **C.** 85 ans pour les femmes et pour les 79 hommes.
- [ ] **D.** 85,7 ans pour les femmes et 80 ans pour les hommes.

14. Ils protègent les betteraves mais déciment les abeilles et sont interdits en France depuis le 23 janvier 2023. Ce sont :

- [ ] **A.** Les insecticides.
- [ ] **B.** Les néonicotinoïdes.
- [ ] **C.** Les fongicides.
- [ ] **D.** Les herbicides.

15. Combien gagne le vainqueur de Roland Garros ?

- [ ] **A.** 1,1 million.
- [ ] **B.** 1,7 million.
- [ ] **C.** 2,2 millions.
- [ ] **D.** 2,5 millions.

16. Laquelle de ces œuvres n'a pas été écrite par Émile Zola ?

- [ ] **A.** *Gervaise.*
- [ ] **B.** *Le Père Goriot.*
- [ ] **C.** *Germinal.*
- [ ] **D.** *Au Bonheur des dames.*

17. Qui a écrit Le roi se meurt ?

- [ ] **A.** Kafka.
- [ ] **B.** Ionesco.
- [ ] **C.** Camus.
- [ ] **D.** Vian.

18. Quand je vous dis « Poudlard, Ginny et Dumbledore », vous pensez :

- [ ] **A.** Aux 3 joueurs anglais qui ont marqué contre la France lors de la Coupe du monde de rugby.
- [ ] **B.** À Harry Potter.
- [ ] **C.** Aux fameux cocktails du Fouquet's.
- [ ] **D.** Aux sept nains.

19. Où se trouve l'Etna ?

- [ ] **A.** En Sardaigne.
- [ ] **B.** En Sicile.
- [ ] **C.** Au Japon.
- [ ] **D.** En Chine.

20. Quel film a raflé sept statuettes aux Oscars le 13 mars 2023 ?

- [ ] **A.** *Everything Everywhere All at Once.*
- [ ] **B.** *Babylone.*
- [ ] **C.** *Astérix et Obélix : l'empire du Milieu.*
- [ ] **D.** *La Nuit du 12.*

21. Quel est le nom du ministre de l'Économie, des Finances et de la Souveraineté industrielle et numérique ?

☐ **A.** Marc Fesneau.
☐ **B.** Stanilas Guerini.
☐ **C.** Damien Abad.
☐ **D.** Bruno Lemaire.

22. Quel célèbre joueur de football remplace Hugo Lloris au poste de capitaine des Bleus ?

☐ **A.** Olivier Giroud.
☐ **B.** Karim Benzema.
☐ **C.** Killian Mbappé.
☐ **D.** Antoine Griezmann.

23. Quel pays remporte le Tournoi des Six Nations pour la 23e fois, en réalisant son quatrième Grand Chelem ?

☐ **A.** L'Angleterre.
☐ **B.** La Belgique.
☐ **C.** La France.
☐ **D.** L'Irlande.

24. Quel pays prendra la présidence du Conseil de l'Union européenne en janvier 2024 ?

☐ **A.** La Croatie.
☐ **B.** L'Espagne.
☐ **C.** La Suède.
☐ **D.** La Roumanie.

25. Combien de ménages modestes bénéficient du « chèque énergie », qui peut être utilisé pour payer les factures ou pour les rénovations énergétiques ?

☐ **A.** Près de 3 millions.
☐ **B.** Près de 4 millions.
☐ **C.** Près de 5 millions.
☐ **D.** Près de 5 millions.

26. Le Rallye Dakar 2023 est :

☐ **A.** Le 35e Rallye Dakar.
☐ **B.** Le 40e Rallye Dakar.
☐ **C.** Le 44e Rallye Dakar.
☐ **D.** Le 45e Rallye Dakar.

27. Quelle radio a eu 60 ans fin 2023 ?

☐ **A.** France Culture.
☐ **B.** Europe 1.
☐ **C.** RTL.
☐ **D.** RMC.

28. Dans quel cas, les forces de l'ordre peuvent retirer le permis d'un conducteur ?

☐ **A.** Si le conducteur utilise le téléphone au volant.
☐ **B.** Si le conducteur cumule l'utilisation du téléphone portable et une autre infraction.
☐ **C.** Si le conducteur commet une infraction.
☐ **D.** Si son véhicule est en mauvais état.

29. Le 8 mai, on célèbre :

☐ **A.** La date de la signature de l'armistice lors de la Première Guerre mondiale.
☐ **B.** La date qui marque la fin de la Seconde Guerre mondiale.
☐ **C.** La date de la capitulation de l'Allemagne.
☐ **D.** La date de la réconciliation franco-allemande.

30. Les fonds pour la formation professionnelle sont collectés :

☐ **A.** Par les employeurs.
☐ **B.** Par les syndicats.
☐ **C.** Par les OPCA.
☐ **D.** Par les URSSAF.

31. Quel est l'intrus ?

☐ **A.** Baleine. ☐ **B.** Cachalot. ☐ **C.** Narval. ☐ **D.** Éléphant.

32. Parmi ces verbes, lequel ne se conjugue pas à l'impératif ?

☐ **A.** Venir. ☐ **B.** Gésir. ☐ **C.** Choisir. ☐ **D.** Partir.

33. Quel est le préfixe qui signifie égal ?

☐ **A.** Oto. ☐ **B.** Auto. ☐ **C.** Iso. ☐ **D.** Allo.

34. Quel est le synonyme de l'adjectif « athée » ?

☐ **A.** Incroyant. ☐ **B.** Théiste. ☐ **C.** Mystique. ☐ **D.** Dévot.

35. Dans quelle phrase y a-t-il un adjectif attribut ?

☐ **A.** Il a eu un bel anniversaire.
☐ **B.** Cet enfin est malin.
☐ **C.** Il porte des lunettes teintées.
☐ **D.** Elle met ses chaussures neuves.

36. Quel est l'antonyme de « fat » ?

☐ **A.** Prétentieux.
☐ **B.** Infatué.
☐ **C.** Humble
☐ **D.** Suffisant.

37. Persifleur signifie :

☐ **A.** Affable. ☐ **B.** Joyeux. ☐ **C.** Gracieux. ☐ **D.** Sarcastique.

38. Quel est le sens de la locution latine « *ad hoc* » ?

☐ **A.** Qui convient.
☐ **B.** À plus forte raison.
☐ **C.** De même.
☐ **D.** Également.

39. Lequel de ces noms n'est pas féminin ?

☐ **A.** Idylle. ☐ **B.** Anicroche. ☐ **C.** Patère. ☐ **D.** Antre.

40. Dans quelle phrase y a-t-il un adverbe de lieu ?

☐ **A.** Il a envoyé la carte à son amie.
☐ **B.** Elle l'a reçue.
☐ **C.** Je réside là.
☐ **D.** Ce vieil homme est las.

41. Quel pays est appelé Pentagone ?

☐ **A.** L'Australie. ☐ **B.** La France. ☐ **C.** La Chine. ☐ **D.** Les USA.

42. Parmi ces quatre secteurs, quel est celui qui n'est pas géré par la Sécurité Sociale ?

☐ **A.** Maladie. ☐ **B.** Vieillesse. ☐ **C.** Chômage. ☐ **D.** Famille.

43. Quel est le plus haut gratte-ciel du monde ?

☐ **A.** La tour Eiffel.
☐ **B.** Le World Trade Center.
☐ **C.** La tour d'Abou Dhabi.
☐ **D.** La tour de Dubaï.

44. Comment se nomme le musée consacré aux arts premiers ?

- ☐ **A.** Musée du quai Branly.
- ☐ **B.** Musée d'Art naïf.
- ☐ **C.** Musée national des Arts asiatiques.
- ☐ **D.** Musée des Arts d'Afrique et d'Océanie.

45. Le 5 janvier 2023, les médecins généralistes ont manifesté à Paris pour la revalorisation du tarif de la consultation. Actuellement, elle est de :

- ☐ **A.** 25 €.
- ☐ **B.** 30 €.
- ☐ **C.** 40 €.
- ☐ **D.** 50 €.

46. Qui a écrit les romans *Cent Ans de solitude* et *L'Amour au temps du choléra* ?

- ☐ **A.** Gabriel Garcia Marquez.
- ☐ **B.** Mario Vargas LLosa.
- ☐ **C.** Isabel Allende.
- ☐ **D.** Juan Gabriel Vásquez.

47. Quel pays juge « injuste » son exclusion de la cérémonie d'ouverture des JO de Paris 2024 ?

- ☐ **A.** Biélorussie.
- ☐ **B.** Russie.
- ☐ **C.** Arménie.
- ☐ **D.** Kazakhstan.

48. Combien de personnes souffrent de la faim dans le monde ?

- ☐ **A.** 745 millions.
- ☐ **B.** 815 millions.
- ☐ **C.** 880 millions.
- ☐ **D.** 950 millions.

49. Selon l'Insee, en janvier 2023, les prix à la consommation ont progressé sur un an de :

- ☐ **A.** 3 %.
- ☐ **B.** 4 %.
- ☐ **C.** 6 %.
- ☐ **D.** 12 %.

50. Manifestations et journées de grève partout en France en janvier 2023 contre un projet de réforme des retraites, mobilisant entre :

- ☐ **A.** 700 000 (selon le ministère de l'Intérieur) et 2 millions (selon les syndicats organisateurs) de manifestants.
- ☐ **B.** 800 000 (selon le ministère de l'Intérieur) et 2 millions (selon les syndicats organisateurs) de manifestants.
- ☐ **C.** 900 000 (selon le ministère de l'Intérieur) et 2 millions (selon les syndicats organisateurs) de manifestants.
- ☐ **D.** 1,12 million (selon le ministère de l'Intérieur) et 2 millions (selon les syndicats organisateurs) de manifestants.

Corrigé

1. **C.** 4 : indicatif, conditionnel, impératif et subjonctif.
2. **D.** Des grille-pain.
3. **C.** Réparer.
4. **D.** Laie.
5. **A.** Tu irais (conditionnel).
6. **C.** J'aurai changé. Je changerai est au futur et je serais allé est au conditionnel passé.
7. **D.** Je l'ai mangée (accord avec le COD placé avant : j'ai mangé quoi « l » qui représente la fraise).
8. **A.** Sache.
9. **B.** Dénuement.
10. **A.** C'est un mot qui ressemble à un autre mais qui a sens différent.
11. **A.** Damas.
12. **A.** 6 %.
13. **D.** 85,7 ans pour les femmes et 80 ans pour les hommes.
14. **B.** Les néonicotinoïdes.
15. **C.** 2,2 millions.
16. **B.** *Le Père Goriot*. C'est une œuvre de Balzac.
17. **B.** Ionesco.
18. **B.** À Harry Potter.
19. **B.** En Sicile.
20. **A.** *Everything Everywhere All at Once*.
21. **D.** Bruno Lemaire.
22. **C.** Killian Mbappé.
23. **D.** L'Irlande.
24. **B.** La Belgique.
25. **B.** Près de 4 millions.
26. **D.** Le 45e Rallye Dakar.
27. **A.** France Culture.
28. **B.** Si le conducteur cumule l'utilisation du téléphone portable et une autre infraction.
29. **C.** La date de la capitulation de l'Allemagne.
30. **D.** Par les URSSAF.
31. **D.** Éléphant. Les autres sont des mammifères marins.
32. **B.** Gésir.
33. **C.** Iso.
34. **A.** Incroyant.
35. **B.** Cet enfin est malin.
36. **C.** Humble.
37. **D.** Sarcastique.
38. **A.** Qui convient.
39. **D.** Antre.
40. **C.** Je réside là.
41. **D.** Les USA.
42. **C.** Chômage.
43. **D.** La tour de Dubaï.
44. **A.** Musée du quai Branly.
45. **A.** 25 €.
46. **A.** Gabriel Garcia Marquez.
47. **B.** La Russie.
48. **B.** 815 millions.
49. **C.** 6 %.
50. **D.** 1,12 million (selon le ministère de l'Intérieur) et 2 millions (selon les syndicats organisateurs) de manifestants.

4 Concours blanc

1. Voir à la 2e personnel du pluriel à l'imparfait s'écrit :
   - ☐ **A.** Vous voyez.
   - ☐ **B.** Vous voyiez.
   - ☐ **C.** Vous voiyez.
   - ☐ **D.** Vous voiyiez.
2. Quel est l'antonyme de « diurne » ?
   - ☐ **A.** Quotidien.
   - ☐ **B.** Nocturne.
   - ☐ **C.** Journalier.
   - ☐ **D.** Hebdomadaire.
3. Hier, il était là. Je l'ai vu. « l » est :
   - ☐ **A.** Un adjectif indéfini.
   - ☐ **B.** Un article défini.
   - ☐ **C.** Un pronom personnel sujet.
   - ☐ **D.** Un pronom personnel complément.
4. Quel est l'antonyme de « affable » ?
   - ☐ **A.** Désagréable.
   - ☐ **B.** Avenant.
   - ☐ **C.** Gentil.
   - ☐ **D.** Complexe.
5. L'eugénisme est :
   - ☐ **A.** Une maladie génétique incurable.
   - ☐ **B.** Une maladie orpheline incurable.
   - ☐ **C.** Une théorie cherchant à opérer une sélection sur les collectivités humaines à partir des lois de la génétique.
   - ☐ **D.** Une stérilité incurable.
6. Quel est le synonyme de « dogme » ?
   - ☐ **A.** Notion.
   - ☐ **B.** Secte.
   - ☐ **C.** Base.
   - ☐ **D.** Doctrine.
7. Quel est l'intrus ?
   - ☐ **A.** Existence.
   - ☐ **B.** Exactitude.
   - ☐ **C.** Exact.
   - ☐ **D.** Exactement.
8. Quel verbe est au subjonctif présent ?
   - ☐ **A.** Il ait.
   - ☐ **B.** Il est.
   - ☐ **C.** Il hait.
   - ☐ **D.** Il es.
9. Quel mot prend un « s » au pluriel ?
   - ☐ **A.** Bijou.
   - ☐ **B.** Genou.
   - ☐ **C.** Bisou.
   - ☐ **D.** Joujou.
10. Quel est le mot mal orthographié ?
    - ☐ **A.** Une amitiée.
    - ☐ **B.** Une montée.
    - ☐ **C.** Une jetée.
    - ☐ **D.** Une dictée.

11. Parmi ces pays, lequel ne fait pas partie de la zone euro ?

- ☐ **A.** L'Espagne.
- ☐ **B.** Le Luxembourg.
- ☐ **C.** La Belgique.
- ☐ **D.** La Roumanie.

12. Qui a fondé le mouvement littéraire « le surréalisme » ?

- ☐ **A.** Ionesco.
- ☐ **B.** Breton.
- ☐ **C.** Camus.
- ☐ **D.** Rousseau.

13. Martin Luther King était :

- ☐ **A.** Un fondateur de Rock and Roll.
- ☐ **B.** Un collaborateur de Richard Nixon.
- ☐ **C.** Le fondateur des Burger King.
- ☐ **D.** Un militant des droits des noirs aux USA.

14. Les infections nosocomiales (IN) sont des infections :

- ☐ **A.** Contractées au cours d'un séjour dans un établissement de santé.
- ☐ **B.** Relatives aux voies aérodigestives.
- ☐ **C.** Contractées par l'inhalation de fines particules d'eau contaminées.
- ☐ **D.** Dérivées du Sida.

15. Le siècle des Lumières est un mouvement littéraire et culturel lancé en Europe :

- ☐ **A.** Au XVIIe siècle.
- ☐ **B.** Au XVIIIe siècle.
- ☐ **C.** Au XIXe siècle.
- ☐ **D.** Au XXe siècle.

16. Le 25 novembre est la journée internationale pour :

- ☐ **A.** Les droits des femmes.
- ☐ **B.** L'élimination de la violence à l'égard des femmes.
- ☐ **C.** La sauvegarde de la planète.
- ☐ **D.** Le recyclage.

17. Festival international de la Bande Dessinée d'Angoulême 2023 : le fauve d'or revient à :

- ☐ **A.** Martin Panchaud pour *La Couleur des choses.*
- ☐ **B.** Anouk Ricard pour *Animan.*
- ☐ **C.** Sole Otero pour *Naphtaline.*
- ☐ **D.** Linnea Sterte pour *Une rainette en automne.*

18. Capitaine Marleau est :

- ☐ **A.** Un jeu.
- ☐ **B.** Un livre.
- ☐ **C.** Un film.
- ☐ **D.** Une série française.

19. *Un si grand soleil*, série quotidienne sur France 2, est tournée à :

- ☐ **A.** Marseille.
- ☐ **B.** Nice.
- ☐ **C.** Cannes.
- ☐ **D.** Montpellier.

20. Parmi ces journaux, quel est celui qui n'est pas un quotidien ?

- ☐ **A.** *Le Monde.*
- ☐ **B.** *Libération.*
- ☐ **C.** *Le Nouvel Observateur.*
- ☐ **D.** *Midi Libre.*

21. Sylvie Retailleau est la ministre :

- ☐ **A.** De la Cohésion des territoires.
- ☐ **B.** De la Justice.
- ☐ **C.** De l'Enseignement supérieur et de la Recherche.
- ☐ **D.** De la Santé.

22. Qui anime l'émission « Quelle époque » ?

- ☐ **A.** Léa Salamé.
- ☐ **B.** Laurent Ruquier.
- ☐ **C.** Laurent Delahousse.
- ☐ **D.** Laurent Gerra.

23. Quel est le nom de la série télévisée sétoise ?

- ☐ **A.** *Un si grand soleil.*
- ☐ **B.** *Candice Renoir.*
- ☐ **C.** *Plus belle la vie.*
- ☐ **D.** *Les rivières pourpres.*

24. Quand auront lieu les prochaines élections municipales ?

- ☐ **A.** En 2023.
- ☐ **B.** En 2024.
- ☐ **C.** En 2025.
- ☐ **D.** En 2026.

25. Dans la série *En thérapie* saison 2, quelle est l'actrice qui incarne le rôle de superviseur du psy Philippe Dayan ?

- ☐ **A.** Carole Bouquet.
- ☐ **B.** Charlotte Rampling.
- ☐ **C.** Catherine Deneuve.
- ☐ **D.** Charlotte Gainsbourg.

26. Luiz Inácio Lula da Silva est investi président de la république du Brésil le 1er janvier 2023. Il succède à :

- ☐ **A.** Itamar Franco.
- ☐ **B.** Jair Bolsonaro.
- ☐ **C.** Dilma Rousseff.
- ☐ **D.** Michel Temer.

27. En 2024, dans quel pays, le Parlement vient de voter un amendement qui permet aux groupes opposés à l'IVG d'intervenir directement dans les centres de consultation ?

- ☐ **A.** Italie.
- ☐ **B.** Espagne.
- ☐ **C.** Portugal.
- ☐ **D.** Autriche.

28. Qui est le fondateur de Wikileaks ?

- ☐ **A.** Mark Zuckerberg.
- ☐ **B.** Julien Assange.
- ☐ **C.** Bill Gates.
- ☐ **D.** Jack Dorsey.

29. En quelle année le parti politique La France Insoumise a-t-il été fondé ?

- ☐ **A.** 2014.
- ☐ **B.** 2015.
- ☐ **C.** 2016.
- ☐ **D.** 2017.

30. Plusieurs associations ont saisi une instance pour obtenir la suspension d'une circulaire sur le recensement des migrants. De quelle instance s'agit-il ?

- ☐ **A.** Le Conseil d'État.
- ☐ **B.** Le Conseil constitutionnel.
- ☐ **C.** La Cour européenne des droits de l'homme.
- ☐ **D.** La Cour constitutionnelle.

31. Quelle est la définition du mot « étymologie » ?

- ☐ **A.** C'est la science de la prononciation des mots.
- ☐ **B.** C'est la science de l'origine des mots.
- ☐ **C.** C'est la science de l'orthographe des mots.
- ☐ **D.** C'est la science du genre des mots.

32. Quel est le participe présent du verbe « savoir » ?

- ☐ **A.** Su.
- ☐ **B.** Savant.
- ☐ **C.** Ayant su.
- ☐ **D.** Sachant.

33. Une revue qui paraît tous les 2 mois est :

- ☐ **A.** Mensuelle.
- ☐ **B.** Bimensuelle.
- ☐ **C.** Bimestrielle.
- ☐ **D.** Trimestrielle.

34. Avoir au passé simple, à la première personne du pluriel s'écrit :

- ☐ **A.** Nous eûmes.
- ☐ **B.** Nous eumes.
- ☐ **C.** Nous aurons.
- ☐ **D.** Nous avions.

35. Parmi ces mots, lequel n'est pas un adverbe ?

- ☐ **A.** Ici.
- ☐ **B.** Très.
- ☐ **C.** Jamais.
- ☐ **D.** Sinon.

36. Quelle est la phrase correctement orthographiée ?

- ☐ **A.** Ils se sont plus.
- ☐ **B.** Elles se sont lavées le visage.
- ☐ **C.** Ils se sont battu.
- ☐ **D.** Elles se sont écrit des lettres.

37. Quel est l'intrus ?

- ☐ **A.** Paisible.
- ☐ **B.** Pacifiste.
- ☐ **C.** Pacifique.
- ☐ **D.** Parricide.

38. Lequel de ces noms composés est bien orthographié ?

- ☐ **A.** Des passe-partout.
- ☐ **B.** Des pots-au-feu.
- ☐ **C.** Des choux-fleur.
- ☐ **D.** Des couvre-lit.

39. Quel est l'antonyme de « malotrus » ?

- ☐ **A.** Goujat.
- ☐ **B.** Raffiné.
- ☐ **C.** Mufle.
- ☐ **D.** Rustre.

40. L'anthropologie est :

- ☐ **A.** L'étude de l'homme et des groupes humains.
- ☐ **B.** L'étude de la flore.
- ☐ **C.** L'étude des insectes.
- ☐ **D.** L'étude des espèces animales.

41. Qui a écrit *À la recherche du temps perdu* ?

- ☐ **A.** Marcel Proust.
- ☐ **B.** Emile Zola.
- ☐ **C.** Victor Hugo.
- ☐ **D.** André Breton.

42. Quel art Antonin Gaudi a-t-il pratiqué ?

- ☐ **A.** La décoration.
- ☐ **B.** La ferronnerie.
- ☐ **C.** L'orfèvrerie.
- ☐ **D.** L'architecture.

43. Quel est le pays ayant la plus longue ligne TGV au monde ?

- ☐ **A.** Les USA.
- ☐ **B.** La Chine.
- ☐ **C.** L'Australie.
- ☐ **D.** Le Canada.

44. La reine du rock'n roll est décédée des suites d'une longue maladie en Suisse. Il s'agit de :

- ☐ **A.** Tina Turner.
- ☐ **B.** Janis Joplin.
- ☐ **C.** Mariane Faithfull.
- ☐ **D.** Kate Bush.

45. Le passage à l'heure d'été a lieu :

- ☐ **A.** Pendant les vacances de printemps.
- ☐ **B.** L'avant dernier week-end de mars.
- ☐ **C.** Le dernier week-end de mars.
- ☐ **D.** Le premier week-end d'avril.

46. Quel est le nombre de Français touchés par la crise du logement selon le dernier rapport de la Fondation Abbé Pierre ?

- ☐ **A.** 7,6 millions.
- ☐ **B.** 10,6 millions.
- ☐ **C.** 14,6 millions.
- ☐ **D.** 21,5 millions.

47. Quelle est la religion qui compte le plus d'adeptes ?

- ☐ **A.** Le bouddhisme.
- ☐ **B.** L'islam.
- ☐ **C.** Le christianisme.
- ☐ **D.** L'hindouisme.

48. Quel philosophe a développé « le mythe de la caverne » ?

- ☐ **A.** Aristote.
- ☐ **B.** Platon.
- ☐ **C.** Socrate.
- ☐ **D.** Parménide.

49. La National Rifle Association (NRA) est :

- ☐ **A.** Une association anglaise qui lutte contre les armes.
- ☐ **B.** Une association américaine qui lutte contre le nucléaire.
- ☐ **C.** Une association anglaise qui lutte contre la pêche électrique.
- ☐ **D.** Un lobby américain des armes.

50. Combien d'habitants l'Inde comptera-t-elle d'après l'ONU d'ici quelques mois ?

- ☐ **A.** 800 millions.
- ☐ **B.** 900 millions.
- ☐ **C.** 1,12 milliard.
- ☐ **D.** 1,43 milliard.

Corrigé

1. **B.** Vous voyiez.
2. **B.** Négligence extrême.
3. **D.** Un pronom personnel complément d'objet direct.
4. **A.** Désagréable.
5. **C.** Une théorie cherchant à opérer une sélection sur les collectivités humaines à partir des lois de la génétique.
6. **D.** Doctrine.
7. **A.** Existence.
8. **A.** Il ait.
9. **C.** Bisou.
10. **A.** Une amitiée.
11. **D.** La Roumanie.
12. **B.** Breton.
13. **D.** Un militant des droits des noirs aux USA.
14. **A.** Contractées au cours d'un séjour dans un établissement de santé.
15. **B.** Au XVIIIe siècle.
16. **B.** L'élimination de la violence à l'égard des femmes.
17. **A.** Martin Panchaud pour *La Couleur des choses.*
18. **B.** Une série française diffusée sur la 3 et qui remporte un grand succès.
19. **D.** Montpellier.
20. **C.** Le *Nouvel Observateur* est un magazine d'actualité hebdomadaire français.
21. **C.** De l'Enseignement supérieur, de la Recherche.
22. **A.** Léa Salamé.
23. **B.** Candice Renoir.
24. **D.** En 2026.
25. **D.** Charlotte Gainsbourg.
26. **B.** Jair Bolsonaro.
27. **A.** Italie.
28. **B.** Julien Assange.
29. **C.** 2016.
30. **A.** Le Conseil d'État.
31. **B.** C'est la science de l'origine des mots.
32. **D.** Sachant.
33. **B.** Bimensuelle.
34. **A.** Nous eûmes.
35. **D.** Sinon → c'est une conjonction.
36. **D.** Elles se sont écrit des lettres → **A.** Le participe passé du verbe plaire est invariable. **B.** COD placé après donc pas d'accord. **C.** Accord.
37. **D.** Parricide.
38. **A.** Des passe-partout.
39. **B.** Raffiné.
40. **A.** L'étude de l'homme et des groupes humains.
41. **A.** Marcel Proust.
42. **D.** L'architecture.
43. **B.** La Chine.
44. **A.** Tina Turner.
45. **C.** Le dernier week-end de mars.
46. **C.** 14,6 million.
47. **C.** Le christianisme.
48. **B.** Platon.
49. **D.** Un lobby américain des armes.
50. **D.** 1,43 milliard.

5 Concours blanc

1. La signature d'une personne sur un acte, pour en attester l'authenticité est :

- ☐ **A.** Quelque chose de sain.
- ☐ **B.** Un sein.
- ☐ **C.** Un seing.
- ☐ **D.** Un saint.

2. La phrase « Je n'ai point lu ce livre » est du registre :

- ☐ **A.** Soutenu.
- ☐ **B.** Familier.
- ☐ **C.** Courant.
- ☐ **D.** Argotique.

3. Quel est le synonyme de « suaire » ?

- ☐ **A.** Lit.
- ☐ **B.** Couverture.
- ☐ **C.** Taie.
- ☐ **D.** Linceul.

4. Parmi ces verbes, lequel n'est pas intransitif ?

- ☐ **A.** Aller.
- ☐ **B.** Arriver.
- ☐ **C.** Porter.
- ☐ **D.** Venir.

5. Quel est le verbe mal orthographié ?

- ☐ **A.** Il répond.
- ☐ **B.** Je convainc.
- ☐ **C.** Tu mouds.
- ☐ **D.** Il répand.

6. Quel est l'antonyme de « sporadique » ?

- ☐ **A.** Continuel.
- ☐ **B.** Irrégulier.
- ☐ **C.** Nuageux.
- ☐ **D.** Ininterrompu.

7. Quel est l'intrus ?

- ☐ **A.** Patibulaire.
- ☐ **B.** Inquiétant.
- ☐ **C.** Sombre.
- ☐ **D.** Rassurant.

8. « Lorsque » est :

- ☐ **A.** Une conjonction.
- ☐ **B.** Un adverbe.
- ☐ **C.** Une préposition.
- ☐ **D.** Une locution.

9. Quel est le participe passé du verbe acquérir ?

- ☐ **A.** Acquéri.
- ☐ **B.** Acqui.
- ☐ **C.** Acquis.
- ☐ **D.** Acquéris.

10. Quel est le synonyme de « appétence » ?

- ☐ **A.** Dégoût.
- ☐ **B.** Rejet.
- ☐ **C.** Répulsion.
- ☐ **D.** Envie.

11. Quelle est l'œuvre la plus célèbre du peintre espagnol Pablo Picasso, et un des tableaux les plus connus au monde ?

- ☐ **A.** *Guernica.*
- ☐ **B.** *Massacre en Corée.*
- ☐ **C.** *La lecture.*
- ☐ **D.** *La vie.*

12. Martin Luther King était assassiné à Memphis, Tennessee il y a :

☐ **A.** 43 ans. ☐ **B.** 45 ans. ☐ **C.** 50 ans. ☐ **D.** 55 ans.

13. Où se trouve la plus grande ville du monde par sa superficie ?

☐ **A.** Aux USA. ☐ **C.** Au Canada.

☐ **B.** En Chine. ☐ **D.** En Inde.

14. Un ressortissant de la Communauté européenne résidant en France a le droit de vote lors des élections :

☐ **A.** Législatives. ☐ **C.** Départementales.

☐ **B.** Régionales. ☐ **D.** Municipales.

15. Parmi les 9 arts, quel est le huitième ?

☐ **A.** La bande essinée. ☐ **C.** La sculpture.

☐ **B.** Les arts médiatiques. ☐ **D.** L'architecture.

16. Quel film américain de 1959 a eu 11 prix et une nomination ?

☐ **A.** *Lola.* ☐ **C.** *Ben-Hur.*

☐ **B.** *Les Parapluies de Cherbourg.* ☐ **D.** *Autant en emporte le vent.*

17. Comment se nomme le fils d'Ulysse et Pénélope ?

☐ **A.** Télémaque. ☐ **C.** Ajax.

☐ **B.** Achille. ☐ **D.** Diomède.

18. La loi du 27 juillet 2023 vise à protéger les logements contre :

☐ **A.** La sécheresse. ☐ **C.** Les propriétaires malveillants.

☐ **B.** L'occupation illicite. ☐ **D.** L'insalubrité.

19. Comment se nommaient le roi et la reine de Thèbes ?

☐ **A.** Zeus et Héra. ☐ **C.** Éros et Psyché.

☐ **B.** Laïos et Jocaste. ☐ **D.** Zeus et Psyché.

20. Quel est le monument le plus visité à Paris.

☐ **A.** Basilique du Sacré-Cœur de Montmartre.

☐ **B.** Musée du Louvre.

☐ **C.** Tour Eiffel.

☐ **D.** Cathédrale Notre-Dame de Paris.

21. La 28e conférence annuelle de l'ONU sur les changements climatiques (COP27) a eu lieu fin 2023 à :

☐ **A.** Dubaï aux Émirats arabes unis. ☐ **C.** Zagreb en Croatie.

☐ **B.** Bucarest en Roumanie. ☐ **D.** Riga en Lettonie.

22. La prochaine exposition universelle aura lieu en 2025 à :

- ☐ **A.** Milan en Italie.
- ☐ **B.** Osaka au Japon.
- ☐ **C.** Paris en France.
- ☐ **D.** Séville en Espagne.

23. Le Conseil d'État a interdit le remplissage de cinq méga-bassines. Qu'est-ce que c'est ?

- ☐ **A.** Des grandes piscines.
- ☐ **B.** Des lacs artificiels.
- ☐ **C.** Des barrages.
- ☐ **D.** Des bassins artificiels et plastifiés pour être imperméables.

24. Comment s'appelle le nouveau président du Costa Rica ?

- ☐ **A.** Rodrigo Chavez.
- ☐ **B.** Carlos Alvarado.
- ☐ **C.** Oscar Arias Sánchez.
- ☐ **D.** Carlos Chavez.

25. Que signifie le sigle EPIDE ?

- ☐ **A.** Établissement pour l'insertion dans l'emploi.
- ☐ **B.** Établissement pour l'immersion dans l'emploi.
- ☐ **C.** Établissement pour l'inclusion dans l'école.
- ☐ **D.** Établissement pour l'intégration dans l'école.

26. La catastrophe nucléaire de Fukushima a eu lieu en :

- ☐ **A.** Mars 2008 au Japon.
- ☐ **B.** Mars 2009 au Japon.
- ☐ **C.** Mars 2010 au Japon.
- ☐ **D.** Mars 2011 au Japon.

27. Quel est le titre du film sorti en 2023, réalisé par Guillaume Canet ?

- ☐ **A.** *Lui.*
- ☐ **B.** *Astérix et Obélix : L'empire du Milieu.*
- ☐ **C.** *Les petits mouchoirs.*
- ☐ **D.** *Nous finirons ensemble.*

28. Pour quelles raisons, en mars et avril 2024, l'inspection du travail a fait cesser 3 chantiers à Paris (Versailles, place de la Concorde, tour Eiffel) ?

- ☐ **A.** Les travailleurs étaient tous sans papiers.
- ☐ **B.** Les conditions de travail ont été jugées trop dangereuses.
- ☐ **C.** Malversations.
- ☐ **D.** Les travailleurs étaient sous payés.

29. Quel GAFAM a connu la formation de son premier syndicat de travailleurs ?

- ☐ **A.** Apple.
- ☐ **B.** Microsoft.
- ☐ **C.** Amazon.
- ☐ **D.** Google.

30. La Davis Cup ou Coupe Davis est la plus prestigieuse des compétitions internationales annuelles :

- ☐ **A.** De tennis féminin par équipes.
- ☐ **B.** De tennis masculin par équipes.
- ☐ **C.** De tennis masculin en simple.
- ☐ **D.** De tennis féminin en double.

31. Qui succède à Philippe Martinez à la CGT ?

- ☐ **A.** Olivier Mateu.
- ☐ **B.** Céline Verzeletti.
- ☐ **C.** Sophie Binet.
- ☐ **D.** Marie Buisson.

32. Quel est le sens du suffixe « cide » ?

- ☐ **A.** Qui guérit.
- ☐ **B.** Qui écrit.
- ☐ **C.** Qui porte.
- ☐ **D.** Qui tue.

33. Quelle est la bonne orthographe de ce verbe ?

- ☐ **A.** Aquiécer.
- ☐ **B.** Acquiescer.
- ☐ **C.** Acquiécer.
- ☐ **D.** Aquiescer.

34. Parmi ces phrases, laquelle est au sens figuré ?

- ☐ **A.** J'écoute de la musique au coin du feu.
- ☐ **B.** C'est le printemps, les arbres bourgeonnent.
- ☐ **C.** Cet homme d'affaires, je m'en méfie, il a le bras long.
- ☐ **D.** Cet hiver, il a neigé.

35. Laquelle de ces anagrammes ne désigne pas l'un des 5 sens ?

- ☐ **A.** TORADO.
- ☐ **B.** ERUCHTO.
- ☐ **C.** RECAN.
- ☐ **D.** ÏOEU.

36. Dans quelle phrase y a-t-il un adverbe ?

- ☐ **A.** Au bord de la mer, il faisait froid.
- ☐ **B.** Les enfants jouent dans la cour.
- ☐ **C.** Les étudiants ont passé la nuit à réviser.
- ☐ **D.** Aujourd'hui, je suis très contente !

37. Trouvez l'intrus.

- ☐ **A.** Citronnier.
- ☐ **B.** Oranger.
- ☐ **C.** Mandarinier.
- ☐ **D.** Abricotier.

38. Laquelle de ces phrases a une proposition relative ?

- ☐ **A.** La vie est un long fleuve tranquille.
- ☐ **B.** Cet été, je vais en Grèce.
- ☐ **C.** Le salon que tu as repeint est magnifique.
- ☐ **D.** L'arbre fruitier est en fleurs.

39. L'euro est à l'Europe ce que le quetzal est à

- ☐ **A.** Argentine.
- ☐ **B.** Mexique.
- ☐ **C.** Guatemala.
- ☐ **D.** Inde.

40. Dans quelle phrase y a-t-il un complément circonstanciel de manière ?

- ☐ **A.** Hier, je suis allé à Paris.
- ☐ **B.** Les étudiants travaillent sans relâche.
- ☐ **C.** Pendant les vacances, j'oublie tout.
- ☐ **D.** Les examens ont lieu demain.

41. Envoyé spécial est un magazine hebdomadaire de la rédaction de France 2, présenté par :

- ☐ **A.** Élise Lucet.
- ☐ **B.** Danien Bilalian.
- ☐ **C.** Françoise Joly.
- ☐ **D.** Guilaine Chenu.

42. Le Sidaction est une manifestation destinée à collecter des fonds et sensibiliser le public à propos du sida. En quelle année cette manifestation a-t-elle été créée ?

- ☐ **A.** En 1994.
- ☐ **B.** En 1996.
- ☐ **C.** En 1999.
- ☐ **D.** En 2005.

43. Que signifie le sigle OCDE ?

- ☐ **A.** Organisation de coopération et de développement écologiques.
- ☐ **B.** Organisation de coopération et de développement économiques.
- ☐ **C.** Organisation de coopération et de développement énergétiques.
- ☐ **D.** Organisation de coopération et de développement environnementales.

44. Qu'est-ce que le Panthéon ?

- ☐ **A.** Un monument qui a vocation à honorer de grands personnages militaires.
- ☐ **B.** Un monument qui a vocation à honorer de grands artistes.
- ☐ **C.** Un monument qui a vocation à honorer de grands personnages ayant marqué l'histoire de France.
- ☐ **D.** Un monument qui a vocation à honorer de grands hommes politiques.

45. De quel pays vient le pape François Ier, étonnant par sa modernité et ses positions progressistes ?

- ☐ **A.** Pologne.
- ☐ **B.** Italie.
- ☐ **C.** Équateur.
- ☐ **D.** Argentine.

46. Les fiches « S » sont :

- ☐ **A.** Des écoutes téléphoniques concernant des personnes soupçonnées de pouvoir porter atteinte à la sûreté de l'État.
- ☐ **B.** Des documents de suivi des personnes soupçonnées de pouvoir porter atteinte à la sûreté de l'État.
- ☐ **C.** Un traçage internet concernant des personnes soupçonnées de pouvoir porter atteinte à la sûreté de l'État.
- ☐ **D.** Un pistage systématique des personnes soupçonnées de pouvoir porter atteinte à la sûreté de l'État.

47. Quel est le plus haut sommet du monde par rapport au niveau de la mer ?

- ☐ **A.** L'Éverest.
- ☐ **B.** Le Makalu.
- ☐ **C.** L'Annapurna.
- ☐ **D.** Le Nanga Parbat.

48. Le couronnement de Charles III et de son épouse le 6 mai 2023 a eu lieu :

- ☐ **A.** En l'abbaye de Barking à Londres.
- ☐ **B.** En l'abbaye de Westminster à Londres.
- ☐ **C.** Au Palais de Westminster à Londres.
- ☐ **D.** En l'église Sainte-Marguerite à Londres.

49. À quand remonte l'apparition du coq, comme symbole de la République ?

- ☐ A. À la Renaissance.
- ☐ B. Au Moyen Âge.
- ☐ C. À l'Antiquité.
- ☐ D. À la Révolution.

50. Que signifie le sigle FMI ?

- ☐ A. Fonds monétaire international.
- ☐ B. Fonds monétaire intergouvernemental.
- ☐ C. Fonds monétaire impartial.
- ☐ D. Fonds monétaire institutionnel.

Corrigé

1. **C.** Un seing.
2. **A.** Soutenu.
3. **D.** Linceul.
4. **C.** Porter.
5. **B.** Je convainc avec un s.
6. **A.** Continuel.
7. **D.** Rassurant.
8. **A.** Une conjonction.
9. **C.** Acquis.
10. **D.** Envie.
11. **A.** *Guernica.*
12. **D.** 55 ans.
13. **B.** En Chine. Chongking compte 34 millions d'habitants.
14. **D.** Municipales.
15. **B.** Les arts médiatiques
16. **C.** *Ben-Hur.*
17. **A.** Télémaque.
18. **B.** L'occupation illicite.
19. **B.** Laïos et Jocaste.
20. **D.** Cathédrale Notre-Dame de Paris.
21. **A.** Dubaï aux Émirats arabes unis.
22. **B.** Osaka au Japon.
23. **D.** Des bassins artificiels et plastifiés pour être imperméables.
24. **A.** Rodrigo Chavez.
25. **A.** Établissement pour l'insertion dans l'emploi.
26. **D.** Mars 2011 au Japon.
27. **B.** Personne d'autre.
28. **B.** Les conditions de travail ont été jugées trop dangereuses.
29. **C.** Amazon.
30. **B.** De tennis masculin par équipes.
31. **C.** Sophie Binet.
32. **D.** Qui tue.
33. **B.** Acquiescer.
34. **C.** Cet homme d'affaires, je m'en méfie, il a le bras long.
35. **C.** RECAN.
36. **D.** Aujourd'hui, je suis très contente !
37. **D.** Abricotier.
38. **C.** Le salon que tu as repeint est magnifique.
39. **C.** Guatemala.

40. **B.** Les étudiants travaillent sans relâche.

41. **A.** Par Élise Lucet depuis 2016.

42. **A.** En 1994 et est devenue une association en 2005.

43. **B.** Organisation de coopération et de développement économiques.

44. **C.** Un monument qui a vocation à honorer de grands personnages ayant marqué l'histoire de France.

45. **D.** Argentine.

46. **B.** Des documents de suivi des personnes soupçonnées de pouvoir porter atteinte à la sûreté de l'État.

47. **A.** L'Éverest.

48. **B.** En l'abbaye de Westminster à Londres.

49. **C.** À l'Antiquité.

50. **A.** Fonds monétaire international dont le poste de directeur général est occupé par Christine Lagarde.

6 Concours blanc

1. Quel est l'antonyme du verbe « péricliter » ?

- ☐ **A.** Stagner.
- ☐ **B.** Croître.
- ☐ **C.** Prospérer.
- ☐ **D.** Décliner.

2. Quel est le synonyme de « dissension » ?

- ☐ **A.** Séparation.
- ☐ **B.** Échec.
- ☐ **C.** Concorde.
- ☐ **D.** Discorde.

3. Que sont les mots « percepteur » et « précepteur » l'un pour l'autre ?

- ☐ **A.** Des paronymes.
- ☐ **B.** Des homonymes.
- ☐ **C.** Des synonymes.
- ☐ **D.** Des antonymes.

4. Quel est le synonyme du nom « impudence » ?

- ☐ **A.** Imprudence.
- ☐ **B.** Effronterie.
- ☐ **C.** Insatisfaction.
- ☐ **D.** Audace.

5. « Partir les pieds devant » signifie :

- ☐ **A.** Marcher droit.
- ☐ **B.** Voyager.
- ☐ **C.** Naître.
- ☐ **D.** Mourir.

6. Le vin est tiré, il faut le :

- ☐ **A.** Servir
- ☐ **B.** Vendre.
- ☐ **C.** Boire.
- ☐ **D.** Faire reposer.

7. « Quoique » est une conjonction qui exprime :

- ☐ **A.** La conséquence.
- ☐ **B.** L'opposition.
- ☐ **C.** Le but.
- ☐ **D.** La cause.

8. Lequel de ces groupes adverbiaux est correctement orthographié ?

- ☐ **A.** À l'insu.
- ☐ **B.** À l'insue.
- ☐ **C.** À l'inssue.
- ☐ **D.** À l'inssu.

9. Quel verbe est mal orthographié ?

- ☐ **A.** Apporter.
- ☐ **B.** Appartenir.
- ☐ **C.** Apparaître.
- ☐ **D.** Apliquer.

10. Laquelle de ces anagrammes n'est pas un animal ?

- ☐ **A.** ROUSSI.
- ☐ **B.** TRONA.
- ☐ **C.** ECHINA.
- ☐ **D.** PRIVEE.

11. Le « happy slapping » est une pratique qui consiste à filmer à l'aide de son téléphone portable :

- ☐ **A.** Un accident subi par une personne dans le but de diffuser la vidéo sur les réseaux sociaux.
- ☐ **B.** Une scène de violence subie par une personne dans le but de diffuser la vidéo sur les réseaux sociaux.

- ☐ **C.** Une scène de violence conjugale dans le but de diffuser la vidéo sur les réseaux sociaux.
- ☐ **D.** Un évènement climatique extraordinaire dans le but de diffuser la vidéo sur les réseaux sociaux.

12. Dans le film *Les temps modernes*, de 1936, que dénonce Charlie Chaplin ?

- ☐ **A.** La société industrielle sous la méthode Taylor (le taylorisme).
- ☐ **C.** La déshumanisation des hôpitaux.
- ☐ **B.** La montée de l'individualisme.
- ☐ **D.** La montée du fascisme.

13. En quelle année a été composée la Marseillaise ?

- ☐ **A.** 1789.
- ☐ **B.** 1792.
- ☐ **C.** 1819.
- ☐ **D.** 1879.

14. Quels étaient les auteurs de la barbarie à *Charlie Hebdo* ?

- ☐ **A.** Les frères Poichich.
- ☐ **C.** Les frères Souachi.
- ☐ **B.** Les frères Soichich.
- ☐ **D.** Les frères Kouachi.

15. En plus d'une somme d'argent, que reçoivent les lauréats d'un prix Nobel ?

- ☐ **A.** Une médaille.
- ☐ **C.** Une sculpture.
- ☐ **B.** Une statuette.
- ☐ **D.** Un bouclier.

16. Combien y a-t-il de personnes autistes en France ?

- ☐ **A.** 350 000.
- ☐ **B.** 500 000.
- ☐ **C.** 700 000.
- ☐ **D.** 800 000.

17. Le revenu de solidarité active a remplacé le :

- ☐ **A.** CAE.
- ☐ **B.** RMI.
- ☐ **C.** CES
- ☐ **D.** CEC.

18. En quelle année le 14 juillet est-il devenu fête nationale ?

- ☐ **A.** 1789.
- ☐ **B.** 1792.
- ☐ **C.** 1880.
- ☐ **D.** 1889.

19. Nelson Mandela n'a pas :

- ☐ **A.** Été juge.
- ☐ **B.** Eu le prix Nobel de la Paix.
- ☐ **C.** Été incarcéré.
- ☐ **D.** Été président de la République d'Afrique du Sud.

20. Il a été :

- ☐ **A.** L'un des dirigeants de la lutte contre l'apartheid.
- ☐ **C.** Adhérent au parti communiste.
- ☐ **B.** Dans la recherche.
- ☐ **D.** Peintre.

21. Le navire russe Moskva a coulé :

- ☐ **A.** En mer Méditerranée.
- ☐ **C.** En mer Égée.
- ☐ **B.** En mer Noire.
- ☐ **D.** En mer Baltique.

22. Dans quel département se situe Sainte-Soline, lieu d'affrontements entre forces de l'ordre et militants anti-bassines ?

- ☐ **A.** Gard.
- ☐ **B.** Deux-Sèvres.
- ☐ **C.** Allier.
- ☐ **D.** Hérault.

23. Ces brigades mobiles constituées de binômes à moto, interviennent à Paris lors de manifestations. Ce sont des :

- ☐ **A.** Brigades de répression des actions violentes motorisées.
- ☐ **B.** Brigades de répression des actions violentes mobiles.
- ☐ **C.** Brigades de répression des actions virulentes mobiles.
- ☐ **D.** Brigades de répression des actions virulentes motorisées.

24. Quel est le nom de l'auteur des attentats terroristes dans l'Aude ?

- ☐ **A.** Mohammed Merah.
- ☐ **B.** Redouane Lakdim.
- ☐ **C.** Sébastien Sarron.
- ☐ **D.** Les frères Kouachi.

25. Le plan national du gouvernement pour la prévention de la radicalisation se nomme :

- ☐ **A.** Plan « Déradicalisation ».
- ☐ **B.** Plan « Agir contre la radicalisation ».
- ☐ **C.** Plan « Lutter contre la radicalisation ».
- ☐ **D.** Plan « Prévenir pour protéger ».

26. Qui était Simone Segouin, décédée le 22 février 2023 ?

- ☐ **A.** Une féministe.
- ☐ **B.** Une militante communiste.
- ☐ **C.** Une rescapée du Vel d'Hiv.
- ☐ **D.** Une résistante pendant la Seconde Guerre mondiale.

27. En février 2023, un ballon chinois est abattu au-dessus de l'océan atlantique par un missile de l'US Air Force après avoir survolé :

- ☐ **A.** La Corée du Nord.
- ☐ **B.** Taïwan.
- ☐ **C.** La Russie.
- ☐ **D.** Le Canada et les États-Unis.

28. Quelle est la date de la journée internationale de lutte pour les droits des femmes ?

- ☐ **A.** Le 1er mars.
- ☐ **B.** Le 6 mars.
- ☐ **C.** Le 8 mars.
- ☐ **D.** Le 10 mars.

29. Le 10 février 2023, un humoriste sous l'emprise de la drogue, provoquait un grave accident de voiture faisant plusieurs blessés. De qui s'agit-il ?

- ☐ **A.** Gad Elmaleh.
- ☐ **B.** Pierre Palmade.
- ☐ **C.** Jamel Debbouze.
- ☐ **D.** Jean-Marie Bigard.

30. Selon les autorités sanitaires, combien de personnes vivent avec le VIH en France ?

- ☐ **A.** 7 000.
- ☐ **B.** 19 000.
- ☐ **C.** 75 000.
- ☐ **D.** 190 000.

31. Je souhaite qu'il […] heureux :

- ☐ **A.** Soi.
- ☐ **B.** Soit.
- ☐ **C.** Soie.
- ☐ **D.** Sois.

32. Quel est le temps de « nous avions cru » ?

- ☐ **A.** Passé composé de l'indicatif.
- ☐ **B.** Plus-que-parfait de l'indicatif.
- ☐ **C.** Futur antérieur de l'indicatif.
- ☐ **D.** Passé antérieur de l'indicatif.

33. Quel est le gérondif passé du verbe « manger » ?

- ☐ **A.** En mangeant.
- ☐ **B.** Ayons mangé.
- ☐ **C.** En ayant mangé.
- ☐ **D.** Ayant mangé.

34. Parmi ces figures de styles, laquelle est un oxymore ?

- ☐ **A.** Bleue comme une orange.
- ☐ **B.** Boire un verre.
- ☐ **C.** Un silence assourdissant.
- ☐ **D.** Sage comme une image.

35. Que veut dire « opportun » ?

- ☐ **A.** Malvenu.
- ☐ **B.** Fâcheux.
- ☐ **C.** Contradictoire.
- ☐ **D.** Propice.

36. Quel est l'antonyme de « tacite » ?

- ☐ **A.** Implicite.
- ☐ **B.** Manifeste.
- ☐ **C.** Dubitatif.
- ☐ **D.** Perplexe.

37. Parmi ces anagrammes, laquelle n'est pas un arbre ?

- ☐ **A.** REGNAT.
- ☐ **B.** VOILIER.
- ☐ **C.** CEDER.
- ☐ **D.** ROGNERA.

38. Quel est l'intrus ?

- ☐ **A.** Hase.
- ☐ **B.** Laie.
- ☐ **C.** Louve.
- ☐ **D.** Agneau.

39. Parmi ces phrases, une est indépendante. Laquelle ?

- ☐ **A.** Le rôti que j'ai dégusté était savoureux.
- ☐ **B.** Il est venu et est reparti tout de suite.
- ☐ **C.** Je vais au cinéma ce soir.
- ☐ **D.** Il vient, il part sans jamais prévenir.

40. Le préfixe « anti » signifie :

- ☐ **A.** Favorable.
- ☐ **B.** Opposé.
- ☐ **C.** Neutre.
- ☐ **D.** Indifférent.

41. La sylvothérapie, c'est

- ☐ **A.** Améliorer son bien-être en étant en connexion avec un arbre.
- ☐ **B.** Améliorer son bien-être en étant en connexion avec des fleurs.
- ☐ **C.** Améliorer son bien-être en étant en connexion avec les animaux.
- ☐ **D.** Améliorer son bien-être en étant en connexion avec la mer.

42. Les navetteurs sont des personnes qui utilisent régulièrement :

- ☐ **A.** Un texte parlementaire.
- ☐ **B.** Un moyen de transport individuel.
- ☐ **C.** Un moyen de transport collectif pour rejoindre son lieu de travail.
- ☐ **D.** Les navets en cuisine.

43. L'Union européenne est le premier donateur à l'Ukraine. Ses engagements pris entre le 24 janvier 2022 et le 15 janvier 2024 s'élèvent à plus de :

☐ **A.** 54 milliards d'euros.

☐ **B.** 94 milliards d'euros.

☐ **C.** 104 milliards d'euros.

☐ **D.** 144 milliards d'euros.

44. Pour l'édition 2023, trois villes ont été désignées capitales européennes de la culture. Il s'agit de :

☐ **A.** Séville en Espagne, Rome en Italie et Berlin en Allemagne.

☐ **B.** Londres en Angleterre, Marseille en France et Lisbonne au Portugal.

☐ **C.** Vienne en Autriche, Sofia en Bulgarie et Bruxelles en Belgique.

☐ **D.** Veszprém en Hongrie, Éleusis en Grèce et Timişoara en Roumanie.

45. De quel sport Perrine Laffont est-elle double championne du monde ?

☐ **A.** De ski de bosses.

☐ **B.** De ski de fond.

☐ **C.** De ski de piste.

☐ **D.** De ski de randonnée.

46. Un journaliste français, otage de djihadistes au Sahel pendant 711 jours, a été libéré en mars 2023. Quel est son nom ?

☐ **A.** Stéphane Taponier.

☐ **B.** Olivier Dubois.

☐ **C.** Didier François.

☐ **D.** Nicolas Hénin.

47. Les principales mesures du projet de loi pour le plein emploi de juillet 2023 doivent permettre de réduire d'ici 2027 le chômage autour des :

☐ **A.** 3 %.

☐ **B.** 4 %.

☐ **C.** 5%.

☐ **D.** 6 %.

48. Dans quel roman de Victor Hugo trouve-t-on le personnage de Quasimodo ?

☐ **A.** *Les Misérables.*

☐ **B.** *Notre-Dame de Paris.*

☐ **C.** *La pitié suprême.*

☐ **D.** *Le dernier jour d'un condamné.*

49. Quels peintres font l'objet d'une exposition commune au musée d'Orsay jusqu'au 23 juillet 2023 ?

☐ **A.** Manet et Degas.

☐ **B.** Magritte et Soulages.

☐ **C.** Van Gogh et Monet.

☐ **D.** Picasso et Basquiat.

50. À qui fait référence « Marianne » ?

☐ **A.** Une célèbre femme révolutionnaire.

☐ **B.** Marie et Anne, deux sœurs tuées pendant la Révolution.

☐ **C.** À un prénom très répandu pendant la Révolution.

☐ **D.** Une célèbre cantatrice révolutionnaire.

Corrigé

1. **C.** Prospérer.
2. **D.** Discorde.
3. **A.** Des paronymes.
4. **B.** Effronterie.
5. **D.** Mourir.
6. **C.** Boire.
7. **B.** L'opposition.
8. **A.** À l'insu.
9. **D.** Apliquer.
10. **C.** ECHINA (chaine). Souris, raton, vipère.
11. **B.** Une scène de violence subie par une personne dans le but de diffuser la vidéo sur les réseaux sociaux.
12. **A.** La société industrielle sous la méthode Taylor (le taylorisme).
13. **B.** 1792.
14. **D.** Les frères Kouachi.
15. **A.** Une médaille.
16. **C.** 700 000.
17. **B.** RMI.
18. **C.** 1880.
19. **A.** Été juge.
20. **A.** La lutte contre l'apartheid.
21. **B.** En mer Noire.
22. **B.** Deux-Sèvres.
23. **A.** Brigades répression des actions violentes motorisées.
24. **B.** Redouane Lakdim.
25. **D.** Plan « Prévenir pour protéger ».
26. **D.** Une résistante pendant la Seconde Guerre mondiale.
27. **D.** Le Canada et les États-Unis.
28. **C.** Le 8 mars.
29. **B.** Pierre Palmade.
30. **D.** 190 000.
31. **B.** Soit.
32. **B.** Plus-que-parfait de l'indicatif.
33. **C.** En ayant mangé.
34. **C.** Un silence assourdissant.
35. **D.** Propice.
36. **B.** Manifeste.
37. **A.** REGNAT (GRENAT). Olivier, cèdre, oranger.
38. **D.** Agneau.
39. **C.** Je vais au cinéma ce soir.
40. **B.** Opposé.
41. **A.** Améliorer son bien-être en étant en connexion avec un arbre.
42. **C.** Un moyen de transport collectif pour rejoindre son lieu de travail.
43. **D.** 144 milliards d'euros..
44. **D.** Veszprém en Hongrie, Éleusis en Grèce et Timişoara en Roumanie.
45. **A.** De ski de bosses.
46. **B.** Olivier Dubois.
47. **C.** 5 %.
48. **B.** *Notre-Dame de Paris.*
49. **A.** Manet et Degas.
50. **C.** À un prénom très répandu pendant la Révolution.

7 Concours blanc

1. Quel animal n'est pas un équidé ?

   ☐ **A.** Emeu. ☐ **B.** Ane. ☐ **C.** Zèbre. ☐ **D.** Cheval.

2. Quel est le mot qui n'a pas d'homonyme ?

   ☐ **A.** Foie. ☐ **B.** Vent. ☐ **C.** Seul. ☐ **D.** Sang.

3. Quel verbe est conjugué au conditionnel ?

   ☐ **A.** Je fus.
   ☐ **B.** Ils finiraient.
   ☐ **C.** Vous attendrez.
   ☐ **D.** Nous jouerons.

4. Quelle phrase est à la voix passive ?

   ☐ **A.** Hier, j'ai étudié toute la journée.
   ☐ **B.** Le fruit a été endommagé par les vers.
   ☐ **C.** Viens ici !
   ☐ **D.** Je me suis détendu dans mon hamac.

5. Lequel de ces mots n'est pas un palindrome ?

   ☐ **A.** Kayak. ☐ **B.** Radar. ☐ **C.** Ressasser. ☐ **D.** Animal.

6. Laquelle de ces anagrammes n'est pas une maladie ?

   ☐ **A.** PERLE. ☐ **B.** VOILERA. ☐ **C.** PROIE. ☐ **D.** EBOULER.

7. Qu'est-ce qu'un misogyne ?

   ☐ **A.** C'est quelqu'un qui éprouve de la haine pour les hommes.
   ☐ **B.** C'est quelqu'un qui éprouve de la haine pour les femmes.
   ☐ **C.** C'est quelqu'un qui éprouve de la haine pour les bureaucrates.
   ☐ **D.** C'est quelqu'un qui éprouve de la haine pour les pédophiles.

8. Comment appelle-t-on l'élevage des huîtres ?

   ☐ **A.** Ostréiculture.
   ☐ **B.** Pisciculture.
   ☐ **C.** Mytiliculture.
   ☐ **D.** Conchyliculture.

9. Que signifie l'expression « peigner la girafe » ?

   ☐ **A.** Prendre soin d'un animal.
   ☐ **B.** Caresser une girafe.
   ☐ **C.** Peindre minutieusement.
   ☐ **D.** Ne rien faire d'utile.

10. Quel est l'antonyme du mot « engouement » ?

   ☐ **A.** Passion.
   ☐ **B.** Dégoût.
   ☐ **C.** Enthousiasme.
   ☐ **D.** Frénésie.

11. Google est une entreprise américaine de services technologiques, fondée :

- ☐ **A.** En 1995.
- ☐ **B.** En 1996.
- ☐ **C.** En 1997.
- ☐ **D.** En 1998.

12. Le plaqueminier est un arbre qui produit quel fruit ?

- ☐ **A.** Pamplemousse.
- ☐ **B.** Kiwi.
- ☐ **C.** Goyave.
- ☐ **D.** Nèfle.

13. Un violent tremblement de terre – 7,8 sur l'échelle de Richter – et ses répliques ont frappé la région frontalière turco-syrienne le 6 février 2023. Il aurait causé plus de :

- ☐ **A.** 25 000 victimes, essentiellement en Turquie.
- ☐ **B.** 35 000 victimes, essentiellement en Turquie.
- ☐ **C.** 45 000 victimes, essentiellement en Turquie.
- ☐ **D.** 55 000 victimes, essentiellement en Turquie.

14. Avec quel instrument mesure-t-on la profondeur des océans ?

- ☐ **A.** Un sonar.
- ☐ **B.** Un sonard.
- ☐ **C.** Un radar.
- ☐ **D.** Un océanomètre.

15. Quand ont lieu les Journées européennes du patrimoine ?

- ☐ **A.** En septembre.
- ☐ **B.** En juillet.
- ☐ **C.** En mai.
- ☐ **D.** En octobre.

16. Quel est le président qui a aboli l'esclavage aux États-Unis ?

- ☐ **A.** Franklin D. Roosevelt.
- ☐ **B.** John F. Kennedy.
- ☐ **C.** Abraham Lincoln.
- ☐ **D.** Bill Clinton.

17. Le mandat du Président des États-Unis dure ?

- ☐ **A.** 3 ans.
- ☐ **B.** 4 ans.
- ☐ **C.** 5 ans.
- ☐ **D.** 7 ans.

18. Quelle était la hauteur de la tour Eiffel à l'origine ?

- ☐ **A.** 300 m.
- ☐ **B.** 312 m.
- ☐ **C.** 319 m.
- ☐ **D.** 324 m.

19. Combien de réfugiés Ukrainiens le UNHCR (Haut Commissariat des Nations unies pour les réfugiés) comptabilisait au 15 février 2023 ?

- ☐ **A.** Plus de deux millions.
- ☐ **B.** Plus de trois millions.
- ☐ **C.** Plus de quatre millions.
- ☐ **D.** Plus de huit millions.

20. Quel est le nom du Premier ministre d'Israël ?

- ☐ **A.** Benjamin Netanyahou.
- ☐ **B.** Naftali Bennett.
- ☐ **C.** Itzhak Rabin.
- ☐ **D.** David Ben Gourion.

21. Une fissure a été découverte au début du mois de mars dans une centrale nucléaire. De quelle centrale s'agit-il ?

- ☐ **A.** Cruas-Meysse.
- ☐ **B.** Penly.
- ☐ **C.** Marcoule.
- ☐ **D.** Fessenheim.

22. Quel pays a criminalisé l'homosexualité le 21 mars 2023 ?

- ▢ A. Brésil.
- ▢ B. Italie.
- ▢ C. Ouganda.
- ▢ D. Espagne.

23. Qui a remporté en 2023 le marathon de Paris ?

- ▢ A. L'Éthiopien Abeje Ayana.
- ▢ B. Le Kényan Denis Kimetto.
- ▢ C. L'Australien Robert de Castella.
- ▢ D. Le Brésilien Ronaldo da Costa.

24. En Chine, Xi Jinping est réélu président pour :

- ▢ A. Un second mandat.
- ▢ B. Un troisième mandat.
- ▢ C. Un quatrième mandat.
- ▢ D. Un cinquième mandat.

25. Que signifie la lettre « e » sur les étiquettes indiquant la composition des produits ?

- ▢ A. Elle indique la présence de produits énergisants.
- ▢ B. Elle indique que le produit peut contenir des traces d'éthanol.
- ▢ C. Elle indique la présence de trace d'OGM.
- ▢ D. Elle indique la présence d'additifs alimentaires.

26. La chirurgie bariatrique est pratiquée par 50 000 personnes chaque année. C'est :

- ▢ A. Une chirurgie de l'obésité sévère.
- ▢ B. Une chirurgie esthétique.
- ▢ C. Une chirurgie du colon.
- ▢ D. Une chirurgie du foie.

27. En mars, dans quel pays allié Vladimir Poutine a-t-il annoncé vouloir stocker des armes nucléaires ?

- ▢ A. Syrie.
- ▢ B. Biélorussie.
- ▢ C. Iran.
- ▢ D. Corée du Nord.

28. Quand la journée pour financer la dépendance des personnes âgées dépendantes a-t-elle été instaurée ?

- ▢ A. En 1999.
- ▢ B. En 2001.
- ▢ C. En 2003.
- ▢ D. En 2004.

29. Où le nouveau roi Charles III espérait effectuer son premier déplacement à l'étranger ?

- ▢ A. En Autriche.
- ▢ B. En France.
- ▢ C. En Espagne.
- ▢ D. En Allemagne.

30. Le projet de réforme des retraites est adopté par le Parlement français au moyen :

- ▢ A. D'un vote.
- ▢ B. De l'article 49-7.
- ▢ C. De l'article 49-3.
- ▢ D. D'un décret.

31. Quel est l'antonyme de « misanthrope » ?

- ▢ A. Doux.
- ▢ B. Sociable.
- ▢ C. Atrabilaire.
- ▢ D. Bileux.

32. Quel est le synonyme de « belliqueux » ?

- ▢ A. Belliciste.
- ▢ B. Affable.
- ▢ C. Pacifiste.
- ▢ D. Doux.

33. Quel est l'intrus ?

- ▢ A. Chanteur.
- ▢ B. Acteur.
- ▢ C. Spectateur.
- ▢ D. Instituteur.

34. Être à la première personne de l'impératif présent, s'écrit :

☐ **A.** Ayons été. ☐ **C.** Ayons.

☐ **B.** Que nous soyons. ☐ **D.** Soyons.

35. Lequel de ces mots est bien orthographié :

☐ **A.** Chrysanthème. ☐ **C.** Krysantème.

☐ **B.** Chrisantème. ☐ **D.** Chrysenthème.

36. Combien le mot « crane » a-t-il d'anagrammes ?

☐ **A.** 2. ☐ **B.** 3. ☐ **C.** 4. ☐ **D.** 5.

37. Que signifie le suffixe « ite » ?

☐ **A.** Sucre. ☐ **C.** Spécialiste.

☐ **B.** Inflammation. ☐ **D.** Paralysie.

38. Que signifie « faire la moue » ?

☐ **A.** Manifester par une grimace son mécontentement ou sa réticence.

☐ **C.** Manifester par un signe de la tête sa lassitude ou son épuisement.

☐ **B.** Manifester par un sourire son enthousiasme ou son adhésion.

☐ **D.** Manifester par un geste sa colère ou son impatience.

39. Dans la phrase « Voici le livre dont je vous ai parlé », « dont » est :

☐ **A.** Une conjonction de coordination. ☐ **C.** Un pronom relatif.

☐ **B.** Un adverbe. ☐ **D.** Une conjonction de subordination.

40. Quel est l'intrus ?

☐ **A.** Régal. ☐ **B.** Carnaval. ☐ **C.** Chacal. ☐ **D.** Cheval.

41. Le roi du cirque équestre nous a quittés en avril 2024. De qui s'agit-il ?

☐ **A.** Alexis Gruss. ☐ **C.** Jean Richard.

☐ **B.** Albert Fratellini. ☐ **D.** Jérôme Medrano.

42. En France, en quelle année la peine de mort a-t-elle été abolie ?

☐ **A.** 1975. ☐ **B.** 1979. ☐ **C.** 1981. ☐ **D.** 1988.

43. En quelle année Marie Curie reçut-elle le prix Nobel de physique ?

☐ **A.** 1893. ☐ **B.** 1903. ☐ **C.** 1913. ☐ **D.** 1923.

44. Roméo est à Juliette ce que Tristan est à :

☐ **A.** Eurydice. ☐ **C.** Iseut.

☐ **B.** Elsa. ☐ **D.** Perséphone.

45. Combien de fois Élisabeth Borne a eu recours à l'article 49.3 ?

☐ **A.** 7. ☐ **C.** 11.

☐ **B.** 9. ☐ **D.** 13.

46. Quelle chanson n'est pas de John Lennon ?

- ☐ **A.** *Imagine.*
- ☐ **B.** *Lucy in the sky with diamonds.*
- ☐ **C.** *I can't get no satisfaction.*
- ☐ **D.** *Give peace a chance.*

47. C'est le plus grand mouvement de protestation depuis la fin de la Seconde Guerre mondiale, quel que soit les chiffres retenus. C'est à l'encontre du :

- ☐ **A.** Projet de loi sur l'immigration.
- ☐ **B.** Projet de loi contre la réforme du travail.
- ☐ **C.** Projet de loi contre la fin de vie.
- ☐ **D.** Projet de loi contre la réforme des retraites.

48. Quels sont les 7 pays du G7 ?

- ☐ **A.** États-Unis, Japon, Allemagne, France, Canada, Espagne et Royaume-Uni.
- ☐ **B.** États-Unis, Japon, Allemagne, France, Canada, Italie et Royaume-Uni.
- ☐ **C.** États-Unis, Japon, Allemagne, France, Canada, Portugal et Royaume-Uni.
- ☐ **D.** États-Unis, Japon, Allemagne, France, Canada, Grèce et Royaume-Uni.

49. Le Tour de France 2023 a été remporté par :

- ☐ **A.** Jonas Vingegaard.
- ☐ **B.** Carlos Rodriguez.
- ☐ **C.** Adam Richard Yates.
- ☐ **D.** Tadej Pogačar.

50. La Fondation ATD Quart monde est un mouvement international de lutte contre la grande pauvreté et l'exclusion sociale Que signifie ATD ?

- ☐ **A.** Agir contre la dénutrition.
- ☐ **B.** Agir contre la détresse.
- ☐ **C.** Agir tous pour la dignité.
- ☐ **D.** Agir contre le désespoir.

Corrigé

1. **A.** Emeu.
2. **C.** Seul.
3. **B.** Ils finiraient.
4. **B.** Le fruit a été endommagé par les vers.
5. **D.** Animal.
6. **C.** PROIE : poire → Lèpre, Variole, Rubéole.
7. **B.** C'est quelqu'un qui éprouve de la haine pour les femmes.
8. **A.** Ostréiculture.
9. **D.** Ne rien faire d'utile.
10. **B.** Dégoût.
11. **D.** En 1998.
12. **B.** Kiwi.
13. **C.** 45 000 victimes, essentiellement en Turquie.
14. **A.** Un sonar.
15. **A.** En septembre.
16. **C.** Abraham Lincoln.
17. **B.** 4 ans.
18. **A.** 300 m. Aujourd'hui 324 m.
19. **D.** Plus de huit millions.
20. **A.** Benjamin Netanyahou.
21. **B.** Penly.
22. **C.** Ouganda.
23. **A.** L'Éthiopien Abeje Ayana.
24. **B.** Un troisième mandat.
25. **D.** Elle indique la présence d'additifs alimentaires.
26. **A.** Une chirurgie de l'obésité sévère.
27. **B.** Biélorussie.
28. **C.** En 2003.
29. **B.** En France.
30. **C.** L'article 49-3.
31. **B.** Sociable.
32. **B.** Affable.
33. **A.** Chanteur (féminin en euse) les autres en « trice ».
34. **D.** Soyons.
35. **A.** Chrysanthème.
36. **D.** 5 Carne, écran, ancre, encra, nacre.
37. **B.** Inflammation.
38. **A.** Manifester par une grimace son mécontentement ou sa réticence.
39. **C.** Un pronom relatif.
40. **D.** Cheval (pluriel en aux), les autres en « s ».
41. **A.** Alexis Gruss.
42. **C.** 198.
43. **B.** 1903.
44. **C.** Iseut.
45. **D.** 13.
46. **D.** *Give peace a chance.*
47. **D.** Le projet de loi contre la réforme des retraites.
48. **B.** États-Unis, Japon, Allemagne, France, Canada, Italie et Royaume-Uni.
49. **A.** Jonas Vingegaard.
50. **C.** Agir tous pour la dignité.

8 Concours blanc

1. Embastiller signifie :

- ☐ **A.** Enfermer quelqu'un dans une prison.
- ☐ **B.** Manifester à la Bastille.
- ☐ **C.** Se rebeller contre les CRS.
- ☐ **D.** Retenir les gens à la Bastille.

2. Le suffixe « logiste » désigne :

- ☐ **A.** Les courants littéraires.
- ☐ **B.** Les spécialistes scientifiques.
- ☐ **C.** Les mouvements artistiques.
- ☐ **D.** Les circassiens.

3. Quelle est la bonne définition de « flagorner » ?

- ☐ **A.** Proférer des menaces de mort.
- ☐ **B.** Mettre quelqu'un sur un piédestal.
- ☐ **C.** Flatter quelqu'un bassement et avec insistance.
- ☐ **D.** Avoir des propos diffamatoires.

4. Chassez l'intrus parmi ces anagrammes.

- ☐ **A.** ARC.
- ☐ **B.** VOLE.
- ☐ **C.** MANIOC.
- ☐ **D.** PRESENT.

5. Quel est le synonyme de « asservissement » ?

- ☐ **A.** Assujettissement.
- ☐ **B.** Liberté.
- ☐ **C.** Délivrance.
- ☐ **D.** Affranchissement.

6. Quel est l'antonyme de « autochtone » ?

- ☐ **A.** Aborigène.
- ☐ **B.** Étranger.
- ☐ **C.** Indigène.
- ☐ **D.** Autonome.

7. Quel mot ne fait pas partie de la famille de « acquis » ?

- ☐ **A.** Acquisition.
- ☐ **B.** Acquérir.
- ☐ **C.** Acquacité
- ☐ **D.** Acquêt.

8. « Si tout B est A et si tout C est B, alors tout C est A » est :

- ☐ **A.** Un paronyme.
- ☐ **B.** Un oxymore.
- ☐ **C.** Une analogie.
- ☐ **D.** Un syllogisme.

9. Ils travaillent pour gagner leur vie. « Pour gagner leur vie » est un complément :

- ☐ **A.** Circonstanciel de manière.
- ☐ **B.** Circonstanciel de but.
- ☐ **C.** Circonstanciel de conséquence.
- ☐ **D.** Circonstanciel de moyen.

10. Quel nom composé est bien orthographié ?

- ☐ **A.** Des clairs-obscurs.
- ☐ **B.** Des primos-rejoignants.
- ☐ **C.** Des tragis-comédies.
- ☐ **D.** Des coffres-fort.

11. Un chalut pélagique est un chalut utilisé pour :

- ☐ **A.** Tuer les requins.
- ☐ **B.** Endormir les baleines.
- ☐ **C.** Capturer maquereau, hareng, sardine…
- ☐ **D.** Empoisonner les crustacés.

12. Comment appelle-t-on le versant de la montagne qui n'est pas situé au soleil ?

- ☐ **A.** Le levant.
- ☐ **B.** L'ubac.
- ☐ **C.** Le couchant.
- ☐ **D.** L'adret.

13. Quelle banque américaine a fait faillite le 8 mars 2023, remémorant les souvenirs de la crise de 2008 ?

- ☐ **A.** Citigroup.
- ☐ **B.** Bank of America.
- ☐ **C.** Wells Fargo.
- ☐ **D.** Silicon Valley Bank.

14. Que signifie l'acronyme RIP ?

- ☐ **A.** Référendum d'intérêt partagé.
- ☐ **B.** Résolution d'intérêt partagé.
- ☐ **C.** Résolution institutionnelle partagée.
- ☐ **D.** Référendum d'initiative partagée.

15. La Cour pénale internationale émet des mandats d'arrêt contre le président russe Vladimir Poutine et la responsable russe Maria Lyova Belova pour :

- ☐ **A.** Crimes contre l'humanité.
- ☐ **B.** L'enlèvement d'enfants en Ukraine.
- ☐ **C.** Non respect des droits de l'homme.
- ☐ **D.** Malversations financières.

16. Festival de Cannes 2024 : quelle actrice a reçu une Palme d'or d'honneur ?

- ☐ **A.** Juliette Binoche.
- ☐ **B.** Meryl Streep.
- ☐ **C.** Camille Cottin.
- ☐ **D.** Catherine Deneuve.

17. Combien l'UE a décidé de consacrer à la prise en charge des personnes qui ont fui leurs pays ?

- ☐ **A.** 13 milliards.
- ☐ **B.** 15 milliards.
- ☐ **C.** 17 milliards.
- ☐ **D.** 25 milliards.

18. Chassez l'intrus.

- ☐ **A.** Jaune.
- ☐ **B.** Vert.
- ☐ **C.** Bleu.
- ☐ **D.** Rouge.

19. Quel animal blatère ?

- ☐ **A.** Le vte.

20. En quelle année la Roumanie a-t-elle intégré l'OTAN ?

- ☐ **A.** 2002.
- ☐ **B.** 2003.
- ☐ **C.** 2004.
- ☐ **D.** 2007.

21. Combien de mètres cubes les États-Unis veulent-ils fournir à l'Europe pour diminuer sa dépendance au gaz russe ?

- ☐ **A.** 5 milliards.
- ☐ **B.** 10 milliards.
- ☐ **C.** 15 milliards.
- ☐ **D.** 20 milliards.

22. Qui est cet humoriste réputé pour son humour noir, son anticonformisme et son sens de l'absurde, disparu il y a plus de 30 ans ?

- ☐ **A.** Pierre Desproges.
- ☐ **B.** Michel Colucci.
- ☐ **C.** Raymond Devos.
- ☐ **D.** Thierry Le Luron.

23. *À la recherche du temps perdu* est une série de bande dessinée de :

- ☐ **A.** Stéphane Heuet.
- ☐ **B.** René Goscinny.
- ☐ **C.** Christophe Blain.
- ☐ **D.** Benjamin Adam.

24. Quelle banque n'est pas soupçonnée d'avoir eu recours à une combine fiscale sur les dividendes appelée « CumCum » ?

- ☐ **A.** Société générale.
- ☐ **B.** BNP Paribas.
- ☐ **C.** Banque populaire.
- ☐ **D.** Natixis.

25. Dans quel(s) pays d'Afrique se situe le nouveau projet de Total Énergies ?

- ☐ **A.** Kenya et Sénégal.
- ☐ **B.** Ouganda et Tanzanie.
- ☐ **C.** Somalie et Togo.
- ☐ **D.** Maroc et Algérie.

26. Quelle fusée s'est désintégrée en vol, quatre minutes après son décollage ?

- ☐ **A.** Ariane.
- ☐ **B.** Starship.
- ☐ **C.** Soyouz.
- ☐ **D.** Leadership.

27. Après plus de dix années, Laurent Berger vient d'annoncer sa décision de quitter ses fonctions de secrétaire général dès le mois de juin 2023. Il était à la tête de quel syndicat ?

- ☐ **A.** FO.
- ☐ **B.** CFDT.
- ☐ **C.** CFTC.
- ☐ **D.** CGT.

28. Cuba n'est plus présidée par Raul Castro mais par :

- ☐ **A.** Fidel Castro.
- ☐ **B.** Guillermo Fariñas.
- ☐ **C.** Rafael Rojas.
- ☐ **D.** Miguel Diaz-Canel.

29. Qui a peint le portrait de Marilyn Monroe, devenu le tableau du XXe siècle le plus cher ?

- ☐ **A.** Man Ray.
- ☐ **B.** Jeff Koons.
- ☐ **C.** Andy Warhol.
- ☐ **D.** David Smith.

30. C'est l'une des sagas littéraires et cinématographiques les plus populaires au monde. Une exposition lui est consacrée à Paris. Il s'agit de :

- ☐ **A.** *Hunger Games* de Suzanne Collins.
- ☐ **B.** *Harry Potter* de J. K. Rowling.
- ☐ **C.** *Twilight* de Stephenie Meyer.
- ☐ **D.** *Millénium* de Stieg Larsson.

31. Dans quelle phrase y a-t-il un verbe transitif indirect ?

- ☐ **A.** Les parents ont assisté à la réunion.
- ☐ **B.** Le médecin ausculte son patient.
- ☐ **C.** Les enfants sont bruyants.
- ☐ **D.** Cet élève apprécie les grands auteurs.

32. Quelle est la bonne accentuation ?

- ☐ **A.** Un barême.
- ☐ **B.** Un baréme.
- ☐ **C.** Un barème.
- ☐ **D.** Un barëme.

33. Lequel de ces mots contient un préfixe ?

- ☐ **A.** Quotidiennement.
- ☐ **B.** Entrevoir.
- ☐ **C.** Partir.
- ☐ **D.** Psychologue.

34. Un mot polysémique a :

- ☐ **A.** Plusieurs sonorités.
- ☐ **B.** Plusieurs sens.
- ☐ **C.** Plusieurs orthographes.
- ☐ **D.** Plusieurs syllabes.

35. Si j'étais riche.

- ☐ **A.** Je voyagerai.
- ☐ **B.** J'aurais voyagé.
- ☐ **C.** Je voyagerais.
- ☐ **D.** J'aurai voyagé.

36. Quel est le nom composé bien orthographié ?

- ☐ **A.** Des porte-bagage.
- ☐ **B.** Des portes-bagage.
- ☐ **C.** Des portes-bagages.
- ☐ **D.** Des porte-bagages.

37. « Choir » à la 1re personne du pluriel du passé simple de l'indicatif, s'écrit :

- ☐ **A.** Nous chûmes.
- ☐ **B.** Nous choyâmes.
- ☐ **C.** Nous choyions.
- ☐ **D.** Nous chûtes.

38. Quel est l'antonyme « d arbitraire »

- ☐ **A.** Injustifié.
- ☐ **B.** Gratuit.
- ☐ **C.** Exact.
- ☐ **D.** Despotique.

39. Quel est le synonyme « d'insidieux » ?

- ☐ **A.** Direct.
- ☐ **B.** Sournois.
- ☐ **C.** Franc.
- ☐ **D.** Loyal.

40. La claustrophobie, c'est :

- ☐ **A.** La phobie des serpents.
- ☐ **B.** La phobie des araignées.
- ☐ **C.** La phobie de la foule.
- ☐ **D.** La phobie des espaces clos.

41. L'École polytechnique a ouvert ses portes aux femmes en quelle année ?

- ☐ **A.** 1969.
- ☐ **B.** 1972.
- ☐ **C.** 1975.
- ☐ **D.** 1977.

42. Dans quel domaine Vasco de Gama s'est-il illustré ?

- ☐ **A.** L'aviation.
- ☐ **B.** La musique.
- ☐ **C.** La navigation.
- ☐ **D.** La peinture.

43. Quel roi a été le premier à imposer le français comme langue officielle à la place du latin ?

- ☐ **A.** Charlemagne.
- ☐ **B.** Louis XIV.
- ☐ **C.** Louis XVI.
- ☐ **D.** François Ier.

44. Quelle actrice française présenta le 77e festival de Cannes en 2024 ?

- ☐ **A.** Camille Cottin.
- ☐ **B.** Judith Godrèche.
- ☐ **C.** Juliette Binoche.
- ☐ **D.** Catherine Deneuve.

45. Selon l'observatoire européen Copernicus, l'été 2023 a été le plus chaud jamais mesuré :

- ☐ **A.** En Europe.
- ☐ **B.** Dans le monde.
- ☐ **C.** En Asie.
- ☐ **D.** En Afrique.

46. Le réalisateur et scénariste français de cinéma et de télévision, Laurent Cantet, est décédé en avril. Pour quel film a-t-il remporté la Palme d'or au festival de Cannes 2008 ?

- ☐ **A.** *Entre les murs.*
- ☐ **B.** *Vers le Sud.*
- ☐ **C.** *L'atelier.*
- ☐ **D.** *Les sanguinaires.*

47. En janvier 2023, quel est le deuxième pays européen à accepter de livrer des chars Leopard-2 à l'Ukraine ?

- ☐ **A.** La France.
- ☐ **B.** L'Espagne.
- ☐ **C.** L'Italie.
- ☐ **D.** L'Allemagne.

48. Quelle partie du cerveau dirige l'équilibre et le mouvement ?

- ☐ **A.** Le mésencéphale.
- ☐ **B.** Le cervelet.
- ☐ **C.** Le bulbe rachidien.
- ☐ **D.** L'hippocampe.

49. Combien de visiteurs sont attendus à Paris pour les Jeux olympiques et paralympiques de 2024 ?

- ☐ **A.** 10 millions.
- ☐ **B.** 15 millions.
- ☐ **C.** 20 millions.
- ☐ **D.** 30 millions.

50. Cela fait 40 ans. Romy Schneider, l'éternelle Sissi, est décédée en 1982. Elle a tourné dans plus :

- ☐ **A.** Plus de 20 films.
- ☐ **B.** Plus de 30 films.
- ☐ **C.** Plus de 40 films.
- ☐ **D.** Plus de 50 films.

Corrigé

1. **A.** Enfermer quelqu'un dans une prison.

2. **B.** Les spécialistes scientifiques.

3. **C.** Flatter quelqu'un bassement et avec insistance.

4. **D.** PRESENT (Serpent). Les autres sont des moyens de transport : car, vélo, camion.

5. **A.** Assujettissement.

6. **B.** Étranger.

7. **C.** Acquacité.

8. **D.** Syllogisme.

9. **B.** Circonstanciel de but.

10. **A.** Des clairs-obscurs.

11. **C.** Capturer maquereau, hareng, sardine…

12. **B.** L'ubac.

13. **D.** Silicon Valley Bank.

14. **D.** Référendum d'initiative partagée.

15. **A.** Neil Armstrong.

16. **B.** Meryl Street.

17. **C.** 17 milliards.

18. **B.** Vert (n'est pas une couleur primaire).

19. **C.** Le chameau.

20. **C.** 2004.

21. C. 15 milliards.

22. A. Pierre Desproges.

23. A. Stéphane Heuet.

24. C. Banque populaire.

25. B. Ouganda et Tanzanie.

26. B. Starship.

27. B. CFDT.

28. D. Miguel Diaz-Canel.

29. C. Andy Warhol.

30. B. *Harry Potter* de J. K. Rowling.

31. A. Les parents ont assisté à la réunion.

32. C. Un barème.

33. B. Entrevoir.

34. B. Plusieurs sens.

35. C. Je voyagerais.

36. D. Des porte-bagages.

37. A. Nous chûmes.

38. C. Exact.

39. B. Sournois.

40. D. La phobie des espaces clos.

41. B. 1972.

42. C. La navigation.

43. D. François Ier

44. A. Camille Cottin.

45. B. Dans le monde.

46. A. *Entre les murs.*

47. D. L'Allemagne.

48. B. Le cervelet.

49. B. 15 millions.

50. D. Plus de 50 films.

9 Concours blanc

1. Quel est le synonyme de « célérité » ?

☐ **A.** Lenteur. ☐ **B.** Froideur. ☐ **C.** Vitesse. ☐ **D.** Chaleur.

2. Parmi les adverbes suivants, un seul est mal orthographié. Lequel ?

☐ **A.** Crûment. ☐ **B.** Gentiment. ☐ **C.** Méchamment. ☐ **D.** Patiemmant.

3. Quel est l'antonyme de « lymphatique » ?

☐ **A.** Indolent. ☐ **B.** Cruel. ☐ **C.** Énergique. ☐ **D.** Languissant.

4. Quel est le sens du préfixe « péri » ?

☐ **A.** Autour. ☐ **B.** À travers. ☐ **C.** Au-dessus. ☐ **D.** Après.

5. Trouvez l'intrus.

☐ **A.** Chanter. ☐ **B.** Aller. ☐ **C.** Danser. ☐ **D.** Jouer.

6. Un adjectif placé immédiatement à côté du nom qu'il qualifie est :

☐ **A.** Attribut. ☐ **B.** Apposé. ☐ **C.** Épithète. ☐ **D.** Élidé.

7. Quel verbe est conjugué au futur antérieur ?

☐ **A.** J'eus étudié. ☐ **B.** J'aurais étudié. ☐ **C.** J'avais étudié. ☐ **D.** J'aurai étudié.

8. Quel est l'intrus ?

☐ **A.** BEAU. ☐ **B.** MAINT. ☐ **C.** COULURE. ☐ **D.** ROUERA.

9. On dit « muet comme » :

☐ **A.** Une pie. ☐ **B.** Une carpe. ☐ **C.** Une vipère. ☐ **D.** Une taupe.

10. Quel est le mot qui contient un préfixe et un suffixe ?

☐ **A.** Librement. ☐ **B.** Illégal. ☐ **C.** Insupportable. ☐ **D.** Pressentir.

11. Comment s'appelle le grand musée de Madrid ?

☐ **A.** Sorolla. ☐ **B.** Le Prado. ☐ **C.** Cerralbo. ☐ **D.** Lázaro Galdiano.

12. Où la flamme olympique a-t-elle été allumée en avril 2024 ?

☐ **A.** Athènes.
☐ **B.** Olympe.
☐ **C.** Rhodes.
☐ **D.** Corfou.

13. On distingue trois familles de nuages. Laquelle n'en fait pas partie ?

☐ **A.** Les cirrus.
☐ **B.** Les cumulus.
☐ **C.** Les stratus.
☐ **D.** Les uranus.

14. Le Front populaire est une coalition de partis de gauche (la SFIO, le Parti radical-socialiste et le Parti communiste) qui gouverna la France de :

☐ **A.** Mai 1918 à avril 1920.
☐ **B.** Mai 1936 à avril 1938.
☐ **C.** Mai 1945 à avril 1947.
☐ **D.** Mai 1968 à avril 1970.

15. La carte nationale d'identité (CNI) est valable pour une durée de :

☐ **A.** 5 ans. ☐ **B.** 10 ans. ☐ **C.** 15 ans. ☐ **D.** 20 ans.

16. En quoi les panneaux solaires de type photovoltaïques transforment-ils la lumière ?

☐ **A.** En électricité.
☐ **B.** En eau.
☐ **C.** En chaleur.
☐ **D.** En gaz.

17. Quel pays a remporté l'Eurovision 2024 ?

☐ **A.** La Suède.
☐ **B.** La Suisse.
☐ **C.** La France.
☐ **D.** L'Ukraine.

18. L'Algérie a arrêté de livrer du gaz à un pays, lequel ?

☐ **A.** Maroc. ☐ **B.** Tunisie. ☐ **C.** Liban. ☐ **D.** Syrie.

19. Dans quel pays y a-t-il eu une canicule exceptionnelle avoisinant les 40° C en avril 2023 ?

☐ **A.** Portugal. ☐ **B.** Espagne. ☐ **C.** Italie. ☐ **D.** Maroc.

20. Combien d'habitants l'Inde comptera-t-elle d'après l'ONU en 2024 ?

☐ **A.** 1,12 milliard.
☐ **B.** 1,21 milliard.
☐ **C.** 1,30 milliard.
☐ **D.** 1,45 milliard.

21. Quand les Talibans ont-ils pris le pouvoir en Afghanistan ?

☐ **A.** En juin 2021.
☐ **B.** En août 2021.
☐ **C.** En juin 2022.
☐ **D.** En août 2022.

22. Comment s'appelle le ou la dirigeant(e) de Taïwan ?

☐ **A.** Tsai Ing-wen.
☐ **B.** Yoon Suk-yeol.
☐ **C.** Xi Jinping.
☐ **D.** Fumio Kishida.

23. Quel est l'homme le plus riche du monde en 2023 ?

☐ **A.** Elon Musk.
☐ **B.** Jeff Bezos Amazon.
☐ **C.** Bill Gates.
☐ **D.** Bernard Arnault.

24. De quelle organisation mondiale, la Russie se retire ?

- ☐ **A.** Organisation mondiale de la santé (OMS).
- ☐ **B.** Organisation mondiale du travail (OMT).
- ☐ **C.** Organisation mondiale du commerce (OMC).
- ☐ **D.** Organisation mondiale du tourisme (OMT).

25. Quelle ville a été nommée Capitale mondiale du livre de l'UNESCO 2023 ?

- ☐ **A.** Porto Rico (Portugal).
- ☐ **B.** Madrid (Espagne).
- ☐ **C.** Paris (France).
- ☐ **D.** Accra (Ghana).

26. En septembre 2023, dans quel pays y a-t-il eu un séisme de magnitude 7 qui a fait près de 3 000 morts ?

- ☐ **A.** En Lybie.
- ☐ **B.** Au Maroc.
- ☐ **C.** En Syrie.
- ☐ **D.** En Tunisie.

27. De qui est le documentaire qui retrace « le Procès du 36 » ?

- ☐ **A.** Le réalisateur Nans Thomassey.
- ☐ **B.** La réalisatrice Aurelia Perreau.
- ☐ **C.** La réalisatrice Éloïse Delsart dite Ovidie.
- ☐ **D.** Le réalisateur Olivier Delacroix.

28. Quel est le nom du ministre qui vient d'écrire le roman *Fugue américaine* ?

- ☐ **A.** Franck Riester.
- ☐ **B.** Bruno Le Maire.
- ☐ **C.** Gérald Darmanin.
- ☐ **D.** Olivier Véran.

29. De quand date le droit à l'avortement aux États-Unis ?

- ☐ **A.** 1973.
- ☐ **B.** 1975.
- ☐ **C.** 1977.
- ☐ **D.** 1979.

30. Que fête-t-on le 9 mai ?

- ☐ **A.** L'Europe.
- ☐ **B.** La paix.
- ☐ **C.** L'armistice.
- ☐ **D.** L'ascension.

31. Quel est l'antonyme du verbe « absoudre » ?

- ☐ **A.** Pardonner.
- ☐ **B.** Condamner.
- ☐ **C.** Excuser.
- ☐ **D.** Délier.

32. Parmi ces anagrammes, laquelle n'est pas une fleur ?

- ☐ **A.** VALANED.
- ☐ **B.** PLUITE.
- ☐ **C.** ITERGTEAMRU.
- ☐ **D.** YNORE.

33. Quel est le mot qui ne fait pas partie de la famille de « autre » ?

- ☐ **A.** Altruisme.
- ☐ **B.** Altérer.
- ☐ **C.** Altier.
- ☐ **D.** Autrui.

34. Quel est le mot bien orthographié ?

- ☐ **A.** Apendice.
- ☐ **B.** Sylicone.
- ☐ **C.** Ranssir.
- ☐ **D.** Cyanure.

35. Ce film est vraiment intéressant, « ce » est :

- ☐ **A.** Un pronom personnel.
- ☐ **B.** Un pronom démonstratif.
- ☐ **C.** Un adjectif démonstratif.
- ☐ **D.** Un adjectif indéfini.

36. Quel est le synonyme du verbe « vociférer » ?

- ☐ **A.** Susurrer.
- ☐ **B.** Crier.
- ☐ **C.** Murmurer.
- ☐ **D.** Marmonner.

37. Dans la phrase « ces légumes, je les ai cueillis hier soir », « les » est :

- ☐ **A.** Un pronom indéfini.
- ☐ **B.** Un adjectif complément.
- ☐ **C.** Un article.
- ☐ **D.** Un pronom personnel complément.

38. L'expression « voir midi à sa porte » signifie :

- ☐ **A.** Juger quelque chose ou une situation selon son propre point de vue.
- ☐ **B.** Regarder le soleil se lever.
- ☐ **C.** Observer la lumière jusque chez soi.
- ☐ **D.** Ne pas voir plus loin que le bout de son nez.

39. Quelle phrase est mal orthographiée ?

- ☐ **A.** J'ai mis des chaussettes oranges.
- ☐ **B.** Ils ont des visages écarlates.
- ☐ **C.** Elle aime les fleurs mauves.
- ☐ **D.** Ces lions ont des crinières fauves.

40. Quelle est la phrase dont le verbe est mal orthographié ?

- ☐ **A.** Pars demain dés l'aube !
- ☐ **B.** Choisis ton film !
- ☐ **C.** Viens ce soir !
- ☐ **D.** Joues avec tes copains !

41. Où s'est déroulé le spectacle qui a ouvert la Coupe du monde de Rugby ?

- ☐ **A.** Au stade Vélodrome.
- ☐ **B.** Au stade de France.
- ☐ **C.** Au stade de Nice.
- ☐ **D.** Au stade de Toulouse.

42. Le Prix Renaudot 2023 a été décerné à :

- ☐ **A.** Simon Liberati pour *Performance* (Grasset).
- ☐ **B.** Ann Scott pour *Les Insolents* (Calmann-Lévy).
- ☐ **C.** Lola Lafon pour *Quand tu écouteras cette chanson* (Stock).
- ☐ **D.** Claudie Hunzinger pour *Un chien à ma table* (Grasset).

43. Qu'est-ce que la légionellose ?

- ☐ **A.** Un équipement militaire.
- ☐ **B.** Une levure alimentaire.
- ☐ **C.** Une maladie infectieuse.
- ☐ **D.** Un vaccin.

44. La tombe du Soldat inconnu se trouve :

- ☐ **A.** Dans la cour des Invalides.
- ☐ **B.** Sous la coupole du Panthéon.
- ☐ **C.** Sous l'Arc de triomphe.
- ☐ **D.** Au cimetière du Père Lachaise.

45. Qui a réalisé *La mort aux trousses* ?

- ▢ **A.** D. Fincher.
- ▢ **B.** A. Hitchcock.
- ▢ **C.** F. Truffaut.
- ▢ **D.** W. Allen.

46. Quel est le théâtre parisien qui ne passe que des pièces classiques ?

- ▢ **A.** L'Odéon.
- ▢ **B.** La Comédie de Paris.
- ▢ **C.** La Comédie des boulevards.
- ▢ **D.** La Comédie française.

47. En Août, dans quel pays européen, 52 769 ha ont été brûlés ?

- ▢ **A.** L'Espagne.
- ▢ **B.** L'Italie.
- ▢ **C.** La Grèce.
- ▢ **D.** La France.

48. Au 11 avril 2023, dans combien de départements touchés par la sécheresse, les préfets ont dû prendre des arrêtés visant à restreindre les usages de l'eau ?

- ▢ **A.** 8.
- ▢ **B.** 10.
- ▢ **C.** 14.
- ▢ **D.** 21.

49. La grande barrière de corail est menacée. Dans quel pays ?

- ▢ **A.** Nouvelle-Calédonie.
- ▢ **B.** Australie.
- ▢ **C.** Maldives.
- ▢ **D.** Indonésie.

50. Comment se nomme le premier manga audio ?

- ▢ **A.** Doruido.
- ▢ **B.** Manhua.
- ▢ **C.** Manhwa.
- ▢ **D.** Naruto.

Corrigé

1. **C.** Vitesse.

2. **D.** Patiemmant.

3. **C.** Énergique.

4. **A.** Autour.

5. **B.** Aller (verbe irrégulier).

6. **C.** Épithète.

7. **D.** J'aurai étudié.

8. **C.** COULURE :couleur → Aube, Matin, Aurore.

9. **B.** Une carpe.

10. **C.** Insupportable.

11. **B.** Le Prado.

12. **B.** Olympe.

13. **D.** Les uranus.

14. **B.** Mai 1936 à avril 1938.

15. **C.** 15 ans.

16. **A.** En électricité.

17. **B.** La Suisse.

18. **A.** Maroc.

19. **C.** Espagne.

20. **D.** 1,45 milliard.

21. **B.** 21 août 2021.

22. **A.** Tsai Ing-wen.

23. **D.** Bernard Arnault.

24. **D.** Organisation mondiale du tourisme (OMT).

25. **D.** Accra (Ghana).

26. **B.** Au Maroc.

27. **C.** La réalisatrice Éloïse Delsart dite Ovidie.

28. **B.** Bruno Le Maire.

29. **A.** 1973.

30. **A.** L'Europe.

31. **B.** Condamner.

32. **D.** YNORE : noyer → Lavande. Tulipe. Marguerite.

33. **C.** Altier.

34. **D.** Cyanure.

35. **C.** Un adjectif démonstratif.

36. **B.** Crier.

37. **D.** Un pronom personnel complément.

38. **A.** Juger quelque chose ou une situation selon son propre point de vue.

39. **A.** J'ai mis des chaussettes oranges → J'ai mis des chaussettes orange.

40. **D.** Joues avec tes copains !

41. **B.** Au stade de France.

42. **B.** Ann Scott pour *Les Insolents* (Calmann-Lévy).

43. **C.** Une maladie infectieuse.

44. **C.** Sous l'Arc de triomphe.

45. **B.** A. Hitchcock.

46. **D.** La Comédie française.

47. **C.** La Grèce.

48. **C.** 14.

49. **B.** Australie.

50. **A.** Doruido.

10 Concours blanc

1. Que signifie « abscon » ?

☐ **A.** Intelligent.
☐ **B.** Clairvoyant.
☐ **C.** Obscur.
☐ **D.** Limpide.

2. On dit « Aveugle comme » :

☐ **A.** Une chouette.
☐ **B.** Une autruche.
☐ **C.** Une souris.
☐ **D.** Une taupe.

3. Le participe passé de « atteindre » est :

☐ **A.** Atteint.
☐ **B.** Atteigni.
☐ **C.** Atteind.
☐ **D.** Atteignit.

4. Laquelle de ces anagrammes n'est pas relative à un métier ?

☐ **A.** SAVON.
☐ **B.** RIPOSTE.
☐ **C.** REVEURS.
☐ **D.** INFIRMER.

5. Quelqu'un qui est porté à penser du mal des autres et à leur nuire est :

☐ **A.** Malséant.
☐ **B.** Malveillant.
☐ **C.** Malencontreux.
☐ **D.** Malaisé.

6. Quel mot n'est pas féminin ?

☐ **A.** Apothéose.
☐ **B.** Amnistie.
☐ **C.** Opprobre.
☐ **D.** Octave.

7. Quel est le synonyme de « probe » ?

☐ **A.** Indélicat.
☐ **B.** Véreux.
☐ **C.** Naturel.
☐ **D.** Honnête.

8. « Chaque » est :

☐ **A.** Un pronom indéfini singulier.
☐ **B.** Un adverbe.
☐ **C.** Un adjectif indéfini singulier.
☐ **D.** Un déterminant défini.

9. Quel est l'antonyme de « funeste » ?

☐ **A.** Salutaire.
☐ **B.** Nuisible.
☐ **C.** Préjudiciable.
☐ **D.** Pernicieux.

10. Quel est le participe passé du verbe croire ?

☐ **A.** En croyant.
☐ **B.** Croit.
☐ **C.** Croyant.
☐ **D.** Cru.

11. Quel pays fabriquera la voiture électrique la moins chère ?

☐ **A.** La Chine.
☐ **B.** Le Portugal.
☐ **C.** L'Inde.
☐ **D.** La Pologne.

12. En janvier 2023, les prix de l'énergie, en glissement annuel, ont augmenté de :

- ▢ **A.** 12,1 %.
- ▢ **B.** 14,2 %.
- ▢ **C.** 16,3 %.
- ▢ **D.** 17,1 %.

13. La Gendarmerie nationale est placée sous l'autorité :

- ▢ **A.** Du ministère de l'Intérieur.
- ▢ **B.** Du ministère de la Défense.
- ▢ **C.** Du ministère des Armées.
- ▢ **D.** Du ministère de la Justice.

14. Depuis le 14 mai 2022, quel pays vient d'interdire l'exportation de blé ?

- ▢ **A.** Le Pakistan.
- ▢ **B.** L'Ukraine.
- ▢ **C.** Les États Unis.
- ▢ **D.** L'Inde.

15. Le traité sur l'Union européenne (TUE), aussi appelé traité de Maastricht date de :

- ▢ **A.** 1992.
- ▢ **B.** 1995.
- ▢ **C.** 1997.
- ▢ **D.** 1999.

16. Quel est le président du Sénat qui a assuré à 2 reprises l'intérim de la présidence de la République en 1969 et 1974 ?

- ▢ **A.** Général de Gaulle.
- ▢ **B.** Georges Pompidou.
- ▢ **C.** Valéry Giscard d'Estaing.
- ▢ **D.** Alain Poher.

17. L'opération Wuambushu est une opération militaro-policière française visant à expulser les étrangers en situation irrégulière, à détruire les bidonvilles et à lutter contre la criminalité. Sur quelle île a-t-elle lieu ?

- ▢ **A.** Martinique.
- ▢ **B.** Mayotte.
- ▢ **C.** La Réunion.
- ▢ **D.** Guadeloupe.

18. En Afghanistan, une pratique s'intensifie due à la misère. Laquelle ?

- ▢ **A.** Le suicide.
- ▢ **B.** Les mariages forcés.
- ▢ **C.** L'excision.
- ▢ **D.** La vente d'enfants par des familles.

19. Quel pays a remporté l'Eurovision 2023 ?

- ▢ **A.** L'Italie.
- ▢ **B.** L'Ukraine.
- ▢ **C.** L'Angleterre.
- ▢ **D.** La Suède.

20. Le montant de la consultation chez un généraliste est à présent de :

- ▢ **A.** 25 €.
- ▢ **B.** 26,5 €.
- ▢ **C.** 28,5 €.
- ▢ **D.** 30 €.

21. En 2023, à qui un hommage a été rendu pour célébrer les 40 ans de sa victoire à Roland Garros ?

- ▢ **A.** Gaël Monfils.
- ▢ **B.** Fabrice Santoro.
- ▢ **C.** Yannick Noah.
- ▢ **D.** Richard Gasquet.

22. Selon l'Observatoire national interministériel de la sécurité routière (ONISR), combien de personnes ont perdu la vie sur les routes de France en 2022 ?

- ▢ **A.** 2 520.
- ▢ **B.** 2 930.
- ▢ **C.** 3 090.
- ▢ **D.** 3 260.

23. Endémique dans onze pays d'Afrique centrale et de l'Ouest, quelle maladie a soudain été détectée dans plus de vingt autres pays à travers le monde,

- ☐ **A.** Le choléra.
- ☐ **B.** La variole du singe.
- ☐ **C.** La peste.
- ☐ **D.** La lèpre.

24. Quel est le taux fixé pour le Livret d'épargne populaire (LEP) depuis le 1er février 2023 ?

- ☐ **A.** 2 %.
- ☐ **B.** 3,2 %.
- ☐ **C.** 4,8 %.
- ☐ **D.** 6,1 %.

25. Qui a ouvert des couloirs humanitaires entre la Russie et l'Ukraine, le 8 mars 2022 ?

- ☐ **A.** Volodymyr Zelensky.
- ☐ **B.** Emmanuel Macron.
- ☐ **C.** Joe Biden.
- ☐ **D.** Vladimir Poutine.

26. Polytechnique : selon l'enquête ouverte, 1 étudiante sur combien affirme avoir été victime d'agressions sexuelles ou de viols depuis le début de sa scolarité dans l'école ?

- ☐ **A.** 1 sur 2.
- ☐ **B.** 1 sur 3.
- ☐ **C.** 1 sur 4.
- ☐ **D.** 1 sur 5.

27. L'exposition itinérante *Ramsès et l'or des Pharaons* a lieu à Paris :

- ☐ **A.** Au musée d'Orsay.
- ☐ **B.** À La Grande Halle de la Villette.
- ☐ **C.** À la Fondation Louis Vuitton.
- ☐ **D.** Au musée du Louvre.

28. Quel est le vainqueur de Roland Garros 2023 ?

- ☐ **A.** Casper Ruud.
- ☐ **B.** Stéfanos Tsitsipás.
- ☐ **C.** Carlos Alcaraz.
- ☐ **D.** Novak Djokovic.

29. Alain Touraine vient de nous quitter. Il était :

- ☐ **A.** Musicien.
- ☐ **B.** Psychanalyste.
- ☐ **C.** Sociologue.
- ☐ **D.** Chorégraphe.

30. Festival de Canne 2023 : la Palme d'or a été attribuée à :

- ☐ **A.** Jessica Hausner pour *Club zéro*.
- ☐ **B.** Justine Triet pour *Anatomie d'une chute*.
- ☐ **C.** Kaouther Ben Hania pour *Les filles d'Olfa*.
- ☐ **D.** Jonathan Glazer pour *The zone of interest*.

31. Lequel de ces homonymes signifie « misérable »

- ☐ **A.** Air.
- ☐ **B.** Aire.
- ☐ **C.** Hère.
- ☐ **D.** Erre.

32. Quelle est la phrase mal orthographiée ?

- ☐ **A.** Vous chantâtes à l'opéra.
- ☐ **B.** Ils pleurèrent toute la nuit.
- ☐ **C.** Nous partîmes loin.
- ☐ **D.** Elle aimat cet homme.

33. Dans quelle phrase y a-t-il un adjectif en apposition ?

- ☐ **A.** Excédé, il quitte la ville.
- ☐ **B.** La villa est spacieuse.

☐ **C.** Son visage est blafard.

☐ **D.** Les beaux souvenirs s'ancrent dans la mémoire.

34. Chassez l'intrus.

☐ **A.** Neige. ☐ **B.** Vent. ☐ **C.** Pluie. ☐ **D.** Grêle.

35. « Lorsque » est :

☐ **A.** Une préposition. ☐ **C.** Une conjonction.

☐ **B.** Un adverbe. ☐ **D.** Une locution.

36. Une personne triviale est une personne :

☐ **A.** Aventureuse. ☐ **C.** Usée.

☐ **B.** Chanceuse. ☐ **D.** Vulgaire.

37. Une élision est la suppression de l'élément vocalique final d'un mot devant un mot commençant par :

☐ **A.** Une voyelle. ☐ **C.** Une voyelle ou un *h* silencieux.

☐ **B.** Une voyelle ou un *h* muet. ☐ **D.** Une voyelle ou un *h* aspiré.

38. Carré est à rectangle ce que cercle est à …

☐ **A.** Sphère. ☐ **B.** Ellipse. ☐ **C.** Courbe. ☐ **D.** Diamètre.

39. Le verbe « croître » au passé simple de l'indicatif s'écrit :

☐ **A.** Je crûs. ☐ **C.** Vous crutes.

☐ **B.** Nous crumes. ☐ **D.** Ils crurent.

40. Quel mot n'appartient pas à la famille de la jeunesse ?

☐ **A.** Juvénile. ☐ **B.** Jouvence. ☐ **C.** Jeune. ☐ **D.** Jeûne.

41. Quel pays vient de rejoindre officiellement l'OTAN ?

☐ **A.** Le Monténégro. ☐ **C.** La Suède.

☐ **B.** La Norvège. ☐ **D.** La Finlande.

42. La présidente de la Commission européenne Ursula von der Leyen a présenté à Lampedusa un plan d'urgence destiné à aider :

☐ **A.** L'Espagne à faire face à la sécheresse.

☐ **B.** L'Italie à faire face à l'afflux record de migrants.

☐ **C.** La Grèce à faire face aux incendies.

☐ **D.** La Lituanie à faire face à la sécheresse.

43. Où se sont réunis les leaders politiques européens pour le sommet de la Communauté politique européenne ?

☐ **A.** En Ukraine. ☐ **C.** En Pologne.

☐ **B.** En Moldavie. ☐ **D.** En Estonie.

44. Le concours Lépine 2024 a récompensé 6 créateurs pour :

- ☐ **A.** Un système d'aide aux déficients visuels.
- ☐ **B.** Un système de freinage pour fauteuil roulant.
- ☐ **C.** Une balise Eydi de localisation et signalisation aux secours.
- ☐ **D.** Géocoeur.

45. Qui est le premier fournisseur de pétrole de l'Inde ?

- ☐ **A.** La Russie.
- ☐ **B.** Le Qatar.
- ☐ **C.** L'Arabie Saoudite.
- ☐ **D.** L'Irak.

46. Combien le casier judiciaire comporte-t-il de bulletins ?

- ☐ **A.** 1.
- ☐ **B.** 2.
- ☐ **C.** 3.
- ☐ **D.** 4.

47. La validité d'un passeport pour un adulte est de :

- ☐ **A.** 3 ans.
- ☐ **B.** 5 ans.
- ☐ **C.** 7 ans.
- ☐ **D.** 10 ans.

48. Le musée des civilisations de l'Europe et de la Méditerranée (MUCEM) est situé à :

- ☐ **A.** Marseille.
- ☐ **B.** Toulouse.
- ☐ **C.** Montpellier.
- ☐ **D.** Nice.

49. Quelle est la peine encourue en Russie pour les déclarations qui visent à discréditer les forces armées ?

- ☐ **A.** 5 ans.
- ☐ **B.** 10 ans.
- ☐ **C.** 15 ans.
- ☐ **D.** 20 ans.

50. La Cour de cassation rend :

- ☐ **A.** Des jugements.
- ☐ **B.** Des décisions.
- ☐ **C.** Des arrêts.
- ☐ **D.** Des ordonnances.

Corrigé

1. **C.** Obscur.
2. **D.** Une taupe.
3. **A.** Atteint.
4. **A.** SAVON.
5. **B.** Malveillant.
6. **C.** Opprobre.
7. **D.** Honnête.
8. **C.** Un adjectif indéfini singulier.
9. **A.** Salutaire.
10. **D.** Cru.
11. **A.** La Chine.
12. **C.** 16,3 %.
13. **A.** Du ministère de l'Intérieur.
14. **D.** L'Inde.
15. **A.** 1992.
16. **D.** Alain Poher (démission du général de Gaulle et du décès de Georges Pompidou).
17. B. Mayotte.

18. D. La vente d'enfants par des familles.

19. D. La Suède.

20. B. 26,5 €.

21. C. Yannick Noah.

22. D. 3 260.

23. B. La variole du singe.

24. D. 6,1 %.

25. D. Vladimir Poutine.

26. C. 1 sur 4.

27. B. La Grande Halle de la Villette.

28. D. Novak Djokovic.

29. C. Sociologue.

30. B. Justine Triet pour *Anatomie d'une chute.*

31. C. Hère.

32. D. Elle aimait cet homme.

33. A. Excédé, il quitte la ville.

34. B. Vent → pas d'eau.

35. C. Une conjonction.

36. D. Vulgaire.

37. B. Une voyelle ou un *h* muet.

38. B. Ellipse.

39. A. Je crûs.

40. D. Jeûne.

41. D. La Finlande.

42. B. L'Italie à faire face à l'afflux record de migrants.

43. B. En Moldavie.

44. A. Un système d'aide aux déficients visuels.

45. A. La Russie.

46. C. 3.

47. D. 10 ans.

48. A. Marseille.

49. C. 15 ans.

50. C. Des arrêts.

SOUS-PARTIE

3

5 sujets d'annales corrigés

- Concours externe de contrôleur des finances publiques de deuxième classe, année 2023
- Concours externe de contrôleur des finances publiques de deuxième classe, année 2022
- Concours externe pour le recrutement de contrôleurs des douanes et droits indirects, branche « contrôle des opérations commerciales et administration générale », session 2022
- QCM concours commun catégorie C, 2022
- Concours externe pour le recrutement de contrôleurs des douanes et droits indirects, branche « surveillance », session 2022

1 Concours externe de contrôleur des finances publiques de deuxième classe, année 2023

1 Questions de connaissances générales

1. Quelle est la ville la plus orientale ?

☐ **A.** Besançon. ☐ **B.** Lyon. ☐ **C.** Nancy. ☐ **D.** Nice.

2. Quel président américain a démissionné après le scandale du Watergate en 1974 ?

☐ **A.** Georges H.W. Bush.
☐ **B.** Dwight **D.** Eisenhower.
☐ **C.** Gérald Ford.
☐ **D.** Richard Nixon.

3. Quel célèbre philosophe et écrivain publie en 1721 les *Lettres persanes* pour y critiquer la société française ?

☐ **A.** Molière.
☐ **B.** Michel de Montaigne.
☐ **C.** Montesquieu.
☐ **D.** Voltaire.

4. À quelle date a été promulguée la Constitution de la Ve République ?

☐ **A.** 1er juin 1958.
☐ **B.** 4 octobre 1958.
☐ **C.** 6 novembre 1958.
☐ **D.** 11 novembre 1958.

5. Quelle infraction est sanctionnée par la perte la plus importante de points de permis de conduire en France ?

☐ **A.** La conduite avec un taux d'alcool compris entre 0,25 mg et 0,40 mg d'alcool par litre d'air expiré.
☐ **B.** Le dépassement de la vitesse maximale autorisée de 40 km/h à 49 km/h.
☐ **C.** Le franchissement de la ligne blanche.
☐ **D.** L'usage de son téléphone au volant de son véhicule.

6. Quel était le taux d'abstention lors du deuxième tour de l'élection présidentielle 2022 en France ?

☐ **A.** 25,50 %. ☐ **B.** 28,01 %. ☐ **C.** 29,05 %. ☐ **D.** 30,00 %.

7. Quel est l'économiste auteur de la théorie des avantages comparatifs en matière de libre-échange ?

☐ **A.** Karl Marx.
☐ **B.** John Maynard Keynes.
☐ **C.** David Ricardo.
☐ **D.** Joseph Schumpeter.

8. Quel est le réalisateur du film *The Dark Knight* ?

☐ **A.** Christophe Nolan.
☐ **B.** Martin Scorsese.
☐ **C.** Steven Spielberg.
☐ **D.** Quentin Tarantino.

9. Combien de temps faut-il à la Terre pour faire le tour du Soleil ?

- ☐ **A.** Une journée.
- ☐ **B.** 28 jours.
- ☐ **C.** Un an.
- ☐ **D.** Dix ans.

10. Classez ces évènements par ordre chronologique :

A. Bataille de Marignan.

B. Mort de Louis XIV.

C. Fin de la guerre de Cent Ans.

D. Hugues Capet devient roi de France.

- ☐ **A.** A-B-C-D.
- ☐ **B.** B-A-D-C.
- ☐ **C.** C-D-B-A.
- ☐ **D.** D-C-A-B.

11. À qui est communément attribuée la célèbre expression « Je pense donc je suis » ?

- ☐ **A.** Aristote.
- ☐ **B.** René Descartes.
- ☐ **C.** Victor Hugo.
- ☐ **D.** Socrate.

12. Combien la France métropolitaine compte-t-elle de communes en 2022 ?

- ☐ **A.** Entre 32 000 et 34 000.
- ☐ **B.** Entre 34 001 et 36 000.
- ☐ **C.** Entre 36 001 et 38 000.
- ☐ **D.** Entre 38 001 et 40 000.

13. Qui n'est pas lié au roman de science-fiction *Dune* ?

- ☐ **A.** Frank Herbert.
- ☐ **B.** David Lynch.
- ☐ **C.** J.R.R. Tolkien.
- ☐ **D.** Denis Villeneuve.

14. En France, la loi du 1er juillet 1901 est relative :

- ☐ **A.** Aux associations.
- ☐ **B.** À la laïcité.
- ☐ **C.** À la séparation des Églises et de l'État.
- ☐ **D.** Au travail dominical.

15. De combien d'États membres se compose l'Organisation des Nations unies (ONU) ?

- ☐ **A.** 51.
- ☐ **B.** 117.
- ☐ **C.** 193.
- ☐ **D.** 324.

16. Comment se nomme la dernière mission de l'astronaute française Thomas Pesquet ?

- ☐ **A.** Alpha.
- ☐ **B.** Bêta.
- ☐ **C.** Omega.
- ☐ **D.** Proxima.

17. Quel pays est membre de l'Union européenne ?

- ☐ **A.** L'Albanie.
- ☐ **B.** L'Islande.
- ☐ **C.** La Norvège.
- ☐ **D.** La Slovaquie.

2 Questions de français

18. Parmi les quatre propositions suivantes, laquelle comporte une faute d'orthographe ?

- ☐ **A.** Accaparrer.
- ☐ **B.** Acourir.
- ☐ **C.** Aquoster.
- ☐ **D.** Atrofier.

19. Quel est le synonyme de « fugace » ?

- ☐ **A.** Éphémère.
- ☐ **B.** Éternel.
- ☐ **C.** Pérenne.
- ☐ **D.** Tenace.

20. Comment s'accorde un adjectif ?

- ☐ **A.** En genre et en nombre avec le nom qu'il qualifie.
- ☐ **B.** En genre et en nombre avec le nom qu'il qualifie, uniquement s'il est attribut.
- ☐ **C.** En genre uniquement avec le nom qu'il qualifie.
- ☐ **D.** En nombre uniquement avec le nom qu'il qualifie.

21. Quel mot n'est pas une conjonction de coordination ?

- ☐ **A.** Car.
- ☐ **B.** Mais.
- ☐ **C.** Or.
- ☐ **D.** Où.

22. Quelle est la bonne orthographe ?

- ☐ **A.** Huit cent millions deux cent quatre-vingt mille six cent euros.
- ☐ **B.** Huit cents millions deux cent quatre-vingt mille six cents euros.
- ☐ **C.** Huit cents millions deux cents quatre-vingt mille six cent euros.
- ☐ **D.** Huit cents millions deux cents quatre-vingt milles six cents euros.

23. Un texte qui attaque violemment une idée, une personne ou une institution est :

- ☐ **A.** Une caricature.
- ☐ **B.** Une épigramme.
- ☐ **C.** Une épitaphe.
- ☐ **D.** Un pamphlet.

24. Complétez la phrase suivante : « Elle s'est … les dents. »

- ☐ **A.** brossé.
- ☐ **B.** brossée.
- ☐ **C.** brossées.
- ☐ **D.** brosser.

25. Quel est l'antonyme du mot « inimitié » ?

- ☐ **A.** Affection.
- ☐ **B.** Antipathie.
- ☐ **C.** Haine.
- ☐ **D.** Méchanceté.

26. Compléter la phrase suivante : « Les cours de français ont lieu les … » ?

- ☐ **A.** jeudi soir.
- ☐ **B.** jeudi soirs.
- ☐ **C.** jeudis soir.
- ☐ **D.** jeudis soirs.

27. On est parfois confronté à un cruel :

- ☐ **A.** dilemme.
- ☐ **B.** dileme.
- ☐ **C.** dilheme.
- ☐ **D.** dilhemne.

28. L'adjectif « imminent » signifie :

- ☐ **A.** Élevé.
- ☐ **B.** Important.
- ☐ **C.** Très grand.
- ☐ **D.** Très proche.

29. Quelle est la phrase correcte :

- ☐ **A.** Si tu aimais la fiscalité, je débatterai de ces dispositions avec toi.
- ☐ **B.** Si tu aimais la fiscalité, je débatterais de ces dispositions avec toi.
- ☐ **C.** Si tu aimais la fiscalité, je débattrai de ces dispositions avec toi.
- ☐ **D.** Si tu aimais la fiscalité, je débattrais de ces dispositions avec toi.

30. Quelle phrase n'est pas écrite correctement :

- ☐ **A.** Je vous incite à venir rapidement.
- ☐ **B.** Je vous remercie de bien vouloir venir rapidement.
- ☐ **C.** Je vous serai gré de bien vouloir venir rapidement.
- ☐ **D.** Je vous somme de venir rapidement.

Corrigé

1. **D.** Nice.
2. **D.** Richard Nixon.
3. **C.** Montesquieu.
4. **B.** 4 octobre 1958.
5. **A.** La conduite avec un taux d'alcool compris entre 0,25 mg et 0,40 mg d'alcool par litre d'air expiré.
6. **B.** 28,01 %.
7. **C.** David Ricardo.
8. **A.** Christophe Nolan.
9. **C.** Un an.
10. **D.** D-C-A-B.
11. **B.** René Descartes.
12. **B.** Entre 34 001 et 36 000.
13. **C.** J.R.R. Tolkien.
14. **A.** Aux associations.
15. **C.** 193.
16. **A.** Alpha.
17. **D.** La Slovaquie.
18. Toutes les réponses sont correctes car elles comportent toutes une faute d'orthographe.
19. **A.** Éphémère.
20. **A.** En genre et en nombre avec le nom qu'il qualifie.
21. **D.** Où.
22. **B.** Huit cents millions deux cent quatre-vingt mille six cents euros.
23. **D.** Un pamphlet.
24. **A.** brossé.
25. **A.** Affection.
26. **C.** jeudis soir.
27. **A.** dilemme.
28. **D.** Très proche.
29. **D.** Si tu aimais la fiscalité, je débattrais de ces dispositions avec toi.
30. **C.** Je vous serai gré de bien vouloir venir rapidement.

2 Concours externe de contrôleur des finances publiques de deuxième classe, année 2022

1 Questions de connaissances générales

1. Quelle mer borde la bande de Gaza ?

- ☐ **A.** La mer Méditerranée.
- ☐ **B.** La mer Morte.
- ☐ **C.** La mer Noire.
- ☐ **D.** La mer Rouge.

2. Dans quel ordre chronologique ces dirigeants ont-ils gouverné en URSS ?

- ☐ **A.** Brejnev – Khrouchtchev – Andropov – Tchernenko.
- ☐ **B.** Khrouchtchev – Andropov – Brejnev – Gorbatchev.
- ☐ **C.** Khrouchtchev – Brejnev – Andropov – Gorbatchev.
- ☐ **D.** Lenine – Staline – Brejnev – Khrouchtchev.

3. Lequel de ces poètes français du XVIe siècle appartient à la Pléïade ?

- ☐ **A.** Jean-Antoine de Baïf.
- ☐ **B.** Joachim du Bellay.
- ☐ **C.** Étienne Jodelle.
- ☐ **D.** Pierre de Ronsard.

4. À quel ordre appartient la chauve-souris ?

- ☐ **A.** Les artiodactyles.
- ☐ **B.** Les chiroptères.
- ☐ **C.** Les lagomorphes.
- ☐ **D.** Les lépidoptères.

5. Christine Lagarde est actuellement :

- ☐ **A.** Directrice générale du Fonds monétaire international.
- ☐ **B.** Premier président de la Cour des comptes.
- ☐ **C.** Présidente de la Banque centrale européenne.
- ☐ **D.** Secrétaire générale des Nations unies.

6. En quelle année a été créée la Taxe sur la Valeur Ajoutée (TVA) ?

- ☐ **A.** 1945.
- ☐ **B.** 1954.
- ☐ **C.** 1958.
- ☐ **D.** 1962.

7. En quelle année a été promulguée la loi de Modernisation de l'Action Publique Territoriale et d'Affirmation des Métropoles (loi MAPTAM) ?

- ☐ **A.** 2010.
- ☐ **B.** 2014.
- ☐ **C.** 2018.
- ☐ **D.** 2021.

8. Sur quel Network américain était diffusée la série *Game of Thrones* ?

- ☐ **A.** ABC.
- ☐ **B.** CBS.
- ☐ **C.** HBO.
- ☐ **D.** Showtime.

9. Quel est le chef-lieu du Finistère ?

☐ **A.** Brest. ☐ **B.** Lorient. ☐ **C.** Morlaix. ☐ **D.** Quimper.

10. L'ordonnance de Villers-Cotterêts a été signée par :

☐ **A.** Charles VIII. ☐ **C.** Henri IV.

☐ **B.** François Ier. ☐ **D.** Louis XIV.

11. Quelle était la nationalité de l'artiste peintre Frida Kahlo ?

☐ **A.** Brésilienne. ☐ **C.** Italienne.

☐ **B.** Espagnole. ☐ **D.** Mexicaine.

12. Qui a inventé la pénicilline ?

☐ **A.** Alexander Fleming. ☐ **C.** Peter Fleming.

☐ **B.** Ian Fleming. ☐ **D.** Rhonda Fleming.

13. Quel est le dernier président de la IVe République ?

☐ **A.** Vincent Auriol. ☐ **C.** Charles de Gaulle.

☐ **B.** René Coty. ☐ **D.** Alain Poher.

14. Quels sont les taux de TVA en vigueur en France métropolitaine à ce jour ?

☐ **A.** 19,6 % – 7 % – 5,5 % – 2,1 %. ☐ **C.** 20 % – 10 % – 5 % – 2 %.

☐ **B.** 20 % – 7 % – 5,5 % – 2 %. ☐ **D.** 20 % – 10 % – 5,5 % – 2,1 %.

15. Quel film a remporté la Palme d'or à Cannes en 2021 ?

☐ **A.** *Parasite.* ☐ **C.** *Titane.*

☐ **B.** *The Square.* ☐ **D.** *Une affaire de famille.*

16. En quelle année le traité de Maastricht instituant l'Union européenne a-t-il été signé ?

☐ **A.** 1982. ☐ **B.** 1989. ☐ **C.** 1992. ☐ **D.** 1999.

17. Qui est l'auteur de la série de romans intitulée *Les Rougon-Macquart* ?

☐ **A.** Honoré de Balzac. ☐ **C.** Marcel Pagnol.

☐ **B.** Gustave Flaubert. ☐ **D.** Émile Zola.

2 Questions de français

18. Parmi les propositions suivantes, laquelle est correctement orthographiée ?

☐ **A.** Éthimologie. ☐ **C.** Étimologie.

☐ **B.** Éthymologie. ☐ **D.** Étymologie.

19. À quel mot correspond la définition de « nuage bas » ?

☐ **A.** Cirrus. ☐ **C.** Cumulus.

☐ **B.** Cirrocumulus. ☐ **D.** Stratus.

20. Quel est l'antonyme de l'adjectif « élitiste » ?

☐ **A.** Disjonctif. ☐ **C.** Sélectif.

☐ **B.** Éternel. ☐ **D.** Voluptueux.

21. Conjuguez le verbe « vaincre » à la première personne du singulier du présent de l'indicatif :

☐ **A.** Je vainc. ☐ **B.** Je vaincs. ☐ **C.** Je vaincu. ☐ **D.** Je vainque.

22. De quel mot anglais le mot « parangonnage » est-il la traduction française ?

☐ **A.** Benchmarking. ☐ **C.** Coworking.

☐ **B.** Brainstorming. ☐ **D.** Meeting.

23. L'expression « monter en haut » est :

☐ **A.** Un euphémisme. ☐ **C.** Un oxymore.

☐ **B.** Une hyperbole. ☐ **D.** Un pléonasme.

24. Lequel de ces mots est mal orthographié au pluriel ?

☐ **A.** Des arrière-boutiques. ☐ **C.** Des sans-abri.

☐ **B.** Des passe-partout. ☐ **D.** Des volte-face.

25. Que signifie « procrastiner » ?

☐ **A.** Contredire systématiquement son interlocuteur.

☐ **B.** Étudier beaucoup en vue d'un examen.

☐ **C.** Parler dans un langage particulièrement vulgaire.

☐ **D.** Remettre à plus tard quelque chose.

26. Quel mode verbal suit la locution « après que » ?

☐ **A.** Conditionnel. ☐ **C.** Indicatif.

☐ **B.** Impératif. ☐ **D.** Subjonctif.

27. Comment s'écrit 3 600 081 ?

☐ **A.** Trois million six cent mille quatre-vingt-un.

☐ **B.** Trois millions six cent mille quatre-vingt-un.

☐ **C.** Trois millions six cent mille quatre-vingts-un.

☐ **D.** Trois millions six cents milles quatre-vingts-un.

28. Complétez cette phrase : « La Bourse de Paris a connu quelques …, mais la journée s'est … dans le calme et les investisseurs ont eu plus de … que de … ».

☐ **A.** Soubresauts / clôturé / peurs / mal.

☐ **B.** Soubressauts / clôturé / peur / mal.

☐ **C.** Soubresauts / clôturée / peur / mal.

☐ **D.** Soubressauts / clôturée / peurs / male.

29. Quelle est la conjugaison correcte du verbe « manger » à la première personne du singulier au passé simple ?

- ▢ **A.** J'ai mangé.
- ▢ **B.** J'avais mangé.
- ▢ **C.** Je mangeai.
- ▢ **D.** Je mangeais.

30. Une œuvre éponyme est :

- ▢ **A.** Une autobiographie.
- ▢ **B.** Une œuvre composée en vers.
- ▢ **C.** Une œuvre dont le titre est le nom de l'auteur.
- ▢ **D.** Une œuvre qui traite de l'actualité.

Corrigé

1. **A.** La mer Méditerranée.
2. **C.** Khrouchtchev – Brejnev – Andropov – Gorbatchev.
3. Toutes les solutions sont correctes.
4. **B.** Les chiroptères.
5. **C.** Présidente de la Banque centrale européenne.
6. **B.** 1954.
7. **B.** 2014.
8. **C.** HBO.
9. **D.** Quimper.
10. **B.** François Ier.
11. **D.** Mexicaine.
12. **A.** Alexander Fleming.
13. **B.** René Coty.
14. **D.** 20 % – 10 % – 5,5 % – 2,1 %.
15. **C.** *Titane.*
16. **C.** 1992.
17. **D.** Émile Zola.
18. **D.** Étymologie.
19. **D.** Stratus.
20. Aucune des réponses n'est correcte.
21. **B.** Je vaincs.
22. **A.** Benchmarking.
23. **D.** Un pléonasme.
24. **C.** Des sans-abri.
25. **D.** Remettre à plus tard quelque chose.
26. **C.** Indicatif.
27. **B.** Trois millions six cent mille quatre-vingt-un.
28. **C.** Soubresauts / clôturée / peur / mal.
29. **C.** Je mangeai.
30. **C.** Une œuvre dont le titre est le nom de l'auteur.

3 Concours externe pour le recrutement de contrôleurs des douanes et droits indirects, branche « contrôle des opérations commerciales et administration générale », session 2023

1 Français

1. Quel mot est féminin ?
   - ☐ **A.** Astérisque.
   - ☐ **B.** Effluve.
   - ☐ **C.** Intervalle.
   - ☐ **D.** Échappatoire.

2. Quelle phrase est correctement orthographiée ?
   - ☐ **A.** C'est un puit sans fond !
   - ☐ **B.** C'est un puits sans fond !
   - ☐ **C.** C'est un puit sans fonds !
   - ☐ **D.** C'est un puits sans fonds !

3. Lequel de ces mots est correctement orthographié ?
   - ☐ **A.** Omnibuler.
   - ☐ **B.** Obnibuler.
   - ☐ **C.** Omnubiler.
   - ☐ **D.** Obnubiler.

4. Qui est l'auteur du roman *Bel Ami* ?
   - ☐ **A.** Victor Hugo.
   - ☐ **B.** Guy de Maupassant.
   - ☐ **C.** Gustave Flaubert.
   - ☐ **D.** George Sand.

5. Lequel de ces noms est un antonyme d'ostentation ?
   - ☐ **A.** Présomption.
   - ☐ **B.** Étalage.
   - ☐ **C.** Discrétion.
   - ☐ **D.** Conviction.

6. L'antépénultième syllabe d'un mot est :
   - ☐ **A.** La première syllabe.
   - ☐ **B.** La dernière syllabe.
   - ☐ **C.** L'avant-dernière syllabe.
   - ☐ **D.** L'avant-avant-dernière syllabe.

7. Donnez le synonyme du mot « laconique ».
   - ☐ **A.** Prolixe.
   - ☐ **B.** Sibyllin.
   - ☐ **C.** Filandreux.
   - ☐ **D.** Lapidaire.

8. Dans la phrase « Ils se sont embrassés malgré les restrictions sanitaires », le verbe est :
   - ☐ **A.** À la forme impersonnelle.
   - ☐ **B.** À la forme emphatique.
   - ☐ **C.** À la forme pronominale.
   - ☐ **D.** À la forme interactive.

9. Que signifie le préfixe « tétra- », d'étymologie grecque ?

- ☐ A. Trois.
- ☐ B. Quatre.
- ☐ C. Treize.
- ☐ D. Trente.

10. Accordez la phrase suivante : « L'homme aux yeux… vendait sur son étal de précieuses étoffes… et… ».

- ☐ A. marron – orange – mauves.
- ☐ B. marrons – oranges – mauves.
- ☐ C. marron – oranges – mauves.
- ☐ D. marrons – orange – mauves.

11. Qu'est-ce que le « hameçonnage » ?

- ☐ A. Une technique de pêche.
- ☐ B. Une technique de drague.
- ☐ C. Une technique policière d'infiltration.
- ☐ D. Une technique de fraude par courriel.

12. Quelle est la forme du verbe « mourir » conjugué à la première personne du conditionnel présent ?

- ☐ A. Je mourrais.
- ☐ B. Je mourais.
- ☐ C. Je mourai.
- ☐ D. Je mourrai.

13. Qu'est-ce qu'un sonnet ?

- ☐ A. Un poème écrit exclusivement en alexandrins.
- ☐ B. Un poème de forme libre.
- ☐ C. Un poème composé de deux quatrains et de deux tercets.
- ☐ D. Un poème qui forme un dessin en rapport avec le sujet du texte.

14. Quel est l'intrus du groupe des poètes français de la Pléiade ?

- ☐ A. Pierre de Ronsard.
- ☐ B. Joachim du Bellay.
- ☐ C. Pontus de Tyard.
- ☐ D. François Rabelais.

15. Quel mot est masculin ?

- ☐ A. Omoplate.
- ☐ B. Tentacule.
- ☐ C. Anagramme.
- ☐ D. Oasis.

2 Connaissances générales

16. Que classe l'échelle de Scoville ?

- ☐ A. La teneur en minéraux des fruits et légumes.
- ☐ B. La teneur calorifique des aliments.
- ☐ C. Les fromages selon leurs matières grasses.
- ☐ D. La force des piments.

17. Dans quelle ville s'est tenue la 21e Conférence des parties (COP 21) ?

- ☐ A. Marrakech.
- ☐ B. Bonn.
- ☐ C. Lima.
- ☐ D. Paris.

18. Qu'a tenté de racheter le milliardaire Elon Musk en 2022 ?

- ☐ **A.** Amazon.
- ☐ **B.** Le zoo de Beauval.
- ☐ **C.** Twitter.
- ☐ **D.** Décathlon.

19. Combien d'États membres de l'Union européenne sont dépourvus de façade maritime ?

- ☐ **A.** 5.
- ☐ **B.** 6.
- ☐ **C.** 7.
- ☐ **D.** 8.

20. À quoi sert la transmission sur une voiture ?

- ☐ **A.** Transmettre les gaz d'échappement vers le catalyseur.
- ☐ **B.** Transmettre l'essence au moteur.
- ☐ **C.** Transmettre le liquide lave-glace.
- ☐ **D.** Transmettre la puissance du moteur aux roues.

21. Dans la mythologie grecque, en quel animal se changea Zeus pour enlever Europe, la fille d'Agénor ?

- ☐ **A.** En lion.
- ☐ **B.** En taureau.
- ☐ **C.** En cheval.
- ☐ **D.** En pégase.

22. « Je me presse de rire de tout, de peur d'être obligé d'en pleurer. » De qui est cette phrase ?

- ☐ **A.** Scarron.
- ☐ **B.** La Rochefoucauld.
- ☐ **C.** Beaumarchais.
- ☐ **D.** Madame de Lafayette.

23. Qu'est-ce que le club des 27 ?

- ☐ **A.** Un ensemble d'États européens voulant quitter la zone euro.
- ☐ **B.** Un ensemble d'artistes célèbres morts à l'âge de 27 ans.
- ☐ **C.** Un jazz club célèbre des années 30.
- ☐ **D.** Les États membres fondateurs du traité de Rome.

24. Dans quel pays se trouve l'État fédéré de Bahia ?

- ☐ **A.** Argentine.
- ☐ **B.** Mexique.
- ☐ **C.** Brésil.
- ☐ **D.** Venezuela.

25. À quelle civilisation le site de Chichèn Itzà est-il lié ?

- ☐ **A.** Les Mayas.
- ☐ **B.** Les Aztèques.
- ☐ **C.** Les Incas.
- ☐ **D.** Les Toltèques.

26. La réforme judiciaire de 2020 a vu la fusion des tribunaux d'instance et des tribunaux de grande instance pour créer une nouvelle entité judiciaire nommée :

- ☐ **A.** Tribunal de justice.
- ☐ **B.** Cour des comptes.
- ☐ **C.** Tribunal judiciaire.
- ☐ **D.** Tribunal de commerce.

27. L'archipel des Berlengas est situé au large des côtes de quel pays ?

- ☐ **A.** Espagne.
- ☐ **B.** Portugal.
- ☐ **C.** Mexique.
- ☐ **D.** Brésil.

28. En quelle année fut baptisé Clovis roi des Francs ?

- ☐ **A.** 1066.
- ☐ **B.** 369.
- ☐ **C.** 705.
- ☐ **D.** 498.

29. Combien de pays africains sont riverains du lac Victoria ?

- ☐ **A.** 2.
- ☐ **B.** 3.
- ☐ **C.** 4.
- ☐ **D.** 5.

30. Quel est le dernier film français à avoir reçu la Palme d'or à Cannes ?

- ☐ **A.** *Antoinette dans les Cévennes.*
- ☐ **B.** *Adieu les cons.*
- ☐ **C.** *Titane.*
- ☐ **D.** *La daronne.*

31. Quel pays était l'hôte de la dernière exposition universelle ?

- ☐ **A.** Brésil.
- ☐ **B.** Chine.
- ☐ **C.** Émirats arabes unis.
- ☐ **D.** Italie.

32. Quels pays se sont affrontés lors de la bataille d'Azincourt (1415) ?

- ☐ **A.** La France et l'Angleterre.
- ☐ **B.** La France et le Saint-Empire romain germanique.
- ☐ **C.** La France et l'Italie.
- ☐ **D.** La France et l'Espagne.

33. Combien y a-t-il de sommets de plus de 8 000 mètres d'altitude sur Terre ?

- ☐ **A.** 2.
- ☐ **B.** 5.
- ☐ **C.** 14.
- ☐ **D.** 10.

34. Comment appelle-t-on la répétition d'un même son de voyelles dans plusieurs syllabes rapprochées ?

- ☐ **A.** L'assonance.
- ☐ **B.** L'anaphore.
- ☐ **C.** L'allitération.
- ☐ **D.** L'allégorie.

35. Quel est le montant mensuel net du Smic (Salaire minimum interprofessionnel de croissance) au 1er août 2022 ?

- ☐ **A.** 1 500 €.
- ☐ **B.** 1 645,58 €.
- ☐ **C.** 1 329,05 €.
- ☐ **D.** 1 245,42 €.

Corrigé

1. **D.** Échappatoire.
2. **B.** C'est un puits sans fond !
3. **D.** Obnubiler.
4. **B.** Guy de Maupassant.
5. **C.** Discrétion.
6. **D.** L'avant-avant-dernière syllabe.
7. **D.** Lapidaire.
8. **C.** À la forme pronominale.
9. **B.** Quatre.
10. **A.** Marron – orange – mauves.
11. **D.** Une technique de fraude par courriel.
12. **A.** Je mourrais.
13. **C.** Un poème composé de deux quatrains et de deux tercets.
14. **D.** François Rabelais.
15. **B.** Tentacule.
16. **D.** La force des piments.
17. **D.** Paris.
18. **C.** Twitter.
19. **A.** 5.
20. **D.** Transmettre la puissance du moteur aux roues.
21. **B.** En taureau.
22. **C.** Beaumarchais.
23. **B.** Un ensemble d'artistes célèbres morts à l'âge de 27 ans.
24. **C.** Brésil.
25. **A.** Les Mayas.
26. **C.** Tribunal judiciaire.
27. **B.** Portugal.
28. **D.** 498.
29. **B.** 3.
30. **C.** Titane.
31. **C.** Émirats arabes unis.
32. **A.** La France et l'Angleterre.
33. **C.** 14.
34. **A.** L'assonance.
35. **C.** 1 329,05 €.

4 QCM concours commun catégorie C, 2023

1 Questionnaire d'orthographe, vocabulaire et grammaire

1. Combien de fautes contient cette phrase ? « Le gouvernement a souhaité lancé la réforme des retraites conformément à ces engagements formulé lors de la campagne des présidentielles ».

- ☐ **A.** 0 faute.
- ☐ **B.** 1 faute.
- ☐ **C.** 2 fautes.
- ☐ **D.** 3 fautes.

2. Quelle est la bonne écriture en toutes lettres de 2 348,30 €?

- ☐ **A.** Deux mille trois cent quarante-huit euros et trente centimes.
- ☐ **B.** Deux mille trois cents quarante-huit euros et trente centimes.
- ☐ **C.** Deux milles trois cent quarante-huit euros et trente centimes.
- ☐ **D.** Deux milles trois cents quarantes-huits euros et trentes centimes.

3. On écrit des :

- ☐ **A.** Chou-fleur.
- ☐ **B.** Chou-fleurs.
- ☐ **C.** Choux-fleur.
- ☐ **D.** Choux-fleurs.

4. Laquelle de ces propositions est correctement orthographiée ?

- ☐ **A.** La décision peut être prise à l'unanimité.
- ☐ **B.** Le journal sera peut être distribué demain.
- ☐ **C.** Le rendez-vous, peut être maintenu à l'heure prévue, sera honoré.
- ☐ **D.** Sa candidature peut-être retenue parmi les autres.

5. Complétez la phrase suivante : « Comme il faisait beau temps, il est sorti… »

- ☐ **A.** sans bonnet ni gant.
- ☐ **B.** sans bonnet ni gants.
- ☐ **C.** sans bonnets ni gant.
- ☐ **D.** sans bonnets ni gants.

6. Laquelle de ces propositions correspond à un antonyme du verbe « recouvrer » ?

- ☐ **A.** Décaisser.
- ☐ **B.** Découvrir.
- ☐ **C.** Empocher.
- ☐ **D.** Solder.

7. On dit de quelqu'un qui fait preuve de « sagacité » qu'il est :

- ☐ **A.** Drôle et rieur.
- ☐ **B.** Fin et élégant.
- ☐ **C.** Perspicace et clairvoyant.
- ☐ **D.** Rapide et efficace.

8. Quelle est la définition des mots homophones ?

- ☐ **A.** S'écrivent pareil à une ou deux lettres près.
- ☐ **B.** Se prononcent pareil mais s'écrivent différemment.
- ☐ **C.** Sont issus de la même famille.
- ☐ **D.** Veulent dire l'opposé l'un de l'autre.

9. Qu'est-ce qu'un complément circonstanciel ?

- ▢ **A.** Un complément facultatif de ponctuation.
- ▢ **B.** Un complément facultatif qui précise les circonstances de l'action.
- ▢ **C.** Un complément qui n'existe pas.
- ▢ **D.** Un complément qui précise l'objet, étroitement lié au verbe.

10. Quel est l'homonyme de « sain » ?

- ▢ **A.** Contaminé.
- ▢ **B.** Pur.
- ▢ **C.** Seing.
- ▢ **D.** Vicié.

11. Que signifie l'expression « secret de polichinelle » ?

- ▢ **A.** Détenir une information compromettante.
- ▢ **B.** Détenir une information fallacieuse.
- ▢ **C.** Détenir une information faussement secrète.
- ▢ **D.** Détenir une information ultra-confidentielle.

12. La signification de palindrome est :

- ▢ **A.** Un champ de courses.
- ▢ **B.** Un drone.
- ▢ **C.** Un mot qui garde le même sens qu'on le lise de droite à gauche ou de gauche à droite.
- ▢ **D.** Une unité de mesure.

13. Quelle est la bonne conjugaison du verbe « marcher » au passé simple à la première personne du singulier ?

- ▢ **A.** Je marchai.
- ▢ **B.** Je marchais.
- ▢ **C.** J'ai marché.
- ▢ **D.** J'avais marché.

14. Le verbe « faire » est conjugué aux 4 temps ci-dessous. Quelle proposition est correcte ?

1.		**2.**		**3.**		**4.**	
je tu il/elle nous	fis fis fit fîmes	j' tu il/elle nous	eus fait eus fait eut fait eûmes fait	j' tu il/elle nous	aurais fait aurais fait aurait fait aurions fait	je tu il/elle nous	faisais faisais faisait faisions
vous	fîtes	vous	eûtes fait	vous	auriez fait	vous	faisiez
ils/elles	firent	ils/elles	eurent fait	ils/elles	auraient fait	ils/elles	faisaient

- ▢ **A.** 1 : conditionnel passé/ 2 : passé simple/ 3: passé antérieur/ 4: imparfait.
- ▢ **B.** 1 : passé simple/ 2: conditionnel passé/ 3: imparfait/ 4: passé antérieur.
- ▢ **C.** 1 : passé antérieur/ 2 : imparfait/ 3: conditionnel passé/ 4: passé simple.
- ▢ **D.** 1 : passé simple/ 2 : passé antérieur/ 3 : conditionnel passé/ 4 : imparfait.

15. Conjuguez à l'imparfait de l'indicatif : « Je distingue ».

- ☐ A. Je distinguai.
- ☐ B. Je distinguais.
- ☐ C. Je distinguâmes.
- ☐ D. Je distinguis.

16. Complétez la phrase suivante : « Pour quelle raison… » .

- ☐ A. a-t-il quittée la voiture ?
- ☐ B. est-il sorti de la voiture ?
- ☐ C. n'ait-il pas dans la voiture ?
- ☐ D. sont-elles partient de la voiture ?

2 Questionnaire de connaissances générales

17. Quelle région d'Ukraine la Russie a-t-elle annexée en 2014 ?

- ☐ A. La Birobidjan.
- ☐ B. La Crimée.
- ☐ C. L'Ossétie.
- ☐ D. La Tchétchénie.

18. Qui a déclaré « L'histoire de toutes les sociétés jusqu'à nos jours est celle de la lutte des classes » ?

- ☐ A. Lénine.
- ☐ B. Bernard-Henri Lévy.
- ☐ C. Karl Marx.
- ☐ D. Jean-Luc Mélenchon.

19. Le roi Saint Louis rendait la justice sous un :

- ☐ A. Bouleau.
- ☐ B. Chêne.
- ☐ C. Eucalyptus.
- ☐ D. Flamboyant.

20. Parmi les évènements suivants, lesquels sont classés par ordre chronologique (du plus ancien au plus récent) ?

- ☐ A. Bombardements atomiques de Hiroshima et Nagasaki/ Prise du pouvoir par Hitler/ Chocs pétroliers/ Chute du mur de Berlin.
- ☐ B. Prise du pouvoir par Hitler/ Bombardements atomiques de Hiroshima et Nagasaki/ Chute du mur de Berlin/ Chocs pétroliers.
- ☐ C. Bombardements atomiques de Hiroshima et Nagasaki/ Prise du pouvoir par Hitler/ Chute du mur de Berlin / Chocs pétroliers.
- ☐ D. Prise du pouvoir par Hitler/ Bombardements atomiques de Hiroshima et Nagasaki/ Chocs pétroliers/ Chute du mur de Berlin.

21. Troisième album le plus vendu au monde, *Dark Side of the Moon* des Pink Floyd s'est vendu depuis sa sortie en 1973 à :

- ☐ A. 450 000 exemplaires.
- ☐ B. 4 500 000 exemplaires.
- ☐ C. 45 000 000 exemplaires.
- ☐ D. 450 000 000 exemplaires.

22. Parmi les films suivants, lequel a été réalisé par Steven Spielberg ?

- ☐ A. *Dunkerque.*
- ☐ B. *E.T., l'extra-terrestre.*
- ☐ C. *Gladiator.*
- ☐ D. *Sherlock Holmes.*

23. Lequel de ces lieux parisiens est dédié à l'art contemporain ?

- ☐ A. Le musée Guimet.
- ☐ B. Le musée du Louvre.
- ☐ C. Le centre Pompidou.
- ☐ D. Le musée Rodin.

24. *L'arabe du futur* est une série de bande dessinée, écrite et dessinée par :

- ▢ **A.** Yacine Kateb.
- ▢ **B.** Yasmina Khadra.
- ▢ **C.** Amin Maalouf.
- ▢ **D.** Riad Sattouf.

25. Quelle politique figure dans le plan Bercy-Vert ?

- ▢ **A.** Encourager les mobilités douces.
- ▢ **B.** Lutter contre les violences faites aux femmes.
- ▢ **C.** Mutualiser les achats de matériels informatiques.
- ▢ **D.** Recruter deux fois plus de fonctionnaires.

26. Parmi les pays suivants, lequel est membre de l'Union européenne ?

- ▢ **A.** Albanie.
- ▢ **B.** Bulgarie.
- ▢ **C.** Moldavie.
- ▢ **D.** Norvège.

27. Quel ministère est communément dénommé le quai d'Orsay ?

- ▢ **A.** Le ministère de la Culture.
- ▢ **B.** Le ministère de la Défense.
- ▢ **C.** Le ministère de l'Europe et des Affaires étrangères.
- ▢ **D.** Le ministère du Budget.

28. Quelle est l'organisation étatique de l'Allemagne ?

- ▢ **A.** Un État fédéral.
- ▢ **B.** Un État unitaire centralisé.
- ▢ **C.** Un État unitaire régionalisé.
- ▢ **D.** Une monarchie.

29. Qu'est-ce que le validisme ?

- ▢ **A.** Un système faisant des personnes valides la norme sociale.
- ▢ **B.** Un système permettant de s'assurer de la qualité alimentaire d'un produit.
- ▢ **C.** Un système permettant de s'assurer de la validité d'une information.
- ▢ **D.** Un système similaire à celui de la date limite de consommation.

30. L'impôt sur le revenu français est :

- ▢ **A.** Calculé d'après un barème proportionnel.
- ▢ **B.** Établi en tenant compte de la composition du foyer fiscal.
- ▢ **C.** Fixé à une contribution minimale de 50 € peu importe le montant des revenus.
- ▢ **D.** Payé par tous les salariés jusqu'à leur départ à la retraite.

31. Le bouclier tarifaire mis en place par le Gouvernement depuis 2021 vise à partiellement compenser :

- ▢ **A.** La hausse de la TVA sur les ventes de médicaments.
- ▢ **B.** La hausse des prix de l'énergie.
- ▢ **C.** La hausse des taxes sur les produits pétroliers.
- ▢ **D.** La hausse du tarif des opérateurs de téléphonie mobile.

Corrigé

1. **D.** 3 fautes.
2. **A.** Deux mille trois cent quarante-huit euros et trente centimes.
3. **D.** Choux-fleurs.
4. **A.** La décision peut être prise à l'unanimité.
5. **B.** sans bonnet ni gants.
6. **A.** Décaisser.
7. **C.** Perspicace et clairvoyant.
8. **B.** Se prononcent pareil mais s'écrivent différemment.
9. **B.** Un complément facultatif qui précise les circonstances de l'action.
10. **C.** Seing.
11. **C.** Détenir une information faussement secrète.
12. **C.** Un mot qui garde le même sens qu'on le lise de droite à gauche ou de gauche à droite.
13. **A.** Je marchai.
14. **D.** 4. 1 : passé simple / 2 : passé antérieur / 3 : conditionnel passé / 4 : imparfait.
15. **B.** Je distinguais.
16. **B.** est-il sorti de la voiture ?
17. **B.** La Crimée.
18. **C.** Karl Marx.
19. **B.** Chêne.
20. **D.** Prise du pouvoir par Hitler / Bombardements atomiques de Hiroshima et Nagasaki / Chocs pétroliers / Chute du mur de Berlin.
21. **C.** 45 000 000 exemplaires.
22. **B.** *E.T., l'extra-terrestre.*
23. **C.** Le centre Pompidou.
24. **D.** Riad Sattouf.
25. **A.** Encourager les mobilités douces.
26. **B.** Bulgarie.
27. **C.** Le ministère de l'Europe et des Affaires étrangères.
28. **A.** Un État fédéral.
29. **A.** Un système faisant des personnes valides la norme sociale.
30. **B.** Établi en tenant compte de la composition du foyer fiscal.
31. **B.** La hausse des prix de l'énergie.

5 Concours externe pour le recrutement de contrôleurs des douanes et droits indirects, branche « surveillance », session 2023

1 Français

1. Qui est l'auteur du poème : *Mignonne, allons voir si la rose* ?

☐ **A.** Ronsard.
☐ **B.** Verlaine.
☐ **C.** Du Bellay.
☐ **D.** Baudelaire.

2. Complétez la phrase suivante : « Et la nuit…, non sans que le jour, une dernière fois, …, de lueurs rouges, la flotte… » :

☐ **A.** s'installat – n'ait éclairé – échouée.
☐ **B.** s'installa – n'est éclairé – échouée.
☐ **C.** s'installa – n'ait éclairé – échouée.
☐ **D.** s'installat – n'est éclairée – échouée.

3. Quel est l'infinitif du verbe dans l'expression « ci-gît » ?

☐ **A.** Gésir.
☐ **B.** Gîter.
☐ **C.** Girer.
☐ **D.** Geoir.

4. Quel est le plus-que-parfait du subjonctif du verbe contrôler ?

☐ **A.** Que nous eussions contrôlé.
☐ **B.** Que nous contrôlassions.
☐ **C.** Que nous ayons contrôlé.
☐ **D.** Que nous aurions contrôlé.

5. Dans la phrase « je le trouve très beau », quelle est la fonction du pronom « le » ?

☐ **A.** Sujet.
☐ **B.** Complément d'objet direct.
☐ **C.** Complément d'objet indirect.
☐ **D.** Attribut du sujet.

6. Laquelle de ces phrases est correctement orthographiée ?

☐ **A.** Il est fatiguant de lutter contre les trafiquants.
☐ **B.** Il est fatiguant de lutter contre les traficants.
☐ **C.** Il est fatigant de lutter contre les trafiquants.
☐ **D.** Il est fatigant de lutter contre les traficants.

7. À quel temps est conjugué le verbe « contrôler » dans la formulation « en ayant contrôlé » ?

☐ **A.** Participe passé.
☐ **B.** Gérondif passé.
☐ **C.** Subjonctif passé.
☐ **D.** Passé antérieur.

8. Quelle phrase est correctement orthographiée ?
- ☐ **A.** Vous devez payer une amende de deux cent trente-quatre euros.
- ☐ **B.** Vous devez payer une amende de deux cents trente-quatre euros.
- ☐ **C.** Vous devez payer une amande de deux cent trente-quatre euros.
- ☐ **D.** Vous devez payer une amande de deux cents trente-quatre euros.

9. Quelle phrase contient un verbe au subjonctif ?
- ☐ **A.** Que tu sembles jolie !
- ☐ **B.** Nous souhaitons tous qu'il cherche un nouveau travail.
- ☐ **C.** Ce que je vis là était époustouflant !
- ☐ **D.** Après qu'elle eut dîné, elle sortit danser.

10. L'expression « Au jour d'aujourd'hui » est :
- ☐ **A.** Un oxymore.
- ☐ **B.** Un pléonasme.
- ☐ **C.** Une litote.
- ☐ **D.** Une anacoluthe.

11. Débutez la phrase suivante : « …, l'accusé préparait sa défense ».
- ☐ **A.** *Ad litem.*
- ☐ **B.** *Ad libitum.*
- ☐ **C.** *Ad hoc.*
- ☐ **D.** *Ad arbitrium.*

12. Dans quelle phrase « tout » est-il un adverbe ?
- ☐ **A.** Il est tout content.
- ☐ **B.** Tout est bien qui finit bien.
- ☐ **C.** Tout le monde est content.
- ☐ **D.** Je lui ai pris le tout pour six euros.

13. La scission d'un groupe parlementaire signifie que :
- ☐ **A.** Des députés supplémentaires ont rejoint le groupe qui s'est donc agrandi.
- ☐ **B.** Le groupe a fusionné avec un autre groupe plus petit.
- ☐ **C.** Le groupe a fusionné avec un autre groupe plus grand.
- ☐ **D.** Le groupe s'est divisé.

14. Quel est le sens du mot « impavide » ?
- ☐ **A.** Ne manifeste aucune émotion.
- ☐ **B.** Ne manifeste aucune peur.
- ☐ **C.** Ne manifeste aucun sentiment.
- ☐ **D.** Ne manifeste aucune joie.

15. Quel est l'adverbe de l'adjectif « savant » ?
- ☐ **A.** Savament.
- ☐ **B.** Savemment.
- ☐ **C.** Savamment.
- ☐ **D.** Savantement.

2 Connaissances générales

16. En quelle année les congés payés ont-ils été généralisés en France ?
- ☐ **A.** 1848.
- ☐ **B.** 1936.
- ☐ **C.** 1958.
- ☐ **D.** 1968.

17. Quel État membre présidera le Conseil de l'Union européenne à partir du 1er janvier 2023 ?

- ☐ **A.** La République tchèque.
- ☐ **B.** La Suède.
- ☐ **C.** La Finlande.
- ☐ **D.** La France.

18. Combien y a-t-il de sénateurs en France ?

- ☐ **A.** 118.
- ☐ **B.** 338.
- ☐ **C.** 348.
- ☐ **D.** 577.

19. Laquelle de ces rivières n'est pas un affluent de la Garonne ?

- ☐ **A.** Le Lot.
- ☐ **B.** L'Adour.
- ☐ **C.** Le Tarn.
- ☐ **D.** Le Gers.

20. Parmi ces 4 pays, lequel n'est actuellement pas candidat à l'adhésion à l'Union européenne ?

- ☐ **A.** Ukraine.
- ☐ **B.** Turquie.
- ☐ **C.** Albanie.
- ☐ **D.** Bulgarie.

21. De quel pays européen est parti le Tour de France 2022 masculin ?

- ☐ **A.** Suède.
- ☐ **B.** Danemark.
- ☐ **C.** Belgique.
- ☐ Luxembourg.

22. Comment s'appelle l'aide financière de l'État relative à la rénovation énergétique des logements ?

- ☐ **A.** MaPrimeRénov'.
- ☐ **B.** La prime inflation.
- ☐ **C.** Le revenu de solidarité active.
- ☐ **D.** Le bonus écologique.

23. Qui a écrit « De la démocratie en Amérique » ?

- ☐ **A.** Nicolas de Condorcet.
- ☐ **B.** Frédéric Le Play.
- ☐ **C.** Auguste Comte.
- ☐ **D.** Alexis de Tocqueville.

24. En France, qui nomme les préfets ?

- ☐ **A.** Le Premier ministre.
- ☐ **B.** Le ministre de l'Intérieur.
- ☐ **C.** Le président de la République.
- ☐ **D.** Les maires de la circonscription.

25. En quelle année la ville de Paris a-t-elle accueilli les Jeux olympiques modernes pour la première fois ?

- ☐ **A.** 1892.
- ☐ **B.** 1896.
- ☐ **C.** 1900.
- ☐ **D.** 1904.

26. Que collectionne un placomusophile ?

- ☐ **A.** Les timbres.
- ☐ **B.** Les pièces de monnaie.
- ☐ **C.** Les capsules de bouchons de champagne.
- ☐ **D.** Les bagues de cigares.

27. Le Parlement européen a voté le 8 juin dernier en faveur de l'interdiction de la vente de voitures neuves à moteur thermique dans l'Union européenne. À partir de quelle année cette mesure s'appliquera-t-elle ?

- ☐ **A.** 2024.
- ☐ **B.** 2035.
- ☐ **C.** 2025.
- ☐ **D.** 2028.

28. Quel est le plus long fleuve en France ?

- ☐ **A.** Le Rhône.
- ☐ **B.** La Loire.
- ☐ **C.** Le Rhin.
- ☐ **D.** La Seine.

29. Quelle est la part des éoliennes dans la production électrique française en 2021 ?

- ☐ **A.** 35 %.
- ☐ **B.** 7,8 %.
- ☐ **C.** 12 %.
- ☐ **D.** 6,3 %.

30. Comment appelle-t-on les politiques mises en œuvre par les pouvoirs publics pour répondre au principe d'équité ?

- ☐ **A.** Le plafond de verre.
- ☐ **B.** L'égalité des chances.
- ☐ **C.** La discrimination des genres.
- ☐ **D.** La discrimination positive.

31. Quelle unité du système international permet de mesurer l'intensité électrique ?

- ☐ **A.** L'ampère.
- ☐ **B.** Le watt.
- ☐ **C.** Le volt.
- ☐ **D.** Le tesla.

32. Que sont « Standard and Poor's » ou « Moody's » ?

- ☐ **A.** Des cabinets d'avocats spécialisés dans la finance internationale.
- ☐ **B.** Des banques internationales.
- ☐ **C.** Des agences de notation économique.
- ☐ **D.** Des sociétés d'investissement internationales.

33. En chimie, les atomes peuvent se lier en partageant deux électrons et former une liaison. Quel est le nom de cette liaison ?

- ☐ **A.** Liaison de Valence.
- ☐ **B.** Liaison covalente.
- ☐ **C.** Liaison forte.
- ☐ **D.** Liaison dangereuse.

34. Quelle ville abrite le siège de l'Organisation des Nations unies pour l'alimentation et l'agriculture (FAO) ?

- ☐ **A.** Genève.
- ☐ **B.** Rome.
- ☐ **C.** Bruxelles.
- ☐ **D.** Paris.

35. Quelle épreuve sportive a été créée par Géo Lefèvre et Henri Desgrange ?

- ☐ **A.** La Coupe du monde de football.
- ☐ **B.** Le tournoi de Roland-Garros.
- ☐ **C.** Le Tour de France.
- ☐ **D.** Les Jeux olympiques d'hiver.

Corrigé

1. **A.** Ronsard.
2. **C.** S'intalla – n'ait éclairé – échouée.
3. **A.** Gésir.
4. **A.** Que nous eussions contrôlé.
5. **B.** Complément d'objet direct.
6. **A.** Il est fatiguant de lutter contre les trafiquants.
7. **B.** Gérondif passé.
8. **A.** Vous devez payer une amende de deux cent trente-quatre euros.
9. **D.** Après qu'elle eut dîné, elle sortit danser.
10. **B.** Un pléonasme.
11. **A.** *Ad litem*.
12. **A.** Il est tout content.
13. **D.** Le groupe s'est divisé.
14. **B.** Ne manifeste aucune peur.
15. **C.** Savamment.
16. **B.** 1936.
17. **B.** La Suède.
18. **C.** 348.
19. **B.** L'Adour.
20. **D.** Bulgarie.
21. **B.** Danemark.
22. **A.** MaPrimeRénov.
23. **D.** Alexis de Tocqueville.
24. **C.** Le président de la République.
25. **C.** 1900.
26. **C.** Les capsules de bouchons de champagne.
27. **B.** 2035.
28. **B.** La Loire.
29. **B.** 7,8 %.
30. **B.** L'égalité des chances.
31. **A.** L'ampère.
32. **C.** Des agences de notation économique.
33. **B.** Liaison covalente.
34. **B.** Rome.
35. **C.** Le Tour de France.

Partie 2

Fiches de cours

- Histoire, géographie, géopolitique
- Institutions et politiques
- Société
- Sciences, technologie et inventions
- Chronologie 2022

1 Histoire, géographie, géopolitique

1 Les périodes majeures de l'histoire

a. La préhistoire

Elle est divisée en trois périodes :

- Le Paléolithique (âge de la pierre ancienne) débute avec les premiers outils en pierre taillés en Europe et premiers restes osseux du genre Homo en Europe.
- Le Mésolithique.
- Le Néolithique.

b. L'âge du bronze

c. L'âge du Fer

d. L'Antiquité

Elle couvre la période allant de l'invention de l'écriture vers 3300-3200 av. J.-C. jusqu'à la chute de l'Empire romain d'Occident en 476.

e. Le Moyen Âge (476 à 1492)

Quelques dates et évènements de cette période : 496 : baptême de Clovis, 800 : couronnement de Charlemagne, la bataille de Poitiers en 732, la guerre de cent ans…

f. La période moderne

Elle commence en 1492 et se poursuit jusqu'à la fin du XIXe siècle. Quelques dates et évènements :

- C'est l'époque des **découvertes** (découverte de l'Amérique par Christophe Colomb en 1492), **l'avènement du roi François Ier,** connu pour la bataille de Marignan (1515) et les guerres de religion qui cesseront en France en **1598 avec l'**Édit de Nantes.
- Le **XVIIIe siècle** est également connu comme **le « siècle des Lumières »** avec les philosophes tels que Rousseau, Voltaire, Montesquieu, l'*Encyclopédie* de Diderot…
- **1789 : la Révolution française**. Le 14 juillet prise de la Bastille et le 26 août, Déclaration des droits et devoirs du citoyen. Une monarchie parlementaire se met en place et Louis XVI devient roi. **En septembre 1792**, abolition de la royauté et proclamation de la Première République.
- **Napoléon Bonaparte** gouverne la France et devient **empereur** des Français en **1804 jusqu'en 1815. Première édition du Code civil.**
- **Entre 1815 et 1848 :** monarchies constitutionnelles.
- De 1848 à 1852 : IIe République. Abolition de l'esclavage en 1848.

- De 1852 à 1870 : Second Empire dirigé par Napoléon III.
- De 1870 à 1940 : IIIe République.

g. Période contemporaine

Elle commence à la fin de l'époque moderne et se poursuit jusqu'à nos jours. Quelques dates et évènements en France :

- 1905 : loi de Séparation de l'Église et de l'État.
- 1914-1918 : Grande Guerre (11 novembre armistice)
- 1929 : krach boursier New York.
- En 1936 : Gouvernement de Léon Blum du Front populaire.
- 1939-1945 : Seconde Guerre mondiale. 8 mai capitulation allemande.
- Le 18 juin 1940 : appel du général de Gaulle.
- De 1940 à 1944 : régime de Vichy (maréchal Pétain).
- 1946 : IVe République.
- 1947 : plan Marshall.
- De 1954 à 1962 : guerre d'Algérie.
- 1958 : Ve République.
- De 1958 à 1969 : présidence du général de Gaulle.
- 1969 : démission du général de Gaulle. George Pompidou est élu président.
- 27 mai 1974-21 mai 1981 : Valéry Giscard d'Estaing.
- 1981 : François Mitterrand élu président de la République.
- 1986 : première cohabitation (Mitterrand/Chirac).
- De 1995 à 2007 : président Jacques Chirac.
- De 2007 à 2012 : président Nicolas Sarkozy.
- De 2012 à 2017 : président François Hollande.
- Depuis mai 2017 : président Emmanuel Macron, réélu en avril 2022. Une dissolution de l'Assemblée nationale a été annoncée par Emmanuel Macron le soir des résultats des élections européennes en juin 2024. Des élections législatives ont eu lieu le 30 juin et le 7 juillet. À l'issue du deuxième tour, aucun parti n'a obtenu une majorité absolue. Il faut atteindre 289 sièges à l'Assemblée pour avoir la majorité. Le « NFP » est arrivé en tête, suivi de « Ensemble » et le « RN » en troisième position. Le 16 juillet, Emmanuel Macron a accepté la démission du Gouvernement par son Premier ministre, Gabriel Attal. Cependant, les ministres qui composaient ce gouvernement continueront d'assurer le traitement des affaires courantes jusqu'à la nomination d'un nouveau gouvernement, au moins jusqu'à la fin des JO.

2 Géographie

a. La France

Situation géographique

La France est située à l'extrémité occidentale de l'Europe.

Sa superficie est de 551 695 km² (France métropolitaine). Elle a des frontières communes avec la Belgique, le Luxembourg, l'Allemagne, la Suisse, l'Italie et l'Espagne.

Elle possède 4 façades maritimes : la mer du Nord, la Manche, l'océan Atlantique et la mer Méditerranée.

Sa population

Au 1er janvier 2023, le nombre de personnes habitant en France est estimé à **68 millions,** dont 65,6 millions en France métropolitaine et 2,4 millions dans les départements et régions d'outre-mer (DROM).

L'espérance de vie à la naissance atteint 79,4 ans pour les hommes et 85,7 ans pour les femmes en **2023** en France métropolitaine.

Le vieillissement démographique : un problème majeur

La France va connaître d'ici 2050, une profonde transformation de la structure de sa population par âge due à la conjonction de deux facteurs : l'allongement de la durée de la vie et la persistance depuis environ trois décennies d'un niveau conjoncturel de fécondité inférieur au seuil de renouvellement des générations.

La France comptera environ 70 millions d'habitants en 2050 selon l'INSEE. La tendance au vieillissement de la population se confirme, avec près d'un habitant sur trois qui devrait avoir plus de 60 ans en 2050. En 2060, il n'y aura plus que 1,5 actif pour 1 inactif de plus de 60 ans en France.

L'économie

Population active : en 2022, elle est estimée à 29,6 millions de personnes de 15 ans ou plus en **France** (hors Mayotte). Elle regroupe 26,9 millions d'actifs ayant un emploi et 2,8 millions de personnes au chômage.

Le taux de chômage au quatrième trimestre 2022, **est quasi stable à 7,2 %** au sens du BIT.

PIB : Selon l'INSEE, le **produit intérieur brut** en 2022 est de **2 642 milliards d'euros**.

Dette publique : selon les chiffres de l'INSEE, publiés à la fin du 4e trimestre 2022, la dette publique s'établit à de 3000 milliards d'euros, soit à 111,6 % du PIB.

La France est la 7e **puissance économique mondiale**.

b. L'Europe

Les pays de l'UE : l'Allemagne, l'Autriche, la Belgique, la Bulgarie, Chypre, la Croatie, le Danemark, l'Espagne, l'Estonie, la Finlande, la France, la Grèce, la Hongrie, l'Irlande, l'Italie, la Lettonie, la Lituanie, le Luxembourg, Malte, les Pays-Bas, la Pologne, le Portugal, la République tchèque, la Roumanie, la Slovaquie, la Slovénie et la Suède.

Parmi ces pays, tous ne font pas partie de la zone euro. C'est le cas du Danemark, de la Suède, la Pologne, la Roumanie, la Bulgarie et la Croatie, Hongrie, la République tchèque, Les pays membres peuvent parfois négocier une clause de retrait de certains traités ou législations et décider de ne pas participer à certaines politiques de l'Union européenne. C'est le cas du Danemark en ce qui concerne la monnaie unique. Il a conservé sa monnaie après son adhésion à l'UE.

Superficie totale : 4,233 millions km^2.

La population : en 2023 la population européenne est estimée à 448,4 millions d'habitants par Eurostat.

Population active : en 2022, 76,6 % des hommes âgés de 15 à 64 ans sont actifs en France. Ce taux est de 79,5 % dans l'ensemble de l'Union européenne à 27 pays.

Le taux de chômage : Eurostat estime ainsi qu'en mars 2022, 13,37 millions de personnes étaient au chômage dans l'UE soit 6,2 % de la population active, dont près de 11,3 millions dans la zone euro (6,8 %).

Dette publique : la dette publique des États membres s'**établit en moyenne à 84 % du PIB** dans l'Union européenne au dernier trimestre de 2022 (contre 88 % au dernier trimestre 2021), soit près de 13 300 milliards d'euros.

c. Le monde

Superficie totale : 510 065 700 km^2.

La population mondiale : on estime à 8 milliards d'êtres humains répartis sur six continents : l'Asie, l'Afrique, l'Europe, l'Amérique (du Nord, centrale et du Sud), l'Océanie et l'Antarctique.

Le vieillissement des populations ne concerne pas uniquement la France, c'est un phénomène mondial qui touche aussi bien des pays développés comme le Japon, les pays émergents comme la Chine ainsi que l'Europe, que ce soit les pays du Nord ou du Sud

À connaître

Les capitales des pays, les plus hauts sommets, les fleuves…

Inégalités dans le monde : l'Europe est un continent relativement égalitaire, par rapport à l'Amérique du Nord, à la Chine ou au Japon. Les régions les plus inégalitaires sont l'Amérique du Sud, l'Afrique subsaharienne, le Moyen-Orient, et l'Asie du Sud et du Sud-Est.

Classement des 10 pays les plus riches au monde : États-Unis, Chine, Japon, Allemagne, Royaume-Uni, Inde, France, Italie, Canada, Corée du Sud.

Classement des pays ayant le plus faible produit intérieur brut (PIB) par habitant dans le monde en 2022 : la très grande majorité des vingt-cinq pays les plus pauvres du monde en 2022 se situe sur le continent africain. Les 20 pays les plus pauvres du monde affichent un PIB par habitant moyen de 686 dollars (le Burundi arrive en tête des pays les plus démunis, avec un PIB par habitant de 269 dollars américains. Il est suivi du Sud Soudan, de la Somalie, du Mozambique, de Madagascar, Malawi.). À titre de comparaison, le PIB par habitant de la France s'élève à 49 752 dollars en 2022.

Pour aller plus loin

Jean-Joseph Julaud, *Les grandes dates de l'histoire de France.*

Guillaume Bigot et Jean-Claude Barreau, *Toute la géographie du monde.*

3 Géopolitique

a. Offensive russe en Ukraine

Le 24 février 2022, l'armée russe commençait à envahir l'Ukraine, débutant ainsi la première guerre d'ampleur opposant deux États en Europe depuis 1945. Cette agression russe, viole le droit international.

Vladimir Poutine a souhaité une « démilitarisation » et une « dénazification » de l'Ukraine, alors que Volodymyr Zelensky, président de l'Ukraine, a appelé à une coalition antirusse.

Cette offensive russe a été menée depuis la Crimée, envahie et annexée par la Russie en 2014, depuis les territoires séparatistes de Donetsk et Lougansk.

Alors que l'armée russe progresse lentement face à la résistance des Ukrainiens, le conflit militaire se double d'une guerre économique. Moscou fait en effet l'objet d'une série de sanctions de la part de nombreux pays, notamment occidentaux dont les **principales sanctions et mesures de l'UE contre la Russie** sont :

- réduction de l'accès de la Russie aux marchés européens des capitaux ;
- interdiction de vente d'avions et d'équipements aux compagnies aériennes russes ;
- gel des avoirs de Vladimir Poutine et d'oligarques russes ;
- exclusion du système bancaire Swift de plusieurs banques russes ;
- gel des avoirs de la Banque centrale russe hors de Russie ;
- fermeture de l'espace aérien européen à l'aviation russe ;
- interdiction de diffusion dans l'UE des médias Russia Today et Sputnik ;
- embargo sur le charbon russe ;
- fermeture des ports de l'UE aux bateaux russes ;
- fermeture des routes de l'Union aux transporteurs russes ;
- livraison d'armes aux Ukrainiens.

La Chine de Xi Jinping a choisi de soutenir politiquement la Russie de Vladimir Poutine.

L'Ukraine, est la deuxième crise des réfugiés au monde après la Syrie. Selon le Haut-Commissariat de l'ONU pour les réfugiés (HCR), Filippo Grandi, 5 034 439 Ukrainiens ont quitté leur pays depuis le début de l'invasion russe le 24 février.

La Pologne accueille à elle seule plus de la moitié de tous les réfugiés qui ont fui depuis le début de l'invasion russe. Au total, un peu plus de 2 825 463 de réfugiés sont présents dans ce pays, selon le décompte du HCR arrêté au 19 avril.

Outre la Pologne, la Roumanie reste une destination des civils ukrainiens. 757 047 personnes y sont entrées. La Hongrie accueille quant à elle 471 080 personnes, selon des chiffres du HCR. 426 964 personnes sont entrées en Moldavie par l'Ukraine. Quant à la Slovaquie, elle dénombre 342 813 personnes ayant fui l'Ukraine.

La Russie reste la troisième destination des réfugiés ukrainiens après la Pologne et la Roumanie, avec près de 549 805 personnes. Au Bélarus, ce sont plus de 23 759 réfugiés ukrainiens qui ont été accueillis dans ce pays.

En plus des réfugiés, plus de 7,1 millions de personnes ont été déplacées à l'intérieur de l'Ukraine. Au total, plus de 12 millions de personnes, soit plus d'un quart de la population ukrainienne, ont été contraintes de fuir leur foyer depuis le 24 février dernier.

Le nombre de civils tués ou blessés enregistré par le Haut-Commissariat des Nations unies aux droits de l'homme lors de la guerre en Ukraine, au 12 mai 2022, s'élève à 7 326 victimes civiles dans le pays : 3 541 tués et 3 785 blessés. Toutefois, le HCDH a précisé que les chiffres réels pourraient être plus élevés.

La guerre a d'importantes répercussions sur les marchés de l'énergie et des denrées alimentaires. La Russie et l'Ukraine représentent 30 % du commerce mondial de blé, quand 30 % des importations européennes d'engrais sont d'origine russe et quand la Russie fournit près de 40 % du gaz fossile, plus de 25 % du pétrole et près de 50 % du charbon importés par l'Union européenne…

Retrouvez la chronologie sur le site : https://www.touteleurope.eu/l-ue-dans-le-monde/guerre-en-ukraine-chronologie-des-evenements/

b. Taïwan

Tensions entre la Chine et Taïwan. Les relations entre la Chine et Taïwan se sont tendues en avril 2023, la Chine mène un exercice dit « d'encerclement total » de Taïwan. Pendant tout le week-end, des avions de chasse et des navires de guerre ont simulé des bombardements ciblés contre l'île. Des avions et des troupes au sol ont été mobilisés pour simuler « des frappes de précision » contre des « cibles-clés » sur l'île et dans les eaux environnantes. Le gouvernement chinois considère l'île comme une province séparatiste qui doit être réintégrée au régime communiste, qu'elle le veuille ou non.

Tensions entre les États-Unis et la Chine. L'accès aux technologies de pointe est le principal point de tensions ainsi que Taïwan. Face aux pressions de la Chine sur Taïwan, les États-Unis ont déclaré qu'ils seraient prêts à défendre l'île que Pékin revendique comme son territoire. Une escalade de la tension entre les deux pays qui ne cesse de monter. De son côté, la Chine a riposté fermement aux menaces américaines, persuadée de revendiquer légitimement Taïwan.

c. L'Afghanistan

Le 15 août 2021, les talibans sont entrés dans Kaboul et ont repris le pouvoir en Afghanistan. Les Occidentaux ont évacué leurs ressortissants. Le président de la République, Ashraf Ghani, a démissionné et quitté l'Afghanistan. Cette attaque terroriste a été revendiquée par le groupe État islamique (EI). Depuis leur retour, la situation ne cesse de se dégrader pour le peuple afghan. Les femmes en sont les principales victimes.

Militantes, journalistes, femmes juges et procureures sont particulièrement visées par la répression et plusieurs d'entre elles ont disparu ou ont été tuées au cours des six derniers mois. Elles sont écartées de la vie publique, mais ont également perdu toute indépendance. Port du voile intégral en public, impossible de voyager seules en taxi, elles doivent le plus souvent être accompagnées de leur mari pour tous leurs déplacements. Fin mars, les talibans ont fait refermer aux filles l'accès aux lycées et collèges, quelques heures à peine après leur réouverture annoncée de longue date.

Un an et demi après : l'Afghanistan est considéré comme l'une des pires crises humanitaires à ce jour. L'économie du pays a chuté de façon dramatique depuis le retour au pouvoir des Taliban, plus de la moitié des Afghans sont considérés comme étant pauvres. À cela s'ajoute, pour les femmes Afghanes, la multiplication de lois talibanes restreignant leurs libertés.

d. Conflit israélo-palestinien

7 octobre 2023 : depuis la bande de Gaza, le Hamas conduit une série d'attaques et d'atrocités contre des militaires et civils israéliens. 1 200 Israéliens sont tués et 240 otages sont amenés dans la bande de Gaza. En représailles, une opération militaire israélienne, visant à éliminer le Hamas, est lancée contre Gaza.

En novembre 2023, un accord de cessez-le-feu a été conclu. Il a permis la libération de 86 otages israéliens, 240 prisonniers palestiniens et 24 otages d'origine étrangère. La trêve humanitaire qui a duré 6 jours a également permis l'acheminement de fournitures humanitaires dans la bande de Gaza.

En mars 2024, le Conseil de sécurité de l'ONU a adopté une résolution appelant à un cessez-le-feu humanitaire immédiat pendant le mois du ramadan et la libération de tous les otages.

En dépit de cette résolution, les combats se sont poursuivis.

Aujourd'hui, les combats s'intensifient à Rafah.

Un bilan tragique :

Les attaques du 7 octobre en Israël ont blessé 7 500 personnes et coûté la vie à 1 200 personnes.

L'escalade des hostilités dans la bande de Gaza est la plus meurtrière qu'ait connue l'enclave palestinienne depuis 2006. 36 284 personnes auraient été tuées, dont plus de 14 100 enfants et 9 000 femmes. Plus de 82 000 personnes auraient été blessées, dont 12 300 enfants. Des milliers d'autres sont portées disparues et seraient probablement sous les décombres.

Quant aux survivants, ils sont 1,7 million à avoir fui, plusieurs fois, le nord et le centre, à la recherche d'un refuge vers le sud, notamment à Rafah.

Les derniers ordres d'évacuation liés aux opérations militaires ont entraîné le déplacement de plus de 840 000 personnes.

e. Crise migratoire

Ils sont des milliers à avoir débarqué à Lampedusa en cette mi-septembre. Soudanais, Ivoiriens, Maliens, Ivoiriens… Pour ces migrants, l'île italienne ne constitue qu'une étape dans leur trajectoire effroyable vers l'Europe.

La présidente de la Commission européenne Ursula von der Leyen a présenté à Lampedusa un plan d'urgence destiné à aider l'Italie à faire face à l'afflux record de migrants. Une situation exceptionnelle qui relance l'épineux débat sur la gestion par les États européens de l'immigration illégale en Méditerranée.

2 Institutions et politiques

1 Organisation politique de la France

L'État français dispose depuis le 4 octobre 1958 d'une constitution, ensemble de textes juridiques qui définit les différentes institutions composant l'État et qui organise leurs relations. La Constitution de la Vᵉ République comporte un préambule proclamant l'attachement du peuple français aux droits de l'homme et au principe de souveraineté nationale. La Déclaration de 1789 et le préambule de 1946 lui ont été associés et ont acquis, en 1971, une valeur constitutionnelle. En 2005, le préambule s'est enrichi des droits et devoirs définis dans la Charte de l'environnement. La loi constitutionnelle de 2008 vise « à renforcer le rôle du Parlement, à rénover le mode d'exercice du pouvoir exécutif et à garantir aux citoyens des droits nouveaux ». La loi du 8 mars 2024 inscrit dans la constitution de 1958 la liberté garantie des femmes de recourir à l'interruption volontaire de grossesse (IVG). La laïcité est un fondement de la République en France. La loi de 1905 sur la séparation des Églises et de l'État est un événement fondateur de la société française du xxᵉ siècle. La France est une démocratie et est organisée selon le principe de la séparation des pouvoirs législatif (vote des lois par le Parlement), exécutif (application des lois par le président et le gouvernement) et judiciaire (respect des lois par les juges).

a. Le président de la République

Emmanuel Macron a été réélu au suffrage universel direct par un scrutin uninominal majoritaire à deux tours, le 24 avril 2022 avec 58,54 % des voix contre 41,46 % pour la candidate d'extrême droite Marine le Pen. Le parti La République en marche devient Renaissance. Son Mandat est de 5 ans. Pour être candidat, il faut avoir 18 ans, être inscrit sur les listes électorales et réunir au moins 500 parrainages d'élus avant la fin de la période de réception. Ces parrainages doivent être envoyés par voie postale au Conseil constitutionnel. Tous les Français âgés de plus de 18 ans inscrits sur les listes électorales peuvent voter. En cas d'empêchement ou de vacance de la présidence de la République, c'est le président du Sénat qui assure l'intérim.

Ses pouvoirs : il est le chef des armées, veille au respect de la constitution, nomme le Premier ministre, promulgue les lois après adoption par le parlement, préside le conseil des ministres, saisit le Conseil constitutionnel, peut dissoudre l'Assemblée nationale, peut consulter la nation par référendum et nomme les plus hauts fonctionnaires de l'État.

b. Le Premier ministre et le gouvernement

Le Premier ministre est choisi et nommé par le président de la République : c'est provisoirement Gabriel Attal. Son siège est situé à l'Hôtel Matignon. Il est le chef du gouvernement. Il dirige les actions du gouvernement qui détermine et conduit la politique de la nation. Les ministres sont nommés par le président de la République sur proposition du Premier ministre.

Attention : Il vous est souvent demandé lors des concours le nom de certains ministres et secrétaires d'État ainsi que celui du président de l'Assemblée nationale et de celui du Sénat.

c. Le Parlement : chambre bicamérale

Il regroupe l'Assemblée nationale et le Sénat. Les parlementaires ont le pouvoir de voter les lois.

L'Assemblée nationale : les députés sont élus lors des élections législatives au suffrage universel direct pour 5 ans. Il y a 577 députés. **La présidente est Yaël Braun-Pivet**. Le siège de l'Assemblée nationale se situe au palais Bourbon.

Le Sénat : les sénateurs sont élus au suffrage universel indirect ; cela signifie qu'ils sont élus par des personnes qui, elles, ont été élues au suffrage universel. Dans chaque circonscription, le collège électoral est en effet formé des députés, conseillers régionaux, conseillers départementaux et conseillers municipaux. On compte 348 sénateurs. **Le président est Gérard Larcher**. Le siège du Sénat se trouve au palais du Luxembourg.

Le vote d'une loi s'effectue en 4 étapes :

- L'initiative de la loi : le Premier ministre soumet un projet de loi ou les parlementaires font une proposition de loi.
- Il y a examen et discussion du texte par les parlementaires (députés et sénateurs). Le texte suit un mouvement de va-et-vient entre l'Assemblée nationale et le Sénat, où seuls demeurent en discussion les articles qui n'ont pas été adoptés dans les mêmes termes par les deux assemblées : c'est la « navette ».
- Ensuite, le texte de loi est voté par les parlementaires.
- Entre le vote et la promulgation, le Conseil constitutionnel peut être saisi pour vérifier la conformité de la loi avec la constitution. La promulgation est la signature de la loi par le président de la République.

d. Les collectivités territoriales

Repères sur la décentralisation

La décentralisation est le processus consistant pour l'État à transférer, au profit des collectivités territoriales, certaines compétences ainsi que les ressources correspondantes.

La déconcentration est un processus d'aménagement de l'État unitaire qui consiste à implanter dans des circonscriptions locales administratives des autorités administratives représentant l'État.

- Premier acte de la décentralisation : **2 mars 1982**.
- Deuxième acte de la décentralisation : la **loi constitutionnelle du 28 mars 2003**.
- La **réforme de 2010** avait pour objectif de réaliser des économies substantielles de gestion et de réduire le « mille-feuille » territorial.
- La **loi du 16 décembre 2010** crée un nouveau modèle d'établissement public de coopération intercommunale (EPCI).
- La **loi organique et loi du 17 mai 2013** relatives à l'élection des conseillers départementaux, des conseillers municipaux et des délégués communautaires. **Depuis la loi du 17 mai 2013,** les électeurs désignent les membres du conseil départemental (ex-général) dans le cadre du canton. Le mode d'élection des conseillers départementaux est modifié : deux conseillers départementaux sont élus dans chaque canton au scrutin binominal à deux tours. Les candidats doivent se présenter en binôme composé d'une femme et d'un homme. Avant la loi, il y avait 4 035 cantons. À présent il y en a 2 054.
- La **loi du 27 janvier 2014** sur la modernisation de l'action publique territoriale et d'affirmation des métropoles (MAPTAM).

- Les **lois organique et ordinaire du 14 février 2014** interdisent, à partir de 2017, le cumul de fonctions exécutives locales avec le mandat de parlementaire national ou européen.
- La **loi du 7 août 2015** portant la **nouvelle organisation territoriale de la République (NOTRe)**. Elle modifie en profondeur la répartition des compétences entre collectivités territoriales. Celle-ci confie de nouvelles compétences aux régions, réaffirme le rôle du département en matière de solidarité et **renforce les intercommunalités désormais organisées autour des bassins de vie.**
- Au **1er janvier 2015**, en plus des métropoles de Paris, Lyon et Marseille, les agglomérations de Bordeaux, Brest, Grenoble, Lille, Montpellier, Nantes, Rennes, Rouen, Strasbourg et Toulouse sont devenues des métropoles.
- La **carte régionale a été redessinée par la loi du 16 janvier 2015** relative à la délimitation des régions, aux élections régionales et départementales et modifiant le calendrier électoral.

Les communes

Il y a 35 498 communes en France. Les élections municipales ont lieu tous les 6 ans. **Les prochaines sont prévues en 2026**. Le maire ordonne le budget voté par le conseil municipal, gère l'administration des services, les propriétés communales et est chef du personnel.

Le conseil municipal vote le budget annuel, élabore le plan d'occupation des sols, gère les écoles maternelles et primaires.

Circonscription d'État : le maire est un agent de l'État, chargé d'exécuter les décisions du conseil municipal, est officier de police judiciaire, officier d'état civil et veille à l'application des lois. Les actes pris par le maire sont des arrêtés.

Les départements

Il y a 96 départements en France métropolitaine. En 2015, les conseils généraux ont été rebaptisés conseils départementaux. Les élections départementales (ex-cantonales) ont lieu tous les 6 ans. **Les prochaines sont prévues en 2027.** Le président du Conseil départemental est élu pour 3 ans. Responsable des dépenses et de la police, il est le représentant de la justice.

Le Conseil départemental est élu pour 6 ans. Il a en charge les collèges, transports, personnes âgées, aide sociale à l'enfance (ASE). Les départements d'outre-mer (DOM) et régions d'outre-mer (ROM) sont : la Guadeloupe, La Réunion et Mayotte, auxquels s'ajoutent, depuis deux lois du 27 juillet 2011, deux collectivités uniques, ayant des compétences départementales et régionales : la Guyane et la Martinique.

Circonscription d'État : le préfet de département est un représentant de l'État. Il veille à l'exécution des lois, responsable de l'ordre public et dirige les services extérieurs de l'État.

Les régions

La France métropolitaine compte 13 régions au lieu de 22 auparavant : Normandie, Hauts-de-France, Grand-Est, Nouvelle-Aquitaine, Occitanie, Bourgogne, Franche-Comté, Auvergne-Rhône-Alpes, Bretagne, Île-de-France, Provence-Alpes-Côte d'azur, Pays-de-la-Loire, Centre-Val de Loire et Corse.

Les élections régionales ont lieu tous les 6 ans. **Les prochaines sont prévues en 2027.**

Le président du Conseil régional a les mêmes pouvoirs que le président du Conseil départemental.

Le Conseil régional participe à la promotion du développement économique et social, à l'aménagement du territoire, à l'organisation sanitaire et sociale, à la construction et au financement des lycées. Transports-formation professionnelle.

Circonscription d'État : le préfet de région représente l'ensemble des ministres, s'exprime au nom de l'État, dirige les services de l'intérieur, de la santé et les services de l'aménagement du territoire.

http://www.viepublique.fr pour les lois, http://www.cnfpt.fr, sites des ministères.

2 Institutions européennes

a. Historique

- **18 avril 1951 :** création de la **Communauté européenne du charbon et de l'acier (CECA)** avec la signature du traité de Paris par six pays : la Belgique, la France, l'Italie, le Luxembourg, les Pays-Bas et la République fédérale d'Allemagne (RFA).
- **25 mars 1957 : création de la CEE et de l'EURATOM.** Le 25 mars 1957, deux traités sont signés à Rome par les six pays européens ayant participé à la création de la CECA. Le premier institue la Communauté économique européenne (CEE), qui a pour but la mise en place d'un marché commun, et le second la Communauté européenne de l'énergie atomique (CEEA) dite Euratom.
- **1er janvier 1973 : l'Europe des 9** avec l'adhésion du Danemark, de l'Irlande et du Royaume-Uni.
- **1er janvier 1981 :** Une **Europe à 10** avec la Grèce qui entre dans la CEE.
- **14 juin 1985 : signature des accords de Schengen**. Entrée en vigueur le 26 mars 1995.
- La Belgique, la France, le Luxembourg, les Pays-Bas et la RFA signent à Schengen des accords prévoyant la suppression progressive des frontières entre ces États et la libre circulation des personnes.
- **1er janvier 1986 : l'Europe des 12** avec l'entrée de l'Espagne et du Portugal.
- **7 février 1992 : signature du traité de Maastricht qui crée l'Union européenne.**
- **1er janvier 1995 : l'Europe des 15** avec l'entrée de l'Autriche, la Finlande, et de la Suède dans l'Union européenne (UE).
- **2 octobre 1997 : signature du traité d'Amsterdam.**
- **1er janvier 1999 : l'euro devient la monnaie unique de 11 des États membres.**
- Les pièces et les billets en euro n'ont été mis en circulation que le 1er janvier 2002.
- **26 février 2001 : signature du traité de Nice.** Le traité entre en vigueur le 1er février 2003.
- **16 avril 2003 : vers une Europe à 25 et effectif le 1er mai 2004.** Dix nouveaux États : Chypre, l'Estonie, la Hongrie, la Lettonie, la Lituanie, Malte, la Pologne, la République tchèque, la Slovaquie, la Slovénie.
- **29 octobre 2004 : signature à Rome du projet de Constitution européenne.** Seulement pour que la Constitution européenne entre en vigueur, elle doit être ratifiée par chacun des États avant la fin 2006. Cela n'a pas été le cas.
- **29 mai et 1er juin 2005 : la France et les Pays-Bas disent « non » par référendum au projet de Constitution européenne**

- **1er janvier 2007 : une Europe à 27 :** La Roumanie et la Bulgarie deviennent membres de l'Union européenne.
- **13 décembre 2007 : signature du traité de Lisbonne.** Il entrera en vigueur le 1er décembre 2009.
- **1er juillet 2013 : une Europe à 28** avec l'entrée de la Croatie.
- **Le Brexit.** Le Royaume-Uni notifie au Conseil européen son intention de quitter l'UE, suite au référendum du 23 juin 2016 par lequel une majorité d'électeurs britanniques a voté en faveur de la sortie de leur pays de l'UE. Des négociations sont entamées entre le gouvernement britannique et la Commission européenne en vue d'obtenir un accord sur les modalités du divorce, dont le terme est fixé au 29 mars 2019. Avec la ratification de l'accord de retrait, le Royaume-Uni est sorti de l'Union le 31 janvier 2020 à minuit. À cette date, s'est ouverte une **période dite « de transition »**, qui s'est achevée le 31 décembre 2020.
- 9 pays sont officiellement candidats pour intégrer l'Union européenne : l'Albanie, la Bosnie-Herzégovine, la Géorgie, la Macédoine du Nord, la Moldavie, le Monténégro, la Serbie, la Turquie et l'Ukraine.
- Élections européennes le 9 juin 2024.

b. Les principales institutions européennes

- **Le Conseil européen.** Il est composé des 27 chefs d'État ou de gouvernement, plus le président de la Commission européenne, **Ursula von der Leyen**. Le Conseil fixe les orientations des politiques de l'Union européenne.
- **La présidence du Conseil.** Elle est assurée à tour de rôle par les 27 États membres pour une durée de 6 mois chacun. Janvier-juin 2023 : la Suède. Juillet-décembre 2023 : l'Espagne. **Charles Michel** est président du Conseil européen depuis 1er décembre 2019.
- **Le Parlement européen.** Il partage le pouvoir législatif et budgétaire avec le Conseil de l'UE. Il y a 751 députés (ou eurodéputés) élus au suffrage universel direct pour un mandat de 5 ans. La présidente du Parlement européen est **Roberta Metsola**. Les prochaines élections européennes auront lieu en 2024.
- **La Commission européenne.** Il y a 27 commissaires. Elle propose des textes de lois et des projets d'actes communautaires et veille à la bonne exécution des lois et du budget.
- **Le Conseil de l'Union européenne ou Conseil des ministres.** Il réunit 27 ministres de l'Union. Il a des pouvoirs législatifs avec le Parlement européen et vote le budget.
- **La Banque centrale européenne (BCE).** Elle conduit la politique économique et monétaire de la zone euro et assure sa mise en œuvre. Sa présidente est **Christine Lagarde**.
- **La Cour des comptes européenne.** Elle est composée de 27 membres. Elle examine la légalité et la régularité des recettes de l'UE.
- **La Cour de justice de l'Union européenne (CJUE).** Elle est composée de 27 juges et 11 avocats. Elle assure le respect du droit de l'UE.

Pour aller plus loin

Les grandes dates de la construction européenne : http://www.vie-publique.fr

3 Institutions internationales

a. L'organisation des Nations unies ONU

L'une des missions centrales de l'ONU est le **maintien de la paix et de la sécurité internationales**. L'ONU compte 193 États membres.

b. Quelques institutions spécialisées de l'ONU

Les institutions spécialisées sont juridiquement indépendantes.

- **La Banque mondiale**, créée en 1944, est une institution financière ayant vocation à apporter un appui financier et technique aux États ayant à lutter contre la pauvreté ou un faible niveau de vie ;
- **Le Fonds monétaire international (FMI)** : créé en 1944, il apporte une aide financière temporaire (prêts) aux États souffrant d'un déséquilibre de leur balance des paiements et une assistance technique pour renforcer leur politique économique ;
- **L'Organisation pour l'alimentation et l'agriculture (FAO)** : créée en 1945, participe à la lutte contre la faim dans le monde ;
- **Le Fonds international de développement agricole (FIDA)**, fondé en 1977, travaille à l'élimination de la pauvreté rurale dans les pays en développement ;
- **L'Organisation internationale du travail (OIT)** : fondée en 1919, elle réunit des représentants des gouvernements, employeurs et travailleurs des États membres pour fixer différentes réglementations relatives au travail ;
- **L'Organisation mondiale de la santé (OMS)** : créée en 1948, elle coordonne les questions liées à la santé internationale afin d'élever le niveau de la santé dans tous les pays ;
- **L'Organisation mondiale du tourisme (OMT)**, créée en 1975, est en charge de la promotion d'un tourisme responsable, durable et accessible à tous ;
- **L'Organisation des Nations unies pour le développement industriel (ONUDI)** : fondée en 1966, elle participe à la promotion du développement industriel ;
- **L'Union internationale des télécommunications (UIT)** : créée en 1865, rattachée à l'ONU en 1947, elle a pour objectif le développement des technologies de l'information et de la communication et la connexion de tous les habitants de la planète ;
- **L'Organisation des Nations unies pour l'éducation, la science et la culture (UNESCO)** a été créée en 1944.

https://www.vie-publique.fr/fiches/les-organisations-internationales

c. L'OTAN

L'OTAN est une alliance de pays d'Europe et d'Amérique du Nord, créée en 1949.

L'objectif de l'OTAN est de garantir la liberté et la sécurité de ses membres par des moyens politiques et militaires.

Politique : l'OTAN s'emploie à promouvoir les valeurs démocratiques et permet à ses membres de se consulter et de coopérer sur les questions de défense et de sécurité afin de résoudre les problèmes, d'instaurer la confiance et, à long terme, de prévenir les conflits.

Militaire : l'OTAN est attachée à la résolution pacifique des différends. Si les efforts diplomatiques échouent, elle dispose de la puissance militaire nécessaire pour entreprendre des opérations de gestion de crise. Celles-ci sont menées en application de la clause de défense collective du traité fondateur article 5 du Traité de Washington ou sous mandat de l'Organisation des Nations unies, par l'OTAN seule ou en coopération avec des pays non-membres ou d'autres organisations internationales.

31 pays sont membres de l'OTAN et le dernier pays est la Finlande (2023).

https://www.nato.int/nato-welcome/index_fr.html

4 Organisations non gouvernementales internationales

a. Quelques ONG mobilisées sur l'urgence humanitaire :

- **Médecins sans frontières (MSF)** est une organisation non gouvernementale médicale humanitaire internationale d'origine française fondée en 1971 à Paris. **MSF** fournit une assistance médicale à des populations dont la vie ou la santé sont menacées, en France ou à l'étranger. Il s'agit essentiellement de situations de conflits armés, d'épidémies, de pandémies, de catastrophes naturelles ou encore d'exclusion des soins.
- **Première urgence internationale** est née en 2011. Elle vient en aide aux victimes civiles, marginalisées ou exclues par les effets de catastrophes naturelles, de guerres et de situations d'effondrement économique. L'une des principales missions est de défendre les droits fondamentaux des personnes tels que définis dans la Déclaration universelle des droits de l'homme de 1948.
- **Médecins du monde** est une ONG médicale de solidarité internationale créée en 1980. Elle intervient en France et à l'étranger, afin de soigner les populations les plus vulnérables, les victimes de conflits armés, de catastrophes naturelles, celles et ceux qui n'ont pas accès aux soins.
- **ACTED** est une ONG française de solidarité internationale, créée en 19L'association répond aux besoins humanitaires des populations dans les situations de crise. C'est la deuxième ONG française en termes de budget et opérations, après Médecins sans frontières.

b. ONG engagée sur le handicap

- **Handicap International** est une ONG de solidarité internationale, créée en 1982, qui intervient dans une soixantaine de pays. L'ONG intervient dans les situations de pauvreté et d'exclusion, de conflits et de catastrophes aux côtés des personnes handicapées et des populations vulnérables.
- **La malnutrition au cœur des ONG**
- **Action contre la faim (ACF)**
- **L'association de solidarité internationale, créée en 1979,** a pour mission principale de lutter contre la faim dans le monde.

Fiches de cours

3 Société

1 Les préoccupations des Français

Selon l'IFOP, la santé demeure en tête de leurs préoccupations (81 %). Inquiétudes quant aux failles de l'hôpital public, venant s'ajouter à celles concernant les déserts médicaux.

La hausse des prix et l'inflation restent le deuxième enjeu majeur pour les Français (80 %), entraînant presque mécaniquement la thématique du relèvement des salaires et du pouvoir d'achat à un niveau presque aussi important. Jamais l'écart entre l'inflation et la lutte contre le chômage a été aussi important parmi les priorités des Français.

Une majorité de Français évoque toujours comme priorités l'éducation (68 %), la lutte contre la délinquance (64 %), la lutte contre la précarité (60 %) et la lutte contre le terrorisme (60 %). Après une séquence rude, politiquement comme dans la rue, les retraites s'imposent cependant comme thème « tout à fait prioritaire » pour une bonne moitié de la population (58 %).

À noter le recul de la protection de l'environnement et la lutte contre le dérèglement climatique parmi les préoccupations.

2 Pouvoir d'achat et inflation

Le pouvoir d'achat est une préoccupation majeure des Français. Alors que les prix des carburants ont atteint de nouveaux records depuis le début de l'année, les tarifs de l'électricité, du gaz mais aussi ceux des fruits et légumes ne cessent d'augmenter.

L'inflation ne cesse d'augmenter. En avril 2023 en France, elle atteint sur un an 6,2 %. La poussée inflationniste est particulièrement élevée sur les produits alimentaires : 14,5 % en février, après 13 % en janvier.

Avec un pouvoir d'achat de 20 662 euros par habitant, la France se classe au 15e rang européen. En 2023, l'INSEE dénombrait 9,3 millions de personnes vivant sous le seuil de pauvreté.

Le gouvernement a dépensé 100 milliards d'euros pour protéger les Français contre la flambée des prix (le bouclier tarifaire, la prime inflation ou encore la remise sur les carburants…) entre 2021 et 2023, a déclaré le ministre français de l'Économie et des Finances Bruno Le Maire.

3 La santé, la crise de l'hôpital public et les déserts médicaux

Pour l'année 2023, le déficit de la Sécurité sociale, s'élève à 10,8 milliards.

Le 16 juillet 2019, adoption définitive du projet de loi relatif à l'organisation et à la transformation du système de santé. Réforme des études de santé, hôpitaux de proximité, accès élargi aux données de santé… Voici les principales mesures de la réforme Ma Santé 2022 qui vient d'être adoptée :

- **Faire du numérique un atout** pour le partage de l'information en santé.
- Il est donc proposé à tous depuis début janvier 2022 « Mon espace santé », qui permet de stocker et partager nos documents et données de santé.
- Préparer les futurs soignants aux **besoins du système de santé de demain**.
- Créer, dans tous les territoires, un collectif de soins au service des patients.

a. La crise de l'hôpital public

La véritable crise de l'hôpital serait « structurelle » pour le médecin urgentiste Gérald Kierzek : perte d'attractivité, pénurie de médecins, absentéisme. Les établissements publics peinent à remplacer les départs des personnels de santé. Les conditions de travail se sont davantage détériorées avec le Covid-19. À bout de nerfs, les infirmières désertent l'hôpital. Selon le Syndicat national des professionnels infirmiers, il y avait 60 000 postes vacants en décembre 2021.

Un lit sur cinq est fermé dans les grands établissements de santé, faute de personnel en nombre. Pour l'année 2020, 5 700 lits ont été fermés.

Suite à la grève des médecins, la consultation chez un généraliste passe à 26,5 €.

Aujourd'hui en France, quatre interventions chirurgicales sur dix sont désormais réalisées en ambulatoire

Plus d'une centaine de services d'urgence vont fermer cet été, par manque de personnel. En cause, les nombreux arrêts maladie du personnel soignant pour *burn out*, épuisement, manque de reconnaissance, conditions difficiles et une faible rémunération. Autre difficulté, beaucoup de services d'urgences, sont amenés à prendre en charge certains patients car ils n'ont pas de médecins traitants.

b. Déserts médicaux

Un désert médical désigne une zone géographique où la population rencontre des difficultés pour accéder à des soins de santé. Selon le directeur général de l'Assurance maladie, en janvier 2020, 5,4 millions de patients n'avaient pas de médecin traitant. Cela a pour effet d'engorger les urgences.

Ce phénomène est notamment dû au niveau insuffisant du numerus clausus – c'est-à-dire le nombre d'étudiants en médecine accédant à la 2e année – pendant les années 1990. Un **numerus apertus** a été mis en place en 2021. Une des mesures de la réforme Ma Santé 2022 est de « Créer, dans tous les territoires, un collectif de soins au service des patients ».

À la suite des **accords du Ségur de la santé signés le 13 juillet 2021**, la rémunération des personnels soignants, médico-techniques et de la rééducation (infirmiers, aides-soignants, kinésithérapeutes, orthophonistes, manipulateurs radio…) de la fonction publique hospitalière est revalorisée à compter du 1er octobre 2021. Plus de 500 000 agents publics sont concernés par la revalorisation de leurs grilles salariales.

Le **Ségur** de la santé prévoit donc **deux** séries de revalorisation : la revalorisation socle de 183 € nets pour les personnels non médicaux d'un certain nombre d'établissements et services sociaux et médico-sociaux (**Ségur 1** + mesures Laforcade) et la revalorisation des carrières et des rémunérations, ciblée sur les personnels.

4 Réforme des retraites

La réforme des retraites en France a été portée par la Première ministre Élisabeth Borne et le ministre du Travail Olivier Dussopt pendant la mandature d'Emmanuel Macron. Le report de l'âge légal de la retraite à 64 ans est présenté comme l'élément phare. Après un parcours législatif compliqué et un mouvement social massif, la loi est validée par le Conseil constitutionnel le 14 avril 2023 et promulguée le jour même.

Le projet de loi rencontre une très forte opposition de la part de l'ensemble des syndicats, qui constituent la première intersyndicale depuis 2010, d'une majorité de Français, ainsi que de la NUPES, du RN et de LIOT.

L'ancienne Première ministre Élisabeth Borne annonce l'engagement de la responsabilité de son gouvernement sur le texte au titre de l'article 49 alinéa 3 de la Constitution afin de faire adopter définitivement le projet de loi. Le 17 mars, deux motions de censure sont déposées pour censurer le gouvernement et le projet de loi. Elles sont rejetées après leur examen le 20 mars. En conséquence, le projet de loi est considéré comme définitivement adopté. Le Conseil constitutionnel rejette également la demande de référendum d'initiative partagée (RIP). La loi a été promulguée le 14 avril 2023.

5 Environnement, écologie et développement durable

a. Rapport du GIEC 2023

D'après le GIEC, l'augmentation des émissions de GES (gaz à effet de serre) accentue le réchauffement du climat. En effet, il aura **augmenté de 1,5 °C** dès le début des années 2030, soit la limite souhaitée lors de la COP27 en 2022.

Ce réchauffement est intimement lié aux activités humaines, responsables de l'élévation de 1,1 °C de la température terrestre après l'apparition d'activités industrielles. Il est donc essentiel, selon le GIEC, de diminuer considérablement les émissions de GES, en particulier celle du CO_2 qu'il faut impérativement rendre neutre d'ici 2050.

Selon le rapport du GIEC, l'augmentation du réchauffement climatique peut aggraver les risques sur l'écosystème. Parmi ces risques, nous pouvons compter :

- Des précipitations extrêmes entraînant des montées des eaux.
- Une sévère sécheresse réduisant l'accès à l'eau.
- Des températures extrêmes pouvant affecter la santé des individus avec une augmentation de maladies.
- Fonte de la cryosphère (ensemble des constituants du système terrestre composés d'eau à l'état solide).
- Et bien d'autres…

Ces nombreux changements ont des conséquences sur les êtres vivants : la perte de biodiversité s'accentue ainsi que la vulnérabilité des lieux de vies. En effet, d'après le GIEC, on compte 3,3 milliards de personnes qui vivent dans des zones déjà vulnérables au changement climatique principalement en Amérique centrale et du Sud, en Afrique subsaharienne, Asie du Sud, ainsi que les petites îles en développement et l'Arctique.

https://agence-lucie.com/6e-rapport-du-giec-de-2023/

Le 25 septembre 2023, le président de la République a lancé une vaste démarche de planification écologique. Cette planification fixe un cadre national commun et une trajectoire cible de réduction des émissions de gaz à effet de serre et de préservation de la biodiversité d'ici 2030 en France.

Ministre de la Transition écologique et de la Cohésion des territoires (avant la dissolution de l'Assemblée nationale) : **Christophe Béchu**.

En ligne de mire du nouveau gouvernement : la neutralité carbone à atteindre d'ici à 2050 grâce à la rénovation thermique des logements, des investissements massifs dans les énergies renouvelables ou encore la préservation de « puits de carbone » comme les forêts.

Pour rappel, 4 associations en mars 2019, ont saisi le tribunal administratif de Paris pour non-respect des engagements de la France dans la lutte contre les émissions de GES.

b. Mesures et lois

- L'objectif du Pacte Vert pour l'Europe est de réduire de 55 % les émissions de GES en 2030.
- La loi EGAlim prévoit à partir du 1er janvier 2022 :
- L'introduction de 20 % de produits bio en restauration collective.
- La loi du 18 octobre 2021 dite EGalim 2 vise à protéger la rémunération des agriculteurs.
- Mesures de la loi « Loi climat et résilience » : dès 2025, il sera interdit de louer les passoires thermiques (classées étiquette G) ; dès 2028 il sera interdit de louer les passoires (classées F) ; à partir de 2034, les logements classés E seront interdits à la location.
- **Proposition de loi visant à protéger la population des risques liés aux substances perfluoroalkylées et polyfluoroalkylées (PFAS).** Face aux risques que représentent les PFAS, la proposition de loi interdit les vêtements, cosmétiques et farts (revêtement sous les skis) en contenant à partir de 2026. Les ustensiles de cuisine (poêles...) ont été exclus. Un contrôle de l'eau potable, une carte des sites émetteurs et une taxe pollueur-payeur sont aussi prévus.

6 La pandémie de la Covid-19

C'est une crise sanitaire provoquée par la maladie infectieuse à coronavirus 2019 « Covid-19 » dont l'agent pathogène est le SARS-CoV-2.

a. Chronologie des événements

- Elle est apparue fin 2019 en Chine à Wuhan.
- Le 24 janvier 2020, trois premiers cas sont recensés sur le territoire.
- Le 26 février, la France prend acte du risque que représente le Covid-19 : un premier mort lié au virus est recensé dans l'Oise.
- Le terme cluster, désignant un foyer épidémique, rentre dans le vocabulaire commun.
- Un conseil scientifique voit le jour.
- Le 16 mars, Emmanuel Macron annonce « nous sommes en guerre » : un confinement est promulgué afin de stopper la diffusion exponentielle du coronavirus et a duré jusqu'au 11 mai. Tous les lieux recevant du public, considérés comme non indispensables à la vie du pays sont fermés.
- Après une accalmie, les indicateurs reviennent à la hausse en août. Le port du masque se généralise alors, les consignes sanitaires sont renforcées avec d'abord un couvre-feu instauré mais face à l'augmentation du nombre de cas dans le pays, un second confinement est promulgué en novembre en France.
- Début février 2021, la pandémie de Covid-19 en France prend une autre tournure avec l'émergence de variants plus contagieux : le variant anglais et les variants sud-africain et brésilien.
- L'état d'urgence sanitaire est prolongé jusqu'en juin 2021.
- Cette pandémie meurtrière dénombre **fin avril 2023, 162 055 décès en France et selon l'OMS 6,9 millions de personnes dans le monde.**
- En mai 2021, le Conseil constitutionnel a validé le **pass sanitaire** qui s'inscrit dans le cadre de la loi relative à la gestion de la sortie de crise sanitaire. Pour accéder à des événements de plus

de mille spectateurs, il faudra présenter un justificatif de vaccination, ou encore un résultat négatif de dépistage de virus.

- Le 24 janvier 2022, la loi transforme le **passe** sanitaire en un **passe vaccinal** pour les activités du quotidien (restaurants, cinémas…). Le 30 janvier : obligation vaccinale pour tous les soignants.
- Cette crise sanitaire de la Covid-19, a des impacts économiques, démographiques et sociétaux dans le monde et beaucoup plus importants, dans les pays émergents extrêmement précaires.
- En **mai 2022**, la Chine affronte la pire flambée épidémique depuis deux ans, elle a mis sous cloche Shanghai épicentre de la contagion (début avril à fin mai).
- En décalage de deux ans avec une grande partie du monde, la Corée du Nord est finalement confrontée à une inévitable explosion du nombre de cas de Covid-19. La progression du Covid-19 à Taïwan est spectaculaire. L'Afrique du Sud enregistre actuellement une envolée des cas de contaminations,

b. La vaccination

Les premiers vaccins contre la Covid-19 ont été mis sur le marché **un an à peine après la découverte du coronavirus SARS-CoV-2** à l'origine de la pandémie. Ceci s'explique car le principe des vaccins à acides nucléiques (ARN) messager est un peu différent du principe plus « classique » de la vaccination.

Les vaccins contre le coronavirus autorisés en France sont les vaccins Pfizer-BioNTech et Moderna. Le vaccin AstraZeneca, développé contre la Covid-19, vient d'être autorisé en France pour les moins de 65 ans

La vaccination a débuté fin décembre 2020.

Au total, 53 460 723 personnes sont complètement vaccinées contre le Covid-19 en France, ce à quoi s'ajoutent 904 826 personnes en attente de leur dernière injection.

L'Afrique, avec une population de 1,3 milliard, est la région du monde la plus faiblement immunisée contre le Covid-19 avec un taux de vaccination de seulement 15,8 %. Ceci est dû principalement au manque de doses et à un scepticisme vaccinal d'une part de la population.

Trois ans après le début de la pandémie, l'OMS a prononcé ce 5 mai 2023 la fin de l'urgence sanitaire de portée internationale.

Jeudi 4 mai, l'Assemblée nationale a voté contre l'avis du gouvernement la réintégration des soignants non-vaccinés.

7 La dépendance et la maltraitance dans les EHPAD

Le coût de la dépendance en France, s'élève 30 milliards d'euros par an.

En 2030, les plus de 60 ans seront plus nombreux que les moins de 20 ans. Cette projection démographique rend plus cruciale la question de la prise en charge du grand âge, et de son financement, alors que celui-ci représente déjà 75 % des dépenses de protection sociale.

80 plaintes ont été déposées, pour maltraitances et négligences, contre le **groupe Orpea**, leader européen des maisons de retraite. Les pouvoirs publics font mine de découvrir que le puissant groupe Orpea se joue des règles dans ses EHPAD (établissements d'hébergement pour personnes âgées dépendantes). Mais la maltraitance, les conditions de travail dégradées et la

répression syndicale sont sur la table depuis des années, sans que jamais le système de financement ne soit remis en cause.

Le journaliste Victor Castanet a publié en 2022 un essai *Les fossoyeurs. Révélations sur le système qui maltraite nos aînés* dans lequel il révèle les secrets du groupe français Orpea, spécialisé dans les établissements d'hébergement pour personnes âgées dépendantes (EHPAD).

Un an après la parution du livre, le gouvernement a lancé une grande opération de contrôles dans les maisons de retraite. Quelque 1 400 EHPAD ont été contrôlés depuis un an, selon les chiffres donnés par Jean-Christophe Combe, le ministre des Solidarités, de l'Autonomie et des Personnes handicapées. « 700 ont fait l'objet d'inspections-contrôles approfondies. Elles ont donné lieu à près de 1 500 recommandations ou injonctions, et 11 saisines du procureur de la République pour des faits qui étaient pénalement répréhensibles », détaille le ministre. L'an dernier, le gouvernement a promis de contrôler les 7 500 EHPAD de France d'ici 2024.

8 Crise démocratique

Lors du 1er tour des élections présidentielles de 2022, l'abstention s'est située, à 26 % des inscrits sur les listes électorales, soit 12,8 millions de personnes. Au second tour, elle a atteint 28,01 %, en hausse de 2,6 points par rapport à 2017.

Pour la troisième fois en vingt ans, l'extrême droite se retrouve au second tour de l'élection présidentielle en France. Plus de 2,2 millions de personnes ont voté blanc lors du second tour de l'élection présidentielle., soit 6,35 %.

La reconnaissance du vote blanc est régulièrement mise sur le devant de la scène. Cela permettrait de réduire l'abstention et à mieux prendre en compte les aspirations des électeurs. Mais, s'ils étaient décomptés comme tels, on aboutirait à des situations où le candidat arrivé en tête obtiendrait moins de 50 % des voix, ce qui remettrait en cause, la légitimité du président élu. Reconnaître le vote blanc, nécessiterait donc une réforme constitutionnelle.

57 % des Français estiment, que la démocratie ne fonctionne pas bien et 77 % que « Les responsables politiques ne se préoccupent pas de ce que pensent les gens comme eux ».

Élisabeth Borne a engagé l'**article 49.3** pour faire passer la réforme des retraites à l'Assemblée nationale. Depuis sa prise de fonction, ce levier a été utilisé à 23 reprises par la Première ministre…

Aux élections européennes en 2024, le taux de participation en France a été de 51,83 %. Lors des élections régionales de juin 2021, le taux d'abstention atteignait un record de 65 %. L'abstentionnisme électoral fragilise la démocratie car il affaiblit la légitimité des élus. La multiplication des violences contre les élus, le niveau de défiance contre les institutions, les partis politiques et les médias montrent également un signe d'affaiblissement de la démocratie. Sous la Ve République (de 1958 à nos jours), il y a eu seulement 9 référendums nationaux en France. Le dernier portait sur le traité établissant une constitution pour l'Europe datant du 29 mai 2005. Or, selon l'institut IFOP, 84 % des Français demandent à prendre une part plus importante dans le processus de prise de décision politique. Ils souhaitent une démocratie participative, système politique qui améliore la démocratie représentative par une implication plus forte des citoyens.

Des formes d'engagement démocratique se renouvellent, en particulier chez les jeunes comme les pétitions, manifestations, militantisme et volontariat.

9 #MeToo, Balancetonpor, #MeToo politique

#MeToo et #Balancetonpor, deux mouvements de libération de la parole des femmes face aux violences sexuelles ont 7 ans.

Le mouvement #MeToo est un mouvement social encourageant la prise de parole des femmes, afin de faire savoir que le viol et les agressions sexuelles sont plus courants que ce qui est souvent supposé, et afin de permettre aux victimes de s'exprimer sur le sujet. Il a débuté en 2007 et est particulièrement connu depuis octobre 2017 à la suite de l'**affaire Weinstein.**

Sept ans après la vague #MeToo sur les réseaux sociaux, les violences sexistes et sexuelles ne semblent toujours pas être suffisamment prises en charge par les institutions, selon Maëlle Noir, membre du collectif #NousToutes.

Alors que le nombre de plaintes concernant des viols ou des agressions sexuelles augmente dans le sillage du mouvement de libération de la parole, les parquets estiment que 61 % des mis en cause sont « non poursuivables », faute de preuves et également de moyens. De plus, des victimes de violences sexuelles dénoncent la mauvaise prise en charge de leurs plaintes dans certains commissariats, pointant par exemple des remarques désobligeantes, suspicieuses ou encore un manque d'empathie.

Sylvie Pierre-Brossolette, présidente du Haut Conseil à l'égalité entre les femmes et les hommes (HCE), a tout de même constaté « un mouvement de prise de conscience et d'indignation » dans la société depuis cinq ans, mais déplore « le sentiment d'impunité » des actes sexistes, ressenti selon elle par une grande partie de la population en raison de l'« inadaptation du système judiciaire ». Selon elle, le Grenelle de lutte contre les violences sexistes et sexuelles, organisé par le gouvernement en 2019, montre « des efforts, mais le changement est très lent ». Il faut d'abord renforcer l'arsenal judiciaire, « en instaurant, comme en Espagne, des brigades spécialisées » pour améliorer l'accueil des victimes au commissariat, et « savoir les écouter », alors que « 5 à 8 % » des plaintes sont encore refusées en France.

L'avocate Isabelle Steyer, insiste par ailleurs sur la nécessaire formation de l'ensemble des forces de l'ordre, et plus généralement « de toute la chaîne pénale », pour mieux appréhender les mécanismes spécifiques aux violences sexuelles, comme la notion d'emprise.

En 2021, 285 femmes travaillant dans le milieu politique et universitaire, exigent dans une tribune au *Monde*, « que le monde politique prenne enfin en compte le mouvement #metoo ». L'objectif du mouvement #MeToopolitique est de libérer la parole et faire évoluer la classe politique quant aux violences envers les femmes.

En 2022, cinq des initiatrices de la tribune, lancent l'Observatoire national des violences sexistes et sexuelles en politique, dont l'un des premiers objectifs est d'interpeller les candidats à la présidentielle sur le traitement de ces violences au sein de leurs équipes, mais aussi leur projet de candidat sur ce sujet.

Pour mémoire

- Loi du 30 juillet 2020 visant à protéger les victimes de violences conjugales.
- Loi du 21 avril 2021 visant à protéger les mineurs des crimes et délits sexuels et de l'inceste. Pour mieux protéger les enfants, la loi crée de nouvelles infractions sexuelles. Aucun adulte ne peut se prévaloir du consentement sexuel d'un enfant s'il a moins de 15 ans, ou moins de 18 ans en cas d'inceste.

Mai 2024 : proposition de loi renforçant l'ordonnance de protection et créant l'ordonnance provisoire de protection immédiate. La proposition de loi prévoit de renforcer l'ordonnance de protection, afin notamment de protéger plus longtemps les femmes en danger. Elle crée également une ordonnance provisoire pour les protéger plus rapidement.

10 PMA et IVG

L'aide médicale à la procréation (AMP)

Elle regroupe toutes les techniques d'aide à la procréation ayant recours à la manipulation de gamètes pour faciliter la rencontre entre spermatozoïdes et ovocytes en vue d'une fécondation. Le pionnier de la procréation médicalement assistée (PMA) est Robert Edwards (décédé en avril 2013).

Cadre juridique

La loi bioéthique du 7 juillet 2011 pose que la finalité du recours à l'AMP est d'ordre médical, assouplit les conditions que les couples doivent remplir pour y accéder, autorise le transfert *post mortem* d'embryon à titre exceptionnel, maintient l'interdiction de l'insémination *post mortem*, maintient l'anonymat du don de gamètes (spermatozoïdes et ovules).

La loi du 6 août 2013 modifie la loi de bioéthique de 2011. Le texte prévoit de passer du régime actuel d'interdiction de la recherche sur l'embryon avec dérogation à une autorisation encadrée.

La loi du 2 août 2021 relative à la bioéthique élargit la procréation médicalement assistée (PMA) à toutes les femmes et donne de nouveaux droits pour les enfants nés d'une PMA.

L'interruption volontaire de grossesse (IVG)

L'IVG avant 1975 est punie par la loi. En 1974, Simone Veil, ministre de la Santé présente le projet de **la dépénalisation de l'avortement. Il est adopté et la loi Veil est promulguée en 1975** pour une durée provisoire de 5 ans. Le texte comprend certaines conditions. Ce n'est qu'**en 1983** que l'IVG sera remboursée par la Sécurité sociale. Le délai est allongé de deux semaines et l'autorisation parentale pour les mineures est supprimée. **En 1993**, afin de protéger les droits, un délit d'entrave à l'IVG voit le jour. Il est complété, **en 2014**, quant au barrage aux femmes à l'information sur l'IVG.

En 2017, une loi étend le délit aux sites Internet anti-IVG.

Depuis la **loi du 2 mars 2022** visant à renforcer le droit à l'avortement, le délai légal passe à 14 semaines de grossesse.

Loi constitutionnelle du 8 mars 2024 relative à la liberté de recourir à l'interruption volontaire de grossesse. La loi inscrit dans la Constitution de 1958 la liberté garantie des femmes de recourir à l'interruption volontaire de grossesse (IVG). Il s'agit de réaffirmer le caractère fondamental de cette liberté en France. Le droit d'avorter est aujourd'hui en régression dans plusieurs pays étrangers, comme aux États-Unis ou même en Europe.

11 Les prochaines réformes et lois

- **Loi sur le travail**, appelée « plein emploi » du 18 décembre 2023. Création de France Travail, nouveau contrat d'engagement pour les demandeurs d'emploi, les allocataires du RSA, les jeunes accompagnés, meilleur emploi des personnes handicapées… Voici les principales mesures du projet de loi pour le plein emploi qui doit permettre de concrétiser l'objectif de réduire le chômage autour de 5 % d'ici 2027.

- **Le Sénat impose 15 heures d'activité par semaine aux allocataires du RSA.**
- **Réforme assurance chômage**. À partir du 1er décembre 2024, **il faudra avoir travaillé 8 mois sur les 20 derniers mois (ou sur les 30 derniers mois pour les plus de 57 ans)**. Cette modification rendra plus difficile l'accès aux allocations chômage, réduisant ainsi le nombre de bénéficiaires potentiels.
- **Loi du 26 janvier 2024 pour contrôler l'immigration, améliorer l'intégration.**

Régularisation des travailleurs sans papiers dans les métiers en tension, **le projet de loi crée une carte de séjour d'un an « travail dans des métiers en tension »**, carte de séjour « talent » pour les médecins étrangers.

Éloignement facilité en cas d'infractions graves, **lutter contre l'immigration irrégulière** : répression accrue contre les passeurs et les « marchands de sommeil », possibilité de relever les empreintes digitales des étrangers irréguliers sans leur consentement, contrôle visuel possible des voitures de particuliers en « zone-frontière » réforme de la Cour nationale du droit d'asile…

Les demandeurs d'asile originaires des pays les plus à risques (demandeurs bénéficiant d'un fort taux de protection en France) **pourront travailler immédiatement**.

Les étrangers qui demandent une première carte de séjour pluriannuelle devront avoir un niveau minimum de connaissance de la langue française.

L'interdiction de placer en centre de rétention administrative (CRA) des mineurs étrangers de moins de 16 ans, y compris lorsqu'ils accompagnent des adultes, est posée.

Le ministre de l'Intérieur a précisé à la presse que **le projet de loi devrait être examiné par le Sénat à partir du 6 novembre 2023**.

- **Loi du 7 juillet 2023 visant à instaurer une majorité numérique et à lutter contre la haine en ligne.** Pour protéger les enfants des réseaux sociaux, la loi instaure une majorité numérique à 15 ans pour s'inscrire sur ces réseaux (les plateformes devront mettre en place une solution technique). Elle contient aussi des dispositions pour mieux prévenir et poursuivre les délits en ligne, comme le cyberharcèlement.
- **Loi du 21 mai 2024 visant à sécuriser et à réguler l'espace numérique**. Filtre anti-arnaque, blocage rapide des sites pornographiques accessibles aux mineurs, peine de bannissement des réseaux sociaux pour les cyber-harceleurs… Voici quelques-unes des mesures de loi dite SREN pour mieux réguler l'espace numérique et protéger les internautes, notamment les plus jeunes, ainsi que les entreprises.
- **Projet de loi relatif à l'accompagnement des malades et de la fin de vie**. Le projet de loi prévoit notamment la création de maisons d'accompagnement pour les personnes en fin de vie et une aide à mourir pour les personnes atteintes d'une maladie incurable avec un pronostic vital engagé. Cette aide par produit létal est encadrée.

Pour en savoir plus : https://www.vie-publique.fr/panorama-des-lois

4 Sciences, technologie et inventions

1 La science

La science est un ensemble de connaissances relatives à certaines catégories de faits, d'objets ou de phénomènes obéissant à des lois et/ou vérifiés par les méthodes expérimentales.

Les disciplines scientifiques peuvent être regroupées en quatre catégories :

- Les sciences formelles.
- Les sciences physiques avec Albert Einstein, physicien a reçu le prix Nobel pour sa théorie sur la relativité générale.
- Les sciences de la vie.
- Les sciences sociales.

Le Centre national de la recherche scientifique est une institution de recherche parmi les plus importantes au monde. Pour relever les grands défis présents et à venir, ses scientifiques explorent le vivant, la matière, l'Univers et le fonctionnement des sociétés humaines.

Les lauréats des prix Nobel 2023 :

- Le **prix Nobel de médecine 2023** a été décerné à la Hongroise Katalin Kariko et l'Américain Drew Weissman pour leurs travaux sur l'ARN Messager.
- Le **Nobel de physique 2022** est attribué à deux chercheurs français, Anne L'Huillier et Pierre Agostini, ainsi que l'Autrichien Ferenc Krausz, pour leurs travaux sur les impulsions lasers attosecondes.
- Le prix **Nobel de chimie 2023** a été attribué au Tuniso-Américain Moungi Bawendi, à l'Américain Louis Brus et au Russe Alexei Ekimov pour leurs travaux sur les points quantiques, des nanocristaux de semi-conducteurs aux nombreuses applications, dans l'électronique ou la médecine notamment.

Quelques musées scientifiques consacrés aux sciences et aux techniques :

- Cité des sciences et de l'industrie.
- Palais de la Découverte.
- Musée des sciences naturelles.
- Musée des Arts et métiers, Conservatoire des Arts et métiers à Paris.
- Le Visiatome, site de découverte et d'information sur la radioactivité.
- Vulcania, musée consacré aux sciences de la Terre et de l'univers.

2 La science et la technique

La technique est une activité de fabrication et de transformation. Elle consiste à manipuler une matière pour produire un objet (matériel ou immatériel). On parle aujourd'hui de technologie concernant certains domaines techniques spécifiques.

La science et la technique sont-elles liées ? Elles ont été très longtemps dissociées. Or, il existe une interaction entre science et technique. En effet, la recherche scientifique est de plus en plus dépendante de la technologie. Elle requiert souvent des instruments très élaborés : pensons aux neurosciences cognitives qui font appel à l'imagerie cérébrale informatisée La technique et la science entretiennent des rapports complexes qu'on ne peut pas savoir à l'avance qu'elles sont les retombées technologiques qu'une découverte scientifique pourra avoir (Einstein, en concevant la relativité générale, n'avait pas prévu que cette découverte rendrait possible l'invention de la bombe atomique par exemple). De même, la mise au point d'une nouvelle technique, que ce soit grâce à la science ou non, pourra avoir des conséquences en matière de recherche scientifique tout à fait imprévisibles (l'invention du microscope, destinée à voir ce qui était invisible à l'œil nu, a eu des conséquences imprévisibles sur la biologie par exemple).

Science et technique sont devenues dépendantes l'une de l'autre, et se développent souvent main dans la main. Un tel enchevêtrement a conduit certains penseurs à proposer le terme « technosciences ». À l'ère de la technoscience, notre pouvoir sur la nature s'est étendu radicalement, au point de transformer l'horizon du possible : la médecine prolonge la vie de personnes gravement malades et maintient en vie des bébés dits « grands prématurés » ; des couples infertiles deviennent parents grâce à la fécondation in vitro ; on crée même des êtres aux caractéristiques génétiques prédéterminées en manipulant le « code » du vivant animal et végétal.

a. L'ARN messager

L'**ARN messager**, grâce auquel les vaccins sont sur le marché, pour lutter contre la Covid-19, est une technique mise au point par la biochmiste hongroise Katalin Karikó.

En 2005, la chercheuse a établi une méthode pour prévenir la réponse inflammatoire à l'ARN messager, découverte capitale qui ouvre la voie au vaccin. Avec son partenaire de recherche, le médecin immunologiste Drew Weissman, Katalin Karikó est parvenue progressivement à introduire de mini modifications dans la structure de l'ARN, le rendant plus acceptable par le système immunitaire, et éviter les réactions inflammatoires.

Puis, les deux chercheurs franchissent un nouveau palier, en réussissant à placer leur précieux ARN dans des « nanoparticules lipidiques », un enrobage qui leur évite de se dégrader trop vite et facilite leur entrée dans les cellules. Leurs résultats sont rendus publics en 2015.

Cinq ans plus tard, à l'heure de combattre un virus qui afflige la planète, ces deux percées ont leur importance. Les deux vaccins censés sauver le monde sont basés sur cette même stratégie consistant à introduire des instructions génétiques dans l'organisme pour déclencher la production d'une protéine identique à celle du coronavirus et provoquer une réponse immunitaire.

b. Les transformations du travail liées à l'essor de l'IA et la robotisation

L'IA (intelligence artificielle) est une discipline scientifique dont la finalité est la reproduction de fonctions cognitives par l'informatique. L'IA, c'est :

- La reconnaissance vocale et faciale
- La biométrie
- La reconnaissance d'images
- L'aide à la décision
- Service clientèle
- Des technologies informatiques capables de réaliser des tâches cognitives auparavant effectuées par l'homme.

Les inconvénients de l'intelligence artificielle sont très complexes et suscitent beaucoup d'inquiétude chez les experts. Les principaux problèmes liés à son développement sont la possibilité de passer outre le bien-être des êtres humains, le manque de transparence et la création d'une menace pour l'emploi.

Où en est l'IA aujourd'hui ? Aujourd'hui, **seule l'intelligence artificielle faible existe, par opposition à l'IA forte qui est une machine dotée de conscience, de sensibilité et d'esprit**. En effet, l'IA faible se contente de reproduire un comportement humain sans conscience.

En septembre 2023, le gouvernement charge un comité d'experts d'identifier comment la France peut devenir leader dans le domaine de l'intelligence artificielle générative. Composé d'une quinzaine de membres, ce comité doit publier plusieurs rapports afin d'aider le gouvernement à dresser la feuille de route de la France en matière d'intelligence artificielle générative.

Paris 2024 : des caméras dotées d'une IA à l'essai sont envisagées pour sécuriser les lieux.

Le but de **la robotisation** est d'aider au quotidien, par le biais de l'automatisation logicielle et non humanoïde. Il est à noter que la robotique moderne inclut très souvent des briques d'intelligence artificielle. Le déploiement des robots, notamment dans l'industrie et plus particulièrement dans l'industrie automobile, n'a pas attendu les progrès récents de l'IA.

Le gouvernement français met actuellement l'accent sur le développement de l'intelligence artificielle et a donc confié une mission à France Stratégie : analyser les transformations du travail liées au développement de l'intelligence artificielle et établir des scénarios prospectifs.

La robotisation et l'IA vont-elles détruire des emplois ?

Selon une enquête de l'OCDE publiée début 2018, seuls 14 % des emplois pourraient être menacés et 32 % être soumis à d'importants changements. Certains secteurs seront plus touchés que d'autres par l'automatisation. Les robots réaliseront 52 % des tâches professionnelles courantes dès 2025, d'après une étude du Forum économique mondial.

Pour certains c'est une technologie porteuse de gains de productivité, (baisse de coûts due à l'automatisation des opérations, optimisation des flux de production…) et aux nouveaux marchés qu'elle peut créer. Ce serait donc source de richesse, et qui promet d'en finir avec les tâches les plus fastidieuses, et peu payées.

L'IA est aussi perçue comme une opportunité sociale, grâce notamment aux traitements massifs des données générées par les dispositifs connectés, qui peuvent susciter de nouveaux métiers (data scientists, programmeurs d'IA…) et améliorer les conditions de travail, notamment par la prise en charge de tâches routinières.

Dans la vie quotidienne, ces IA auront des fonctions pratiques comme faire le « camion-poubelle », ainsi que le tri, une automatisation de transports publics… Pour la santé, les applications les plus spectaculaires attendues sont les robots chirurgicaux, l'interprétation des radios et électrocardiogrammes, le diagnostic et la prescription assistés par ordinateur ou le suivi des patients à distance.

Les autres sont pessimistes et avancent la disparition inéluctable de pans entiers d'activité dans de nombreux secteurs et des emplois correspondants. Ce serait donc une menace pour l'emploi et un vecteur d'aggravation des inégalités sociales. Certes, l'intelligence artificielle promet d'exécuter des tâches compliquées mais répétitives, ce qui affectera logiquement les métiers incluant ces tâches. Le risque existe d'une perte d'autonomie du salarié, soumis à un contrôle automatisé de plus en plus insidieux, avec les risques psychosociaux associés.

Et si la machine vient en effet à soulager les hommes des activités les plus routinières, ces derniers risquent de ne traiter que des tâches complexes, d'où une intensification du travail et un risque de surcharge cognitive. L'IA va avoir des répercussions sur l'organisation et les conditions de travail et les compétences des travailleurs. L'accent devra donc être mis sur les investissements dans la formation des travailleurs.

3 Quelques innovations technologiques

De nombreuses innovations sont en cours de développement ou viennent de faire leurs apparitions en 2022. Parmi celles-ci, figurent la greentech, la santé connectée, le métavers du groupe Meta, les NFT, les robots et les cryptomonnaies…

a. La santé connectée

La santé connectée occupe une place encore plus grande depuis la pandémie. Les dispositifs pour surveiller sa santé se multiplient et deviennent toujours plus intelligents (balances connectées, tensiomètres…).

La crise du Covid-19 a également aidé l'e-santé à connaître une progression sans précédent, via notamment la démocratisation de la téléconsultation. En 2022, le secteur voudra continuer à surfer sur la vague et de nombreux éléments plaident à sa faveur. La santé connectée se présente plus que jamais comme une solution pour désengorger les salles d'attente, apporter une solution aux déserts médicaux ou simplement faciliter les consultations médicales. Du côté des appareils, on s'attend à de nouvelles fonctionnalités sur les appareils grand public comme la mesure de la glycémie.

Les applications les plus spectaculaires sont les robots chirurgicaux, l'interprétation des radios et électrocardiogrammes, le diagnostic et la prescription assistés par ordinateur.

b. Le robot Ameca

C'est un robot humanoïde qui a été conçu par la startup britannique Engineered Arts. Il a des expressions faciales qui imitent celles des humains. Il ne s'agit pas d'un humain, mais d'une machine dotée d'une intelligence artificielle.

c. La Greentech

Les technologies vertes ont le vent en poupe dans l'univers des technologies depuis quelques années. La crise climatique inquiète le secteur et de plus en plus d'entreprises cherchent à agir concrètement en faveur de l'écologie. Le secteur « vert » est notamment celui de la voiture électrique qui continue de se développer, mais aussi de technologies comme la capture du CO_2 dans l'air, de l'hydrogène vert ou encore des carburants durables d'aviation.

d. Le Métavers

Mark Zuckerberg a mis le cap sur le futur en dévoilant un nouveau nom « Meta » pour son entreprise autrefois appelée Facebook. Le métavers désigne un monde jumeau virtuel auquel on a accès grâce aux technologies immersives, notamment les lunettes virtuelles. On peut également le décrire comme une fusion parfaite entre le monde réel et le monde virtuel, toujours grâce aux technologies de dernières générations.

e. Les cryptomonnaies

La cryptomonnaie est une monnaie numérique en usage sur Internet, indépendante des réseaux bancaires et liée à un système de cryptage. Ces monnaies numériques ont attiré des investisseurs, mais elles ont aussi intéressé plusieurs secteurs, de l'art aux jeux vidéo, en passant par le cinéma. Des pays ont par ailleurs choisi de les inclure dans leur système financier. Le FMI a appelé à une régulation mondiale.

f. Les NFT

Les NFT sont des jetons non fongibles, c'est-à-dire qu'ils ne sont pas interchangeables. Un NFT est donc un jeton unique qui ne peut pas être remplacé par un autre. Il s'agit d'un certificat digital, infalsifiable dédié à un seul objet ou une œuvre numérique (photographie, vidéo, composition musicale, tableau…). Le NFT valide l'authenticité de ce dernier.

Les principales inventions et leurs auteurs qui ont changé le monde

Inventions	Nom de l'inventeur	Année
Imprimerie	Gutenberg	1454
Machine à vapeur	James Watt	1775
Lunette astronomique, télescope	Isaac Newton	1688
Ballon à air chaud	Frères Montgolfier	1782
Conserve (appertisation)	Nicolas Appert	1795
Pile électrique	Alessandro Volta	1800
Alphabet pour aveugles	Louis Braille	1825
Photographie	Nicéphore Niepce	1826
Pasteurisation, vaccin contre la rage	Louis Pasteur	1865 1885
Téléphone	Graham Bell	1876
Ampoule	Thomas Edison	1879
Pneumatique	John Boyd Dunlop	1887
Cinématographe	Frères Lumière	1895
Radio TSF	Guglielmo Marconi	1895
Machine à laver le linge électrique	Alva J. Ficher	1901
Télévision mécanique, et télévision en couleurs	John Logie Baird	1926
Ordinateur	Charles Babbage	1837
Imagerie par résonnance magnétique (IRM)	Isidor Isaac Rabi (précurseur) et Félix Bloch, Edward Mills Purcell	1938
Four à micro-ondes	Percy Spencer	1945
Carte à puce	Roland Moreno	1974

Le Concours Lépine et le Musée des arts et métiers : créé en 1901 par le Préfet de Police Louis Lépine, ce concours est un tremplin, un label pour les inventions. Le gagnant reçoit à la Foire de Paris **le fameux vase en porcelaine de Sèvres** du concours vieux de 123 ans. Il a lieu fin avril, début mai.

Les vainqueurs du Concours Lépine 2023 : Amaury Buget, Gabrielle de Puysegur, Rémi & Wandrille du Chalard, François Outters et Zacharie Nataf (Artha France), pour la création de lunettes capables de retransmettre une image perçue grâce à un capteur. Cette technologie de pointe offre aux malvoyants et aux non-voyants une perception nouvelle de leur environnement pour une plus grande autonomie.

Musée des arts et métiers présente plus de 3 000 inventions, réparties en 7 domaines et organisées chronologiquement.

5 Chronologie 2023-2024

1 Janvier 2023

a. Actualité nationale et européenne

- La Suède prend la présidence du Conseil de l'Union européenne.
- La Croatie rejoint la zone euro et l'espace Schengen.
- Obligation d'utiliser uniquement de la viande d'origine française pour les fast-foods au 1er janvier.
- Les néonicotinoïdes qui protègent les betteraves mais déciment les abeilles sont désormais interdits en France.
- Manifestation de médecins généralistes à Paris pour la revalorisation du tarif de la consultation.
- Manifestations et journées de grève partout en France en janvier contre le projet de réforme des retraites, mobilisant entre 1,12 million de manifestants (selon le ministère de l'Intérieur) et 2 millions (selon les syndicats organisateurs).
- Le SMIC horaire passe à 11,27 euros.

b. Actualité culturelle et sportive

- Nasser al-Attiyah remporte, avec son 4×4 Hilux Toyota, le rallye-raid Dakar.
- Festival international de la bande dessinée d'Angoulême 2023 : le Fauve d'or revient à Martin Panchaud pour *La Couleur des choses*.
- *Le Petit Prince* fête ses 80 ans.

c. Actualité internationale

- La France a été condamnée pour son refus de rapatrier des familles de Syrie sur son territoire, en janvier 2023 par l'ONU.
- Les États-Unis ont été frappés par une « bombe cyclonique » glaciale.
- Le 8 janvier, des centaines de partisans de Jair Bolsonaro, battu à l'élection présidentielle d'octobre 2022, ont pris d'assaut trois bâtiments officiels de Brasília, dont le siège du Congrès.
- L'Allemagne est le deuxième pays européen à accepter de livrer des chars Leopard-2 à l'Ukraine.

Février 2023

a. Actualité nationale et européenne

- Le taux fixé pour le Livret d'épargne populaire (LEP) depuis le 1er février 2023 est de 6,1 %.
- Loi du 28 février 2023 créant une aide universelle d'urgence pour les victimes de violences conjugales.

b. Actualité culturelle et sportive

- Le César du meilleur film a été attribué à Dominik Moll pour *La Nuit du 12.*

c. Actualité internationale

- Une mosquée a été victime d'une attaque terroriste au Pakistan en février.
- En février 2023, un ballon chinois est abattu au-dessus de l'océan Atlantique par un missile de l'US Air Force après avoir survolé le Canada et les États-Unis.
- Un violent tremblement de terre – 7,8 sur l'échelle de Richter – et ses répliques ont frappé la région frontalière turco-syrienne le 6 février 2023. Il aurait causé plus de 45 000 victimes, essentiellement en Turquie.

Mars 2023

a. Actualité nationale et européenne

- Un journaliste français, Olivier Dubois, otage de djihadistes au Sahel pendant 711 jours, a été libéré en mars 2023.
- Le projet de réforme des retraites est adopté par le Parlement français au moyen de l'article 49.3 de la Constitution.

b. Actualité culturelle et sportive

- Le Tournoi des Six Nations 2023, compétition de rugby à XV, a été remporté par la France.
- Le film *Everything Everywhere All at Once* a raflé sept statuettes aux Oscars.

c. Actualité internationale

- L'Ouganda a criminalisé l'homosexualité le 21 mars 2023.
- La banque américaine Silicon Valley Bank a fait faillite le 8 mars 2023, remémorant les souvenirs de la crise de 2008.
- En Chine, Xi Jinping est réélu président pour un troisième mandat.
- La Cour pénale internationale émet un mandat d'arrêt contre Vladimir Poutine et Maria Lvova-Belova pour crime de guerre.

Avril 2023

a. Actualité nationale et européenne

- La Finlande rejoint officiellement l'OTAN.
- Les Parisiens votent pour interdire les trottinettes électriques en libre-service.
- Début de l'opération Wuambushu à Mayotte, pour lutter contre l'immigration illégale, l'habitat insalubre et l'insécurité.
- L'Espagne subit une canicule exceptionnelle avoisinant les 40° C.

b. Actualité culturelle et sportive

- La sonde européenne, Juice, a démarré son odyssée vers Jupiter.
- 6 réalisatrices concourent pour la Palme d'or à Cannes.
- Abeje Ayana, vainqueur du Marathon de Paris 2023

c. Actualité internationale

- La Russie assume la présidence du Conseil de sécurité des Nations unies dans le cadre de la rotation mensuelle entre les 15 membres, malgré les protestations de l'Ukraine.
- La Chine accentue la pression militaire sur Taïwan. Elle lance un exercice militaire d'encerclement de Taïwan pendant trois jours

Mai 2023

a. Actualité nationale et européenne

- Le couronnement de Charles III et de son épouse le 6 mai 2023 a eu lieu en l'abbaye de Westminster à Londres.
- Loi du 19 mai 2023 relative aux Jeux olympiques et paralympiques de 2024 : usage de la vidéoprotection intelligente, scanners corporels à l'entrée des stades, ouverture des magasins le dimanche… La loi prévoit plusieurs dispositifs pour assurer le bon déroulement des Jeux olympiques de 2024 en matière de sécurité, de soins, de lutte antidopage ou de transports.

b. Actualité culturelle et sportive

- Marseille accueillera en premier le 8 mai 2024 la flamme des JO 2024.
- Le président du jury du Festival de Cannes 2023 est Ruben Östlund.
- Festival de Canne 2023 : la Palme d'or est attribuée à Justine Triet pour *Anatomie d'une chute.*
- La Suède a remporté l'Eurovision 2023.
- Tina Turner, chanteuse américaine (naturalisée suisse) nous a quittés.
- Champions du monde de judo : Teddy Riner décroche un 11e titre et Clarisse Agbégnénou remporte son 6e.

c. Actualité internationale

- Sommet du G7 à Hiroshima au Japon.
- L'OMS lève l'état d'urgence sanitaire mondial de la pandémie de Covid-19 qui a coûté la vie à plus de 7 millions de personnes dans le monde.

Juin 2023

a. Actualité nationale et européenne

- La mort de Nahel Merzouk lors d'un contrôle routier provoque des émeutes.
- Les 22 et 23 juin 2023 s'est tenu à Paris le Sommet pour un nouveau pacte financier mondial.

b. Actualité culturelle et sportive

- Le sociologue français Alain Touraine nous a quittés.
- Le vainqueur de Roland Garros 2023 est Novak Djokovic, il s'est imposé face à Casper Ruud et décroche ainsi un 23e titre record en Grand Chelem. Iga Świątek, s'est imposée face à Karolina Muchova.

c. Actualité internationale

- L'Union européenne décide de s'engager dans le temps aux côtés de l'Ukraine, Joseph Borrell, vice-président de la Commission européenne, propose un « fonds de défense de l'Ukraine » pour lui fournir armes et munitions.
- Le groupe Wagner entre en rébellion contre le gouvernement russe et renonce.

Juillet-Août 2023

a. Actualité nationale et européenne

- L'Espagne prend la présidence du Conseil de l'Union européenne en juillet.
- Annonce du Gouvernement 2 d'Élisabeth Borne.
- Dématérialisation du permis, suppression de la vignette assurance verte.
- L'annulation de plusieurs événements culturels a été décidée à la suite des émeutes qui ont éclaté après la mort de Nahel, inhumé samedi 1er juillet.
- Le taux du livret A maintenu à 3 % jusqu'en janvier 2025.
- Le groupe Casino est attribué à de nouveaux actionnaires.

b. Actualité culturelle et sportive

- L'actrice, chanteuse, scénariste et réalisatrice Jane Birkin nous a quittés le 16 juillet.
- Geneviève de Fontenay, organisatrice française de concours de beauté et présidente du Comité Miss France nous a quittés.
- Le Tour de France 2023 a été remporté par Jonas Vingegaard.
- Deuxième édition du Tour de France Femmes : la vainqueur est Demi Vollering.
- Journées mondiales de la jeunesse au Portugal
- Coupe du monde de football féminin.

c. Actualité internationale

- En Grèce, sur l'île de Rhodes, environ 30 000 personnes sont évacuées à cause d'un incendie.
- L'Union européenne et la Tunisie signent un accord. Il s'agit d'un « accord complet » dont le volet central est la gestion des flux migratoires.
- Sommet de l'OTAN à Vilnius en Lituanie.

Septembre 2023

a. Actualité nationale et européenne

- Élections sénatoriales en France : réélection pour la cinquième fois du président du Sénat Gerard Larcher.
- La France a reçu le roi Charles III et la reine Camilla pour une visite d'État.

b. Actualité culturelle et sportive

- La France accueille la Coupe du monde de rugby du 8 septembre au 20 octobre.

c. Actualité internationale

- En septembre 2023, au Maroc, un séisme de magnitude 7 fait près de 3 000 morts.
- La tempête Daniel fait au moins 11 000 morts et 6 000 disparus. La Lybie est le pays le plus touché.
- 18e sommet du G20 à New Delhi en Inde.

Octobre 2023

a. Actualité nationale et européenne

- Les risques d'attentats restent à considérer en France, toujours sous la menace djihadiste. Trois ans après Samuel Paty, un professeur, Dominique Bernard, a été assassiné en octobre 2023.
- L'Union européenne a décerné le prix Andrei Sakharov à la jeune Mahsa Amini tuée par la police iranienne des mœurs pour avoir mal ajusté son voile.

b. Actualité culturelle et sportive

- Le prix Nobel de littérature est décerné au norvégien Jon Foss.
- Le prix Nobel de la paix 2023 est décerné à la militante iranienne Narges Mohammadi pour sa lutte courageuse pour la liberté et les droits de l'homme.
- Le prix Nobel de physique a été décerné à Anne L'Huillier et Pierre Agostini avec Ferenc Krausz.
- Lionel Messi a remporté le huitième *Ballon d'Or* de sa carrière.

c. Actualité internationale

- La guerre Israël-Hamas commence avec l'attaque du Hamas contre Israël le 7 octobre 2023, et se poursuit avec des bombardements aériens de la bande de Gaza entrepris par Israël, puis avec l'invasion de ce territoire palestinien.

Novembre 2023

a. Actualité nationale et européenne

- Procès du garde des Sceaux, Éric Dupont-Moretti, devant la Cour de justice de la République, accusé de prise illégale d'intérêts.
- Ouverture du procès d'Olivier Dussopt, ministre du Travail en exercice, pour des soupçons de favoritisme concernant un marché public passé en 2009, lorsqu'il était maire.

- La Commission européenne annonce que l'autorisation d'utilisation du glyphosate est renouvelée pour dix ans.

b. Actualité culturelle et sportive

- Le prix Goncourt est attribué à Jean-Baptiste Andrea pour *Veiller sur elle.*
- Le prix Renaudot 2023 est attribué à Ann Scott pour *Les Insolents.*
- 53 ans après la séparation du groupe des Beatles, sortie d'une chanson inachevée « Now and Then ».

c. Actualité internationale

- La 28e Conférence des Parties sur les changements climatiques (COP28) s'est tenue à Dubaï.
- Poursuite du conflit au Moyen-Orient.

Décembre 2023

a. Actualité nationale et européenne

- Mardi 19 décembre 2023, le Sénat a définitivement adopté le projet de loi pour contrôler l'immigration, améliorer l'intégration, dans sa rédaction issue de la commission mixte paritaire.
- Loi du 18 décembre 2023 pour le plein emploi : création de France Travail, nouveau contrat d'engagement pour les demandeurs d'emploi, les allocataires du RSA, les jeunes accompagnés, meilleur emploi des personnes handicapées…
- Le Conseil européen lance en décembre 2023 les négociations pour une adhésion de l'Ukraine et de la Moldavie. La Géorgie obtient le statut du candidat à l'adhésion.
- Jacques Delors, économiste et homme politique français, ancien président de la Commission européenne, nous a quittés.

b. Actualité culturelle et sportive

- Victoire de l'équipe de France féminine de handball en championnats du monde.
- Guy Marchand vient de nous quitter. Il était acteur, chanteur, musicien, auteur et écrivain français.
- L'équipe féminie française de handball est championne du monde.
- En 2028, Bourges deviendra la capitale européenne de la culture.

c. Actualité internationale

- La Pologne manifeste son soutien à l'Ukraine dans la guerre face à la Russie.
- Une jeune Franco-Israélienne, enlevée par le Hamas a été libérée le 30 novembre dans le cadre d'un cessez-le-feu temporaire.

Janvier 2024

a. Actualité nationale et européenne

- La Belgique prend la présidence du Conseil de l'Union européenne en janvier 2024 et la Hongrie en juillet 2024.

- L'ancien ministre de l'Éducation, Gabriel Attal est nommé Premier ministre par Emmanuel Macron le 9 janvier 2024.
- Le Conseil constitutionnel a censuré 32 articles sur la loi immigration.
- Série de manifestations et de blocages routiers organisés principalement par les syndicats agricoles (FNSEA, Jeunes agriculteurs, Coordination rurale, Confédération paysanne, modef) depuis le 18 janvier.
- 1,4 million de personnes ont manifesté en Allemagne contre le parti d'extrême droite AFD.

b. Actualité culturelle et sportive

- Festival de la BD d'Angoulême : le Fauve d'or a été remis à Daniel Clowes pour *Monica*
- La figure emblématique du rap US, Snoop Dogg a été recrutée en tant que consultant pour les JO de Paris 2024.
- Rachida Dati est nommée ministre de la Culture.
- 15 millions de visiteurs sont attendus à Paris pour les Jeux olympiques et paralympiques de 2024.

c. Actualité internationale

- Le Parlement turc a validé l'adhésion de la Suède à l'OTAN.
- La Cour internationale de Justice a ordonné à Israël d'empêcher tout éventuel acte de « génocide » à Gaza et de permettre l'accès à l'aide humanitaire.

Février 2024

a. Actualité nationale et européenne

- Disparition de Robert Badinter**.** Il était avocat, professeur, garde des Sceaux, président du Conseil constitutionnel et sénateur.
- Remaniement ministériel : Nicole Belloubet, remplace Amélie Oudéa-Castéra au ministère de l'Éducation nationale.
- Gérald Darmanin à Mayotte, a annoncé « La fin du droit du sol » sur l'île confrontée à une grave crise migratoire.

b. Actualité culturelle et sportive

- La particularité des médailles des Jeux olympiques de Paris 2024 est un bout de la tour Eiffel y est incrusté.
- Le XV de France termine sur une victoire au tournoi des Six Nations. **Avec** un score de 33-31, les Français (XV de France) se sont imposés face à l'Angleterre.
- Le long-métrage qui a obtenu le plus de nominations aux César est « Le règne animal »
- La panthéonisation de Missak Manouchian militant communiste, résistant, ouvrier, et poète arménien immigré en France et sa femme Mélinée

c. Actualité internationale

- Alexeï Navalny est mort. Il était incarcéré pour « extrémisme ». C'était un opposant politique d'envergure au régime de Vladimir Poutine.
- Le Sénégal a été victime d'un coup d'État constitutionnel.
- La Grèce a récemment légalisé le mariage pour tous.
- Plusieurs attaques de la part de Palestiniens ont éclaté suite à une proposition du ministre de la Sécurité israélien, Itamar Ben Gvir, mi-février. Il a annoncé le début d'une offensive terrestre sur Rafah pendant le Ramadan si les otages n'étaient pas libérés.

Mars 2024

a. Actualité nationale et européenne

- La loi inscrit dans la Constitution de 1958 la liberté garantie des femmes de recourir à l'interruption volontaire de grossesse (IVG).
- 94 féminicides ont été provisoirement recensés en 2023 en France.
- Plan de lutte contre les narcotrafics lancé à Marseille le 18 mars appelé Place Nette XXL.
- Début de l'épidémie de choléra à Mayotte, le 18 mars avec des premiers cas « arrivés des Comores ».

b. Actualité culturelle et sportive

- Ancien ministre de la Culture, Frédéric Mitterrand, nous a quittés. Il était écrivain, réalisateur, animateur de télévision et homme politique français.
- Semaine de la langue française et de la francophonie.

c. Actualité internationale

- L'Égypte a signé un accord historique d'aide économique avec l'Union européenne en échange d'un contrôle aux frontières le 17 mars.
- Dans la capitale d'Haïti, Port au Prince, d'importants affrontements entre police et gangs ont lieu.
- Réélection de Vladimir Poutine.
- Un attentat terroriste fait 143 morts près de Moscou en Russie. Vendredi 22 mars, quatre assaillants se sont introduits dans le Crocus City Hall où un concert avait lieu et ont ouvert le feu sur les civils avant d'incendier le bâtiment.
- La Russie juge « injuste » son exclusion de la cérémonie d'ouverture des JO de Paris.

Avril 2024

a. Actualité nationale et européenne

- Une réforme de la formation des enseignants annoncée : le concours pour devenir enseignant du premier degré se passerait « à la fin de la licence », soit à bac+3 au lieu de bac+5 aujourd'hui.

- L'examen du projet de loi sur la fin de vie s'est ouvert le 22 avril devant la commission spéciale de l'Assemblée nationale.
- L'Allemagne légalise le cannabis récréatif.
- La limitation du nombre de cartouches de tabac issues des pays de l'Union européenne est levée.
- Jeudi 4 avril, le palais Bourbon a adopté en première lecture une loi pour limiter la diffusion des PFAS, substances per et polyfluoroalkylées, appelées PFAS doivent leur surnom de « polluants éternels ».
- La CDEH (Cour européenne des droits de l'homme) a condamné la France pour les conditions de vie « pas compatibles avec le respect de la dignité humaine » des harkis dans les camps d'accueil où ils ont passé des années après leur retour d'Algérie dans les années 1960 et 1970.

b. Actualité culturelle et sportive

- En mars et avril 2024, l'inspection du travail a fait cesser 3 chantiers à Paris (à Versailles, à la place de la Concorde et à la tour Eiffel) car les conditions de travail ont été jugées trop dangereuses.
- Le roi du cirque équestre Alexis Gruss, nous a quittés en avril 2024.
- Parti d'Olympie (Grèce) où la flamme a été allumée le 16 avril, le Belem arrivera à Marseille le 8 mai 2024.
- Le réalisateur et scénariste français de cinéma et de télévision, Laurent Cantet est décédé en avril. Il avait remporté la Palme d'or au festival de Cannes 2008 avec *Entre les murs*.

c. Actualité internationale

- Bassirou Diomaye Faye devient président de la République du Sénégal.
- Funeste anniversaire : le 26 avril 1986, à 1 h 23 du matin, le réacteur numéro 4 de la centrale nucléaire de Tchernobyl explose.
- Londres a adopté dans la nuit du lundi 22 au mardi 23 avril une loi controversée qui lui permet de déporter au Rwanda des demandeurs et demandeuses d'asile arrivés sur son territoire.
- Le Congrès américain a adopté mardi 23 avril une loi qui force la société chinoise ByteDance à céder son réseau social phare, TikTok, faute de quoi l'application de vidéos sera interdite sur le territoire américain.

Mai 2024

a. Actualité nationale et européenne

- Chaque année depuis 1986, le 9 mai est l'occasion de fêter l'Europe.
- Premier couac sur le parcours du relais de la flamme olympique. Le chaudron qui devait accueillir le feu sacré à Manosque le samedi 11 mai, à l'issue de la troisième étape dans les Alpes-de-Haute-Provence, ne s'est pas allumé.
- Au 15 mai 2024, 85 cas de choléra ont été signalés à Mayotte.

- L'examen en première lecture du projet de loi sur la fin de vie a débuté à l'Assemblée nationale.

b. Actualité culturelle et sportive

- Bernard Pivot nous a quittés le 6 mai 2024. Il était journaliste, écrivain, critique littéraire, animateur et producteur d'émissions culturelles télévisées. De 1985 à 2005, il a présenté les « Dicos d'Or », un championnat de dictée, diffusé à la télévision et suivi par des millions de Français.
- Molières 2024 : La 35e nuit des Molières 2024, qui récompense le monde du théâtre, était présentée par Caroline Vigneau. Un Molière d'honneur a été remis à Francis Huster.
- Le Belem transportant la flamme olympique arrive à Marseille le 8 mai 2024.
- La Suisse remporte l'Eurovision 2024 avec la chanson « The Code » interprétée par Nemo.
- Le concours Lépine 2024 récompense 6 créateurs pour un système d'aide aux déficients visuels.
- Kylian Mbappé a officialisé, vendredi 10 mai, son départ du PSG après 7 années.
- La Palme d'or est décernée à Sean Baker, pour le film *Anora*.

c. Actualité internationale

- Paul Auster vient de nous quitter. Il était romancier, scénariste et réalisateur américain.
- Offensive russe à Kharkiv en Ukraine : l'objectif est de faire tomber Kharkiv, qui est la deuxième plus grande ville d'Ukraine. Cela permettrait à la Russie de contenir l'armée ukrainienne par l'Est.
- Israël a lancé une offensive contre Rafah, le dernier bastion du Hamas. Plus d'un million de réfugiés palestiniens se trouvent à Rafah. Israël a pris le contrôle du point de passage de Rafah, entraînant l'arrêt de livraison humanitaire, ce que dénonce l'ONU.

Juin-Juillet 2024

a. Actualité nationale et européenne

- 80 ans du débarquement le 6 juin.
- La participation aux élections européennes du 9 juin 2024 a atteint 51,49 % en France. La moyenne de l'UE a été de 50,93 %. En France, le RN est arrivé en tête avec 31,37 % des suffrages.
- Dissolution de l'Assemblée nationale annoncée par Emmanuel Macron le soir des résultats des élections européennes. La dernière dissolution de la chambre basse du Parlement a eu lieu sous la présidence de Jacques Chirac en 1997, entraînant une cohabitation de cinq ans. À l'issue des élections législatives (30 juin pour le premier tour et 7 juillet pour le second), aucun parti n'a obtenu une majorité absolue. Il faut atteindre 289 sièges à l'Assemblée pour avoir la majorité. Le « NFP » est arrivé en tête, suivi de « Ensemble » et le « RN » en troisième position. Le 16 juillet, Emmanuel Macron a accepté la démission du Gouvernement par son Premier ministre, Gabriel Attal. Cependant, les ministres qui composaient ce gouvernement continueront d'assurer le traitement des affaires courantes jusqu'à la nomination d'un nouveau gouvernement, au moins jusqu'à la fin des JO.

- Nouvelle réforme de l'Assurance-chômage – la troisième en cinq ans – durcit les conditions d'indemnisation. À partir du 1er décembre 2024, **il faudra avoir travaillé 8 mois sur les 20 derniers mois (ou sur les 30 derniers mois pour les plus de 57 ans)**. Cette modification rendra plus difficile l'accès aux allocations-chômage, réduisant ainsi le nombre de bénéficiaires potentiels.

b. Actualité culturelle et sportive

- 10 ans de la création du Mucem.
- Vainqueur masculin Roland Garros 2024 : Carlos Alcaraz contre Alexander Zverev.
- Vainqueur féminin Roland Garros 2024 : Iga Świątek contre Jasmine Paolini.
- Mort de Françoise Hardy auteure-compositrice-interprète et actrice française et de l'actrice Anouk Aimée.
- Cérémonie d'ouverture des JO d'été 2024 le 26 juillet.

c. Actualité internationale

- La Russie annonce bloquer l'accès à 81 médias européens, dont les sites de Radio France et de l'AFP, sur son territoire.
- La bande de Gaza continue d'être ciblée par les bombardements israéliens.
- Les négociations officielles sur l'adhésion de l'Ukraine et de la Moldavie à l'Union européenne viennent de débuter.
- Contre la crise de l'eau, l'Inde exhume le projet de construction d'une « rivière géante » grâce à un système de canaux interconnectés.
- Le président américain Joe Biden a annoncé qu'il ne sera pas candidat aux prochaines élections. C'est Kamala Harris, l'actuelle vice-présidente, qui pourrait le remplacer.
- Élections générales britanniques : le centre gauche réalise une percée historique en obtenant 412 sièges sur les 650 que compte la Chambre des communes. À la suite de ces résultats, le chef de file du Labour, Keir Starmer, a été désigné comme Premier ministre par le roi Charles III.

86903 - (I) - SOP 70° - PMS 633U - BPE - PRU
Dépôt légal : octobre 2024 - N° 202409.0084
Achevé d'impression par Imprimerie CHIRAT
42540 Saint-Just-la-Pendue
Imprimé en France